SLOWAKEI

Unterwegs zwischen Donau, Tatra und Beskiden

Frieder Monzer

TRESCHER VERLAG

Für Martin, Alina und Hanna
Für Eliška und Jiří, deren Gastfreundschaft in Brumov
mir oft Sprungbrett zur Slowakei war

4., vollkommen überarbeitete und
erweiterte Auflage 2015

Trescher Verlag
Reinhardtstr. 9
10117 Berlin
www.trescher-verlag.de

ISBN 978-3-89794-282-0

Herausgegeben von Bernd Schwenkros und
Detlev von Oppeln

Reihenentwurf und Gesamtgestaltung:
Bernd Chill
Gestaltung, Satz, Bildbearbeitung: Ulla Nickl
Lektorat: Hinnerk Dreppenstedt
Stadtpläne und Karten: Johann Maria Just,
Martin Kapp, Ulla Nickl
Druck: Druckhaus Köthen

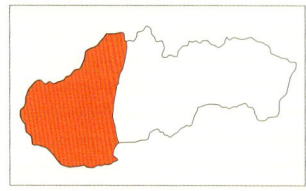

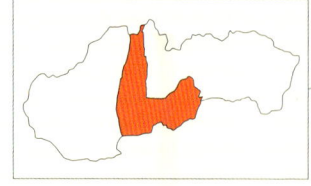

Gedruckt auf chlorfrei gebleichtem Papier

Printed in Germany

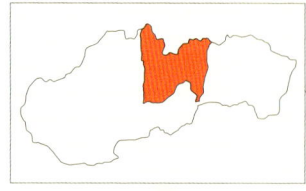

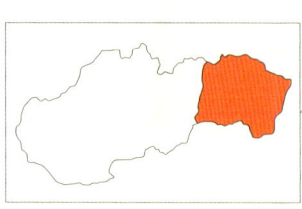

Alle Angaben in diesem Reiseführer wurden
sorgfältig recherchiert und überprüft. Dennoch
können Entwicklungen vor Ort dazu führen,
dass einzelne Informationen nicht mehr aktuell
sind. Gerne nehmen wir dazu Ihre Hinweise und
Anregungen entgegen. Bitte schreiben Sie an
post@trescher-verlag.de.

Nachkriegsjahre, ›Prager Frühling‹
    und ›Samtene Revolution‹   57
Die Trennung von Tschechien   58
›Freie Fahrt‹   59
Jüngste Wahlergebnisse   60
Slowakische Geschichte im
    Überblick   60

Wirtschaft und Verkehr   61
Industrie   61
Das Straßennetz   63
Die Eisenbahn   63

Kunst und Kultur   66
Architektur   66
Kunsthandwerk   75
Literatur   76
Musik   77
Fotografie und Film   81
Sprache   82
Feste und Festivals   83
Essen und Trinken   84

**DIE WESTLICHEN
LANDESTEILE**   89

Übersicht: Wintersportmöglich-
    keiten in der Westslowakei   90

Bratislava   91
Stadtgeschichte   91
Donaubrücken   93
Die Innenstadt   94
Die Vorstädte   107

Záhorie und Kleine Karpaten   111
Das Záhorie   112
Südliche Kleine Karpaten   116
Nördliche Kleinen Karpaten   120
Halbtageswanderung: Zur Burg-
    ruine Plavecký hrad   124

Das Donautiefland   126
Die Schüttinsel   126
Komárno und Umgebung   129
Zwischen Štúrovo und Dudince   134

Das Donauknie (Ungarn)	137
Zlaté Moravce	139
Halbtageswanderung:	
Zur Burgruine Gýmeš	140
Nitra	143
Trnava	146
Von Piešťany nach Čadca	151
Piešťany	151
Trenčín und	
Trenčianske Teplice	158
Zwischen Trenčin und Žilina	163
Mährisch-Schlesische Beskiden	
(Tschechien)	166
Žilina und Rajetzer Berge	169
Die Region Kysuce	173
AUF DEM WEG IN	
DIE TATRA	177
Übersicht: Wintersportmöglich-	
keiten in der Mittelslowakei	178
Bergbaustädte in der	
Landesmitte	180
Topoľčany und Partizánske	180
Bojnice	182
Kremnica	186
Banská Štiavnica	188
Zvolen	195
Banská Bystrica	199
Von Brezno zum Nationalpark	
Muráň	206
Südslowakischer Kessel	209
Zwischen Fatra und Tatra	214
Kleine Fatra	214
Tageswanderung: Aufstieg	
zum Veľ'ký Rozsutec	217
Martin und Große Fatra	218
Ružomberok	224
Donovaly	228
Orava mit Dolný Kubín	229
Tageswanderung: Babia hora	233
Roháče-Massiv mit Zuberec	234
Tageswanderung: Roháče	235

DIE TATRA   237

Übersicht: Wintersportmöglich-
  keiten in der Tatra   238

Die Westliche Tatra   239
Liptovský Mikuláš und
  Liptovská Mara   239
Tageswanderung: Die auf-
  regendsten Täler am Choč   245
Tageswanderung: Liptauer
  Alpen   245
Liptovský Hrádok   246
Tageswanderung: Ohnište-
  Massiv   248

Die Hohe Tatra   250
Die Entwicklung des Tatra-
  tourismus   251
Štrbské Pleso   254
Tageswanderung: Besteigung
  des Kriváň   256
Tageswanderung: Hincovské
  plesá   256
Tageswanderung: Besteigung
  des Rysy   257
Tageswanderung: An der
  Bergwiese Kvetnica vorbei
  zur Východná Vysoká   259
Starý Smokovec   260
Tageswanderung: Malá und
  Veľká Studená dolina
Poprad   262
Tatranská Lomnica   264
Ždiar und Tatranská Javorina   269
Tageswanderung: Belaer
  Kalkalpen   269
Zakopane und Umgebung
  (Polen)   271

Die Niedere Tatra   273
Halbtageswanderung: Predná
  Magura   273
Tageswanderung: Salatín-Massiv   274
Demänová-Tal mit Jasná   275
Bystrianka-Tal und Čertovica-Pass   276

Fünftägige Kammwanderung
    in der Niederen Tatra   279
Rund um die Kráľova hoľa   281

DIE ÖSTLICHEN
LANDESTEILE   283

Übersicht: Wintersportmöglich-
    keiten in der Ostslowakei   284

Die Region Spiš   285
Stará Ľubovňa und Umgebung   285
Pieniny (slowakische Seite)   289
Pieniny (polnische Seite)   293
Kežmarok   298
Levoča   302
Spišské Podhradie   306
Spišská Nová Ves   308

Slowakisches Paradies und
Slowakischer Karst   311
Nördliches Slowakisches Paradies   311
Halbtageswanderung:
    Prielom Hornádu und
    Tomašovský výhľad   312
Halbtageswanderung: Suchá Bela   312
Südliches Slowakisches Paradies   313
Rožňava   315
Der Slowakische Karst   317
Tageswanderung: Zádiel-Tal   320

Košice und Prešov   323
Košice   323
Prešov   334

Die östlichsten Regionen   340
Bardejov   340
Svidník und Dukla-Pass   344
Holzkirchen bei Snina,
    Bardejov und Svidník   346
Von Medzilaborce nach
    Humenné   348
Michalovce und Umgebung   352
Das Theißtiefland   354
Tageswanderung: Vihorlat   353
Transkarpatien (Ukraine)   355

REISETIPPS VON A BIS Z 360

Literaturhinweise 376
Die Slowakei im Internet 277
Der Autor/Danksagung 378

SPRACHFÜHRER 379

Register 384
Bildnachweis/Kartenregister 390

EXTRA

Die wichtigsten historischen
   Landschaftsbezeichnungen 32
Zigeuner als Sehnsuchtsträger
   in der Kunst 43
Ein slowakischer Globetrotter
   als König im Indischen Ozean 51
Rezepte 87
Mozarts Vorzeigeschüler, Haydns
   Nachfolger, Beethovens Freund 99
Ein französischer Astronom
   als tschechoslowakischer
   Kriegsminister 125
Elisabeth Báthory und ihr
   Mord-Rekord 157
König der Waag und der Tatra 162
Der Mittelpunkt Europas 194
Juraj Jánošík – der slowakische
   Robin Hood 220
Die Gämse – das Wappentier
   der Hohen Tatra 255
Der geheime Autoreisenacht-
   bummelzug in die Karpaten 267
Der Orkan im Oktober 2004 268
Eine Floßfahrt auf dem
   Dunajecz (1896) 292
Der Fluch von Niedzica 297
Die Kuruzen 301
Ein Karpatendeutscher als
   slowakischer Staatspräsident 322
Nationalsport Eishockey 333
Der Umweltverein VLK 351
Grenzstreit um eine Weinmarke 358

Burg Strečno in der Nähe von Žilina

Vorwort

Mit der EU-Erweiterung stellt sich die Frage,
ob es Mittelosteuropa überhaupt noch gibt.

Juri Andruchowytsch in einem Interview

Verglichen mit den beliebten Reiseländern am Mittelmeer, liegt die Slowakei für viele Deutsche fast um die Ecke, und außer Strandurlaubern und Luxustouristen werden hier alle Gäste auf ihre Kosten kommen. Hauptattraktion für Naturfreunde sind mehrere Gebirge mit Gipfelhöhen um 2000 Meter, die mit weiten Ausblicken von vorbildlich beschilderten Wegen oberhalb der Baumgrenze locken, aber oft noch bis in die Kammlagen grün und nicht allzu schroff sind. Lange Tradition haben Thermalbäder und Kuranlagen, ergänzt werden sie seit einigen Jahren durch moderne Spaßbäder, die sich großer Beliebtheit erfreuen. Lebendige Städte und verträumte Städtchen mit teils sorgfältig renovierten Ortsbildern, Burgen und Ruinen, Weinberge und Höhlen, interessante Holzbauten, lebendige Folklore, rustikale Restaurants, vielfältige Sportmöglichkeiten und nicht zuletzt das immer noch moderate Preisniveau machen die Slowakei zu einem sehr attraktiven Urlaubsziel.

Die EU-Erweiterung 2004 reduzierte zwar einige Hemmschwellen, aber trotzdem halten sich manche haarsträubenden Vorurteile. Es geht in der Slowakei viel friedlicher und normaler zu, als es oft beschrieben wird. Das Land ist in der EU angekommen, die seit Jahrzehnten immer wieder aufgewärmten Geschichten von willkürlicher Verkehrspolizeischikane oder gestohlenen Autos treffen inzwischen laut Statistiken eher auf Italien und Spanien als auf den Osten Europas zu. Reisende finden unverbrauchte Landschaften, herzliche Gastfreundschaft und bunte Kultur. Wer Animation sucht, ist bis auf wenige Hotelanlagen allerdings fehl am Platz, und ob großzügig dimensionierte Umgehungsstraßen und Einkaufstempel eher einen Komfortgewinn oder einen Romantikverlust darstellen, mag jeder selbst beurteilen.

Seit der ersten Auflage dieses Reiseführers wurde die Infrastruktur für Touristen in der Slowakei ständig ausgebaut, die beiden Preisschübe durch den EU-Beitritt und die Einführung des Euros wurden teilweise kompensiert durch die globale Finanzentwicklungen seit 2008. Die vorliegende Auflage berücksichtigt alle aktuellen Entwicklungen und bietet viele Anregungen, beeindruckende Landschaften auch mit kleinem Budget zu erkunden.

Der Autor und der Verlag wünschen eine gute Reise!

Hinweise zur Benutzung dieses Reiseführers

Das ›Wichtigste in Kürze‹ ist nach der Piktogramm-Erklärung auf den nächsten Seiten zusammengefasst. Der Buchteil Land und Leute ab S. 22 informiert über Natur, Mentalität, die Geschichte der Slowakei sowie einige Besonderheiten.

Der eigentliche Reiseteil mit Beschreibung der Sehenswürdigkeiten beginnt auf S. 88. Obwohl neben Kururlauben das Tatragebiet und Bratislava die mit Abstand wichtigsten touristischen Schwerpunkte der Slowakei darstellen, werden alle Regionen vorgestellt. Dabei verläuft die Darstellung ungefähr von West nach Ost, unter Berücksichtigung der geographischen Eigenheiten und der sich daraus ergebenden typischen Reiserouten. Die Gliederung berücksichtigt neben landschaftlichen und kulturhistorischen Zusammenhängen auch die praktische Erreichbarkeit von bestimmten Verkehrsadern aus, die offizielle Einteilung des Landes in Verwaltungsbezirke ist für touristische Belange dagegen eher bedeutungslos. Auch besonders wichtige Sehenswürdigkeiten der Nachbarländer unmittelbar hinter den Landesgrenzen werden erwähnt, sofern sich ein Besuch anbietet. Der Grenzübertritt ist überall mit gültigen Dokumenten problemlos möglich. Die Beschreibungen gehen stets von den Hauptorten einer Region aus. Diesen Abschnitten schließen sich die Beschreibungen der Sehenswürdigkeiten in der Umgebung an, die vom jeweiligen Hauptort aus bequem in Tages- oder Halbtagesausflügen erreichbar sind. Jedes Reisekapitel schließt mit konkreten Informationen zu Unterkünften, Restaurants, Museen, Aktivitäten und anderen nützlichen Angaben. Diese beziehen sich stets auf Hauptort und Umgebung. Am Ende des Buches findet man einen Sprachführer (→ S. 379) sowie alphabetisch sortierte Reisetipps (→ S. 360), die alle nötigen Informationen zur Vorbereitung und Durchführung einer Slowakeireise enthalten. Abschließend gegebene Literatur- und Internethinweise erlauben eine vertiefte Auseinandersetzung mit dem Land.

■ Schreibweisen geographischer Namen

Die offizielle Bezeichnung geographischer Objekte ist natürlich der Name in der Landessprache. Aber wer im deutschsprachigen Raum sagt Venezia zu Venedig oder Moskva zu Moskau? Im vorliegenden Buch werden teilweise geläufige deutsche Bezeichnungen statt der slowakischen verwendet. Überwiegend jedoch stehen traditionelle deutsche Namen – soweit vorhanden – in Klammern hinter der erstmaligen slowakischen Erwähnung. Gelegentlich entstehen deutsche Bezeichnungen noch heute durch wörtliche Übersetzung.

Verwirrend ist es, wenn Namen von Orten oder Bergen mehrfach vorkommen. Das ist gar nicht so selten, es passiert sogar im selben Gebirge. Das kleine Land verzeichnet zum Beispiel zehnmal als Gemeindebezeichnung Dúbrava (Eichenwald), viermal Dúbravka (Eichenwäldchen), sechsmal Potok (Bach) und viermal Potoky (Bäche).

Kartenmaterial

Zu allen größeren Orten gibt es Stadtpläne in diesem Reiseführer. Sie reichen in aller Regel aus, da die meisten Städte recht überschaubar sind. Die Übersichtskarten in diesem Buch dienen einer ersten Orientierung sowie der Planung einer Reise und sind für die normalen Belange vor Ort ebenso völlig ausreichend. Wer das Land mit dem Auto bereisen möchte, sollte sich jedoch vorab eine Straßenkarte im Maßstab von höchstens 1:500 000 (besser 1:200 000) zulegen, wie sie beispielsweise von der Slowakischen Tourismusagentur SACR kostenlos verteilt wird.

Die Wanderwege in der Slowakei sind sehr gut ausgeschildert. Wer dennoch auf detaillierte Wanderkarten nicht verzichten will, wird in den jeweiligen Touristischen Informationsbüros fündig. Flächendeckend Wanderkarten für die gesamte Slowakei im Maßstab 1:50 000 bieten die Verlage SHO Cart Vizovice und VKÚ Harmanec.

Entfernungstabelle

	Zvolen	Žilina	Trnava	Trenčín	Prievidza	Prešov	Povaszká Bystrica	Poprad	Nové Zamky	Nitra	Michalovce	Martin	Košice	Bratislava	Banská Bystrica
Zvolen		111	155	130	61	223	144	140	124	102	270	84	214	194	21
Žilina	111		152	77	62	227	31	144	180	143	307	27	253	198	90
Trnava	155	152		75	112	371	121	288	81	53	418	179	362	53	169
Trenčín	130	77	75		69	304	46	221	129	97	384	104	330	121	144
Prievidza	61	62	112	69		287	93	194	118	81	331	89	275	158	75
Prešov	223	227	371	304	287		258	83	339	318	80	200	34	410	202
Povaszká Bystrica	144	31	121	46	93	258		175	175	143	338	58	284	167	121
Poprad	140	144	288	221	194	83	175		264	235	163	117	109	327	119
Nové Zamky	124	180	81	129	118	339	175	264		37	361	171	305	95	145
Nitra	102	143	53	97	81	318	143	235	37		365	140	309	92	116
Michalovce	270	307	418	384	331	80	338	163	361	365		280	56	456	273
Martin	84	27	179	104	89	200	58	117	171	140	280		226	225	63
Košice	214	253	362	330	275	34	284	109	305	309	56	226		400	217
Bratislava	194	198	53	121	158	410	167	327	95	92	456	225	400		208
Banská Bystrica	21	90	169	144	75	202	121	119	145	116	273	63	217	208	

Häufig vorkommende Begriffe

námestie (nám.)	Platz	radnica	Rathaus
ulica (ul.)	Straße	kostol	Kirche
hrad	Burg	staré mesto	Altstadt
zámok	Schloss	metsky urad	Stadtverwaltung
braná	Tor	stanica	Bahnhof
		nemocnica	Krankenhaus

Das Wichtigste in Kürze

Informationen vor Reisebeginn

Informationen bieten z.B. einige Internetseiten (→ S. 377, darunter spezielle Routenvorschläge des Autors) und die **Slowakische Zentrale für Tourismus** (SACR): Hildebrandstr. 25, 10785 Berlin, Tel. 030/25942640; Opernring 1/R, 1010 Wien, Tel. 0043/(0)1/5139569.

Einreise

Seit 2008 gilt in der Slowakei das ›Schengener Durchführungsübereinkommen‹, an den EU-Binnengrenzen des Landes gibt es keine Kontrollen mehr. Gleiches gilt für die potentiellen Durchreiseländer Tschechien und Polen. Dennoch sollte man den Personalausweis sowie gegebenenfalls den Kinderausweis dabeihaben.

Klima und Reisezeit

Die stabilsten Wetterlagen und besten Fernsichten bietet der Herbst, im Winter sollte man die Schneeketten nicht vergessen und sich ein Bad in dampfenden Thermalwasserpools gönnen. Das spätere Frühjahr ist die angenehmste Zeit für Stadterkundungen, der Sommer lockt dagegen mit duftenden Bergwiesen.

Geld

2009 wurde die Slowakische Krone durch den Euro ersetzt. Geldautomaten für EC-Karten sind in allen größeren Ortschaften zu finden.
Zentralnummer für alle Kartensperren (EC- und Kreditkarten): 0049/116116.

Unterwegs mit dem Privatauto

Bei Einreise per Kraftfahrzeug sind die in Deutschland üblichen Papiere erforderlich, empfohlen wird die grüne Versicherungskarte. Sollte der Fahrer nicht gleichzeitig Fahrzeughalter sein, benötigt er dessen schriftliche Ermächtigung.
Das Straßennetz ist in einem guten Zustand, das kleine Land kann in jeder Richtung an einem Tag durchquert werden. Von Deutschland abweichende Regeln: Null-Promille-Regelung, Lichtpflicht für alle Fahrzeuge ganzjährig. Die Autoreisezüge sind sehr preiswert.

Unterwegs mit öffentlichen Verkehrsmitteln

Das Land weist akzeptable und sehr preiswerte Bahnverbindungen auf, mitunter hinterlassen die Waggons aber einen nos-

Unterwegs auf dem Dunajec

Freundliche Begrüßung in Rajecké Teplice

talgischen Eindruck. Es gibt viele Direktverbindungen mit Prag und moderne Triebwagen in der Hohen Tatra. Busse fahren auch in zahlreiche abgelegene kleine Orte, oft allerdings nur einmal am Tag pro Richtung. Bratislava und andere größere Städten haben ein gut ausgebautes Straßenbahn- und Busnetz.

Preisniveau
Das Preisniveau liegt in der Slowakei niedriger als in Deutschland, in Bratislava ist es jedoch höher als in den anderen Regionen des Landes.

Sicherheit
Die Slowakei ist ein ausgesprochen sicheres Reiseland.

Telefon
Vorwahl für die Slowakei: 00421. Danach folgen die Ortsvorwahl (bei Anrufen aus dem Ausland allerdings ohne vorangestellte Null) und die Teilnehmernummer. Die Ortsvorwahl ist stets dreistellig, nur Bratislava hat eine zweistellige: 02. Der Anruf ins Ausland entspricht den üblichen Standards (Deutschland 0049, Österreich 0043, Schweiz 0041, Polen 0048, Ungarn 0036). Alle Mobilfunk-Betreiber des deutschsprachigen Raumes haben Partner in der Slowakei. Im Funkschatten einsamer Gebirgsgegenden existieren kleine Lücken. Münztelefone ermöglichen nur Inlandsgespräche. Gegen Aufpreis vermitteln die meisten Hotels Telefonate. Die slowakischen Mobiltelefonnummern sind vierstellig und beginnen stets mit 09.

Notrufe (landesweit kostenlos):
Notarzt: 155.
Feuerwehr: 150.
Polizei: 158.
Pannendienst: 154.
Abschleppdienst: 124 oder 123.

Verständigung
Bei touristischen Dienstleistern kommt man in deutscher oder englischer Sprache zurecht. Mit Kenntnis einer anderen slawischen Sprache kann man die slowakische manchmal schon verstehen und wesentlich leichter lernen.

Unterkünfte
Außerhalb touristisch erschlossener Gebiete oft einfacher Standard zu günstigen Preisen, zur Winterferienzeit (insbesondere zum Jahreswechsel) mitunter deutliche Aufschläge. Flexible Autotouristen dürften keine Probleme haben, ohne Reservierung ein Quartier zu finden. Campingplätze gibt es in allen Landesteilen, sie haben recht unterschiedliches Niveau. Als Faustformel kann gelten, dass ein Doppelzimmer in ländlichen Pensionen zwischen 25 und 50, in einem Mittelklassehotel das Doppelte kostet.

Zeit
Es gilt wie in den deutschsprachigen Ländern die Mitteleuropäische Zeit (MEZ) einschließlich Sommerzeit (MESZ).

Individuell oder organisiert?
Die Slowakei eignet sehr gut für individuelle Touren; es gibt aber auch empfehlenswerte Reiseveranstalter (→ S. 371).

Herausragende Sehenswürdigkeiten

Nationalgalerie Bratislava

Seit einigen Jahren ist der Besuch der Nationalgalerie in der Hauptstadt Bratislava gratis. Gezeigt wird in vier Abteilungen europäische Kunst aus der Zeit vom 16. bis zum 18. Jahrhundert (→ S. 100).

Burg Arwa

Die Slowakei verfügt über unzählige Burgen und Burgruinen auf exponierten Felsen. Auch historische Gemäuer mit plüschiger Inneneinrichtung können Touristen an mehreren Orten besuchen. Die Kombination aus exponierter Burg und malerischem Mobiliar findet aber ganz klar mit der Burg Arwa ihren Höhepunkt im doppelten Sinne des Wortes. Das verwinkelte Bauwerk auf mehreren Felsebenen wurde etappenweise von mehreren berühmten Adelsfamilien errichtet. Nahezu zeitgleich diente es Franz Kafka für seinen Roman ›Das Schloss‹ und Friedrich Wilhelm Murnau als Kulisse für seinen Stummfilm-Klassiker ›Nosferatu‹ (→ S. 188).

Wassermühlen und Floßfahrten ▲▼

Das Binnenland ist nicht gerade für große Wasserflächen bekannt. Allerdings bieten ein Besuch einer Wassermühle im Donautiefland (→ S. 128) sowie eine Floßfahrt zwischen Felswänden im Norden (beispielsweise Pieniny, → S. 239) bleibende Erlebnisse.

Skansen Jahodnícke háje

Das größte der sieben Freigelände des Landes mit Beispielen traditioneller ländlicher Architektur liegt am südöstlichen Ende der Stadt Martin auf dem Hügel Jahodnícke háje. Historische Bauten wurden aus dem ganzen Land hierher versetzt. Meistens kann auch die originale Innenausstattung betrachtet werden (→ S. 221). Die anderen sechs derartigen Museen widmen sich ›nur‹ einzelnen Regionen.

Nationalpark Muráň ▲

Muráň, der wohl unbekannteste slowakische Nationalpark, lockt mit einer Wanderung zu einer besonders romantisch gelegenen Burgruine – alte Sagen und liebestolle Gespenster inklusive (→ S. 208).

Einsame Wanderwege durch Mittelgebirge ▾

Bekannte Wandergegenden sind Fatra und Tatra sowie das Slowakische Paradies mit seinen teilweise abenteuerlichen Schluchten. Das landesweit vorzüglich markierte Wanderwegenetz bietet aber auch in unbekannteren Bergzügen wunderbare Möglichkeiten. Als Ausgangspunkte abseits von Hauptstraßen und Touristenströmen können beispielsweise die Orte Čičmany (→ S. 171) und Oravská Lesná (→ S. 229) sowie die Umgebung des Stausees Starina im Polonny-Nationalpark (→ S. 349) empfohlen werden.

Überbleibsel karpatendeutscher Dialekte

Wer sich auf die Suche nach karpatendeutschen Dialekten begeben will, wird am ehesten in Chmeľnica (Hopgarten, → S. 238) und Medzev (Metzenseifen, → S. 318) fündig. Über 30 Gymnasien ermöglichen den Erwerb des Deutschen Sprachdiploms, zu Lehrern und Schülern dort findet man schnell Kontakt.

Rundblick vom Rysy

Den schönsten Rundblick über die Karpaten erlaubt der Rysy in der Hohen Tatra. Man muss für seine Besteigung einen ganzen Wandertag einplanen; angesichts dieser Tatsache ist er verhältnismäßig stark frequentiert. Als Gipfel direkt auf der slowakisch-polnischen Grenze kann er von beiden Ländern aus erobert werden (→ S. 257).

Bergsattel Čertovica

Der höchste befahrbare Pass des Landes liegt in der Mitte der Niederen Tatra. Er verbindet das obere Gran-Tal mit dem oberen Waag-Tal. Am Scheitelpunkt locken Wandermöglichkeiten mit Blaubeerwiesen. Abseits beleuchteter Städte funkeln die Sterne besonders intensiv. Einfach abends hier parken, mit der Taschenlampe den Kammweg betreten und die Glitzerwelt bestaunen! (→ S. 276)

Zwischen Levoča und Spišské Podhradie ▾

Unter den Eintragungen auf der UNESCO-Welterbeliste bietet die Gegend zwischen Levoča (→ S. 302) und Spišské Podhradie (→ S. 306) sicher die vielseitigsten Attraktionen: Levoča ist die hübscheste Kleinstadt des Landes, besitzt den höchsten gotischen Schnitzaltar der Welt und eine gut erhaltene Stadtmauer, die Burg Zips gilt als flächenmäßig größte Burgruine Mitteleuropas, es gibt Kirchen mit alten Fresken, einen Wallfahrtsort, einen Bischofssitz, Travertinhügel, eine beliebte Mineralwasserquelle und sogar einen Minigeysir.

Höhle Ochtiná

Die Höhle in Ochtiná gehört zu den drei einzigen Aragonithöhlen der Welt, Kristallbildungen wie hier kann man nur noch an zwei Orten in Lateinamerika besichtigen (→ S. 319).

Routenvorschläge

Die Slowakei eignet sich sowohl für Kultur-
wie für Aktivurlaube, für einen kürzeren
wie auch einen mehrwöchigen Aufenthalt.
Viele Slowakei-Urlauber besuchen das Land
wegen seiner Natur, Kulturtupfer werden
dabei gern ins Programm einbezogen, und
ein gelegentlicher Einkaufsbummel darf
auch sein. Dazu im folgenden einige Anregungen, ausführlicher die Internet-Darstel-
lungen des Autors: www.wege-nach-osten.
de/balkan-baltikum (Ideen für individuelle
Erkundungen) und www.wege-nach-osten.
de/karpaten-urlaub (Reiseprogramm in
kleiner Gruppe).

■ Burgruinen als ›roter Faden‹ einer (Auto-) Rundreise

Die Slowakei ist ein Land malerischer
Burgruinen, die meisten davon sind
rund um die Uhr frei zugänglich. Sie
stehen überwiegend in schöner Landschaft mit interessanter Flora und Fauna,
und von vielen Anlagen hat man einen
weiten Blick ins Umland. Auch an warmen
Tagen gibt es auf den Spitzen der Hügel
und Berge meistens etwas Wind. Wegen
der Vielzahl der Anlagen sind zwei oder gar
drei nicht allzu weit voneinander entfernt
liegende Ruinen oft an einem Tag zu schaffen, dazu sind die längeren Tage im Jahr
natürlich besonders geeignet. Ob einem
bei diesem flotten ›Abhaken‹ von Burgruinen vielleicht zu viele andere Sehenswürdigkeiten am Wegesrand entgehen, sollte
man jedoch überdenken.

■ Große (Auto-) Rundreise durch die Mittel- und Ostslowakei

Wer aus Nord- oder Ostdeutschland kommt
und sich vor allem für die Gebirge interessiert, könnte beispielsweise an Breslau
vorbei über Polen fahren und bei Oravská
Polhora in die Slowakei einreisen. Eine gute Idee für den Weg zurück wäre, den Autoreisezug nach Prag zu nutzen und dort
den Urlaub ausklingen zu lassen.
Allein mit einer gemütlichen Tour durch die
Landschaften und Städte – Banská Bystrica,

Rožňava, Košice, Humenné, Prešov, Bardejov, Levoča, zuletzt vielleicht ein Einkaufsbummel in Kežmarok oder Poprad – der
Mittel-und Ostslowakei könnte man etwa
fünf Wochen verbringen, dabei fehlen allerdings die Hauptstadt und die ungarisch
geprägten Tieflandgebiete im Westen. In
der Umgebung aller Quartierorte lassen
sich schöne Wanderungen durchführen,
viele Skansen und Schauhöhlen befinden
sich in Reichweite.

■ Städtereisen per Bahn

Für die insbesondere unter Studenten beliebten Bahnreisen durch mehrere Länder
sei hier als slowakischer Abschnitt die Route Prag– (oder Wien–) Bratislava–Banská
Bystrica–Košice (–Budapest) empfohlen.

■ Weitere Rundreisen

Konzept und Vermarktung der 267 Kilometer langen ›Slowakischen Straße der Gotik‹
(Gotická cesta) mit den wichtigsten Städten Rimavská Sobota (→ S. 211), Stará
Ľubovňa (→ S. 285), Spišská Nová Ves
(→ S. 308), und Rožňava (→ S. 315) wurden
mit deutschen Fördergeldern unterstützt.
Die Route führt durch die Regionen Zips
und Gemer.
Da sich anscheinend viele Aspekte der
Kleinen Karpaten mit der dortigen ›Weinstraße Kleine Karpaten‹ (seltener Kleinkar-
patischer Weinweg, Malokarpatská vínna
cesta, → S. 116) gut vermarkten lassen,
sind inzwischen eine ›Königliche Weinstraße Nitra‹ und ein ›Weinstraße Tokaj‹
hinzugekommen. Erstere umfasst vier Äs-
te von Nitra aus – zur Quelle des Flusses
Nitra, nach Topoľčianky und Rukanec, zur
Donau, nach Vrbové und Sered –, letztere
sieben kleine Gemeinden im Osten an der
ungarischen Grenze.
Deutsche Radwanderer wählen für ihre Touren als Ausgangspunkt oft Bratislava und
als Endpunkt die Hohe Tatra. Ein internationaler Ostkarpaten-Radwanderweg, der
die Ukraine, Rumänien, Polen und Ungarn
berührt, ist seit 2002 weitgehend fertig,
Teile der Strecke in der Slowakei sind iden-

PRZYSTAŃ FLISACKA
SROMOWCE NIŻNE
10 MIN.

P P N

PPN
T T K

KOSARZYSKA
1 1/2 GODZ.

PIENIŃSKI PARK NARODOWY

TURYSTO

TOBIE POWIERZAMY OPIEKĘ
NAD JEDNYM Z NAJPIĘKNIEJSZYCH
ZAKĄTKÓW W EUROPIE.

CHODŹ WYZNACZONYMI SZLAKAMI,
NIE SKRACAJ ŚCIEŻEK,
NIE NISZCZ SZATY ROŚLINNEJ:
NIE KALECZ DRZEW, NIE ZRYWAJ
KWIATÓW, NIE PŁOSZ, NIE CHWYTAJ
I NIE ZABIJAJ ZWIERZĄT,
NIE ŚMIEĆ, NIE HAŁASUJ,
NIE WPROWADZAJ PSÓW, NIE PAL
OGNISK, NIE RZUCAJ NIEDOPAŁKÓW.

USZANUJ MAJESTAT GÓR

APELUJEMY DO TWEGO HONORU
I SUMIENIA - UNIKAJ WSTYDU I KARY.

DYREKCJA PPN

OD 20.IV DO 31.X PŁATNE WSTĘPY
NA SOKOLICE I TRZY KORONY
BILET WSTĘPU WAŻNY W TYM SAMYM DNIU
NA OBYDWA SZCZYTY

OD 20.IV DO 31.X SA VYBERA VSTUPNÉ
NA SOKOLICU A TRI KORUNY
VSTUPENKA JE PLATNA NA OBIDVOCH VRCHOLOCH
AK SA NA NICH VSTUPUJE TEN ISTY DEŇ

20.IV TO 31.X ADMISSION FEE CHARGED
FOR SOKOLICA AND TRZY KORONY
USED IN THE SAME DAY ONE TICKET
VALID FOR BOTH PEAKS

Hinweise für Wanderer in den Pieniny

tisch mit der ›Straße der Gotik‹ (über Medzilaborce und Gelnica). Bei heißem Wetter
kann allerdings der schlechte Straßenbelag
in der Ukraine recht klebrig werden. Durch
die vielen Schleifen beträgt die Gesamtlänge etwa 1600 Kilometer.
Da für keines der Nachbarländer ein Visum
verlangt wird, kann man sich kurzfristig für
Länderkombinationen entscheiden. In Süd-
ostpolen schließen sich weitere Wanderge-
biete (Bieszczady) und alte Kleinstädte an,
in Ungarn ist es nicht weit in die Puszta
und zu den drei größten Städten des Landes (Budapest, Debrecen, Miskolc).

■ Wandervorschläge

In diesem Buch werden viele Wandervor-
schläge erwähnt und 20 davon ausführlicher beschrieben. Nach der neuen Be-
wertungsskala des Schweizer Alpen-Clubs
(SAC) bewegt sich der Schwierigkeitsgrad
maximal bei T3 (heikle Stellen können mit
Seilen oder Ketten gesichert sein), überwiegend aber haben die markierten Wanderwege das Niveau T1 (auch mit Turnschu-
hen geeignet).

■ Fernwanderwege

Die Europäische Wandervereinigung hat
bisher elf internationale Fernwanderwege
anerkannt, von denen der E3 und der E8
die Slowakei durchqueren. Derzeit ist der
E3 von Spanien bis Ungarn gut markiert,
der E8 bis zur Grenze zwischen Polen und
der Ukraine.
Der E3 (6950 Kilometer) ist in der Slowakei identisch mit dem ›Internationalen Bergwanderweg der Freundschaft‹
von Eisenach bis Budapest (2650 Kilometer), dem längsten und bekanntesten
Fernwanderweg im ehemaligen Ostblock.
Es ist geplant, den E3 vom Cabo de São
Vicente (Kap Sankt Vinzenz) an der Süd-
westspitze Portugals nach Istanbul zu führen. Dabei wird zweimal in der Slowakei
gewandert, zwischendurch schwenkt der
Weg nach Polen. Der erste Abschnitt in
der Slowakei führt vom Javorníky über
Rajecké Teplice in die Region Arwa, der

*Die Wanderwege sind vorzüglich
ausgeschildert*

zweite vom Dukla-Pass über Herľany zu
den Templiner Bergen.
Der E8 (4390 Kilometer) beginnt auf der
Insel Dursey im Südwesten Irlands und soll
ebenfalls einmal in Istanbul enden. In der
Slowakei führt er nicht nur durch schöne
Gebirge, sondern auch durch die drei größten Städte einschließlich der Hauptstadt.
Einbezogen ist der Kammweg in der Niederen Tatra, der in diesem Reiseführer als
Mehrtagestour ausführlich beschrieben
wird (→ ab S. 279).
Ein relativ neues Fernwanderweg-Projekt
koordiniert Dagmar Everding: Sie versucht
mit ihrem Netzwerk, eine ›Urwaldroute‹
von Rügen über den Nationalpark Hainich
entlang der tschechischen West- und Süd-
grenze bis in die Ukraine aufzubauen. Ihre Freunde vom Alpenverein fachsimpeln
gerade, wo genau es durch die Slowakei
gehen soll. Mitstreiter sind willkommen,
erste Entwürfe kann man unter www.car-
patroute.com finden.

Unterwegs mit Kindern

Kinder und Familien genießen in slawischen
Ländern traditionell ein hohes Ansehen. Öffentliche Spielplätze befinden sich trotz einfacher Ausstattung oft in gutem Zustand.

Die üblichen Touristenziele der Slowakei sind eher nicht für Ferien mit Kleinkindern in besonderer Weise geeignet. Mit beginnender Wanderlust der Kinder in den ersten Schuljahren aber steigt die Attraktivität des Landes als Urlaubsziel deutlich. Für ihr Interesse an der Natur werden die Kinder dann beispielsweise mit riesigen **Blaubeerwiesen** belohnt. Ebenfalls sehr familienkompatibel sind die vielen **Burgruinen** und die **Freilichtmuseen**. In der Pubertät wird die Slowakei wegen fehlender Partyareale und Stranddiskos dann wieder uninteressanter. Jugendliche mit sportlichen Ehrgeiz kann man vielleicht mit **Mehrtageswanderungen** (→ S. 279) locken.

Zoos gibt es in Bratislava (→ S. 91), Košice (→ S. 323), Bojnice (→ S. 182) und Spišská Nová Ves (→ S. 308). **Puppentheater** mit fester Spielstätte haben die Städte Bratislava (→ S. 91), Košice (→ S. 323), Banská Bystrica (→ S. 199), Žilina (→ S. 169) und Nitra (→ S. 143). Ein **Puppenspielmuseum** gibt es in Modrý Kameň (→ S. 210) bei Veľký Krtíš. Eine Fahrt mit der **Schmalspur-Waldeisenbahn** ist in Čierny Balog (→ S. 207), Vychylovka (→ S. 174) und Oravská Lesná (→ S. 229) möglich. **Floßfahrten** werden bei geeignetem Wasserstand angeboten im Pieniny (→ S. 289), bei Strečno (→ S. 215) und bei Oravský Podzámok (→ S. 232). In den letzten Jahren wurden einige **Thermalbäder** zu modernen Spaßbädern umgebaut.

Ein Urlaub ›im Osten‹ belastet das Familienbudget weit weniger als beispielsweise in Frankreich; die Preise für Unterkünfte, Restaurants, Eintritte und vieles anderes sind recht moderat. Als diesbezüglich extremes Beispiel wird ein günstiger **Campingurlaub im Pieniny** an der polnisch-slowakischen Grenze ausführlich empfohlen (→ S. 295). **Campingplätze** sind manchmal recht weitläufig und Lagerfeuer sind fast auf allen erlaubt.

Süßkram und Softdrinks bieten alle Kaufhallen in großer Auswahl, allerdings nicht billiger als bei uns. Die auch bei vielen Erwachsenen beliebte Pizza gilt als preiswerte warme Mahlzeit, stellenweise erreicht sie eine sehr gute Qualität. Entwarnung kann im Hinblick auf lästiges Kleingetier (Mücken, Zecken) mit Ausnahme weniger Sümpfe im Tiefland gegeben werden. Auch bezüglich Infektionskrankheiten geht es in der Slowakei nicht gefährlicher zu als in Deutschland. Es gilt die EU-Krankenversicherung und es gilt der Euro – alles ziemlich einfach also.

Im Skansen Pribylina

Über der Tatra blitzt es,
dröhnt des Donners Krachen!
Doch der Stürme Wehen
wird gar bald vergehen.
Brüder, wir erwachen.

Slowakische Nationalhymne

Nad Tatrou sa blýska
hromy divo bijú.
Zastavme ich bratia,
veď sa ony stratia,
Slováci ožijú.

Štátna hymna Slovenska

Der Dunajec im slowakisch-polnischen Grenzgebiet

Die Slowakei im Überblick

Offizielle Bezeichnung: Slovenská republika (Slowakische Republik).
Größe: 5,4 Millionen Einwohner auf 49 035 Quadratkilometern.
Lage: Binnenstaat in Mitteleuropa.
Zeit: Es gilt die Mitteleuropäische Zeit (MEZ) einschließlich Sommerzeit (MESZ).
Politisches System: Parlamentarische Demokratie.
Amtssprache: slowakisch.
Hauptstadt: Bratislava (417 000 Einwohner).
Weitere größere Städte: Košice (240 000 Einwohner), Prešov (90 000), Žilina (81 000), Banská Bystrica (79 000), Nitra (78 000), Trnava (66 000).
Minderheiten: Ungarn (11 Prozent), Roma, Tschechen, Ruthenen, Karpatendeutsche.
Internationale Verbindungen: Mitglied in über 50 Organisationen, in der NATO seit 29. März 2004, in der EU seit 1. Mai 2004.
Durchschnittliche Lebenserwartung: 71 Jahre bei Männern und 79 Jahre bei Frauen.
Arbeitslosigkeit: 14 Prozent (2012), starkes West-Ost-Gefälle, in Bratislava praktisch Vollbeschäftigung.
Bruttoinlandsprodukt pro Kopf 12 057 (2012).
Durchschnittliches Monatseinkommen: 824 Euro (2013).

Die slowakische Flagge

Inflationsrate: 2011 und 2012 3,9 bzw. 3,6%, aktuell etwa 2%.
Bodenschätze: Braunkohle, Antimon, Quecksilber, Eisenerz, Kupfer, Blei, Zink, Erdgas.
Landwirtschaft: Kartoffeln, Weizen, Roggen, Mais, Wein.
Industrie: Stahl, Aluminium, Chemie, Zement, Auto- und Maschinenbau, Rüstung, Konsumgüter.
Größter Industriekomplex: Ostslowakische Eisenhüttenwerke (VSŽ, gehört zum Konzern U. S. Steel) bei Košice, Volkswagen Slovakia und Slovnaft.
Wichtigste Außenhandelspartner: Deutschland (je etwa ein Viertel der Im- und Exporte), Tschechien, Russland (vorwiegend Import), Österreich und Italien.
KFZ-Kennzeichen: SK.
Landesvorwahl: 00421.
Internetkennung: sk.
Touristenattraktionen: Gebirge mit ausgezeichnetem Wanderwegenetz, Skipisten, Burgen, Freilichtmuseen, Tropfsteinhöhlen, Thermalbäder, Kuranlagen, Weinbaugebiete, Folklorefestivals.
UNESCO-Welterbe: Spišský hrad (Burg Zips) und verbundene Kulturdenkmale (seit 1993, erweitert 2009), Banská Štiavnica mit den technischen Denkmalen der Umgebung (seit 1993), Vkolínec bei Ružomberok (seit 1993), Höhlen des Slowakischen Karstes (länderübergreifend mit Ungarn, seit 1995, erweitert 2000 und 2008), Bardejov (seit 2000), Buchenurwälder in den Karpaten (länderübergreifend mit der Ukraine, seit 2007), Holzkirchen in den Karpaten (seit 2008), das Volksmusikinstrument Fujara.

In Partizánska Ľupča

Geographie

Die Landesfläche beträgt 49035 Quadratkilometer. Das entspricht etwa der Größe von Niedersachsen, Dänemark oder Estland. Die längsten Grenzen existieren zu Ungarn und Polen. Höchste Erhebung ist der Gerlachovský štít (2655 m), der tiefste Punkt liegt am Fluss Bodrog (94 m).

Das Klima ist subkontinental, die Temperaturunterschiede zwischen Tag und Nacht sowie zwischen Sommer und Winter sind ausgeprägter als in vergleichbaren Höhenlagen des deutschsprachigen Raumes. Der kälteste Punkt befindet sich auf dem Lomnický štít mit einem Jahresdurchschnitt von minus 3,7, der wärmste bei Štúrovo mit 10,4 Grad Celsius.

Klima und Reisezeit

Das Klima ist dem in Mittel- und Ostdeutschland recht ähnlich, auch die Slowakei ist weitgehend vom Kontinentalklima geprägt. Natürlich gibt es spürbare Unterschiede zwischen den tiefer gelegenen Landesteilen und den Bergregionen. Die stabilsten Wetterlagen und besten Fernsichten bietet der Herbst, im Winter sollte man die Schneeketten nicht vergessen und sich ein Bad in dampfenden Thermalwasserpools gönnen, bis in den März hinein ist in vielen Gebieten Wintersport möglich. Das spätere Frühjahr ist die angenehmste Zeit für Stadterkundungen, der Sommer lockt dagegen mit duftenden Bergwiesen.

Gebirge

Die vielen schönen Berglandschaften sind eine Hauptattraktion der Slowakei. Sie bedecken 71 Prozent der Landesfläche. Im Wesentlichen wird das Relief durch den Karpatenbogen geprägt. Dieses Faltengebirge aus dem Tertiär beginnt bei Bratislava und zieht sich halbkreisförmig entlang der slowakisch-polnischen Grenze über die Westukraine bis an die rumänisch-serbische Grenze. In all diesen Ländern stellen die Karpatenberge jeweils die höchsten Erhebungen dar.

Der Veľký Rozsutec in der Kleinen Fatra

Es folgt eine Auflistung der schönsten Aussichtspunkte in der Slowakei fern von Industrieanlagen und Verkehrsgeräuschen. Auf den ersten Blick verwundert die geringe Präsenz des bekanntesten Gebirges, der Hohen Tatra. Aber die Wanderwege in diesem Gebirge führen zum großen Teil durch die Täler, keiner der in das Wanderwegenetz eingebundenen Berge ist höher als 2500 Meter. Eine weitere Besonderheit der Hohen Tatra sind die vielen hochgelegenen Bergseen. Durch Austrocknungs- und Moorbildungsprozesse nimmt ihre Zahl jedoch allmählich ab.

Die schönsten Aussichtspunkte

Gebirge	schönste Aussichtspunkte
Malé Karpaty (Kleine Karpaten)	Vápenná (752 m)
Štiavnické vrchy (Schemnitzer Berge)	Sitno (1009 m)
Vtáčnik (Vogelgebirge)	Vtáčnik (1346 m)
Javorníky	Veľký Javorník (1071 m)
Malá Fatra (Kleine Fatra)	Veľký Rozsutec (1610 m)
Veľká Fatra (Große Fatra)	Ostredok (1592 m), Ploská (1532 m), Tlstá (1373 m)
Horná Orava (Arwa-Bergland)	Babia hora (1725 Meter, polnische Grenze)
Chočské vrchy	Veľký Choč (1611 m)
Západné Tatry (Westliche Tatra, Roháče-Massiv)	Osobitá (1687 m), Sivý vrch (1805 m), Ostrý Roháč (2084 m), Pačlivé (2126 m), Volovec (2063 m)
Západné Tatry (Westliche Tatra, Liptauer Alpen)	Bystrá (2248 m), Jakubiná (2193 m)
Vysoké Tatry (Hohe Tatra)	Kriváň (2494 m), Rysy (2499 m, polnische Grenze), Východná Vysoká (2428 m)
Belianské Tatry (Belaer Kalkalpen)	Ždiarska vidla (2148 m)
Nízke Tatry (Niedere Tatra)	Salatín (1634 m), Chabenec (1955 m), Ďumbier (2043 m), Homôľka (1660 m), Kráľova hoľa (1946 m)
Muránska planina	Kľak (1409 m)
Slovenský raj (Slowakisches Paradies)	Havrania skala (1153 m)
Slovenské Rudohorie (Slowakisches Erzgebirge)	Kojšovská holá (1246 m), Veľká Knôla (1266 m), Sivec (781 m, über dem Stausee Ružín)
Čergov	Veľká Javorina (1099 m)
Vihorlat	Sninský kameň (1005 m)

Höhlen und Gesteine

In der Slowakei gibt es eine Vielzahl von Höhlen, besonders sehenswerte liegen in den Karstlandschaften. Bestandteile von Karstgesteinen (Kalke, Dolomite) lösen sich in saurem Wasser und setzen sich bei der Bewegung der Tropfen wieder ab. Von der Decke wachsen die nadelförmigen Stalaktiten und vom Boden die kegelförmigen Stalagmiten; mitunter bilden sich richtige Steingardinen. In manchen Höhlen sind unterirdische Seen und Wasserläufe oder ganzjährig Eisgebilde zu bewundern, andere beherbergen bunte oder filigrane Kristalle. Auch Skelettreste inzwischen ausgestorbener Tiere wurden gefunden. Alte Knochen sowie prähistorische Keramikscherben sind mitunter bereits von Tropfsteinablagerungen eingeschlossen.

Insgesamt gibt es mehrere tausend Höhlen, selbst die offiziellen Zahlen sind uneinheitlich. Sicherlich kann der Begriff Höhle unterschiedlich interpretiert werden, aber sogar die niedrigsten Werte bewegen sich im vierstelligen Bereich. Zwölf der berühmtesten Höhlen können bei Führungen besucht werden, drei weitere sind mit Anmeldung zugänglich. Kleinere Höhlen liegen teilweise völlig unbeschildert und ungesichert an Felswänden. Ein gutes Beispiel dafür ist die Höhlenschlucht Silická Ľadnica. Das Alter ihrer ganzjährigen Eisschicht wird auf ›nur‹ 2000 Jahre geschätzt. Dieser natürliche Kühlschrank ist frei über einen Wanderweg zugänglich. Auch gibt es an Karstfelsen torartige Gebilde (brána) und andere malerische Formen. Eine zentrale Verwaltung für zwölf Schauhöhlen existiert seit 1970 in Liptovský Mikuláš, drei weitere Höhlen werden seit wenigen Jahren von lokalen Vereinen betrieben.

Mitunter haben sich Flüsse regelrecht in Gebirge eingesägt. Die beiden größten dieser Flussdurchbrüche (prielom) an Dunajec und Hornád ziehen große Touristenströme an, die kleineren sind dagegen kaum bekannt. Auch das Tal der Waag (Váh) im Bereich der Kleinen Fatra kann man als Flussdurchbruch bezeichnen. Die stark frequentierten Verkehrswege an dieser Stelle beeinträchtigen aber die Romantik.

Das Grundgestein der Tatra ist stark zerklüfteter Granit. Südlich des Karpatenbogens befinden sich mehrere Vulkangebirge, im Cerover Gebirge zeugen besonders gut sichtbare Basaltsäulen von ehemaligen Ausbrüchen.

Tropfsteinhöhle Krásna Hôrka bei Rožňava

Schauhöhlen in der Slowakei

Höhle	Führung (Länge, Dauer)	Temperatur (°C)
Kleine Karpaten		
Driny	450 m, 35 Min.	7
Tatra und Umgebung		
Izbica Harmanec	1020 m, 80 Min.	6
Bystrá	545 m, 45 Min.	6
Höhle der toten Fledermäuse	nach Anmeldung, verschiedene Trassen	3
Friedenshöhle Demänová	in Planung	
Freiheitshöhle Demänová	A: 1145 m, 60 Min.; B: 2150 m, 100 Min.	7
Eishöhle Demänová	850 m, 45 Min.	1
Važec	325 m, 35 Min.	7
Liptovský Ján	410 m, 50 Min.	7
Belá	1275 m, 70 Min.	6
Bachureň		
Lipovce	40 Min.	7
Slowakisches Erzgebirge		
Eishöhle Dobšiná	515 m, 40 Min.	-2
Aragonithöhle Ochtiná	585 m, 45 Min.	7
Krásna Hôrka	450 m (gemäß Absprache)	9
Eishöhle Silica	wenige Meter frei zugänglich	-1
Gombasek	539 m, 35 Min.	9
Domica (längere Variante mit unterirdischer Bootsfahrt)	A: 780 m, 45 Min.; B: 1560 m, 85 Min.	11
Jasov	720 m, 45 Min.	9

Gewässer, Heilquellen und Kurbäder

Die Slowakei ist ein Binnenstaat. Das Regenwasser gelangt zum größten Teil über die Nebenflüsse der Donau in das Schwarze Meer. Außer der Donau erreichen die Flüsse des Landes keine besonders eindrucksvolle Breite. Historische Höchststände mit katastrophalen Schäden in den anliegenden Ortschaften und landwirtschaftlichen Flächen erreichte die Donau unter anderem 1965 und 2002, Überschwemmungen kommen aber auch in anderen Landesteilen vor. Die Städ-

Land und Leute

Kurbad Čiž bei Rimavská Sobota

te der Mittel- und Ostslowakei sind wenig durch ihre Flüsse geprägt. In Banská Bystrica spürt man den Hron ebenso wenig wie in Košice den Hornád, selbst das Flussbett des Poprad mitten durch Poprad lädt wenig zum flanieren ein.

Im 20. Jahrhundert wurden mehrere Stauseen angelegt, die teilweise die Namen der in den Fluten versunkenen Ortschaften erhielten. Die Stauseen sollen vor allem der Wasserstandsregulierung und der Energiegewinnung dienen. Im Binnenland Slowakei entwickelten sich die größeren Stauseen fast automatisch zu Wassersportgebieten, sie besitzen meistens auch Badestrände. Die drei mit Abstand größten Stauseen haben jeweils etwa 350 Millionen Kubikmeter Volumen. Darüber hinaus gibt es im Übergangsbereich zwischen Gebirgen und Tieflandgebieten noch eine Reihe kleinerer Stauseen (Kráľová, Síňava, Nová Bystrica, Málinec, Ružín, Starina).

Bemerkenswert ist der Reichtum der Slowakei an Thermalquellen, die zum größten Teil durch Vulkanaktivitäten im Tertiär entstanden. ›Das slowakische Meer liegt unter der Erde‹, verkünden Werbeschriften daher selbstbewusst. Zusätzlich zu über 1300 natürlichen Quellen mit Temperaturen von bis zu 92 Grad Celsius ist beispielsweise der Aquapark Tatralandia dadurch entstanden, dass diese Naturschätze zielgerichtet angebohrt wurden. Die Verwendung natürlicher Heilwasser stellt eine uralte Therapieform dar, ihre medizinische Wirksamkeit ist wissenschaftlich erwiesen. Auf dieser Grundlage entwickelten sich zahlreiche spezialisierte Kureinrichtungen; Badekuren in der Slowakei sind bereits ab dem 14. Jahrhundert belegt.

Die mit Abstand bekanntesten Kurbäder sind Piešťany (2400 Sanatoriums-Betten), Trenčianske Teplice (1150 Betten) und Bardejovské Kúpele (1250 Betten). In diesen Orten gibt es besonders schöne Kurhäuser aus dem 19. Jahrhundert. Es folgen Sliač (800 Betten) und Dudince (700 Betten). Auch die Hohe Tatra verfügt über Kureinrichtungen. Die jeweiligen Kuranlagen befinden sich überwiegend in einem autofreien Stadtviertel mit zentralem Parkplatz davor.

Zahlreiche Reiseveranstalter organisieren Kur-Komplettpakete, die Behandlungen, Übernachtungen, Mahlzeiten, Ausflüge sowie eventuell An- und Abreise umfassen. Die Therapieeinrichtungen können jedoch auch stunden- oder tageweise genutzt werden.

Dutzende große Bäder werden von Thermalquellen gespeist. Das bereits 1937 eröffnete Thermalfreibad Zelená žaba (Grüner Frosch) in Trenčianske Teplice zählt als herausragende Verknüpfung von Bauhaus-Architektur und Landschaft. Manche Badestellen mit Thermalwasser sind sogar gratis nutzbar. An einigen Mineralquellen haben sich Parkplätze mit frei zugänglichen ›Abfüllpunkten‹ entwickelt, an denen Einheimische ihr Auto mit mehreren Kanistern beladen. Die bekannteste derartige Stelle befindet sich neben der Landstraße bei Spišské Podhradie.

Etwa seit der Jahrtausendwende und verstärkt seit dem EU-Beitritt werden Thermalbäder und Kuranlagen durch moderne Spaßbäder ergänzt. In vielen Fällen wurden bestehende Bäder entsprechend modernisiert, andere wie ›Tatralandia‹ wurden völlig neu errichtet. Von diesen ging das 2005 eröffnete ›Aulandia‹ in Bratislava allerdings nach knapp zwei Jahren in Konkurs – die Eintrittspreise konnten sich viele Familien nicht leisten.

In letzter Zeit macht die Slowakei-Werbung verstärkt auf Kombinationsmöglichkeiten von Thermalwasser und Wintersport aufmerksam. Man kann über die Piste sausen und sich anschließend ins Heilwasser legen und vom warmen Bad aus auf schneebedeckte Berge schauen.

Piešťany an der Waag ist das bekannteste Kurbad des Landes

Übersicht: Flüsse und Stauseen

Fluss	Länge im Landesgebiet	Mündung
Donau (slowakisch Dunaj, ungarisch Duna)	170 km, größtenteils Grenzfluss	Schwarzes Meer
March (slowakisch Morava)	100 km, nur Grenzfluss	Donau
Waag (slowakisch Váh)	405 km	Donau
Orava (Arwa)	60 km	Waag
Nitra (Neutra)	200 km, viele Industrieabwässer	Donau
Hron (Gran)	290 km	Donau
Eipel (slowakisch Ipeľ, ungarisch Ipoly)	230 km, größtenteils Grenzfluss	Donau
Theiß (slowakisch Tisa, ungarisch Tisza)	5 km	Donau
Hornád (Kundert oder Hernad)	210 km	Theiß
Laborec (Laborz)	130 km	(heißt Bodrog nach Zusammenfluss mit Ondava) Theiß
Ondava (Ondau)	150 km	(heißt Bodrog nach Zusammenfluss mit Laborec) Theiß
Dunajec (Dunajetz)	17 km, nur Grenzfluss	über die Weichsel (Wisła) in die Ostsee
Poprad (Popper)	150 km, teilweise Grenzfluss	Dunajec

Stausee/Bauzeit	Fluss	Fläche, Bemerkungen
Liptovská Mara, 1970–1975	Waag (Váh)	22 qkm, 43 m tief, gut über die Autobahn erreichbar
Orava, 1941–1954	Orava	35 qkm, 38 m tief, mit Inselkirche
Ružin, 1963-1070	Horád	4 qkm
Veľká Domaša, 1962–1966	Ondava	14 qkm, 25 m tief, 23 Fischarten
Zemplinská širava, 1961–1965	mehrere Bäche aus dem Vihorlat	33 qkm, 14 m tief, flache Ufer, mehrere Campingplätze

Land und Leute

EXTRA

Die wichtigsten historischen Landschaftsbezeichnungen

Für einige slowakische Regionen werden bis heute Bezeichnungen verwendet, die nichts mit den aktuellen verwaltungstechnischen Einteilungen zu tun haben, sondern historisch gewachsen sind. Oft gehen sie auf die Komitatsbezeichnungen zurück, die für Bezirke im ehemaligen Königreich Ungarn etabliert wurden, die wiederum oft identisch mit einer durch natürliche Barrieren abgegrenzten Landschaft waren. Der bekannteste derartige Name lautet Zips. Die Zips ist reich an geschichtsträchtigen Bauten von der Burg Zips bis zu bekannten historischen Stadtzentren. In Spišská Nová Ves hatte der Bund der 16 Zipser Städte seinen Sitz, letzte Komitatshauptstadt der Zips vor Gründung der Tschechoslowakei war allerdings Levoča. Wo aber liegt die Zips genau?

Zum Verständnis kulturhistorischer Zusammenhänge kann die folgende grobe Übersicht der wichtigsten historischen Landschaftsbezeichnungen dienen; sie ist alphabetisch geordnet.

Arwa (slowakisch Orava, ungarisch Árva, polnisch Orawa): zwischen Dolný Kubín und polnischer Grenze.

Gemer-Kleinhont (slowakisch Gemer, ungarisch Gömör): zwischen Muraň und ungarischer Grenze, mit Rožňava und Rimavská Sobota als größeren Städten.

Hauerland: kein Komitat, sondern eine volksläufige Bezeichnung für die ehemaligen deutschen Sprachinseln bei Kremnica.

Hont: zwischen Banská Štiavnica und ungarischer Grenze.

Kischütz und Javornik: Landschaften in der Nordwestecke der Slowakei, gehörten zum Komitat Trenčín.

Liptau (slowakisch Liptov, ungarisch Liptó): rund um Liptovský Mikuláš (Obere Liptau) und Ružomberok (Untere Liptau), im Süden bis zum Hauptkamm der Niederen Tatra.

Neuburg (slowakisch Novohrad, ungarisch Nógrád): überwiegend in Ungarn, in der Slowakei rund um Lučenec.

Scharosch (slowakisch Šariš, ungarisch Sáros): zwischen Prešov und polnischer Grenze.

Semplin (slowakisch Zemplín, ungarisch Zemplén): im Tourismusmarketing der Slowakei unterteilt in die Gegend zwischen Medzilaborce und Humenné einschließlich Svidník (Obersemplin) und die Gegend rund um Trebišov mit den Naturschutzgebieten Vihorlat und Latorica (Untersemplin), ein großer Teil des Komitates einschließlich des ehemaligen Verwaltungssitzes Sátoraljaújhely (deutsch Neustadt am Zeltberg, slowakisch Nové Mesto pod Šiatrom) gehört zu Ungarn.

Sohl (slowakisch Zvolen, ungarisch Zólyom): zwischen Zvolen, wo die Burg Pustý hrad erstes Verwaltungszentrum des Komitates war, Banská Bystrica und Brezno, heute unterteilt in die Tourismusregionen Podpoľanie (unterhalb Poľana) und Horehronie (oberes Gran-Tal).

Turz (slowakisch Turiec, ungarisch Turóc): rund um Martin.

Ung: liegt mit Ausnahme eines kleinen Zipfels bei Sobrance heute in der Ukraine.

Zips (slowakisch Spiš, ungarisch Szepes): neben Spišská Nová Ves und Levoča gehören Kežmarok und Stará Ľubovňa dazu, nach Westen reicht das Gebiet bis über Poprad hinaus, ein kleiner Zipfel am Dunajec liegt heute in Polen.

Flora und Fauna

Knapp 40 Prozent der Landesfläche sind bewaldet. Damit ist die Slowakei das waldreichste Land Mitteleuropas. In den höheren Gebirgslagen dominiert die Fichte, außerdem gibt es vielerorts Buchen und Eichenwälder, und westlich der Kleinen Karpaten existiert ein größeres Territorium mit Kiefern. Einige Wälder werden nicht bewirtschaftet und sollen als Urwälder bestehen bleiben: Badín südwestlich von Banská Bystrica, Dobroč südlich von Brezno, Vihorlat nördlich vom Zemplinská širava.

Auch botanisch eher uninteressierten Touristen werden die prächtigen Bergwiesen auffallen. Nach der Schneeschmelze sind viele Hänge mit Krokussen übersät, zahlreiche Wiesen weisen eine hohe Arten- und Exemplarzahl von Heilkräutern auf. In den Tieflandgebieten fühlt man sich mitunter in Klischeebilder von Ungarn versetzt. Es gibt endlose Mais- und Sonnenblumenfelder, ungenutzte Flächen weisen oft Trockenrasen-Charakter auf oder sind in Flussnähe sumpfig. Schöne Auwälder gibt es an der Donau und an der March.

Ein besuchenswerter Park mit alten Bäumen befindet sich bei Tesárske Mlyňany. Weitere Gehölzgärten besitzen Banská Štiavnica (Kysihýbel) und Zvolen (Borová hora). Der schönste unter den wenigen großen Schlossparks liegt in Betliar. Dickster Baum der Slowakei ist eine etwa 700 Jahre alte Linde im Kurpark von Bojnice. Es gibt einige schöne Alleen in der Slowakei; sie sind vor allem im Donautiefland zu finden.

Nicht unerwähnt soll der Pilz- und Beerenreichtum der Wälder bleiben. Schon zur Sommerferienzeit kommen Urlauber mit mehreren Säckchen getrockneter Steinpilze zurück, als besonders ergiebig gelten die Umgebungen von Šaštín-Stráže und Važec. Hobbyköche können in der Slowakei ihren Vorrat an Wacholderbeeren aufstocken.

Hochstielige Enzianart in der Niederen Tatra

Der zierliche Augentrost

In jüngster Zeit mehren sich die Klagen über Bären und Wölfe, deren Zahl auf 600 beziehungsweise 200 Tiere geschätzt wird. Bienenzüchter beschweren sich über existenzbedrohende Schäden, die hungrige Bären anrichten. Bären ›untersuchen‹ auch Mülltonnen bei Tourismuseinrichtungen, zu Zusammenstößen mit Menschen kommt es aber selten. Verschiedene Naturschutzgruppen bemühen sich, die Interessen von Tier und Mensch auszutarieren und Wege für ein möglichst konfliktfreies Nebeneinander aufzuzeigen. Außerdem wohnen Murmeltiere, Luchse und Wildkatzen in der Slowakei.

Nationalparks und Landschaftsschutzgebiete

Die neun Nationalparks (národný park) und weiterer Landschaftsschutzgebiete (chránená krajinná oblasť) bedecken 20 Prozent der Landesfläche; das ist im europäischen Vergleich ein guter Wert. Nächste Anwärter für Großschutzgebiete sind der Bergrücken Čergov und das Gebiet Choč, auch gibt es Initiativen für eine Aufwertung bestehender Landschaftsschutzgebiete zu Nationalparks. Die Nationalparks verfügen alle neben ihrem Kernbereich mit strengen Vorgaben über einen Schutzgürtel, die einen Übergangsbereich darstellen. Außerdem gibt es zwölf Feuchtgebiete, die die Kriterien der internationalen Ramsar-Konvention erfüllen.

Lange versuchten einige Interessengruppen, trotz absehbarer Schäden die Olympischen Winterspiele in die Tatra zu holen. Recht weit waren schon Planungen der Slowaken gediehen, sich gemeinsam mit Polen für 2022 zu bewerben. Ein Referendum in Krakau 2014 brachte das hoffentlich endgültige Aus: 70 Prozent stimmten mit Nein.

Weite Teile des Landes stehen unter Naturschutz

Übersicht: Nationalparks

Nationalpark (NP) oder wichtiges Landschaftsschutzgebiet, eventuell geläufige Abkürzung; Nationalpark- plus Schutzgürtelfläche in Quadratkilometern; Besonderheiten

Malé Karpaty (Kleine Karpaten), CHKOMK

Záhorie (zweigeteilt)

Biele Karpaty (Weiße Karpaten, zweigeteilt, grenzt an einen NP in Tschechien)

Kysuce (Kischütz, zweigeteilt, grenzt an einen NP in Tschechien), CHKOK

Strážovské vrchy (Rajetzer Berge)

Ponitrie, CHKOPO

Štiavnické vrchy (Schemnitzer Berge), CHKOŠV

Vulkankegel Poľana, CHKOP

Malá Fatra (Kleine Fatra, NP seit 1988, Sitz in Varin), NAPAMF; 226+233; Váh mit Mäander

Veľká Fatra (Große Fatra, NP seit 2002, Sitz in Belá-Dulice), NPVF; 404+261; Eibe, Bär, Luchs

Horná Orava (Arwa-Bergland, grenzt an einen NP in Polen), CHKOHO

Muránska planina (NP seit 1997, Sitz in Revuca), NAPAMP; 203+217; halbwilde Pferde

Slovenský raj (Slowakisches Paradies, NP seit 1988, Sitz in Spišská Nová Ves), NAPASR; 198+130; Hornád; Schluchten mit Kletterleitern

Nízke Tatry (Niedere Tatra, NP seit 1978, Sitz in Banská Bystrica, zweigeteilt), NAPANT; 728+1240; Hron, große Höhlen, alpine Wiesen, langer Kammwanderweg

Tatry (Westliche und Hohe Tatra mit Belaer Kalkalpen, NP seit 1949, Sitz in Tatranska Lomnica, grenzt an einen NP in Polen), TANAP; 741+366; höchste Karpatenberge, zahlreiche Bergseen, Gämse

Pieniny (Pieninen, NP seit 1967, auch Biospärenreservat, Sitz in Červený Kláštor, geht in einen NP in Polen über), PIENAP; 37+223; lange Flößertradition auf dem Dunajec, Holzkirchen

Cerová vrchovina

Slovenský kras (Slowakischer Karst, NP seit 2002, auch Biosphärenreservat, grenzt an einen NP in Ungarn), CHKOSK; 346+117; große Höhlen auf UNESCO-Welterbeliste, viele kleine Höhlen, Greifvögel

Východné Karpaty und Poloniny (Östliche Karpaten, NP seit 1997, Sitz in Stakčín, gehört zu einem trilateralen NP mit Polen und der Ukraine); 235+171; Buchenurwälder auf UNESCO-Welterbeliste, Wolf, Elch, Holzkirchen

Vihorlat, CHKOV

Latorica

Dunajské luhy (Donausumpfwiesen gegenüber von Gabčíkovo); 123 (größte Schutzfläche nach den Kriterien der Ramsar-Konvention)

Staat und Bevölkerung

Klassische Gebietsbezeichnungen der Slowakei spiegeln sich seit langem nicht mehr in den Namen der Verwaltungsbezirke wider. In der Tschechoslowakei gab es eine Dreiteilung (West-, Mittel-, Ostslowakei); viele Informationsschriften für Touristen sind noch heute so gegliedert. Allerdings werden bei dieser Einteilung die Tatragebirge auseinandergerissen.

Nach der Selbständigkeit 1993 wurden die Verwaltungseinheiten der Slowakei neu gebildet. Die Grenzen der Dreiteilung sind nicht komplett in den Grenzen der jetzigen acht Verwaltungsbezirke (Bratislava, Nitra, Trnava, Trenčín, Žilina, Banská Bystrica, Košice, Prešov) wiederzufinden. Ebenso wurden 79 Kreise neu zugeschnitten. 2001 beschloss das Parlament eine weitere Verwaltungsreform. Diese Dezentralisierungsmaßnahmen sollen auf kommunaler Ebene vor allem zu mehr Selbstverwaltung und Bürgernähe führen. Entsprechende Kriterien waren von der EU als Beitrittsbedingung vorgegeben worden.

Die Bevölkerung konzentriert sich in Tieflandgebieten und den Flusstälern. Einige Städte wie Prešov sind in der Nachkriegszeit schnell gewachsen.

Nationale Symbole: Wappen, Farben, Hymne

Das Nationalwappen

Das Nationalwappen zeigt auf einem roten frühgotischen Schild drei blaue Hügel, deren mittlerer ein silbernes Patriarchenkreuz trägt. Die Hügel sollen Mátra, Tatra und Fatra darstellen. Tatra und Fatra sind bekannt – aber was ist Mátra? Dieser flächenmäßig eher bescheidene Bergzug ist komplett außerhalb des heutigen Staatsgebietes in Nordungarn zu finden; dort stellt er mit dem Kékestetö (1014 m) den höchsten Berg des Landes. Dieser liegt bei Gyongyös, also ziemlich genau in der Mitte zwischen den beiden Städten Budapest und Miskolc. Das Wappen entstand, als die Slowakei noch einen Teil von Ungarn bildete; daher diese Symbolik.

Panslawische Farben

Im Jahr 1848 wurde auf dem panslawischen Kongress in Prag die Farbkombination Weiß-Blau-Rot als Zeichen für eine Zusammengehörigkeit der slawischen Völker beschlossen. Vorbild war die Flagge der Niederlande. Dieses tüchtige kleine Land hatte den russischen Zaren Peter den Großen sehr beeindruckt. Wegen der nun entstandenen Vielzahl von Flaggen in Weiß-Blau-Rot fügten viele Staaten zusätzlich meistens etwas links versetzt ihr Wappen ein. Bei der Landesteilung behielten die Tschechen die Flagge der Tschechoslowakei von 1920, während die Slowaken auf eine ältere Streifenanordnung zurückgriffen.

Die Nationalhymne

Die Melodie der Hymne ›Nad Tatrou sa blýska‹ (Über der Tatra blitzt es) geht auf das Volkslied ›Kopala studienku‹ (Sie grub ein Brünnlein) zurück; der Text stammt von Janko Matúška (1821–1877). Öffentlich bekannt wurde das Lied bei einem Protestzug von Studenten 1984.

Slowaken und Minderheiten

Die Bevölkerungsdichte – etwa 112 Einwohner pro Quadratkilometer – ist vergleichbar mit der in Ungarn, Frankreich und Portugal. Das Land stellt in der EU etwa 1,5 Prozent der Bevölkerung. 85,8 Prozent der 5,3 Millionen Einwohner sind Slowaken. Bis zur Industrialisierung waren sie traditionellerweise vor allem in der Landwirtschaft und im Baugewerbe tätig; so errichteten sie beispielsweise die Wiener Oper und das Budapester Parlament. Während der Existenz der Tschechoslowakei gab es viele slowakisch-tschechische Mischehen; ihre Zahl nimmt in jüngster Zeit ab. 1999 wurde nach einigen Jahren nationalistisch geprägter Politik endlich ein Gesetz verabschiedet, das den anderen Volksgruppen im Land angemessene Rechte einräumt.

Die Gebiete unmittelbar an der nordöstlichen Landesgrenze sind Siedlungsschwerpunkt der Ruthenen (lateinisch Ruthenia = Russland), die den ukrainischen Volksgruppen der Lemken und Bojken nahestehen. Sie selbst nennen sich Rusini. Ihre Herkunft ist unklar, sogar innerhalb dieser Volksgruppe gibt es dazu unterschiedliche Meinungen. Mitunter werden die Ruthenen als eigenes Volk angesehen. Ihre wahrscheinlich allmählich aussterbende Sprache weist einige Unterschiede zum Ukrainischen auf und wurde erst in letzter Zeit verstärkt aufgezeichnet. Der Bevölkerungsanteil von Ruthenen und Ukrainern im Land beträgt 0,6 Prozent, ihr kulturelles Zentrum ist die Stadt Prešov. Die abgelegenen Bergwaldsiedlungen im östlichen Landesteil zählten in den Anfangsjahren der Tschechoslowakei zu den rückständigsten Gebieten Europas. Gleiches galt für das angrenzende polnische Bieszczady. Bis heute liegt in den östlichsten Teilen der Slowakei die Arbeitslosigkeit weit über und das Einkommen weit unter dem Landesdurchschnitt.

Westlich und östlich der Hohen Tatra existieren einige von der polnischen Volksgruppe der Goralen (polnisch góra = Berg) geprägte Dörfer. Das bekannteste davon ist Ždiar. Der polnische Bevölkerungsanteil in der Slowakei beträgt jedoch weniger als 0,1 Prozent.

Vor dem Zweiten Weltkrieg gab es größere jüdische Gemeinden im Land. Über 60 000 Juden wurden ab 1942 deportiert und ermordet. Die heutige Existenz von Synagogen sowie Kultureinrichtungen und Gedenkstätten kann die Bedeutung der Juden in der Landesgeschichte nur ansatzweise wiedergeben. Ihr derzeitiger Bevölkerungsanteil liegt bei 0,05 Prozent.

Slowakische Mentalität

Slowaken sind überwiegend naturverbunden, tatkräftig und selbstbewusst. Sie verhalten sich zurückhaltend, sogar in Geschäften und bei touristischen Dienstleistern eröffnet der Kunde oft das Gespräch. Auf mündliche Preisabsprachen kann man sich verlassen, Feilschen ist höchstens bei Extrawünschen oder Sonderanfertigungen möglich. Bittet man Einheimische im Straßenraum um Auskünfte, sind die Reaktionen meistens freundlich. Immer wieder verblüfft, dass in bescheidenen Verhältnissen lebende Personen mehr Ausgeglichenheit und Lebensfreude ausstrahlen als manche gutbetuchte Touristen. Im ländlichen Raum und in einsamen Wandergegenden werden auch Fremde oft gegrüßt, das

Land und Leute

sollte man (notfalls auf Deutsch) erwidern. Falls ein engerer Kontakt mit Einheimischen angestrebt wird, sollte an kleine Geschenke gedacht werden. Wer sich von Slowaken in geselliger Runde freihalten lässt, muss prinzipiell zur Gegeneinladung bereit sein. Zur Anbahnung von Kontakten kann es hilfreich sein, ein paar Fotos aus der heimatlichen Alltagsumgebung mitzuführen. Es ist üblich, Straßenschuhe vor der Wohnungstür auszuziehen.

Beliebtes Freizeitobjekt der Slowaken ist der eigene Garten mit Hüttchen, allerdings hat er nicht mehr eine so große Bedeutung wie zu sozialistischer Zeit. Da in den letzten Jahren besonders im Bildungswesen und im Gesundheitswesen gespart wurde, sind dort Ansätze zur Korruption zu erkennen.

Die Ungarn

Die größte Minderheit in der Slowakei stellen die Ungarn dar, ihr Anteil an der Gesamtbevölkerung betrug 2011 – in diesem Jahr fand die jüngste Volkszählung statt – knapp 10 Prozent. Dies ist eine Folge des Vertrages von Trianon 1920, nach denen Ungarn unter anderem die Gebiete nördlich der Donau an den neu gegründeten Staat Tschechoslowakei abzugeben hatte. Dort lebende Ungarn wurden nun zu einer Minderheit im neuen Staat, in vielen dieser Städte und Dörfer dominiert bis heute die ungarische Sprache. Die Ungarn wohnen vor allem entlang der slowakisch-ungarischen Grenze, besonders prägen sie neben der Schüttinsel die Städtchen Kráľovský Chlmec und Fiľakovo. Es gibt spezielle Kindergärten und Schulen sowie eine Tageszeitung, zweisprachige Orts- und Ladenschilder sind üblich.

In den Beziehung zwischen Ungarn und Slowaken gab es viele Konflikte, weil die Slowaken bis 1918 etwa 1000 Jahre lang unter ungarischer Herrschaft gestanden hatten. 2007 flackerte der Streit erneut auf, als die SMK (Ungarische Koalition) die Aufhebung der Beneš-Dekrete forderte. In der Praxis hätte dies bedeutet, dass die Enteignung von Ungarn und Deutschen nach dem Zweiten Weltkrieg für ungültig erklärt worden wäre. Zwar haben die

Zweisprachiges Ortsschild nahe der ungarischen Grenze

Regierungschefs beider Länder im November 2008 eine Erklärung verabschiedet, in der sie sich zum Einschreiten gegen Extremismus verpflichten und den Schutz von Minderheiten ausdrücklich anerkennen, aber bis in die jüngste Zeit sorgen aggressive Äußerungen nationalistischer Politiker auf beiden Seiten der Grenze für Unruhe. Demonstrativ bereiste Ungarns Staatspräsident László Sólyom die Südslowakei, was insbesondere Ján Slota von der SNS (Slowakische Nationalpartei) zu fäkalverbalen Ausfällen verleitete. Ein weiteres Erstarken nationalistischer Stimmungen unter Ungarns Ministerpräsidenten Viktor Orbán seit 2010 führte glücklicherweise bisher nicht dazu, das Alltagsleben in der Slowakei zu beeinträchtigen.

Die Karpatendeutschen

En Balt, oof an schön Biesßeckl / scheint herrlich de Sonn doa, / boo schleicht se henta a Bölkl, / boo tschielt se bidra afoa ...

Julius Gedeon (Metzenseifener Mundart,
unter anderem wird w grundsätzlich durch b ersetzt)

Der Historiker Raimund Friedrich Kaindl prägte den Begriff Karpatendeutsche vor etwa 100 Jahren. Sie waren von ungarischen Königen seit dem 12. Jahrhundert angeworben worden; Historiker schätzen, dass ihr Anteil an der Gesamtbevölkerung im Spätmittelalter bei 25 Prozent lag. Im 15. Jahrhundert endete die Einwanderung von Deutschen weitgehend, heute stellen sie in der Slowakei nur noch einen Bevölkerungsanteil von ziemlich genau einem Tausendstel.

Drei Gebiete in der Slowakei wurden besonders von Deutschen bevorzugt. In die Zips kamen vorwiegend Handwerker und Händler; im 14. Jahrhundert gab es dort Zusammenschlüsse zu Städtebündnissen mit weitreichenden Privilegien. Zeitweise machten die Deutschen in den Zipser Städten etwa 80 Prozent der Bevölkerung aus. Das sogenannte Hauerland in der Mittelslowakei war besonders für Bergleute attraktiv. Bratislava hatte bis in das 20. Jahrhundert hinein eine deutsch-österreichische Bevölkerungsmehrheit, und mehrere Dörfer und Städtchen des Hauptstadt-Umlandes waren ebenfalls deutsch geprägt.

Die Tschechoslowakische Republik brachte den Minderheiten zunächst eine Verbesserung ihrer Lebensumstände. Nach 1945 wurden im öffentlichen Leben der wiederentstandenen Tschechoslowakei die deutsche Nationalität und die verbrecherische NS-Politik jedoch weitgehend gleichgesetzt. Viele traf das ungerechtfertigt, manche Quellen rechnen mit mehr Deutschen als Unterstützer im Slowakischen Nationalaufstand als in der an den Nazis orientierten Karpatendeutschen Partei. Trotzdem kam es noch nach Kriegsende zu über 500 ideologisch motivierten Morden in deutschen Siedlungen der Slowakei. Es gab spezielle Konzentrationslager für Deutsche, unter anderem in Nováky und Slovenská Ľupča. Die Deutschen wurden rigide drangsaliert und größtenteils ausgewiesen, weniger als fünf Prozent von ihnen blieben im Land. Die Enteignungsdekrete sind bis heute Gegenstand politischer Kontroversen.

Die verbliebenen Karpatendeutschen sind in der Slowakei längst akzeptiert und integriert. Aufgrund ihrer geringen Zahl und der konfliktfreien Einbindung in das gegenwärtige Alltagsleben könnten ihre kulturellen Besonderheiten aller-

dings bald aussterben. Noch hält sich wie in vielen anderen isolierten Sprachinseln ein archaischer Wortschatz. Seit 1991 erscheint in Poprad wieder eine
Monatszeitschrift für die verbliebenen Deutschen.

Während der ganzen Zeit von der Ansiedlung bis zur Vertreibung deckten die
Karpatendeutschen vorwiegend bestimmte Berufsgruppen ab, zu Konkurrenz-
situationen mit Slowaken kam es kaum. Trotz ernster Konflikte im 20. Jahrhundert werden die Deutschen im heutigen Nationalbewusstsein der Slowaken vorwiegend als Brüder und Schwestern betrachtet, mit denen man gemeinsam von
den Ungarn unterdrückt worden war.

In Deutschland gibt es die Karpatendeutsche Landsmannschaft, die mit der
viel größeren und deshalb bedeutend bekannteren Sudentendeutschen Landsmannschaft nicht viel mehr als die Altersstruktur gemeinsam hat. Beide Vereine
bestehen überwiegend aus südwestdeutschen Mitgliedern, die noch persönlich
von der Vertreibung betroffen waren. Doch während einige Sudetendeutsche immer noch unrealistische Entschädigungsforderungen stellen, sind die Karpatendeutschen um echte Völkerverständigung bemüht.

Die Roma

Zwei Einwanderungswellen brachten die ursprünglich in Indien beheimateten Roma seit dem 13. Jahrhundert über den Bosporus und über die Straße von
Gibraltar nach Europa. Um 1400 erreichten sie den deutschsprachigen Raum,
wo bald schon die ersten Gesetze zu ihrer Unterdrückung entstanden (in der
Schweiz 1471, in Brandenburg 1482, danach in Spanien und weiteren Ländern).
1568 verbot der Papst den Roma sogar den Katholizismus. In vielen Ländern
gab es Hinrichtungen nur wegen der Volkszugehörigkeit. Die deutsche klassische Literatur verbreitete in ›Trutz Simplex‹ (1670) und ›Götz von Berlichin-
gen‹ (1774) populäre Klischeebilder. Zu den wichtigsten Einflüssen der Roma
auf die Entwicklung Europas gehört ihre Folklore. Weder der Flamenco in Spanien noch die Romanzen in Russland und erst recht nicht die Musik des Balkan
sind ohne die Roma denkbar.

Seit dem 17. Jahrhundert wurde kontinuierlich von den jeweils über die Slowakei Regierenden eine Politik der Sesshaftmachung betrieben. 1944 beteiligten
sich Roma am Slowakischen Nationalaufstand. Im gleichen Jahr organisierten die
Nazis mit der zynisch ›Zigeunernacht‹ genannten Aktion – 4000 Roma wurden
innerhalb weniger Stunden in Auschwitz vergast – einen traurigen Höhepunkt
der Völkervernichtung. Auch nach 1945 waren die Roma keineswegs gleichbe-
rechtigt; noch 1972 startete die Tschechoslowakei ein Sterilisierungsprogramm.

Bei Volkszählungen deklarieren sich Roma aus Furcht vor Diskriminierung oft
als Slowaken. Die daraus resultierenden niedrigen Zahlen nutzte die Landesregierung lange zur Vernachlässigung spezifischer Probleme. Inzwischen wird die
Zahl der in der Slowakei lebenden Roma offiziell mit 400 000 angegeben; manche
Schätzungen gehen von deutlich höheren Zahlen aus. Weniger als 10 Prozent der
Roma verfügen über ein festes Arbeitsverhältnis, von der Sozialhilfe sind dagegen 80 Prozent abhängig. Roma haben jahrhundertelang traditionell als Schmiede, Gerber, Kesselflicker, Korbbinder, Musiker und Schausteller gearbeitet –
Tätigkeiten, für die es in der Moderne kaum noch Nachfrage gibt.

Abschiebung von Roma; Darstellung aus dem 19. Jahrhundert

Land und Leute

Bescheidene finanzielle Mittel führen sowohl zu slumartigen Siedlungsstrukturen als auch zu überdurchschnittlicher Kriminalität. In vielen Wohnungen gibt es weder einen Trinkwasser- noch einen Stromanschluss, von einer Abfallentsorgung kann schon gar keine Rede sein. Daraus folgt eine Isolierung von der restlichen Bevölkerung, ein Drittel der Slowaken befürwortet sogar eine stärkere Trennung beispielsweise durch Reservate.

Gefördert werden ethnische Spannungen von kleinen rechten Parteien, mitunter leisten sich sogar Spitzenpolitiker von Regierungsparteien verbale Ausfälle. Amnesty International und andere Menschenrechtsorganisationen berichten von unangemessenen Polizeieinsätzen gegen Roma. Zudem hält sich die Polizei bei rassistischen Attacken angeblich oft zurück. Journalisten gegenüber sind die Roma misstrauisch.

Wer von Roma persönlich eingeladen wird, steht unter ausdrücklichem Schutz des Gastgeber-Clans und kann sich in der Siedlung relativ sicher fühlen. Wer dann die bescheidenen Wohnungen betritt, ist oft von der Sauberkeit der Innenräume überrascht. Eine Roma-Familie unterscheidet sich demographisch sehr stark vom Landesdurchschnitt. Die Roma leben traditionell in Großfamilien. Eine Frau bekommt durchschnittlich 4,2 Kinder, die Scheidungsrate ist mit 3,7 Prozent sehr niedrig. Die durchschnittliche Lebenserwartung ist zehn Jahre geringer als die der Slowaken.

Besonders unter zwei Aspekten ist die Misere der Roma allerdings tatsächlich auf ihre Gewohnheiten zurückzuführen. Erstens genießt Bildung kein hohes Ansehen. Ein Drittel der Roma gilt daher als Analphabeten, viele Kinder besuchen die Schule unregelmäßig oder gar nicht. Ausbildung kostet Geld, zudem würde mancher Familienvater seine Autorität durch eine solide Bildung gefährdet sehen. Zweitens verschärfen einige Roma ihre Lage zusätzlich durch Privatkredite zu Wucherzinsen von bis zu 100 Prozent. Ganz arme Familien kommen kaum um einen solchen Kredit herum, wenn beispielsweise ein Begräbnis zu bezahlen ist. Derartiger Geldverleih ist verbreitet und kann schnell zu ausweglosen Situationen führen, am Ende der Kette der Geldverleiher stehen aber in einigen Fällen Slowaken. Viele der Bettler in Großstädten sind quasi Leibeigene der Wucherer, und von ihren Kreditgebern werden sie zum Betteln auch oft ins Ausland geschleust.

Insgesamt existieren etwa 300 Roma-Siedlungen im Land, die größten davon im Osten. Jarovnice bei Sabinov gilt als zahlenstärkste Gemeinschaft, von den 4000 Bewohnern bezeichnen sich 3000 als Roma. Die Siedlung machte 1998 Schlagzeilen, als während einer Überschwemmung 53 Roma in ihren einstürzenden Bretterbuden starben. Die Hälfte der über den Bürgermeister verteilten Gelder zum Wiederaufbau landete jedoch bei den Slowaken, bei denen höchstens Keller oder Gärten betroffen waren. Aus der EU-Sozialkasse werden auch Seminare und Konferenzen in erstklassigen Hotels bezahlt, während manche Roma-Familie tatsächlich hungert. Einzelne engagierte Kommunalpolitiker können mitunter eine ganze Menge bewegen, in Spišský Hrhov beispielsweise besuchen inzwischen alle Roma-Kinder die Schule, und die Arbeitslosigkeit liegt ›nur‹ noch bei 60 Prozent. Einen mindestens ebenso trostlosen Eindruck wie viele Roma-Quartiere im ländlichen Raum macht die Siedlung Lunik IX in Košice. Gelegenheiten zur Einbindung der Roma bei den Aktionen zur ›Europäischen Kulturhauptstadt 2013‹ verpasste Košice. Immer wieder vorgezeigt wird lediglich das 1992 eröffnete ein Roma-Theater der Stadt.

Der Kinderreichtum hat den Roma in früheren Zeiten oftmals ein bescheidenes Auskommen gesichert. Starke Kürzungen der Sozialhilfe führten 2004 in der Ostslowakei zu regelrechten Aufständen, zur Verhinderung von Ladenplünderungen schickte die Regierung sogar 20 000 Soldaten. Seitdem beträgt die Sozialhilfe lediglich 80 Euro pro Familie plus 15 Euro für jedes Kind, dazu kommen eventuell ein ›Aktivierungszuschlag‹ für die Teilnahme an öffentlichen Arbeiten von 37 Euro bei Erwachsenen sowie Wohngeld.

Im Jahr 1775 schrieb der evangelische Humanist Samuel Augustin ab Hortis einen langen, für die damalige Zeit erstaunlich modernen Aufsatz über die Roma. Seine genauen Beobachtungen führen zu der Schlussfolgerung, dass die Roma keineswegs eine geringwertige Rasse darstellen, sondern aufgrund verschiedener Benachteiligungen von Kindheit an ihr unangepasstes Leben führen: »Eine ganz andere Frage ist es, ob die Zigeuner zu denen Wissenschaften von Natur ungeschickt und unangeleget sind und ob der Mangel an Gelehrsamkeit und Erkenntniß von ihrer Unfähigkeit, oder bloß von einer vermeidlichen Nachläßigkeit und Versäumniß herrühre? Diese Leute sind in ihrer Art sinnreich, in Anschlägen schnell und fertig, also dass sie sich in manchen bedenklichen und zweifelhaften Fällen bald Rath zu schaffen und auszuhelfen wissen. Man muß sich in der That verwundern, wenn man auf ihre Handgriffe Achtung giebt und dieselben genau betrachte, die sie sich zur Erleichterung und Vollbringung ihrer gewöhnlichen Handarbeiten ersonnen.«

Zigeuner als Sehnsuchtsträger in der Kunst

Zigeuner? Heißt das nicht Sinti und Roma? Der Zentralrat Deutscher Sinti und Roma sieht das Wort Zigeuner im deutschen Sprachgebrauch als Schimpfwort, während es die Sinti Allianz Deutschland selbst verwendet. Einerseits ist das Wort Zigeuner spätestens seit der NS-Zeit stark negativ geprägt, andererseits schließt die in Deutschland seit 1982 als korrekt geltende Bezeichnung Sinti und Roma andere politisch vergleichbare Gruppen wie Jenische aus und kann damit selbst als diskriminierend angesehen werden. Niemand würde auf die Idee kommen, das Wort Juden zu verbannen und stattdessen eine analoge Gruppenaufzählung zu kreieren. Die Engländer haben mit dem Wort ›Gypsies‹ weniger Probleme, obwohl dieser Bezeichnung obendrein die falsche Herleitung von ›Ägypter‹ zugrunde liegt.

Mit dem erwachenden Naturbewusstsein des europäischen Bürgertums seit dem 17. Jahrhundert wurde die Idee vom ortsungebundenen Leben der Sinti und Roma oft realitätsfern romantisiert, zumal Außenstehenden die strengen Hierarchien unter den Clans und in den Familien unbekannt waren und sind. Das deutsche Kinderlied ›Lustig ist das Zigeunerleben‹ kann wohl als Höhepunkt einer verklärten Sicht angesehen werden, die mit dem entbehrungsreichen Alltag nicht viel zu tun hat. Die Bezeichnung Bohème für die Szene mittelloser Pariser Künstler im 19. Jahrhundert geht darauf zurück, dass Böhmen damals als Herkunftsort des fahrenden Volks angesehen wurde.

Ebenfalls in Frankreich entstanden mit Victor Hugos ›Der Glöckner von Notre-Dame‹ (1831) und Prosper Mérimées ›Carmen‹ (1847) die bis heute bekanntesten Romane, die das Temperament der Zigeuner und insbesondere ihrer Frauen in den Mittelpunkt rückten. Komponisten wie Franz Liszt und Johannes Brahms, später dann weitere österreichische Bühnenautoren griffen auf die Musik der Sinti und Roma zurück. Biedere Operetten wie ›Der Zigeunerbaron‹ (1885) von Johann Strauß und ›Gräfin Mariza‹ (1924) von Emmerich Kálmán trugen dazu bei, dass im Bewusstsein des 20. Jahrhunderts manchmal das Dorfleben in Ungarn generell mit der Folklore der Sinti und Roma gleichgesetzt wurde.

Starken Einfluss auf das heutige Bild des Zigeunerlebens im Osten Europas haben neben Filmen wie Emir Kusturicas ›Dom za vesanje‹ (›Time of the Gypsies‹, 1989) die Blechblaskapellen der Balkanländer, vor allem aus Rumänien und Makedonien. Das größte Blasmusikfestival der Welt findet alljährlich in Guča statt, der vorläufige Besucherrekord der kleinen Gemeinde im Westen Serbiens wurde 2009 mit über 500 000 Gästen erreicht.

In der Slowakei nicht immer wohlgelitten: die Roma

Religionen

Etwa 61 Prozent der Bevölkerung in der Slowakei bekennen sich zur römisch-katholischen Kirche, nächststärkste ›Glaubensgruppe‹ ist die der Konfessionslosen, etwa 15 Prozent der Bevölkerung gehört verschiedenen evangelischen Richtungen an. Damit ist der Einfluss des Papstes zwar geringer als in Polen, aber deutlich stärker als in Tschechien. Es gibt ausgeprägte Oster- und Weihnachtsbräuche, bei denen Trachten eine besondere Rolle spielen. Nichtchristliche Religionen spielen eine untergeordnete Rolle, obwohl noch Synagogenbauten erhalten sind. Insgesamt existieren 15 Glaubensbekenntnisse, 29 Frauen- und 19 Männerorden. Bischofssitze sind Bratislava (evangelisch), Trnava (römisch-katholisch), Rimavská Sobota (reformiert), Košice (römisch-katholisch, griechisch-katholisch), Prešov (griechisch-katholisch) und Michalovce (orthodox).

Ähnlich wie in Polen nach der Wahl Karol Woytilas zum Papst gibt es seit der Selbständigkeit der Slowakei einen sichtbaren Trend zum Kirchenneubau insbesondere im ländlichen Raum. Die modernen Dorfkirchen fügen sich oft sehr gut in das Ortsbild ein. Der letzte Besuch eines Papstes in der Slowakei fand 2003 statt, Stationen waren Banská Bystrica, Rožňava und Bratislava.

In den östlichsten Landesgebieten verläuft die Grenze zwischen der römischen und der orthodoxen Kultur. Im 17. Jahrhundert unterstellte sich ein Teil der Orthodoxen der Oberhoheit des Papstes in Rom. Ihre abweichende Kirchenpraxis wurde dabei kaum angepasst. Diese Gruppe wird als griechisch-katholisch oder uniert bezeichnet. Die regierenden Kommunisten liquidierten 1950 die griechisch-katholische Kirche und übergaben das Vermögen größtenteils der orthodoxen Kirche. Nach 1989 wurde dieses Unrecht schrittweise wieder rückgängig gemacht. Inzwischen übersteigt in der Slowakei die Zahl der griechisch-katholischen Gläubigen auch offiziell wieder weit die der orthodoxen.

Im Osten des Landes finden sich zahlreiche Holzkirchen

Geschichte

»Funde belegen die Besiedelung bereits in grauer Vorzeit« – mit dieser Bemerkung könnten viele Beschreibungen slowakischer Ortschaften beginnen. In der Steinzeit waren einige tiefer gelegene Gebiete für damalige Verhältnisse recht dicht besiedelt, es sind sowohl Handwerkstätigkeiten (Keramik) als auch weitreichende Handelsbeziehungen nachweisbar.

Um 400 vor unserer Zeitrechnung besetzten Kelten die südwestliche Slowakei. In den nordwestlichen Flusstälern etwa zwischen Púchov und Krompachy entwickelte sich ab 200 vor unserer Zeitrechnung die nach dieser Gegend benannte Puchauer Kultur. Jüngste Forschungen vermuten jedoch die Wallburg von Havránok weiter östlich als Zentrum dieser Kultur.

Während der den ersten Jahrhunderte unserer Zeitrechnung erlangte das Römische Reich seine größte Ausdehnung, seine nördliche Grenze verlief zwischen Castra Regina (Regensburg) und Singidunum (Belgrad) ziemlich genau entlang der Donau. Einige Wachstationen standen am nördlichen Ufer in der heutigen Slowakei, wenngleich die Mehrzahl der Kastelle und Bürgerstädte am südlichen Ufer angelegt wurde. Bei Ausfällen zur Regierungszeit Marc Aurels gelangten die Römer bis nach Trenčín und Hnúšťa.

Mehrere Antragsverfahren für das UNESCO-Welterbe (sogenannte Tentative List) zur Aufnahme historischer Objekte auch aus frühen Jahrhunderten, an die man als Tourist in der Slowakei ja nicht gerade zuerst denkt, sind in Arbeit. Dazu zählen der Limes Romanus, Denkmäler des Großmährischen Reichs und Kirchen mit mittelalterlichen Wandmalereien.

Das Großmährische Reich im 9. Jahrhundert

Die Urheimat der slawischen Stämme lag in der westlichen Hälfte der heutigen Ukraine. Von dort breiteten sie sich ab etwa 500 in alle Himmelsrichtungen aus. Bereits zwischen 623 und 658 organisierte der fränkische Kaufmann Samo von Mähren aus erfolgreich die Verteidigung der Slawen gegen die Awaren. Um 800 entstanden die frühfeudalen slawischen Fürstentümer Morava und Nitra. 828 wurde in Nitra die erste Kirche geweiht, um 833 verjagte Fürst Mojmír von Morava den Fürsten Pribina von Nitra. Dieses Ereignis gilt als die Geburtsstunde des legendären Großmährischen Reiches. Man darf sich dieses Gebilde jedoch nicht als Staat mit Grenzen im Sinn heutiger Staaten vorstellen; nicht einmal die Lage der Hauptstadt ist einigermaßen klar. Aber während seiner kurzen Existenz war Großmähren zweifellos ein wichtiger Machtfaktor Europas, seine Oberhoheit reichte vom Karpatenbogen in der heutigen Ukraine bis nach Brandenburg und Serbien. Das Reich besaß unter Svätopluk (auch Sventopulk) seine größte Ausdehnung, zerfiel aber nach seinem Tod 894 sehr schnell. Schon 895 spaltete sich Böhmen ab, das zunehmend unter fränkischen Einfluss geriet. Laut einiger Sagen spielte der Streit unter Svätopluks Söhnen eine nicht unwesentliche Rolle dabei, dass Großmähren in mehreren Schlachten mit wechselnden Verbündeten aufgerieben wurde. Ab 955 war das Reich praktisch von der Landkarte verschwunden und geriet in Vergessenheit. Erst nach 1945 beschäftigten sich Archäologen wieder mit dieser Epoche. Für das Nationalbewusstsein der Slowaken spielt die Identifizierung mit dem Großmährischen Reich eine wichtige Rolle. Übrigens gab es in diesem Staatsgebilde bereits jüdische Siedlungen.

Im Konflikt zwischen römisch-katholischer und byzantisch-orthodoxer Christianisierung entschloss sich Mojmírs Nachfolger Rastislav, den byzantinischen Kaiser um slawisch sprechende Missionare zu bitten. Dieser schickte ihm 863 eine Delegation mit den griechischen Brüdern Kyrill (Constantin, 827–869) und Method (Methodius, 815–885), die sich auch um juristische und organisatorische Belange kümmerten. Teilweise wurden deren Erfolge gleich wieder rückgängig gemacht, als 870 der eher mit dem römischen Papst sympathisierende Svätopluk seinen Onkel Rastislav stürzte. Kyrill und Method prägten jedoch die slawische Kultur nachhaltig auch außerhalb der heutigen Slowakei, wo ihre Schüler neue Wirkungsstätten fanden.

Von Ungarn und Österreichern regiert

Um 896 führte Fürst Árpád die geeinten ungarischen Stämme in die pannonische Tiefebene; sie kamen vermutlich aus dem Gebiet der heutigen Südukraine. Sie gewannen 907 bei Bratislava eine bedeutende Schlacht gegen das bayerische Heer. Um 1000 schuf Stephan I. einen christlichen ungarischen Zentralstaat und wurde von Papst Silvester II. zum ersten König gekrönt. Von Beginn an gehörte das Gebiet der heutigen Slowakei als Provinz Oberungarn (Horné Uhorsko) zum Königreich. Für damalige Verhältnisse war der Staat modern nach fränkischem Vorbild organisiert. Locus Credibili (glaubwürdiger Ort) im Sinne der Kirchenpraxis wur-

Mitteleuropa im 13. Jahrhundert   0   150   300 km

Münze aus der Zeit des Großmährischen Reiches

den: Bratislava, Hronský Beňadik, Jasov, Leles, Liptovská Mara, Nitra, Šahy, Spišská Kapitula, Zobor.

Im 13. Jahrhundert (1241–1242, 1285) drangen Mongolen auf Kriegszügen bis hinter das Donautiefland vor. Der ungarische Adlige Matúš Čák (1260–1321) schuf sich nach dieser Schwächung Ungarns ein selbständiges kleines Reich und regierte von Trenčín aus als ›König der Waag und der Tatra‹.

Einen Aufschwung im Europahandel brachte 1335 das ›Dreikönigstreffen‹ auf der Burg Visegrád, zu dem Karl I. Robert von Anjou seine Amtskollegen aus Böhmen und Polen eingeladen hatte.

Vor allem im 14. Jahrhundert erhielten viele bedeutende Städte den Status einer freien königlichen Stadt (slowakisch slobodné kráľovské mesto, lateinisch libera regia civitas). Diese Ernennung brachte bestimmte Privilegien mit sich wie eine weitgehend unabhängige Stadtverwaltung, das Stapelrecht oder die Befreiung von Maut und Grenzzöllen. 1480 entstand der Städtebund Pentapolitana der damals wichtigsten Städte der Ostslowakei: Levoča, Sabinov, Bardejov, Prešov und Košice.

Die Bedeutung der Nordostslowakei an den Handelswegen von Mittelalter und Renaissance haben sich heutzutage vier Städte clever zunutze gemacht, um unter dem Motto ›Slowakische Königsstädte‹ (Slovenské kráľovské mestá) ihre touristische Entwicklung zu fördern: Stará Ľubovňa, Kežmarok, Levoča und Bardejov. Im 15. Jahrhundert war die Slowakei von den Hussitenkriegen betroffen, im 16. Jahrhundert entwickelte sich eine Dominanz des evangelischen Glaubens.

Grundlage für die enge Verbindung der Regentenfamilien von Österreich und Ungarn waren mehrere Hochzeiten ab 1437. Im Rahmen des Pressburger Friedens 1491 wurde sogar der noch ungeborene ungarische König Ludwig II. verkuppelt. Sein Tod in der verlorenen Schlacht bei Mohács 1526 führte jedoch wieder zu heftigen Auseinandersetzungen um den Thron.

Ab 1541 befand sich der Großteil der ungarischen Tiefebene unter türkischer Herrschaft, auch Buda, die kö-

Joseph II.; Ölgemälde von 1780

nigliche Residenzstadt. Die Ungarn erhoben nun Bratislava, das sie Pozsony nannten, zu ihrer Hauptstadt. Viele ungarische Adelsfamilien verlegten ihren Sitz in die Slowakei. 1530 drangen plündernde Türken in den Flusstälern bis Piešťany und Bojnice vor, 1554 eroberten sie Fiľakovo; Bratislava aber wurde von ihnen, ebenso wie Wien, nie eingenommen.

Das 17. Jahrhundert war wieder besonders reich an Aufständen und Kriegen. Nach der Vertreibung der Türken aus den besetzten ungarischen Gebieten 1699 zog ein großer Teil des ungarischen Adels wieder in das Stammland zurück; Bratislava aber blieb noch bis 1784 die ungarische Hauptstadt. Slowakisches Landvolk gründete Siedlungen bis in die Gebiete des heutigen Serbien (Vojvodina) und Rumänien (Siebenbürgen) hinein.

Etwa ab 1683 kam es zu einer starken Unterdrückung der evangelischen Religion, weshalb zahlreiche slowakische Intellektuelle nach Deutschland emigrierten. Zu ihrem Zentrum entwickelte sich der Kreis um August Hermann Francke (1663–1727) in Halle an der Saale. Erst das Toleranzpatent von 1781 garantierte wieder freie Religionsausübung. Die Leibeigenschaft wurde 1785 abgeschafft. Beide Reformen initiierte der Habsburger Herrscher Joseph II.

Bergbau seit dem 13. Jahrhundert

Viele historische Sehenswürdigkeiten der Slowakei sind eng mit der Geschichte des Bergbaus verbunden. Im Mittelalter fand man verschiedene bedeutsame Erzlagerstätten, und besonders nach dem Mongoleneinfall von 1241 wurden deutsche Bergleute aktiv angeworben. Einigen Städten sieht man ihre deutschen Wurzeln noch an, als besonders deutlicher Hinweis gelten annähernd quadratische Marktplätze wie in Kremnica, Brezno und Žilina.

Vom 13. bis zum 15. Jahrhundert stieg die Bevölkerungszahl der Slowakei von 200 000 auf 500 000 Einwohner. Die nicht nur finanzielle, sondern auch familiäre Verbindung der adligen Unternehmerfamilie Thurzo mit dem Augsburger Bankhaus Fugger führte um 1500 zu einer Monopolstellung auf dem Kupfermarkt. Sitz dieser Gesellschaft war Banská Bystrica. Negativ auf den Wirtschaftsstandort Slowakei wirkte sich die Entdeckung Amerikas und der damit verbundene Preisverfall vieler Metalle aus. Trotzdem blieb das Land bis in das 18. Jahrhundert hinein führend im Bergbau. 1917 fand man bei Magurka in der Niederen Tatra einen über sieben Kilogramm schweren Goldklumpen.

Verpfändung von 16 Städten an Polen

Ab 1412 waren 16 Zipser Städte verpfändet. Zahlungsschwierigkeiten des deutsch-ungarischen Kaisers Sigmund im Krieg gegen Venedig hatten zur Abtretungserklärung der finanziellen Einnahmen aus dieser Region an den polnischen König Wladislaw II. gegen einen Kredit von 37 000 Schock böhmischer Groschen (etwa 310 kg Gold) geführt. Rückzahlungsangebote der Pfandsumme erfolgten seit 1419 und wurden immer verweigert. So blieb die Doppelherrschaft bis zur Ersten Teilung Polens 1772 bestehen. Diese längere Verpfändung eines größeren Gebietes ist die spektakulärste der Slowakei. Aber auch andernorts

wurden vorübergehende Zahlungsunfähigkeiten durch derartige Kredite gere-
gelt. Für die Verpfändeten war dieser Status eher vorteilhaft: Bei Auseinandersetzungen zwischen beiden Vertragspartnern konnten die betroffenen Städte neu-
tral bleiben, bei verschiedenen juristischen Fragen konnten sie jeweils das für sie
günstigere Regelwerk praktizieren. Somit gab es nach keiner der beiden Seiten
Handelsbeschränkungen. Zur Verteidigung ihrer Privilegien schlossen sich die
ehemals verpfändeten Städte deshalb von 1778 bis 1876 freiwillig nochmals zur
sogenannten Provinz der 16 Zipser Städte zusammen. Dazu gehörten: Ľubica,
Hniezdne, Matejovce, Podolínec, Poprad, Ruskinovce, Spišská Belá, Spišská
Nová Ves, Spišské Podhradie, Spišská Sobota, Spišské Vlachy, Stará Ľubovňa,
Stráže, Tvarožná, Veľká, Vrbov.

Viele innerstädtische Hausverzierungen berufen sich auf die Bergbaugeschichte

Land und Leute

Regierungszeit wichtiger ungarischer Fürsten und Könige sowie österreichischer Herrscher

886–907 Árpád (Ansiedelung der Ungarn im Karpatenbecken)
972–997 Geza
997–1038 Stephan I. der Heilige (verheiratet mit Gisela von Bayern, 1000 zum ersten König gekrönt)
1046–1060 Andreas I. (Endre)
1077–1095 Ladislaus I. der Heilige
1095–1116 Koloman (Kálmán)
1141–1161 Géza II.
1205–1235 Andreas II. von Jerusalem (verheiratet mit Gertrud von Andechs-Meran)
1235–1270 Béla IV. (Zeit der Mongoleneinfälle, starke Anwerbung deutscher Siedler, viele Stadtgründungen)
1308–1342 Karl I. Robert von Anjou (erster Nicht-Ungar auf dem Thron, Auseinandersetzungen mit Matúš Čák)
1342–1382 Ludwig I. der Große von Polen, Ungarn und Kroatien
1386–1437 Sigismund von Luxemburg (verheiratet mit Maria von Ungarn und Barbara von Cilli, Hussitenkriege)

Franz Joseph I. um 1894

1458–1490 Matthias Corvinus (verheiratet mit Beatrix von Aragón, Förderung von Bildung und Kunst)
1516–1526 Ludwig II. (Schlacht von Mohács, tot im Flüsschen neben dem Schlachtfeld aufgefunden)
1526–1540 Johann I. von Zapolya (erste Türkenbelagerung Wiens unter Süleyman Bahceci 1529)
1540–1571 Johann II. Sigmund
1576–1608 Rudolf II. von Böhmen (als versponnener Alchimist bekannt, Hofmathematiker waren Tycho Brahe und Johannes Kepler)
1637–1657 Ferdinand III.
1657–1705 Leopold I. (zweite Türkenbelagerung Wiens unter Kara Mustafa 1638)
1711–1740 Karl III.
1740–1780 Maria Theresia (verheiratet mit Franz I. Stephan, 16 Kinder)
1780–1790 Joseph II.
1792–1835 Franz II. Joseph Karl
1835–1848 Ferdinand V.
1848–1916 Franz Joseph I. (verheiratet mit ›Sisi‹)

Maria Theresia

Ein slowakischer Globetrotter als König im Indischen Ozean

Wohl niemand würde hinter dem Namen Matúš Móric Beňovský (auch Comte Maurice Auguste de Benyowsky oder Moritz August Graf von Benjowski) einen König von Madagaskar vermuten. Trotz des bereits 1791 auch in deutscher Sprache erschienenen Buches ›Begebenheiten und Reisen‹ ist der Globetrotter, der sieben Sprachen beherrschte, inzwischen kaum noch bekannt.

Er wurde am 20. September 1741 – möglicherweise auch 1746 – in Vrbové (Werbau) bei Piešťany geboren; sein Vater war General. Als Achtzehnjähriger schockierte Beňovský seine Umwelt, als er zum evangelischen Glauben konvertierte. Seine Frau Zuzana (Susanne Hönsch) lernte er kennen, als sie sich um seine Wunden aus Militäreinsätzen kümmerte.

Beňovský nahm am Freiheitskampf der Polen teil und gelangte 1769 in russischer Verbannung über Kasan nach Kamtschatka. Er konnte von dort aber 1771 fliehen und fuhr mit einem Schiff – noch vor James Cook und Jean-François de La Pérouse – durch den nordwestlichen Pazifik. In Frankreich erhielt er von Louis XV. die Zustimmung, eine Kolonie in Madagaskar einzurichten und zu befehligen. Er erreichte Madagaskar 1774 und verhielt sich so kooperativ gegenüber den Stammesfürsten, dass diese ihn 1776 zu ihrem ›Oberkönig‹ wählten. Da viele seiner europäischen Gefolgsleute bei dieser Expedition starben, konnte Beňovský aber keine stabile Verwaltung installieren. Im Jahr 1778 war er wieder in der Slowakei, ab 1782 lebte er mit seiner Familie vorwiegend in Paris. Zwischendurch mischte Beňovský in den Amerikanischen Bürgerkriegen mit, als enger Freund von Benjamin Franklin und Casimir Pulaski nahm er an der Belagerung von Savannah teil. Nach Streitereien mit Frankreich versuchte er ab 1783 Madagaskar im Namen Österreichs zu besetzen, wo er am 23. Mai 1786 bei Kämpfen gegen die Franzosen starb. Zuzana kehrte noch 1786 mit den Töchtern Roza und Zsofia von Baltimore in das Örtchen Beckovská Vieska zurück und starb 1826.

Beňovskýs Leben wurde in zwei Opern sowie in mehreren Dramen und Filmen verarbeitet. Anfang 1975 erschien der ZDF-Vierteiler ›Die unfreiwilligen Reisen des Moritz August Benjowski‹ (mit Christian Quadflieg und Sky du Mont), ebenfalls 1975 entstand die tschechoslowakisch-ungarische Koproduktion ›Vivat Beňovský‹ in sieben Teilen (mit Haselnuss-Aschen-brödel Libuše Šafránková).

Zum runden Geburtstag 1996 gab es eine Silbermünze (200 Slowakische Kronen) mit Beňovskýs Schiff auf der Rückseite, Liberia brachte 2005 sogar einen Münzensatz heraus (5, 10, 25 LR-Dollar). Auch auf Madagaskar wird Beňovský noch verehrt. Die von Slowaken gern gehörte Behauptung, Beňovský sei der Namensgeber für eine der schönsten Inseln im Indischen Ozean, stimmt jedoch leider nicht: Mauritius wurde bereits 1598 nach Moritz von Oranien benannt.

Matúš Móric Beňovský

Nationale Wiedergeburt im 19. Jahrhundert

Für das erstarkende Nationalbewusstsein der Slowaken spielte die Wechselwirkung zwischen Politik und Sprache eine besondere Rolle. Die Exponenten von Gleichstellungs- und Autonomiebestrebungen waren größtenteils Leute, die sich belletristisch betätigten oder gar an der Entwicklung einer standardisierten slowakischen Schriftsprache mitarbeiteten. Träger dieser Bewegung entstammten überwiegend der evangelischen Intelligenz, einige davon studierten in Deutschland und hatten Kontakte zu Schriftstellern wie Friedrich Schiller. Obwohl sich manches mit der Kulturepoche Klassik in Deutschland überschnitt, muss die Nationale Wiedergeburt von ihrem Charakter her eher der Romantik zugeordnet werden.

Zu dieser Zeit wurden viele symbolische Aktionen organisiert; so führten sogenannte Patriotische Ausflüge viele Menschen zur Burgruine in Devín oder auf den Gipfel des Kriváň; praktisch verbesserten sich die Bedingungen für die Entfaltung der slowakischen Identität jedoch nur kurzzeitig. 1848 kam es zu erfolglosen bewaffneten Aufständen, in deren Folge sich der erste Slowakische Nationalrat – Ľudovít Štúr, Jozef Miloslav Hurban und Michal Hodža – bildete. 1863 entstand die Kulturinstitution Matica slovenská, die bis heute als Trägerin slowakischen Nationalbewusstseins funktioniert.

Mit dem österreichisch-ungarischen Ausgleich 1867 unter Franz Josef I. verschlechterte sich die Lage der Slowaken in der Doppelmonarchie wieder. Deutliches Zeichen der nationalen Unterdrückung war die drastische Ausrichtung des Bildungssystems auf die ungarische Sprache, um 1900 wurde

Die Doppelmonarchie Österreich-Ungarn um 1910   0   150   300 km

Ľudovít Štúr wird als großer Patriot verehrt

Ungarisch von den Intellektuellen selbst unter den Slowaken mehrheitlich als Alltagssprache benutzt. In Bratislava verdoppelte sich der Anteil der sich als Ungarn bezeichnenden Einwohner zwischen 1880 und 1900 auf 31 Prozent, in Košice stieg er zu dieser Zeit von 41 Prozent sogar auf 67 Prozent.

Wegen der fortdauernden Benachteiligung durch die Ungarn wanderten bis zum Ersten Weltkrieg viele Slowaken und Ruthenen nach Amerika und Westeuropa aus; selbst vorsichtige Schätzungen gehen von weit über einer Million Exilanten aus. Ausschlaggebend waren außer politischen auch wirtschaftliche Entwicklungen. Der 1904 in Ružomberok geborene László Loewenstein wurde als Peter Lorre bekannt, der 1923 in Slatinské Doly geborene Ján Ludvík Hoch als Robert Maxwell. Zu den Nachfahren der Exilslowaken gehören die Schauspieler Paul Newman und Steve McQueen, Eugen Andrew Cernan war der bisher letzte auf dem Mond weilende Mensch. Fünfmal übrigens wurden Mondlandschaften nach Slowaken benannt.

Nach dem Zweiten Weltkrieg kehrten einige emigrierte Slowaken vor allem aus Balkanländern wieder in die Slowakei zurück. Von Kanada aus betreute Internetseiten über die Slowakei belegen das Interesse der Folgegenerationen an der ursprünglichen Heimat.

Die Tschechoslowakei ab 1918

Meine Energie wächst in gleichem Maße wie die Herausforderungen.

Milan Rastislav Štefánik

Im Zuge der Neuordnung Mitteleuropas als Ergebnis des Ersten Weltkrieges löste sich das Habsburger Reich in mehrere Nationalstaaten auf. Vom riesigen Vielvölkerstaat der Doppelmonarchie Österreich-Ungarn – mit über 53 Millionen Einwohnern im Jahr 1910 – blieben nur die Kernländer Österreich und Ungarn übrig. Mit der Tschechoslowakei (ČSR) und dem Königreich Jugoslawien – zunächst als Königreich der Serben, Kroaten und Slowenen gegründet – entstanden neue politische Gebilde. Galizien wurde überwiegend dem wiedererstandenen Polen und der Ukraine zugeordnet, weitere Teile Österreich-Ungarns gingen an Rumänien und Italien.

Praktisch hatten Exiltschechen unter Führung von Tomáš Garrigue Masaryk (1850–1937) und Edvard Beneš (1884–1948) schon während des Ersten Welt-

Die ČSSR zwischen den Weltkriegen

Legende:
- Protektorat Böhmen und Mähren (16.03.1939)
- Slowakei (06.10.1938 autonom, 14.03.1939 unabhängig)
- Karpato-Ukraine (08.10.1938 autonom, 23.03.1939 ungarisch)
- Sudetenland (01.10.1938 zum Deutschen Reich)
- Oberungarn (02.11.1938 ungarisch)

krieges den Alliierten fertige Pläne für eine Tschechoslowakei vorgelegt. Den Slowaken versprachen sie Gleichheit und Selbstregierung. Viele amerikanische Exilslowaken sahen im Zusammenschluss mit dem industriell weiter entwickelten Tschechien einen Schutz gegen die Armut ihres Landes. So unterzeichneten der Tschechische Nationalverband der USA und die Slowakische Liga Amerikas 1915 in Cleveland und 1918 in Pittsburgh Abkommen über den zu bildenden Staat. Der amerikanische Präsident Woodrow Wilson unterstützte dieses Vorhaben.

Am 28. Oktober 1918 wurde in Prag die Tschechoslowakische Republik ausgerufen, der Tschechoslowakische Nationalausschuss setzte die bisherigen Behörden ab. Viele deutsch und ungarisch dominierte Städte der Slowakei votierten erfolglos für einen Verbleib bei Ungarn. Am 16. Juni 1919 wurde in Prešov eine von Ungarn unterstützte Slowakische Räterepublik ausgerufen, die jedoch nur wenige Wochen lang existierte; auch die Idee eines eigenen Staates Zips wurde schnell zerstört. Gegenüber Polen zogen sich die Auseinandersetzungen um den Grenzverlauf, die teils militärischen Charakter hatten, bis 1925 hin.

Das Territorium des neuen Landes reichte bis zum Kamm der Waldkarpaten in der Karpatenukraine (Zákarpatská Rus). Überall wurden führende Positionen überproportional von Tschechen besetzt, sie dominierten auch die Politik. Zwar hatten die Tschechen unter den Habsburgern größere Verwaltungserfahrungen als die unter den Ungarn stärker niedergehaltenen Slowaken erwerben können, aber einige Betriebe und Banken in der Slowakei wurden mehr oder weniger absichtlich in den Ruin getrieben. Die Anzahl der Industriearbeiter von 1913 wurde erst 1937 wieder erreicht. Durch die Staatsideologie des Tschechoslowakismus fühlten sich viele Slowaken trotz einer autonomen Regierung benachteiligt. Zu ihrem Sprachrohr wurde die von den beiden katholischen Priestern Andrej Hlinka (1864–1938) und Jozef Tiso (1887–1947) geführte HSĽS (Hlinkova Slovenská ľudová strana, Hlinkas Slowakische Volkspartei).

Am 30. September 1938 unterzeichneten Italien, Frankreich und Großbritannien auf massiven Druck Deutschlands das sogenannte Münchener Abkommen. Vertreter der Tschechoslowakei waren nicht beteiligt, obwohl der Vertrag deren Aufteilung quasi festschrieb. Deutschland beanspruchte zunächst die sogenannten sudetendeutschen Siedlungsgebiete. Bereits am 2. November 1938 verlor die Slowakei einen breiten Gebietsstreifen bis über Košice hinaus an Ungarn, kleinere Grenzverschiebungen zu Polen fanden im Bereich von Orava und Dunajec statt. Deutsche Truppen besetzten unter Verletzung aller geltenden Verträge die restlichen Gebiete der Tschechei am 15. März 1939 und richteten das ›Protektorat Böhmen und Mähren‹ ein, am 14. März 1939 wurde der ›Schutzstaat Slowakei‹ gegründet. Das war ein formal selbständiges, de facto aber von Deutschland abhängiges Staatsgebilde unter Führung von Jozef Tiso. Am gleichen Tag erklärte die Karpatenukraine ihre Selbständigkeit.

Der Zweite Weltkrieg

Während des Zweiten Weltkriegs gab es eine Exilregierung der Tschechoslowakischen Republik. Aufgrund des Versagens der Westmächte beim Münchener Abkommen orientierte sie sich stärker an der UdSSR (Sowjetunion) und beurkundete am 8. Mai 1944 eine gewünschte Besetzung durch die UdSSR.

   Die Regierung der Slowakei stand im Zweiten Weltkrieg an der Seite Deutschlands und stellte auch Truppen etwa für den Polen-Feldzug. Zur Schwächung der Wehrmacht trug der Slowakische Nationalaufstand (Slovenské národné povstanie, SNP) vom 29. August 1944 bis zum 27. Oktober 1944 bei. Bereits ab 1942 waren einzelne Partisanengruppen in den Bergen entstanden. Große Teile der 60 000 Mann starken Armee des Landes unterstützen die inzwischen 7000 Partisanen. Als organisatorische Meisterleistung gilt die Geheimhaltung dieser breiten Erhebung bis zum Ausbruch. Noch vor dem Eintreffen der Roten Armee

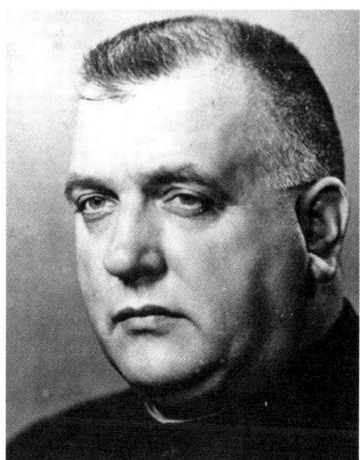

wurden die gegen Deutschland kämpfenden Einheiten der Slowaken jedoch entwaffnet. Die Besetzung Banská Bystricas durch deutsche Truppen gilt als Ende des Aufstandes. Die Nazis führten grausame Vergeltungsmaßnahmen durch, so metzelten sie ganze Dörfer vor allem im Tal des Hron nieder.

   Angeblich hatte der UdSSR-Diktator Josef Stalin wenig Interesse an einer Selbstorganisation der Slowaken und den Einmarsch der Roten Armee absichtlich bis zur Niederschlagung verzögert. Am 6. Oktober 1944 rückte die Rote Armee dann in schweren Kämpfen gegen die Wehrmacht über den Dukla-Pass vor. Trotzdem war der Nationalaufstand ein politischer Sieg der

Jozef Tiso

Mehr oder minder geschmackvolle Denkmäler erinnern überall im Land an den Slowakischen Nationalaufstand

Slowaken, denn er führte zum De-facto-Austritt des Landes aus dem Dreimächtepakt, und der Übertritt der Armee zu den Aufständischen hatte der Slowakei ein antifaschistisches Image gegeben. Damit gehörte das Land nach dem Zweiten Weltkrieg zu den Siegern statt zu Deutschlands Verbündeten. An der UdSSR orientierte Genossen sahen allerdings in einigen exponierten Personen des SNP eine Schmälerung von Stalins Ruhm und bewirkten um 1948 deren Verhaftung.

Zu sozialistischen Zeiten wurde der zweifellos auf breiter Sympathie und Unterstützung im Volk beruhende Nationalaufstand stark glorifiziert. Bis heute sind die Buchstaben SNP im öffentlichen Raum der Slowakei an vielen Stellen gegenwärtig; zahlreiche Plätze und Straßen tragen etwa diese Bezeichnung. In jüngster Zeit wird allerdings auf einige nicht mit edlem Partisanentum und völkerverbindendem Weitblick zu vereinbarende Details des Aufstandes hingewiesen, wie etwa die an den Karpatendeutschen begangenen Morde und Grausamkeiten.

Nach dem Krieg wurde die Tschechoslowakische Republik mit leicht veränderten Grenzen wiederhergestellt; so fielen die nordöstlichen Landesteile an die Ukraine. Tiso als Präsident des von Deutschland abhängigen autoritär-konservativen ›Schutzstaates‹ hatte durchaus den begrenzten Entscheidungsspielraum für wirtschaftliche und kulturelle Reformen genutzt. Seine Hinrichtung bei der Reinstallierung der Tschechoslowakei verstärkte einige Aversionen der Slowaken gegen den gemeinsamen Staat mit den Tschechen. Mehrere führende ›Slowakei-Spezialisten‹ der Nazis dagegen machten nach dem Krieg in der Bundesrepublik weiter Karriere. SA-Sturmbannführer Hans Gmelin beispielsweise wurde Oberbürgermeister von Tübingen und Vizevorsitzender des Deutschen Turn- und Sportbundes, der für den ›Juden-Kodex‹ in Bratislava zuständige Hans Globke war unter Konrad Adenauer viele Jahre Kanzleramtsleiter.

Nachkriegsjahre, ›Prager Frühling‹ und ›Samtene Revolution‹

Die Kommunistische Partei (KP) unter Klement Gottwald (1896–1953) zog 1948 die Macht an sich und baute den Staat nach Vorbild der Sowjetunion um. 1960 erfolgte die Umbenennung in Tschechoslowakische Sozialistische Republik (ČSSR) mit neuer Verfassung. Einerseits stiegen Bildungsniveau und Industrialisierungsgrad an, andererseits gab es in den 1960er Jahren im ganzen Land Unmut über die schlechte Versorgungslage und in der Slowakei auch Verärgerung über die nach wie vor vorhandene Dominanz der Tschechen. Diskussionen über die Lage in Land und den zukünftigen Kurs wurden auch innerhalb der KP geführt; aus den Auseinandersetzungen ging der Reformer Alexander Dubček (1921–1992) gestärkt hervor, der im Januar 1968 zum ersten Sekretär der KP gewählt wurde. Er entwarf einen von breiten Bevölkerungsschichten getragenen ›Sozialismus mit menschlichem Antlitz‹, dessen versuchte Umsetzung auch als ›Prager Frühling‹ bekannt wurde. Zu den Maßnahmen gehörten unter anderem eine Liberalisierung der Wirtschaft, erweiterte Reisemöglichkeiten und eine stärkere Beteiligung der Bevölkerung an politischen Entscheidungen. Dubčeks Politik war im Land sehr populär, wurde aber auch im Ausland mit großer Sympathie verfolgt. Diese Bestrebungen wurden bereits im August 1968 von der UdSSR mit Militärgewalt zerschlagen, der abgesetzt Dubček stand viele Jahre unter Hausarrest. Gustáv Husák, ab 1969 Generalsekretär der KP, brachte das Land schnell wieder auf einen moskautreuen Kurs.

Eine Verfassungsänderung von 1969 definierte die ČSSR nun als Föderation der beiden gleichberechtigten Teile Tschechei und Slowakei. 1973 nahmen die Tschechoslowakei und die Bundesrepublik diplomatische Beziehungen auf, die ČSSR unterzeichnete zwei Jahre später auch die KSZE-Schlussakte von Helsinki, die die Staaten unter anderem zur Einhaltung von Bürgerrechten verpflichtete. Die Regierung in Prag respektierte die Menschenrechte jedoch nach wie

Land und Leute

Alexander Dubček und Gustáv Husák

vor nur höchst unzureichend, und gegen die auch im Vergleich mit den anderen Staaten des Warschauer Paktes repressive Politik begann sich Widerstand zu regen. Am bekanntesten in diesem Zusammenhang war die ›Charta 77‹, eine von 242 Intellektuellen unterschriebene Petition, die Bürgerrechte einforderte und sich dabei ausdrücklich auf die KSZE-Schlussakte berief.

Die Herrschaft der Kommunisten endete nach massiven friedlichen Volksprotesten in der ›Samtenen Revolution‹ Ende 1989. Bis 1991 betrieb die Sowjetarmee Stützpunkte im Land. Staatspräsident der Tschechoslowakei wurde der Schriftsteller Václav Havel (1936–2011), seit den 1970er Jahren einer der führenden intellektuellen Köpfe unter den Dissidenten und Mitbegründer der ›Charta 77‹. Dubček wurde zum Parlamentspräsidenten gewählt, der stets auf Ausgleich zwischen Tschechen und Slowaken bedachte und hoch angesehene Politiker starb jedoch bald bei einem Verkehrsunfall.

Die Trennung von Tschechien

Zwar hatten Slowaken und Tschechen stets Distanz zueinander gewahrt, aber viele Beobachter waren dennoch von der raschen Teilung der Tschechoslowakei überrascht. Bei den Wahlen im Juni 1992 war in der Bevölkerung die Euphorie der Wendejahre längst wieder verflogen, und aus den Parlamentswahlen in der Slowakei ging die national-populistische HZDS unter Vladimir Mečiar (geboren 1942) als Sieger hervor. Nach einigen Streitigkeiten erklärten der slowakische und der tschechische Premier, Mečiar und Václav Klaus, die Trennung der beiden Landesteile in zwei souveräne Staaten, die kurz darauf vom Parlament bestätigt wurde und zum 1. Januar 1993 in Kraft trat. Ein gemäß Verfassung möglicher Volksentscheid über diese wichtige Frage fand nicht statt.

Annahme der Verfassung 1992; links Vladimir Mečiar, daneben Ivan Gašparovič

Dominierender Politiker der ersten Jahre war Mečiar. Der populistische Jurist und Amateurboxer spaltete 1991 einen nationalistischen Flügel von der Bürgerbewegung ab und wurde deren Vorsitzender. Ein weiterer insbesondere im Ausland argwöhnisch beäugter Scharfmacher war Pavol Rusko (geboren 1963). Die Unabhängigkeit erkauften sich die Slowaken mit einer wirtschaftlichen Schlechterstellung gegenüber den Tschechen. Deutlich wurde dies durch die geringere Bewertung der Währung.

Bedenklich war zeitweise der Regierungsdruck auf die Medienlandschaft, hier fand man genau diese beiden Namen an exponierter Stelle wieder. Unter Mečiar wurden Journalisten verprügelt, bei einigen explodierte das Auto. Rusko kontrollierte viele Jahre den Fernsehsender Televizia Markiza, entwickelte sich also zu einer Art slowakischem Berlusconi. Diese Situation verbesserte sich nach dem Abtritt der beiden Politiker erheblich.

Die Parteienlandschaft ändert sich noch immer relativ schnell. Spitzenpolitiker treten immer mal wieder aus ihrer Partei aus und gründen eine eigene. Solche populistischen Ein-Mann-Shows erreichen in kleinen Ländern durchaus beachtliche Wahlerfolge. Für eine gewisse Kontinuität in der Phase des EU-Beitrittes sorgten Mikuláš Dzurinda (geboren 1955, Ministerpräsident 1998–2006) und Ivan Gašparovič (geboren 1941, Staatspräsident 2004–2014).

Die emotionalen Bindungen zum ›Bruderland‹ Tschechien sind nach wie vor groß. So belegten die Slowaken bei einer Meinungsumfrage, die in Tschechien 2006 durchgeführt und in der nach der sympathischsten Nation gefragt wurde, den ersten Platz. Die Deutschen kommen übrigens auf den siebten Platz. Zahlreich sind symbolische Aktionen wie die jährliche Besteigung der Veľká Javorina zu Silvester von beiden Seiten der Grenze aus, auch hier zeigt sich die starke Verbundenheit von Tschechen und Slowaken. Kurz vor dem Wegfall der Grenzkontrollen Ende 2007 baute man einige Kontrollpunkte nochmals massiv aus, was schon damals den Verdacht auf Korruption und Filz nahelegte.

Zur Jahreswende 2011/12 wurde ein großer Korruptionsskandal aus den Jahren 2005/06 dann eindeutig aufgedeckt, der als ›Gorilla-Affäre‹ in die Geschichte einging. Gegenstand ist die Verbindung slowakischer Politiker mit der Privatkapital-Gruppe Penta Investments sowie mutmaßliche Bestechungen.

›Freie Fahrt‹

Am 21. Dezember 2007 fielen die Grenzkontrollen der Slowakei zu den Nachbarländern mit Ausnahme der nicht zur EU gehörenden Ukraine weg, was neue Perspektiven im Tourismus schuf. Davon zeugen die UNESCO-Welterbeliste sowie die Tatsache, dass mehrere Nationalparks an Nationalparks in den Nachbarländern grenzen. Gegenüber Österreich bildet der Fluss Morava (March) mit seinen Auen eine natürliche Barriere, die nur von wenigen Brücken überquert wird.

In den letzten Jahren nahm das Interesse der Ausländer an der Slowakei wieder zu. So lagen 2013 die Einnahmen im Tourismussektor neun Prozent über dem Wert von 2012, auf Touristen aus Deutschland bezogen sogar noch höher. In den letzten Jahren zählte die offizielle Statistik als Herkunftsländer mit den meisten

Touristen Tschechien (knapp 500 000 Gäste, knapp 1 500 000 Übernachtungen), Deutschland und Polen (je etwa 150 000 Gäste mit 450 000 Übernachtungen). Der Anteil der Amerikaner wächst stetig, dagegen fällt seit der Visumspflicht für GUS-Bürger deren Anteil.

Jüngste Wahlergebnisse

Am 16. und 17. Mai 2003 fand in der Slowakei eine Volksabstimmung zum vorgesehenen EU-Beitritt statt. Bei einer Wahlbeteiligung von 52 Prozent votierten über 92 Prozent für den Beitritt. Umfragen im Umfeld der EU-Beitritte (2004–2007) belegen übrigens einen Wertekonsens zwischen West- und Osteuropäern. Ein ausgefülltes Familienleben wird im Osten als besonders wichtig angesehen, aber auch vermeintliche Tugenden des Westens wie Umweltbewusstsein und Toleranz schneiden in der Gunst der EU-Neulinge hervorragend ab. Im Widerspruch zur EU-Zustimmung steht die Wahlbeteiligung bei EU-Wahlen, die Slowakei war bisher immer auf dem letzten Platz aller Länder mit 13 (!) Prozent 2014, 20 Prozent 2009 und 17 Prozent 2004. Die geringe Wahlbeteiligung kommt nationalistischen Strömungen zugute.

Bei der vorgezogenen Parlamentswahl 2012 bewarben sich 2967 Kandidaten aus 26 politischen Parteien; da zahlreiche Parteien an der Fünfprozenthürde scheiterten, reichte der sozialdemokratischen Partei SMER ein Ergebnis von 44 Prozent für die absolute Mehrheit der 150 Sitze.

Der Präsident wird direkt vom Volk alle fünf, das Nationalrat genannte Parlament alle vier Jahre gewählt. Zur Präsidentschaftswahl in der Slowakei 2014 traten 14 Kandidaten an, im zweiten Wahlgang gewann der parteilose Unternehmer Andrej Kiska (geboren 1963) mit 59 Prozent, er verspricht Änderungen im Justizsystem und Gesundheitswesen.

Slowakische Geschichte im Überblick

Vor unserer Zeitrechnung Besiedlung durch Kelten, Entwicklung der Puchauer Kultur **Regierungszeit Marc Aurels** Römer gelangen bis Trenčín und Hnúšťa

6. Jahrhundert Besiedlung durch Slawen

9. Jahrhundert Großmährisches Reich

11.–19. Jahrhundert Die Slowakei wird als ›Oberungarn‹ von Buda beziehungsweise Wien aus regiert

13. Jahrhundert Mongoleneinfälle, Anwerbung deutscher Siedler, Separatistenreiche von Matúš Čák und Omodej Aba

13.–18. Jahrhundert Die Slowakei ist das führende Land im Bergbau

1526 Schlacht bei Mohács

1671–1711 Kuruzenkriege

19. Jahrhundert Nationale Wiedergeburt, Kodifizierung einer slowakischen Schriftsprache

1918–1939 Erste und zweite tschechoslowakische Republik

1938 ›Münchner Abkommen‹

1944 Slowakischer Nationalaufstand (SNP)

1945–1990 Tschechoslowakische Sozialistische Republik

1968 ›Prager Frühling‹

1989 ›Samtene Revolution‹

1992 Zerfall der tschechoslowakischen Föderation, danach Selbständigkeit der Slowakei

2004 EU-Beitritt (EU wächst von 15 auf 25 Mitglieder)

Wirtschaft und Verkehr

Im Jahr 2004 führte die Slowakei einen einheitlicher Steuersatz – Einkommensteuer, Körperschaftssteuer, Umsatzsteuer – von 19 Prozent ein. Vorher mussten Unternehmen 25 Prozent und Spitzenverdiener bis zu 38 Prozent abführen. Die exportorientierte Wirtschaft erzielte 2012 ein Wachstum von etwa 2 Prozent. Die Arbeitslosenrate schwankt offiziell zwischen über 17 Prozent (2002) und unter 11 Prozent (2007). Allerdings gibt es enorme regionale Unterschiede: die Werte liegen zwischen 2 Prozent in Bratislava und 70 Prozent in Revúca. Dabei wurde ausgerechnet in Revúca 1862 das erste slowakischsprachige Gymnasium des Landes eröffnet.

Grob gesagt wird das Durchschnittseinkommen in der Osthälfte Europas immer geringer, je weiter nach Osten geschaut wird. Mit einem durchschnittlichen Monatslohn von 824 Euro (Statistik 2013) liegt die Slowakei im guten Mittelfeld, in der Ukraine liegen die Löhne deutlich niedriger. Auch innerhalb der Slowakei findet man ein Ost-West-Gefälle, die Gebirge hinter Košice und Prešov gelten als die Landesteile mit dem geringstem Durchschnittseinkommen.

Deutschland ist wichtigster Handelspartner und wichtigster Investor in der Slowakei. Unter allen Ex- und Importen beträgt das Handelsvolumen mit Deutschland etwa ein Viertel des gesamten Außenhandels.

Es gibt 14 Universitäten und Hochschulen. Investitionen in den Bereichen Bildung und Gesundheitswesen wurden jedoch in den letzten Jahren vernachlässigt. Dort sind Ansätze zur Korruption besonders erkennbar.

Industrie

Einige Industriestandorte sieht man zwangsläufig von den Verkehrswegen aus. So fahren viele Tatra-Touristen an der erst im vorigen Jahrhundert gegründeten Chemiestadt Svit vorbei. Eine große Rolle spielt immer noch die Verhüttung von Eisen und Nichteisenmetallen. Große lokale Umweltschäden gab es im Umkreis der Aluminiumhütte in Žiar nad Hronom und der Magnesitverarbeitung Hnúšťa.

Energieversorgung

Ökologisch umstritten bleibt auch die Energieversorgung der Slowakei, die Kernkraftwerke in Jaslovské Bohunice und Mochovce tragen mehr als die Hälfte zur Stromerzeugung bei. Einzelne Reaktorblöcke wurden zwar bereits abgeschaltet, allerdings sind Neubauten an beiden Standorten vorgesehen. Durch Rohrleitungen im Süden des Landes werden Erdöl und Erdgas aus den GUS-Ländern importiert. Wichtiges Heizmaterial ist nach wie vor schwefelhaltige Braunkohle.

Aus dem lange gemeinsam mit Ungarn geplanten Donau-Wasserkraftwerk stieg das Nachbarland 1989 wieder aus, die 1992 begonnene Stromgewinnung in Gabčíkovo liefert etwa 11 Prozent des Energiebedarfes der Slowakei. Ungarn rief wegen ökologischer Schäden 1997 den Internationalen Gerichtshof in Den Haag an, die Richter wiesen jedoch beiden Seiten Vertragsbruch nach.

Das Kernkraftwerk Mochovce

Autoproduktion

Kein Land der Welt produziert pro Einwohner so viele Autos wie die Slowakei. Innerhalb weniger Jahre gelang es den Slowaken, mehrere große Autofirmen ins Land zu holen, außerdem Komponenten- und Reifenhersteller wie Continental und Hankook. Die slowakische Auto-Erfolgsstory begann, abgesehen von ein paar wenig bekannten Anläufen in sozialistischer Zeit, im Jahr 1991. Damals erwarb der deutsche Volkswagen-Konzern ein Anhängsel der Škoda-Werke in Bratislava. Dieser Betrieb ist inzwischen zum umsatzstärksten Unternehmen der Slowakei angewachsen. Volkswagen Slovakia beschäftigt rund 7500 Mitarbeiter und besorgt ganz allein ein Fünftel aller Exporte der Slowakei. 2003 wählte PSA Peugeot Citroën die Stadt Trnava als künftigen zusätzlichen Produktionsstandort aus – heute sind hier etwa 3000 Menschen beschäftigt –, und 2004 gab Hyundai Kia seine Entscheidung für Žilina als neuen Produktionsstandort bekannt; hier sind derzeit rund 3500 Mitarbeiter beschäftigt.

Im Jahr 2012 erreichte die Gesamtzahl der landesweit produzierten Autos die Millionengrenze, und mitsamt den über 150 Zulieferfirmen liegt die Beschäftigtenzahl der Autoindustrie bei rund 100 000. Fast die gesamte Produktion geht in den Export, nur jedes hundertste derzeit in der Slowakei produzierte Fahrzeug wird auch dort verkauft. Zeitweise lag der Exportzuwachs von Autos bei über 40 Prozent jährlich, mit einem starken Einbruch im Krisenjahr 2009.

Bei der Unterstützung von Investoren geht die Regierung nicht zimperlich vor. Ein großes Medienecho fand ein angestrebtes Enteignungsverfahren gegen Grundbesitzer am Standort Žilina. Erst nach zähen Kämpfen erzielten die Hartnäckigsten unter den ursprünglichen Eigentümern einen realistischen Kaufpreis von 350 Slowakischen Kronen pro Quadratmeter statt der zunächst gebotenen 140 Kronen.

Das Straßennetz

Die Länge des Straßennetzes wird mit derzeit etwa 44 000 Kilometern angegeben, wovon 500 Kilometer Autobahnstrecken sind. Geplant ist der Weiterbau der Autobahn bis zur ukrainischen Grenze. Im Tiefland schlagen mitunter überdimensionierte Umgehungsstraßen weite Bögen um kleine Städte. Für die Benutzung einiger Autobahnen und Schnellstraßen ist seit 1995 eine Maut fällig.

Der slowakische Autobahnbau ist seit Jahren von Skandalen betroffen, praktisch alle Bauvorhaben wurden zu einem Vielfachen der ursprünglich in Ausschreibungen festgelegten Kosten realisiert. 2006 trat daher ein Gesetz in Kraft, das die nachträgliche Erhöhung der bei der Auftragsvergabe vertraglich vereinbarten Baukosten wegen unvorhergesehener Erschwernisse verbietet. Ein weiteres Gesetz von 2007 bewegt sich am Rande der Verfassung, es soll Grundstücksenteignungen für den Autobahnbau erleichtern. Allerdings gestaltet sich der Bau vor allen in engen kurvigen Tälern tatsächlich schwierig, zwischen Martin und Ružomberok ist die Streckenführung noch unklar. Der mit 4975 Meter bisher längste Straßentunnel wurde 2003 östlich von Spišské Podhradie eingeweiht; er ersetzt die Fahrt über den Bergrücken Branisko.

Auch Nebenstraßen befinden sich in akzeptablem Zustand, man kann durchaus auf Autobahnen verzichten.

Die Eisenbahn

Die Slowakei besitzt ein dichtes Schienennetz von 3700 Kilometer Länge. 1000 Kilometer sind zweispurig und 1400 Kilometer elektrifiziert. 814 Kilometer weisen Steigungen von mehr als einem Prozent auf, die 76 Tunnel sind insgesamt über 43 Kilometer lang. Diese Zahlen allein verdeutlichen, dass die Slowakei in weiten Teilen ein bergiges Land ist. Wegen dieser Gebirge gibt es in der Mittelslowakei auch kaum Nord-Süd-Verbindungen. Die derzeitige Politik widmet dem einst vorbildlichen Schienenverkehr leider wenig Aufmerksamkeit, Geschwindigkeit und Zugfrequenz auf den Nebenstrecken nehmen eher ab. Leider wurden in den letzten Jahren einige Nebenstrecken sogar eingestellt, auch auf manchen bedienten Abschnitten wurden Bahnhöfe außer Betrieb genommen.

Direktverbindungen gibt es in acht europäische Hauptstädte. Weiterhin existieren Kurswagenverbindungen mit dem ›Bäderdreieck‹ in der nordwestlichen Ecke von Tschechien. Die bedeutendsten internationalen Direktverbindungen im Schienenpersonenverkehr der Slowakei sind:

Prag–Košice (8 Std.), 5x täglich je Richtung, davon 2x über Nacht, 1x von Cheb.

Prag–Bratislava (4 Std.), etwa 7x täglich, davon 1x über Nacht, 1x von Hamburg, 3x von Berlin, 4x bis Budapest, 1x bis Belgrad

Wien-Bratislava (1 Std., teilweise Bratislava Hauptbahnhof, teilweise Petržalka), je nach Wochentag bis 36x täglich.

Bratislava–Warschau (8 Std.), 1x täglich über Nacht.

Košice-Budapest (3.30 Std.), 2x täglich

Die Autoreisezüge (→ S. 267) von Prag nach Poprad und Košice fahren inzwischen täglich, mit dem Fahrplanwechsel 2014 wurde die Angebotspalette von Verbindungen nochmals verbreitert. Neben ›normalen‹ Fernzügen und dem Autotransport fahren nun auch der preisgünstige RegioJet und der schnellere Pendolino.

In der Slowakei ist die europäische Normalspur verlegt, interessanterweise führt aber eine 102 Kilometer Breitspurstrecke von Čierna nad Tisou bis zu den Eisenhüttenwerken bei Košice. Eine Weiterführung des Gleises mit 1524 mm Spurbreite bis Wien wird seit 2007 diskutiert. Mit dieser Verbindung soll der umschlagfreie Transport von Wirtschaftsgütern von Russland bis nach Mitteleuropa ermöglicht werden.

Bahngeschichte

Im Jahr 1840 ging die 15 Kilometer lange Pferdeeisenbahn von Bratislava nach Svätý Jur in Betrieb, 1848 folgte auf den 13 Kilometern zwischen Devínska Nová Ves und Bratislava die erste Dampfeisenbahn, und bereits 1850 war die Strecke von Wien nach Budapest über Bratislava und Štúrovo fertiggestellt.

Das Rückgrat des Eisenbahnnetzes stellen die 368 Kilometer zwischen Bohumin und Čierna nad Tisou – über Žilina, Poprad, Košice – dar. Zwischen 1870 und 1873 wurde die Strecke abschnittsweise einschließlich mehrerer längerer Zweigstrecken – unter anderem nach Lučenec über Zvolen, nach Humenné, nach Plaveč – in Betrieb genommen. Heute wird das slowakische Bahnnetz von den

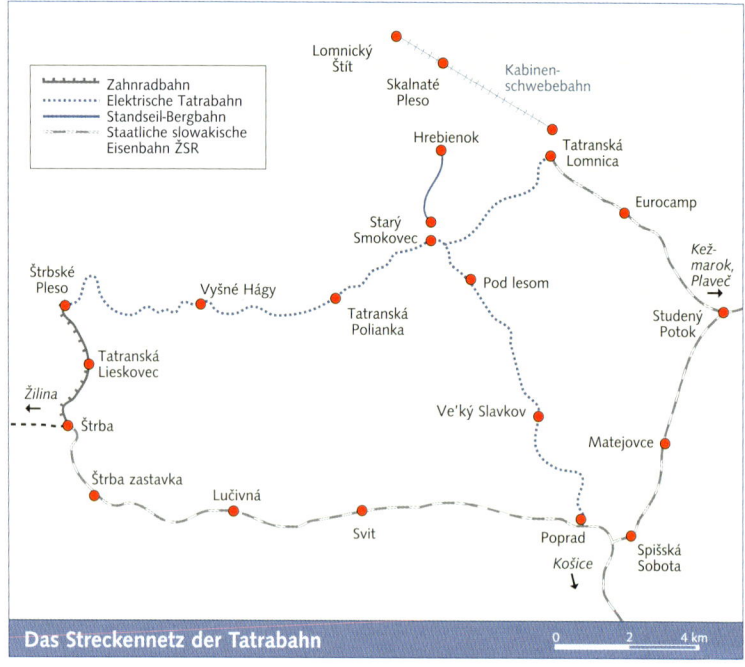

Das Streckennetz der Tatrabahn

ŽSR (Železnice Slovenskej Republiky) verwaltet, die meisten Züge werden von der ŽSSK (Železničná Spoločnosť Slovenskej Republiky, etwa 1800 Lokomotiven und 35 000 Waggons) eingesetzt, aber auf einigen Strecken tummeln sich bereits Privatanbieter. Die Strecke zwischen Bratislava und Púchov ist für Geschwindigkeiten bis zu 160 km/h ausgebaut, zuletzt entstanden dafür ein 1775 Meter langer Tunnel bei Trenčianske Bohuslavice und eine neue Brücke kurz vor dem Bahnhof Trenčín .

Landschaftlich äußerst attraktive Bahnstrecken gibt es rund um Kremnica. Der längste Tunnel befindet sich bei Harmanec und der höchstgelegene Normalspurbahnhof unweit der Hronquelle bei Telgárt hinter einem Kehrtunnel.

Eine Regionalbahn bei Strečno

Tatrabahn

Die Hohe Tatra ist gut durch Schienenverkehrsmittel erschlossen. Bereits 1897 entstand die Zahnradbahn nach Štrebske Pleso, die Schmalspurstrecken der sogenannten Tatrabahn eröffneten zwischen 1908 und 1912 gleich als elektrifizierte Trassen. Ebenfalls 1912 ging die Zahnradbahn zum Aussichtspunkt Hrebienok in Betrieb.

Ab 2001 wurden die bisherigen Waggons der Tatrabahn gegen neu entwickelte ausgetauscht. Die internationale Ausschreibung dazu hatte zur Zusammenarbeit von ŽOS Vrútky mit Schweizer Firmen geführt. Nach dem Orkan 2004 mussten über 300 Fahrleitungsmasten erneuert werden. Die letzte Modernisierung betrifft die Zahnradbahn Hrebienok: 2007 wurde die Talstation renoviert und ein neues Waggonpaar eingeweiht.

Museumsbahnen

Im ganzen Karpatenraum gab es um 1900 herum viele Schmalspurbahnen zum Holztransport. Die bekannte Waldeisenbahn fährt im Tal des Čierny Hron (→ S. 207). Sie wird seit Jahren allmählich als touristische Attraktion ausgebaut. Eine technische Seltenheit ist die in das Freilichtmuseum Vychylovka integrierte Bahn, die Höhenunterschiede durch Richtungswechsel in Spitzkehren überwindet (→ S. 174). Weitere Reste von Waldbahnen bestehen in Oravská Lesná und Liptovský Hrádok. Die 33 Kilometer von Brezno nach Tisovec gehören zu den längsten Zahnradbahnen Europas.

Größere Eisenbahnmuseen wie im Nachbarland Polen kennt die Slowakei nicht. Aber einige Technikfans organisieren gelegentlich Sonderzugfahrten. Hinweise dazu beispielsweise unter www.veterany.eu, oder www.vlaky.net.

Kunst und Kultur

Am auffälligsten für Touristen dürften die vielen Holzbauten und die Burgen in der Slowakei sein, besonders interessant sind aber außerdem die musikalischen und kulinarischen Traditionen des Landes.

Architektur

Die Slowakei gehört nicht zu den typischen Urlaubszielen für Freunde historischer Stadtarchitektur, denn die entsprechenden Innenstadtbereiche sind recht klein. Ab dem 15. Jahrhundert formierten sich geschlossen bebaute Straßenfronten. Typisch für alte Stadthäuser der Slowakei sind erhalten gebliebene Tordurchfahrten zum Innenhof.

Fast vollständig erhaltene Stadtmauern befinden sich in Bardejov, Trnava und Levoča. Dort ist die Größe der ursprünglichen Stadt also einfach nachzuvollziehen, im Wanderschritt benötigt man von Stadtmauer über den Marktplatz zu Stadtmauer nur wenige Minuten. Der längste geradlinige Straßenzug innerhalb der Stadtmauern beträgt in Bardejov nur 500 Meter, in den beiden anderen Orten immerhin das Doppelte.

Schlendert man über den Marktplatz und lässt man sich hier und da in interessante Seitenstraßen locken, verpasst man selten die bekannten Attraktionen der jeweiligen Stadt. Selbst bei manchen größeren Städten konzentrieren sich die Sehenswürdigkeiten so stark im Bereich des Altmarktes, dass man eigentlich keinen Stadtplan braucht.

Häufig wird in Tourismus-Prospekten der auch juristisch untersetzte Begriff Altstadt-Denkmalreservat verwendet. Diese unterschiedlich großen Reservate befinden sich in: Bratialava, Svätý Jur, Trnava, Nitra, Kremnica, Banská Štiavnica, Banská Bystrica, Trenčín, Žilina, Spišska Sobota, Kežmarok, Podolínec, Levoča, Spišske Podhradie, Bardejov, Košice und Prešov. Weitere sehenswerte historische Stadtkerne besitzen Komárno, Pezinok, Modra, Zvolen, Bojnice, Spišská Nová Ves und Rožňava.

Ländliche Architektur

Im Jahre 1891 eröffnete in Stockholm das Stiftelsen Skansen, ein Park mit exemplarischen Gebäuden der Volksarchitektur. Solche Freilichtmuseen finden sich inzwischen in vielen Ländern, seit langem auch in der Osthälfte Europas. Oft werden sie nach ihrem skandinavischem Vorbild Skansen genannt. Meist handelt es sich dabei um an anderer Stelle abgebaute und an einem Ort zusammengetragene Holzbauwerke. In die Museumskonzeptionen sind oft Haustierhaltung oder Vorführung alter Handwerke einbezogen. In den Skansen (slowakisch Skanzen) kann man frei herumspazieren und in viele Gebäude auch hineinschauen. Da sind ein paar Stunden schnell vergangen.

Bemerkenswert ist die Anzahl dieser größeren Freilichtmuseen in der Slowakei. Für ein Land mit nur etwas über fünf Millionen Einwohnern ist die Anzahl von acht Skansen wirklich enorm: Bardejovské Kúpele, Humenné, Martin, Pribylina, Stará Ľubovňa, Svidník, Vychyľovka und Zuberec.

Land und Leute

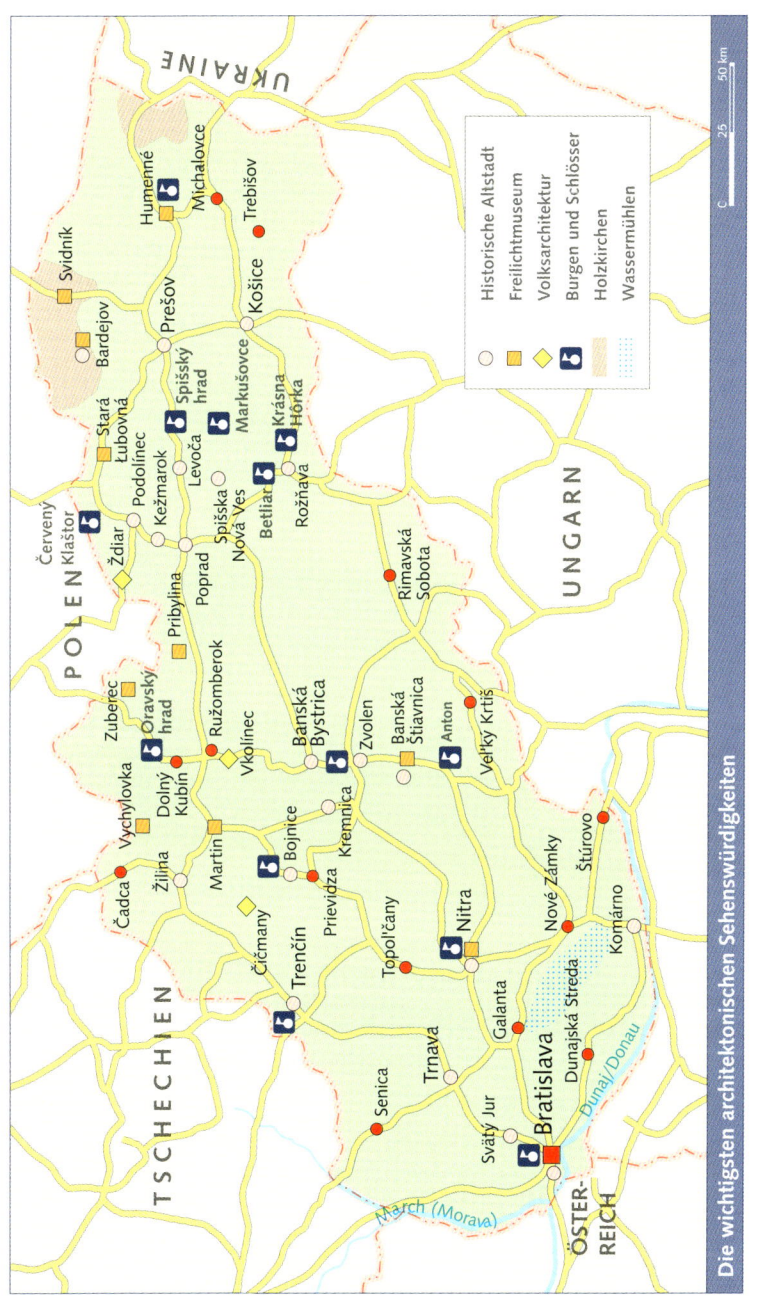

Die wichtigsten architektonischen Sehenswürdigkeiten

Legende:
- Historische Altstadt
- Freilichtmuseum
- Volksarchitektur
- Burgen und Schlösser
- Holzkirchen
- Wassermühlen

Maßstab: 0 – 25 – 50 km

Länder: UKRAINE, POLEN, TSCHECHIEN, UNGARN, ÖSTERREICH

Orte: Humenné, Michalovce, Trebišov, Svidník, Bardejov, Prešov, Košice, Stará Ľubovňa, Spišský hrad, Markušovce, Krásna Hôrka, Podolínec, Kežmarok, Levoča, Betliar, Rožňava, Červený Kláštor, Ždiar, Pribylina, Spišská Nová Ves, Poprad, Rimavská Sobota, Zuberec, Oravský hrad, Ružomberok, Vkolínec, Banská Bystrica, Zvolen, Banská Štiavnica, Anton, Veľký Krtíš, Vychylovka, Dolný Kubín, Martin, Bojnice, Kremnica, Čadca, Žilina, Prievidza, Čičmany, Trenčín, Topoľčany, Nitra, Nové Zámky, Štúrovo, Komárno, Galanta, Dunajská Streda, Senica, Trnava, Svätý Jur, Bratislava, Dunaj/Donau, March (Morava)

Obendrein werden einige öffentlich zugängliche Bergbaueinrichtungen sowie das Forstfreilichtmuseum in Vydrovo als Skansen bezeichnet. Vorsicht ist inzwischen vor der inflationären Verwendung des Wortes bei Ausflügen ins benachbarte Polen geboten. Dort nennt jeder Bienenzüchter zwecks Honigverkauf inzwischen sein Häuschen Imkerskanzen. Im Donautiefland gibt es keinen Skansen. Dort sind in den letzten Jahren jedoch verstärkt alte Bauernhäuser und die ungewöhnlichen Wassermühlen für museale Zwecke restauriert worden: Dunajskí Klátov, Jelka, Kolárovo, Martovce, Matúškovo, Šaľa, Tomášikovo und Veľký Meder.

Außer Skansen und interessanten Einzelgebäuden existiert der Schutzstatus Volksarchitekturreservat (rezervácia ľudovej architektúry). Hier handelt es sich zumindest teilweise noch um lebendige Strukturen mit ›echten‹ Bewohnern. Zehn Volksarchitekturreservate gibt es: Vlkolínec, Brhlovce, Čičmany, Osturňa, Plavecký Peter, Podbiel, Špan̈ia Dolina, Stará Hora bei Sebechleby, Veľké Leváre und Ždiar. Sozusagen eine Wertstufe darunter sind die Volksarchitektureale (areál ľudovej architektúry) angesiedelt. Man findet sie an 22 Orten des Landes; dazu gehört beispielsweise die Bergarbeitersiedlung Kremnické Bane. Im Nordosten der Niederen Tatra haben gleich vier Gemeinden diesen Status: Hybe, Heľpa, Nižná Boca und Východná.

Dorfstrukturen

Das typische slowakische Dorf schlängelt sich längs einer Straße dahin. Beiderseits weisen die Hausgiebel zur Hauptstraße, auf einer Seite befindet sich noch der Dorfbach zwischen Straße und Häusern. Eventuelle Abzweigungen enden oft nach wenigen Häusern als Sackgasse. Komplettiert wird das Ortsbild durch einen längs zur Straße stehenden Gemischtwarenladen mit Briefkasten und Bushaltestelle davor, eventuell einer Dorfkneipe daneben sowie durch ein Kirchlein in der Ortsmitte oder auf einem Hügel. In verkehrsarmen Gegenden wagen sich vereinzelt noch Gänsegruppen auf die Straßen. Allerdings ist dieses Grundschema immer seltener in Reinform anzutreffen.

Im Donautiefland trifft man auf stärker ungarisch geprägte Dorfbilder. Ältere Häuser bestehen hier oft aus weiß getünchtem Lehm und besitzen mitunter noch Strohdächer, neuere Einfamilienhäuser haben meistens ein Spitzdach und einen quadratischen Grundriss.

Kabel für Strom und Telefon verlaufen oft noch oberirdisch, entlang der Dorfstraße bilden sie mitunter ein wirres Geflecht. Eine Besonderheit slowakischer Dörfer und Landstädtchen ist eine Lautsprecherbeschallung, die ursprünglich der kommunistischen Nachkriegspropaganda diente. Aus rostigen Trichtern tönen teilweise noch heute Lokalnachrichten, betrieben von der Gemeindeverwaltung.

Burgen

Die Anzahl der slowakischen Burgen und Burgruinen ist beeindruckend und stellt ein Charakteristikum des Landes dar, rechnerisch kommt eine Burganlage auf rund 27 000 Einwohner. Nur Schottland und Irland können da einigermaßen mithalten, dann muss man aber jedes ›castle‹ genanntes befestigte Gehöft mitzählen. Allein schon Wikipedia listet über 150 Anlagen auf, wenn sie dort auch nicht immer korrekt beschrieben werden.

Einerseits bietet das staatliche Denkmalamt aus Geldmangel einige Objekte sogar preisgünstig zum Kauf an – die Kaufverträge sind allerdings mit diversen Verpflichtungen verbunden. Andererseits entstanden in letzter Zeit mit Unterstützung des Kulturministeriums Burgruinen-Betreuungsvereine. Studenten und Ortsansässige stellen dann die meisten Mitglieder und führen auch Arbeitseinsätze durch. Ziel ist eine Sicherung vor weiterem Verfall bei Wahrung des Erscheinungsbildes.

Besonders gut erhaltene Burganlagen stehen in einigen größeren Städten – Bratislava, Nitra, Trenčín, Kežmarok –, da die Entwicklung dieser Städte und Burgen sich gegenseitig bedingte. Vor Errichtung der Burgen stellten diese Orte bereits Handelsplätze dar, die dann durch die Burgen wiederum besonders geschützt wurden. Die meisten Burgen standen ursprünglich am Stadtrand, nur die Burg von Banská Bystrica wurde gleich in das Zentrum integriert.

Genaue Angaben zu Entstehung und gegebenenfalls Verfall der Burgen sind oft nur mit mehreren Jahreszahlen möglich. Zunächst wuchsen sie durch Erweiterungen. Die militärische Bedeutung von Burgen ebenso wie von Stadtmauern verringerte sich allmählich mit zunehmender Verbreitung der Feuerwaffen. Am Ende der Kuruzenzeit kam es wegen der zahlreichen Kampfhandlungen zu vielen Zerstörungen von Burganlagen, andere Burgen wurden aus praktischen Erwägungen von ihren Besitzern vernachlässigt. Nach Schäden durch Krieg oder Brand wurden jedoch manchmal Gebäudeteile weiterhin genutzt. Als größte Burgruine Mitteleuropas gilt die imposante Anlage der Burg Zips (→ S. 307). Typische Anlagen für die Verbindung mit kleinen Ortschaften sind die Burg Liptsch (→ S. 204) und die Burg Arwa (→ S. 230).

Burgen wurden unter strategischen Gesichtspunkten vor allem an unzugänglichen Stellen mit gutem Rundblick errichtet. Kalksteinfelsen weisen zudem oft eine besonders interessante Pflanzenwelt mit vielen bunten Blumen auf. Gelegentlich findet man dort sogar Fossilien. Es gibt im Naturschutzrecht einen speziellen Schutzstatus für Burgberge mit bemerkenswerter Naturausstattung (chránený hradný vrch).

Burg Zips gehört zu den bekanntesten Anlagen des Landes

Land und Leute

Nur wenige bedeutende Burgruinen werden als Museum mit Eingrenzung und Öffnungszeiten betrieben. Die meisten Ruinengelände haben kein eigenes Betreuungspersonal und können zu beliebigen Tageszeiten besucht werden. Mit etwas Vorsicht und Respekt eignen sie sich prima für Rollenspiele mit Kindern. Sogar an sich weniger attraktive Ruinen führen in Verbindung mit Ausblick und Pflanzenwelt oft zu einem lohnenswerten Tages- oder Halbtagesausflug. Selbst der Besuch einer nur aus wenigen Resten bestehenden Ruine kann sich lohnen.

Das vom Design her schon etwas angestaubte www.hrady.sk sowie die neueren Darstellungen www.slovenskehrady.sk und www.zamky.sk beschäftigen sich mit slowakischen Burg(ruin)en, Schlössern und Klöstern. Ähnlich beschreiben mehrere polnische Seiten wie www.zamki.res.pl polnischen Burgen – nicht nur – nahe der slowakischen Grenze.

Schlösser

Schon rein äußerlich ist der Übergang zwischen einer Burg (hrad) und einem Schloss (zámok) fließend. Die beiden als Schlösser bezeichneten Bauwerke in Banská Štiavnica beispielsweise oder das in Zvolen vermitteln mit ihren dicken Mauern und kleinen Fenstern eher den Charakter von Befestigungsanlagen als von gemütlichem Plüsch. Auch das bekannte Kloster am Dunajec weist solche Baumerkmale auf. Für kleinere Ausführungen von Burg und Schloss wird in der Slowakei oft das Wort Kastell (kaštieľ) verwendet. Das vorliegende Buch übernimmt diesen Sprachgebrauch. Streng genommen entsprechen die slowakischen Kastelle jedoch eher dem deutschen Wort Gutshaus.

Schloss Bojnice, das ›slowakische Neuschwanstein‹

Schlossanlagen in der Slowakei haben meistens eine vergleichsweise bescheidene Größe. Es gibt sie in Baustilen zwischen Renaissance (Moravany nad Váhom, Bešeňová) über Barock (Antol) und Klassizismus (Dolná Krupá, Topoľčianky) bis zum Historismus (Budmerice, Kunerád). Einige davon sind liebevoll rekonstruiert. Teilweise wurden ältere Bauten mehrmals zu einem Konglomerat verschiedener Stile geändert und erweitert. Das slowakische Neuschwanstein ist Schloss Bojnice (› S. 182). Es wird von 400 000 Touristen jährlich besucht.

Vier der schönsten Burgen und Schlösser in der östlichen Slowakei (Betliar, Krásna Hôrka, Humenné und Trebišov) sind eng mit dem Namen der Familie Andrássy verbunden, das einflussreiche ungarische Adelsgeschlecht besaß in dieser Region große Landgebiete. Die Andrássys waren bei keinem dieser vier Familiensitze schon in der Bauphase beteiligt, aber der heutige Charakter wurde wesentlich während ihrer Anwesenheit seit dem 17. Jahrhundert geprägt. Die Inneneinrichtungen einschließlich wertvoller Sammlungen sowie die Außenanlagen gehen auf ihre Umbauten im 19. Jahrhundert zurück. Über das Eheleben einzelner Familienmitglieder gibt es abenteuerliche Schauergeschichten. Julius Andrássy (1823–1890) war ungarischer Premierminister, sein Sohn Julius Andrássy (1860–1929) letzter Außenminister der Donaumonarchie. Über das Eheleben einzelner Familienmitglieder gibt es abenteuerliche Schauergeschichten.

Eine ähnliche Rolle spielt in der westlichen Slowakei das ungarische Adelsgeschlecht Pálffy von Erdöd. Es beeinflusste die Entwicklung vieler Landstriche zwischen Bratislava und Bojnice. Die Familie stellte mit Paul Pálffy (1590–1653), Nikolaus Pálffy (1657–1732) und Johann Pálffy (1664–1741) gleich drei Palatine von Ungarn (zu dieser Zeit etwa: stellvertretender König und oberster Richter), Ferdinand Pálffy (1774–1840) wurde als Kunstmäzen bekannt. Das Touristeninformationszentrum Bratislava fasst in einem Broschürchen 22 (!) mit den Pálffys in Verbindung stehe Objekte zusammen. Darunter sind sechs in Bratislava, natürlich der Familiensitz auf der Bibersburg, Smolenice, Budmerice, Bojnice, zwei Burgruinen und abschließend bei einem Blick über die Grenze das Schloss Marchegg in Österreich.

Steinkirchen

Alle Epochen des letzten Jahrtausends haben Bauwerke hinterlassen. Wie in vielen anderen europäischen Regionen zählen Kirchen zu den besonders exponierten Beispielen der jeweiligen Baustile. Stark vertreten ist die Gotik. Die ältesten erhaltenen Kirchen wurden kurz nach der vorletzten Jahrtausendwende erbaut, so etwa die Bauten in Kostoľany bei Tríbeč, Dechtice und Bíňa.

Die in Spišská Nová Ves zwischen dem 14. und dem 16. Jahrhundert gegossenen Kirchenglocken zeichnen sich durch einen schönen Klang und ein ansprechendes Äußeres aus. Bekannte Exemplare befinden sich in Visegrád (Ungarn), Spišská Kapitula, Hrabušice und Dravce. In den letzten Jahren wurden einige Glockenspiele in Betrieb genommen, die beispielsweise in den Stadtzentren von Banská Bystrica und Poprad die volle Stunde durch eine Melodie anzeigen.

Führend bei der Ausstattung gotischer Kirchen war Meister Paul aus Leutschau (Pavol z Levoče). Er kann wohl ohne Übertreibung als einer der besten

Die Heiliggeistkirche in Žehra

Holzbildhauer überhaupt bezeichnet werden und steht auf einer Stufe mit Veit Stoß und Tilman Riemenschneider. Das Stadtarchiv von Levoča erhält nur spärliche Informationen über ihn. Er tauchte 1500 in der Stadt auf und wurde 1537 letztmals als Einwohner erwähnt; kurze Zeit war er Mitglied des Stadtrates. Er heiratete die Tochter eines Stadtpatriziers und hatte vier Kinder. Nebenbei handelte er mit Wein und Heu. Große Altäre von Meister Paul befinden sich außer in Levoča auch in Banská Bystrica und Spišska Sobota. Weitere Kirchen der Ostslowakei besitzen kleinere Altäre oder einzelne Holzfiguren von ihm.

Der Barock als Baustil der Gegenreformation setzte sich erst spät durch. Zu den prägenden Persönlichkeiten des Spätbarocks in der Slowakei zählt der Maler Johann Lukas Kracker (1717–1779). Zu dieser Zeit entstanden auch einige Pestsäulen, die als Dank nach einer überstanden Epidemie gestiftet wurden. Das sind Denkmäler zumeist auf Marktplätzen, die Säule von Kremnica erreicht beeindruckende 22 Meter.

Über 400 Dorfkirchen landesweit werden unter www.apsida.sk vorgestellt.

Holzkirchen

Weitere auffällige Attraktion der Slowakei sind die zahlreichen Holzkirchen, die in einem bogenförmigen Streifen zwischen Stará Ľubovná und Sobrance entlang der Staatsgrenze stehen. Sie sind besonders als griechisch-katholische Gotteshäuser in den von Ruthenen besiedelten Bergdörfern zu finden, im Gebiet rund um Bardejov und Svidník sowie bei Snina stehen etwa 40 davon. Früher waren es wesentlich mehr, aber viele Bauten wurden Opfer von Kriegen oder sind vernachlässigt und abgetragen worden. Als Material diente meistens Lärchen- oder Tannenholz, nur die über 500 Jahre alte römisch-katholische Kirche in Hervartov besteht komplett aus dem zähen Holz der Eibe.

Ursprünglich war geplant, einen gemeinsamen polnisch-ukrainisch-slowakisch-ungarischen UNESCO-Antrag für die Holzkirchen im Gebirgsbogen einzubringen. Wegen mangelnder Koordination wurden aber getrennt voneinander acht ›Holzkirchen der slowakischen Karpaten‹ (2008), sechs ›Holzkirchen im südlichen Kleinpolen‹ (2003) und jeweils acht polnische und ukrainische ›Holzkirchen in den Nordkarpaten‹ (2013) in die UNESCO-Welterbeliste aufgenommen.

Eine völlig andere Entstehungsgeschichte als die kleinen griechisch-katholischen Kirchen haben die fünf Artikularkirchen, die sich südlich der Tatra befinden. 1681 wurde der Bau evangelischer Kirchen in der Slowakei wieder zugelassen, aber durch Artikularien (Paragraphen) streng reglementiert. Sie mussten innerhalb eines Jahres gebaut werden und außerhalb der Stadtmauern stehen, und das Baumaterial Holz durfte nicht einmal durch Eisennägel ergänzt werden. Türme und Glocken waren verboten, ebenso Eingänge zur Hauptstraße. Der durch solche Zwänge entstandene Erfindungsreichtum führte mitunter zu besonders sehenswerten Sakralbauten. Drei davon davon – Kežmarok, Leštiny und Hronsek (→ S. 298, 231, 197) – stehen seit 2008 ebenfalls auf der UNESCO-Welterbeliste.

Einige attraktive slowakische Dorfkirchen befinden sich nicht mehr am ursprünglichen Ort. Teilweise standen sie im jetzigen Überschwemmungsbereich von Talsperren und wurden verschoben, manche wurden aber auch in die Konzeption von Skansen einbezogen und versetzt. Neben dem Hauptgebäude des Ostslowakischen Museums Košice steht die bereits 1927 aus Kožuchovce versetzte Holzkirche. Im Jahre 1929 wurde die Holzkirche aus Medvedovce an den Petřínhügel in Prag überführt. In jüngerer Zeit versetzte Kirchen stehen näher bei ihren ursprünglichen Standorten. Die Skansen Bardejov und Pribylina besitzen jeweils gleich zwei davon.

Die Holzkirche in Tvrdošín

Technische Sehenswürdigkeiten

Viele funktionsfähige technische Denkmale sind in Freilichtmuseen integriert. Die meisten Skansen verfügen über Schmiedewerkstätten sowie Produktionsanlagen mit Wasserkraftantrieb. Im Slowakischen Landwirtschaftsmuseum Nitra (→ S. 143) erhält man einen vielseitigen Einblick in das ehemalige Dorfleben.

Die Freilichtabteilung des Bergbaumuseums von Banská Štiavnica wurde etwas außerhalb der Stadt in der Nähe alter Schachteingänge errichtet. Jüngste Unter-Tage-Touristenattraktion ist das Kohlebergwerk Cígeľ.

Auch andernorts stehen Denkmale und Museen in Zusammenhang mit dem Bergbau. Klopftürme beispielsweise riefen die Bergleute zur Arbeit oder warnten vor Gefahren. Ihr hölzerner Klopfmechanismus war sozusagen der Vorläufer von Wecker und Sirene.

Westlich von Brezno dient eine neue ›Eisenstraße‹ (Železna cesta) der touristischen Vermarktung von Industriedenkmalen. Die Salinenanlage von Prešov-Solivar lohnt ebenfalls einen Besuch. Im Donautiefland sind noch alte Wassermühlen zu besichtigen.

Das 2002 fertiggestellte Gebäude der Nationalbank in Bratislava

Moderne Architektur

Mit Beginn der Industrialisierung entstanden einige völlig neue Gebäudetypen, unter anderem Mietshäuser, Bahnhöfe, Theater und Redouten. Aus dem 20. Jahrhundert gibt es einige unterschiedlich gelungene Beispiele futuristischer Architektur, gelegentlich wurden auch Denkmale dem Ausbau einer autogerechten Infrastruktur geopfert. Bekanntestes Beispiel ist der Bau der Neuen Brücke in Bratislava, deren schnellstraßenähnliche Verlängerung eine brutale Schneise quer durch historische Viertel der Innenstadt schlug. Die höchsten modernen Gebäude des Landes befinden sich ebenfalls in der Hauptstadt, es handelt sich zumeist um Banken.

Das 20. Jahrhundert hat in vielen Städten und Dörfern zahlreiche phantasielose Plattenbauten (panelák) hinterlassen. Politische Entscheidungsträger sahen in ihnen ein Allheilmittel gegen die Wohnungsnot. Im Inneren sind diese standardisierten Wohnungen allerdings oft besser als ihr Ruf. Während der Mangelwirtschaft der Nachkriegsjahrzehnte wurden vor allem in den Städten nur wenige historische Gebäude angemessen gepflegt, inzwischen ist der Verfall alter erhaltenswerter Substanz weitgehend gestoppt. In den letzten Jahren wurde fast jeder Altstadtkern fußgängerfreundlicher gestaltet, oft auch mit Bäumen und Wasserspielen.

Kunsthandwerk

Bis zur Mitte des 19. Jahrhunderts wurden Trachten noch im Alltagsleben getragen, heute sieht man sie fast nur noch bei Folkloreveranstaltungen. Man unterscheidet etwa 60 lokale Varianten der Stickerei in der West- und Mittelslowakei, in der Ostslowakei entwickelte sich dafür die Weberei stärker. Die Herstellung von Klöppelspitzen ist seit dem späten 16. Jahrhundert aus Bergarbeiterstädten bekannt. Die Blaufärberei entstand im späten 18. Jahrhundert und wurde schnell beliebt. Inzwischen ist sie aber fast ausgestorben. Die Materialauswahl der traditionellen Flechterei ist sehr umfangreich: Weiden- und Haselruten – geschält, ungeschält, gespalten –, Stroh – am häufigsten Roggen -, Maisblätter, Schilfrohr, Holzstreifen und Wurzeln. Besondere Kunstfertigkeit wurde bei der Gestaltung von Ostereiern erreicht. Die wichtigste Technik dabei ist die Batik. Außerdem werden Eier mit verschiedenen Materialien beklebt.

An der Gestaltung traditioneller Keramik kann man meistens den Herstellungsort genau erkennen. In Pozdišovce bei Michalovce wird schwarzbraunes Geschirr mit farbenfroher Bemalung hergestellt, in Šivetice bei Jelšava ist der Grundton Ocker und die Ornamente sind filigraner. In Pukanec bei Levice verwendet eine Werkstatt die Sgraffitotechnik, bei der auf einer hellen Oberfläche die Zeichnung eingeritzt wird, so dass die dunkle Grundfarbe zum Vorschein kommt. Modra ist für seine weißen Majolikaerzeugnisse mit ihrer blauen und orangefarbenen Bemalung bekannt.

In der Umgebung von Glashütten findet man volkstümliche Glasmalerei. Weiterhin gab es in der Slowakei zeitweise über 150 Drahtbinderdörfer. Viehglocken werden von Hirten mitunter noch selbst gegossen, weitere traditionelle Hirtenerzeugnisse sind der hölzerne Trinkbecher Črpák und hölzerne Schafskäseformen. In ungarisch geprägten Landesteilen werden Haushaltsgegenstände gelegentlich noch aus Horn hergestellt. Grundlage der Holzbildhauerei sind oft religiöse Motive und pflanzliche Ornamente. Viehglocken werden von Hirten mitunter noch selbst gegossen, weitere traditionelle Hirtenerzeugnisse sind der hölzerne Trinkbecher Črpák und hölzerne Schafskäseformen.

Interessante Informationen zu Kunsthandwerk und Volkskultur liefert die Darstellung www.ludovakultura.sk.

Farbenfrohe Keramik aus Pezinok

Literatur

Lebst du denn, Mensch, noch immer in dem Glauben,
du seist zu Recht der Herrscher der Natur?
Beherrsche dich erst selbst! Bezähme nur Gewalt und Macht!
Dann kannst du dir erlauben, der wahren Freiheit Held zu sein.

Hviezdoslav (eigentlich Pavol Országh, 1849–1921)

Das erste literarische Werk auf dem Gebiet der Slowakei waren die ›Gespräche mit der eigenen Seele‹ Marc Aurels, der im 2. Jahrhundert als Kaiser das römischen Reich regierte. Zumindest Teile davon sollen im Jahr 172 am Fluss Hron entstanden sein; Marc Aurel hielt sich in seiner Amtszeit mehrere Male am Limes entlang der Donau und den angrenzenden Regionen auf.

Eine eigene slowakische Nationalliteratur bildete sich erst im 19. Jahrhundert heraus; ihre Entwicklung ist eng mit dem Erstarken der slowakischen Unabhängigkeitsbestrebungen in jener Zeit verbunden. Einen Versuch zur Fixierung der slowakischen Sprache unternahm bereits Anton Bernolák (1762–1813). Bald darauf erschienen die Epen des volkstümlichen Pfarrers Ján Hollý (1785–1849). Im Gegensatz dazu hielt der Historiker und Slawist Pavol Jozef Šafárik (1795–1861) eher am Gedanken einer Verbrüderungsbewegung der slawischen Völker fest und legte keinen Wert auf eine eigene Sprache.

Begründer einer allgemein akzeptierten slowakischen Sprache ist Ľudovít Velislav Štúr (1815–1856); 1846 erschien sein bahnbrechendes Werk ›Náuka reči slovenskej‹ (Lehre der slowakischen Sprache). Štur stützte sich auf den Dialekt rund um die Stadt Martin. Als bedeutendster Lyriker des Landes zählt Hviezdoslav (etwa ›Verehrer der Sterne‹, eigentlich Pavol Országh, 1849–1921). Der Jurist kam als Weltliteratur-Übersetzer zur Belletristik und schuf mit seiner ›Förstersfrau‹ (Hájnikova žena, auch ›Des Hegers Weib‹) 1884 eine Art Nationalepos. Die Bedeutung von Štúr und Hviezdoslav zeigt sich dem Touristen unter anderem darin, dass im Land zahlreiche Plätze und Straßen nach ihnen benannt sind.

Ebenfalls einer sehr lyrischen Sprache bediente sich der Dissident Dominik Tatarka (1913–1989), am ehesten bekannt durch seinen Kurzroman ›Prútené kreslá‹ (Korbsessel). Als wichtigster slowakischer Dichter des 20. Jahrhunderts gilt vielen Milan Rúfus (1928–2009), dessen Werke in 15 Sprachen übersetzt wurden.

Interessante Reportagen aus den östlichen Landesteilen der ersten Tschechoslowakischen Republik lieferte Ivan Olbracht (eigentlich Kamil Zeman,

Pavol Jozef Šafárik in seinen besten Jahren

Slowakische Musikinstrumente

1882–1952). Reizvoll für heutige Leser ist ein Vergleich mit den aktuellen Essays des Ukrainers Juri Andruchowytsch (geboren 1960) über dasselbe Gebiet.

Leider gibt es im deutschsprachigen Buchhandel kaum deutsche Übersetzungen aus dem Slowakischen. Ein Querschnitt slowakischer Lyrik des 20. Jahrhunderts in deutscher Übersetzung von Ursula Macht unter dem Titel ›Blauer Berg mit Höhle‹ wurde 1994 als ›Schönstes Buch der Slowakei‹ ausgezeichnet und 1996 in die Leipziger Ausstellung ›Schönste Bücher aus aller Welt‹ aufgenommen.

Musik

Allen denjenigen, die spontan Komponisten slawischer Länder nennen sollten, würden wohl neben Russen höchstens noch Tschechen und Polen einfallen. Auch in deutschen Radioprogrammen stößt man kaum auf Slowaken, ebenso unbekannt im Ausland ist die aktuelle Chanson- und Jazzszene. Wer jedoch mit etwas Muße in großen slowakischen Plattenläden stöbert, kann einige interessante Entdeckungen machen.

Klassik

Belege für ein einheimisches Musikrepertoire reichen bis in das 14. Jahrhundert zurück, Burgtrompeter und Spielmänner können als die ersten Profi-Musiker angesehen werden. Im 17. Jahrhundert schwappte die Welle der europäischen Barockmusik auf die Slowakei über. Dabei fanden traditionelle slowakische Tänze und Lieder Eingang in die Kunstmusik. Der Instrumentenbau erlebte in dieser Zeit seine Blüte. Im 18. Jahrhundert war Bratislava neben Wien die politisch und auch kulturell bedeutendste Stadt der Habsburgermonarchie. In dieser Zeit wurde die Stadt unter anderem von Joseph Haydn, Wolfgang Amadeus Mozart, Karl Ditters von Dittersdorf, Ludwig van Beethoven, Heinrich Marschner, Franz Liszt, Felix Mendelssohn-Bartholdy, Johannes Brahms und Joseph Joachim besucht. In Bratislava studierten die ungarischen Komponisten Franz Erkel und Béla Bartok.

Im 19. Jahrhundert kam es wie in anderen Ländern zur Entstehung romantisch-patriotischer Nationalmusik. Zu den ersten Repräsentanten dieser Strömung gehören Ján Levoslav Bella (1843–1936) und Mikuláš Moyzes (1872–1944). Opern von Eugen Suchoň (1908–1993, ›Krútňava‹ 1949, auch unter dem Titel ›Katren‹ bekannt, ›Svätopluk‹ 1960) und Ján Cikker (1911–1989, ›Juro Jánošík‹ 1954, ›Das Erdbeben in Chili‹ 1978) fanden auch außerhalb der Slowakei ein begeistertes Publikum.

Das älteste Symphonieorchester ist das 1929 gegründete Slowakische Radiosymphonieorchester. Die erfolgreicheren Dirigenten wie Zdenék Košler, Libor Pešek, Václav Talich und Bohdan Warchal hatte in den letzten Jahrzehnten jedoch das Slowakische Philharmonische Orchester.

Außer diesen in der Hauptstadt ansässigen Klangkörpern existieren Profi-Symphonieorchester in Košice und in Banská Bystrica. Einige Sängerinnen – Edita Gruberová, Magdalena Hajóssyová, Lucia Popp, Gabriela Beňačková – und Instrumentalisten machten international Karriere.

Unterhaltungsmusik

Zu den aktiven Altmeistern des Schlagers zählen Marika Gombitová, Pavol Hammel und Peter Nagy. Zuzana Homolovás Ethnopop findet ebenfalls viele Freunde, sie arbeitete auch mit dem tschechischen Tausendsassa Jiří Stivín zusammen. Zu dessen bekanntesten Produktionen wiederum zählt das Album ›Inspiration with Folklor‹, das mitreißend freche Jazz-Bearbeitungen slowakischer Volkslieder enthält.

Die international bekannteste Rockplatte des Landes ist wohl nach wie vor ein Konzertmitschnitt des Collegium Musicum Bratislava vom 21./22. Juli 1973, die wegen des Coverbildes als Dampfwalzenalbum bezeichnete Live-Produktion zeigt das Trio des Organisten Marián Varga auf gleicher Höhe mit bestem Progrock aus dem Westen. Derzeit sind die Aufnahmen von Collegium Musicum aus ihrer klassischen Phase bis 1981 wieder erhältlich (digitally remastered), die erschwinglichen Doppelalben ›Konvergencie‹ und ›Divergencie‹ mit ihren Suiten und Kinderchören seien hier als alternative Jahresendmusik für Weihnachtsmuffel empfohlen. Wenige Jahre später bot das Quartett Fermata des Gitarristen František Griglák einen Progrock der internationalen Spitzenklasse, insbesondere mit den Konzeptalben ›Huscaran‹ 1977 und ›Weißer Planet‹ 1980. Immer mal meldet sich dieser Musikstil zurück, beispielsweise mit dem Debutalbum ›Reaching Places High Above‹ von Persona Grata 2013.

In letzter Zeit springt auch der Bluesrock, der lange Zeit praktisch nur von Peter Lipa gespielt wurde, mit Interpreten wie Daniel Kollar wieder auf eine jüngere Generation über.

Musikfestivals

Jährlicher Höhepunkt des Konzertlebens ist das Musikfestival Bratislava (Bratislavské hudobné slávnosti, BHS) im Herbst. Das an die Notenschrift erinnernde Logo mit den drei Buchstaben kennt jeder. In den Theaterferien der Sommermonate gibt es interessante Aufführungen klassischer Musik in historischer Umgebung. Das Rock-Festival Pohoda und das Dobrofest in Trnava sind ebenfalls mittlerweile über die Landesgrenzen hinaus bekannt.

Teilnehmer eines Folklorefestivals

Bei einem Musikumzug in Košice

Am attraktivsten für Touristen sind jedoch die großen Folklorefestivals mit bunten Trachten und selten gespielten Instrumenten. Die slowakische Volksmusik ist seit jeher stark ausgeprägt. Einflüsse böhmischer Blasmusik sind relativ schwach, eher spürt man polnische und ungarische Elemente. Einer der bekanntesten entsprechenden Ensembleleiter ist Miroslav Dudík (geboren 1950). Das größte und wichtigste Folklorefestival entstand 1953 in Východná. Seit 1956 hat es nationale Bedeutung und seit 1958 ist es dreitägig. Unter Ausführenden und Zuschauern gibt es viele junge Leute. Die Nummer Zwei der Folklorefestivals findet seit 1966 in Detva statt. Beliebt ist auch das 1963 gegründete Festival in Terchová.

Derzeit sind in der Slowakei ansässige Musiker der ungarischen Minderheit mit modern gespielter Folklore sehr populär. Ghymes aus Nitra gilt als bestes ungarisches Ensemble des modernen Folk überhaupt. Die 1984 gegründete Gruppe gewann 1993 internationale Beachtung bei der Zusammenarbeit mit Miquéu Montanaros ›Vents d´Est‹ und veröffentlichte allein unter eigenem Namen bis heute 20 Alben. Dazu kommen Klubabende, Kinderveranstaltungen, Bühnenmusiken. Die jährlichen Budapester Weihnachtskonzerte von Ghymes sind lange vorher ausverkauft.

Volksinstrumente

Zum typisch slowakischen Instrumentarium gehören der mit einem geschnitzten Ziegenkopf versehene Dudelsack Gajda sowie die vor allen bei Detva verbreitete fagottartige Hirtenflöte Fujara aus Holunderholz. In tiefen Lagen hat der Klang Ähnlichkeit mit dem des Didgeridoos, in hohen Lagen können schmetternde Tonfolgen erzeugt werden. Diese bis zu 180 Zentimeter lange Hirtenflöte wird meistens solistisch verwendet. 2005 wurde ihre Musik in die relativ neue UNESCO-Liste ›Meisterwerke des immateriellen Erbes der Menschheit‹ aufgenommen. Führender Fujarist des Landes ist Ľubomír Párička (geboren 1954). Weiterhin sind neben Streichinstrumenten – es soll 120 Geigenvarianten geben – auch Knopfakkordeon und Hackbrett zu finden.

Fotografie und Film

Karol Plicka (1894–1987) war zweifellos der wichtigste Fotograf der Slowakei, er betätigte sich daneben auch als Volksliedsammler und Filmregisseur (›Durch Berge und Täler‹ 1929, ›Die Erde lebt‹ 1934). Obwohl seine scharfen Schwarz-weiß-Fotos alles andere als Schnappschüsse sind, strahlen sie Dynamik und Lebendigkeit aus. Ähnliche Popularität erarbeitete sich Karol Kállay (1926–2012), von dem einige der schönsten Slowakei-Bildbände der letzten Jahre stammen. Schon unter den DDR-Lesern erfreuten sich seine Fotoreportagen großer Nachfrage, 1995 wurde ›Franz Kafka und Prag‹ als ›schönstes Buch der Slowakei‹ ausgezeichnet.

Bereits einer der größten Stummfilm-Klassiker fand geeignete Drehorte in der Slowakei: Friedrich Wilhelm Murnaus ›Nosferatu‹ (1922) zeigt deutlich die Burg Arwa als Domizil des Vampirs, der Sonnenaufgang beim Tod des Vampirs ist jedoch der Burgruine Starhrad zuzuordnen. Finanziell war ›Nosferatu‹ zunächst ein Flop, zu Murnaus Lebzeiten wurden die Produktionskosten bei weitem nicht eingespielt. Seitdem hat sich die Slowakei wiederholt als Dracula-Kulisse bewährt, unter anderem bei der Verfilmung (1979) von Regisseur Werner Herzog mit Klaus Kinski in der Hauptrolle.

Seit dem Ende der sozialistischen Ära entdecken einige bekannte Regisseure das romantische Land erneut für internationale Produktionen, vor allem von Historien- und Fantasyfilmen wie ›Dragonheart‹ (1996). Leicht zu erkennen sind in ›Dragonheart‹ die Burg Strečno, der Aussichtsfelsen Tomášovský výhľad und die Burgruine Spišský hrad. Sicher punktete das Land auch damit, dass die Produktionskosten geringer als in Schottland oder Kalifornien ausfielen. Raffaela de Laurentiis war jedenfalls des Lobes voll: »Ich produziere seit 17 Jahren Filme, viele davon im Ausland, aber ich habe noch nie so gute Erfahrungen gemacht wie in der Slowakei.« Strečno diente ebenfalls als Kulisse in der deutschen Nibelungen-Parodie ›Siegfried‹ (2005).

Karol Kállay

Die Filmtradition der Tschechoslowakei mit anspruchsvollen Produktionen von Surrealismus bis Alltagsklamauk hatte ihren unbestrittenen Mittelpunkt in Prag, die Slowakei war oft nur als Urlaubsziel der Hauptfiguren präsent.

Gleiches gilt für die vorzüglichen Märchenfilme; auch hier bildeten die Burgen und Schlösser der Slowakei oft die Kulisse. Glücklicherweise ist die gemeinsame Filmproduktion mit der Landesteilung im Jahr 1993 nicht völlig zum Erliegen gekommen, relativ viel von der Landschaft sowie Schloss Smolenice sieht man beispielsweise in ›Die Regenbogenfee‹ (2001).

Zu den international bekanntesten slowakischer Regisseuren zählen Juraj Jakubisko (›Frau Holle‹ 1986 mit Giulietta Masina, ›Bathory‹ 2008 mit Anna Friel) und Martin Šulík (›Der Garten‹ 1995).

Burg Starhrad, zu sehen am Schluss des Stummfilm-Klassikers ›Nosferatu‹

Sprache

Natürlich knüpft derjenige am schnellsten Kontakt zur einheimischen Bevölkerung, der wenigstens einige Standard-Redewendungen in der Landessprache beherrscht. Bei touristischen Dienstleistern der Slowakei findet man häufig deutschsprechende Mitarbeiter, oft auch unter Senioren und Schülern. In der mittleren Altersgruppe ist eher Englisch verbreitet, außerdem wird Russisch von vielen verstanden.

Slawische Sprachen gehören zur großen Gruppe indoeuropäischer Sprachen. Slowakisch ist eine westslawische Sprache mit verschiedenen Dialekten. Ausgehend vom zentral gelegenen Slowakischen kann man andere slawische Sprachen relativ leicht erschließen, manche Sprachwissenschaftler bezeichnen es sogar als slawisches Esperanto. Der Kampf um eine standardisierte slowakische Schriftsprache zog sich über mehrere Jahrhunderte hin. In orthodoxen Kirchen wird teilweise noch heute die über 1000 Jahre alte kirchenslawische Urform der slawischen Sprachen benutzt.

Die Unterschiede zwischen Slowakisch und Tschechisch sind gering. Allerdings gibt es sie bereits im Alphabet (ä und ô nur slowakisch, ř und ě nur tschechisch). Die Buchstaben mit Strich oder Häkchen werden im Alphabet jeweils hinter den zugehörigen ›normalen‹ einsortiert, die Buchstabenkombination ch steht nochmals extra hinter dem h.

Einen kleinen Sprachführer findet man in diesem Reiseführer ab S. 379.

Feste und Festivals

Die folgende Übersicht nennt nur Feste und Festivals mit landesweiter Bedeutung.

Februar
Hundeschittenrennen in Donovaly; Winteraustreiben in Štrbské Pleso und in Vlkolínec

März
Skiwettkämpfe um den Goralenhut in Zuberec; Frühlingsbegrüßung in der Region Liptov

April
Internationaler Wildwasserslalom in Liptovský Mikuláš; Weinmarkt in Pezinok

Mai
Kirchenslawisches Liederfest in Telgárt; Wallfahrt in Šaštín-Stráže; Internationales Gespensterfestival in Bojnice; Saisoneröffnung auf den Burgen Trenčín und Zips; Saisoneröffnung der Waldeisenbahn und des Forstfreilichtmuseums in Vydrovo

Juni
Internationale Slowakei-Radrundfahrt Spätmittelalterliche Krönungsfeierlichkeiten in Bratislava; Folklorefestivals in Detva, Heľpa, Myjava, Spišské Podhradie; Folklorefestivals (ukrainisch) in Svidník und in Kamienka; Folklorefestival (ungarisch) in Gombasek ; Folklore- und Kochfestival (kroatisch) in Devinska Nová Ves; Kulturtage der Zipser Deutschen in Chmelnica; Kultursommer in Bardejov und in Sliač; Ökumenisches Kirchenmusikfestival in Trebišov; Artfilmfest in Trenčianske Teplice; Theaterfestival ›Berührungen und Verbindungen‹ in Martin; Dobrofest in Trnava; Schlossfestspiele mit Theaterfestival in Zvolen (bis Juli)

Juli
Größte Wallfahrt in Levoča (erstes Juli-wochenende); Wallfahrt in Gaboltov bei Bardejov; Kyrill-Method-Fest in Nitra; Zipser Markt in Spišská Nová Ves; Größtes Folklorefestival in Východná (erstes Juliwochenende); Fujara-Tage in Korytárky pod Poľanou; Folklorefestivals in Krakovany bei Piešťany und in Štrba; Open-Air-Rockfestival Pohoda in Trenčín; Orgeltage in Kremnica

August
Wallfahrten in Ľutina bei Sabinov, Litmanová, Nitra; Bartholomäusmarkt in Ilava Internationale Mineralienbörse in Pezinok; Splanekor in Trenčín ; Folklorefestivals in Zuberec und in Hnúšťa; Jánošík-Fest in Terchová; Open-Air-Folkrockfest Budzogáň in Terchová; Dorffeste in Vlkolínec und in Liptovská Teplička; Hontparade in Hrušov Theaterfestival ›Cap á l´est‹ in Banská Štiavnica; Festival für historisches Fechten in Spišské Podhradie; Jazzsommer Jazznica in Banská Štiavnica; Orgeltage in Bardejov, Piešťany, Trnava

September
Wallfahrten in Rajecká Lesná, Mariánka, Šaštín-Stráže; Radvaň-Jahrmarkt in Banská Bystrica; Schüttinsel-Jahrmarkt in Dunajská Streda; Römische Spiele in Rusovce; Salamanderfest in Banská Štiavnica; Folklorefestival der Roma in Snina; Zamagurie-Fest in Červený Kláštor; Weinfeste in Bratislava-Rača, Bratislava-Vajnory, Modra, Pezinok, Kráľovskyý Chlmec; Humorfestival in Kremnica; Theaterfestival in Nitra; Orgelfestspiele in Košice; Bildhauersymposium in Piešťany

Oktober
Internationaler Friedensmarathon in Košice; ›Nuit Blanche‹ in Košice; Jazztage Bratislava Jazzfeste in Námestovo und in Trenčín; Festival der Bergfilme in Poprad

November
Andreasmarkt in Ružomberok; Internationale Musikfestspiele BHS in Bratislava; Jazzfeste in Košice und in Prešov

Dezember
Weihnachtsmarkt in Bratislava; Weihnachsbräuche-Fest in Tisovec

Land und Leute

Essen und Trinken

Die Einflüsse der Nachbarländer werden in zwei Bereichen besonders deutlich: in der Musik und in der Küche. In der Slowakei kombiniert man böhmische Knödel mit ungarischem Paprika, dazu kommt die österreichische Kaffeehauskultur. Ernährungswissenschaftler bescheinigen dieser Mischung eine gute Ausgewogenheit mit positiven Auswirkungen auf die Gesundheit, zumal die Verwendung von frischen Kräutern wieder zunimmt. Weitere häufige Zutaten für Speisen sind Pilze, Walnüsse, Kern- und Steinobst. Der Beerenreichtum der Wälder (und Gärten) liefert die Grundlage vieler Desserts. Die pannonische Tiefebene bietet gute Entwicklungsbedingungen für Kürbisgewächse. Gehaltvolle Eintopfgerichte sind immer noch als Hauptmahlzeit verbreitet, dazu reicht man frisches Brot. Es ist besonders in Einpersonen-Haushalten üblich, derartige Eintöpfe einzufrieren und wieder aufzukochen.

Die polnisch-ukrainische Wodka-Tradition trifft sich mit der ungarischen Wein- und der böhmischen Bier-Tradition, Parallelen zu österreichischen Obstbränden und Ausstrahlungen der böhmischen Kräuterschnäpse sind ebenfalls zu spüren. Doch bei allen Einflüssen hat die Slowakei auch Eigenständiges zu bieten; dazu einige Ausführungen.

Speisen

Bedingt durch die Armut in vergangenen Zeiten, ist die Kartoffel (zemiak) als besonders preisgünstiges Grundnahrungsmittel überall anzutreffen. Sie bildet die Basis vieler warmer Gerichte. Früher wurden Gäste oft mit locker gebackenem Brot (chlieb) und Salz (soľ) begrüßt, dieser Brauch ist mittlerweile aber nur noch selten anzutreffen. Vielseitig ist die Auswahl an Fleisch (mäso), neben Schwein und Rind gibt es Wild sowie Schaf und Gans. Das traditionelle Weihnachtsessen der Tschechoslowakei war Karpfen (karp), man erinnere sich beispielsweise an das aus der Badewanne sprechende ›Albertchen‹ in der Kinderfilmserie ›Pan Tau‹. Viele Restaurants haben Forelle (pstruh) auf der Speisekarte, manche Touristen kommen eigens zum Forellenfang in die Slowakei. Wie in vielen Ländern ist Pizza mittlerweile als schnelle Mahlzeit populär. Restaurants beispielsweise in der Innenstadt von Košice stehen dabei original italienischer Qualität kaum nach.

In der Slowakei sind wie auch in Tschechien Suppen (polievky) sehr verbreitet, als Vorspeise und Appetitanreger in eher dünner Konsistenz. Mehr in Richtung Eintopf geht beispielsweise die Sauerkrautsuppe Kapustnica (slowakisch kapusta = Kohlkopf). Bei Hochzeiten in der Slowakei wird Sauerkrautsuppe traditionell um Mitternacht gereicht, um die Gäste wieder zu kräftigen.

Typisch für die geographische Lage der der Slowakei ist eine Kombination, die aus ungarischem Paprikagulasch und böhmischen Hefeknödelscheiben besteht (guláš s knedlíkem). Das originale Gulasch in Ungarn wird als Eintopf bereitet, in Böhmen isst man Knödel eher mit Sahnesoße und Braten. Ebenfalls auf böhmische Einflüsse geht der Mix aus Kartoffelbrei und Sauerkraut zurück. Das Nationalgericht der Slowaken sind Kartoffelteig-Nockerln (etwas kleiner als Gnocchi) mit Brimsenkäse und Specksoße (Bryndzové halušky) – sehr sättigend! Mit weniger Käse und untergemischtem Sauerkraut heißt das ganze Strapačky.

Sehr schmackhaft sind ebenfalls mit Brimsen gefüllte und mit Specksoße übergossene Teigtäschchen. Ähnliche Gerichte kennen die slawischen Nachbarländer unter der Bezeichnung Pelmeni.

Das Land ist bekannt für seine Käsespezialitäten. Vyprážaný syr (überbackener Käse) wird in vielen Restaurants des Landes als vegetarisches Gericht angeboten. Brimsenkäse, ›Bryndza‹, ein Frischkäse aus Schafsmilch, ist typisch für die Karpaten. Im 18. Jahrhundert wurde ihm große Heilkraft nachgesagt, man verglich ihn mit dem Wundermittel Theriak. Konflikte mit eifrigen EU-Normierern gab es bezüglich der speziellen Herstellung des Brimsenkäses, der nur aus unpasteurisierter Milch seine traditionelle Qualität entfaltet. Inzwischen ist dieser Streit nicht nur beigelegt, sondern die Markenbezeichnung sogar geschützt. Brimsen bildet auch die Grundlage des Brotaufstrichs Liptauer, beliebt bei Heurigen-Umtrünken in Österreich. Ein Slowake würde zu solchem Schmierkäse wohl eher Bryndzová nátierka sagen. Ein weiterer EU-Käsekrieg, diesmal um handgranatenförmigen geräucherten Schafskäse, endete mit dem Schutz der Bezeichnungen ›Oštiepok‹ in der Slowakei beziehungsweise ›Oscypek‹ in Polen. Parenica ist ein aus einem langen faserigen Steifen gewickelter Brühkäse, der aus der Gegend von Zvolen und Brezno stammt. Korbáčiky sind geflochtene Käsezöpfchen, ursprünglich aus der Region Arwa.

Als Dessert kann man fast überall die süß gefüllten Eierkuchen Palacinky bestellen, die den russischen Bliny entsprechen. Eher zu deftigen Mahlzeiten passen die ähnlich aussehenden Lokše, die mit Kartoffelmehl bereitet werden. Handlich verpackte Waffeln (Oplátky) waren der Wander- und Pausensnack der Tschechoslowakei, die meisten Produkte gibt es nach wie vor in Kaufhallen. In Konditoreien sollte man einige Sorten cremegefüllter Röllchen (Trubičky) probieren. Trdelník heißt der über dem offenen Feuer gebackene Baumkuchen. Der ›Trdelník aus Skalica‹ erhielt 2005 die erste geographische Lebensmittel-Schutzbezeichnung der Slowakei nach EU-Recht. Er darf nur mit gehackten Kernen (Walnuss, Mandel, Aprikose) bestreut werden. Sehr lecker!

Eine typische, deftige Vorspeisenplatte

Land und Leute

Getränke

Mit reichlich 13 Litern reinem Alkohol pro Kopf und Jahr liegen die Slowaken etwa bei dem Wert der Deutschen. Aber beginnen wir mit dem geringsten Alkoholgehalt: Trinkwasser gibt es in der Slowakei aus der Wasserleitung sowie an frei zugänglichen Quellen. Als Handelsmarke sei für Wanderer an dieser Stelle Ľubovnianka (2 Liter ca. 60 Cent) mit einem hohen Magnesiumgehalt besonders empfohlen. Bei Kräutertee besteht Entwicklungsbedarf; die schmackhaften, in privater Runde oft gereichten heimischen Wildkräutermischungen sind bisher kaum im öffentlichen Ausschank gelandet. In Tschechien und der Slowakei ist die seit 1962 erhältliche Kofola der Hauptkonkurrent von Cola. 2007 kaufte ihr Hersteller auch die Markenrechte an der Traubensaftbrause Vinea.

Verbreitetste Biersorte ist ›Zlatý Bažant‹ (Goldfasan), die seit 1995 zum holländischen Heineken-Konzern gehört. Die beliebte Biersorte ›Martiner‹ ging 105 Jahre nach ihrer Gründung 1999 ebenfalls zu Heineken über, ebenso wie ›Corgoň‹ und ›Gemer‹. Ein ausgezeichnetes Preis-Leistungs-Verhältnis bietet sowohl bei dunklen als auch bei hellen Bieren die Brauerei ›Stein‹, während Import-Biere deutlich teurer und während eines Slowakei-Urlaubes wegen der guten Qualität der einheimischen Sorten überhaupt verzichtbar sind. Zum guten Ton in vielen slawischen Ländern gehört es übrigens, das Bier nicht nur kühl, sondern eiskalt zu servieren.

Im Jahr 2009 lag der Pro-Kopf-Verbrauch der Slowaken (75 Liter Bier) pro Kopf bei stetig fallender Tendenz im europäischen Mittelfeld, deutlich unter den entsprechenden deutschen (110) und tschechischen (159) Werten. Im Ausland sind slowakische Biere kaum bekannt, bei 37 000 Hektolitern exportiertem Bier ist die Slowakei fast europäisches Export-Schlusslicht.

Man unterscheidet sechs Weinbaugebiete im Süden des Landes. Am häufigsten angebaut werden Blaufränkischer (Frankovka modrá, ca. 12 % der Fläche), Welschriesling (Rizling vlašský, ca. 20 %) und Grüner Veltliner (Veltlínské zelené, ca. 23 %), im Theißtiefland entsteht echter Tokajer.

Nationalgetränk ist der Wacholderbranntwein Borovička; als sanftester gilt der aus Trenčín, als bester der aus Liptovský Mikuláš. Die beiden unterschiedlich süßen Sorten des Kräuterschnapses Demänovka Bylinná hätten vielleicht auch international Marktchancen. Der Pflaumenschnaps Slivovica ist außerhalb der Slowakei auch in Österreich (Sliwowitz), in Mähren (Slivovice) und in Serbien (Шљивовица) sehr populär, manche Chargen enthalten einen Alkoholanteil von über 70 Prozent. Ebenso variabel ist der Tatra-Tee (Tatranský Čaj) mit Werten von 17 (Milchlikör) über 35 (Stevia) und 52 (Original) bis zu 72 Prozent Alkohol (Räubervariante).

Die Einflüsse der Wiener Kaffeehauskultur beschränken sich nicht nur auf Bratislava, sind aber in den größeren Städten und Kurorten am deutlichsten. Eine lange Tradition hat das Konditoreihandwerk, viele entsprechende Verkaufsstellen verfügen über Imbisstische. Einfach über das Pulver in der Tasse gegossenes kochendes Wasser erzeugt ›Türkischen Kaffee‹, üblicher Filterkaffee heißt ›Wiener Kaffee‹. Leider nicht völlig verschwunden ist die nach dem Zusammenbruch des Realsozialismus verbreitete Ansicht, löslicher Kaffee gelte als Symbol der Moderne. Aber in guten Restaurants kann man natürlich Espresso bestellen.

Rezepte

Eine kleine Auswahl origineller Küchenrezepte findet sich unter www.wege-nach-osten.de/kueche/kueche.html.

Brimsennockerln

›Bryndzové halušky‹ sind das Nationalgericht der Slowaken!

Zutaten: 100–150 g Speckwurfel, 1 Zwiebel, 500 g Kartoffeln, 125 g Brimsenkase (ersatzweise anderer Vollfett-Frischkäse), Kartoffelmehl und etwas Essig.

Zubereitung: Rohe Kartoffeln reiben und auspressen. Viele nehmen dazu ein in Essigwasser getränktes Tuch. Mit Kartoffelmehl (und/oder gekochten Kartoffeln) einen knetbaren Teig fertigen. Weitere Zutaten können je nach Geschmack beziehungsweise Landesregion ein Ei und Gewürze (Salz, Muskat, Kräuter) sein. Kleine Nockerln vom Teig abstechen (es gibt auch spezielle Spätzle-Schabebleche) und in kochendes mildes Essigwasser nur so lange geben, bis sie wieder aufsteigen (2–3 Min.). Die mit dem zerbröselten Käse gemischten heißen Nockerln bilden eine fast breiartige Konsistenz. Das Resultat portionsweise mit gebratenem Zwiebelspeck anrichten. Traditionelles Getränk dazu ist die Schafsmolke Žinčica (ersatzweise Buttermilch).

Sauerkrautsuppe

Die Sauerkrautsuppe ›Kapustnica‹ (slowakisch kapusta = Kohlkopf) ist kein originäres Phänomen der Slowakei, sondern kommt beispielsweise auch in Tschechien und Ungarn vor. Sie bietet viele Möglichkeiten zu kreativen Improvisationen, häufige Zusätze sind geräucherte Knackwurst oder getrocknetes Obst. Weiter südlich wird als Grundlage auch Hackfleisch oder Lamm verwendet, die Übergänge zum bekannten ungarischen Kesselgulasch sind fließend. Grundsätzlich kann man zwischen einer Paprikavariante, einer lieblichen (Trockenfrüchte, Weißwein, wenig Fleisch) und einer deftigen (Trockenpilze, Knoblauch, viel Fleisch) Variante unterscheiden.

Zutaten: 100–150 g Speckwürfel, 2 Zwiebeln, 500 g Sauerkraut. Je nach persönlichem Geschmack sind verschiedenste weitere Zutaten in verschiedensten Proportionen möglich.

Zubereitung: Die Speckwürfel in einem großen Topf anbraten, die gehackten Zwiebeln darin glasig schmoren. Nach Belieben Gulasch, Wurststückchen oder Hackfleisch mit anbraten. Sauerkraut und Brühe – im einfachsten Fall Wasser mit einem Brühwürfel – so auffüllen, dass ein dicker Eintopf entsteht. Weiter nach Belieben hinzufügen: drei kleingeschnittene Kartoffeln, Paprikamark, Paprikapulver, Trockenpilze, Trockenfrüchte, Gewürzkräuter, Knoblauch, Lorbeerblätter, Wacholderbeeren, Pfeffer, Zucker, Weißwein. Eine halbe Stunde leicht köcheln lassen, mit einem Sahneklecks und frisch gehacktem Grünzeug wie beispielsweise Petersilie anrichten.

Pflaumenfeuer

Zu vielen Gerichten passt ›Pflaumenfeuer‹, ein Getränk mit Pflaumenaroma: In starken süßen Kaffee kommt ein kräftiger Schluck Slivovica. Das wird wieder mit einer Sahnehaube garniert. Prosit!

Der Westen des Landes wird von der Hauptstadt Bratislava, dem Waag-Tal und der Donautiefebene geprägt. Viele Burgen erinnern an den König Matúš Čák, der im Mittelalter in dieser Region herrschte. Heute blüht hier die Wirtschaft, jährlich werden allein über eine Million Autos hergestellt.

DIE WESTLICHEN LANDESTEILE

Der Hauptplatz mit Rathaus und Rolandsbrunnen in Bratislava

Übersicht: Wintersportmöglichkeiten in der Westslowakei

Lage	Name/Kontakt	Gesamtlänge ausgewiesener Abfahrten / präparierter Loipen in km	Anzahl der Seilbahnen / Anzahl der Skilifte (+ = beleuchtete Nachtpiste)
Kleine Karpaten Südost, Pass bei Pezinok	Pezinská Baba, www.lkbaba.sk	3,6 / 8	0 / 5 +
Kleine Karpaten Südost, Modra	Piesok, www.lkbaba.sk	0,8 / 10	0 / 5 +
Považský Inovec, Nová Lehota	Bezovec, www.skibezovec.sk	2,7 / -	0 / 4 +
Považský Inovec, Kálnica	Kálnica, www.ski centrumkalnica.sk	1,3 / 8	0 / 1 +
Weiße Karpaten Süd, Stará Myjava	Stará Myjava, www.skiland.sk	1 / 1	0 / 3
Javorníky, Lazy pod Makytou	Čertov, www.skicertov.sk	5,2 / 3	0 / 4
Javorníky, Makov	Makov, www.skimakov.sk	6 / 20	0 / 4 +
Rajetzer Berge, Mojtin	Javorina, www.skimojtin.sk	7 / 2	0 / 6
Rajetzer Berge, Čičmany	Javorinka, www.cicmany-ski.sk	3,6 / 5	0 / 4
Kleine Fatra Südwest, Rajecká Lesná	Rajecká Lesná, www.skiparkrajec kalesna.sk	3,3 / -	0 / 3 +
Kleine Fatra Südwest, Pass bei Fačkov	Fačkovské sedlo, www.skiarena-fackovs kesedlo.sk	4,4 / 15	0 / 4 +
Saybuscher Beskiden, Oščadnica	Veľká Rača, www. snowparadise.sk	14,5 / 8	3 / 3 +

Bratislava

Bratislava (lateinisch Istropolis, deutsch Preßburg, ungarisch Pozsony, zur Zeit des Großmährischen Reiches Brezalauspurc) hat gerade einmal 420 000 Einwohner. Damit belegt sie unter Europas Hauptstädten zwischen Skopje und Tallinn einen der hinteren Plätze. Nicht zuletzt dank der 65 000 Studenten an zehn Universitäten macht die Stadt aber einen lebensfrohen und unternehmungslustigen Eindruck, liegt das Durchschnittsalter ihrer Einwohner bei 33 Jahren. Ein längerer Aufenthalt in Bratislava lohnt sich nicht zuletzt wegen der vielen Museen und der grünen Umgebung.

Bratislava liegt am südwestlichen Rand des Landes, ein Besuch lässt sich sowohl mit Reiserouten wie Berlin–Prag–Budapest–Sofia als auch mit Touristenzielen in der Slowakei gut kombinieren. Die Stadt bietet neben einem barocken, in den vergangenen Jahren sorgfältig restaurierten Stadtkern eine angenehme Atmosphäre zum Bummeln, für Veranstaltungs- oder Museumsbesuche. Insbesondere für Österreicher liegt Bratislava nahe, Tagesausflüge beispielsweise von Wien gestalten sich mit allen Verkehrsmitteln problemlos. »Bratislava ist ein Vorort von Wien«, sagen viele Einheimische, trotz gemeinsamer Kulturgeschichte halten sich jedoch in Österreich viele Vorurteile. Tatsächlich gibt es in Europa keine anderen Hauptstädte, die so nahe beisammen liegen wie Wien und Bratislava; die Entfernung beträgt rund 60 Kilometer. Das Preisniveau in der slowakischen Hauptstadt ist niedriger als in Österreich, aber höher als in der übrigen Slowakei. Wer seinen Urlaub noch in der Slowakei durch etwas Wiener Flair ergänzen will oder regelmäßiges abendliches Kulturleben sucht, ist in Bratislava richtig. Dass in der Stadt die Landesregierung und viele wichtige Institutionen ihren Sitz haben, mag für Touristen weniger relevant sein.

Vom wirtschaftlichen Aufschwung des Landes in den vergangenen Jahren profitierte Bratislava besonders, was die Mieten dort schnell in die Höhe trieb. Vielen Slowaken wird ihre Hauptstadt immer fremder, da schnelllebige Konsumbedürfnisse die slawische Lebenseinstellung immer mehr verdrängen.

Die Lichter der Altstadt, die angestrahlte Burg, das schöne Panorama am Fluss und die Brücken machen Bratislava zur idealen Kulisse für Nachtaufnahmen – Stativ nicht vergessen!

Stadtgeschichte

Vom Beginn eines christlichen ungarischen Staates unter Stefan I. (969–1038) bis zum Zerfall des Habsburger Reiches 1918 gehörte Bratislava stets zu den größten ungarischen Städten. Der heutige Name kam erst spät auf, als im Zuge des erwachenden slowakischen Nationalbewusstseins im 19. Jahrhundert nach einer slawisch klingenden Ortsbezeichnung gesucht wurde. Am 6. März 1919 wurde er offiziell eingeführt, nachdem gegen die tschechische Bezeichnung Bratislav protestiert worden war. Umgangssprachlich ist manchmal von ›Blava‹ oder ›Lava‹ die Rede, was einen leicht abwertenden Beigeschmack hat. Früher haben die Slowaken meistens das Wort ›Prešporek‹ benutzt, also den deutschen Namen Preßburg ihrer Sprache angepasst. Im 20. Jahrhundert war Bratislava nach Prag immer die zweitgrößte Stadt der Tschechoslowakei.

Funde bezeugen die Anwesenheit des Heidelbergmenschen (Homo heidelbergensis) und des Neandertalers (Homo neanderthalensis) im heutigen Stadtgebiet. Etwa zwischen den Jahren 400 und 50 vor unserer Zeitrechnung siedelten hier Kelten vom Stamm der Boier. Für die Zeit der größten Ausdehnung wird das befestigte Wohnareal auf 20 Hektar und ein angrenzendes Gewerbegebiet auf 30 Hektar geschätzt. Später verlief die Grenze des Römischen Reiches mit ihrem Wall – ›Limes‹ – entlang der Donau. Im 6. Jahrhundert ließen sich Slawen hier nieder, aus der Zeit des Großmährischen Reiches sind Mauerreste auf dem Burggelände von Devín besonders gut zu sehen, aber auch an anderen Orten erhalten.

Im Jahr 1189 sammelten sich hier die Teilnehmer des Dritten Kreuzzuges unter Friedrich Barbarossa und Richard Löwenherz. Ab 1440 bekämpften sich Burg und Stadt jahrelang bei Auseinandersetzungen um die ungarische Thronfolge. Unter der Regierung von Matthias Corvinus (Matej Korvín, 1443–1490) gab es ab 1467 mit der Academica Istropolitana eine Hochschule nach dem Vorbild der Universität Bologna. Zu ihren ersten Professoren gehörte der Mathematiker Regimontanus (Johannes Müller aus Königsberg). Auch der Arzt Paracelsus (Philippus Aureolus Bombastus Theophrastus von Hohenheim) hielt sich in der Stadt auf.

Zwischen 1536 und 1783 war das heutige Bratislava ungarische Hauptstadt, da in dieser Zeit die Osmanen das ungarische Kernland besetzt hielten; die heutige Anmutung des Zentrums entstand in großen Teilen in dieser Epoche. Zwischen 1563 und 1830 wurden zehn Könige und eine Königin (1741 Maria Theresia) sowie acht Königsgemahlinnen im Martinsdom gekrönt. 1611 entstand die erste Druckerei. Mehrere Pestepidemien, Überschwemmungen, Kriege und Aufstände im 17. Jahrhundert bremsten dagegen die Entwicklung.

Typischer Innenhof in der Altstadt

Die größten Eingriffe in die historische Bausubstanz erfolgten durch den 1775 angeordneten Abbau der Stadtbefestigung und 1972 durch den Bau der Neuen Brücke. 1783 erschienen die erste Zeitung und der erste Roman in slowakischer Sprache. Zwischen 1805 und 1811 war die Stadt in die Napoleonischen Kriege verwickelt. 1818 begann die Dampfschifffahrt auf der Donau, 1840 erfolgte der Abschluss an das Eisenbahnnetz, aber vor der Gründung der Tschechoslowakei ging es in der dreisprachigen Stadt immer noch beschaulich zu. Zum beeindruckenden Wachstum trug der Anschluss einiger Umlandgemeinden bei (1851, 1943, 1946, zuletzt 1972). Als Industrie- und Finanzstandort ist Bratislava bis heute mit Abstand die Nummer Eins der Slowakei. In Bratislava wurden unter anderem Johann Andreas Segner (1704–1777) und Philipp von Lenard (1862–1947) geboren. Segner war Arzt und Naturwissenschaftler, seine Arbeiten zur Strömungslehre lieferten Grundlagen für die Wasserturbine. Lenard erhielt 1905 den Physik-Nobelpreis für Experimente zu Ka-

Karte: hintere Umschlagklappe ▲

thodenstrahlen. Sein unrühmliches Engagement als Antisemit ging auf Rivalitäten
mit Albert Einstein zurück und wurde von
den Nazis mit hohen Ämtern belohnt.
Leicht verschätzen kann man sich bei
dem Bratislava verbundenem Bildhauer Franz Xaver Messerschmidt (1736–
1783). Seine Charakterköpfe könnten
durchaus als moderne Kunst interpretiert werden. Er verbrachte seine letzten
Lebensjahre in der Stadt, 2011 wurde
hier über ihn der Dokumentarfilm ›Čas
grimás‹ (Zeit der Grimassen) gedreht.
Zwischen 1850 und 1950 erfolgte ein
drastischer Umschwung der ethnischen
Zusammensetzung. 1850 lebten hier
75 Prozent Deutsche, seit 1960 stellen
die Slowaken über 90 Prozent der Bevölkerung. 2003 wurde Bratislava mit
dem Vertrag von Kittsee Bestandteil der
›Europaregion Centrope‹. Er beinhaltet
eine Abstimmung von Planungen und
Aktivitäten im Gebiet Niederösterreich-
Südmähren-Nordwestungarn bis zum
slowakischen Verwaltungsbezirk Trnava mit insgesamt über sieben Millionen
Einwohnern.

Die markante UFO-Brücke

Donaubrücken

Nur in Bratislava befindet sich die Donau vollständig auf slowakischem Gebiet.
Fünf sehr unterschiedliche Brücken verbinden die Stadtteile. Für den Bau der
1972 eingeweihten, 431 Meter langen
**Brücke des Slowakischen Nationalauf-
standes** (Most SNP, im Volksmund auch
UFO-Brücke) wurde das Judenviertel zerstört. Kontroverse Diskussionen darüber
hört man bis heute. Die asymmetrische
Gestaltung des Bauwerkes wirkt immer
noch modern. Fußwege befinden sich beiderseits unterhalb des Fahrbahnniveaus,
vom 80 Meter hoch gelegenen Aussichts-
café im einzigen Träger hat man einen
schönen Blick auf die Stadt. Zwischen
1993 und 2012 war die Flussquerung
in Neue Brücke (Nový most) umbenannt
An der Südwestecke der UFO-Brücke liegt
das **Messegelände Incheba** – ursprünglich die Abkürzung für International Che-
mical Bratislava –, an der Südostecke der
Volkspark Bürger-Au (Aupark, offiziell
Sad Janka Kráľa) mit einer Shopping-
Anlage. Dieser 2007 eröffnete Komplex
beherbergt etwa 190 Geschäfte, 24 Restaurants und Cafés, Kinos und einen
Fitness-Club.
Einen Kilometer stromabwärts sieht man
die **Alte Brücke** (Starý Most), 1891 von
Kaiser Franz Joseph I. eingeweiht. Sie
wurde 2008 für den motorisierten Verkehr gesperrt und 2014 demontiert,
soll aber demnächst wieder mindestens für eine Straßenbahnlinie fit gemacht werden.
Die neueste Flussüberquerung findet
man einen weiteren Kilometer stromabwärts: 2005 wurde die **Apollo-Brücke**
eingeweiht, mit allen Anlagen 854 Meter
lang und einem markanten Hauptbogen
von 36 Metern über Fahrbahnniveau.
Und wiederum einen Kilometer stromabwärts trifft man auf die 1985 fertiggestellte **Hafenbrücke** (Prístavný most,

ehemals Most hrdinov Dukly), die vor allem den Transitverkehr auffangen soll. Sie gilt als Teil der Autobahn, über sie führen weiterhin ein Eisenbahngleis, ein Fuß- und ein Fahrradweg.

Zwei Kilometer stromaufwärts von der UFO-Brücke führt seit 1992 die 764 Meter lange **Lafranconi-Brücke** übers Wasser. Sie ist nach dem Architekten Enea Grazioso Lanfranconi (1850–1895) benannt, der sich mit der Regulierung der Donau beschäftigte. Im Königreich Ungarn war er als spendenfreudiger Philantrop bekannt.

Die Innenstadt

Das dichte Geflecht der vielen Gassen und Straßen innerhalb der kleinräumigen Altstadt gehört überwiegend den Fußgängern, viele Kombinationen von Spazierwegen sind möglich. Zudem sind die Entfernungen kurz, alles innerhalb des Bereiches der ehemaligen Stadtmauer ist in einer Viertelstunde mit allem verknüpft. Überhaupt flaniert es sich ausgesprochen angenehm in Bratislavas Zentrum. Das mittelalterliche Muster der Plätze entstand organisch, entspricht aber in erstaunlicher Weise modernen Verkehrs-

Auch nachts ein Hingucker: die Burg, das Wahrzeichen der Stadt

planungstheorien, zahlreiche Cafés und Restaurants laden zur Rast ein. Viele renovierte Fassaden und Hinterhöfe besitzen einen ganz besonderen Charme. Mehrere originale lebensgroße **Bronzefiguren** bereichern die Altstadt, die bekannteste ist der aus einem Kanalisationsdeckel herausschauende ›Čumil‹ am östlichen Ende der Panská. Gegenüber befindet sich das Denkmal des authentischen Stadtoriginals Ignaz Lamer (1897–1967), eines kleinen Mannes, der sich in der Nachkriegszeit stets korrekt schwarzweiß gekleidet durch die Stadt bewegte und sich in Kaffeehäusern freihalten ließ. Er trug, nach seinem Vornamen, den Spitznamen ›Schöner Náci‹. Am Hauptplatz lehnt sich ein Soldat mit Napoleon-Hut über eine Bank. Als letzte Figur kam der ›Paparazzo‹ hinzu, eine mit dem Fotoapparat um die Ecke spähende Figur.

■ Burghügel

Der Hügel, auf dem sich die Burg erhebt, ist seit der Steinzeit besiedelt. An klaren Tagen kann man von hier bis zu den Alpen sehen. Der kürzeste Weg von der Altstadt führt beim Martinsdom über

Karte: hintere Umschlagklappe

▲ *Der ›Čumil‹*

die Schnellstraße, die das Burgviertel von der Altstadt trennt. Nicht viel weiter sind die Wege, die am Kapuzinerkloster die Straße queren.

Die Burg mit ihrer markanten Silhouette ist eines der Wahrzeichen Bratislavas; sie ist auf den slowakischen 10-, 20- und 50-Cent-Münzen zu sehen. Bei der Wahl eines Standortes für die Burg war entscheidend, dass hier eine Handelsroute vom Mittelmeer zur Ostsee verlief und man an dieser Stelle die Donau besonders gut queren konnte. Unter Sigmund von Luxemburg wurde ab 1427 eine für ihre Zeit moderne Festung errichtet, Um- und Erweiterungsbauten folgten. Als die Anlage im 16. Jahrhundert zu einem vierflügligen Renaissancepalast umgestaltet und im 17. Jahrhundert aufgestockt wurde, erhielt sie weitgehend ihre heutige Gestalt. Beim Blick von unten vermutet man einen annähernd quadratischen Grundriss, mit den Gebäuden auf der Westterrasse und an der Nordmauer ist die umbaute Fläche aber unregelmäßiger und weitaus größer.

Die westlichen Landesteile

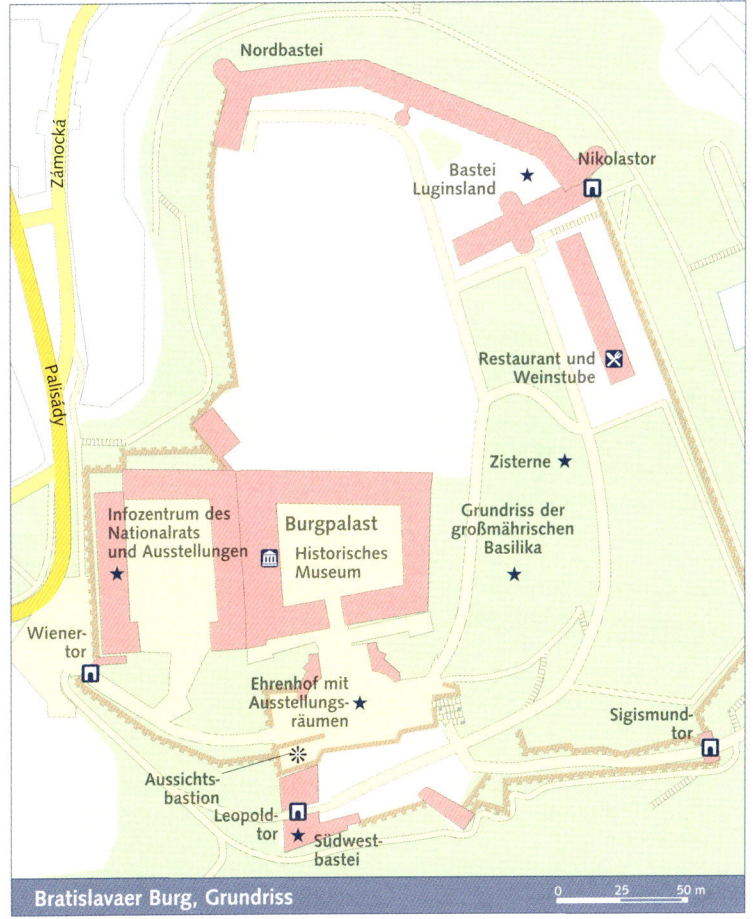

Bratislavaer Burg, Grundriss

0   25   50 m

Im Jahr 1780 verlor die Burg ihre administrative Bedeutung, 1811 brannte sie aus. Erst 1954 begann eine komplexe Rekonstruktion, die aus den Ruinen wieder nutzbare Gebäude machte. Heute befindet sich hier das **Historische Museum**, das mit seinen vielen Exponaten zu den wichtigsten Museen der Slowakei gehört, die Münzsammlung reicht sogar bis zu den Kelten und Römer zurück. In der Bastei Luginsland findet man das **Musikmuseum**.

Das **Jüdische Kulturmuseum** auf dem Gelände der Vorburg besteht erst seit 1993. In fünf Räumen der Zsigray-Kurie aus der Spätrenaissance sind unter anderem Gegenstände aus dem Kult- und Alltagsleben der Juden in der Slowakei ausgestellt.

Südwestlich neben der Burg befindet sich das moderne Gebäude des **Nationalrates** der Slowakischen Republik, das 1994 seiner Bestimmung übergeben wurde.

Westlich der Burg, am Straßenbahntunnel, findet man das 2002 umgestaltetet **Grabmal von Rabbi Chatam Sofer** (eigentlich Moses Schreiber, 1762–1839). Der jüdisch-orthodoxe Denker Sofer war zu seiner Zeit in ganz Europa bekannt. 1942 musste der jüdische Friedhof der Straßenbahn weichen. 20 damals verschüttete Grabstätten wurden vor einigen Jahren wieder freigelegt und mit einem aufwendigen Besuchergang versehen. Die einzige erhaltene Synagoge Bratislavas befindet sich übrigens in der Heydukova.

Das markante Eckhaus **Zum guten Hirten** am Hang unterhalb der Burg mit seinem keilförmigen Grundriss ist in vielen Touristenprospekten abgebildet. Dieses kleine Rokokogebäude beherbergt ein **Uhrenmuseum**. Die Museumsräume sind auf mehrere Etagen verteilt und stellen einen Ruhepunkt im städtischen Treiben dar. Ein kleines Stück bergab findet man die **Kunstgewerbeausstellung**.

Einen reichlichen Kilometer Luftlinie nördlich der Burg, aber nur auf verschlungenen Wegen zu erreichen, liegt die **Kriegsgräberstätte Slavín** auf einem Hügel. Das Ehrenmal soll vor allem an gefallene Sowjetsoldaten erinnern.

■ **Martinsdom**

Unmittelbar an der Stadtmauer erhebt sich der Martinsdom. Er ist nicht zuletzt deshalb recht schlicht, weil er auch Verteidigungsfunktionen erfüllen sollte. Zur Zeit der türkischen Bedrohung wurden im Dom die österreichisch-ungarischen Herrscher gekrönt, daher trägt die Turmspitze ein 300 Kilogramm schweres Modell der ungarischen Königskrone.

Eine Kirche an diesem Standort wird schon für das Jahr 1114 bezeugt. Das heutige geräumige Kircheninnere besitzt schöne Gewölbedecken und Seitenkapellen aus dem 15. Jahrhundert, eine 1735 aus Blei gegossene Reiterstatue des Heiligen Martin steht im östlichen Seitenschiff. Die barocke Inneneinrichtung wurde im 19. Jahrhundert wieder entfernt, als man das Innere neogotisch umgestaltete. Der Dom erhielt 2010 eine neue Orgel.

Unterhalb des Domes befand sich der Fischmarkt (Rybné nám.), der beim Bau der Neuen Brücke weitgehend zerstört wurde. Im 19. Jahrhundert sollen hier der Fisch täglich tonnenweise seine Besitzer gewechselt haben. An diesem Platz steht das **Bibiana** genannte ›Internationale Haus der Kunst für Kinder‹ mit Ausstellungen und einem Spielraum. Seit 1967 werden hier Preise für künstlerisch wertvolle Kinderbücher vergeben.

■ **Michaelertor und Ventúrska**

Ein Rest der Stadtmauer ist noch erhalten. Sein bedeutendster Bestandteil ist das Michaelertor (Michalská brána). Dieser klobige Torturm mit umlaufender

Das Michaelertor

Plattform und hoher Haube beherbergt zwei Glocken und eine Waffenausstellung, an seiner Südseite ist ein Wappen Maria Theresias angebracht. Deutlich sind drei verschiedene Baustile (1350, 1525, 1757) zu erkennen. Vor dem einzigen erhaltenen Stadttor befinden sich die letzten erhaltenen Reste des Befestigungsgrabens, über den eine Barockbrücke hinwegführt.

Neben dem Michaelertor steht die **Apotheke Zum roten Krebs**, in der das Pharmaziemuseum mit dem Originalmobiliar mehrerer Apotheken untergebracht ist. Am Tor ist auch das Haus mit der schmalsten Frontfassade Europas zu sehen.

Die kleine Michalská, die vom Michaelertor Richtung Süden führt und dabei ihren Namen in Ventúrska ändert, ist wie die umliegenden Gassen als Fußgängerzone gestaltet und beherbergt in ihren schönen Renaissance- und Barockgebäuden zahlreiche Cafés und Restaurants. In einem schlichten Gebäude an der Westseite (Nr. 3) wurde 1465 die erste Universität Ungarns eröffnet. Gegenüber steht ein Palais der einflussreichen

Familie Palffý (Nr. 10). Wendet man sich noch davor nach links, kommt man zum **Alten Rathaus**. Hält man sich am südlichen Ende der Ventúrska rechts, erreicht man den Martinsdom. Geht man nach links, kommt man auf der Panská zu einem weiteren Palais der Palffýs (Nr. 19). Ein drittes gibt es am Hviezdoslav-Platz und einen viertes in der Zámocká.

■ **Am Hauptplatz**
Der Hauptplatz (Hlavné nám.) wird seinem Namen gerecht, er ist das zu fast allen Tageszeiten belebte Herz Bratislavas, hier finden auch die Weihnachtsmärkte und ähnliche Verkaufsaktionen statt. Die **Ritterfigur** von 1527 auf dem Springbrunnen des Hauptplatzes dreht sich angeblich genau zum Jahreswechsel um ihre eigene Achse. Dieses merkwürdige Phänomen soll allerdings nur für nüchterne Jungfrauen sichtbar sein. Besonders fällt die vielleicht bekannteste Jugendstil-Fassade des Landes auf (Nr. 5). Das Gebäude wurde für eine Versicherungsgesellschaft erbaut und beherbergt heute eine Bank und das Café ›Roland‹. Überhaupt ist der Platz das Zentrum der Wiener Kaffeehauskultur im Land. In dem im Rokokostil ausgeführten **Palais Kutscherfeld** (Nr. 7) befinden sich die französische Botschaft und das französische Kulturinstitut.

Nach Norden schließt sich nahtlos der baumbestandene Franziskanerplatz an.

■ **Am Franziskanerplatz**
Die 1638 fertiggestellte **Jesuitenkirche** wurde von deutschen Protestanten errichtet. 1672 wurde sie den Bauherren weggenommen und von Jesuiten neu ausgestattet.

Daneben steht das **Franziskanerkloster** mit der 1297 eingeweihten Marienkirche. Von den drei später angebauten Kapellen ist die Johanneskapelle am berühmtesten. Die von der Saint Chapelle in Paris beeinflusste zweistöckige Grabkapelle zählt zu den schönsten gotischen Bauwerken des Landes. Ein Erdbeben im Jahre 1590 ließ die Kirchendecke einstürzen, die Reparatur und weitere Umbauten folgten der jeweiligen Mode. Gegenüber dem Kloster steht der wohl schönste Privatpalast der Innenstadt, das **Mirbach-Palais**. Es entstand von 1768 bis 1770 an der Stelle eines abgebrannten Theaters, hinter einer harmonischen Rokokofassade kann man die wertvolle Innenausstattung und einen schönen Springbrunnen bewundern.

■ **Altes Rathaus und Primatialplatz**
Nicht ganz in der Mitte der ehemaligen Stadtmauern, sondern schon etwas östlich versetzt findet man das Rathaus mit seinen Erweiterungsbauten. An das Alte Rathaus grenzen der Apponyi-Palast und der Primatialpalast an.

Das Primatialpalais, eines der schönsten Palais in Bratislava

Ältester Teil des Alten Rathauses ist die Wohnung des Bürgermeisters Jakob mit eigenem Verteidigungsturm aus dem 13. Jahrhundert. Der Sage nach verdankt die Glocke des Rathauses ihren schönen Klang dem in den Schmelzofen gestoßenen Liebhaber der Glockengießersfrau. Im Alten Rathaus (Mittelaltermuseum) und im Apponyi-Palast (Weinbaumuseum) werden Ausstellungen des Stadtmuseums gezeigt. Das 1868 vom Preßburger Verschönerungsverein gegründete Stadtmuseum ist übrigens das älteste des Landes. Im Jahr 1903 kaufte die Stadt zur Erweiterung des Rathauses den klassizistischen **Primatialpalast**, eines der eindrucksvollsten Gebäude in Bratislava. Seine Gestalt wurde wesentlich im 18. Jahrhundert nach den Wünschen des Erzbischofs József Batthyány (1727–1799) geprägt. Die Decke der Kapelle des Palais ziert ein Fresko von Franz Anton Maulbertsch. Nach der Schlacht bei Austerlitz (heute

Slavkov u Brna) schlossen hier Franz II. und Napoleon den Preßburger Frieden. Mit der Unterzeichnung im Spiegelsaal zu Weihnachten 1805 verlor Österreich seine Adriagebiete und wurde nun dauerhaft zum Binnenland. im Innenhof zeigt ein Renaissance-Brunnen den Kampf des Heiligen Georgs mit dem Drachen.
Bei Restaurierungsarbeiten im Jahr 1903 wurde ein Zyklus von sechs wertvollen englischen Gobelins aus dem 17. Jahrhundert nach Entwürfen von Francis Cleyn (1582–1658) gefunden. Sie illustrieren die antike Geschichte von Hero und Leander. Thematisch zusammenhängende Gobelins aus dieser Zeit sind auf der Welt einmalig.
In einer Straßenecke des Primatialplatzes arbeitet die kompetente Zentrale der städtischen Tourismusinformation. Ostwärts kommt man am **Hummel-Museum** vorbei zum ›Manderla‹, dem ersten Hochhaus der Tschechoslowakei. Es entstand 1936 und ist 45 Meter hoch.

Mozarts Vorzeigeschüler, Haydns Nachfolger, Beethovens Freund

»Den Bub müssen's mir da lassen, den lass ich nicht aus, aus dem kann was werden!« soll Wolfgang Amadeus Mozart beim ersten Vorspiel von Johann Nepomuk Hummel ausgerufen haben. Für die nächsten knapp zwei Jahre wohnte Hummel dann bei freier Kost und Logis im Hause seines Klavierlehrers Mozart.

Johann Nepomuk Hummel wurde am 14. November 1778 in Preßburg geboren. 1788 bis 1793 unternahm er in Begleitung seines Vaters Konzertreisen bis nach Dänemark und England, 1804 wurde Hummel auf Joseph Haydns Empfehlung hin dessen Nachfolger als Hofkapellmeister beim Fürsten Esterházy. Es folgten 1813 seine Hochzeit und 1816 eine große Tournee durch Deutschland. Ab 1819 war Hummel Hofkapellmeister in Weimar. Die Bedingungen seines Arbeitsvertrages erlaubten ihm in jedem Frühjahr eine dreimonatige Urlaubszeit, die er zu ausgedehnten Konzertreisen nutzte.

Oft wurde Hummel mit Ludwig van Beethoven verglichen, dem er in krisenanfälliger Freundschaft verbunden war. 1829 zeigte sich Hummels soziale Einstellung, als ihm die Einrichtung eines Fonds für Witwen und Waisen verstorbener Kapellmitglieder gelang. In Begleitung seiner Familie besuchte er in Preßburg mehrmals die Stätten seiner Kindheit. Hummel gilt als bedeutendster Pianist seiner Zeit und als einer der ersten Musiker, der als Komponist zu nennenswertem finanziellen Vermögen gekommen ist. Er starb am 17. Oktober 1837; die Trauerfeiern fanden in Weimar mit großer Anteilnahme der Bürger und in Wien auf Veranlassung des Verlegers Tobias Haslinger statt.

Hummel hat ein ungewöhnlich breites Oeuvre hinterlassen. Die wichtigsten seiner zahlreichen Werke sind: das Trompetenkonzert in Es-Dur, das Violinkonzert in G-Dur, das Mandolinenkonzert in G-Dur, das Fagottkonzert in F-Dur, mehrere Klavierkonzerte, das Oratorium ›Der Durchzug durchs Rote Meer‹, unter seinen Opern vor allem ›Die beiden Genies‹, ›Attila‹, ›Dieses Haus ist zu verkaufen‹, verschiedene Ballette und Bühnenmusiken, Messen, Kantaten, geistliche und weltliche Chorwerke, Konzertarien, Bläserserenaden sowie überaus zahlreiche Klavierstücke. Hummels Kompositionen entwickelten sich vom Stil der Wiener Klassik zu virtuoser Romantik. Ihnen wird derzeit wieder wachsende Aufmerksamkeit zuteil. Hummel beeinflusste Franz Schubert, Felix Mendelssohn-Bartholdy und Frédéric Chopin.

Hummels Geburtshaus in Bratislava, ein Gartenhaus im Renaissancestil, ist als kleines Musikmuseum eingerichtet.

Johannes Nepomuk Hummel um 1814

▪ Am Hviezdoslav-Platz

Mehrere Plätze zwischen Rathaus und Donau tragen heute die Namen von Pionieren des erwachenden Nationalbewusstseins im 19. Jahrhundert. Das langgestrecke grüne Band des Hviezdoslav-Platzes entspricht nicht mehr einem mittelalterlichen Platz; man sieht der Anlage ihren Ursprung als Stadtgraben vor der ehemaligen Stadtmauer an.

Als östlichen Abschluss findet man das **Slowakische Nationaltheater** von 1886 mit der Ganymedfontäne von 1888 davor. Das Traditionshaus des Slowakischen Nationaltheaters gehört zu den bedeutendsten Werken der renommierten Wiener Theaterbaumeister Ferdinand Fellner und Hermann Helmer, die Fontäne schuf Viktor Tilgner. Allein aus dem Wiener Raum strömten jährlich über 200 000 Besucher zu den Aufführungen.

Am Platz wurde 2001 das mächtige ›Carlton‹ als erstes Fünf-Sterne-Hotel des Landes neu eröffnet. Es gehörte bereits als ›Savoy‹ zur Gründungszeit der Tschechoslowakei zu Europas Top-Adressen und kann eine beachtliche Liste prominenter Gäste vorweisen.

▪ Am Štúr-Platz

An den Hviezdoslav-Platz schließt sich nach Süden der Štúr-Platz an. Die **Redoute**, nur wenige Meter vom Nationaltheater entfernt, ist Heimstätte der Slowakischen Philharmonie (Slovenská filharmónia). Dichter an der Donau liegt das Hauptgebäude der **Slowakischen Nationalgalerie**. Dieses auch ›Wasserkaserne‹ genannte Barockgebäude wurde zwischen 1759 und 1763 errichtet, von 1939 bis 1979 erfolgte ein Umbau mit auffällig kontrastierenden Gebäudeteilen. Die umfangreichen Sammlungen widmen sich hauptsächlich allen Bereichen der bildenden Kunst slowakischer Herkunft. Zu den wertvollsten Exponaten ausländischer Meister zählen ältere italienische und niederländische sowie neuere französische Arbeiten. Erwähnenswert ist auch das größte **Naturwissenschaftliche Museum** der Slowakei zwischen Štúr-Platz und Šafárik-Platz, unmittelbar an der Donau.

▪ Komitatsplatz

Der große Fußgängerzone im Zentrum erreicht am Komitatsplatz (Župné nám.) ihren nördlichsten Punkt. In dem breiten Gebäude zwischen Kapuzinerkloster und Dreifaltigkeitskirche tagte früher der Slowakische Nationalrat. Zwischen Komitatsplatz und Martinsdom haben viele kirchliche Institutionen ihren Sitz.

▪ Nördlich der Altstadt

Der **Hodža-Platz** gehört gemeinsam mit der UFO-Brücke zu den wichtigsten Verkehrsknoten im Innenstadtbereich. An ihm beginnt das Bauensemble aus Präsidenten- und Regierungssitz. Das imposante **Grassalkovič-Palais** dient als Amtssitz des Staatspräsidenten. Der 1760 unter Andreas Mayerhoffer errichtete Bau entwickelte sich schnell zum Treffpunkt höchster Adelskreise. Joseph Haydn (1732–1809) soll hier öfter das Orchester der Familie Grassalkovič ge

Das Slowakische Nationaltheater

Karte: hintere Umschlagklappe ▲

Am Eingang zum Bischofspalast

leitet haben. Die barocke Gartenanlage hinter dem Gebäude ist zugänglich. Nur durch eine kleine Straße getrennt folgt der Regierungssitz mit seinem englischen Park. Es handelt sich um den ehemaligen **Sommerpalast des Erzbischofs**. Das Palais von 1614 wurde in den Jahren zwischen 1761 und 1765 unter Franz Anton Hillebrandt barock hergerichtet. Unmittelbar östlich schließt sich der über vier Hektar große **Freiheitsplatz** (nám. Slobody) an. In seiner Mitte befindet sich der Springbrunnen Družba mit einer sich öffnenden großen Lindenblüte aus rostfreiem Stahl.

Eine Straßenecke weiter in nordöstlicher Richtung steht das **Gebäude des Slowakischen Rundfunks** in Form einer auf der Spitze balancierende Pyramide. Der Bau dieses Wahrzeichens der Stadt wurde 1983 abgeschlossen. Es zeichnet sich auch innen durch großzügige Räume und moderne Tontechnik aus.

Gegenüber eröffnete 2002 der Neubau der **Nationalbank**. Auf 33 Etagen ergibt sich eine Nettogebäudefläche von über fünf Hektar.

In der nahe gelegenen Straße **Žilinská** findet man werktags den größten Bauernmarkt der Stadt.

■ Grössling und Šafárik-Platz

Der Stadtteil Grössling liegt östlich der Altstadt und erstreckt sich rund um die Straße Grösslingová. Namenspatron dieses Viertels ist der gleichnamige Fisch, auch Grundling genannt. Als größte Sehenswürdigkeit gilt die im Jugendstil errichtete **Blaue Elisabethkirche** von 1908. Deren Altarbild zeigt die vermutlich in der Stadt geborene Heilige Elisabeth von Thüringen (1207–1231) unter Armen und Bettlern. Einen Popularitätsschub erhielt sie 2007 durch europaweite Feiern zu ihrem runden Geburtstag. Auch in den angrenzenden Straßen erkennt man Einflüsse des Jugendstils.

Neben dem Šafárik-Platz quert die **Alte Brücke** den Fluss. An der Südwestecke des Platzes steht das Hauptgebäude der **Comenius-Universität**. Die 1919 gegründete Uni hat derzeit 20000 Studenten in 13 Fakultäten. Ein hübscher Springbrunnen Robert Kühmayers (1883–1962) von 1914 illustriert eine Sage über drei versteinerte Knaben.

■ Östlich der Altstadt

2010 entstand als zentraler Bestandteil des **Stadtviertels Eurovea** östlich der Altstadt am Donauufer der gleichnamige Business- und Shopping-Tempel mit Büroräumen und Wohnungen, 1700 Tiefgaragen-Plätzen, etwa 150 Geschäften, Bankfilialen, Friseur, Casino, Kinos und einen Fitness-Club. Daneben sind Hochhäuser mit einer Höhe von bis zu 135 Metern im Bau.

Der siebenstöckige Neubau des **Nationaltheaters** eröffnete 2007. Vom Architekturwettbewerb bis zum ersten Vorhang war nahezu ein Vierteljahrhundert vergangen, jahrelang rottete der Rohbau wegen Geldmangels vor sich hin, auch eine Privatisierung war im Gespräch. Nun steht ein modernes Gebäude in Form eines Halbkreises da, das eine Brunnenan-

Die westlichen Landesteile

lage umrahmt. In der einen Hälfte sind das Sprechtheater und eine Studiobühne für Experimentelles untergebracht, in der anderen der Saal für Opern und Ballette. Zwar wurden zwei frühere Filialen des Nationaltheaters geschlossen, aber das Traditionshaus im Stadtzentrum bleibt parallel zum Neubau in Betrieb.

Zwischen dem Theatergebäude und dem Donauufer erhebt sich ein **Denkmal** des Generals Štefánik in seiner Fluguniform neben einem **Löwen** auf einem sieben Meter hohen Pylon. Das Donauufer ist als Grünfläche zum Entspannen gestaltet, Holzpodeste wurden angelegt, verschiedene Baumarten gepflanzt und innovative Grasmischungen ausprobiert. Vom neuen Nationaltheater kann man durchgängig am Fluss bis zur Neuen Brücke und weiter entlangspazieren.

ℹ️ Bratislava

Vorwahl: 00421/(0)2.

Informationen gibt es beispielsweise unter www.bkis.sk, für Veranstaltungskarten unter www.ticketportal.sk und www.eventim.sk.

Das **städtische Touristeninformationszentrum** (Bratislavské turistické informačné centrá), www.visit.bratislava.sk (auf der Website auch Downloads von Infoschriften), hat mehrere Standorte:
- Klobučnícka 2 (am Primitialpalast), Tel. 54419410, 9–19 Uhr, Sept.–März 9–18 Uhr;
- am Flughafen;
- in der Sommerferienzeit auch im Hauptbahnhof und am Passagierhafen;
- eine spezielle Filiale für Radler wird am Parkplatz des UFO-Restaurants betrieben.

Die **Bratislava City Card** (1 Tag 10 Euro, 2 Tage 12 Euro und 3 Tage 15 Euro) beinhaltet die Benutzung des öffentlichen Nahverkehrs, einen einstündigen Stadtrundgang (14 Uhr) und einige Ermäßigungen in Museen und Geschäften. Immer mittwochs um 16 Uhr startet eine kurze, preisgünstige Stadtrundfahrt mit einer historischen Straßenbahn am Hurban-Platz nördlich hinter dem Michaelertor. Ansonsten sei für Stadtrundfahrten empfohlen:

tour4U, Panská 37, Tel. 0903/302817, www.tour4u.sk.

Spontane Mietwagenverträge sind recht teuer, man sollte in Ruhe von zu Hause aus reservieren. Die Geschäftsstellen von www.buchbinder.sk, www.eurocar.sk und www.abcrentcar.sk liegen in der Nähe des Flughafens, www.autorotos.sk in Rača, Petržalka sind www.rentacarslovakia.eu und www.pozicovnaaut.sk zu erreichen. Moderne Parkautomaten sind auch englisch beschriftet, kostenfreie Parkplätze findet man im Innenstadtbereich kaum, am ehesten am Donauufer westlich der Burg oder dann in Petržalka.

Der **Hauptbahnhof** (Hlavná stanica, Predstaničné nám.) liegt etwa 15 Min. Fußweg nördlich der Altstadt. Die Gepäckaufbewahrung ist rund um die Uhr geöffnet. Zwischen dem Bahnhof und dem Stadtzentrum verkehren die Straßenbahnlinie X13 (über den Steinplatz zum Neuen Nationaltheater) sowie mehrere Tages- und Nachtbuslinien (Richtung UFO-Brücke). Zweitwichtigster Bahnhof der Stadt ist Petržalka (Kopčianska).

Direkte Bahnverbindungen gibt es derzeit zu sechs anderen Hauptstädten Europas. Man kann beispielsweise etwa halbstündlich nach Wien fahren (1 h).

Etwa 14x tgl. Direktverbindungen mit Košice in der Ostslowakei über Trenčín, Žilina, Poprad (InterCity 5 Std., Regionalexpress 6 Std.) und 2x mit Košice über Zvolen (6.30 Std.), 7x nur bis Zvolen (3 Std.). Nationale Bummelzugverbindungen auf den Kursbuchstrecken 110 nach Malacky (40 Min.), 120 Trnava (40 Min.), 130 Nové Zámky über Galanta (1.30 Std.) und 131 Komárno über Dunajská Streda (2.20 Std.).

Der **Busbahnhof** (Autobusová stanica, Mlynské nivy 31) östlich der Altstadt ist ebenfalls in 15 Minuten zu Fuß erreichbar. Einige wenige Busse für mittlere Distanzen fahren auch unterhalb der Auffahrt zur UFO-Brücke auf der Altstadt-Seite ab. Unter www.imhd.sk (rechts oben ›Bratislava‹ auswählen) findet man einen Überblick über den öffentlichen Nahverkehr (Busse und Straßenbahnen).

Fahrkarten gibt es an Automaten (nur Münzen) und in Tabakläden. Die einfachen Karten gelten für 15 (ohne Umsteigen) oder für 60 (am Wochenende 90) Minuten. Die 24-Stunden-Karte kostet 4,50 Euro und die Wochenkarte 15 Euro.

Per Telefon bestellte Taxis kosten oft deutlich weniger als an der Straße angehaltene. Empfohlen sei eine Preisvereinbarung vor der Fahrt. Der Kilometer beginnt bei 50 Cent, Kurzstrecken werden mit mindestens 4 Euro berechnet. Einige Taxigesellschaften in Bratislava:

ABC, Tel. 16100.
Bratislava, Tel. 16300.
Fun, Tel. 16777.
Happy, Tel. 16223.
Prima, Tel. 16661.
Super, Tel. 16616.
Trend, Tel. 16302.

Informationen (aktuelle Flugpläne etc.) unter www.bts.aero (Bratislava, BTS) bzw. www.viennaairport.com (Wien, VIE). Der Stadtbus 61 (nachts die Linie N61) verbindet den Flughafen Bratislava in 20 Min. mit dem Hauptbahnhof, die Linie 96 in 35 Min. mit Petržalka, jeweils etwa alle 20 Min.

Bus ab UFO-Brücke zum Flughafen Wien-Schwechat siehe www.blaguss.sk, direkte Busverbindung zwischen beiden Flughäfen siehe www.postbus.at.

Busticket von Bratislava nach Wien ca. 7 Euro, Taxi ca. 60 Euro.

Tragflächenboote fahren auf der Donau von Juni bis Oktober mehrmals täglich nach Wien (20 Euro) und Budapest (50 Euro). Gegenüber dem Schnellzug beträgt die Reisezeit mit diesen pfeilförmigen Schiffen etwa das Anderthalbfache. Die Anlegestelle befindet sich am Naturwissenschaftlichen Museum. Infos unter www.twincityliner.com, www.ddsg-blue-danube.at und www.lod.sk.

Obacht: die Hotels in Bratislava verlangen oft zusätzlich heftige Parkplatzgebühren!
Radisson SAS Carlton, Hviezdoslavovo 3, Tel. 59390000, www.carlton.sk, Preis abhängig vom Datum auf Anfrage.
Arcadia, Frantiskanska 3, Tel. 59490500, www.arcadia-hotel.sk, Deluxe-Maisonette-Suite 530 Euro. Viel Plüsch, hohen Preise.
Tulip House, Štúrova 10, Tel. 32171819, www.tuliphousehotel.com, DZ ab 155 Euro. Nahe der Alten Brücke.
Albrecht, Mudroňova 82, Tel. 67200091, www.hotelalbrecht.com, DZ ab 120, Grand Suite ab 300 Euro. Elegantes Wellnesshotel am Burgberg.
Crowne Plaza, Hodžovo 2, Tel. 59348111, www.crowneplaza.sk, DZ ab 105 Euro. Groß und zentral.
Avance, Medena 9, Tel. 59208400, www.hotelavance.sk, DZ ab 90 Euro. Solides Understatement.
Michalská Brána, Baštová 4, Tel. 59307200, www.michalskabrana.sk, DZ ab 90 Euro. Kleines Altstadthotel.
Skaritz, Michalská 4, Tel. 59209770, www.skaritz.com, DZ ab 90 Euro. Romantisches Altstadthotel.
Arcus, Moskovská 5, Tel. 55572522, www.hotelarcus.sk, DZ ab 80 Euro. Gemütlicher Familienbetrieb.
Perugia, Zelená 5, Tel. 54431818, www.perugia.sk, DZ 75 Euro. Kleines Altstadthotel.
Nivy, Líščie nivy 3, Tel. 55410390, www.hotelnivy.sk, DZ ab 60 Euro. Funktionaler Plattenbau mit öffentlich zugänglichem Schwimmbad.

Die westlichen Landesteile

Color, Pri starom mýte 1,Tel. 49101255, www.hotelcolor.sk, DZ ab 60 Euro. Praktische Wahl für Autolenker.

Botel Fairway, Nábrežie Svobodu, Tel. 54412090, www.botelfairway.sk, DZ 50 Euro. Preiswertestes Hotelschiff.

Spirit, Vančurova 1, Tel. 54777817, www.hotelspirit.sk, DZ ab 35 Euro. Flippige Hundertwasser-Imitation am Bahnhof.

▸ Günstige Hostels in der Altstadt:

Hyde Park, Obchodna 53, Tel. 0911/ 689945, www.hyde-park.sk, DZ 30 Euro.

Patio, Špitálska 35, Tel. 52925797, www.patiohostel.com, Schlafplatz im Mehrbettzimmer ab 14 Euro.

Art Taurus, Zámocká 24–26, Tel. 20722401, www.hostel-taurus.com, Schlafplatz im Mehrbettzimmer ab 13 Euro.

Blues, Špitálska 2, Tel. 0905/204020, www.hostelblues.sk, Schlafplatz im Mehrbettzimmer ab 10 Euro.

Die Gastro-Szene in Bratislava wandelt sich derzeit sehr schnell. Es gibt Restaurants, die sich mit jahrhundertealten Urkunden auf eine Wirtschaft an gleicher Stelle berufen, die meisten Lokale sind aber kurzlebiger. Wer in der Innenstadt die Augen aufhält, wird seinen Hunger schnell stillen können.

▸ Gehobene Preisklasse:

Albrecht, Mudroňova 82, Tel. 67200091, www.hotelalbrecht.com. Im gleichnamigen Hotel.

Messina, Tobrucká 4, Tel. 57784610, www.messinarestaurant.sk. Im Hotel Marrol's Boutique.

UFO, Nový most, Tel. 0905/322755, www.u-f-o.sk. Schon der Ausblick vom Brückenpfeiler ist einiges wert, bei vorhandener Restaurant-Reservierung ist der Fahrstuhl gratis, abends Disko.

▸ Nationale Spezialitäten:

Kolkovna. Kleine tschechische Restaurantkette mit zwei Filialen am Donauufer: Pribinova 8, Tel. 20915280 und Dvořákovo nábrežie 10, Tel. 2/32354385, www.kolkovna.sk.

Meštiansky pivovar, www.mestianskypivovar.sk. Minibrauerei mit zwei Filialen: Drevená 8, Tel. 0944/512265, und Dunajská 21, Tel. 0948/710888.

Prašná Bašta, Zámočnícka 11, Tel. 54434957, www.prasnabasta.sk. Rustikale Küche im Pulverturm.

Traja mušketieri, Sládkovičova 1, Tel. 54430019, www.trajamusketieri.sk. Große Portionen.

▸ Internationale Spezialitäten:

Green Buddha, Zelená 4, Tel. 0944/ 044048, www.greenbuddha.sk. Thaiküche mit Mittagsmenüs.

Mehr auf einen gemütlichen Ausblick statt auf landestypische Küche konzentrieren sich auch einige Restaurants mit verglasten Terrassen am Hviezdoslav-Platz.

❗ Bratislava Flag Ship Restaurant

Sucht man ein ganzjährig betriebenes Restaurant in der Innenstadt mit einem breiten Angebot regionaler Spezialitäten, dann ist das Bratislava Flag Ship Restaurant eine gute Wahl. Unter dem selbstbewussten Namen findet man in einem ehemaligen Kino ein spezielles Flair. Die historische Straßenfront liegt am nám. SNP, einige Schritte außerhalb der alten Stadtmauer, ein Kinogang führt vorbei an alten Mauerresten und einem Souvenirverkauf in das Obergeschoss. Man sieht einen großen Tresen unter dem Samtvorhang der Bühne und bayerisch karierte Tischdeckchen. Die naturgemäß eher saalartige als gemütlich Atmosphäre ist weniger geeignet für längere Aufenthalte mit philosophischen Diskussionen. Gespräche sind jedoch problemlos möglich.

Das Restaurant bietet sättigende Hausmannskost, frisches Bier und regionale Weine. Verglichen mit dem Durchschnitt in Bratislava, kann man hier günstig einkehren, die vier verschiedenen Versionen des Nationalgerichtes Bryndzové halušky (→ S. 87) beispielsweise kosten alle knapp fünf Euro. Der Restaurantbesitzer wird vom Umweltverein VLK als Freund bezeichnet. Ein wachsender Teil der Zutaten stammt von einer Biofarm in Stupava.

Bratislava Flag Ship Restaurant, Námestie SNP č. 8, Tel. 091/7927673, www.bratislavskarestauracia.sk.

Wiener Kaffeehausatmosphäre herrscht vor allem rund um den Rathausplatz, beispielsweise:
Kaffee Mayer, Hlavné 4, Tel. 54411741, www.kaffeemayer.sk. Traditionsreicher Schlemmertreff.
Green Tree, Obchodna 29, Tel. 0911/364251, www.greentreecaffe.com. Bioladenatmosphäre an inzwischen fünf Standorten, dies ist das Stammhaus.

Casa del Havana, Michalská 26, Tel. 0910/797222, www.havanacafe.sk, Cocktailbar, Raucherclub, Di–Sa ab 21 Uhr kubanische Disco.
Subcultures' Music Club, Tel. 0903/776633, www.subclub.sk. Underground im wahrsten Sinne des Wortes, Bunkeranlage in einen Felsen unterhalb der Burg.

Zum Slowakischen Nationalmuseum (Slovenské národné múzeum) gehören div. Abteilungen, www.snm.sk, Di–So 9–17 Uhr:
Kultur der Kroaten (Múzeum kultúry Chorvátov na Slovensku), Istrijská 68, Devínska Nová Ves, Tel. 20493101;
Kultur der Karpatendeutschen (Múzeum kultúry Karpatských nemcov), Vajanského nábrežie 2, Tel. 54415570;
Naturwissenschaftliches Museum (Prírodovedné múzeum), Vajanského nábrežie 2, Tel. /20469122;
Archäologisches Museum (Archeologické múzeum), Žižkova 12, Tel. 59207245;
Historische Abteilung mit Schatzkammer auf der Burg (Historické múzeum), Tel. 20483104;
Musikmuseum auf der Burg (Hudobné múzeum), Tel. 20491283, nur Di–Fr;
Jüdisches Kulturmuseum (Múzeum židovskej kultúry na Slovensku), Židovská 17, Tel. 20490101, So-Fr 11–17 Uhr.

Auch das Stadtmuseum (Mestské múzeum) hat mehrere Außenstellen, www.muzeum.bratislava.sk, Di–So 10–17 Uhr:
Mittelaltermuseum im Rathaus (Expozícia dejín a feudálnej justície), Primaciálne 3, Tel. 59100847;
Weinbaumuseum (Múzeum vinohradníctva), Radničná 1, Tel. 59100856 ;
Geburtshaus von Johann Nepomuk Hummel (Rodný dom Hummela), Klobučnícka 2, Tel. 54433888;
Waffenmuseum im Michaelerturm (Expozícia zbraní a mestkého opevnenia), Michalská 22, Tel. 54433044;
Apotheke Zum roten Krebs (U červeného raka), Michalská 26, Tel. 54131214;
Uhrenmuseum Zum guten Hirten (U dobrého pastiera), Židovská 3, Tel. 54411940.
Weitere Museen:
Martinsdom (Katedrála svätého Martina), Rudnayovo 1, Tel. 54431359, www.dom.fara.sk, Mo–Sa 9–11.30/13–16, So 13.30–16 Uhr.
Internationales Haus der Kunst für Kinder (Medzinárodný dom umenia pre deti Bibiana), Panská 41, Tel. 54434986, www.bibiana.sk, Di–So 10–18 Uhr.
Handelsmuseum (Múzeum obchodu), Linzbothova 16, Tel. 45243167, www.muzeumobchoduba.sk, Di–Fr 9–17, Sa/So 10–17 Uhr.
Museum für Straßen- und Eisenbahnverkehr am Hauptbahnhof (Múzeum dopravy), Šancová 1 A, Tel. 52444163, www.muzeumdopravy.com, Di–So 10–17 Uhr.
Jewish Community Museum, Kozia 18, Tel. 54416949, www.synagogue.sk, Jun.–Sept. Fr/So 10–16 Uhr. Besuch der Grabstelle Chatam Sofers nach Absprache mit der jüd. Gemeinde, www.chatamsofer.com.
Zur Stadtgalerie (Galéria mesta), www.gmb.sk, Di–So 11–18 Uhr, gehören:
Primatial-Palais, Primaciálne 1, Tel. 59356111;
Mirbach-Palais, Františkánske 11, Tel. 54431556;
Pálffy-Palais, Panská 19, Tel. 54433627. Weitere Galerien:

Die **Slowakische Nationalgalerie** (Slovenská národná galéria) Tel. 20476237, www.sng.sk, Di–So 10–18 Uhr, nutzt neben der Wasserkaserne (Vodné kasárne), Rázusovo 2, für temporäre Ausstellungen das gleich angrenzende Esterhazy-Palais, Štúra 4. Freier Eintritt.
Galéria Nedbalka, Nedbalova 17, Tel. 54410287, Di–So 13–19 Uhr.

Nationaltheater (Slovenské národné divadlo), Tel. 20472111, www.snd.sk: Traditionshaus: Hviezdoslavovo 1; Neubau: Pribinova 17 (im Eurovea-Viertel).
Slowakische Philharmonie (Reduta), Medená 3, Tel. 20475218, www.filharm.sk.
Arena (darstellende Kunst aller Genre), Viedenská 10, Tel. 67202550, www.divadloarena.sk.
Babylon (Kinosaal mit Theater- und Chansonabenden), SNP 14, Tel. 20901800, www.atelierbabylon.sk.
Schauspiel unter www.mestskedivadlo.sk und www.nova-scena.sk.
Die wichtigsten alljährlichen **Termine** im Festivalkalender der Stadt sind die Darstellung spätmittelalterlicher Krönungsfeierlichkeiten im Juni, www.kroenung.sk, und die Jazztage sowie die Internationalen Musikfestspielen BHS im Oktober, www.bjd.sk und www.bhsfestival.sk.
Zu Veranstaltungen in der ersten Jahreshälfte s.a.: www.bratislavamarathon.com, www.choral-music.sk und www.vivamusica.sk, im Dezember gibt es im Zentrum den größten Weihnachtsmarkt im Land. Messegelände Incheba: www.incheba.sk.

Aupark, www.aupark-bratislava.sk. Größte Shopping-Anlage in der Stadt, an der Südseite der UFO-Brücke, tgl. 10–21 Uhr, der Supermarkt 9–22 Uhr, einige Restaurants schließen erst gegen 2 Uhr.
Eurovea www.eurovea.sk. Neben dem Neubau des Nationaltheters, 10–21 Uhr, der Supermarkt 7–22 Uhr, das Casino öffnet bis 5 Uhr.

Alte Markthalle (Stará tržnica), an der Kreuzung von Nedbalova und Klobučnícka innerhalb der Altstadt.
Neue Markthalle (Nová tržnica), in der Straßenecke zwischen Križna und Malinovského nordöstlich der Alten Markthalle.
Einige Spezialgeschäfte:
Jurišta Suveníry, Rázusovo 6. Kristallglas.
Katka, Panská 24. Kristallglas.
Lakros, Vavilovova 22. Landkarten.
Music Forum, Palackého 2. Klassik-CDs.
Music Avenue, Medená 21, www.musica venue.sk. Gitarren.
Obchod v múzeu, Biela 6. Souvenirs und regionale Spezialitäten, sehenswerte historische Ladeneinrichtung.
Steiner, Ventúrska 22, www.antikvariatsteiner.sk. Alte Bücher.
Trekland, Vajanského nábrežie 9, www.trekland.sk. Outdoor-Produkte.
UĽUV, Obchodná 64, www.uluv.sk. Volkskunstartikel.
Vinotéka Petit, Záhradnícka 26. Slowakische Weinraritäten.
Vinotéka Urbana, Klobučnicka 4. Slowakische Weinraritäten.

Universitätskrankenhaus, www.unb.sk, mit folgenden Hauptstandorten:
Altstadt, Mickiewiczova 13, Tel. 57290111; Ružinov, Ružinovská 6, Tel. 48234111; Petržalka, Antolská 11, Tel. 68671111.
Universitätskinderkrankenhaus mit Poliklinik, Limbová 5, Tel. 59371111, www.dfnsp.sk.
Gesundheitszentrum Petržalka, Strečnianska 13, Tel. 63833000, www.strecnianska.sk.
Öffentliches Bahnarbeiterkrankenhaus, Šancová 110, Tel. 20294095, www.znap.sk.
Weitere Polikliniken unter www.procare.sk und www.medissimo.sk.
Dentalzentrum Ružinov, Narcisová 5, Tel. 32339013, www.bratislavazubar.sk.
24-Stunden-Apotheke Ružinov, Ružinovská 6, Tel. Tel. 48211001.

Die Vorstädte

Die Hauptstadt Bratislava ist in 17 Teile untergliedert, wobei die Einwohnerzahl die große Spanne von 500 (Vajnory) bis 125 000 (Petržalka) abdeckt. Zusammengefasst werden diese zu fünf Verwaltungsbezirken, deren kleinster der Altstadtbereich mit 39 000 ist.

Während die Innenstadt von Bratislava leider noch ein gefährliches Pflaster für Radfahrer ist, entwickelt sich die Infrastruktur für Freizeit- und Urlaubsradler stetig. Entsprechend ausgebaute Strecken führen außer an der Donau jetzt auch an der March, auch in Richtung der Kleinen Karpaten sind mittlerweile schöne Touren möglich.

■ Burg Devín

Die unter Touristen bekannteste Vorstadt ist Devín (Theben) nordwestlich von Bratislava. Berühmt ist sie wegen ihrer Burgruine über der Mündung der March in die Donau und ihres Johannisbeerweines (ríbezľové víno). Ein durchgängiger Fußweg zwischen Bratislava und der Burg entlang der Donau existiert leider nicht. Man hat von der Burgruine

einen schönen Blick auf den Zusammenfluss von Donau und Morava (March), davor oder danach kann man gleich am Parkplatz den Johannisbeerwein als regionale Spezialität kosten.

Gegenüber anderen Burgruinen des Landes zeichnet sich Devín dadurch aus, dass die Mauerreste bis in die Zeit der Antike zurückreichen. Es gab keltische Siedlungen und eine römische Armeestation, während des Großmährischen Reiches stand hier die stark umkämpfte Festung Dowina des Fürsten Rastislav. Die Anlage kam 1527 in den Besitz der Familie Báthory, 1809 wurde sie von den napoleonischen Truppen gesprengt. Außerdem rief Ľudovít Štúr Devín 1834 bei einer mit dem Hambacher Fest in Deutschland vergleichbaren Aktion quasi zum Symbol der Slowakischen Nation aus – in Hauptstadtnähe sind Demonstrationen einfach wirksamer als an abgelegenen Stellen.

Um den exponierten **Jungfrauenturm** rankt sich die Sage, dass ein Liebespaar an seinem Hochzeitstag einer Familienfehde zum Opfer fiel. Margaréta starb nach einem Sprung in die Donau, nach-

Die westlichen Landesteile

Blick auf die teilrekonstruierte Burg Devín und die Donau

dem ihr eben angetrauter Mikuláš von ihrem Onkel Rafael von Isenburg getötet wurde. Einer weiteren Sage nach sind ein im Ruinengelände stehender Apfelbaum und eine in stürmischen Nächten daran knabbernde schwarze Ziege verzauberte Zwillingsschwestern.

Die **Kalksteinhügel Devínska Kobyla** (Thebener Kogel, auch Sandberg, 514 m) nördlich von Devín gilt als besonders artenreiches Biotop. Auf der 101 Hektar großen Waldsteppe leben über 230 Pilz- und über 1300 andere Pflanzenarten, besonders der Westhang ist reich an Fossilien. In Sandwänden legen Bienenfresser ihre langen Bruthöhren an, der bunte Vogel bildet in der Slowakei stabile Kolonien. Etwa ein Zehntel der europäischen Großtrappen-Population überwintert im Dreiländereck, und anschließend beeindruckt ein großes Vorkommen des seltenen Adonisröschens mit seinen frühen Blüten. Zu den seltenen Arten im Wasser gehören Rotbauchunke, Hundsfisch und Schlammpeitzker.

Hinter dem Hügel beginnt die Landschaft Záhorie (→ S. 112).

■ Kamzík und Mlynská dolina

Einen schönen Ausblick hat man vom **Fernsehturm** auf dem Kamzík (Gemsenberg, 440 m) im Norden der Stadt. Er gehört schon zu den Kleinen Karpaten. Der Turm wurde 1975 eingeweiht und ist 194 Meter hoch. Eine Straße hinter dem Hauptbahnhof von Bratislava (Cesta na Kamzík) führt durch den Stadtteil Vinohrady mit seinen schönen alten Villen auf den Berg; zu Fuß braucht man etwa 40 Minuten. Nordwestlich des Kamzík liegen die **Teiche Železná studnička**. Hinter ihnen verbindet eine Seilbahn die Waldstraße mit dem Berg. Der Abfluss der Teiche führt ins Mlynská dolina (Mühlental). Vom Bach ist in diesem Stadtteil allerdings nicht mehr viel

zu spüren. Auf einem Hügel über einem Straßentunnel breitet sich der **Zoo** mit 200 Tierarten aus. Im **Dinopark** davor sind zwölf Szenen aus dem Mesozoikum nachgestellt. Unmittelbar westlich der Lafraconi-Brücke findet man den **Botanischen Garten**, dessen Gewächshäuser unter anderem Lotusblumen und Kakteen beherbergen.

■ Flughafen Ivanka pri Dunaji

Das Flughafengelände ›Milan Rastislav Štefánik‹ liegt nordöstlich des Stadtzentrums und nur 55 Kilometer Luftlinie vom Flughafen Wien-Schwechat entfernt. Es gehört schon zur Katasterfläche des Dorfes Ivanka pri Dunaji.

Mit der EU-Osterweiterung 2004 und den Beitritten zweier weiterer Staaten 2007 begann in den jeweiligen Ländern ein wildes Gerangel um die Privatisierung von Flughäfen. Oft versumpfte dieser Prozess in Korruption oder endete mit fragwürdigen Prestigeprojekten. In Zusammenhang damit stehen die Insolvenzen der slowakischen Fluggesellschaften SkyEurope 2009 und Air Slovakia 2010. Schließlich stellte auch Danube Wings 2013 ihren Betrieb ein.

Der neue Tower in Bratislava steht seit 1998 und verfügt über modernste Flugleittechnik, 2012 wurde das neue Terminal mit einer Kapazität von 5 Millionen Passagieren jährlich fertiggestellt. Das tatsächliche Aufkommen fiel nach einem Höhepunkt von 2,2 Millionen im Jahre 2008 jedoch auf 1,4 Millionen in den letzten Jahren.

■ Petržalka und Rusovce

Petržalka (deutsch Engerau) liegt südlich der Donau, der Name geht auf das Wort petržlen (slowakisch Petersilie) zurück. Es ist der mit Abstand bevölkerungsreichste Stadtteil Bratislavas, etwa ein Drittel der Hauptstädter lebt hier relativ dicht

Karte S. 112

Der Raftingkanal in Čunovo

Nuenen den Kunstmäzen Gerard Meulensteen kennen. Der Grundstein für das Museum wurde 1999 bei einer Sonnenfinsternis gelegt, und bereits 2000 eröffnete das futuristische Gebäude. Es wird seitdem von Polakovi als Familienbetrieb geführt und beherbergt die größte Präsentation moderner Kunst im Lande. Schon der Weg zu diesem, auf einer schmalen aufgeschütteten Landzunge liegenden Kunstmuseum ist ungewöhnlich. Er führt über eine Dammanlage an einem **Wildwasserkanal** vorbei.

Am linken Donauufer folgen hinter der Stadt erst einmal die Anlagen des Erdölverarbeiters Slovnaft. Danach gibt es aber gleich Natur. Die ›Insel‹ Kopáč ist nur durch einen schmalen Altarm der Donau gebildet. Die **Auwälder** dieser Waldsteppe erinnern zeitweise an eine tropische Buschlandschaft.

Das nächste Dorf flussabwärts, **Hamuliakovo**, bietet eine romanische **Kirche** aus dem 13. Jahrhundert mit Fresken.

gepackt in Plattenbauten aus sozialistischer Zeit. Als selbständige Stadt wäre Petržalka die drittgrößte der Slowakei. Die südliche Verlängerung der **Lafranconi-Brücke** durchschneidet westlich von Petržalka das **Waldgebiet Pečniansky les** (Pötschener Wald), in dem sich noch Bunkeranlagen aus der Kriegszeit halten. Flussabwärts, am rechten Ufer der Donau, liegt Rusovce (Karlburg). Hier befinden sich Grundmauern des römischen Armeelagers **Gerulata**, die als ältestes erhaltenes Bauwerk des Landes bezeichnet werden. Das helle neogotische **Kastell Rusovce** gehört dem Nationalen Folkloreensemble SĽUK. Außerdem ist ein ›Nudistisches Areal‹ mit Bademöglichkeit ausgewiesen.

■ **Čunovo und Kopáč**

Die schöneren Badeseen gibt es noch ein Stück südlicher, in Čunovo (Sarndorf). Dort lohnt sich besonders der Besuch des **Danubiana-Museums**. Man kann es als Nachfolgeprojekt des erfolglosen Van-Gogh-Museums in Poprad ansehen. Dessen Initiator Vincent Polakovi lernte im niederländischen Van-Gogh-Dorf

■ **Der Donauradweg**

Seit vielen Jahren ist der Donauradweg (Dunajská cyklistická cesta) zwischen Passau und Wien die bekannteste Strecke für Urlaubsradler, die nicht unbedingt auf Abenteuer aus sind und sich auf eine gut ausgebaute Infrastruktur verlassen wollen. Spätestens seit der Wende in Osteuropa lag es daher nahe, den Weg über Wien hinaus nach Osten zu verlängern. Längst ist der Radweg bis an das Schwarze Meer fertiggestellt, seine Gesamtlänge auf slowakischem Gebiet zwischen der Grenze zu Österreich in Bratislava und der Grenze zu Ungarn in Štúrovo beträgt 160 Kilometer. In den südlichen Vororten von Bratislava ist der Donauradweg sogar auf beiden Seiten des Flusses ausgebaut und beschildert. Oft radelt man auf der Deichkrone entlang.

Die westlichen Landesteile

■ Nach Österreich

Inzwischen expandiert der »Wiener Vorort Bratislava« selbst über die Landesgrenzen hinweg, das österreichische Kittsee und das ungarische Rajka werden immer mehr von Slowaken geprägt. **Kittsee** ist eine ruhige Marktgemeinde im Burgenland, interessant durch tausende Marillenbäume und zwei für Touristen allerdings nicht zugängliche Schlösser. Neben dem Alten Schloss gibt es einen jüdischen Friedhof. Das Neue Schloss beherbergte bis 2008 ein Museum.

Der attraktivste Verkehrsweg nach Wien ist in den wärmeren Monaten zweifellos die Donau. Unterwegs passiert man den österreichischen **Nationalpark Donauauen**, 9300 Hektar vor allem am nördlichen Ufer bilden ein grünes Band zwischen Wien und Bratislava. Als Zentrale des Nationalparks dient das Schloss der Marktgemeinde Orth.

 Die Vorstädte von Bratislava

Vorwahl: 00421/(0)2.
Touristeninfo, Istrijská 49, Devínska Nová Ves, Tel. 64770260, Jul./Aug. Mo–Mi u. Fr 13–18, Do u. Sa/So 9–18 Uhr, Mai/Jun. u. Sept. Di/Mi u. Fr 13–18, Do u. Sa 9–18 Uhr, Okt.–Apr. Mo, Mi, Fr 13–18, Di u. Do 9–18 Uhr, jeweils 30 Min. Pause ab 12 Uhr.
Unter www.donauauen.at stellt sich der österreichische Nationalpark vor.

Nach Devín mit der Buslinie 28 oder 29 vom Busbahnhof an der UFO-Brücke, nach Rusovce und Čuňovo ebenfalls von dort mit der 91.

Barónka, Mudrochova 2, Tel. 44872324, www.hotelbaronka.sk, DZ ab 79 Euro. Modernes Kongresshotel.

Im Stadtgebiet gibt es zwei Campingplätze. **Divoká Voda** (www.divokavoda.sk, ganzjährig) in Čunovo und **Zlaté Piesky** (www.intercamp.sk, Mai–15. Okt.) am Flughafensee sind beide nicht sonderlich ruhig. Eine breitere Platte an Zerstreuung bietet das Areal Divoká Voda, Zlaté Piesky liegt dafür näher an der Altstadt. Weitere Campingplätze befinden sich dann etwa 40 Kilometer entfernt in Senec, auf der Schüttinsel und in Záhorie.

 Biela Ľalia, Nevädzová 4, Tel. 0905/161925, www.bielalalia.sk. Nepalesische Teestube in Ružinov.
Liviano, Kutlíkova 17, Tel. 68286688, www.liviano.sk. Gehobene Preislage, Top-Adresse für Geschäftsessen in Petržalka. Gemütliche Weinstuben gibt es in den nördlichen Stadtteilen Vajnory und Záhorská Bystrica.

Danubiana-Museum (Meulensteen Art Museum) mit Skulpturenpark in Čuňovo, www.danubiana.sk, Di–So 10–18 Uhr. Devin und Gerulata werden vom Stadtmuseum aus verwaltet, www.muzeum.bratislava.sk:
Burg Devín, Muránska ulica 10, Tel. 65730105, Mai–Sept. Di–So 10–18, Sa/So 10–19 Uhr, Nov.–März Di–So 10–16 Uhr, Apr./Mai Di–So 10–17 Uhr.
Römerlager Gerulata, Gerulatská 7, Tel. 62859332, Apr.–Okt. Di–So 10–17 Uhr.
Botanischer Garten der Universität (Botanická záhrada), Botanická 3, Tel. 65421311 www.bz.uniba.sk, Apr.–Okt. 9–18 Uhr.
Zoologischer Garten (Zoologická záhrada), Mlynská dolina 1, Tel. 60102111, www.zoobratislava.sk, Apr.–Sept. 9–18 Uhr, Okt.–März 10–15 Uhr.

Die ersten 80 (!) km des Radweges von Devín entlang der Marchauen sind auch für Fußgänger als Lehrpfad mit 39 Tafeln ausgeschildert.

Lehrpfad im Reservat Devínska Kobyla (4 km, 5 Tafeln), www.devinskakobyla.sk.

Lehrpfad von Lamač-Podháj durch den ›Zigeunergraben‹ nach Kačín (3 km, 11 Tafeln).

Drei ausgeschilderte und miteinander verknüpfbare **Rundwanderungen** auf der ›Insel‹ Kopáč (insgesamt 19 km, 12 Tafeln).

Fahrradrunde an der Donau (65 km) von Bratislava Richtung Süden nach Čunovo, Benutzung der kostenlosen Fähre in Vojka, an der anderen Uferseite zurück.

Weiterhin ein markierter Radweg von Hamuliakovo über Ivanka pri Dunaji nach Senec (37 km).

Abzweige vom Donauradweg (EuroVelo 6) aus nordwärts (Devín, Vysoká pri Morave, ...) werden im Kapitel Záhorie (→ S. 112) erwähnt.

Pferderennbahn in Petržalka unter www. zavodisko.sk.

Klettergarten am Kamzík unter www. lanoland.sk.

Der **Golfclub** Bratislava betreibt die beiden Spielplätze in Malacky und Bernolákovo, siehe www.golf.sk.

Záhorie und Kleine Karpaten

Obwohl die Kleinen Karpaten (Malé Karpaty) für slowakische Verhältnisse ein niedriges Gebirge sind – der Zaruby (Scharfenstein) mit seinen 768 Metern ist der höchste Berg –, heben sie sich doch deutlich vom flachen Umland ab. Der bewaldete Bergrücken ist von Bratislava leicht zu erreichen und bietet sich als Wander- und Skiareal an, einige Baudenkmale sowie die Höhle Driny laden zum Besuch ein. In der Folklore der Kleinen Karpaten spürt man tschechische Einflüsse stärker als im übrigen Land, besonders auffällig ist dabei die Existenz von Blaskapellen. Im Jahr 2001 wurde zur verbesserten Vermarktung von Landschaft und Alkohol die ›Weinstraße Kleine Karpaten‹ (Malokarpatská vínna cesta, MVC) ausgerufen. Sie zählt 37 Mitgliedsgemeinden von Bratislavas Vorstädten bis nach Smolenice. Jeder Ort hat eigene Weinspezialitäten.

Die Morava kurz vor ihrer Mündung in die Donau

Das Záhorie

Das Gebiet westlich der Kleinen Karpaten (slowakisch Záhorie = hinter den Bergen) gehört geologisch zum Wiener Becken, es ist vor allem durch seine prächtigen Auwälder am Unterlauf der Morava (March) westlich der Autobahn Bratislava–Brno bekannt. Diese gehören zum Naturschutzgebiet Záhorie, das auch die Gegend südlich des kleinen Ortes Šaštín-Stráže einschließt. Durch Kiesförderung entstanden in den vergangenen Jahren entlang der March einige künstliche Seen, von denen sich die meisten zum Baden eignen. Eine direkte Fahrt von Nord- und Mitteldeutschland nach Bratislava wird oft durch das Zahorie führen, dann sollte man ruhig eine Pause einlegen. Ein biologisch ähnlich bedeutendes Areal wie die Marchauen liegt auf tschechischer Seite neben der Autobahn, nämlich das 1996 in die UNESCO-Welterbeliste eingetragene Schlossparkgelände Lednice-Valtice.

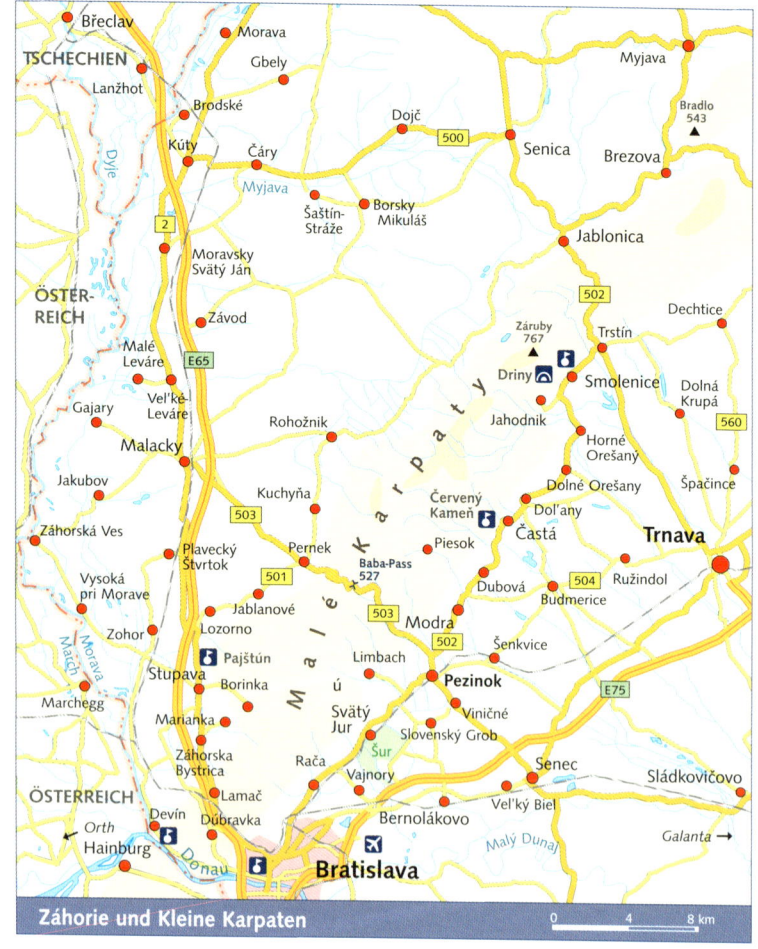

Záhorie und Kleine Karpaten

Der Eingang zu Schloss Stupava

■ Stupava und Umgebung

Das **Kastell** von Stupava (Stampfen) steht an der Stelle einer mittelalterlichen Wasserburg in einem englischen Park und dient heute als Altersheim. In dem 15 Kilometer nordwestlich von Bratislava gelegenem Ort befindet sich außerdem ein derzeit geschlossenes Museum über den bedeutenden Keramiker Ferdiš Kostka (1878–1951). Es besteht aus dem früheren Wohnhaus und dem Brennhaus.

Südöstlich von Stupava findet man den kleinen Wallfahrtsort **Mariánka** (Marienthal). Zu seiner wachsenden Beliebtheit trägt die Bekanntheit unter Gläubigen aus Österreich bei. Den Weg zur **Kapelle** des Wunderbrunnens säumen weitere Kapellen. Zwischen 1711 und 1714 wurde ein altes **Kloster** zum Sommersitz des Erzbischofs von Esztergom ausgebaut.

Zohor (Sachern) nordwestlich von Stupava ist Heimatort des hervorragenden Grafikers Albín Brunovský (1935–1997). Er gestaltete unter anderem viele Kinderbücher sowie die letzte Banknotenserie der Tschechoslowakei.

Eine ungewöhnliche Mischung aus Biohof und Mittelaltergelände bietet **Abeland** bei Lozorno nordöstlich von Stupava. Das kinderfreundliche Projekt der Familie Abel rekonstruiert alte Handwerke und wirkt irgendwie aus der Zeit gefallen – eine gute Umgebung zur Erholung und für Denkanstöße. Samstags und zu ausgeschriebenen Veranstaltungen ist ein Besuch ohne Anmeldung möglich. Ein kleines Stückchen östlich von Stupava liegt auf einem Felsen über einem Karsttal die **Burgruine Pajštún** (Ballenstein). Die frühgotische Burg wurde 1273 erstmals erwähnt und unter Napoleon 1810 zerstört.

■ Rund um Malacky

Größte Stadt des Záhorie ist Malacky (Malatzka) gleich neben der Autobahn Bratislava–Brno. Der Schauwert von Kastell, Synagoge und Kloster hält sich in Grenzen, man kann aber am Schlosspark einkehren.

Veľké Leváre (Großschützen) beherbergt ein interessantes **Volksarchitekturreservat**. Im 16. Jahrhundert errichteten die aus den Wiedertäufern hervorgegangenen Habaner einen Hof aus 35 Lehmhäusern, außerdem gibt es eine Wassermühle und eine Schule. An die isoliert lebenden Habanergemeinschaften erinnert heutzutage vor allem eine spezielle Keramikherstellung. Ein Stückchen südlich von Veľké Leváre liegt der beliebte **Badesee Láb** (Laab).

Zwischen Malacky und Senica (Senitz) erstreckt sich das größte gesperrte Armeegelände des Landes, genau genommen handelt es sich um mehrere ineinander übergehende Truppenübungsplätze mit Militärflughafen.

■ Rund um Skalica

Šaštín-Stráže (Maria Schlossberg) ist ein alter und bekannter Wallfahrtsort nordwestlich der Kleinen Karpaten. Die **Klosterkirche** aus dem 18. Jahrhundert mit den im 19. Jahrhundert ergänzten Türmen gehört zu den größten Barockkirchen des Landes. Beteiligt waren mit dem Architekten Franz Anton Hillebrandt und dem Maler Johann Lukas Kracker zwei der bedeutendsten Künstler dieser Zeit. Außerdem beherbergt die Basilika die größte Orgel des Landes. Die hier aufgestellte ›Mutter der sieben Schmerzen‹ soll bereits viele Gebete erhört haben. 1964 wurde die Basilika von Papst Paul VI. zur ersten Basilica minor der Slowakei erklärt, seit 1990 unterhalten die Salesianer hier ein Kloster.

Zwischen Šaštín-Stráže und Skalica findet man den modernen Kurort **Smrdáky** (slowakisch smrdieť = stinken); sein Wahrzeichen ist ein einstöckiges klassizistisches Badehaus. Hier gibt es kühle Quellen mit dem höchsten Schwefelwasserstoffgehalt in Europa, er beträgt bis zu 640 Milligramm pro Liter. Hauptsächlich werden Hauterkrankungen bei Erwachsenen und bei Kindern behandelt.

Skalica (Skalitz) ist wahrscheinlich das hübscheste Städtchen des Zahorie, und allein für die Weinsorte Blaufränkisch oder die Baumkuchenspezialität Trdelník lohnt sich eine Pause. Genaugenommen brachte allerdings ein Koch die Idee zum Trdelník im 18. Jahrhundert aus Siebenbürgen mit. Der dreieckige historische Marktplatz wurde unlängst

 Das Záhorie

Vorwahl: 00421/(0)34.
Touristinfo, Bernolákova 1 A, Malacky, Tel. 7722055, Mo–Fr 9–16 Uhr.
Touristinfo, Slobody 10, Skalica, Tel. 6645341, www.huraskalica.sk, Jun.–Sept. Sa–Mo 10–18, Di–Fr 8–18 Uhr, Okt.–Mai Mo 10–16, Di–Fr 8–16 Uhr.
Touristinfo, Bratislavská 6, Holíč, Tel. 3210582, www.holic.sk, Mai–Sept. Di–Do 8–16 Uhr.
Touristinfo, Partizánska 290/17, Myjava, Tel. 6212330, Mo–Fr 8–16 Uhr.

mit EU-Geldern herausgeputzt, an ihm befindet sich unter anderem ein **Regionalmuseum** in einem ungewöhnlichen Gebäude. Dieses Kulturhaus im Sezessionsstil wurde 1905 nach einem Entwurf von Dušan Jurkovič gebaut, Mosaiken an der Fassade und Holzsäulen im Theatersaal entsprechen eigentlich gar nicht der landestypischen Bauweise. Ein Relikt der alten Befestigungsmauern von Skalica ist die **Georgsrotunde** aus dem 11. Jahrhundert.

Bei Skalica beginnt der **Baťa-Kanal**, der die Flusslandschaft der March in der Zwischenkriegszeit für Transporterfordernisse des in Mähren ansässigen Baťa-Konzerns ertüchtigen sollte.

Im Zentrum der Nachbarstadt **Holíč** (Weißkirchen) wird gerade mit EU-Geldern die **Wasserburg** saniert (Projekt Tereziánsky remeselný dvor). Zusätzlich zum touristischen Informationsbüro am Rathaus hat hier im Sommer ein Infopunkt geöffnet.

Etwas weiter östlich, zwischen Senica (Senitz) und Myjava (Miawa), liegen der **Stausee Kunov** und die **Burgruine Brančˇ**. Die einsame Ruine ist relativ leicht zugänglich, ihre Mauern erheben sich bei Podbrančˇ-Podzámok romantisch aus einem Hügel. Sie wurde 1317 erstmals schriftlich erwähnt, hatte über 40 Zimmer und etwa ebenso viele Besitzer.

Gute Darstellung zum UNESCO-Areal Lednice-Valtice unter www.lednicko-valticky-areal.cz.
Infos zu Sehenswürdigkeiten auf der tschechischen Seite des Baťa-Kanals unter www.batuvkanal.info, www.zivavodmodra.cz, www.archeoskanzen.cz, www.velehrad.eu, www.zamek-buchlovice.cz und www.hrad-buchlov.cz.

Kursbuchstrecke 110 Bratislava–Kúty–Břeclav, Abschnitt Bratislava–Malacky etwa 20x tgl. pro Richtung (40 Min.). Kursbuchstrecke 114 Kúty–Holíč–Skalica 5–20 Uhr etwa stündlich (70 Min.), Kursbuchstrecke 116 Kúty–Senica–Trnava 5-19 Uhr etwa zweistündlich (80 Min.).

Michal, Potočná 40, Skalica, Tel. 6960111, www.hotelsvmichal.sk, DZ ab 72 Euro. Historisches Gemäuer.

Besonders empfohlen sei der ganzjährig geöffnete Camping **Park Karpaty**, Kuchyňa bei Malacky, Tel. 0948/717179, www.campingparkkarpaty.sk.
Außerdem gibt es ein ganzjährig geöffnetes **Campinghüttchengelände Steinmühle** mit ›Bio-Pool‹ in Plavecký Štvrtok (www.kamennymlyn.sk) sowie kleine Plätze während der Sommerzeit in Šaštín-Stráže und Borský Svätý Jur.

Pútnický mlyn, 4. apríla 1, Marianka, Tel. 0903/574454, www.putnickymlyn.sk. Renoviertes Ausflugsrestaurant.
Biofarma Príroda, Botanická záhrada, Stupava, Tel. 0918/280546, www.biofarma.sk. Alleinlage nördlich des Ortes im Grünen mit historischem Brotbackofen.
Zámocká vináreň, Zámocká 10, Malacky, Tel. 0903/403355, www.zamockavinaren.sk. Ordentliches Restaurant am Schlosspark.

Wallfahrtskirche Šaštín (Bazilika Sedembolestnej Panny Márie), Kláštorné námestie 1295, Tel. 6592711, www.bazilika.sk, Jul./Aug. 8–19 Uhr, Sept.–Jun. 8–17 Uhr.
Vom **Regionalmuseum Záhorie** (Záhorské múzeum), Slobody 13, Skalica, Tel. 6644230, www.zahorskemuzeum.sk, Mo–Fr 8–16 Uhr, Jun.–Sept. auch Sa 10–14 und So 14–18 Uhr, werden auch das **Keramikmuseum** in Holíč und das

Habanermuseum in Veľké Leváre betreut, dort geöffnet nach Absprache.
Lehrpfad von Lakšárska Nová Ves westwärts nach Tomky (10 km, 9 Tafeln).
Abeland, Lozorno 1044, Tel. 0904/237777 oder 0905/387063, www.abeland.sk, Sa 10–22 Uhr.

Vom Donauradweg (EuroVelo 6) zweigt an der Lafranconi-Brücke ein **internationaler Radweg** durch die Marchauen (EuroVelo 13) ab. Er führt über Devín und Vysoká pri Morave bei Moravský Svätý Ján nach Österreich (68 km im Landesgebiet). In Österreich ist die Strecke (gesamt ca. 450 km) als Kamp-Thaya-March (KTM) bekannt.
In Devín zweigt vom EV 13 der weitgehend parallele **Radweg Záhorie** ab. Dieser führt bei Závod wieder zum EV 13 zurück (56 km).
In Vysoká pri Morave zweigt vom EV 13 der **Radweg Kleine Karpaten** ab. Er führt über Sološnica nach Plavecký Mikuláš (46 km).
Auf tschechischer Seite führt eine gut ausgebaute Strecke zwischen Hodonín und Kroměříž am Baťa-Kanal entlang (56 km).

Zweigstellen des Klettergarten-Betreibers Tarzania am Flussufer bei Devínska Nová Ves und im Tal Zlatnícka dolina bei Skalica.
Der **Golfplatz** von Skalica, www.golfskalica.sk, ist einer der größten des Landes.

Krankenhaus Malacky, Duklianskych hrdinov 34, Tel. 2829700, www.nemocnicnecentra.casnazdravie.sk.
Krankenhaus Skalica, Koreszkova 7, Tel. 6644951, www.nspskalica.sk.
Krankenhaus Myjava, Staromyjavská 59, Tel. 6979111, www.nspmyjava.sk.
Poliklinik Senica, Sotinská 1588, Tel. 6513051, www.poliklinikase.sk.

Die westlichen Landesteile

Südliche Kleine Karpaten

Besonders die südöstlichen Ausläufer der Kleinen Karpaten sind ein traditionelles Weinbaugebiet, in der offiziellen Einteilung der sechs Weinbaugebiete des Landes stellen die Kleinen Karpaten das größte dar. Belege für den Weinbau gibt es schon aus der Zeit vor dem Großmährischen Reich, ein Aufschwung erfolgte um 1300 durch Siedler aus dem Rheinland. Die 1863 gegründete Firma Jakob Palagyay und Söhne entwickelte sich gar zum größten Weinproduzenten im Habsburger Reich. Mit dem Ende des Sozialismus änderten sich viele Eigentumsverhältnisse, und die Weinanbaufläche ging zeitweise stark zurück. Allerdings wird seitdem wieder mehr auf Qualität geachtet.

■ **Rund um Senec**

In Senec (Wartberg) ist die bei den Hauptstädtern sehr beliebte Badelandschaft **Aquathermal** entstanden. Das Stadtbild vermittelt trotz einiger historischer Bauten keinen geschlossenen Eindruck. Senec ist zwar mit den Kleinen Karpaten und insbesondere deren Vorortfunktionen für die Hauptstadt verflochten, gehört aber geologisch schon zum

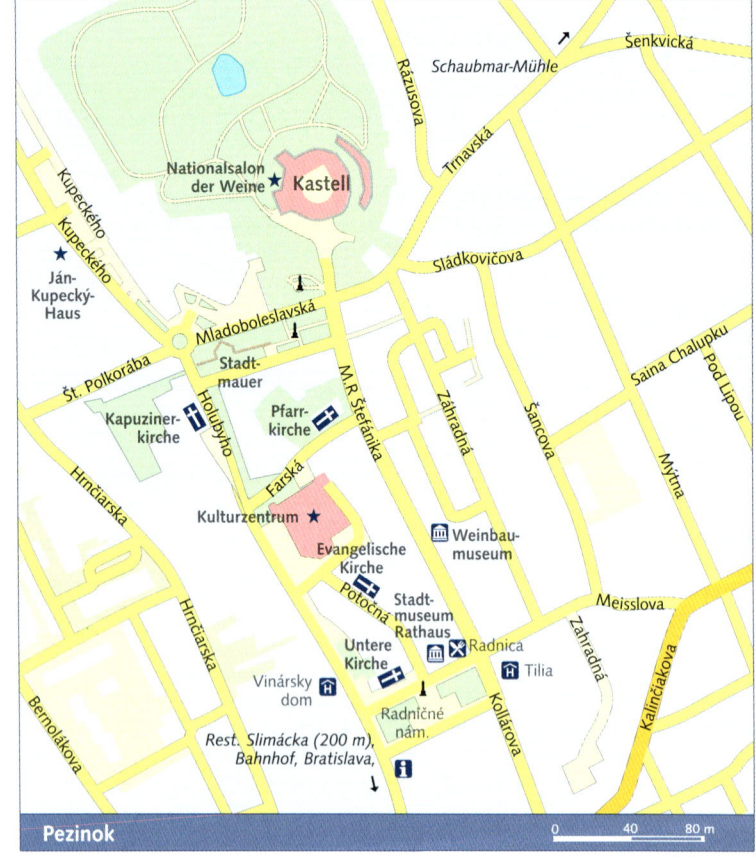

Donautiefland. Auf dem Weg nach Senec kommt man durch Ivanka pri Dunaj (Iwanka) und Bernolákovo (Lanschütz). Die Sehenswürdigkeiten des Dorfes **Ivanka** sind ein neogotisches **Kastell** und ein **Denkmal** an der Absturzstelle von Milan Rastislav Štefánik. **Bernolákovo** verfügt über ein spätbarockes **Kastell** mit Park. In den Schlosspark von **Kráľová pri Senci** (Königsaiden) südöstlich von Senec lädt ein **Bienenmuseum** ein. Dieser Imkerskansen zeigt 370 schöne alte Bienenstöcke in Figurenform, die größte derartige Exposition in Mitteleuropa. Nebenan führt eine dreibogige **Barockbrücke** über das Tieflandflüsschen Čierna voda (Schwarzwasser), die als die romantischste aller slowakischen Brücken gerühmt wird.

Am Hauptplatz in Svätý Jur

Die westlichen Landesteile

Svätý Jur

Das Weinbaustädtchen Svätý Jur (Sankt Georgen) befindet sich 15 Kilometer nordöstlich von Bratislava. Drei **Kirchen** und einige **Renaissancehäuser** konzentrieren sich im Zentrum. Die Georgskirche beeindruckt durch einen großen Renaissancealtar aus Kalkstein und einen freistehenden Glockenturm aus Holz, der monochrome Altar ist eines der letzten Werke Franz Anton Pilgrams (1460–1515).

Am östlichen Stadtrand erstreckt sich auf 500 Hektar der **Moorerlenwald Šúr** (Schoor). Am Karpatenhang beim Ortsteil Neštich dagegen verstecken sich ein **Burgwall** aus der Zeit des Großmährischen Reiches sowie die **Burgruine Biely Kameň** (Weißenstein) im Wald.

Slovenský Grob

In Slovenský Grob (Slowakisch Eisgrub) existiert eine ausgeprägte Gänsebratentradition, die auf Siedler aus Kroatien zurückgeht. Um die Mitte des 20. Jahrhunderts begann die überregionale Popularität damit, dass der Bäcker Rudolf Pribula freitags im Auftrag der Hausfrau-

en etwa 40 Gänse gleichzeitig in seinen beiden Steinöfen zubereitete. Im Herbst werden zahlreiche Haushalte zu zusätzlichen Mini-Restaurants, manche arbeiten nur bei Vorbestellung. Unter den Gästen sind oft prominente Politiker, die es sich hier demonstrativ schmecken lassen. Insgesamt rechnet man inzwischen jährlich mit 15 000 Gänsen für 70 000 Esser; bekannteste Häuser sind ›U Zlatej husi‹ und ›Grobský dvor‹.

Pezinok

Gemessen am Verhältnis von Beteiligungen und Preisen bei Wettbewerben ist Pezinok (deutsch Bösing, ungarisch Bazin) wohl der erfolgreichste Weinbauort der Slowakei. Allerdings ist Pezinok mit seinen 20 000 Einwohnern unter den landestypischen Weinbauorten auch der größte. Weinberge wurden bereits im 13. Jahrhundert angelegt, im 14. Jahrhundert begann der Bergbau. Pezinok ist auch Geburtsort des Schachgroßmeisters Richard Réti (1889–1929) und des Komponisten Eugen Suchoň (1908–1993). Das Städtchen besitzt ein mehrmals umgebautes **Kastell** mit trockenen Burggrabenresten und Schlosspark sowie vier

Kirchen. Das Kastell dient heute Weinbaufirmen unter anderem zur Lagerung und Verkostung der besten slowakischen Tropfen. Südwestlich neben dem Schlosspark steht das Geburtshaus von Ján Kupecký (Johann Kupetzky, 1667–1740), einem der bedeutendsten Portraitmaler der Barockzeit.

Weitere historische Gebäude konzentrieren sich rund um dem **Rathausplatz** (Radničné nám.). Man findet hier die schönsten Renaissanceerker der Gegend, das nach einem Brand 1832 klassizistisch umgebaute Alte Rathaus, das Weinbaumuseum und die Pestsäule.

Mit der ständigen **Galerie naiver Kunst** wurde in der Schaubmarmühle der jüngste Teil der Slowakischen Nationalgalerie eingerichtet. Das vollständig erhaltene Mühlengebäude von 1767 liegt am nördlichen Stadtrand neben der Straße nach Malacky.

Limbach bei Pezinok gilt zunehmend als Villenvorort reicher Hauptstädter. Prominentester Häuslebesitzer ist der aus einer Plattenbauwohnung in Petržalka hierher umgezogene ehemalige Staatspräsident Ivan Gašparovič.

◼ Modra

Der Verlauf der Eisenbahnlinie begünstigt Pezinok seit dem 19. Jahrhundert gegenüber Modra, das nicht an die Linie angeschlossen wurde. Nur die Pflege einer speziellen Keramiktradition bremste den Verfall des Handwerks in Modra (deutsch Modern, ungarisch Modor). Die Herstellung der weißen Majolikaerzeugnisse mit ihrer blauen und orangefarbenen Bemalung ist mit der Ansiedlung der als Wiedertäufersekte verfolgten Habaner ab dem 16. Jahrhundert verbunden. Auch in anderen Habanersiedlungen der Gegend wie Košolná, Boleráz, Dechtice, Dobrá Voda, Sobotište und Veľké Leváre wurde Majolika hergestellt.

Die älteren Häuser sind meistens schlichte einstöckige Bauten, deren jeweilige Einfahrtstore auf einen Hof mit Wirtschaftsräumen führen. Noch heute besitzen viele Häuser Weinpressen und Weinkeller. Von den einstigen Eckerkern sind aber nur wenige erhalten. Reste der **Stadtmauern** aus der Renaissance sind wie auch in Pezinok vorhanden.

In Modra befinden sich ein einstöckiges **Renaissancekastell** (heute Bildungseinrichtung für Weinbau) mit Ziergarten sowie drei **Kirchen**. Die Verbundenheit mit Ľudovít Štúr (1815–1856), der in Modra lebte und starb, spiegelt sich im Stadtzentrum durch das ihm gewidmete **Museum** und ein großes **Denkmal** wider. Außerdem beherbergt das Museum Exponate zur allgemeineren Geschichte und zur Majolikaproduktion.

◼ Veľká homoľa

Eine neuere Touristenattraktion im Süden der Kleinen Karpaten ist ein 20 Meter hoher **Holzturm** auf dem Berg Veľká homoľa (Kugel, 709 m). Der Fußweg beträgt von Modra aus knapp zwei und von Pezinok aus reichlich drei Stunden. Auf der Aussichtsplattform kann man die Umgebung der Hauptstadt vom Wasserkraftwerk Gabčíkovo bis zu den Bergmassiven Považský Inovec und Tríbeč überblicken. Der Organisator des modernen Holzbauwerkes, Milan Ružek, wünschte bei der Eröffnung 2001 allen ›täglich einen Becher Wein, Bewegung und Humor‹. Zwischen dem Berg und der kleinen Waldsiedlung Piesok befindet sich das größte, älteste und nach der Renovierung auch modernste Observatorium der Slowakei. Das Gelände dient Forschungen der Universität Bratislava, für Besucher ist es an einigen Sonntagen geöffnet. 1996 wurde ein fünf Kilometer großer Asteroid im Sternbild Fische entdeckt, der den Namen 11118 Modra erhielt.

Karte S. 112/116

Südliche Kleine Karpaten

Vorwahl: 00421/(0)33; Senec: 00421/(0)2.

Touristeninfo, 1 mája 4 (im Türkischen Haus), Senec, Tel. 02/45928224, www.slnecnejazera.eu, Mo–Fr 8-16 Uhr.

Die ›Weinstraße Kleine Karpaten‹ stellt sich unter www.mvc.sk vor.

Kursbuchstrecke 120 Bratislava–Žilina über Pezinok (30 Min., 10 x tgl.).

Karolína, Vajnorská 2, Slovenský Grob, Tel. 6478264, www.penzion-karolina.sk, DZ ab 45 Euro.

Husacina, Hlavná 6, Slovenský Grob, 6478206, www.husacinaplus.sk, DZ ab 33 Euro.

Tilia, Kollárova 20, Pezinok, Tel. 6412402, www.hoteltilia.sk, DZ ab 64 Euro. Im Zentrum.

Vinársky Dom, Holubyho 27, Pezinok, Tel. 6400933, www.vinarskydom.sk, DZ ab 36 Euro. Im Zentrum.

Limbach, SNP 18, Limbach, 6477281, www.hotellimbach.sk, DZ 60 Euro. Rustikales Dorfhotel.

Zochová chata, Piesok B 7, Modra, Tel. 2633300, www.hotelzochovachata.sk, DZ ab 129 Euro. Große Bergbaude mit Pool und Weinverkauf.

Galbov mlyn, Pri mlyne 1, Viničné, Tel. 6476203, www.galbovmlyn.sk, DZ ab 55 Euro. Gemütliches Sporthotel.

Motel na vrchu Baba, Tel. 6403636, www.motelnavrchu.sk, DZ ab 60 Euro. Am Bergpass über die Kleinen Karpaten.

Manche Weinkeller in Modra und Pezinok sind nur im Herbst geöffnet, es gibt die Weine der Region in ausgezeichneter Qualität.

Schöne Übersicht über die **Gänsebraten-Restaurants** in Slovenský Grob: www.cechhusacinarov.sk.

Radnica, Pezinok, Štefánika 1, Tel. 6414009, www.radnica.com. Im Ratskeller.

Slimáčka, Pezinok, Holubyho 12, Tel. 6412452, www.slimacka.sk. Preisgünstiger Familienbetrieb.

Pavúk, Štúrova 95, Modra, Tel. 6405708, www.pavuk-restaurant.sk. Weinrestaurant mit Shop im Zentrum.

Elesko wine park, Modra, Tel. 02/20922649, www.eleskorestaurant.sk. Zwischen Weinfeldern östlich des Städtchens.

Von den beiden Campingplätzen an den ›Sonnenseen‹ Slnečné jazerá in Senec ist der südliche, nahe des Bahnhofs gelegene eher zu empfehlen; 15. Jun.–15. Sept., www.slnecnejazera.eu.

Bienenmuseum (Múzeum včelárstva na Slovensku), Včelárska paseka, Kráľová pri Senci, Tel. 7798049, www.vcelarskapaseka.sk, Apr.–Okt. Mo–Fr 9–17, Sa/So 9–13 Uhr.

Regionalmuseum Kleine Karpaten (Malokarpatské múzeum), Pezinok, Tel. 6413347, www.muzeumpezinok.sk, Di–Fr 9–12/13–16 Uhr, mit folgenden Filialen:
▸ Weinbaumuseum (Metské múzeum), Štefánika 4, Pezinok;
▸ Ján-Kupecký-Haus (Malokarpatské múzeum), Kupeckého 39, Pezinok;
▸ Heimatmuseum (Literárne a vlastivedné múzeum), Svätý Jur.

Galerie naiver Kunst (Galéria insitného umenia) Schaubmarov mlyn, Cajlanská 255, Pezinok, Tel. 6404035, Mi–So 10–16 Uhr.

Zum **Nationalmuseum**, www.snm.sk, Di–Fr 8.30–16 Uhr, Apr.–Okt. auch Sa 9–15 Uhr, gehören:
▸ Ľudovít-Štúr-Gedenkstätte (Pamätná izba Ľudovíta Štúra), Štúrova 54, Modra, Tel. 6472765;
▸ Ignác-Bizmayer-Sammlung (Galéria Ignáca Bizmayera), Štúrova 84, Modra, Tel. 6472765;

Die westlichen Landesteile

▸ Keramikmuseum (Múzeum slovenskej keramickej plastiky), Kukučínova 15, Modra, Tel. 2433050.

Nach Anmeldung sind in der Fabrik **Slovenská Ľudová Majolika** Betriebsbesichtigungen und Workshops möglich: Dolná 138, Modra, Tel. 6473238, www.majolika.sk, Mindestteilnehmerzahl 8. Ähnliches gibt es in Pezinok, www.siehe majolika-r.sk.

Die Web-Darstellung www.pezinok.sk beinhaltet einen Veranstaltungskalender, Feste wie die Mineralienbörse Pezinský Permoník jeden August im Kulturhaus mit Goldwäsche in der Altstadt werden auch von Hauptstädtern gern besucht, und natürlich dreht sich viel um das Thema Wein.

Aquapark, Slnečné jazerá, Senec, Tel. 02/45648021, www.aquaparksenec.sk, tgl. 10–21, Mo 12–21 Uhr.

Lehrpfade:
von Svätý Jur nach Čierna Voda durch den Moorerlenwald Šúr (4 km, 9 Tafeln);
von Pezinok am Bach Blatina aufwärts zum Čertov kopec (5 km, 4 Tafeln);
von der Reithalle Rozálka in Pezinok durch Weinberge (7 km, 5 Tafeln);
von der Psychiatrie Pezinok entlang alter Bergbaustätten (7 km, 14 Tafeln);
von Modra-Harmónia nach Modra-Piesok (6 km, 5 Tafeln).

Diverse kürzere Lehrpfade:
▸ von Svätý Jur nach Čierna Voda durch den Moorerlenwald Šúr (4 km, 9 Tafeln);
▸ von Pezinok am Bach Blatina aufwärts zum Čertov kopec (5 km, 4 Tafeln);
▸ von der Reithalle Rozálka in Pezinok durch Weinberge (7 km, 5 Tafeln);
▸ von der Psychiatrie Pezinok entlang alter Bergbaustätten (7 km, 14 Tafeln);
▸ von Modra-Harmónia nach Modra-Piesok (6 km, 5 Tafeln).

20 km lange Mountainbikeroute von Pezinok durch Weinberge 400 m aufwärts zum Korenný vrch.
33 km von Svätý Jur über die kleinen Karpaten nach Vysoká pri Morave.

Zwei Skiareale bei Pezinok (→ Tabelle S. 90).

Die spezielle Modra-Keramik kann natürlich am günstigsten in Modra gekauft werden, eine aktuelle Liste der Läden ist im Touristenbüro erhältlich.
Inzwischen gibt es viele gute Läden für slowakische Weine, mehrere beispielsweise rund um den Rathausplatz von Pezinok.

Poliklinik Pezinok, Hollého 2, Tel. 6412444.

Nördliche Kleinen Karpaten

Trifft man bei den Bewohnern von Modra und Pezinok noch überwiegend auf das Bewusstsein, im Vorort der Hauptstadt zu wohnen, so taucht man schon kurz dahinter in die ländliche Slowakei ein. Hier ist Bratislava nicht mehr der alleinige Bezugspunkt, die Einheimischen fahren beispielsweise zum Einkauf eher nach Trnava. Westlich des hier beschriebenen Štefánik-Grabmals beginnt die Landschaft Záhorie, nach Osten ist es nicht weit bis zu den Burgruinen Čachtice und Beckov. Nördlich schließen sich die Weißen Karpaten an.

■ Červený Kameň

Die Burg Červený Kameň (Bibersburg) oberhalb der Ortschaft Častá (Schattmannsdorf) ist eine Grenzburg aus dem 13. Jahrhundert. Die Anlage diente später vor allem Handelszwecken und prä-

Karte S. 112
▲

Die westlichen Landesteile

Der Tropfsteinsaal in Červený Kameň

sentiert sich als Renaissancefestung. Unter dem Besitzer Anton Fugger erhielt die Burg ab 1537 ihr heutiges Aussehen, Umbauten ab 1583 verbesserten die Wohnqualität. Einflüsse von Albrecht Dürers Festungsbautheorien sind sichtbar, zum Beispiel in der Belüftung der Artilleriebasteien. Der Weinkeller erstreckt sich über drei Etagen, allein das unterste Gewölbe ist neun Meter hoch. 1588 kaufte Nikolaus Pálffy (1552–1600) die Burg von der Familie seiner Frau Anna Fugger. Sie entwickelte sich dann quasi zum Stammsitz dieses ungarischen Adelsgeschlechtes. Barocke Zutaten von Červený Kameň sind der **Tropfsteinsaal** mit Mosaikfußboden von 1656 und das Interieur der **Burgapotheke** von 1752 sowie eine **Kapelle**. Die **Waffenausstellung** geht auf die Sammlung Rudolf Pálffys (1750–1802) zurück. Die kunstvollen und interessanten Möbel bilden einen Kontrast zur schmucklosen Burganlage. Das Museum rekonstruiert die Wohnverhältnisse der ehemaligen Besitzer. Eine alte Lindenallee bildet die Zufahrt zur Anlage. Der seit Jahrzehnten bestehende Museumsbetrieb wurde zuletzt um die Rekonstruktion eines französischen Parks erweitert.

Das unterhalb der Burg liegende **Častá** besitzt eine bunte Multikulti-Vergangenheit mit vielfältigem Gewerbe. Die gotische **Emmerichkirche** stammt aus dem 13. Jahrhundert.

■ Budmerice und Smolenice

Die Schlösser Budmerice (Pudmeritz) und Smolenice (Smolenitz) verdanken ihr romantisches Aussehen ebenfalls der Adelsfamilie Pálffy.

Schloss Budmerice am nordwestlichen Ortsrand von Budmerice, rund acht Kilometer südöstlich von Častá Richtung Trnava gelegen, wurde 1889 fertiggestellt und ist von einem großen englischen Park umgeben. Es ist ein typisches Beispiel des historisierenden Eklektizismus. Kaum ein anderes Bauwerk der Slowakei wurde so unmittelbar ausländischen Vorbildern nachempfunden, insbesondere Schlösser an der Loire dienten als Vorbild. Heute gehört Schloss Budmerice dem Schriftstellerverband.

Schloss Smolenice liegt rund 15 Kilometer nordöstlich von Častá und schützte vom 13. bis zum 15. Jahrhundert Handelswege durch die Kleinen Karpaten. Der Bau des heutigen Schlosses begann 1877 unter Graf Josef Pálffy auf den Ruinen der Burg, die Fertigstellung verzögerte sich aber durch Finanzierungsprobleme und Kriegswirren bis 1953. Alte Mauern wurden in die Neugestaltung einbezogen. Das Ensemble besitzt einen markanten fünfeckigen Turm sowie schöne Gewölbe und Treppen. Es fügt sich sehr harmonisch in die Landschaft ein. Heute dient Schloss Smolenice der Slowakischen Akademie der Wissenschaften als Tagungsstätte, und inzwischen ist es in den Sommermonaten wieder für Touristen geöffnet. Ein romantischer Ausblick belohnt den Aufstieg auf den Schlossturm.

In Smolenice wurde Štefan Banič (1870–1941) geboren, der Erfinder des Fallschirmes. Er führte seine Erfindung 1914 in Washington vor Vertretern der Armee und des Patentamtes vor. Nach seiner Rückkehr in die Heimat 1920 lebte er bescheiden als Maurermeister, 1929 war er einer der Entdecker der kleinen **Tropfsteinhöhle Driny**. Isoliert von den anderen Schauhöhlen des Landes liegt diese in den Bergen westlich von Smolenice, zu ihrer Entstehung trug ausnahmsweise kein Wasserlauf bei.

■ Dechtice

Der Grundkörper der barock umgebauten **Kirche** in Dechtice (Dechtitz) stammt von 1172. Der Sakralbau besitzt Wandmalereien aus dem 13. und 14. Jahrhundert. Angebliche Marienerscheinungen im Dorf zwischen 1994 und 1996 wurden von der Kirche nicht offiziell anerkannt. Westlich der Kirche wird die **Klosterruine Katarínka** rekonstruiert. Von Dechtice führt eine Sackgasse in das Dörfchen Dobrá Voda (Gutwasser) am Kamm der hier

nicht einmal mehr 500 Höhenmeter erreichenden Kleinen Karpaten. Oberhalb der dichten Wälder findet man die Burgruine **Dobrá Voda** (Gutenstein).

■ Plavecké Podhradie und Plavecký Peter

An der westlichen Seite der Kleinen Karpaten liegt oberhalb von Plavecké Podhradie (Blasenstein) auf dem schönen Laubwaldhügel Pohanská (495 m) eine große **Burgruine**. Das malerische Gebilde entstand als Grenzfestung von 1256 bis 1273 und wurde später als Renaissancefestung ausgebaut. Burgherren waren unter anderem Stibor von Stiborice und die Familie Pálffy. Hier sowie in Sklabiňa spielt der damals beliebte Roman ›Forgách Zsuzsánna‹ aus dem Jahre 1885. Der Verfall der Burg begann nach Beschädigungen 1707. Der übernächste Ort, Plavecký Peter (Blasenstein Sankt Peter), besitzt den Status eines Volksarchitekturreservates. Auf den Hügeln laden mit Ostrý Kameň und Korlátka zwei weitere **Burgruinen** in einer attraktiven Karstlandschaft zur Erkundung ein, zum Gemeindegebiet gehört weiterhin eine **keltische Burgstätte** aus der Hallstattzeit. Der Name Plawzi bezeichnet übrigens die nach den Mongoleneinfällen angeworbenen Polowetzer.

■ Štefánik-Grabmal

Am nördlichen Ende der Ortschaft Brezová (Birkenhain) zweigt eine Serpentinenstraße nach Osten zum Bradlo (543 m) ab. Auf diesem Gipfel an den nördlichen Ausläufern der Kleinen Karpaten befindet sich das **Grab** des Nationalhelden Milan Rastislav Štefánik. Die vom Architekten Dušan Jurkovič gestaltete Anlage ist das größte Grabmal der Slowakei, als Nationales Kulturdenkmal ausgewiesen und ein belebtes Ausflugsziel von Familien. Jurkovič ließ sich von mittelamerikanischen Tempeln inspirieren.

Touristenmagnet und beliebte Filmkulisse: Burg Smolenice

Halbtageswanderung: Zur Burgruine Plavecký hrad

Route: Plavecký Mikuláš–Deravá skala–Amonova lúka–Plavecký hrad–Plavecké Podhradie

Bei Plavecký Mikuláš geht es entlang der grünen Markierung auf einem asphaltierten Weg durch ein schattiges Tal in die Kleinen Karpaten hinein. Das Karstgestein hat mehrere frei zugängliche Höhlen zu bieten. Am bekanntesten ist die Höhle Deravá skala (wörtlich ›Löchriger Fels‹), die in der Steinzeit und im Mittelalter bewohnt war. Den ersten Höhepunkt erreicht man mit dem Mon Repos (465 m). Eigentlich kann man diese Erhebungen am Anfang des Karpatenbogens kaum als Berg oder gar als Gipfel bezeichnen. Jetzt folgt eine rote Markierung. Der nächste Höhepunkt, Amonova lúka (560 m), hat eher den Charakter einer Lichtung im Bu-

chenwald, vom Aussichtsfelsen Báborská (541 m) aber kann man dann einen weiten Blick ins Záhorie schweifen lassen. Nun geht es entlang einer blauen Markierung zur Burgruine Plavecký hrad, in deren Nähe sich der Burgwall Pohanská aus der Eisenzeit befindet. Nach einem kurzen steilen Abstieg erreicht man Plavecké Podhradie.

Variante: Von Amonova lúka ist es nicht weit bis zum Klokoč (661 m), einem Aussichtspunkt auf dem Hauptkamm der Kleinen Karpaten.

Verkehrsverbindung: Bushaltestellen in Plavecký Mikuláš und Plavecké Podhradie.

Länge/Schwierigkeit: vier Stunden, für Familien mit Kindern gut geeignet, unter den in diesem Buch ausführlicher beschriebenen Bergwanderungen eine besonders leichte.

 Nördliche Kleine Karpaten

Holotech Víška, Dolné Košariská 24, Tel. 034/6244516, www.holotechviska.sk, DZ ab 40 Euro. Renoviertes Bauernhaus.

🏛 ▬▬▬▬▬▬▬▬▬

Burg Červený Kameň, Častá, Tel. 033/6905803, www.hradcervenykamen.sk, zwei verschiedene Führungen, Mindestteilnehmerzahl jeweils 5: ›Der Adelssitz‹ (65 Min.), Mai–Sept. 9–17 Uhr stündlich, Okt.–Apr. Di–So 10, 13 und 15 Uhr; ›Die Festung‹ (70 Min.), Mai–Sept. 10.15–16.15 Uhr stündlich, Okt.–Apr. Di–So 11.15 und 14.15 Uhr.

Schloss Smolenice, Tel. 033/5963232, www.kcsmolenice.sav.sk, nur Jul./Aug. 10–16 Uhr.

Geburtshaus von Milan Rastislav Štefánik, Košariská, Tel. 034/2452111, www.snm.sk, Mai–Sept. Di–So 8.30–16.30 Uhr, Okt.–Apr. Mo–Fr 8–16 Uhr.

Tropfsteinhöhle Driny (jaskyňa Driny), Smolenice, Tel. 033/5586200, www.ssj.sk, nur mit Führung ca. 35 Min., Jun. Di–

So 9–16 Uhr stündlich, Jul./Aug. Di–So 10–17 Uhr stündlich, Apr./Mai, Sept., Okt. Di–So 10/11.30/13/14.30 Uhr.

 ▬▬▬▬▬▬▬▬▬

Ein **Lehrpfad** durch die Karstlandschaft führt von Smolenice über die Ausgrabungsstätte Molpir zur Höhle Driny (8 km, 5 Tafeln).

Die beschriebene Halbtageswanderung ist ebenfalls als **Lehrpfad** eingerichtet (10 km, 9 Tafeln).

 ▬▬▬▬▬▬▬▬▬

Eine 128 km lange Fahrradtrasse ist zwischen Vysoká pri Morave und Nové Mesto nad Váhom ausgeschildert.

🟩 ▬▬▬▬▬▬▬▬▬

Vinoteka Galeria, SNP 77, Smolenice, Tel. 0911/294054. www.vinoteka-galeria.sk. Unscheinbarer Laden mit sehr guter Auswahl slowakischer Weine, an der Hauptstraße.

Ein französischer Astronom als tschechoslowakischer Kriegsminister

Zu den schillerndsten Persönlichkeiten aus der Anfangszeit der Tschechoslowakei gehört Milan Rastislav Štefánik. Viele Slowaken bezeichnen ihn als ihren größten Helden. Eines der auffälligen Denkmale mit Štefániks jungenhaftem Gesicht und der französischen Generalsmütze hat wohl jeder Slowakei-Urlauber gesehen.

Štefánik wurde am 21. Juli 1880 in der evangelischen Pastorenfamilie von Košariská geboren. 1904 schloss er sein Philosophie- und Astronomiestudium an der Prager Karls-Universität mit einer Promotion ab. Als Vorsitzender des Studentenclubs Detvan nutzte er seine Zeit unter anderem zur Propagierung slowakischer Kultur. Er ging anschließend nach Paris und wurde 1912 französischer Staatsbürger. Forschungsreisen führten ihn in den folgenden Jahren auf den Mont Blanc und auf andere Kontinente. 1906 besuchte er Lew Tolstoi, 1913 war er an einem Observatoriumsbau auf Tahiti beteiligt und wäre am liebsten dort geblieben. Aus Paul Gauguins Hinterlassenschaft rettete er drei Holzschnitte. Er studierte die Oberflächen von Jupiter und Merkur sowie die Rotation der Venus.

Nach Beginn des Ersten Weltkrieges meldete sich Štefánik bei der französischen Luftwaffe. Als französischer General wurde er überwiegend im diplomatischen Dienst eingesetzt. Er organisierte bewaffnete Einheiten von Tschechen und Slowaken gegen Deutschland und Österreich-Ungarn. In den Plänen für eine Tschechoslowakei sah er mehr Unabhängigkeit für sein Volk als unter den Ungarn und warb deswegen weltweit dafür. Mit Masaryk und Beneš gründete Štefánik 1916 in Paris den Tschechoslowakischen Nationalrat; 1918 wurde er erster Kriegsminister der Tschechoslowakei. Štefánik starb am 4. Mai 1919 bei einem nicht restlos

geklärten Absturz des von ihm selbst gelenkten Flugzeuges kurz vor Bratislava. Die erste Bodenberührung des neuen Ministers mit seinem Land endete tödlich. Hochzeitsvorbereitungen waren zu diesem Zeitpunkt schon angelaufen, angeblich hatte er bereits am zweiten Tag ihrer Bekanntschaft der Marquise Giuliana Benzoni einen Verlobungsring an den Finger gesteckt.

Seine diplomatischen Ziele und insbesondere seine Sympathie für die Tschechen waren bei vielen Slowaken durchaus auch auf Vorbehalte gestoßen. Keine der unterschiedlich phantasievollen Verschwörungstheorien, die sich mit seinem Absturz verbanden, konnte aber belegt werden. Zudem war der Sohn des Flugzeugkonstrukteurs mit einer Maschine gleichen Typs verunglückt. Seit 1993 trägt Bratislavas Flughafen Štefániks Namen.

Milan Ratislav Štefánik

Das Donautiefland

Der im Südwesten der Slowakei liegende Teil der Pannonische Tiefebene wird als Donautiefland (Podunajská nižina oder Podunajská rovina) bezeichnet. Einen wesentlichen Teil davon wiederum stellt das Binnendelta zwischen der Donau und dem stark mäandernden Flussarm Kleine Donau (Malý Dunaj, auch Waager Donau genannt) dar. Diese Schüttinsel ist das wärmste und trockenste Gebiet der Slowakei mit einer jährlichen Sonnenscheindauer von etwa 2200 Stunden. Nördlich reicht das Donautiefland bis nach Nitra und Trnava. Die folgende Gliederung bewegt sich gegen den Uhrzeigersinn von der Schüttinsel über die Mündungsgebiete von Waag und Eipel zurück zu diesen beiden Städten.

Die Schüttinsel

Mit 84 Kilometern Länge und bis zu 30 Kilometern Breite handelt es sich bei der Schüttinsel (Žitný ostrov, auch Korninsel) um Europas größtes Binnendelta. Eigentlich bilden die vielen Flussarme sogar ein System von über 500 Inseln. Zu Aloha-Inselgefühlen führt das freilich nicht zwangsläufig. Touristisch vermarktet werden eher einige Städtchen als die mückenreiche Wasserlandschaft. Allerdings kann man die Kleine Donau auf ihrer ganzen Länge von 120 Kilometern befahren.

Es gibt zwei Querungen über den Hauptarm der Donau, die kleine Autofähre bei Vojka nad Dunajom und eine Brücke bei Medveďov. Algernon Blackwood beschwor in seiner 1907 erschienen Geschichte ›Die Weiden‹ eine morbide Stimmung am Fluss, die zwei paddelnde Freunde in ihren Bann zieht.

■ Gabčíkovo

Die Kleinstadt Gabčíkovo (ehemals Beš, deutsch Bösch) erhielt ihren Namen 1948 nach Jozef Gabčík (1912–1942), einem der Heydrich-Attentäter. Sie ist vor allem wegen des großen Wasserkraftwerks und den damit verbundenen ökologischen und politischen Auseinandersetzungen bekannt. Das **Kraftwerk** verfügt über die beiden größten Schleusenkammern Europas (34 m x 275 m). Im Ort selbst befindet sich ein mehrmals umgebautes **Kastell** mit einem englischen Park, der über schöne alte Bäume verfügt.

■ Dunajská Streda

Die Schüttinsel ersteckt sich von Bratislava bis Komárno, ihr Zentrum ist Dunajská Streda (wörtlich ›Donaumittwoch‹ nach dem früheren Markttag, deutsch Niedermarkt, ungarisch Dunaszerdahely) mit 23000 Einwohnern. Die Stadt zählt seit langem als regionales Handelszentrum, im 18. Jahrhundert siedelten sich viele jüdische Kaufleute an.

Das sogenannte Gelbe Schloss beherbergt das **Schüttinselmuseum**, in dem hauptsächlich das einstige Volksleben dokumentiert wird.

Karte S. 127

Unterwegs am Donauradweg

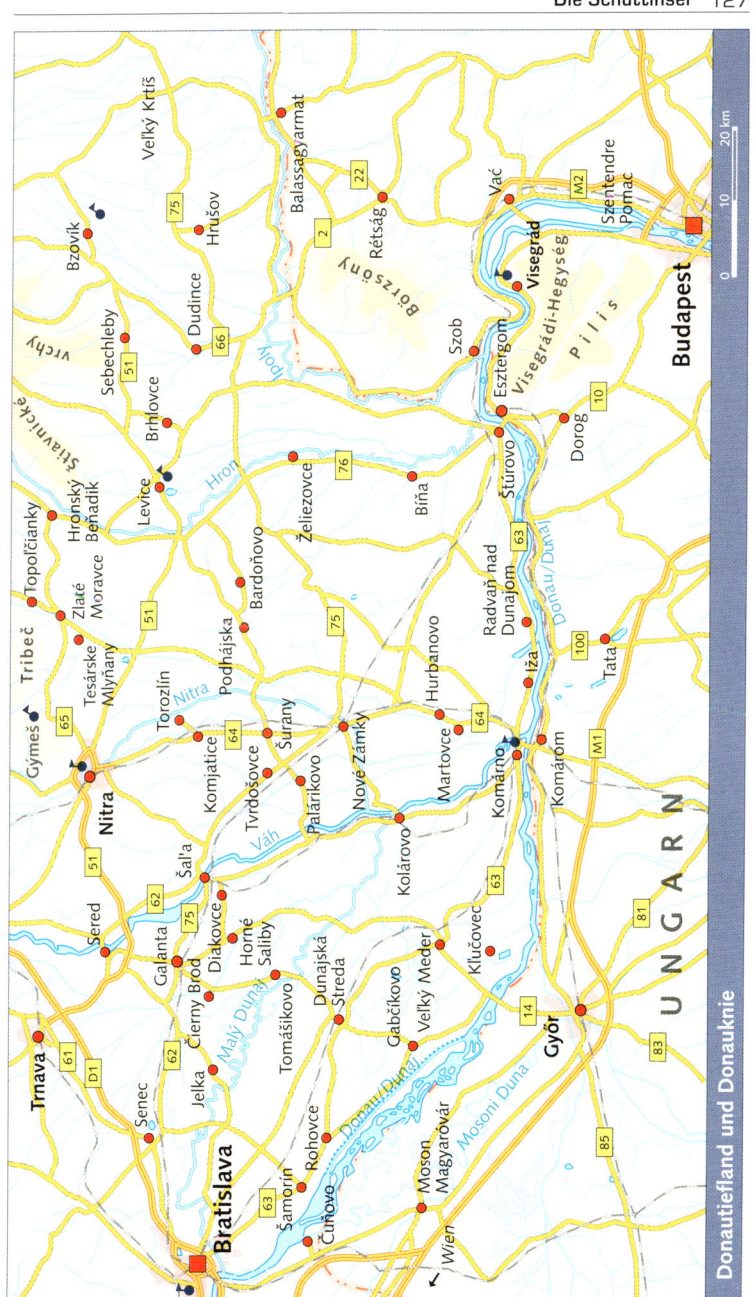

Die westlichen Landesteile

Donautiefland und Donauknie

Die Wassermühle in Jelka

■ Wassermühlen

Während im 19. Jahrhundert allein an der Kleinen Donau 37 Wassermühlen (Singular vodný mlyn) gezählt wurden, findet man jetzt nur noch fünf. Eine Außenstelle des Schüttinselmuseums ist die Pfahlmühle von 1920 in **Dunajský Klatov**, hübsch in einem Naturschutzgebiet mit Seerosen gelegen. Die im Originalzustand erhaltenen Pfahlmühlen in **Tomášikovo** (1893, neben einer Badestelle) und in **Jelka** (1905) – der einzige dreistöckige Wassermühlen-Holzbau im Donauraum – sind dagegen Außenstellen des Heimatmuseums Galanta.

Tomášikovo kann weiterhin ein großes frühklassizistisches **Kastell** vorweisen, in dem unter anderem Maria Theresia das erste staatliche Waisenhaus ihrer Monarchie gegründet hatte.

Der **Kleine Donau** genannte Flussarm führt von Bratislava-Vrakyňa nach Kolarovo. Seine träge Geschwindigkeit kommt Paddelboot-Neulingen entgegen.

■ Thermalbäder

Die Schüttinsel ist reich an Thermalquellen, von denen einige mehr oder weniger ›normale‹ Schwimmbäder speisen. Viele waren schön länger in Betrieb, aber um die Jahrtausendwende nicht mehr zeitgemäß. Eine große Erweiterungs-, Renovierungs- und Modernisierungswelle begann 2001 mit der Neueröffnung in **Veľký Meder**. Wahrzeichen dieser Anlage sind orientalischen Fensterbögen, neun Schwimmbecken bieten Temperaturen zwischen 25 und 37 Grad Celsius. Neueste Attraktion an der Therme ist eine Route des Klettergarten-Betreibers Tarzania von 568 Metern, die Benutzung kostet aber extra.

Die Konkurrenz ist inzwischen groß, die Eintrittspreise variieren je nach Ausstattung. Es gibt lustige Spaßbäder und solche, die eher Kurcharakter vermitteln wollen. Einen großen Teil ihrer Einnahmen erzielen die Bäder durch Kunden, die aus der Hauptstadt und aus Ungarn kommen.

Karte S. 127 ▲

Die Schüttinsel

Informationen zum Donautiefland bei der Touristeninformation in Bratislava. **Vorwahl**: 00421/(0)31.

Die Kursbuchstrecke 131 wird von der Gesellschaft Regiojet (www.regiojet.sk) betrieben, Abschnitt Bratislava–Streda 5–23 Uhr etwa stündlich (60 Min.), Abschnitt Streda–Komárno zweistündlich (80 Min.).
Strecke 133 Trnava–Galanta 5–20 Uhr etwa stündlich (30 Min.).

Bonbón, Alžbětínske 1202/2, Dunajská Streda, Tel. 5575222, www.bonbon.sk, DZ ab 68 Euro. Großes Wellnesshotel.
Platan, Ňárad 434, Tel. +31/5549414, www.penzionplatan.sk, DZ ab 40 Euro, Angelschein 12 Euro. Bauernhof an der Donau.

Unter anderem ein spezieller **Caravanplatz** in Šamorín–Čilistov, siehe www.cilistov.sk, und zwei Campingplätze an Thermalbädern:
Kemping Thermalpark, Gabčíkovská 237/38, Dunajská Streda, Tel. 5524091, www.thermalpark.sk, ganzjährig.
Kemping Termálne kúpalisko, Diakovce, Tel. 3810644, www.thermaldiakovce.sk, 15. Mai– 15. Sept.
Außerdem zahlreiche ›wilde‹ Campingstellen an der Kleinen Donau, vor allem von Wasserwanderern genutzt.

Komárno und Umgebung

Das schöne Stadtwappen von Komárno (deutsch Komorn, ungarisch Komárom) zeigt eine mittelalterliche Burg über zwei sich vereinigenden Flüssen – nicht zufällig: immer schon wurde die Stadt durch ihre Lage an der Mündung der Waag (Váh) in die Donau geprägt.
Seit der Bronzezeit ist dieser Ort dau-

Schüttinselmuseum (Žitnoostrovné múzeum) Múzejná 2, Dunajská Streda, Tel. 5522402, Di–Fr 9–17, So 10–16 Uhr, mit der Wassermühle Dunajský Klatov, Mai–Aug. Sa/So 9–12 Uhr.
Das **Heimatmuseum** (Vlastivedné múzeum), Hlavná 8, Galanta, Tel. 7805535, 8–16 Uhr verwaltet auch zwei Wassermühlen: Tomášikovo, 10–18 Uhr, Sept.–Jun. nur Mi–So; Jelka, 8–18 Uhr, Okt.–Mai nur 8–15 Uhr.

Thermalpark, Gabčíkovská 237/38, Dunajská Streda, Tel. 550096, www.thermalpark.sk, 8–21 Uhr.
Thermal Corvinus, Velký Méder, Promenadna 20, Tel. 5552104, www.thermalcorvinus.sk., 9–21 Uhr.
Thermaltour, Horné Saliby 1203, Tel. 7852663, www.thermaltour.sk, 10–22 Uhr.
Thermalbad Vincov les, Fučíkova 340, Sládkovicovo, Tel. 0911/499666, www.vincovles.com, 9–20 Uhr.
Thermalbad, Diakovce 847, Tel. 3810644, www.thermaldiakovce.sk, 9–19 Uhr, Mo ab 12 Uhr.
Thermalzentrum Galandia, Nálepku 43/2373, Galanta, Tel. 7802816, www.galandia.sk, 10–21 Uhr.

Krankenhaus Dunajská Streda, Veľkoblahovská 23, Tel. 5571111, www.nemocnicads.sk.
Krankenhaus Galanta, Hodská 373/ 38, Tel. 7833111, www.nemocnica-galanta.sk.

erhaft bewohnt, und seit dem 11. Jahrhundert existierten hier Marktsiedlungen. 1783 vernichtete ein Erdbeben über 500 Gebäude; dennoch sind auch ältere Sehenswürdigkeiten vorhanden. Die meisten von ihnen befinden sich auf slowakischem Gebiet der 1919 geteilten Stadt, über eine Donaubrücke gelangt man in die kleinere ungarische

Zwillingsstadt Komárom. Aber auch das slowakische Komárno mit seinen 33 000 Einwohnern ist sehr vom hohen ungarischen Bevölkerungsanteil geprägt, er beträgt 60 Prozent.

Ein großes Problem stellt der Niedergang der Werft dar. Die damit verbundenen Entlassungen führten zu einer Arbeitslosigkeit von derzeit 25 Prozent. Die abgesperrten Werft- und Hafenareale verwehren leider den Blick von der Innenstadt zur Donau. Auch auf ungarischer Seite existiert keine attraktive Flaniermeile am Fluss.

■ **Die Festung**

Nach der Niederlage der Ungarn in der Schlacht bei Mohács wurde die südöstliche Ecke von Komárno zwischen 1546 und 1557 zur bedeutendsten Wehranlage gegen die vorrückenden Türken ausgebaut. Ergänzt wurde diese Renaissancefestung, die sogenannte Alte Festung von Pietro Ferrabosco, später unter Leopold I. durch eine Erweiterung, die

Neue Festung von Franz Wymes. Gegen Napoleon wurde zusätzlich eine Verteidigungslinie westlich der Stadt errichtet (Palatinlinie). Die Anlage umschloss nun die ganze Stadt, war die größte Festung der Donaumonarchie und ist heute die einzige erhaltene Bastionsfestung der Slowakei. 1995 wurde die Renovierung der Bastei mit der Plakette Europa Nostra ausgezeichnet.

■ **Die Innenstadt**

Die Innenstadt von Komárno verfügt auf engem Raum über sechs **Kirchen** – drei spätbarocke und drei klassizistische – und ein attraktives **Rathaus** im Neorenaissancestil. Im Fenster des Rathausturms erscheint zweimal täglich eine Husarenfigur mit Trompete, dazu ertönt der bekannte sogenannte General-Klapka-Marsch.

Zur Jahrtausendwende wurde auf dem Areal eines an den Rathausplatz (nám. generála Klapku) angrenzenden Marktgeländes der **Europaplatz** (nádvorie Európy)

errichtet, dessen 47 Häuser die Länder Europas in stilisierter Form darstellen. Deutschland ist beispielsweise durch einen Fachwerkbau mit Uhrtürmchen vertreten, eine Papstkrone schmückt das Vatikangebäude, Irland bietet einen netten Pub. Sogar die Türkei und Grönland sind in dem farbenfrohen Sammelsurium vertreten, und japanische Kirschbäume ergänzen das Multikulti-Flair. So sympathisch dieser mit EU-Geldern geförderte Völkerverständigungs-Kitsch auch klingen mag, er wurde von Einwohnern und Gästen bisher nur unzureichend akzeptiert und viele Geschäfte hier stehen wieder leer. Der Zugang ist für uneingeweihte Spaziergänger trotz der zentralen Lage auch leicht übersehen. Schade!

Ein paar Meter vom Rathausplatz in Richtung Festung findet man einen hübschen **Offizierspavillon** im neogotischen Stil. Im einem rosa getünchten Gebäude an der Palatínova befindet sich das **Donaumuseum** mit bemerkenswerter Gemäldeausstellung, andere Exponate reichen bis in die Römerzeit zurück. Zum Museum gehören die an der gleichen Straße liegenden **Gedenkausstellungen** für Mór Jokai (1825–1904) und Franz Lehár (1870–1948) – Komárno ist die Geburtsstadt von Jokai und Lehár – sowie die Ausstellung in der **serbisch-orthodoxen Kirche**.

An der Waag

In der Umgebung der Stadt sind einige **Naturschutzgebiete** ausgewiesen, zu deren Tierwelt Großtrappe und Seeadler gehören. **Číčov** bietet neben dem zur Schule umgebauten klassizistischen **Kastell** einige Ausgrabungen alter Siedlungen. **Kolárovo** am Zusammenfluss von Kleiner Donau und Waag ist unter Agrotouristen und Wasserwanderern bekannt. Hier gibt es die einzige **schwimmende Wassermühle** des Landes und eine 86 Meter

Im hübschen Zentrum von Komárno

lange Holzbrücke aus Akazienholz. Diese Flussquerung wurde vor etwa 20 Jahren in rekordverdächtigen neun Tagen nach Erinnerungen an die Mitte des vorigen Jahrhunderts rekonstruiert.

An der Mündung der Nitra in die Waag liegt die als Nistgebiet von Wasservögeln bedeutsame **Insel Apali**. Biologisch interessante Trockenrasenflächen bei Chotín sind mit lockerem Baumbestand durchsetzt.

Lager Celemantia

In Iža, östlich von Komárno, befand sich das römische Soldatenlager Celematia oder Clementium an der Donau. Soldaten des Kaisers Marc Aurel errichteten es im 2. Jahrhundert als Vorposten einer auf der rechten Donauseite liegenden Festung. Es hatte einen quadratischen Grundriss von etwa 175 Metern Seitenlänge und bis zu 20 Türme. Reste kann man heute noch erkennen.

Martovce und Hurbanovo

Nördlich von Komárno folgen Martovce, Hurbanovo (deutsch Altdala, ungarisch Ógyalla) und Nové Zámky (deutsch Neuhäusel, ungarisch Érsekújvár). Im ungarisch geprägten Dörfchen Martovce wurde in einem traditionellen Bauernhaus von 1871 ein **Volkskundemuseum** eingerichtet.

Die Kleinstadt Hurbanovo wurde zunächst durch Astronomie und später durch Alkohol berühmt. Im Jahr 1870 gründete der damals weltberühmte Kometenbeobachter Mikuláš Konkoly-Theke (1842–1916) eine **Sternwarte**, die heute noch als Leitstelle der Astronomie in der Slowakei funktioniert. Konkoly war ursprünglich Jurist, besaß aber ebenfalls die Qualifikation eines Schiffskapitäns und eines Lokomotivführers. Außerdem betätigte er sich als Fotograf, Musikant und Schriftsteller. 1902 schenkte Konkoly sein Vermögen dem Staat, nachdem er die Sternwarte mit ihren elf Kuppeln noch um einen meteorologischen und einen geophysikalischen Teil erweitert hatte. Die Sternwarte ist von einem Park umgeben, in dem sich ein **Kastell** in historisierendem Stil befindet.

Im Jahr 1948 erfolgte die Umbenennung des Ortes von Stará Ďala zu Hurbanovo zu Ehren von Jozef Miloslav Hurban (1817–1888). Der Schriftsteller und Journalist gilt als eine der führenden Persönlichkeiten des Slowakischen Aufstands von 1848/49. Im Jahr 1969 wurden in Hurbanovo eine Malzfabrik und eine Großbrauerei errichtet. Hier wird die Marke Zlatý Bažant gebraut, eines der meistgetrunkenen Biere in der Slowakei.

■ Nové Zámky und Umgebung

Mit knapp 40 000 Einwohnern ist Nové Zámky die größte Stadt des slowakischen Donautieflandes südlich von Nitra. Bekannt wurde sie als Zentrum der traditionellen Maisstrohflechterei. Im ehemaligen Franziskanerkloster ist das **Heimatmuseum** untergebracht. Neben der Ethnografie widmet es sich zwei bedeutenden Persönlichkeiten der Gegend

mit einigen Parallelen im Lebenslauf: Die Priester Anton Bernolák (1762–1813) und Gregor Czuczor Gergely (1800–1866) wirkten beide als Literaten und Reformer. Außerdem gibt es zwei kleine **Gemäldegalerien** mit überregionaler Bedeutung. Das **Thermalfreibad** lockt mit einer über 100 Meter langen Rutsche. In **Svodín** östlich von Nové Zámky widmet sich eine Zweigstelle des Heimatmuseums der älteren Geschichte der Gegend. Sie ist in einem an sich schon sehenswerten Bauernhaus untergebracht. Nördlich von Nové Zámky liegt **Palárikovo** mit einem klassizistischen **Kastell** in einem englischen Park. Das Gebäude gehört der Forstverwaltung, es beherbergt ein Hotel und ein Wildrestaurant. 1752 wurde hier ein Fasanengehege gegründet, das bis heute in Betrieb ist. Unweit davon steht ein hölzerner Wasserturm. Kleine Schlösser bieten auch die Gemeinden Tvrdošovce und Komjatice, Moorschildkröten leben im Naturreservat Torozlín.

■ Podhájska und Bardoňovo

Etwa in der Mitte zwischen Nové Zámky und Levice, bei Podhájska, gibt es in dieser an Thermalwasser wahrlich nicht armen Gegend eine besonders erwähnenswerte **Badelandschaft**. Die renovierte Anlage bezeichnet ihre Wirksamkeit in Anlehnung an Heilwirkungen des Toten Meeres als Totes Zaubermeer. Von den in jüngster Zeit gänzlich modernisierten Thermalbädern ist Podhájska eines der unter Touristen unbekanntesten. Wasserrutschen und andere Kinderattraktionen fehlen, die Betreiber streben eher nach Kurbadatmosphäre.

Im unbekannten Nachbarort Bardoňovo war ein Wasserparadies in Kombination mit einer Forschungsstation für Geothermie geplant, dieses Projekt ›Tethys‹ ist aber wieder eingeschlafen.

◀ Karte S. 127

Komárno und Umgebung 133

 Komárno und Umgebung

Vorwahl: 00421/(0)35.

Touristeninfo, Zdravotnícka 322/2, Podhájska, Tel. 6586133, www.obecpodhaj ska.sk, Jul./Aug. Mo–Fr 8–18 Uhr, Sept.– Mai Mo–Fr 8–15.30 Uhr.

Der Europaplatz in Komárno stellt sich unter www.palatinus.sk vor.

In Komárno liegt der Bahnhof nördlich der Altstadt und in Nové Zámky nordöstlich. Kursbuchstrecke 130 Bratislava–Štúrovo, Abschnitt Bratislava–Zámky 5–23 Uhr etwa stündlich (Schnellzug 50 Min., Bummelzug 90 Min.), Abschnitt Zámky–Štúrovo 6–21 Uhr etwa stündlich (Schnellzug 30 Min., Bummelzug 40 Min.). Auf dieser Strecke fahren auch Züge weiter nach Budapest.

Kursbuchstrecke 135 Komárno–Zámky 5–21 Uhr etwa stündlich (30 Min.), 150 Zámky–Levice–Zvolen, Kursbuchstrecke 151 Zámky–Moravce.

Strecke 131 wird von der Gesellschaft Regiojet (www.regiojet.sk) betrieben, Abschnitt Bratislava–Streda 5–23 Uhr etwa stündlich (60 Min.), Abschnitt Streda–Komárno zweistündlich (80 Min.).

▶ In Komárno:

Litovel, Dunajské nábrežie 10, Tel. 0903/ 443885, www.litovel.sk, DZ ab 35 Euro. Im Zentrum.

Čárda Apáli, Mtve rameno Váhu 50, Tel. 7721721, www.apali.sk, DZ 30 Euro. Kleines Gartenhotel.

▶ In der Umgebung:

Poľovnícky Kaštieľ, Lesná 2, Palárikovo, Tel. 0918/444320, www.palarikovo.lesy. sk, DZ ab 78 Euro. Spätklassizistisches Jagdschloss mit passender Einrichtung.

Stardust, Komárňanská 3, Nové Zámky, Tel. 6403085, www.hotelstardust.sk, DZ 47 Euro. Traditionsreicher Barockbau.

Žitava, Hlavná 5, Dvory nad Žitavou, Tel. 6450535, www.penzionzitava.sk, DZ 40 Euro. Ungarischer Landhausstil.

Mehrere Cafés und Pubs am Europaplatz in Komárno.

Banderium, Štefánika 11, Komárno, Tel. 7730156, www.banderium.sk. Modernes Landhausambiente im Zentrum.

U Čierneho psa, Štefánika 14, Komárno, Tel. 7733190, www.uciernehopsa. sk. Verrauchte Musikkneipe mit Terrasse im Zentrum.

Klapka, Klapku 9, Komárno, Tel. 7730053, www.restaurantklapka.eu. Ungarische Hausmannskost.

Kaštiel Zlatý Bažant, Komárňanská 112, Hurbanovo, Tel. 7602219, www.restaura ciakastiel.sk. Gutshaus mit fairen Preisen, etwas außerhalb.

Der am besten ausgestattete Campingplatz gehört zum Thermalbad Podhájska, www.tkpodhajska.sk.

Zum **Donaumuseum** (Podunajské múzeum) Komárno gehören mehrere Standorte, www.muzeumkn.sk, Mai–Sept. Di–So 9–16 Uhr, Okt.–Apr. Mo–Fr 9–16 Uhr:

▶ Hauptgebäude (Kultúrny palác), Palatínova 13, Tel. 7731476;

▶ Nebengebäude (Zichyho palác), Palatínova 32, Tel. 7730 054;

▶ Gemäldegalerie und Bibliothek (Knižnice), Palatínova 8, Tel. 7711496;

▶ Festungsbastion VI, Okružna, Tel. 0667710, Sonderführungen 7731476;

▶ Bauernhaus, Martovce 101, Tel. 7684110, Di–So 10–17 Uhr.

Das **Heimatmuseum** (Muzeum Jana Thaina) Nové Zámky, Pribinova 6, Tel. 6400032, www.muzeumnz.sk, Di–Fr 8–17, Sa 9–13 Uhr, verwaltet auch den Bauernhof in Svodín, Tel. 0904/021807, Di–Fr 9–16 Uhr.

Kunstgalerie (Galéria umenia), Björnsonova 1, Nové Zámky, Tel. 6408440, www. galerianz.eu, Di–Fr 8–17, Sa 9–13 Uhr.

Wassermühle, Dolná 19, Kolárovo, Tel. 0908/781146, www.vodnymlyn.sk, Be-

Die westlichen Landesteile

sichtigung in den Sommermonaten nach Anmeldung.

Sternwarte (Ústredná hvezdáreň), Komárňanská 134, Hurbanovo, Tel. 7602484, www.suh.sk, Führungen Mo–Fr 10 und 13 Uhr, Beobachtungsaktionen nach Ankündigung.

Lehrpfad durch die Sümpfe des toten Donauarmes Lyon bei Číčov (6 km, 12 Tafeln). Zu den 107 nachgewiesenen Vogelarten gehört beispielsweise der Purpurreiher, die Pflanzenwelt zählt sogar 341 Arten.

Kulturtupfer am letzten Wegabschnitt des **Donauradweges** (EuroVelo 6) hinter Komarno stellen das Kastell in Rohovce

mit seinem Arkadenhof und das Kastell in Radvaň nad Dunajom dar.

Thermalbad, Vnútorná okružná 19, Komárno, Tel. 7713014, www.thermalkn.sk, 10–20.30 Uhr.
Novovital, Bezručova 21, Nové Zámky, Tel. 6424252, www.novovital.sk, 9–20 Uhr.
Thermalbad, Podhájska 493, Tel. 6586126, www.tkpodhajska.sk, Di–So 9–18 Uhr, Jun.–Sept. auch Mo 13–19 Uhr.

Krankenhaus Komárno, Mederčská 39, Tel. 7909111, www.forlive.sk.
Krankenhaus Nové Zámky, Slovenská 11 A, Tel. 6912111, www.nspnz.sk.

Zwischen Štúrovo und Dudince

Auch das östlich der Schüttinsel anschließende Flachland assoziiert man eher mit üblichen Bildern von Ungarn als mit den Karpaten, das wohl beliebteste Fotomotiv ist sogar der Blick über die Donau auf die Bischofsstadt Esztergom in Ungarn mit der größten Kirche dieses Landes. Mais- und Sonnenblumenfelder, Weiden und Paprikazöpfe prägen die Gegend.

■ Štúrovo

Die letzte slowakische Stadt an der Donau ist Štúrovo (früher Parkan, deutsch Gockern), bevor der Fluss am Beginn einer landschaftlich attraktiven Kurve ins ungarische Staatsgebiet einbiegt. Ľudovít Štúr (1815–1856) hatte keine besondere Beziehung zur Stadt, die Umbenennung 1948 war eine Initiative eifriger Lokalpolitiker. Ein Referendum 1991 verlangte eindeutig die Rückbenennung, die die damalige Regierung aber blockierte. Man kann unmittelbar am Donauufer entlangspazieren, dabei hat man einen schönen Blick auf die Basilika im ungarischen Esztergom. Die erste Brücke im

16. Jahrhundert bauten die Türken, die unter dem Polenkönig Jan III. Sobieski in der Schlacht bei Párkány 1683 dann wieder weit zurückgeschlagen wurden. Erst 2001 ist eine Rekonstruktion der im Zweiten Weltkrieg von den Deutschen gesprengten **Maria-Valeria-Brücke** wieder ihrer Bestimmung übergeben worden, vorher wurde der Grenzverkehr per Fähre abgewickelt.

Wie vielerorts in der Slowakei und speziell im Donautiefland gibt es von Thermalquellen gespeiste **Badelandschaften**, sonst hat die Stadt außer einer beschaulichen Fußgängerzone nichts Bemerkenswertes zu bieten.

■ Bína und Želiezovce

Gleich zwei der bedeutendsten alten **Kirchen** der Slowakei stehen in Bína (Been), 16 Kilometer nördlich von Štúrovo, neben der Hauptstraße. Die runde Kapelle der zwölf Apostel wirkt äußerlich eher unauffällig. Sie wurde möglicherweise schon vor dem 12. Jahrhundert errichtet und 1954 umfassend rekonstruiert. Die Fresken der Apostel stammen jedenfalls vom Beginn des 12. Jahrhunderts und sind deutlich durch italienische und byzantinische Einflüsse geprägt. Die romanische Marienkirche wurde als Klosterkirche um 1217 gebaut und von 1951 bis 1955 rekonstruiert. Das Gebäude ist sehr harmonisch proportioniert und handwerklich solide ausgeführt. In Bíňa wurden auch Goldmünzen aus der Zeit der Völkerwanderung gefunden.

In Želiezovce (Zelis) gibt es im **Eulenschlösschen** eine kleine Gedenkausstellung zu Franz Schubert, der hier in den Sommermonaten 1818 und 1824 wohnte, den Kindern der Eszterházy-Familie Musikunterricht erteilte und am Liederzyklus ›Schöne Müllerin‹ arbeitete.

■ Von Levice nach Osten

Levice (Lewenz) bietet mehrere **Kirchen** sowie eine direkt in der Stadt liegende **Burg** mit gotischen und renaissancezeitlichen Bauabschnitten, die aber seit den Kuruzenkriegen zu einem großen Teil eine Ruine ist. Die Burg war Schauplatz vieler Kämpfe, heute zeigt in intakten Gebäudeteilen das **Regionalmuseum** seine Ausstellungen. Die hübsche **Synagoge** daneben wurde renoviert, sie dient seit 2010 als Konzertsaal. Eine Straßenecke weiter stößt man auf den **Marktplatz**

Der Kurort Dudince

(nám. hrdinov) mit Heldendenkmal, neue Wasserspiele wurden 2011 installiert. Der Vorort **Kalinčiakovo** besitzt eine romanische **Kirche** aus dem 12. Jahrhundert und ein **Thermalfreibad** mit gefärbtem Wasser.

In **Čajkov** nördlich von Levice pflegt man die Folklore der Region Tekov. Der Ort ist für seine Weinqualität bekannt; Weinbau kann schon für das 11. Jahrhundert nachgewiesen werden.

Östlich von Levice liegen Brhlovce und Stará Hora, beide lohnen wegen ihrer Volksarchitektur einen Besuch. **Brhlovce** wurde durch in Tuffstein gehauene Wohn- und Wirtschaftsräume bekannt, möglicherweise entstand diese Idee bei der Suche nach Verstecken zur Zeit der Türkeninvasionen. Das interessanteste dieser Höhlenhäuser wurde 1992 als **Museum** eingerichtet. Das nächste **Volksarchitekturreservat** gibt es im Ortsteil Stará Hora der alten Weinbaustadt Sebechleby (Siebenbrot). Bestandteil der Weingärtnerhäuser mit ihren winzigen Fenstern ist die rustikale ›Bierstube am Weinberg‹.

■ Kurbad Dudince

Dudince ist seit grauer Vorzeit ein Siedlungsgebiet. Aus der Antike stammen in das Travertingestein gehauene Badekuhlen, die ersten Schriftstücke zur Heilwirkung der kohlensäure- und schwefelhaltigen Quellen von 1589. Eine ähnliche Mineralienzusammensetzung gibt es angeblich nur noch in Vichy. Während der sozialistischen Ära war Dudince (Dudintze) der bevorzugte Kurort der Funktionäre, entsprechend viel Geld floss in dieser Zeit in die Modernisierung der Anlagen. Das Kurbad wurde damals in Plattenbauweise auf den modernsten Stand gebracht. Mit einer jährlichen Sonnenscheindauer von etwa 2100 Stunden ist der Landstrich in dieser Hinsicht nur knapp der Schüttinsel unterlegen.

Die westlichen Landesteile

Zwischen Štúrovo und Dudince

Vorwahl: 00421/(0)36.
Touristeninfo, Hlavná 23, Štúrovo, Tel. 7524009, www.sturovoinfo.sk, nur Mai–Sept. Mo–Sa 9–17 Uhr.
Touristeninfo, Holubyho 6, Levice, Tel. 6318037, www.levice.sk, Mo–Fr 8–16 Uhr, Jul./Aug. zusätzlich Sa 8–12 Uhr.
Kurbetrieb-Koordination: www.kupeledudince.sk und www.dudince.sk.

Kursbuchstrecke 130 Bratislava–Štúrovo, Abschnitt Bratislava–Zámky 5–23 Uhr etwa stündlich (Schnellzug 50 Min., Bummelzug 90 Min.), Abschnitt Zámky–Štúrovo 6–21 Uhr etwa stündlich (Schnellzug 30 Min., Bummelzug 40 Min.), hier fahren auch Züge weiter nach Budapest.
Kursbuchstrecke 150 Abschnitt Levice–Zvolen 5–19 Uhr etwa stündlich (Schnellzug 70 Min., Bummelzug 90 Min.), Abschnitt Levice–Zámky 4x täglich (80 Min.), 151 Štúrovo–Levice 4x täglich (70 Min.).

Château Belá, Belá 1, Tel. 7577600, www.chateau-bela.com, DZ ab 100 Euro. Barocke Schlossanlage bei Štúrovo.
Astrum Laus, Hviezdoslava 2 A, Levice, Tel. 6299111, www.astrumlaus.sk, DZ ab 90 Euro. Businesshotel im Zentrum.
Lev, Československej armády 2, Levice, Tel. 3700300, www.hotellev.sk, DZ 64 Euro. Jüngst wiedereröffnetes Traditionshaus im Zentrum.
Park, Hokovce 222, Tel. 7491433, www.park-hotel.sk, Wochenpauschale pro Person etwa 200 Euro. Kurhotel im Nachbarort von Dudince.
Campingplatz am Thermalkomplex Vadaš, Tel. 7560122, Mai–Sept.

Im Sommer Restaurantschiffe am Ufer in Štúrovo, aber insgesamt ist eher die Gastronomie im gegenüber liegenden Ungarn empfehlenswert.

Stadtmuseum (Mestské múzeum), Pri colnici 2, Štúrovo, Tel. 7524002, Di–Fr 9–11.30/12–16, So 14–17 Uhr.
Regionalmuseum Barsch (Tekovské múzeum), Michala 40, Levice, Tel. 6312112, www.muzeumlevice.sk, mit folgenden Abteilungen:
▶ Hauptgebäude und Burgareal, Jun.–Sept. 9–18 Uhr, Okt.–Mai 9–16 Uhr, Nov.–März Sa geschlossen;
▶ Wassermühle (Vodný mlyn), Bohunice, Mai–Okt. 9–16 Uhr, 45 Min. Pause ab 12 Uhr;
▶ Höhlenhaus (Skalné obydlia), Brhlovce, Apr.–Okt. 9–16 Uhr, 45 Min. Pause ab 12 Uhr.
Synagoge, Kittenberga 1, Levice, Tel. 3812211, www.mskslevice.sk, Di–So 10–13.30 u. 14–18 Uhr.
Franz-Schubert-Ausstellung (Pamätná izba Franza Schuberta), Schubertová 16, Želiezovce, Tel. 0905/770655, www.zeliezovcemuzeum.webnode.sk, Mo–Sa 10–16, So 14–17 Uhr.

Lehrpfad an der Mündung des Hron in die Donau, von Kamenica nad Hronom ostwärts durch die Kováčovské kopce (5 km, 6 Tafeln).
Lehrpfad bei Čajkov durch Laubwälder zu einem Mufflongehege und einem Arboretum (5 km, 5 Tafeln).

Rekreačný komplex Vadaš Thermal mit FKK-Areal, Vadašska, Štúrovo, Tel. 7560115, www.vadas.sk, 9–20 Uhr.
Rekreačná záhrada a kúpalisko Margita-Ilona, Sládkoviča 2, Levice, www.margita-ilona.sk, 9–19 Uhr.
Sommerfreibad, Maďarovská 4, Santovka, Tel. 3810631, Di–So 11–17 Uhr.
Kúpalisko Dudinka, Kúpeľná 109, Dudince, Tel. 0917/810274, Jun.–Aug. 9–19 Uhr, Sept.–Mai 10–17 Uhr, Mo immer ab 11 Uhr.

Karte S. 127

Das Donauknie (Ungarn)

Oft wird das überwiegend auf ungarischem Staatsgebiet liegende Donauknie (Dunakanya) als schönster Abschnitt des Flusses bezeichnet. Die nach Osten fließende Donau nimmt einen zweimaligen dramatischen Richtungswechsel vor, bevor sie nach Süden, Richtung Pannonische Tiefebene, abknickt. Die Strecke zwischen Esztergom und Budapest wird zudem von Hügelketten gesäumt, so dass sich hier ein eindrucksvolles Panorama bietet.

Hinter Esztergom stellt der Fluss noch für einige Kilometer die Grenze zur slowakischen Republik dar; dann liegen beide Ufer auf ungarischem Gebiet. Urlaubern in nahegelegenen slowakischen Regionen ist mindestens ein Tagesausflug zu empfehlen, denn viele Sehenswürdigkeiten laden zur Entdeckung ein. Da einige von ihnen abseits der Hauptstraßen liegen, muss ein Ausflug mit öffentlichen Verkehrsmitteln viel sorgfältiger geplant werden als eine Rundfahrt mit dem Auto. Besonders bietet sich das Donauknie allerdings für eine Erkundung mit dem Fahrrad an. Dabei sollte man sich nicht auf Radwege in unmittelbarer Ufernähe beschränken.

Neben den beiden hübschen Kleinstädten Esztergom und Szentendre locken romantische bewaldete Hügel mit alten Kirchen und Ruinen zum Donauknie, auch die hinter Visegrád beginnende langgestreckte Donauinsel bietet ein durchaus erlebenswertes Flair.

Die Hügel rund um die Mündung der Eipel (Ipoly) in die Donau besitzen seit 1997 den Status eines Nationalparks (Duna-Ipoly Nemzeti Park). Eigentlich handelt es sich um drei Gebirge. Am rechten Ufer der Donau befinden sich die **Visegrád-Berge** und die **Pilis-Berge**, am linken Ufer das etwas größere und einsamere **Börzsöny-Massiv**. Flächenmäßig sind sie alle nicht groß, aber immerhin erreicht das Börzsöny mit dem Gipfel Csóványos 939 Meter. Es ist ein wasserreiches altes Vulkangebirge, in dem fast 350 Quellen entspringen. Die Visegrád-Berge und das Pilis-Gebirge werden oft von Naturfreunden aus dem nahegelegenen Budapest besucht.

■ **Esztergom**

Gegenuber von Štúrovo – über die Maria-Valeria-Brücke zu erreichen – liegt die traditionsreiche ungarische Bischofsstadt Esztergom (deutsch Gran, slowakisch Ostrihom) mit der weithin sichtbaren **Basilika**. Diese wurde 1856 eingeweiht und ersetzte einen weitaus bescheideneren Vorgängerbau. Eine Bischofskapelle mit Einflüssen toskanischer Architektur

Die westlichen Landesteile

Blick von Štúrovo auf die Basilika von Esztergom

entstand bereits zwischen 1505 und 1510. Beim Bau der Basilika wurde sie in 1600 Stücke zerlegt und als Seitenkapelle wiedererrichtet. Eine romanische Burgkapelle stammt sogar aus dem 12. Jahrhundert. Altarbild ist ein über 13 Meter hohes Leinwandgemälde von Michelangelo Grigoletti (1801–1870). Anschauen kann man auch die Schatzkammer der Basilika sowie das **Christenmuseum** in der barock geprägten Wasserstadt unterhalb der Basilika.

Ein Besuch des in den vergangenen Jahren freigelegten und teils rekonstruierten **Burgareals** südlich der Basilika lohnt sich ebenfalls. Die Anlage begann im 10. Jahrhundert mit dem Palast des Großfürsten Géza (940–997) und wurde erst im 20. Jahrhundert nach einem Erdrutsch wiederentdeckt. Südlich davon liegt die barocke Altstadt mit dem **Donaumuseum** sowie zahlreichen Läden und Cafés.

■ Visegrád

Historisches Zentrum des Donauknies ist der **Burghügel** von Visegrád (deutsch Plintenburg, slowakisch Vyšehrad). König Matthias Corvinus und seine Frau Beatrix von Aragón besaßen dort einen der zu seiner Zeit wohl weltweit schönsten Renaissancepaläste. Mehrere Jahre lang war dort übrigens der heute als ›Dracula‹ bekannte Walachenherrscher Vlad III. Drăculea gefangen. 1685 wurde die Anlage beim Rückzug türkischer Truppen fast völlig zerstört. Erst seit 1934 wird dieser Gebäudekomplex aus einer 15 Meter dicken Schuttschicht wieder ganz allmählich rekonstruiert. In dem Areal sind verschiedene kleinere Ausstellungen eingerichtet

Besonders eindrucksvoll ist ein Besuch der Oberburg, die sich mehr als 250 Meter über der Donau erhebt. Von hier hat man einen schönen Blick auf den Fluss, der zwei malerische Kehren vollzieht.

■ Szentendre

Nicht direkt an der Donau, sondern an einem westlichen Arm des Flusses liegt das von Kunst und Kunsthandwerk geprägte Ausflugsziel Szentendre (Sankt Andrä). Es ist eins der beliebtesten Touristenziele in ganz Ungarn und entsprechend überlaufen, selbst kleinere **Kirchen** verlangen mittlerweile Eintrittsgelder. Verwinkelte Straßen mit vielen **Museen** und **Galerien** erwarten die Besucher, natürlich gibt es Spezialitäten der ungarischen Küche. Zentrum der Altstadt ist der Fő tér, ein von Souvenirläden und Touristenrestaurants in alten Häusern geprägter Platz. Das Gebiet war schon in der Steinzeit bewohnt, Ausgrabungen stießen auf 20 000 Jahre alte Funde. Das pittoreske Stadtbild ist balkanisch geprägt, da nach der Eroberung Belgrads durch die Osmanen Ende des 17. Jahrhunderts viele serbische, bosnische und albanische Familien nach Szentendre kamen und hier heimisch wurden. 1888 erfolgte der Gleisanschluss in das nur 20 Kilometer entfernte Zentrum von Budapest, auf dem heute die Vorortbahn HÉV verkehrt.

In der Hochburg von Visegrád

Die Belgradkirche in Szentendre

Grad der Verwandtschaft mit den Hunnen noch diskutiert wird. Ein **Freilichtmuseum** wurde bereits 1933 eröffnet, es zeigt das frühere Alltagsleben der Paloczen. Zu den Sehenswürdigkeiten des Städtchens gehören weiterhin barocke und klassizistische Gebäude im Zentrum, eine Gemäldegalerie in der Serbischen Kirche und der jüdische Friedhof.

Balassagyarmat liegt etwa an der Mitte des hierzulande recht unbekannten Flusses Eipel. Er bildet die Landesgrenze und schwenkt nie völlig auf ungarisches Territorium. Bei Hont an der Eipel gibt es gut geeignete Stellen zur Beobachtung von Wasservögeln. Die benachbarten Landstriche der Slowakei werden im Tourismusmarketing deshalb mitunter als Eipel-Region bezeichnet.

Zur Blütezeit einer Künstlerkolonie lebten hier unter anderem die Teppichgestalterin Noémi Ferenczy (1890–1957), die Maler János Kmetty (1889–1975) und Béla Czóbel (1883–1976). Am nordwestlichen Ortsrand befindet sich ein 1967 eröffnetes **Freilichtmuseen**, das zu den bekanntesten des Landes gehört. Größer als Szentendre ist die am linken Donauufer liegende Stadt **Vác** (Waitzen), ihre Sehenswürdigkeiten im barock dominierten historischen Zentrum konzentrieren sich zwischen dem Hauptplatz und der Kathedrale.

■ Balassagyarmat

Ebenfalls besuchenswert ist die kulturgeschichtlich interessante Stadt Balassagyarmat (Jahrmarkt) an der Eipel im äußersten Nordosten des Nationalparks, direkt an der Grenze zur Slowakei. Bei der ungarischen Landnahme im 9. Jahrhundert siedelten sich Gyarmat hier an, nach den Türkenkriegen im 17. Jahrhundert Paloczen. Gyarmat und Paloczen sind turksprachige Stämme, über deren

 Donauknie

Basilika Esztergom unter www.bazilika-esztergom.hu, **Visegrád** allgemein unter www.visegrad.hu.
Tourinform Iroda, Dumtsa Jenő 22, Szentendre, Tel. 0036/(0)26/317965, www.iranyszentendre.hu, Di–So 9–17 Uhr. Infos zu allen Orten des Donauknies.

1 Euro ca. 310 Forint (Frühjahr 2015). Wechselstuben und Bankautomaten in allen Orten, oft wird der Euro akzeptiert.

Die größte Auswahl an Touristenrestaurants und Souvenirläden findet man in Szentendre rund um den Hauptplatz (Fő tér) und seinen Nebenstraßen.

Zlaté Moravce und Umgebung

Auch abseits üblicher Touristenrouten kann man in der Slowakei erholsame Urlaubstage verbringen. Neben dem schönsten Park der Slowakei bietet die Umgebung von Zlaté Moravce beispielsweise alte Kirchen und exponierte Burgruinen.

Die westlichen Landesteile

Blick zur Burgruine Gýmeš

■ Tribetzgebirge

Nordwestlich der Kleinstadt Topoľčianky erhebt sich das bewaldete Tribetzgebirge (Tribeč) mit dem Veľky Tribeč (829 m) als höchstem Punkt. Schon der Berg Zobor am Stadtrand von Nitra gehört dazu, nordwärts geht das Tribetz- in das höhere Vogelgebirge (Vtáčnik) über. Mit etwas Glück kann man einigen Exemplaren der 1500 hier frei lebenden Mufflons begegnen, und hinter dem Dörfchen **Lovce** gibt es ein **Wisentgehege** (Zubria obora). Auf die frühere Verbreitung des größten Säugetiers Europas deuten Ortsnamen wie Zuberec (slowak. zubor = Wisent) hin.

Unweit der Hauptstraße von Topoľčianky nach Uherce steht die Ruine der 1711 zerstörten **Burg Hrušov**; ein rot markierter Weg führt in etwa einer Stunde von der Straße hinauf.

■ Kostoľany pod Tribečom

Die **Georgskirche** von Kostoľany pod Tribečom gilt als ältester erhaltener Kirchenbau der Slowakei. Ihr heutiges Aussehen entstand größtenteils kurz nach der Wende zum 11. Jahrhundert. In dem frühromanischen Gemäuer befinden sich Kanzel und Taufbecken sowie Fresken aus der Entstehungszeit. In der Nähe liegt ein **Naturschutzgebiet** mit alten Maronenbäumen, die hier seit 1240 gepflanzt wurden.

Der Nachbarort **Jelenec** hat noch ein barockes **Kastell** mit Park zu bieten. Dort befindet sich eine Ausstellung zur Geschichte der Adelsfamilie Forgách und der Burgruine Gýmeš.

⚡ Halbtageswanderung: Zur Burgruine Gýmeš

Route: Jelenec – Studený hrad – Gýmeš – Jelenec

Zwischen Kostoľany pod Tribečom und Jelenec liegt die Burgruine Gýmeš. Die ersten größeren Bauten auf dem Hügel entstanden im 13. Jahrhundert, die ungarische Adelsfamilie Forgách bewohnte die Anlage bis 1885. Mehrmals wurde die Burg zerstört, repariert und erweitert. Den Aufstieg kann man beispielsweise an den Fischteichen bei Jelenec beginnen. Ein gelb markierter Weg führt durch einen trockenen Eichenmischwald in weniger als einer Stunde bis zum Aussichtsfelsen Studený hrad (432 m), von dort sind es nur noch wenige Minuten bis zu einem Sattel unter dem eigentlichen Burgberg. Schon Studený hrad im hierzulande völlig unbekannten Hügelzug Tribeč verfügt über einige Sichtachsen, in denen man kein Anzeichen menschlicher Zivilisation sieht.

Vom Sattel bis zur Burg auf dem Quarzhügel Dun (514 m) geht es dann ein wenig steiler aufwärts. Man muss aber nicht so fit wie in der Tatra sein, und bald schon kann man in der wildromantisch umwucherten Ruine den Ausblick genießen. Ein Abschluss der Tour im Nachbarort Kostoľany pod Tribečom ist ebenfalls möglich.

Verkehrsverbindung: Bushaltestelle in Jelenec.

Länge/Schwierigkeit: Vier Stunden, für Familien mit Kindern gut geeignet.

Karte S. 127

■ **Topoľčianky**

Seit 1686 organisiert der Karmeliterorden
Wallfahrten in Topoľčianky (Kleintopol-
schan, nicht verwechseln mit dem nahegelegenen Topoľčany). Berühmter aber
ist der Ort inzwischen als Zentrum der
Pferdehaltung. Nach einer ›Pferdevertei-
lung‹ beim Zerfall der Habsburgermonarchie fiel die Wahl auf diesen Standort. Im
heutigen **Nationalgestüt** des Landes werden seit 1921 Lipizzaner gezüchtet. Das
Gestüt besitzt unter den etwa 500 Tieren
auch Araber und Huzulen. Ein **Pferdemu-
seum** zeigt unter anderem Kutschen und
Werkstatteinrichtungen. Weiterhin gibt es
direkt in der Stadt ein großes **Schloss** in
einem englischen Park. Dessen ältesten
Gebäudeteile sind spätgotisch, den Kern
bildet ein zweietagiger renaissancezeitlicher Arkadenhof. Nach 1818 wurde
einer der vier Flügel abgerissen und durch
einen großzügigen klassizistischen Bau ersetzt. Einige Jahrzehnte lang diente das
Schloss als Sommerresidenz des Präsiden-
ten der Tschechoslowakei, später wurden
einige der Schlossräume als Museum zugänglich gemacht. Sie sind ein begehrter
Hochzeitsort. Die Möblierung entspricht
den Wohnverhältnissen von Erzherzog
Josef August (1872–1962) um die vor-
letzte Jahrhundertwende. Zum Rundgang
gehören ein Besuch von Schlossbibliothek
und Schlosskapelle.

■ **Zlaté Moravce**

In der traditionsreichen Handwerker-
und Weinbauernstadt Zlaté Moravce
(Goldmorawitz) verbrachte der Dichter
Janko Kráľ (1903–1955) seinen letzten
Lebensabschnitt. Das 1630 erbaute und
1779 umgestaltete **Renaissancekastell**
beherbergt ein Stadtmuseum. Darüber
hinaus hat die Stadt unternehmungslustigen Touristen wenig zu bieten. Sie eignet sich jedoch für Ausflüge in die grüne
Umgebung oder nach Nitra.

Denkmal für Štefan Ambrózy-Migazzi

■ **Tesárske Mlyňany**

In dem ansonsten unscheinbaren Ort
Tesárske Mlyňany, fünf Kilometer südlich von Zlaté Moravce gelegen, befindet
sich der schönste Park des Landes. Diesen botanischen Garten begründete der
Naturliebhaber Štefan Ambrózy-Migazzi
1892. Das **Arboretum Mlyňany**, wie es
heute heißt, befindet sich oberhalb der
Gemeinde Vieska nad Žitavou auf einem
Hügelchen. In der Mitte der Anlage steht
ein romantisches Landschloss von 1894
mit seinem charakteristischen Turm von
1905. Die Vegetation im gepflegten Garten ist nach den Herkunftsgebieten der
Pflanzen gegliedert, kleine Teiche und
Pavillons ergänzen die Ausstattung. Im
Jahr 1914 verließ Ambrózy-Migazzi die
Gegend und übertrug seinem bewähr-
ten Chefgärtner Josef Mišák die Park-
verwaltung, seit 1953 gehört die 67
Hektar große Anlage der Slowakischen
Akademie der Wissenschaften.

Das Arboretum von Tesárske Mlyňany
hat die reichste und wertvollste Sammlung von fremdländischen Gehölzen der
Slowakei, insbesondere konnte Ambrózy-
Migazzi viele Arten aus Ostasien an un-

Die westlichen Landesteile

sere Bedingungen akklimatisieren. Einige davon findet man außer in Asien nur hier, sonst an keinem anderen Ort der Welt. Die Tiefsttemperatur kann hier immerhin auf minus 20 Grad sinken, im letzten Jahrhundert gab es sogar zwei Winter mit unter minus 30 Grad. Vor dem Kastell befindet sich ein Rosengarten, dominiert wird die Anlage von einer 35 Meter hohen Mammutsequoia. Kirschlorbeer und Stechpalme gibt es gleich in einigen tausend Exemplaren, bemerkenswert sind weiterhin die vielen verschiedenen immergrünen Gehölze. Auch Schlinggehölze und Winterblüher kann man in vielen Arten finden, ebenso verschiedenste Rhododendren.

Schon bei einem Kurzbesuch im Sauseschritt sollte man dem Arboretum zwei Stunden widmen, aber man kann durchaus einen ganzen Tag hier zubringen. Man darf natürlich beliebig auf den Wegen herumschlendern, es sind aber auch drei Routen markiert (rot = lang, gelb = mittel, blau = kurz). Im Mai und Juni lohnt sich ein Besuch wegen der vielen schönen Blüten besonders, die Farbenpracht der Blätter und Früchte im Oktober bietet einen weiteren Höhepunkt.

■ Hronský Beňadik

In Hronský Beňadik (Sankt Benedikt) verabschiedet sich der Fluss Hron von den Bergen. Oberhalb des Ortes gibt es seit dem 11. Jahrhundert eine Benediktinerabtei. Die große **Abteikirche** aus dem 14. Jahrhundert wurde nach mehreren Verfallsperioden und Umgestaltungen im 19. Jahrhundert wieder im schlichten gotischen Stil hergerichtet.

 Zlaté Moravce und Umgebung

Vorwahl: 00421/(0)37.
Touristeninfo, Hrdinov 1, Zlaté Moravce, Tel. 6423092, Mo–Fr 8.30–16 Uhr.

Zámok, Parková 1, Topoľčianky, Tel. 7777555, www.zamok-topolcianky.sk, DZ ab 58 Euro. Hier wohnten schon Staatspräsidenten.
Gazdovský hostinec, Hlavná 81, Topoľčianky, 2901815, www.gazdovskyhostinec.sk, DZ 29 Euro. Mit Jagdrestaurant.
Tartuf, Pustý Chotár 495, Beladice, Tel. 6330235, www.tartuf.sk, DZ ab 76 Euro, De Luxe 217 Euro. Fotogenes Komforthotel in einem Gutshaus von 1820.

Nächstgelegene empfehlenswerte Campingplätze in Nová Baňa und Žarnovica.

Stadtmuseum (Mestské múzeum, Migazziovský kaštiel), Hlinku 1, Zlaté Moravce, Tel. 6321470, www.muzeumnitra.sk, Mo–Fr 8–11.30 u. 12–16 Uhr.

Schlossmuseum (Zámok), Parková 1, Topoľčianky, Tel. 7777555, www.zamok-topolcianky.sk, Mai–Sept. stündlich Führungen Mo–Fr 9–15, Sa/So 13–17 Uhr.
Museum der Forgáchs (Múzeum rodu Forgách), Kaštieľ Jelenec, Tel. 6313311, www.forgach.org, Mi u. Sa/So 13–16 Uhr.

Arboretum Tesárske Mlyňany, Vieska nad Žitavou 178, Tel. 6334211, www.arboretum.sav.sk, Apr.–Okt. Mo–Fr 7–18, Sa/So 8–18 Uhr, Nov.–März Mo–Fr 8–17, Sa/So 9–16 Uhr.

Nationalgestüt (Národný žrebčín), Parková 13, Topoľčianky, Tel. 63016135, www.nztopolcianky.sk, Mo Ruhetag. Anmeldung für Führungen (kurz 20 Min., lang 2 Std.) wird empfohlen, Di–Fr 9–13, Sa/So 14–16 Uhr, weitere Dienstleistungen wie Kutschfahrten auf Anfrage.

Krankenhaus Zlaté Moravce, Bernolákova 4, Tel. 6422438.

Die stolze Benediktinerabtei in Hronský Beňadik

Nitra

Die älteste Stadt der Slowakei heißt Nitra (deutsch Neutra, ungarisch Nyitra), ihre Bedeutung für die mittelalterliche Entwicklung der Nation kann praktisch nicht überschätzt werden. Nitra liegt am gleichnamigen Fluss unterhalb des 588 Meter hohen Berges Zobor. Hier fand 829 die erste Kircheneinweihung statt, der Ort war ein Zentrum des Großmährischen Reiches und ist seit 880 Bischofssitz. Die Urkunden von Zobor über die Stadt aus den Jahren 1111 und 1113 gehören zu den ältesten Schriftstücken des Landes. Das Stadtwappen zeigt einen Arm in Ritterrüstung mit einer historischen Variante der ungarischen Staatsfahne. Während vieler Zerstörungen durch Přemysliden, Hussiten, Polen, Türken und Kuruzen verlor Nitra in den folgenden Jahrhunderten jedoch an Bedeutung. Eine neue Blüte fand seit dem 19. Jahrhundert statt.

Heute ist die Stadt mit knapp 80 000 Einwohnern ein Zentrum der Agrarwissenschaft. Größter Arbeitgeber ist jedoch der japanische Sony-Konzern. Es werden vor allem LCD-Fernseher hergestellt. Nitra gehört seit Beginn des Internet-Zeitalters zu den Kommunen mit den besten Web-Auftritten des Landes – sogar die Telefonnummer zur Bestellung einer Führung durch das Kernkraftwerk Mochovce ist angegeben.

■ Die Innenstadt

Deutlich abgesetzt von den neuen Stadtteilen (Untere Stadt) ist das alte **Burgviertel** (Obere Stadt). Weithin sichtbar thront der mittelalterliche Komplex mit steilen Außenmauern und miteinander verschachtelten Kirchen über Nitra. Die heutige Inneneinrichtung der Burg stammt hauptsächlich aus dem Barock. Zu den eindrucksvollsten Kunstwerken zählt der Marmoraltar ›Kreuzabnahme‹ des Bildhauers Johann Pernegger aus dem Jahre 1622 in der Kathedrale Sankt

Weithin sichtbar: Burg Nitra

Emeram. Ein palastartiges Seminargebäude beherbergt die Bibliothek des Bistums mit über 60 000 alten Büchern. Beliebte Fotomotive des Burgviertels sind zudem eine Pestsäule von 1750 und die Atlasfigur Corgoň von 1820.

Den Durchgang zwischen Oberer und Unterer Stadt bildet der rechte Bogen des dreistöckigen **Komitatshaus** (Župný dom), eines auffälligen Gebäudes im Sezessionsstil. Hier zeigt die Staatliche

Galerie Nitra hauptsächlich Werke der Bildenden Kunst aus den letzten Jahrzehnten, auch ein Konzertsaal ist vorhanden.

Am 1992 fertiggestellten jetzigen Gebäude des Andrej-Bagar-Theaters (Svätoplukovo nám.) beginnt seit 1996 eine Fußgängerzone. Dort findet man unter anderem das **Regionalmuseum** im Alten Rathaus, eine **Synagoge** (Pri synagóge 3) und ein **Piaristenkloster** (Piaristická 8).

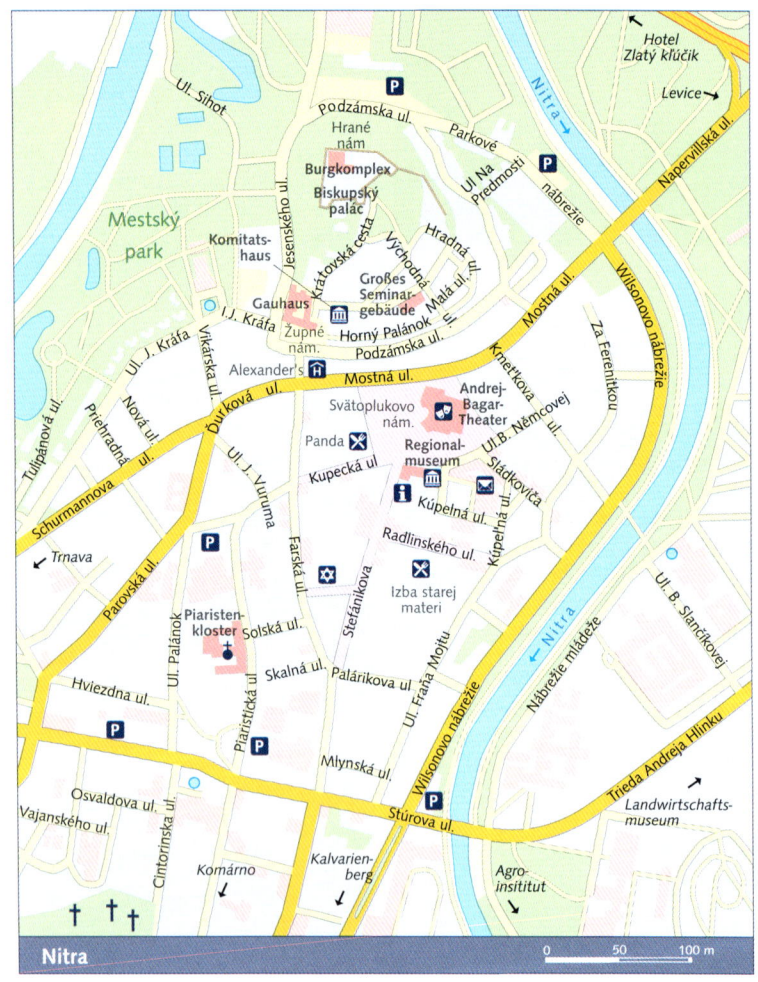

■ Slowakisches Landwirtschafts-
museum

Im Stadtteil Chrenová östlich der Altstadt befindet sich auf 125 Hektar das Messegelände Agrokomplex. In seiner nordöstlichen Ecke wiederum versteckt sich das Slowakische Landwirtschaftsmuseum. Die Zufahrt erfolgt über die Straße Spišská, Einheimische schicken Besucher fälschlicherweise oft zum Haupteingang von Agrokomplex.

Schwerpunkt des Landwirtschaftsmuseums sind funktionsfähige Produktionsanlagen wie Mühlen, Dreschanlagen, Bäckerei, Brennerei, Ölpressen, Bienenwachspresse, Saatgutreinigungsanlage und Milchkammer. Die Zweiklassenschule aus Divín erfüllte an ihrem ursprünglichen Standort etwa 100 Jahre lang ihre Bestimmung. Auf dem Museumsgelände befinden sich weiterhin die Schmalspurfeldbahn vom Großgut Želiezovce und eine Slawensiedlung aus der Eisenzeit.

■ Am Stadtrand

Etwas außerhalb in südlicher Richtung liegt der **Kalvarienberg**. Das Ensemble besteht aus einer Kirche am Beginn des Aufstieges und 14 Kapellen am Wegesrand. Die jetzige Gestaltung entstand 1885.

ℹ Nitra und Umgebung

Vorwahl: 00421/(0)37.
Touristeninfo, Štefánikova 1, Nitra, Tel. 16186 und 7410906, www.nitra.sk und www.nisys.sk, Jul./Aug. Mo–Fr 8–18, Sa 9–18, So 14–18 Uhr, Sept.–Jun. Mo–Fr 8–18, Sa 8–12 Uhr.

🚆

Nitra ist die einzige slowakische Stadt dieser Größe ohne Fernverbindungen im Schienenpersonenverkehr.
Kursbuchstrecke 140 etwa zweistündlich nach Nové Zámky (60 Min.) sowie in die Gegenrichtung 4x täglich über Topoľčianky

Der 588 Meter hohe **Zobor** ist der Hausberg von Nitra. Er wird durch mehrere Wanderwege und eine Seilbahn erschlossen. Kalksteingipfel nordöstlich der Stadt zählen zu den wärmsten und trockensten Stellen des Landes und weisen Waldsteppencharakter auf, seltene Tiere wie Glattnatter und Smaragdeidechse finden hier ein Refugium. Von verfallenden Festungsmauern sind weite Blicke ins Tiefland zwischen Kleinen Karpaten und Schemnitzer Bergen möglich.

■ Rund um Šaľa

Etwa 30 Kilometer südwestlich von Nitra liegt Šaľa an der Waag. Dort stehen ein **Renaissancekastell** in Form einer Wasserburg und ein als **Museum** eingerichtetes Bauernhaus von 1730.

Mehrere **Kirchen** des Donautieflandes gehören zu den ältesten Bauten der Slowakei. Am monumentalsten wirkt die Marienkirche in Diakovce von 1228, eine neoromanische Basilika wurde zwischen 1872 und 1875 angebaut. Das Ensemble ist hübsch proportioniert und präsentiert sich heute weitgehend als ungewöhnliche Backsteinkirche mit zwei Gebetsetagen. Westwärts bietet Čierny Brod eine turmlose Mauerkirche aus dem frühen 13. Jahrhundert.

nach Prievidza (120 Min.). Strecke 141 etwa zweistündlich nach Leopoldov (60 Min.), dort kann man nach Bratislava und Žilina umsteigen.

Unter www.imhd.sk (rechts oben ›Nitra‹ auswählen) findet man einen Überblick über den öffentlichen Nahverkehr.

🛏

Einfache Studentenwohnheime beherbergen oft auch Touristen, die meisten liegen Richtung Agrokomplex. In der ganzen Stadt gilt jedoch, dass während wichti-

Die westlichen Landesteile

ger Messen die Quartierpreise steigen.
Zlatý Kľúčik, Svätourbanská 27, Nitra,
Tel. 6550289, www.zlatyklucik.sk, DZ
ab 76 Euro. Am Berg Zobor mit Blick
auf die Stadt.
Alexander's, Mostná 68, Nitra, Tel.
7920401, www.alexanders.sk, DZ 65
Euro. Plüschiges Haus im Zentrum.
Agroinstitut, Akademická 4, Nitra, Tel.
+7910111, www.agroinstitut.sk, DZ ab
48 Euro. Preisgünstiges Konferenzhotel.

Izba starej matere, Radlinského 8, Tel.
6526016. Slowakische Küche.
Panda, Kupecká 2, Tel. 6526689. Chine-
sische Küche.

Die **Burg** mit ihren Ausstellungen wird
von der Diozöse verwaltet, Tel. 7721747,
www.nitrianskyhrad.sk:
▸ Außenanlagen mit Bischofsgarten, Apr.–
Okt. 7–18 Uhr, Nov.–März 7–17 Uhr;
▸ Diozösemuseum, Apr.–Okt. Di–So 10–
18 Uhr, Nov.–März Sa/So 10–15 Uhr;
▸ Basilika, Mo–Sa 9–18 Uhr, Apr.–Okt.
außerdem So 9–16 Uhr, jeweils Pause
12–13 Uhr.
Staatsgalerie (Nitrianska galéria), Župné
3, Tel. 6579641, www.nitrianskagaleria.
sk, Di–Fr 10–18, Sa/So 13–18 Uhr.
Das **Regionalmuseum Oberneutra**
(Ponitrianske múzeum), Štefánikova 1,
Tel. 6510000, www.muzeumnitra.sk, Mo
9–15, Di–Fr 9–11.30 u.12–17, Sa/So
10–17 Uhr, betreibt auch ein Bauernhaus
(Dom ľudového bývania) in Šaľa, Štúrova
4, Mo–Fr 9–17, So 10–17 Uhr, jeweils
30 Min. Pause ab 12 Uhr.

Landwirtschaftsmuseum (Slovenské
poľnohospodárske múzeum, Skanzen),
Dlhá 92, Tel. 6572553, www.spmnitra.
sk, nur im Rahmen einer Führung (90
Min.) Mo–Fr 9, 11, 13, Mo–Do zusätzlich 15 Uhr.
Synagoge ((Židovské múzeum), Pri synagóge 3, www.snm.sk, Di–So 13–18, Mi–
Do zusätzlich 9–12 Uhr.

Divadlo Andreja Bagara, Svätoplukovo 4,
Tel. 5777721, www.dab.sk.

Lehrpfad im Bereich des Berges Zobor
(2 km, 8 Tafeln), www.hradiskozobor.sk.

Ranč Nové Sedlo, Cabaj-Čápor, Tel.
0903/493551, www.rancns.sk. Bauernhof mit Reitmöglichkeit, Pension und Restaurant
Mašekov Mlyn, Šafárikova 688/4, Vráble časť Horný Ohaj, Tel. 0915/764816,
www.masekovmlyn.wix.com. Sympathische ›Familienfarm‹ mit Zackelschafen
und Imkerei.

Die Einkaufsmöglichkeiten konzentrieren
sich rund um die Fußgängerzone im Zentrum, dort findet an Sonnabenden auch
ein größerer Markt statt.

Universitätskrankenhaus Nitra, Špitálska
6, Tel. 6545111, www.fnnitra.sk.
Poliklinik Nitra, Fatranská 5, Tel. 0907/
336699, www.procare.sk.

Trnava

Die alte Stadt Trnava (lateinisch Tyrna-
via, deutsch Tyrnau, ungarisch Nagys-
zombat) war lange Zeit das christliche
Zentrum des ungarischen Königreiches.
Bereits 1238 erhielt sie von Béla IV. die
Privilegien einer freien königlichen Stadt.

Karte S. 127

Der Sitz des Erzbischofs wurde 1541,
zur Zeit der Türkenkriege, von Esztergom hierher verlegt und blieb bis 1820.
Das ›slowakische Rom‹ beherbergte neben zahlreichen Klöstern der Johanniter,
Dominikaner, Benediktiner, Klarissen,
Ursulinerinnen, Franziskaner und Trini-

tianer ab 1635 eine Universität. Diese war Zentrum der Gegenreformation. Die 1635 gegründete Universität zog 1777 nach Buda um und entstand erst 1992 in Trnava neu. Nach einigen Verschiebungen der Bistumsgrenzen in der Slowakei während der letzten Jahrzehnte wurde 2008 der Sitz des Metropoliten von Trnava nach Bratislava verlegt. Heute hat Trnava etwa 70 000 Einwohner. Es ist nach Westen nicht weit bis in die kleinen Karpaten (→ S. 116).

■ Sehenswürdigkeiten

Trnava besitzt von allen slowakischen Städten die mächtigste nahezu komplett erhaltene **Stadtmauer**; sie war neun Meter hoch und ist bis in das 16. Jahrhundert hinein immer wieder verstärkt worden. Das umgrenzte Gelände macht aber keinen so geschlossenen Eindruck wie in Levoča oder in Bardejov, an manchen Stellen bemerkt man Lücken in der historischen Bausubstanz. Allerdings kann keine andere Stadt des Landes einschließlich Bratislava bei der Zahl der Kirchen und Klöster mithalten, die innerhalb der Stadtmauern befinden. Die Fußgängerzone ist ansprechend hergerichtet, gepflegte Bummelstraßen werden von zweistöckigen Häusern gesäumt. Erhaltengebliebene Teile des Stadtgrabens haben parkartigen Charakter, sie dienen der Jugend zum abendlichen Treff.

Der **Dreifaltigkeitsplatz** (Trojičné nám.) ist das Zentrum des Stadtzentrums. Um ihn herum gruppieren sich das Trinitanierkloster mit seiner Kirche, der Stadtturm und das Theater. Das **Trinitanierkloster** wurde 1729 fertiggestellt, das Altarbild schuf der berühmte Franz Anton Maulbertsch im Jahr 1758. Der **Stadtturm** wurde 1574 als Wachtturm errichtet, nach 143 Treppenstufen kann man eine schöne Aussicht bis zu den Kleinen Karpaten genießen. Ebenfalls beeindruckend

ist das Uhrwerk des Turmes, das Franz Langner 1729 installierte. Das **Theater** stammt aus dem Jahr 1831, es ist somit das älteste betriebene des Landes. Die schönsten **Bürgerhäuser** der angrenzenden Straßen entstanden bereits im 17. Jahrhundert, ebenso das **Rathaus**. Beim Bernoláktor an der westlichen der Stadtmauer liegt das **Franziskanerkloster** mit der Jakobskirche. In der südwestlichen Ecke der Stadtmauer findet man eine evangelische Kirche und die Helenenkirche.

Der **Johannesdom** nordöstlich des Dreifaltigkeitsplatzes entstand im 17. Jahrhundert als Basilika der Universität. Mit seiner harmonisch abgestimmten frühbarocken Innenausstattung gehört er zu den schönsten Kirchen des Landes. Der Hochaltar nimmt fast die ganze Stirnseite ein. Das von 27 Statuen um-

Die Nikolauskirche, der ideell bedeutsamste Sakralbau in Trnava

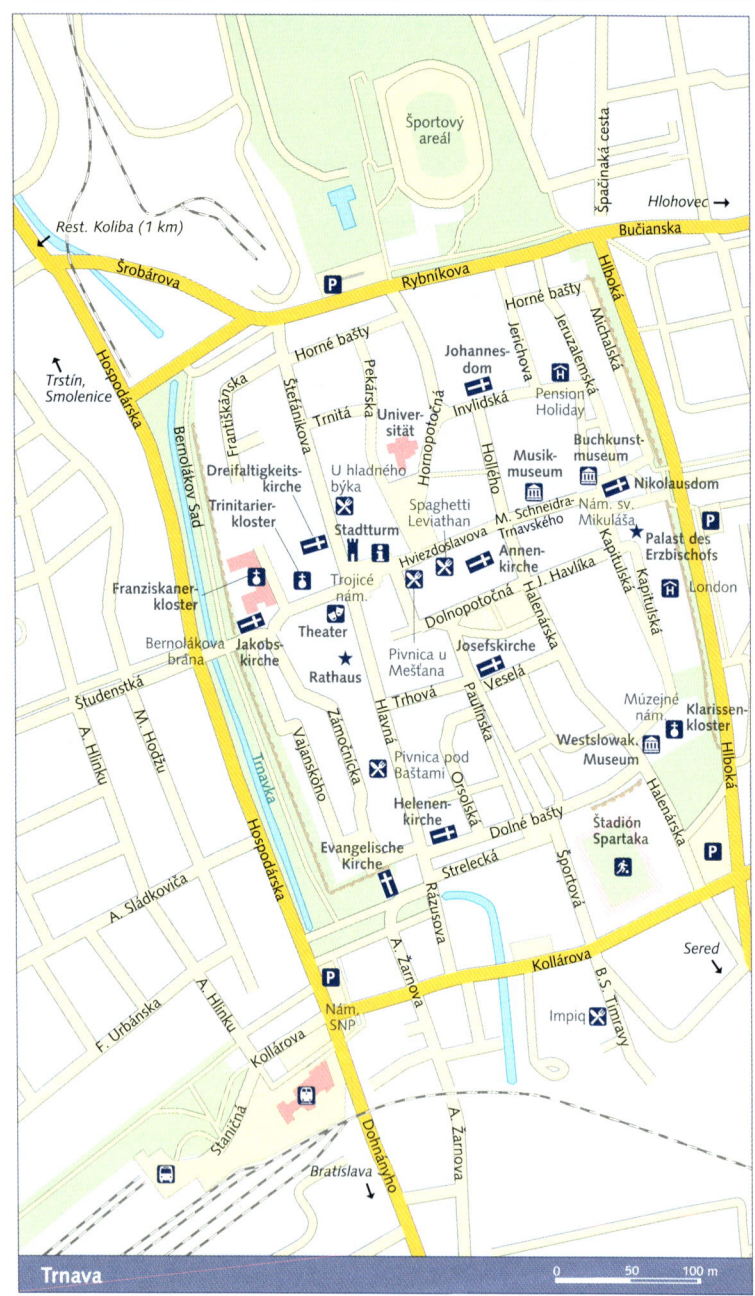

Športový areál

Špačinská cesta

Hlohovec →

Rest. Koliba (1 km)

Bučianska

Hlboká

Šrobárova

Rybníkova

P

Horné bašty

Jerichova

Jeruzalemská

Michalská

↑ Trstín, Smolenice

Hospodárska

Bernolákov Sad

Františkánska

Štefánikova

Horné bašty

Pekárska

Trnitá

Johannes-dom

Invlidská

Pension Holiday

Universität

Hornopotočná

Holčho

Buchkunst-museum

Musik-museum

Nikolausdom

Dreifaltigkeits-kirche

U hladného býka

Spaghetti Leviathan

M. Schneidra-Trnavského

Nám. sv. Mikuláša

Trinitarier-kloster

Stadtturm

Hviezdoslavova

Annen-kirche

Palast des Erzbischofs

Kapitulská

Franziskaner-kloster

Trojicé nám.

Dolnopotočná

J. Havlíka

London

Bernolákova brána

Jakobs-kirche

Theater

Rathaus

Pivnica u Mešťana

Josefskirche

Veselá

Múzejné nám.

Klarissen-kloster

Študentská

A. Hlinku

M. Hodžu

Zámočnícka

Trhová

Paulínska

Hlavná

Valianského

Pivnica pod Baštami

Helenen-kirche

Osolská

Dolné bašty

Westslowak. Museum

Hlboká

Halenárska

A. Sládkovíča

Hospodárska

Evangelische Kirche

Strelecká

Športová

Štadión Spartaka

P

F. Urbánska

A. Hlinku

Razusova

A. Žarnova

Kollárova

B.S. Trnavy

Sered ↘

Kollárova

P

Nám. SNP

Impiq

Stanićná

Dohnányho

A. Žarnova

↓ Bratislava

0   50   100 m

gebene Altarbild von der Taufe Christi
fasziniert durch seine Natürlichkeit. Im
Dom fanden Universitätsereignisse und
Theologentreffen statt. Zum Gebäudekomplex der **Universität** am Platz gehört
neben Bibliothek und Druckerei auch eine Sternwarte.

Eindrucksvollster Kirchenbau mit leicht
wiederzuerkennenden Turmspitzen ist
die **Nikolauskirche** am gleichnamigen
Platz (nám. svätého Mikuláša). Sie wurde
1440 fertiggestellt und später mehrmals
umgebaut. Lange diente sie als Kathedrale des Erzbistums Esztergom. 2008
wurde sie vom Papst zur Basilca minor
erklärt. Am beschaulichen Platz befinden
sich auch der **Palast des Erzbischofs** und
das **Buchkunstmuseum**.

Im Durchgang zwischen Dreifaltigkeitsplatz und Nikolauskirche steht das Musikmuseum. Neben **Dobro-Exponaten**
(→ Dolná Krupá) erfährt man etwas
über das Leben des Komponisten Georg
Laurenz Schneider (Mikuláš Schneider-
Trnavský, 1766–1855). Seit 1992 gibt es
in Trnava ein internationales Dobrofest,
das sich ausschließlich dieser Resonatorgitarre widmet. Unter anderem trat Bob
Brozman (1954–2013) mehrmals auf.
In einer südöstlichen Straßenecke an der
Stadtmauer befindet sich das **Klarissen-
kloster** mit seiner Kirche. In dem alten
Gebäudekomplex ist seit 1954 das se-
henswerte Westslowakische Museum
mit umfangreichen Sammlungen zu den
Themen Archäologie, Geschichte und
Ethnographie untergebracht.

Am Dreifaltigkeitsplatz

Die westlichen Landesteile

■ **Dolná Krupá, Hlohovec und Sereď**

Jeweils etwa 15 Kilometer von Trnava
entfernt befinden sich die Orte Dolná
Krupá (Unterkrupa) in nördlicher, Hlohovec (Freistadt) in nordöstlicher und
Sereď (Sered) in südöstlicher Richtung.
Das schlichte klassizistische **Kastell** mit
englischem Park in Dolná Krupá gehört

heute dem Komponistenverband. Im
Gartenpavillon betreibt das Nationalmuseum eine Ausstellung über Ludwig van
Beethoven. Dieser hielt sich hier ab 1800
mehrmals als Gast der Familie Brunswick
auf und komponierte bei einem seiner
Besuche angeblich seine ›Mondscheinso-
nate‹. Eine Verbindung dieser noch nicht
endgültig belegten Sommeraufenthalte
mit Beethovens ›Brief an die unsterbli-
che Geliebte‹ wird vermutet.

Dolná Krupá ist auch Heimat der nach
Amerika ausgewanderten Brüder Dopyer, die die Resonatorgitarre Dobro
(DOpyer BROthers) erfanden und mit
dem Werbespruch ›Dobro means good
in any language‹ vermarkteten (slowakisch dobro = das Gute, auch Gemein-
wohl oder Heil).

Auch in Hlohovec steht ein **Kastell** in
einem englischen Park, dazu gehört ein

Empiretheater mit schönen Malereien. Das verschiedentlich genutzte Kastell beherbergt derzeit ein Internat. Das **Heimatmuseum** von Hlohovec befindet sich im Franziskanerkloster. Am Staatsgefängnis zwischen Hlohovec und Leopoldov erkennt man noch den Grundriss einer sechszackigen **Renaissancefestung**. Ein weiteres klassizistisches **Kastell** mit Park bietet Sereď (Zereth). Während der Zeit des Faschismus befand sich hier ein Konzentrationslager für Juden.

ℹ️ Trnava und Umgebung

Vorwahl: 00421/(0)33.
Touristeninfo, Trojičné 138/1 (im Stadtturm), Trnava, Tel. 3236440, www.trnavatourism.sk, Mai–Sept. Mo–Sa 10–18 Uhr, Okt.–Apr. Mo–Fr 10–17 Uhr.

🚆

Häufiger Verkehr auf der Kursbuchstrecke 120 Bratislava–Trnava–Žilina (Bratislava–Trnava 30 Min., Trnava–Žilina 80 Min.). 133 Trnava–Galanta 5–20 Uhr etwa stündlich (30 Min.), 116 Kúty–Senica–Trnava 5–19 Uhr etwa zweistündlich (80 Min.).

🚌

Busbahnhof am Bahnhof südlich der Innenstadt.
Unter www.imhd.sk (rechts oben ›Trnava‹ auswählen) findet man einen Überblick über den öffentlichen Nahverkehr.

🛏️

London, Kapitulská 5, Trnava, Tel. 5936323, www. hotellondon.sk, DZ ab 50 Euro. Moderne Eleganz am Nikolausplatz.
Holiday, Jeruzalemská 13, Trnava, Tel. 5512507, www.penzionholiday.sk, DZ 40 Euro. Kleine Pension am Nikolausplatz.
Na Mlyne, Mlynárska 14, Hrnčiarovce nad Parnou, Tel. 0905/822275, www.namlyne.sk, DZ ab 40 Euro. Schön herausgeputztes historisches Mühlengebäude südlich der Stadt.

🍽️

Am Marktplatz gibt es gute Cafés nebeneinander. Außerdem empfehlenswert:
Pivnica pod Bastami, Hlavná 43, Tel. 5514049. Vielseitiges Kellerrestaurant.
Pivnica u Mest'ana, Hviezdoslavová 12, Tel. 5511696. Preisgünstige Menüs.

U hladneho byka, Stefániková 3, Tel. 5514452. Lateinamerikanische Großportionen.
IMPIQ, Timravy 2, Tel. 5555555, www. hotelimpiq.sk. In einem Konferenzhotel zwischen Altstadt und Bahndamm.
Koliba, Kamenná 2, Tel. 5334459, www. hotelkoliba.sk. Am Waldrand.

🏛️

Westslowakisches Museum Trnava (Západoslovenske múzeum), www.zsmuzeum.sk, mit folgenden Ausstellungen:
▸ Hauptgebäude (Kláštor klarisiek), Múzejné 3, Tel. 5512913, Di–Fr 8–17, Sa/So 11–17 Uhr;
▸ Buchkunstmuseum (Múzeum knižnej túry), Mikuláša 10, Tel. 5514421, nach Anmeldung;
▸ Musikmuseum (Dom hudby), Schneidera-Trnavského 5, Tel. 5512556, nach Anmeldung.
Synagoge (Centrum súčasného umenia), Halenárska 2, So–Fr 13–17 Uhr.
Musikmuseum (Hudobné múzeum), Kaštieľ, Dolná Krupá, Tel. 2453130, www. snm.sk, Di–Fr 8–15.30 Uhr, Mai–Sept. auch Sa/So 13–17 Uhr.
Heimatmuseum (Vlastivedné múzeum), Rázusova, Hlohovec, Tel. 7300337, Di–Fr 8–16, So 13–18 Uhr.

Art Klub, Hlavná 17, Tel. 0904/476578, www.artklub.sk.

Universitätskrankenhaus Trnava, Žarnova 11, Tel. 5938111, www.fntt.sk.
Krankenhaus Hlohovec, Nábrežie Hlinku 27, Hlohovec, Tel. 7424011, www. nsphlohovec.sk.

Von Piešťany nach Čadca

Diese Route führt entlang des Waag-Tals nach Norden. Sie beeindruckt neben der großen Anzahl an Burgen und Burgruinen vor allem durch die beliebtesten Kurbäder des Landes. Auf den bunten Bergwiesen wachsen auch Fingerhut und Tollkirsche. Die zarten roten ›Gift-Hüte‹ und glänzenden schwarzen ›Gift-Kirschen‹ sind von vielen Geschichten umwoben und hübsch anzusehen.

Piešťany

Mir sei gegönnt, / zu singen von dem Heile der Quelle in Pistyan, / die allen Qualen / erhoffte Linderung und Segnung schafft.

Adam Trajan (1586–1650)

Piešťany (Bad Pistyan, seltener Pystian) ist der größte slowakische Kurort und gehört zu bekanntesten Rheumabädern Europas. Außerdem werden organische Nervenleiden behandelt. täglich sprudeln über drei Millionen Liter Thermalwasser

Piešťanys Bedeutung liegt in seinen Kuranlagen

mit einer Temperatur von 67 Grad Celsius aus einer Tiefe von etwa 2000 Metern. Der schwefelhaltige Heilschlamm, der durch die Zusammenwirkung von Sedimenten im Flusslauf mit dem Thermalwasser ständig neu gebildet wird, hat einen besonders guten Ruf. Jährlich kommen 50 000 Patienten nach Piešťany, über die Hälfte von ihnen aus dem Ausland. Fast 300 Tage mit Sonnenschein jährlich verwöhnen Gäste und Bewohner zusätzlich. Für Kurgäste, die an Religionsgeschichte interessiert sind, empfehlen sich Ausflüge nach Nitra (→ S. 143) und Trnava (→ S. 146). In die Hauptstadt sind es knapp 90 Kilometer.

■ **Geschichte des Kurbades**

Wahrscheinlich erfuhren schon römische Soldaten zur Zeit von Kaiser Marc Aurel (121–180) die Heilwirkung. Die erste genaue Beschreibung der Thermalquellen entstammt der Abhandlung ›Über die wunderbaren Wässer Ungarns‹ von 1549. Der Arzt und Naturforscher Justus Johann Torkos (1699–1770) untersuchte um 1745 nach damaligen wissenschaftlichen Methoden die Wirkstoffe und geriet ins Schwärmen. 1813 zerstörte eine Flut die hölzernen Badehäuser, ab 1821 wurde das heutige Kurgelände gestaltet. Der erfolgreiche Ausbau des Kurbetriebes ab 1889 ist untrennbar mit dem Namen Ľudovít Winter (1870–1968) verbunden. Der jüdische Techniker setzte viele clevere Vermarktungs- und Finanzierungsideen um, mit Erfolg: Bis zum Ersten Weltkrieg hatte er die Zahl der Kurgäste verzehnfacht. Der bulgarische Zar Ferdinand bezeichnete das Hotel ›Thermia Palace‹ als bestes in Europa. Bekannteste Gäste aus der Welt der Belletristik waren wohl Selma Lagerlöf und Jaroslav Hašek. Zu den spektakulärsten Heilerfolgen gehört die

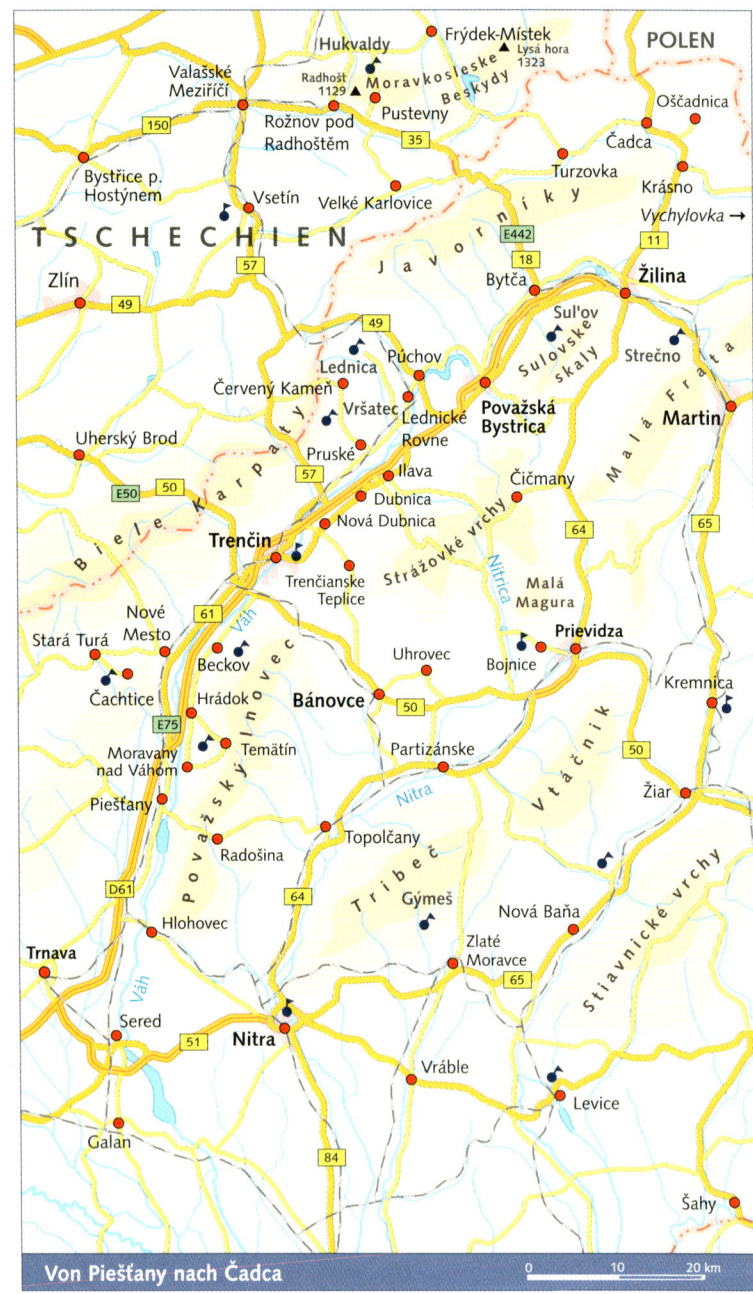

POLEN

Frýdek-Místek
Lysá hora 1323
Hukvaldy
Radhošt 1129
Valašské Meziříčí
Moravskoslezské Beskydy
Oščadnica
150
Rožnov pod Radhoštěm
Pustevny
35
Čadca
Bystřice p. Hostýnem
Turzovka
Vsetín
Velké Karlovice
Krásno
Vychylovka →
T S C H E C H I E N
J a v o r n í k y
E442
11
Zlín
57
18
Bytča
Žilina
49
Sul'ov
Sulovske skaly
49
Púchov
Strečno
Lednica
Červený Kameň
Vršatec
Považská Bystrica
Martin
Lednické Rovne
Uherský Brod
Pruské
57
Ilava
Čičmany
Malá Fatra
E50
50
Dubnica
Nová Dubnica
Trenčín
Strážovké vrchy
64
65
Trenčianske Teplice
Malá Magura
Nové Mesto
61
Uhrovec
Prievidza
Stará Turá
Beckov
Bojnice
Kremnica
Čachtice
Hrádok
Bánovce
50
E75
Temätín
Partizánske
50
Moravany nad Váhom
Žiar
Piešťany
Topoľčany
Radošina
Nová Baňa
D61
64
Gýmeš
Hlohovec
Zlaté Moravce
Trnava
65
Sered
51
Nitra
Vráble
Levice
Galan
84
Šahy

0   10   20 km

Genesung der 1927 im Rollstuhl nach Piešťany gekommenen Schauspielerin Henny Porten. Kurz darauf waren ein indischer Maharadscha und ein malaiischer Sultan unter den Gästen.

In der Zwischenkriegszeit investierte Winter viel eigenes Geld in die Infrastruktur der Stadt. Sein Patriotismus schützte ihn nicht vor der Deportation durch das NS-Regime. Die Kommunisten bestätigten in der Nachkriegszeit seine Enteignung lediglich mit etwas anderen Argumenten. Winter starb verarmt in hohem Alter. Postum wurde 1991 die Hauptstraße nach ihm benannt, 2002 wurde ihm die Ehrenbürgerwürde verliehen.

2006 eröffnete das ›Thermia Palace‹ nach einer Renovierung als erstes Fünf-Sterne-Kurhotel des Landes.

■ Kuranlagen

Die Kuranlagen konzentrieren sich auf einer Waag-Insel (Kúpeľný ostrov). Dorthin führt die an der deutschen Bauhausarchitektur orientierte Kolonnadenbrücke. Auf der Inselseite folgen das teuerste Hotel und die ältesten Kurgebäude, etwas weiter nördlich steht ein schicker Komplex von Kurhäusern und Unterkünften aus sozialistischer Zeit. Die Bauten sind untereinander mit verglasten Gängen verbunden. Sowohl ein Hallenbad als auch ein Freibad werden mit Thermalwasser gespeist. In den Kurhäusern kostet ein Schlammbad 6 Euro und eine Wasserstrahlmassage 15 Euro.

Auch die Stadtseite der Kolonnadenbrücke ist recht grün. Gleich vor der Brücke steht seit 1934 Robert Kühmayers **Plas-**

Die westlichen Landesteile

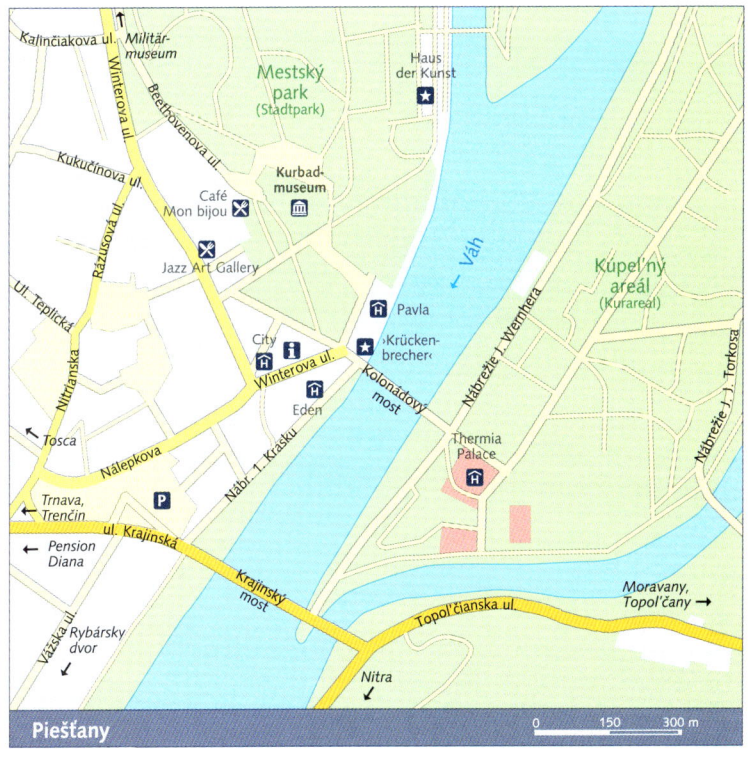

tik Krückenbrecher als Wahrzeichen der Stadt. Nahe der Haupteinkaufsstraße Winterova liegt das **Kurbadmuseum**. Mit einer imposanten **Veranstaltungs- und Ausstellungshalle** (Dom umenia) befindet sich hinter dem Museum ein weiteres Gebäude im Bauhausstil am Stadtpark.

■ Die Umgebung

Eine längere Wanderung auf einem blau markierten Weg führt nach Südosten zum Ausflugsrestaurant ›Čertová pec‹ (Teufelsherd) bei **Radošina**. Čertová pec ist ursprünglich der Name einer Höhle im Wald.

Auf der anderen Seite der Waag liegt die Gemeinde **Moravany nad Váhom**. Sie ist besonders bekannt als Fundstätte der aus einem Mammutzahn geschnitzten Frauenfigur ›Venus von Moravany‹. Das etwa 23 000 Jahre alte Figürchen befindet sich jetzt sich im Archäologischen Museum von Bratislava. Am nördlichen Ortsrand findet man ein dreigeschossiges **Renaissanceschloss**. Ein dort angebautes Türmchen ist nur wenig höher. Das Gebäudeensemble wird vom Slowakischen Architektenverband genutzt.

■ Čachtice

Čachtice ist eine romantische Burgruine wie viele andere im Waag-Tal, wäre sie nicht durch die Serienmörderin Elisabeth Báthory zu trauriger Berühmtheit gelangt. Fußwege führen sowohl vom Städtchen Čachtice (Schächtitz) als auch vom Dorf Višňové (Bysnew) aus hinauf – es lohnt sich!

Geologisch ist der Burghügel einer der nördlichsten Ausläufer der Kleinen Karpaten, trotz einer Höhe von ›nur‹ 375 Metern bietet sich ein vorzüglicher Rundblick. Er zählt als Naturschutzgebiet, hier leben seltene Steppenpflanzen und Insekten. Urkundlich erwähnt wurde die **Burg** erstmals 1276, als es um die Ver-

Lohnt den Aufstieg: Čachtice

teidigung Ungarns vor König Ottokar II. Přemysl ging. Burgherr war von 1392 bis 1414 Stibor von Beckov, 1569 kaufte die Familie Nádasdy das Anwesen. Nach Elisabeths Tod 1614 war die Burg unbewohnt und 1799 komplett verlassen. Ein befestigtes **Kastell** aus der Spätrenaissance (Draškovičov kaštieľ) dient als Heimatmuseum. Man findet weiter eine gotische **Kapelle** von 1330 und eine gotische **Kirche** von 1390 mit ergänztem barocken Turm.

■ Beckov

Unweit von Čachtice, auf der anderen Seite des Waag-Tales, steht eine weithin sichtbare Dominante der Landschaft auf einem Kalksteinkliff in 245 Metern Höhe, eine der ältesten **Burgen** Ungarns. Zeitweise war sie im Besitz von Matúš Čák, danach hatte die Familie von Stibor zo Stiboríc a Beckova (Stibor von Beckov) hier ihr Domizil. Stibor gehörte mit Oswald von Wolkenstein, ›Draculas‹ Vater Vlad II. Dracul und Alfons dem Großmütigen zu den ersten Mitgliedern von

Kaiser Sigismunds Drachenoden. 1599 wurde die Burg erfolgreich gegen die Türken verteidigt, 1727 aber nach einem Brand verlassen.

Der Burghügel verfügt über einen jüdischen Friedhof am Hang und einer Theaterbühne zwischen den Mauern, die felsigsten Stellen nutzen gelegentlich Bergsteiger zum Training. Es existieren Rekonstruktionspläne, einige Museumsräume sollen eingerichtet werden.

Beckov ist der Geburtsort des Naturwissenschaftlers Dionýz Štúr (1827–1893), der Darwin-Anhänger wies unter anderem auf geologische Zusammenhänge zwischen Alpen und Karpaten hin.

In der fruchtbaren Umgebung wird Hopfen angebaut.

■ Tematín

Inmitten der romantischen Wälder des kleinen Gebirges Považský Inovec liegt noch eine relativ unbekannte **Burgruine**. Tematín wurde nach den Tatareneinfällen als Wachburg gebaut, die erste urkundliche Erwähnung stammt aus dem Jahr 1270. Das Objekt bildete mehrere Jahrhunderte lang eine kompakte und bewohnbare Festung. Die Burg wurde in den Kuruzenkriegen beschädigt und verfiel danach allmählich.

Markierte **Wanderweg** führen von Westen aus den Orten Hrádok und Luka auf den Burgberg, von Osten aus Nová Lehota. Westlich der Burgruine befindet sich das **Naturreservat Temätínska lesostep** mit wärmeliebenden Steppenbewohnern.

■ Südliche Weiße Karpaten

Nordwärts der eben beschriebenen Landschaft beginnen mit den Weißen Karpaten (Biele Karpaty, tschechisch Bílé Karpaty) die sogenannten Slowakisch-Mährischen Karpaten. Mit der Veľká Javorina (970 m) liegt die höchste Erhebung ziemlich weit im Süden dieses Mittelgebirgszuges. Am Gipfel befinden sich ein **Denkmal** der Freundschaft zwischen Tschechen und Slowaken sowie eine **Gedenkplatte** für den Bürgerrechtler und Ökologen Josef Vavroušek (1944–1995).

Das **Tal Bošácka dolina** bei Trenčianske Bohuslavice gilt als Heimat einer schmackhaften Pflaumensorte. Es gibt einige ländliche **Sakralbauten** aus dem Barock.

Touristeninfo, Pribinova 2, Piešťany, Tel. 033/7719621, www.pic-piestany.sk, Mai–Sept. Mo–Fr 9–20 Uhr, Sa 9–14 Uhr, So 14–18 Uhr, Okt.–Apr. Mo–Fr 9–18 Uhr, Sa 9–14 Uhr.

Kurbetrieb-Koordination: www.kupelepiestany.sk.

Häufiger Verkehr auf der Kursbuchstrecke 120 Bratislava–Piešťany–Žilina (Bratislava–Piešťany 60 Min., Piešťany–Žilina 50 Min.), Schnellzug-Halt auch in Nové Mesto nad Váhom.

Unter www.imhd.sk (rechts oben ›Piešťany‹ auswählen) findet man einen Überblick über den öffentlichen Nahverkehr.

Ortsansässige Reisebüros organisieren Ausflüge von Piešťany per Sonderbus in andere slowakische Städte, mit Führung ab 30 Euro, mit Führung und guten Konzertkarten ab 45 Euro.

In der Sommerzeit verkehren kleine Ausflugsschiffe auf dem Stausee Sĺňava.

Thermia Palace, Kúpeľný ostrov, Piešťany, Tel. 033/7756111, www.piestany.danubiushotels.sk, Preis abhängig vom Datum auf Anfrage.

Pavla, Kmeťa 76, Piešťany, Tel. 033/7743422, www.hotelpavla.sk, DZ ab 115 Euro. Elegantes Haus am Flussufer.

Die westlichen Landesteile

Diana, Matuškova 2, Piešťany, Tel. 033/7744200, www.diana.sk, DZ 85 Euro. Komfortorientierte Familienpension.
City, Winterova 35, Piešťany, Tel. 033/7725454, www.hotelcity.sk, DZ ab 69 Euro. Schlichtes Kleinstadthotel im Zentrum.
Tematín, Krížna 350, Moravany nad Váhom, Tel. 033/7970479, www.tematin.sk, DZ ab 69 Euro. Ruhig, im Nachbarort, vorzügliche Küche. Mit Fahrradverleih.
Rybársky dvor, Bratislavská 151, Piešťany, Tel. 0918/664991, rybarskydvor.sk, DZ ab 50 Euro. Fischrestaurant mit Pension am Stausee.

Holubyho chata, Lubina 1048, Tel. 032/3700338, www.holubyhochata.sk, DZ 32 Euro. Berghotel unterhalb der Veľká Javorina.

Pullmann, Alexyho, Banka, Tel. 033/7723563, www.campingpiestany.sk, Mai–Sept..
Zelená voda, Nové Mesto nad Váhom, Tel. 032/7715858, www.zelenavoda.com, Apr.–Okt..

Jazz Art Gallery, Winterova 29, Tel. 033/7625559. Preiswertes Restaurant im Bistrostil, gelegentlich Live-Musik.
Tosca, Moyzesova 3, Tel. 033/7625468. Gute Hausmannskost.
Café Mon bijou, Beethovenova 16, Tel. 033/7730331. Traditionsreicher Schlemmertreff.

Kurbadmuseum (Balneologické múzeum), Beethovenova 5, Piešťany, Tel. 033/7722875, www.balneomuzeum.sk, Di–So 8–12 und 13–17 Uhr.
Militärmuseum (Vojenské historické múzeum) mit Flugzeugen und Panzern, Žilinská 6545, Piešťany, Tel. 033/7913804, www.vhu.sk, Mai–Sept. Führungen 10, 13, 15 Uhr.

Im Gebiet dieses Kapitels befinden sich schon einige Zweigstellen des **Regionalmuseums Trentschin**, www.muzeumtn.sk:
▸ Heimatmuseum (Draškovičovský kaštieľ), Čachtice, Tel. 032/7787485, Mai–Okt. Di–Sa 9–16.30, So 10–17 Uhr, Nov.–Apr. 8.30–16 Uhr;
▸ Heimatmuseum (Kúria Ambrovec), Beckov, Tel. 032/7777217, Mai–Okt. Di–So 9–17 Uhr;
▸ Heimatmuseum (Podjavorinské múzeum), Slobody 6, Nové Mesto nad Váhom, Tel. 032/7712339, Di–Sa 9–17 Uhr.

Die Jazzszene der Stadt listet ihre Konzerte unter www.jazzpiestany.sk und www.kursalon.sk.
In der Hauptsaison gelegentlich Promenadenkonzerte im Stadtpark und auf der Insel sowie Straßenkonzerte.

Lehrpfad von Moravany nach Nitrianska Blatnica teilweise entlang einer ehemaligen Pferdebahntrasse (11 km, 7 Tafeln).
Lehrpfad von Moravany über Grabfelder der Bronzezeit nach Ducové (4 km, 4 Tafeln).
Drei kürzere **Lehrpfade** führen durch die unmittelbare Umgebung von Beckov:
▸ über den Burghügel (1 km, 3 Tafeln);
▸ durch das Trockenrasenbiotop Beckovské Skalice (5 km, 4 Tafeln);
▸ zum Adonisröschenhang Sychrov (4 km, 3 Tafeln).

Es gibt Skilifte im Považský Inovec nordöstlich Piešťany sowie in den Weißen Karpaten (→ Tabelle S. 90).

Krankenhaus Piešťany, Winterova 66, Tel. 033/7955111, www.nemocnica-piestany.sk.
Krankenhaus Nové Mesto nad Váhom, Štefánika 1, Tel. 032/7740411, www.nspnm.sk.

Elisabeth Báthory und ihr Mord-Rekord

Den 1897 veröffentlichten Vampir-Roman ›Dracula‹ von Bram Stoker kennt wohl jeder. Ebenso blutrünstig hört sich die historisch belegte ›Schwester-Geschichte‹ von der Burg Čachtice an: ab 1585 tötete Elisabeth Báthory (slowakisch Alžbeta Bátoriová, ungarisch Báthory Erzsébet) angeblich Jungfrauen und badete in deren Blut. Im Guinness-Buch der Rekorde wird sie als Frau mit den meisten Morden aufgeführt. Mehrere Quellen geben Zahlen von über 600 Opfern an.

Elisabeth wurde am 7. August 1560 geboren, sie entstammte einer reichen ungarischen Adelsfamilie. Berühmtestes Familienmitglied ist ihr Onkel Stephan Báthory (ungarisch Báthory István, polnisch Stefan Batory, 1533–1586), Fürst von Siebenbürgen von 1571 bis 1576, danach gemeinsam mit seiner Gemahlin (tatsächlich, das Paar wurde in diese Funktion gewählt) polnischer König. Elisabeth heiratete 1575 den ungarischen Feldherren Franz II. Nádasdy von Fogarasföld (1555–1604), mit dem sie fünf Kinder bekam. Nach seinem Tod 1604 entfaltete sich ihr Sadismus gegenüber ihren Geschlechtsgenossinnen ungehemmt auf der Burg Čachtice, aber erst das Verschwinden adliger Opfer führte zu ihrem Sturz. Obwohl die Verbrechen kaum kaschiert wurden, hielten die Slowaken in den benachbarten Dörfern lange still, mitunter wurden Leichen ganz einfach auf umliegende Felder geworfen und von Wölfen ›verwertet‹.

Nach der Erstürmung der Burg am 29. Dezember 1610 unter Georg III. Thurzo von Bethlendorf (1567–1616) gruben Soldaten am Fuße der Burg rund 50 Leichen aus. Ein ordentlicher Prozess gegen die Hauptschuldige fand jedoch nicht statt. Thurzos ›Privatgericht‹ in Bytča lud insgesamt 350 Personen vor, Mitglieder des Hofstaates wurden verurteilt und hingerichtet. Über den Grad von Elisabeths anschließender Bewegungsfreiheit auf der Burg Čachtice existieren kontroverse Theorien. Angeblich wurde sie in einem Zimmer bei vermauerten Fenstern eingesperrt und vegetierte dort bis zu ihrem Tod am 21. August 1614 dahin. Völlig ins Reich der Phantasie zu verweisen ist die Legende, Elisabeth habe in Blut gebadet und sich davon eine Verjüngung versprochen. Schon eine wissenschaftliche Untersuchung 1812 widerlegte entsprechende Gerüchte. Allein wegen der Gerinnungszeit erscheinen derartige Schönheitsbäder unglaubwürdig. Wirksame Gerinnungshemmer waren lange unbekannt, ihre Erforschung und ihr Einsatz begannen erst vor etwa 100 Jahren. Außerdem ist absolut nichts über Blutbäder in den Prozessakten zu finden.

Im Jahr 1823 erschien Ernst Benjamin Salomon Raupachs dramatische Blutsaugergeschichte ›Lasst die Todten ruhen‹. Auch Leopold von Sacher-Masoch und Bram Stoker holten sich hier Inspirationen. Zahlreiche Filme thematisierten die Geschehnisse um die ›Blutgräfin‹, 2008 kam eine neue Verfilmung des slowakischen Star-Regisseurs Juraj Jakubisko in die Kinos.

László Nagy vertrat in einem Buch 1984 die These, dass Elisabeths Sadismus gegenüber ihren Dienerinnen maßlos übertrieben und sie letztlich durch eine politischen Intrige des Hauses Habsburg vernichtet wurde. Seiner Meinung nach waren Zeugen gekauft, und auch Aktionen der Habsburger gegen andere Mitglieder der Familie wie Gabriel Báthory (1589–1613) wertet er als bestätigende Parallele. Geschichte wird zwar bis in unsere Tage hinein oft gefälscht, aber die Indizien für die exzessive Mordserie sind wesentlich stärker als die Grundlagen für prinzipielle Zweifel.

Trenčín und Trenčianske Teplice

Trenčín (deutsch Trentschin, ungarisch Trencsén) am Mittellauf der Waag (Váh) war bereits als römische Armeestation Laugaricio bekannt. Die berühmte Inschrift am Burgfelsen, die älteste Inschrift des Landes, berichtet von einem Sieg der Römer über die Germanen im Jahr 179. Das 1852 nach längerer Vergessenheit an einem Felsen wiederentdeckte Original kann man nur vom Hotel ›Elizabeth‹ aus durch ein Fenster sehen.

Heute ist Trenčín ein wichtiger Standort der Textilindustrie und hat 56000 Einwohner. Überregional bekannt sind einige lustige Kulturveranstaltungen wie SPLANEKOR (Splav netradičných korábov = Flößerei untraditioneller Wasserfahrzeuge) oder ein Clowntreffen zum Internationalen Kindertag. Auf dem Sportflughafen findet seit 1997 jährlich das größte Rockevent des Landes statt.

■ Trenčín

Das Wahrzeichen der Stadt ist die **Burg**. Ihre ältesten erhaltenen Teile stammen aus dem 11. Jahrhundert, ihr höchster Turm aus dem 15. Jahrhundert hat einen überdachten Aussichtsgang. In ihm befindet sich der Barbara-Palast. Der 79

Meter tief in massives Felsgestein getriebene Burgbrunnen wurde der Sage nach im 16. Jahrhundert durch Türken angelegt. Dadurch erhielt ihr Anführer Omar seine geraubte Frau Fatima zurück. Seit dem Brand von 1790 blieb die Burg weitgehend ungenutzt, eine schrittweise Renovierung in den vergangenen Jahrzehnten machte aber wieder einen Museumsbetrieb möglich. 2003 stürzte ein Teil der äußeren Burgmauer in die Tiefe. Der schnellste Fußweg zur Burg führt über die Pfarrtreppe an der Pfarrkirche vorbei.

Im 15. Jahrhundert entstand eine gotische Stadtanlage mit **Stadtmauer**. Nach dem Brand von 1528 erhielt sie einen Renaissancecharakter mit Bogengängen. Weitere Umbauten und weitere Brände folgten, wodurch die Arkaden leider wieder verlorengingen.

Der **Marktplatz**, an dem man viele Restaurants findet, heißt Friedensplatz (Mierové nám.). Er beginnt in Form eines schmalen Keils mit dem Jugendstilhotel ›Elisabeth‹ an der Spitze. Es wurde am Neujahrstag 1902 eröffnet. In Seitenstraße kann man eine Galerie mit Werken von Miloš Alexander Bazovský (1899–1968) sowie anderen Gemälden und Plastiken hauptsächlich aus dem 20. Jahrhundert besuchen. Neben dem Hotel dient das klassizistische Komitatshaus (Župný dom) als Zentrale des Regionalmuseums. Den Abschluss des Marktplatzes bildet die von 1653 bis 1657 erbaute barocke Piaristenkirche. Angrenzende ehemalige Klostergebäude beherbergen heute eine Galerie. Den **Stadtturm** neben dem Rathaus darf man besteigen. Hinter seinem Durchgang stößt man auf eine der schönsten **Synagogen** des Landes. Das Bauwerk von 1913 mit etwa quadratischem Grundriss beherbergt temporäre Kunstausstellungen. Bemerkenswert ist die Mischung aus Jugendstil und maurisch-byzantinischen

▲ *Der Marktplatz in Trenčín*

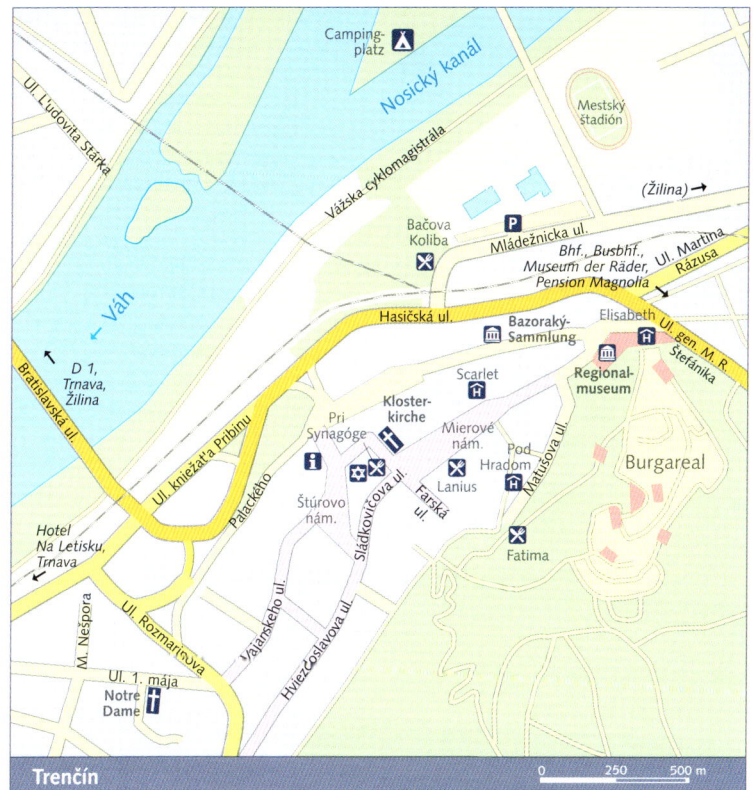

Trenčín

Einflüssen. Jugendstil findet man auch in der **Notre-Dame-Kirche** einen halben Kilometer südwestlich.

Nördlich des Burghügels betreibt der Autoteile-Hersteller ETOP ein **Museum der Räder**. Noch ein Stückchen weiter nördlich folgt am Ufer gegenüber das **Kloster Skalka nad Váhom**.

Im 13 Jahrhundert entstand zunächst eine Abtei in Erinnerung an den im Jahre 1033 hier getöteten Einsiedler Beňadik. Heute besteht Skalka besteht aus **Malá Skalka** mit einer hübschen **Wallfahrtskirche** und **Veľká Skalka** mit dem Charakter einer **Klosterfestung**. Beide Teile liegen einen knappen Kilometer voneinander entfernt.

■ **Trenčianske Teplice**

In der Reihenfolge der slowakischen Kurstädte ist Trenčianske Teplice (Trentschin-Teplitz) die Nummer Zwei hinter Piešťany. Die Stadt in einem bewaldeten Seitental der Waag verdankt ihre Entstehung schwefelhaltigen Thermalwässern und Heilschlämmen, geologisch gehört sie schon zu den Rajetzer Bergen.

Erstmals beschrieben wurde heilendes Thermalwasser bereits 1247. Aus dem Jahr 1580 stammt die Beschreibung des Badebetriebes mit einem Tümpel für die Oberschicht und einem Tümpel fürs Volk. 1755 gab es fünf überdachte Bäder und 1766 bereits sieben. Der Wiener Finanzmanager Georg Sina (1783–1856) kauf-

Das stilvolle Hammam in Trenčianske Teplice

te 1835 das Bad und die Gemeinde den ungarischen Landeigentümern ab. 1871 nahm das Badehaus Sina seinen Betrieb auf, 1888 das Hammam als Wannenanlage im türkischen Stil. Das Hamman ist zwar oft in Prospekten abgebildet, kann aber nur zu wenigen ausgewählten Terminen von Touristen betreten werden. Es verfügt über kein Badebecken, sondern dient hauptsächlich als Durchgang zum Badehaus Sina und für Massagen. Auch das Thermalfreibad Zelená žaba (Grüner Frosch) am Felshang war beliebt, seit 2004 ist dieses interessante Bauhaus-Denkmal allerdings außer Betrieb.

Im Kurort werden seit 1937 ein Musikfestival und seit 1992 ein Filmfestival veranstaltet. An der ›Brücke des Ruhmes‹ (most slávy) hängen Bronzetafeln mit den Namen besonders prominenter Besucher, unter anderem Gina Lollobrigida, Ornella Muti und Klaus Maria Brandauer.

 Trenčín und Trenčianske Teplice

Vorwahl: 00421/(0)32.

Touristeninfo, Sládkovičova 1 (am Torturm), Trenčín, Tel. 16186 oder 7433505, www.visittrencin.sk, Mai–Sept. Mo–Fr 8–18, Sa 8–16 Uhr, Okt.–Apr. Mo–Fr 8–17 Uhr.

Touristeninfo, 17. novembra 32 (im Kurhaus), Trenčianske Teplice, Tel. 2861736, www.turista.teplice.sk, tgl. 10–17 Uhr.

Kurbetrieb-Koordination: www.kupele-teplice.sk.

Häufiger Verkehr auf der Kursbuchstrecke 120 Bratislava–Trenčín–Žilina (Bratislava–Trenčín 60 Min., Trenčín–Žilina 50 Min.), Schnellzug-Halt auch in Trenčianska Teplá.

Die elektrische Schmalspurbahn nach Trenčianske Teplice (ehemals Strecke 122) wird nur noch im Gelegenheitsverkehr betrieben.

Busbahnhof am Bahnhof nördlich des Burgfelsens.

Unter www.imhd.sk (rechts oben ›Trenčín‹ auswählen) findet man einen Überblick über den öffentlichen Nahverkehr.

▸ In Trenčín:

Elizabeth, Štefánika 2, Tel. 6506111, www.hotel-tatra.sk, Preis abhängig vom Datum auf Anfrage. Traditionsreicher Jugendstilbau mit gutem Restaurant, früher Hotel ›Tatra‹.

Pod hradom, Matúšova 12, Tel. 7481701, www.podhradom.sk, DZ ab 76 Euro. Am Burgberg.

Scarlet, Palackého 6790, Tel. 7432840, www.penzionscarlet.sk, DZ 49 Euro. Am Marktplatz.

Magnolia, Opatovská 22, Tel. 7443889, www.penzion-magnolia.sk, DZ ab 35 Euro. Hinter dem Bahnhof.

 Karte S. 159

Na Letisku, Legionárska 160, Tel. 0910/999975, www.penzionnaletisku. sk, Preise auf Anfrage, am Sportflughafen.

▸ In Trenčianske Teplice:

Na Baračke, Baračka 89, Tel. 6556868, www.palacehotels.sk, DZ ab 109 Euro. Komfortables Parkhotel am oberen Stadtrand.

Flóra, 17. novembra 14, Tel. 6554555, www.hotelflora.sk, DZ 88 Euro. Großes Wellnesshotel mit Schwimmbad und Fahrradverleih.

Most slávy, 17. novembra 11, Tel. 6513611, www.hotelmostslavy.sk, DZ ab 74 Euro. Setzt auf den Kurbadcharme der Zwischenkriegszeit.

Auf einer Flussinsel unweit des Zentrums von Trenčín liegt der **Campingplatz na Ostrove**, Mládežnícka, Tel. 7434013, Mai–15. Sept.
Traditionsreiche ›wilde‹ Campingstelle neben dem Kloster Skalka am Flussufer. Übernachtung im Zelt und im Auto wird geduldet.

Die meisten Hotels und Kurhäuser haben ihr eigenes Restaurant. Außerdem empfehlenswert:

Pri Synagóge, Mierové 3, Tel. 7433674, www.restauraciaprisynagoge.sk. Modern und solide.

Pivovar Lanius, Mierové 20, Tel. 0904/803459, www.lanius.sk. Minibrauerei am Marktplatz.

Fatima, Matúšova 6, Tel. 7440083, www. restaurantfatima.sk. Am Burgberg mit Aussichtsterrasse.

Bačova koliba, Mládežnícka 3182, Tel. 3811246, www.bacovakoliba.sk. In Richtung Flussinsel, preiswerte Hausmannskost.

Besteigung des **Torturmes** Jun.–Sept. außer Mo nach Anmeldung in der Touristeninfo möglich.

Das **Regionalmuseum Trentschin** (Trenčianske múzeum), Mierové 46, Tel. 7434431, www.muzeumtn.sk, Di–So 9–16 Uhr, verwaltet auch die Burg, Tel. +32/7435657, Mai–Sept. 9–17.30 Uhr, Nov.–März 9–15.30 Uhr, Apr. und Okt. 9–16.30 Uhr, zwei verschiedene Führungen (35 bzw. 70 Min.), ein Spaziergang über das Burgareal zu den Öffnungszeiten ist ohne Eintrittskarte möglich.

Miloš-Alexander-Bazovský-Sammlung (Galéria Miloša Alexandra Bazovského), Palackého 27, Tel. 7436858, www.gmab.sk, Di–Fr 9–17, Sa/So 11–17 Uhr.

Museum der Räder (Múzeum kolies ETOP), Štefánika 7263/6, Tel. 0915/747719, www.muzeumkolies.sk, Mo–Fr 8–16 Uhr.

Kloster Skalka, Tel. 0910/338220, www. klastorskalka.sk, Jun.–Aug. Di–So 10–17 Uhr, sonst nach Anmeldung.
Besichtigung des **Hammam** in Trenčianske Teplice Mo 15.30 Uhr, Tickets an der Touristeninfo.

Waldpark auf dem Hügel Brezina mit Lehrpfaden, Spielplatz, dem Klettergarten Tarzania Trenčín, Birken und Kirschbäumen.

Ein kurzer **Lehrpfad** durch den Waldpark Brezina in Trenčín und zwei kurze Lehrpfade in Trenčianske Teplice.

www.pohodafestival.sk informiert über das inzwischen größte **Wochenendmusikspektakel** des Landes.
Ein kleines **Jazzfest** beschreibt www.jazzfestival.sk.
Weitere Veranstaltungen beispielsweise unter www.splanekor.sk und www.artfilmfest.sk.

Universitätskrankenhaus Trenčín, Legionárska 28, Tel. 6566111, www.fntn.sk.

König der Waag und der Tatra

Matúš Čák III. Trenčiansky (auch Matthäus oder Matthias Tschak, ungarisch Csák Máté, um 1260–1321) nutzte die Wirren seiner Zeit, um sich von Trenčín aus als ›Herr über Waag und Tatra‹ (pán Váhu a Tatier, dominus Vagi et Tatrae) ein selbständiges Reich zu schaffen. Über seine Kindheit und Jugend ist wenig bekannt. Man vermutet, dass er in Esztergom geboren wurde und der Grundstock seiner Besitztümer aus rechtmäßigen Erbschaften stammt. Weiteren Besitz erwarb er durch Gewalt, Intrigen und Einschüchterung.

Die ungarischen Könige sahen Čák zunächst als Verbündeten an, als es um die Vertreibung der Mongolen ging. 1291 beteiligte er sich an einem Feldzug des ungarischen Königs gegen Österreich, 1292 eroberte er für ihn die Burg Pressburg. 1296 wurde Čák ungarischer Palatin (zu dieser Zeit etwa: stellvertretender König und oberster Richter), verlor aber das Amt nach einem Jahr bereits wieder. Mit dem wahrscheinlich vergifteten Ondrej III. starb 1301 das Herrschergeschlecht der Arpáden aus, nach einigen Wirren folgte 1308 Karl I. Robert von Anjou auf den ungarischen Thron. Spätestens 1311 war das Vertrauen zwischen Karl Robert und Čák endgültig zerrüttet, aber Kämpfe gegeneinander endeten oft mit Remis und konnten Trenčín als Čáks Sitz nicht gefährden. 1317 verlor Čák seine Stellungen Komarno und Visegrád, verwüstete jedoch die Stadt Nitra.

Das Separatistenreich hatte um 1312 seine größte Ausdehnung, als Čák über 50 Burgen in der heutigen Westslowakei besaß. Meistens hielt er sich in Trenčín auf, wo einiges noch an seine Zeit erinnert. Gleichzeitig existierte in der Ostslowakei ein kleines Separatistenreich unter Omodej Aba (Amadeus Aba, ungarisch Aba Amadé), das von Čák überwiegend freundschaftlich behandelt wurde. Beispielsweise unterstützte Čák die Familie Aba in der Schlacht von Rozgony (heute Rozhanovce) 1312, das Königshaus konnte jedoch die Stadt Košice verteidigen.

Čák starb am 18. März 1321 wahrscheinlich eines natürlichen Todes, als die Burg Trenčín von der Armee des Königs belagert wurde. Obwohl er zweimal exkommuniziert worden war, erhielt er ein christliches Begräbnis. Schwiegertochter Jutta ging 1321 mit ihren zwei kleinen Söhnen nach Schlesien, wo sie den Herzog von Münsterberg heiratete.

Um Čáks noch nicht identifizierte Gruft ranken sich viele Legenden, die besonders im 18. und 19. Jahrhundert immer wieder zur Schatzsuche animierten. Einer Sage nach entfloh Čák durch einen Geheimgang zum Kloster Skalka nad Váhom, wo er nach der Belagerung weiterlebte. Dieses befestigte Kloster liegt drei Kilometer nordöstlich der Burg, man kann es sich durchaus als Asyl vorstellen.

Es existieren als Touristenspaß Pässe mit der Staatsbürgerschaft von Čáks ›Mattesland‹ (Matúšovo kráľovstvo, ungarisch Mátyusföld), Passinhaber erhalten kleine Dienstleistungen und Rabatte. Jeder freiwillige Untertan wird mit diesem Dokument verpflichtet, das Hoheitsgebiet mindestens fünf Tage lang zu bereisen. Diese Idee zu einem ›Staatsstreich der Neugierigen über die Langweiligen‹ hatte 2001 ein leidenschaftlicher Fahrradfahrer, der eigentlich Experte für chemische Prozesse in Kernkraftwerken ist.

Weitere Auskünfte erhält man in dem kompetent geführten Fremdenverkehrsamt von Trenčín.

Zwischen Trenčin und Žilina

Den Weg zwischen Trenčin und Žilina kann man inzwischen auf der Straße oder der Schiene mit hoher Geschwindigkeit zurücklegen. Einige Sehenswürdigkeiten unterwegs lohnen aber durchaus einen Stopp. Die östlich an das Waag-Tal anschließenden Rajetzer Berge sind mit Ausnahme der Sulover Felsen bei der Umgebung von Žilina (→ S. 169) beschrieben. Jüdische Friedhöfe mit einer zwei- bis dreistelligen Anzahl erhaltener Grabsteine befinden sich in Bolešov, Dubnica, Ilava, Pruské, Púchov und Lúky,

In den östlichen Weißen Karpaten

■ Rund um den Vršatec

Nördlich von Trenčianske Teplice liegen Dubnica nad Váhom (Dubnitz an der Waag) und Nová Dubnica (Neudubnitz). 2006 eröffnete ein **Stadtmuseum** in **Dubnica nad Váhom** im Kastell der Familie Ilesházi aus dem 17. Jahrhundert, dazu gehört die künstliche Grotte Babylon aus dem 18. Jahrhundert mit Aussichtsturm und Mosaikboden. **Nová Dubnica** entstand als komplettes Stadtbauensemble der 1960er Jahre, einige Betriebe der Rüstungsfabrikation am

Abstieg von Burg Vršatec

Stadtrand aus der Zeit des Kalten Krieges haben die Transformation in die Marktwirtschaft geschafft.

In Ilava (Eulau) zweigt von der Hauptstraße eine Sackgasse zur Ruine der 1707 verlassenen **Burg Vršatec** (Löwenstein) ab. Der Burgberg ist unter den Einheimischen bis nach Tschechien hinein recht bekannt. Älteste Siedlungsreste sind schon für die Zeit der Lausitzer und Puchauer Kultur nachweisbar. Der Bau der Burganlage in 805 Metern Höhe begann im 13. Jahrhundert. Spätere Besitzer waren Matúš Čák und Stibor von Beckov sowie die Königin von Ungarn Barbora Celjská. Nach einer Explosion des Pulverlagers 1708 war die Burg nicht mehr bewohnt.

Bedeutsam ist diese Gegend auch als **Naturschutzgebiet**. Man findet im Gestein Meeresfossilien einschließlich endemischer Korallen wie Enallhelia Vršatec und Isastrea robusta. Hier leben außer vielen geschützten Insekten auch Haselmaus – trotz des Namens keine Maus, sondern ein Verwandter des Hörnchens – und Schlingnatter. Am Gebirgskamm entlang ist eine Wanderung von Vršatec zur Ruine der 1710 ausgebrannten Burg Lednica (Lednitz) möglich.

Wunderliche Formationen: die Súľover Felsen

Am Fuße der Berge liegt das Städtchen **Pruské** (Pruskau, wörtlich ›preußisch‹ nach der ältesten Besiedelung). Die große **Schlossanlage** wird als Fachschule genutzt, in der **Pfarrkirche** ist eine Kanzel in Schiffsform zu besichtigen.

■ **Von Považská Bystrica nach Bytča**
An den nordöstlichen Ausläufern des Rajetzer Berge liegt die moderne Industriestadt Považská Bystrica (Waagbistritz). Ihr ohnehin nicht gerade anheimelndes Stadtbild hat durch den Autobahnbau – der Transitverkehr verläuft nun auf einer Spannbeton-Hochstraße im Waag-Tal – nochmals gelitten. Dabei verfügt die Stadt durchaus über Sehenswürdigkeiten wie das **Renaissanceschloss Orlové** mit seinem vielseitigen Heimatmuseum und zwei unbekanntere Schlössern.
Im Jahr 1892 wurde in **Lednické Rovne** bei Púchov ein damals hochmodernes Glaswerk errichtet. Ein Renaissancekastell im Ort wählte die Fabrikantenfamilie Schreiber als Wohnsitz. Seit 1988 beherbergt das renovierte Gebäude das **Slowakische Glasmuseum** mit über 3500 Exponaten.
Westlich von Považská Bystrica liegt ▲ **Púchov** (Puchau). Entsprechende eisen-

zeitliche Funde gaben der Puchauer Kultur ihren Namen. Im ehemaligen **Komitatshaus** (Župný dom) der Stadt kann man einige dieser Objekte sehen. Ab 1953 entstand der kleine Vorort **Nimnica** mit seinen **Kuranlagen**.
Rund 15 Kilometer flussabwärts von Žilina liegt **Bytča** (Großbitsch). Das interessante **Renaissanceschloss** mit exakt quadratischem Grundriss wurde 1571 erbaut und 1601 anlässlich der Hochzeit Judith Thurzos durch einen Hochzeitspalast ergänzt. Es hat vier dicke Ecktürme und einen Arkadenhof. In dem früheren Hochzeitspalast ist inzwischen ein kleines Museum untergebracht. Dem Schloss gegenüber steht eine verfallene Synagoge.

■ **Die Súľover Felsen**
Nordöstlich von Považská Bystrica führt die Manín-Klamm (Manínska tiesňava) als tiefe Schlucht durch zerklüftetes Karstgestein mit reicher Pflanzenwelt. Auf Wanderwegen kommt man von der Schlucht bis zu den Súľover Felsen (Súľovské Skaly).
Dieser bizarre Bergrücken mit Felszacken und -toren ist im Ausland wenig bekannt. Dabei eignet sich das malerische und

Karte S. 152

Die westlichen Landesteile

abwechslungsreiche Kalkmassiv hervorragend für eine Tageswanderung. Unter Kletterern gilt Súľov als eines der attraktivsten Gebiete des Landes. Einzelne Felsgebilde haben so phantasievolle Namen wie Schlafender Dinosaurier, Morchel, Indianer, Maria Theresia, Drachenhöhle oder Katerohren. Die steilsten Stellen der markierten Wanderwege sind mit Leitern und Halteketten gesichert.

An einer schwer zugänglichen Stelle liegt auf 578 Metern Höhe die **Burgruine Súľov**. Sie wurde 1780 verlassen und verfiel. Ihre ursprüngliche Größe mit 18 Räumen und einer Vorburg kann man sich heute kaum noch vorstellen. Von außen sind die Mauerreste gut getarnt, eigentlich nimmt man die Burgruine erst bei ihrem Betreten wahr.

Eine weitere eng mit der Landschaft verwachsene **Burgruine** steht bei **Dolný Hričov** (Herichau). Die dritte **Burgruine** im Umfeld der Súľover Felsen befindet sich bei **Lietava** (Littau).

Um durch die Súľover Felsen zu wandern, benutzen die meisten Touristen erst einmal die Nebenstraße, die in dem von Felsrücken umgebenen Ort Súľov-Hradná als Sackgasse endet. Ein Kreuzungspunkt beliebter Wanderwege liegt unterhalb des Gipfels Roháč nördlich des Ortes. Die ›klassische‹ Súľov-Runde führt von hier über Wiesen am Berghang hinauf, oben an der Burgruine vorbei und wieder zur Zufahrtsstraße im Talkessel zurück. Eine weitere Runde kommt zustande, wenn man von der Roháč-Wanderwegkreuzung genau nach Süden über den Berg Kečka (822 m) läuft und weiter oben im Ort wieder auf die befahrbare Sackgasse trifft.

Um zu den Burgen Hričov beziehungsweise Lietava zu gelangen, muss man von Súľov aus zunächst ebenfalls zur Kreuzung am Roháč laufen. Kombiniert man schließlich die ›klassische‹ Runde mit dem Weg über den Kečka, entsteht eine anspruchsvolle Tageswanderung mit schönen Ausblicken von den Felsen. In diesem Fall wird geraten, die Tour am oberen Ortsende zu beginnen und dort zunächst den Schildern zum Bergsattel Patúch zu folgen.

 Zwischen Trenčin und Žilina

Vorwahl: 00421/(0)42.
Touristeninfo, Dohňany bei Púchov, Tel. 4450912, Di, Do, So 15–19 Uhr.
Kurbetrieb-Koordination:www.kupelenimnica.sk.

Bahnhöfe von Puchov und Považská Bystrica unweit des linken Flussufers der Waag.
Häufiger Verkehr auf der Kursbuchstrecke 120 Bratislava–Puchov–Žilina (Bratislava–Puchov 80 Min., Puchov–Žilina 30 Min.), Schnellzug-Halt auch in Považská Bystrica. Unter www.imhd.sk (rechts oben ›Považská Bystrica‹ auswählen) findet man einen Überblick über den öffentlichen Nahverkehr.

Vršatec, Vršatské Podhradie 87, Tel. 4464303, www.hotelvrsatec.sk, DZ 40 Euro. Neues Hotel am Ende der Straße gegenüber der Burgruine.
Pri lipe, Dohňany 464, Tel. 4710145, info@penzionprilipe.sk, DZ ab 59 Euro. Pension an der ›internationalen‹ Straße von Púchov nach Horní Lideč.
Agropension Grunt, Paparadno 134, Tel. 4393377, www.penziongrunt.sk, DZ 30 Euro. Im Javorníky.

Volkskunstausstellung (Expozícia ľudovej kultúry), Školská 368/2, Horné Srnie, Tel. 032/6588281, Mi u. Fr 14–16 Uhr.
Gebietsmuseum (Dubnické múzeum), Jakuba 623/5, Dubnica, Tel. 4428386, www.

dubnickykastiel.sk, Führungen zur vollen Stunde Di–Fr u. So 13–17, Sa 10–17 Uhr.
Grotte des Gebietsmuseums, einzeln oder mit Kombiticket, Apr.–Sept. Mi u. Fr 15–19 Uhr, Jul./Aug. zusätzlich Sa/So 10–12 u. 14–19 Uhr.
Stadtmuseum (Mestské múzeum), Dom kultúry, Farská, Ilava, Tel. 4455570, Mi/Do 13–16 Uhr.
Heimatmuseum (Vlastivedné múzeum), Odborov 244/8, Považská Bystrica, Tel. 4323724, www.muzeumpb.sk, Di–So 8–16 Uhr.
Vom Waagtalmuseum, www.pmza.sk, aus wird der **Hochzeitspalast** (Sobášny palác) in Bytča betreut, Zámocký areál, Tel. 041/5523027, Di–So 9–17 Uhr, Führungen halbstündlich.
Archäologisches Museum (Archeologické múzeum Púchovskej kultúry), Nábrežie slobody 522/1, Púchov, Tel. 4635538, Mo–Fr 8–16 Uhr.
Glasmuseum (Slovenské sklárske múzeum), Sklárska 117, Lednické Rovne, Tel. 4601280, Mo–Fr 7.30–14.30 Uhr.

Rundwanderung von Nemšová nach Trenčianska Závada als **Lehrpfad** (9 km,

20 Tafeln), ausführliche Infos unter www.hubertluborca.sk.
Lehrpfad von Vršatecké Podhradie unter den Felsen entlang nach Červený Kameň (4 km, 9 Tafeln), im Winter schöne Skitour.
Rundwanderung durch die Manín-Klamm ab Považská Teplá (17 km, 18 Tafeln).
Rundwanderung durch die Súľover Felsen einschließlich der gut getarnten Burgruine (8 km, 17 Tafeln). Sehr empfehlenswert.
Lehrpfad von Makov-Bumbalka in südwestliche Richtung genau auf dem die Grenze bildenden Kamm des Javorníky bis nach Čertov (25 km, 7 Tafeln), 8 Stunden eingeplant werden, auch für Skiwanderer geeignet.

Ein kleines Skiareal findet man südlich von Makov (→ Tabelle S. 90).

Krankenhaus Ilava, Štúrova 3, Tel. 4465444, www.nspilava.sk.
Krankenhaus Považská Bystrica, Nemocničná 986, Tel. 4326914, www.nemocnicapb.sk.
Krankenhaus Púchov, Pod Lachovcom 1727/55, Tel. 4605111, www.nspzdravie.sk.

Mährisch-Schlesische Beskiden (Tschechien)

Wer in die Slowakei aus Nordwesten einreist, kommt meistens durch die mährische Walachei. Ein Teil der ursprünglich in Rumänien beheimateten Walachen siedelte sich ab dem 16. Jahrhundert hier an, sie gaben dieser Region im Südosten Tschechiens ihren spezifischen Charakter in Architektur und Folklore.

■ Rožnov und Umgebung

Die Stadt Rožnov pod Radhoštěm (Rosenau) liegt kurz vor einem Grenzübergang am Fuße der Mährisch-Schlesischen Beskiden (Moravskoslezské Beskydy). Westwärts sind es 80 Kilometer in die alte mährische Königsstadt Olmütz (Olo-

Karte S. 152 ▲

mouc), ostwärts 70 Kilometer bis Žilina. Größte Attraktion Rožnovs ist der **Skansen** mit 60 Gebäuden. Sein Aufbau begann 1925, heute gehört er zu den meistbesuchten Freilichtmuseen Europas. Jedes Areal dieses dreiteiligen Komplexes – Rathausplatz, Mühlental, Bauernhäuser am Hang – kann man einzeln besuchen, am weitläufigsten ist die große Hangwiese. Am östlichen Rand des Städtchens erhebt sich ein 32 Meter hoher **Aussichtsturm** nach Entwürfen von Dušan Jurkovič (1868–1947).
Von Rožnov führen Wanderwege auf den **Radhošt** (Radegast, 1129 m). Auf diesem Gipfel findet man eine Holzkapelle mit Kuppelturm sowie ein Denkmal für Kyrill und Method.

Vom Radhošt empfiehlt sich eine kleine Kammwanderung zum Wintersportzentrum **Pustevny** (Pustewny). Diese Tour eignet sich auch gut für Familien mit Kindern. Am Wege steht die große **Statue** des heidnischen Gottes Radhošt. Trotz seiner Zuständigkeit für Gastfreundschaft schaut er grimmig drein – vielleicht hat er einen Kater vom guten Radhošt-Bier. Die von Albín Polášek 1930 geschaffene Figur wurde durch eine Kopie ersetzt. Pustevny ist das bekannteste tschechische Touristenzentrum in den Berglagen der Beskiden. Die hübschen **Holzhäuser** wurden noch im 19. Jahrhundert vom Gebirgsverein Radegast errichtet. Der Architekt Dušan Jurkovič orientierte sich dabei sehr an der Fachwerkarchitektur der Walachen. Eins der Gebäude brannte 2014 leider ab.

Unweit des höchsten Berges der Beskiden – Lysá hora (Kahlberg, 1323 m) – findet man in **Hukvaldy** (Hochwald) das Geburtshaus des bekannten Komponisten Leoš Janáček (1854–1928). Seine Werke nehmen oft Bezug zur Volksmusik der Region. Typisch dafür sind die Lachischen Tänze. Oberhalb von Hukvaldy steht die

Berggeist Radhošt und Besucher bei Pustevny

Der Aussichtsturm auf dem Královec

Ruine der größten Burg Ostmährens. Ein weiteres **Museum** widmet sich dem im Nachbarort geborenem ›Sauriermaler‹ Zdeněk Burian (1905–1981), gern besucht wird auch der **Urwald Mionši**.

■ **Javorníky und nordwestliche Weiße Karpaten**

Ein kleineres **Museum** über traditionelles Handwerk der Region gibt es in **Velké Karlovice** (Karlowitz). Es befindet sich gleich neben der barocken **Holzkirche** aus dem Jahr 1754.

Von Velké Karlovice führen Wege zu den Gipfeln des Mittelgebirges Javorníky. Seine höchsten Berge liegen im tschechisch-slowakischen Grenzgebiet. Von slowakischer Seite sind die Stichstraßen aus dem Tal der Waag bis an die Berghänge größtenteils über 20 Kilometer lang, von der tschechischen Seite sind die Berggipfel einfacher zu erreichen. Am Kamm verläuft ein Wanderweg, der die besten Aussichten in diesem Mittelgebirge bietet. Die friedliche Grenzgegend ist reich an **Aussichtstürmen**, entsprechende Bemühungen sind besonders bei den tschechischen Kommunen in Mode. Schöne

Rundblicke bei Velké Karlovice bieten die Türme auf dem Čartak (953 m, von 1998) und auf dem Miloňová (846 m, von 2012). Weiterhin sollen hier die beiden sich ähnelnden Holztürme auf den Čubově kopci (720 Meter, von 1987) bei Francova Lhota und auf dem Královec (655 Meter, von 2006) bei Brumov genannt werden.

 Mährisch-Schlesische Beskiden

Vorwahl Tschechien: 00420. Es gibt keine Ortsvorwahlen.
In Tschechien hießen die Touristeninfos Informační centrum.
Touristeninfo, Míru 1, Frenštát pod Radhoštěm, Tel. 00420/556836916, www.frenstat.info.
Touristeninfo, Velké Karlovice 299, Tel. 00420/571444039, www.velkekarlovice.cz.
Touristeninfo, Masarykovo 103, Valašské Klobouky, Tel. 00420/577311150, www.infocentrum-valasskeklobouky.cz.
Informative Darstellungen zu Gebieten Tschechiens, die an die Slowakei grenzen, bieten: www.bilekarpaty.cz, www.beskydy-valassko.cz, www.pustevny.cz und www.janackovyhukvaldy.cz.

1 Euro ca. 27 tschechische Kronen (CZK, Frühjahr 2015).

Fernzüge halten in Valašské Meziříčí, Vsetín und Horní Lideč.

Radegast, Dolní Bečva 287, Tel. 00420/556835130, www.hotelradegast.cz, DZ 30 Euro. Bergbaude am Gipfel des Radhošt, die exponierte Lage entschädigt für den einfachen Standard, keine Straßenzufahrt. Ein massives **Öko-Blockhaus** als Ferienquartier (bequem für zehn Personen) in Velké Karlovice kann beim Autor in Deutschland gebucht werden, Tel. 0049/(0)30/51056516.

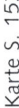 Karte S. 152

Bei Lidečko (Lideczko) führt die Landstraße an der **Felsformation Čertovy skály** vorbei, die wohl nur der Teufel hingestellt haben kann. Empfehlenswert ist weiterhin ein Besuch in der Kreisstadt **Zlín** (Zlin), wo es im Zentrum **Gründerzeitarchitektur** und im Vorort Lešná (Leschna) einen der schönsten **Zoos** Tschechiens zu sehen gibt.

Walachisches Freilichtmuseum (Valašské muzeum v prirodě, Skanzen), Palackého 147, Rožnov pod Radhoštěm, Tel. 00420/571757111, www.vmp.cz, Jul./Aug. 9–18 Uhr, Mai/Jun. u. Sept. 10–17 Uhr, Okt.–Apr. 10–16 Uhr, Abteilung Mühlental nur Mai–Sept., viele Folkloreveranstaltungen.
Gutshofmuseum (Karlovské muzeum), Velké Karlovice 299, Tel. 00420/571444019, www.velkekarlovice.cz, Mai–Sept. 9–17 Uhr.
Regionalmuseum (Muzeum regionu Valašsko) im Schloss, Horní 2, Vsetín, Tel. 00420/571411690, www.muzeumvalassko.cz, Di–So 9–17 Uhr.
Zoo a zámek, Lukovská 112, Zlín-Lešná, Tel. 00420/577914180, Apr.–Sept. 8.30–18 Uhr, März u. Okt. 8.30–17 Uhr, Nov.–Feb. 8.30–16 Uhr, Schlossführungen Jun.–Aug. 10–18 Uhr, Mai Di–Sa 9–17 Uhr, Apr. u. Sept./Okt. Sa/So 10–16 Uhr.

Tschechische Skiareale von Süd nach Nord siehe www.skicertov.sk, www.kohutka.cz, www.razula.cz, www.skiarealsolan.cz, www.solansedlo.cz, www.pustevny.cz, www.skibila.cz und www.skimosty.cz.

In der Glasfabrik in Karolinka (www.crystalex.cz) sowie in der berühmten Schnapsfabrik der Familie Jelínek in Vizovice (www.rjelinek.cz) kann man nicht nur einkaufen, sondern auch an Werksbesichtigungen teilnehmen.

Žilina und Rajetzer Berge

Bereits im 14. Jahrhundert war Žilina (deutsch Sillein, ungarisch Zsolna) die wichtigste Stadt der nordwestlichen Slowakei. Eine weitere Blütezeit folgte im 16. Jahrhundert. Žilina wurde zeitweise bedeutendstes Zentrum des Protestantismus, 1610 entstand unter dem Schutz Ján Thurzos die erste Organisation evangelischer Kirchen in Ungarn. Wichtigster Handwerkszweig war in der Folgezeit die Tuchproduktion. In jüngerer Zeit entwickelte sich die Schwerindustrie.

Der Aufschwung Žilinas ist nicht zuletzt der Bedeutung als Verkehrsknotenpunkt zu verdanken. Hier trifft die Bahnstrecke zwischen Bohumín und Košice auf die Strecke von Bratislava, auch wichtige Straßen kreuzen sich.

Die Stadt ist heute mit etwa 81 000 Einwohnern die viertgrößte des Landes und dominiert nach wie vor die nordwestliche Slowakei.

Žilina liegt am nördlichen Ende der Rajetzer Berge (Strážovké vrchy). Auch die Manín-Klamm und die Súľover Felsen gehören zu diesem Gebirge. Sie werden über Straßen von Považská Bystrica und Bytča aus erschlossen und deshalb dort beschrieben (→ S. 164). Ähnliches gilt für Trenčianske Teplice (→ S. 158); Uhrovec ganz am Südende des Gebirgszuges ist dem Kapitel über Partizánske (→ S. 130) zugeordnet.

Die westlichen Landesteile

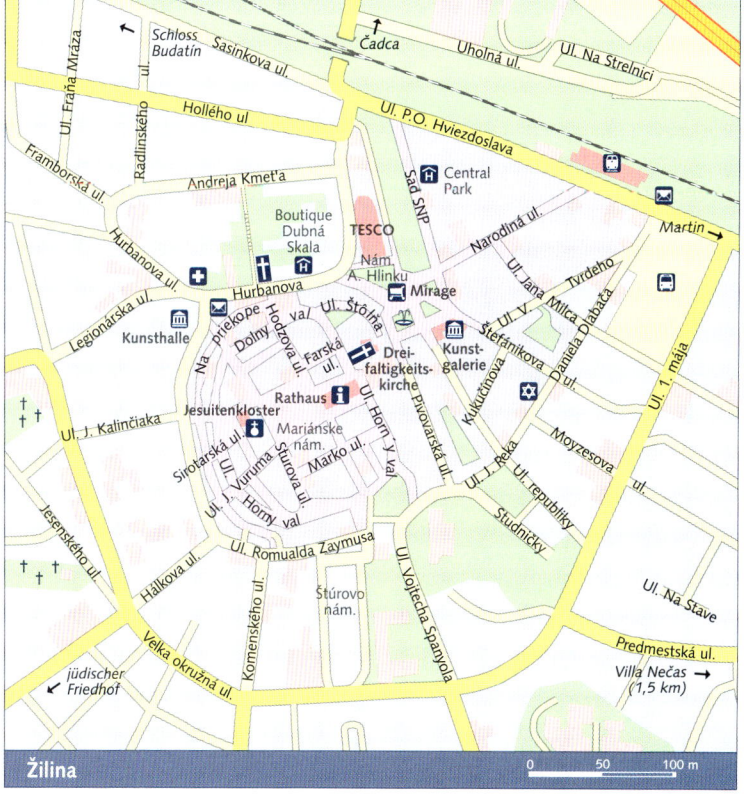

Žilina

■ Sehenswürdigkeiten

Die Altstadt ist konzentrisch um den Marienplatz (Marianske nám.) herum aufgebaut. Im 17. Jahrhundert war die heutige Platzaufteilung und Fassadengestaltung bis auf Details abgeschlossen. Die **Bürgerhäuser** unmittelbar an diesem quadratischen Rathausplatz sind zweistöckig und haben hübsche Bogengänge. Das Obergeschoss diente Wohnzwecken, Keller und Erdgeschoss waren dem Gewerbe vorbehalten. Trotz mehrerer Umbauwellen blieben die Bogengänge immer erhalten. Am Platz stehen außerdem ein vorzüglich diesem Baustil angepasstes **Rathaus** (Nr. 1) und das **Jesuitenkloster** mit der Paulskirche. Dieser Barockkomplex wurde 1743 errichtet. Im Kloster befindet sich heute eine Galerie. Weiteres und weithin sichtbares Wahrzeichen der Stadt ist die **Dreifaltigkeitskirche** mit dem verkantet zu ihr stehenden Burianturm; dieser Glockenturm diente auch als Befestigung. Die Kirche wurde um 1400 auf älteren Fundamenten erbaut, ihre Inneneinrichtung stammt dagegen größtenteils aus dem 19. Jahrhundert und die Treppengestaltung vor der Kirche aus dem Jahr 1943.

Čičmany bezaubert mit seinen phantasievoll bemalten Holzhäusern

Unweit westlich des Rathausplatzes liegt ein relativ gepflegter **jüdischer Friedhof**, sein Zugangstor findet man an der Straßenecke zwischen Veľká okružná und Jesenského. Eine originelle kleine **Synagoge** (Ortodoxná synagóga, Dlabača 15) steht östlich des Marktes. Eine größere **Synagoge** (Neologická synagóga, Hurbana 11) nördlich des Marktes wird gerade zu einer Kunsthalle umgebaut. Am Zusammenfluss von Waag und Kysuce, noch im Stadtgebiet von Žilina, steht das Schloss Budatín. Trotz mehrerer Umbauten blieb der renaissancezeitliche Charakter erhalten. Die Restaurierung nach dem Brand von 1849 zog sich bis 1923 hin. Das Schloss befindet sich die Zentrale des **Waagtalmuseums** mit fünf Zweigstellen. Sein Hauptgebäude hier zeigt unter anderem die 1992 eröffnete weltgrößte Ausstellung über das Drahtbinder- und Kesselflickerhandwerk. Früher fertigten diese umherziehenden Handwerker diverse Metallgeflechte für den Haushalt, durch geschickte ›Umgarnung‹ konnten sogar zerbrochene Tongefäße wieder wasserdicht gemacht werden. Dieser oft von armen Juden – seltener auch Slowaken und Roma – ausgeführte Beruf starb nach dem Holocaust aus.

Am anderen Ende der Stadt, im östlichen Vorort Trnové, steht die westlichste Holzkirche des Landes. Die **Georgskirche** fällt durch ihren pyramidenförmigen Turm auf, ihre Innenausstattung stammt aus dem 17. und 18. Jahrhundert.

■ Rund um Rajecké Teplice

Das **Burgareal** von **Lietava** ist das drittgrößte im Landesgebiet. Zu ihrer Blütezeit galt die Anlage als uneinnehmbar. Von dort aus hat man einen schönen Blick über das Stadtgebiet von Žilina. Eine Bürgerinitiative übernahm 2008 das Areal und kämpft seitdem gegen den weiteren Verfall der Mauern.

Karte S. 169

Ein moderner kleiner Kurort mit zwei Thermalhallenbädern ist **Rajecké Teplice** (Bad Rajetz) 14 Kilometer südlich von Žilina. Nach dem Ende des Sozialismus haben sich die **Kuranlagen** schnell von einem Ort mit anspruchslosem Krankenkassenflair zu einem attraktiven Treffpunkt gemausert. Der See im Kurpark wird je nach Jahreszeit für eine Bootsausleihe oder als Schlittschuhareal genutzt. Das Örtchen bietet vielseitige Erholungsmöglichkeiten von Waldwanderwegen bis zur Saturday-Night-Boogie-Party. Das elegante Kurhaus Aphrodite weist einen spezifischen Charakter mit verspielt-naivem Orienteinfluss auf.

Von Rajecké Teplice aus zweigt ein Weg in die Berge zum **Schloss Kunerad** ab. Das Jagdschloss im Sezessionsstil diente lange als Sanatorium und verfällt derzeit. Der ältere Nachbarort **Rajec** (Rajetz) hatte im 19. Jahrhundert überregionale Bedeutung. Er besitzt einen **jüdischen Friedhof**, ein renaissancezeitliches **Rathaus** im Zentrum und ein spätbarockes **Schloss** mit Park. Ein kleines **Stadtmuseum** befindet sich in einem kleinen Gebäude ebenfalls aus der Renaissance. Sechs Kilometer südlich von Rajec liegt **Rajecká Lesná** (Freiwald) mit der **Schnitzausstellung** ›Slowakisches Bethlehem‹

in der Dorfkirche. An dem 25 Quadratmeter großen Panorama arbeitete der Volkskünstler Jozef Pekara (1920–2005) 17 Jahre lang.

Von Kunerad und Rajecká Lesná aus führen Gebirgstäler in den südlichen Teil der Kleinen Fatra (Lučanská Fatra). Empfohlen werden kann beispielsweise eine sechsstündige Tour zu den Gipfeln Kopa (1232 m) und Horná lúka (1299 m). Die Hauptstraße dagegen verläuft über den Bergsattel Fačkovské sedlo (802 m) neben dem Gipfel Kľak (1371 m) nach Bojnice.

■ Čičmany

Die Rajetzer Berge erstreckt sich etwa von Trenčín, Banovce und Prievidza im Süden bis nach Žilina im Norden. Es ist ist ein überregional kaum bekanntes, aber dennoch reizvolles Wandergebiet. Einen ersten Eindruck davon vermittelt eine Fahrt auf der Nebenstraße am Oberlauf des Flüsschens Nitrica. Wanderwege führen auf die Gipfel von Strážov (1213 m) und Vápeč (955 m) mit guten Rundblicken.

Das **Volksarchitekturreservat Čičmany** (Zimmermannshau) ist von mehreren etwa 1000 Meter hohen Bergen umgeben; es wird häufig als das slowakische Vorzei-

Dreifaltigkeitskirche und Burianturm in Žilina

Die westlichen Landesteile

gedorf schlechthin bezeichnet. Die Holzhausbemalung von Čičmany ist jedoch nirgendwo anders anzutreffen, kann also nicht als landestypisch gelten. Trotzdem lohnt sich ein gemütlicher Spaziergang durch das einzigartige Dorf, dessen berühmte dunkle Holzhäuser größtenteils von rustikalen weißen Ornamenten mit einzelnen stilisierten Figuren geschmückt

sind. Solche Häuser stehen im ganzen Dorf verstreut, das Museum im Radena-Haus befindet sich im unteren Ende der Dorfstraße. Allerdings sehen viele Bauten älter aus, als sie tatsächlich sind: sie wurden nach Bränden zu Beginn des 20. Jahrhunderts wiedererrichtet, wobei die Innenraumaufteilung und die Isolierung nicht rekonstruiert wurden.

 Žilina und Rajetzer Berge

Vorwahl: 00421/(0)41.

Touristeninfo, Hlinku 9, Žilina, Tel. 7233186, www.tikzilina.eu, Mo–Fr 9–17 Uhr, Jun.–Sept. außerdem Sa/So 9–14 Uhr.

Touristeninfo, Oslobodiťeľov 90, Rajecké Teplice, Tel. +917/102079, www.rajecka pohoda.sk, tgl. 8.30–18 Uhr.

Kurbetrieb-Koordination über Rajecké Teplice: www.spa.sk.

Das Bahnhofsgelände von Žilina nördlich der Altstadt ist Knotenpunkt von Fernbahnlinien mit direkten Verbindungen nach Prag (zwei verschiedene Routen, etwa 6 Std.).

Schnellzüge auf den Kursbuchstrecken 120 nach Bratislava und 180 nach Košice, außerdem Strecke 126 nach Rajec 6–18 Uhr etwa zweistündlich (40 Min.).

Busbahnhof am Bahnhof neben der Altstadt.

Unter www.imhd.sk (rechts oben ›Žilina‹ auswählen) findet man einen Überblick über den öffentlichen Nahverkehr.

▶ In Žilina:

Boutique Dubná Skala, Hurbanova 345/8, Tel. 5079100, www.hoteldubnaskala.sk, DZ ab 115 Euro. Elegantes Quartier im Zentrum.

Villa Nečas, Pri Celulózke 3494, Tel. 5091001, www.villanecas.sk, DZ ab 89 Euro. Verkehrsgünstiges Komforthotel.

Central Park, Sad SNP 663/18, Tel. 5622021, www.central-park.sk, DZ 75 Euro. In Bahnhofsnähe.

Martinov dvor, Fatranská 1133, Teplička nad Váhom, Tel. 042/1415982472, www. penzion.martinovdvor.sk, DZ 49 Euro. Landhaus im Nachbarort.

▶ Rajetzer Berge:

Kurkomplex Aphrodite (mit den Hotels ›Aphrodite‹, ›Aphrodite Palace‹, ›Malá Fatra‹, ›Laura‹, ›Margaréta‹, ›Flóra‹), Kuneradská, Rajecké Teplice, Tel. 0905/861384, www.spa.sk, DZ 105 Euro, Suite De Luxe 235 Euro. Der Platzhirsch im Kurzentrum.

Encián, Oslobodiťeľov 90, Rajecké Teplice, Tel. 0917/102079, DZ 80 Euro. Flippig bemaltes Haus im Kurzentrum.

Vila Viktória, Slnečná 563, Rajecké Teplice, Tel. 0907/854214, www.vilaviktoria. sk, DZ ab 30 Euro. Blick vom Hang über das Kurstädtchen.

Javorina, Čičmany 269, Tel. 5002284, www.penzionjavorina.sk, DZ ab 40 Euro. Modernisierter Holzbau mit Dorfschenke. Viele weitere Pensionen und Privatquartiere zwischen Rajecké Teplice und Čičmany.

Slnečné skaly, Poluvsie, Rajecké Teplice, Tel. 0905/320734, www.camping-raj.sk, Mai–Sept. Hübsch gelegen an Kletterfelsen südlich der Kurstadt, mit ökologischen Ambitionen, ›Camp des Jahres 2011‹, gehört zu den Top-3-Slowakei-Camps des Autors.

Viele Einkehrmöglichkeiten im Zentrum von Žilina.

Meritto, Súľovského 101, Rajecké Teplice, Tel. 5494544, www.meritto.sk. Modernes Restaurant mit zarten Fleischportionen und guten Pizzen.

Kunstgalerie des Waagtales (Považská galéria), Štefánikova 2, Žilina, Di–Fr 9–17, Sa/So 10–17 Uhr.

Kleine Synagoge (Expozícia judaík), Dlabača 15, Žilina, Tel. 5620485, www.snm.sk, Fr 15.30–17.30, So 14.30–17.30 Uhr.

Kunsthalle, Hurbana 11, Žilina, www.novasynagoga.sk, Eröffnung 2016 geplant.

Sternwarte (Krajská hvezdáreň), Horný Val 20, Žilina, Tel 5643200, www.astrokysuce.sk. Beobachtungsaktionen nach Ankündigung, Filialen auf dem Hügel Malý diel im Stadtgebiet und in Kysucké Nové Mesto.

Das **Waagtalmuseum** (Považské múzeum), www.pmza.sk, betreut:

▸ die Burg Budatín (Hrad Budatín) mit Museum und Burgturm, Topoľová 1, Žilina, Tel. 5001510, Mai–Sept. Di–So 9–17 Uhr, Okt.–April Di–So 9–16 Uhr, Park bei freiem Eintritt ab 7 Uhr;

▸ das Verkehrsmuseum am Bahnhof Rajecké Teplice (Múzeum dopravy), Kúpeľný park 189, Tel. 0905/602582, Apr.–Okt. Di–So 9–12.30 u. 13–17 Uhr, Nov.–März Mo–Fr 9.30–15.30, Sa/So 9–12.30 u. 13–17 Uhr;

▸ das Volkskundemuseum in Čičmany (Objekty ľudovej architektúry Radenov dom a Gregorov dom), Čičmany 137, Tel. 0918/187683, tgl. 9–16, Sa/So 9–17 Uhr, Sept.–Mai Mo geschlossen, Führungen halbstündlich.

Stadtmuseum (Mestské múzeum), SNP 15, Rajec, Tel. 5422067, Di–Fr 10–16, So 14–16 Uhr.

Die Region Kysuce

Obwohl nicht weit vom Verkehrsknotenpunkt Žilina und vom mährisch-schlesischen Industrierevier entfernt gelegen, sind die Sehenswürdigkeiten der Region Kysuce (Kischütz) wenig bekannt.

Schnitzereiausstellung Slowakisches Bethlehem (Slovenský Betlehem), Dorfkirche Rajecká Lesná, www.betlehem.rajeckalesna.org, Di–Sa 9–17.30, So 13–16 Uhr.

Glasbläserwerkstatt, Valaská Belá 20, www.sklennysen.sk, nach Anmeldung unter Tel. 046/5458182.

Lehrpfad rund um die Burgruine Lietava (3 km, 12 Tafeln).

Lehrpfad von Rajecké Teplice zum pilzförmigen Felsen Stratený Budzogáň (7 km, 7 Tafeln in erneuerungsbedürftigem Zustand).

Lehrpfad von Rajecké Teplice nach Porúbka (6 km, 16 Tafeln in erneuerungsbedürftigem Zustand).

Mirage, Hlinku 7 B, Žilina, www.mirage-shopping.sk. Kaufhaus im Zentrum mit lustigem kleinen Pool-Gelände Lážo Plážo, Minigolf und Bowling.

Einer der schönsten **Souvenirläden** des Landes an der Hauptstraße von Čičmany. **Fabrikverkauf von Kristallglas** an der Hauptstraße von Valaská Belá.

Sommerfreibad Veronika, Bystrická 57, Rajec, Tel. 5422457, tgl. 10–18 Uhr.

Skiareale in Mojtin und Čičmany sowie am Mittelgebirgspass Fačkovské sedlo (→ Tabelle S. 90).

Krankenhaus, Spanyola 43, Tel. 7645126, www.fnspza.sk.

■ Čadca und Umgebung

Zwischen den Gebirgszügen Kischützer Beskiden (Kysucké Beskydy), Javorníky und Turzovská vrchovina und liegt das Industriestädtchen Čadca (Tschadsa), heute größte Stadt des Gebietes Kysuce.

Die Waldeisenbahn Vychylovka

Besonders auffällig ist das **Rathausge-bäude** von 1930. In Čadca gibt es ein **Regionalmuseum** und im **Kastell Radola** bei Kysucké Nové Mesto (Oberneustadt) eine Ausstellung zur Regionalgeschichte. Zudem liegen in der Gemeinde Klokočov geheimnisvolle natürliche Steinkugeln mit einem Durchmesser von bis zu drei Metern.

Gläubige kennen **Turzovka** als eine moderne Version von Lourdes oder Fatima. Seit 1958 erschien auf dem **Berg Živčákova** (788 m) mehrmals die Jungfrau Maria, 1992 segnete der Papst einen Grundstein zur Kirche am heiligen Ort und 2008 erfolgte die Grundsteinlegung. Der Kirchturm ist als Aussichtsturm gestaltet.

Um die Jahrtausendwende hat sich der zum Ort Oščadnica gehörende Berg **Veľká Rača** (1236 m) in den Saybuscher Beskiden (slowakisch Żywiecke Beskydy, polnisch Beskid Żywiecki) zu einem modernen **Wintersportzentrum** entwickelt. Die Skipisten liegen unmittelbar an der polnischen Grenze. Außerdem gibt es eine Bobbahn, im Sommer sollen Pferde und Klettergeräte Besucher anlocken.

2007 machte das Areal durch einen Weltrekordversuch im Schneemannbauen auf sich aufmerksam.

Auf steigende Besucherzahlen mit ähnlichem Konzept hofft auch die Gemeinde **Horný Vadičov** im Südosten der Kischützer Beskiden. Es gibt zwei kleine Skiareale am Berghotel Hájnice und im Erholungspark Snow Sun, die ebenfalls Reitsportpauschalen anbieten.

■ Skansen Vychylovka

Rund 30 Kilometer östlich von Čadca entsteht seit 1974 der Skansen Vychylovka. Die derzeit 25 Gebäude stammen größtenteils aus dem Tal des Flüsschens Bystrica. Insbesondere Objekte aus den vom Stausee Nová Bystrica (Neubistritz) überfluteten Dörfern wurden berücksichtigt. Die Innenräume sind original eingerichtet und die Giebel teilweise mit Schmuckelementen versehen, besonders bemerkenswert sind jedoch die schönen gemauerten Öfen. Oft weist nur der größte Raum eines Wohnhauses einen Ofen auf, der gleichzeitig zum Heizen und zum Kochen diente. Diagonal gegenüber befindet sich ein Esstisch mit Bänken. Außer Wohn- und Wirtschaftsgebäuden gibt es die zünftige Schenke ›Krčma z Korne‹ und Saisonhirtensitze zu sehen. Auf dem Friedhof neben dem Kirchlein liegen alte gusseiserne Grabplatten. Der Skansen Vychylovka gehörte zu den ersten Freilichtmuseen mit Vorführungen aus Handwerk und Brauchtum, im Sommer werden an ausgeschriebenen Tagen Volksbräuche vorgestellt.

Das Museum betreut weiterhin die letzten Kilometer des ehemals 110 Kilometer langen Waldeisenbahnnetzes zwischen Krásno nad Kysucou und Lokca. 1915 begannen italienische Kriegsgefangene den Bau, 1969 wurde der Verkehr vorläufig eingestellt. Das Depot für die Dampflokomotiven und Waggons der Schmal-

Karte S. 152 ▲

spurstrecke befindet sich am Eingang des Geländes. Die Bahn fährt während der Saison täglich und wird an Wochenenden sogar von einer Dampflok gezogen. Höhenunterschiede bewältigt die Bahn vorwiegend durch Richtungswechsel auf

Stichstrecken. Ähnliche Schienenführungen kennt man sonst nur in Südamerika. Am Skansen endet die Besiedelung des Bystrica-Tales, auf dem dahinter ansteigenden Bergrücken beginnt die Region Arwa (→ S. 229).

 Region Kysuce

Vorwahl: 00421/(0)41.
Touristeninfo, Slobody 30, Čadca, Tel. 7630014, www.kultura.mestocadca.sk, Mo–Fr 8–16 Uhr, Jun.–Aug. zusätzlich Sa 8–12 Uhr.
Touristeninfo, Stará Bystrica 466, Tel. 0948/668099, www.starabystrica.sk, tgl. 9.50–13.10 u. 13.50–17.10 Uhr.

Reger Zugverkehr durch Čadca bis nach Košice, Prag und Katowice, außerdem Kursbuchstrecke 128 nach Makov 8x täglich (60 Min.).

Alpinka, Oščadnica 1530, Tel. 4382274, www.alpinka.sk, DZ 30 Euro. Am Skigebiet.
Pod Orlojom, Stará Bystrica 1552, Tel. 0949/030100, www.apartmansyb.sk, 4 Personen 35 Euro. Neue Blockhäuser.

Slovenská reštaurácia, Slovenská 2978, Čadca, Tel. 4397228. Slowakische Küche.
Jeleň, Ústredie 690, Nová Bystrica, Tel. 4332132. Gute Wildgerichte.

Zum **Regionalmuseum Kischütz** (Kysucké múzeum), www.kysuckemuzeum.sk, Mo–Fr 8–16, So 10–16 Uhr, gehören folgende Abteilungen:
▸ Hauptgebäude, Moyzesova 50, Čadca, Tel. 4321386;
▸ Kastell Radoľa, Kysucké Nové Mesto, Tel. 4212505;
▸ Heimatmuseum, Krásno nad Kysucou, Tel. 5622338;

▸ Museum des Kischützer Dorfes (Múzeum Kysuckej dediny, Skanzen), Vychylovka, Tel. 4397350, Mai–Okt. Mo–Fr 9–17, Sa/So 9–18 Uhr, mit bewirtschafteter Dorfschenke und betriebener Schmalspurbahn (fährt etwa stündlich 45 Min.).
Kischützgalerie (Kysucká galéria), Oščadnica 13, Tel. 4332166, www.kysuckagaleria.sk, Di–Fr 10–17, So 12.30–16 Uhr.

Lehrpfad vom Parkplatz Dedovka zum Gipfel des Veľká Rača, auch per Ski möglich (7 km, 6 Tafeln).

Radtourempfehlungen ortsansässiger Führer:
▸ 65 km von Kotešová über die Bergsattel Semeteš und Hrubý Buk (beide ca. 650 m) nach Raková-Bialozytowka;
▸ 50 km von Čadca über Švancarovce und Oščadnica nach Nová Bystrica.
▸ 40 km von Radôstka-Hamor über Gbeľany nach Kysucké Nové Mesto.

Veľká Rača Oščadnica (→ Tabelle S. 90) gehört zu den größten Skigebieten des Landes, drei Seilbahnen und drei Skilifte mit einer Gesamtkapazität von 9700 Personen pro Stunde, eine der gespurten Loipen führt auf dem Gebirgskamm entlang. Drei kleinere Skiareale in Oščadnica; Infos unter www.gajuz.sk bzw. in Horný Vadičov unter www.rsvadicov.sk und www.snowsun.sk.

Krankenhaus Čadca, Palárikova 2311, Tel. 4604111, www.kysuckanemocnica.sk.

Traditionsreiche Kurbäder und alte Bergbaustädte,
die alle einen Besuch wert sind, prägen das Bild
der Landesmitte. Hier formierte sich auch die Nation
der Slowaken: in Martin wurde die Matica slovenská
gegründet, Banská Bystrica war das Zentrum des
Slowakischen Nationalaufstandes.

AUF DEM WEG IN DIE TATRA

Partizánska Ľupča

Wintersportmöglichkeiten in der Mittelslowakei

Lage	Name, Kontakt	Gesamtlänge ausgewiesener Abfahrten / präparierter Loipen in km	Anzahl der Seilbahnen (+ = Sommerbetrieb) / Anzahl der Skilifte (+ =beleuchtete Nachtpiste)
Kapitel ›Bergbaustädte in der Landesmitte‹			
Pohronský Inovec, Nová Baňa	Drozdovo, www.penziondrozdovo.sk	2,5 / 3	0 / 2
Vtáčnik, Žarnovica	Ostrý Grúň, www.skiblanc.sk	1,8 / 5	0 / 4 +
Kremnitzer Berge, Kremnica	Krahule, www.skikrahule.sk	3 / 10	1 / 5 +
Kremnitzer Berge, Kremnica	Skalka Arena, www.skalkaarena.sk	5,6 / 60	1 / 4
Kremnitzer Berge, Banská Bystrica	Králiky, www.skikraliky.sk	2,3 / 13	1 / 1 +
Starohorské vrchy, Banská Bystrica	Šachtičky, www.skisachticky.sk	8 / 14	0 / 5
Niedere Tatra Südwest, Banská Bystrica	Selčianska dolina, www.selce-cachovo.sk	1,3 / 10	0 / 4 +
Veporské vrchy West, Detva	Košútka pri Hriňovej, www.kosutka.sk	2,5 / 0	0 / 3
Veporské vrchy Nord, Brezno	Čierny Balog, www.skiciernybalog.sk	4,9 / 0	0 / 3
Muraner Plateau, Polomka	Bučnik, www.polomka.sk	3,7 / 13	0 / 2
Stolické vrchy, Hnúšťa	Kokava Línia, www.kokava-linia.eu	2 / 0	0 / 5
Kapitel ›Zwischen Fatra und Tatra‹			
Kleine Fatra Nord, Terchová	Free Time Zone, www.vratna.sk	14 / 18	2 + / 13 + TOP

Kleine Fatra Nord, Párnica	Lučivná Ski, www.slovakiainn.sk	3,8 / 2	2 / 5
Kleine Fatra Mitte, Martin	Martinky, www.martinskehole.eu	13,3 / 8	1 / 5
Große Fatra West, Belá-Dulice	Jasenská dolina, www.jasenskadolina.sk	5,3 / 7	1 + / 7 + TOP
Große Fatra West, Valča	Valčianska dolina, www.snowland.sk	4,6 / 10	1 / 4 +
Große Fatra Nord, Ružomberok	Malinô Brdo, www.skipark.sk	12 / 10	2 + / 6 TOP
Große Fatra Ost, Donovaly	Park Snow, www.parksnow.sk	11 / 18	2 + / 14 + TOP
Große Fatra Ost, Liptovské Revúce	Liptovské Revúce, www.revuckyraj.sk	3 / 0	0 / 2
Oravské Beskydy, Oravská Lesná	Orava Snow, www.oravasnow.sk	8,6 / 5	1 / 3
Roháče, Trstená -Brezovica	Brezovica, www.hotelcasamia.sk	2,8 / 9	0 / 1
Roháče, Trstená -Vitanová	Vitanová, www.skivitanova.sk	7,5 / 0	1 / 2
Roháče, Trstená -Oravice	Meander Ski, www.meanderskipark.sk	7,4 / 35	1 / 2
Skorušinské vrchy, Podbiel	Nižná Uhliská, www.skinizna.sk	4,3 / 2	0 / 4 +
Oravská Magura, Oravský Podzámok	Racibor, www.racibor.eu	7 / 1	1 / 2
Oravská Magura, Dolný Kubín	Kubínska hoľa, www.kubinska.sk	14 / 10	2 + / 8 + TOP
Roháče, Zuberec	Milotín, www.milotin.sk	1,7 / 9	0 / 5 +
Roháče, Zuberec	Janovky, www.janovky.sk	4,5 / 6	0 / 4 +
Roháče, Zuberec	Spálená, www.tatrawest.sk	4,6 / 11	1 / 3 +

Auf dem Weg in die Tatra

Bergbaustädte in der Landesmitte

Auch wenn die Förderung von Kupfer, Silber und Gold in der Slowakei längst bedeutungslos geworden ist, spürt man besonders in der Landesmitte noch die Prägung der Städte durch den Bergbau. Eine erst 2015 offiziell eingeweihte touristische Vermarktungsidee dabei ist der ›Barbaraweg‹ (Barborská cesta). Die 144 Kilometer lange Runde in Art eines Pilgerweges verbindet Kremnica (Goldenes Kremnitz), Banská Bystrica (Kupfernes Neusohl) und Banská Štiavnica (Silbernes Schemnitz). Die am weitesten voneinander entfernt liegenden Orte auf der Standardvariante des Ovals sind Banský Studenec (Kohlbach) im Süden und Staré Hory (Altgebirg) im Norden.

Topoľčany und Partizánske

Die Städte Topoľčany (Topoltschan, nicht verwechseln mit Topoľčianky) und Partizánske (zeitweise Baťovany genannt) am Oberlauf der Nitra haben beide eine interessante Wirtschaftsgeschichte.

■ **Topoľčany und Umgebung**

In Topoľčany gab es eine Glockengießerei und einen regen Safranhandel, Schmalspurbahnen dienten dem Transport von Holz und Zuckerrüben. Geprägt wurde die Stadt auch von Juden, die sich ab dem 18. Jahrhundert in größerer Zahl hier niederließen. Im nahegelegenen Bošany entstand 1866 die größte Gerberei Ungarns. Wertvollstes Objekt des **Regionalmuseums** Topoľčany sind Schädelteile des Ur-Elefanten Mastodon. In jüngster Zeit werden verstärkt Exponate aus dem Brauereigewerbe gezeigt. Beachtenswert sind außerdem Glaserzeugnisse aus Uhrovec sowie die Waffen- und Münzsammlungen des Barons Stummer. Die **Burgruine Topoľčany** liegt am Bergmassiv Považský Inovec (Inowetz) oberhalb des Dorfes

Podhradie westlich von Topoľčany. Ihr noch recht gut erhaltener Turm kann bestiegen werden.

In entgegengesetzter Richtung von Topoľčany, südlich von Oponice (Apponitz), findet man eine weitere **Burgruine**. Sie war Stammsitz des ungarischen Adelsgeschlechtes Apponyi, das mit Geraldine (1915–2002) die letzte albanische Königin stellte. Die Anlage ist von Blažej Apponyi bereits um 1645 aufgegeben und dann während der Kuruzenkriege völlig zerstört worden. Eine Bürgerinitiative versucht heute, den weiteren Verfall zu stoppen. Die Apponyis besaßen dann zwei **Renaissanceschlösschen** im Dorf. Eins (Nr. 133) beherbergt ein kleines Jagdmuseum mit einer schicken alten Bibliothek; die schmucklose Fassade kontrastiert mit der wohnlichen Einrichtung. Das andere (Nr. 271) arbeitet nach einer aufwendigen Sanierung als Hotel.

In der Umgebung von Topoľčany gibt es mehrere **Badeseen**: bei Krtovce, Duchonka und Nemečky.

■ **Partizánske und Umgebung**

In Partizánske ließ der berühmte Schuhfabrikant Tomáš Baťa ab 1938 eine Produktionsstätte errichten. Wie auch im tschechischen Zlín, dem Stammsitz der 1896 gegründeten Firma, förderte er Arbeiterwohnungen.

Partizánske verfügt über ein frührenaissancezeitliches **Kastell** mit Park im Stadtteil Brodzany. 1844 erwarb ein Verwandter des russischen Dichters Alexander Puschkin (1799–1837) die Anlage. Puschkin hielt sich öfter in Brodzany auf, seine Schwägerin Alexandra Goncharov-Friesenhof wurde hier bestattet. 1979 wurde im Kastell ein **Museum** eingerichtet, das sich natürlich vor allem Puschkin widmet. Östlich der Stadt erstreckt sich

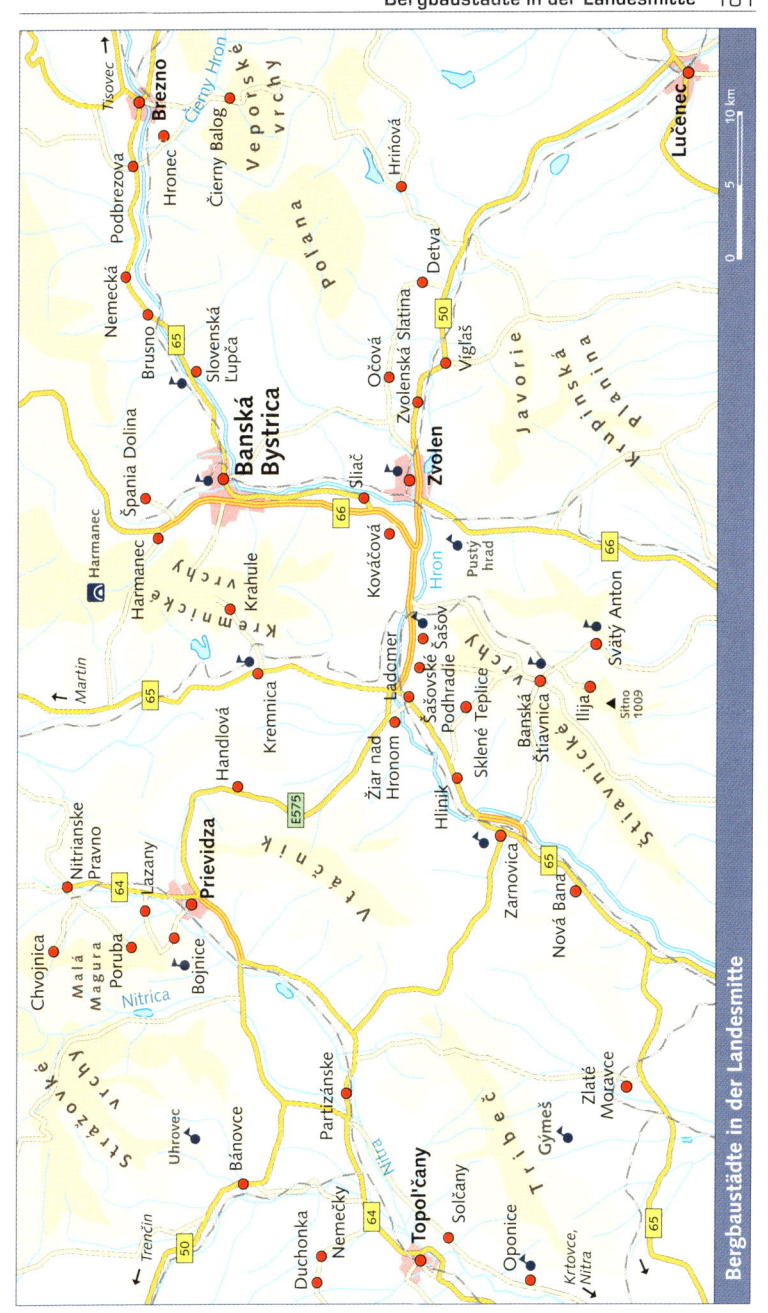

das Bergmassiv **Vtáčnik** (Vogelgebirge). Es wurde nach auffällig vielen Singvögeln wie den Wacholderdrosseln benannt, prägend sind weiterhin Andesitgestein, hohe Luftfeuchtigkeit und dichte Laubwälder. Die Kleinstadt **Uhrovec** liegt schon in den Rajetzer Bergen. Sie ist durch ihre Glasindustrie sowie als Geburtsort

zweier berühmter Slowaken bekannt geworden, Ľudovít Štúr und Alexander Dubček wurden im Abstand von 106 Jahren sogar im gleichen Haus geboren, der Wohnung des Dorfschullehrers; ein Verwandtschaftsverhältnis besteht aber nicht. In Uhrovec wird gerade die **Burgruine** gegen Baufälligkeit gesichert.

 Topoľčany und Partizánske
Vorwahl: 00421/(0)38.

Kursbuchstrecke 140, Abschnitt Prievidza–Partizánske-Topoľčany etwa 6x täglich (70 Min.).

Château Appony, Oponice 271, Tel. 3238111, www.chateauappony.sk, DZ ab 99 Euro. Neues Komforthotel im renovierten Kastell mit Bibliothek.

Regionalmuseum Tribetz (Tribečské múzeum), Krušovská 291, Topoľčany, Tel. 5323021, www.tribecskemuzeum.sk, Mo–Fr 8–16 Uhr, Apr.–Sept. auch So 10–16 Uhr.
Jagdmuseum mit Bibliothek (Apponyiho poľovnícke múzeum), Oponice, Tel. 0918/398656, www.apponyihomuzeum.web node.sk, Besuch nach Anmeldung Mo–Fr 13–17 Uhr.
Literaturausstellung Alexander Puschkin (Slovanské múzeum Puškina), Brodzany, Tel. 2452651, www.snk.sk, Di–Fr 9–15.30 Uhr, So 10–14 Uhr.
Sternwarte (Hvezdáreň v Partizánskom), Malé Bielice 177, Partizánske, Tel. 7497108, www.hvezdaren.sk, Mi/Fr nach Einbruch

der Dunkelheit, Anmeldung erbeten. Das Regionalmuseum Trentschin verwaltet das **Geburtshaus** (Rodný dom) von Ľudovít Štúr und Alexander Dubček in Uhrovec, Tel. 7694247, www.muzeumtn.sk, Mai–Okt. Di–Sa 8–16 Uhr, Sept.–Jun. Mo–Fr 8–16 Uhr.

Thermalbad Chalmová, Nešpora 1, Bystričany, Tel. 046/5493320, www.chalmova.sk, 9–19 Uhr, Do 9–17 Uhr.

Lehrpfad von der Berghütte Chata pod Končitou in Kamenec auf den Vtáčnik (8 km, 12 Tafeln), 900 m Höhenunterschied.
Lehrpfad von Osľany nach Žarnov (5 km, 8 Tafeln).
Lehrpfad von Diviacka Nová Ves durch das Naturschutzgebiert Rokoš nach Uhrovské Podhradie (6 km, 4 Tafeln).
Lehrpfad von Slatina nad Bebravou nach Krásna Ves (12 km, 9 Tafeln).

➕
Krankenhaus Partizánske, Nová nemocnica 511, Tel. 7473111, www.pe.svetz dravia.com.
Krankenhaus Bánovce nad Bebravou, Hviezdoslavova 23/3, Tel. 7624111, www.nemocnicabn.sk.

Bojnice

Karte S. 181 ▲

Bei einem längeren Slowakeiurlaub lohnt es sich, einen ganzen Tag für Schloss Bojnice und seine Umgebung einzuplanen. Die Wegweiser nach Bojnice (Weinitz) führen zu Parkplätzen am Ortsrand, au-

ßerhalb der Ferienzeit kann man aber getrost bis an das von weitem sichtbare Schloss heranfahren und findet wahrscheinlich eine Parkmöglichkeit in der Nähe des Marktplatzes (Hurbanovo nám.). Bojnice ist von vielen größeren Städten des Landes aus gut zu erreichen, so sind es jeweils etwa 70 Kilometer von Zvolen, Nitra, Trenčín und Žilina. Zu befürchten ist, dass die einzigartige Harmonie von Kulturgeschichte und Landschaft in Bojnice erheblich gestört wird, falls die Pläne des Investors Kastor für einen ›Amusement Park‹ Wirklichkeit werden. Die nordwestlich von Bojnice beginnenden Rajetzer Berge werden bei der Umgebung von Žilina beschrieben (→ S. 169).

■ **Schloss Bojnice**

Ähnlich wie das bayerische Märchenschloss Neuschwanstein stellt Schloss Bojnice westlich von Prievidza ein Bauwerk dar, das seine Gestalt den romantischen Schwärmereien seines Auftraggebers verdankt. Zugegebenermaßen ist Schloss Bojnice etwas kleiner und nicht ganz so exponiert wie Neuschwanstein gelegen,

auch ist das romantische Erscheinungsbild nicht als Neubau entstanden. Schloss Bojnice ist das Kulturdenkmal mit den größten Besucherzahlen in der Slowakei. Bereits um 1100 stand auf dem Travertinhügel eine Burg, die von 1528 bis 1569 von der Familie Thurzo zum Wohnsitz umgestaltet wurde. Vorherige Eigentümer waren Matúš Čák und König Matthias Corvinus, einige seiner offiziellen Urkunden (um 1487) diktierte letztgenannter angeblich unter dem inzwischen nur noch rudimentär vorhandenen Lindenbaum gegenüber dem Burgeingang. Nach längerer Stagnation ging die Burg 1852 in den Besitz von Graf Ján František Pálffy (1829–1908) über, der sie ab 1889 zum Schloss im Stil der Spätgotik umgestalten ließ. Detaillösungen wurden unter anderem von den französischen Schlössern Pierrefonds,

Auf dem Weg in die Tatra

Blick auf Schloss Bojnice

Ambois und Carcassonne kopiert. Die prächtigen Decken- und Wandverkleidungen entwarf der Hausherr größtenteils selbst, viele Einrichtungsgegenstände und Gemälde erwarb er auf Antiquitäten-Auktionen. Darunter befindet sich der einzige komplett erhaltene Altar von Nardo di Cione (eigentlich Leonardo Orcagna, 1320–1366). Außer den üblichen geschmack- und prunkvollen Räumen verfügt das Schloss über einen **Wintergarten** und eine **Kapelle** sowie über eine in den Keller einbezogene natürliche **Travertinhöhle**, die bereits in der Altsteinzeit als Zufluchtsort diente. In seinem Testament verfügte Pálffy, dass vier seiner acht Wohnsitze mit ihren Kunstwerken für öffentliche Besichtigungen zugänglich gemacht werden sollen. Mittlerweile wird das Schloss von einem cleveren jungen Team verwaltet, es gibt seit einiger Zeit einen informativen Internetauftritt und originelle alljährliche Kulturveranstaltungen. Am bekanntesten ist das Gespensterfestival im Frühling, das sich inzwischen über zehn Tage hinzieht. Es ist möglich, eine Nachtführung exklusiv zu bestellen oder Räume für Privatfeiern zu mieten.

Talwärts blickt man vom Schloss Bojnice über die Stadt Prievidza (Priwitz) an der Nitra zum Bergmassiv Vtáčnik (Vogelgebirge), dessen höchste Berge der Vtáčnik mit 1346 Metern und der Biely kameň mit 1136 Metern sind.

■ Das Zentrum

Bojnice hat mehr zu bieten als nur das Schloss. So liegt der älteste und größte slowakische **Zoo** unmittelbar neben dem Schloss; er beherbergt fast 300 Arten. Daneben befindet sich ein kleiner **Dinopark**; es kostet Extra-Eintritt.
Im Bereich des grünen **Marktplatzes** stehen schmucke einstöckige Häuser. Die sehenswerte Inneneinrichtung der mehr-

mals umgebauten **Martinskirche** stammt aus dem 17. Jahrhundert, Pfarrhaus und Nepomuk-Kapelle sind Barockbauten aus dem 18. Jahrhundert. Hinter der Kirche befindet sich eine Fundstelle menschlicher Zeugnisse aus dem Paläolithikum. Der Zugang erfolgt von unten über die Straße Rybníčky. Völlig unerwartet stößt man quasi im Stadtzentrum auf eine Höhlenschlucht. Das unkonventionelle **Museum** veranstaltet auf seinem Areal auch Kunstausstellungen und Fackelspaziergänge.
Bojnice ist eine alte Kurstadt. Bereits ein Dokument von 1113 erwähnt die heißen Quellen. Auch das **Freibad Čajka** (Möwe) neben dem Schloss wird von Thermalwasser gespeist. Verschiedene Kurgebäude wurden seit dem 16. Jahrhundert errichtet, im Kurviertel befindet sich auch ein **Park** mit dem dicksten Baum der Slowakei.

■ Prievidza

Bojnice und Prievidza sind nur durch einen schmalen Feldstreifen voneinander getrennt. Prievidza hat einen grünen **Marktplatz** und mehrere hübsche **Kirchen**. Das 1985 gegründete **Regionalmuseum** ist schnell gewachsen und befindet sich im barocken Piaristenkloster. Eine hübsche alte Karmeliterkirche steht auf dem Marienhügel östlich der Altstadt. Im Vorort Cígeľ wurde 2003 ein Kohlebergwerkstollen als **Museum** eingeweiht; die Führung dauert etwa zwei Stunden.

■ Malá Magura

Hinter dem Schloss Bojnice beginnt der zu den Rajetzer Bergen (→ S. 169) gehörende kleine Gebirgszug Malá Magura. Im übernächsten Örtchen **Poruba** gibt es eine sehenswerte gotische **Kirche**. Gut als Ausgangspunkt für Wanderungen eignet sich die zu Nitrianske Pravno (Deutschproben) gehörende ehemalige Bergbaugemeinde Chvojnica (Fundstollen).

Karte S. 181

Bojnice und Umgebung

Vorwahl: 00421/(0)46.
Touristeninfo, Hurbanovo 47, Bojnice, Tel. 5430303, Mo–Fr 9–17 Uhr, Sa/So 10–14 Uhr.
Touristeninfo, Slobody 4, Prievidza, Tel. 16186 oder 5423992, Mo–Fr 9–17 Uhr. Die Kureinrichtungen von Bojnice stellen sich unter www.kupele-bojnice.sk vor.

Kursbuchstrecke 140, Abschnitt Prievidza–Partizánske–Topoľčany etwa 6x täglich (70 Min.), Strecke 145 Prievidza–Handlová–Stubňa 8x täglich (60 Min.).

Es gibt nur zwei durchgehende Zugpaare tgl. zwischen Bratislava und Prievidza.

Tereza, Metoda 14, Prievidza, Tel. 5427252, www.villasvtereza.sk, DZ ab 71 Euro. Biedermeier-Landhausstil.
Lipa, Sládkovičova 14, Bojnice, Tel. 5430308, www.hotel-lipa-bojnice.sk, DZ ab 47 Euro. Rustikales Kleinstadthotel.
Družba, Rekreačná 2, Bojnice, Tel. 5402113, www.druzba.sk, DZ ab 33 Euro. Am nordwestlichen Stadtrand.
Vyšehrad, SNP 9, Nitrianske Pravno, Tel. 5447961, www.vysehradpravno.sk, DZ 29 Euro. Schlichtes Wanderhotel im Nachbarort.

Camping Bojnice, Opatovce nad Nitrou 327, Tel. 5413845, www.campingbojnice.biznisweb.sk, Mai–15. Nov.

Es gibt mehrere Restaurants mit landestypischer Küche im Bereich des Marktplatzes von Bojnice, derzeit besonders empfehlenswert:
Biograf, Hurbanovo 42 (Ecke Pálffyho), Tel. 0908/657254, www.biografrestaurant.sk. In einem ehemaligen Kino, Einrichtung und

Speisenpräsentation besitzen Kultstatus.
Muzika, Hurbanovo 29, Tel. 5431169, www.muzikarestaurant.sk, Gut zwischen deftig und zart ausbalancierte Fleischportionen, große Getränkeauswahl.

Das **Schlossmuseum** (Bojnický zámok) ist dem Slowakischen Nationalmuseum unterstellt, Tel. 5430051, www.bojnice-castle.sk, Mai–Sept. 9–17 Uhr, Okt.–Apr. Di–So 10–15 Uhr.
Prähistorische Fundstätte (Prepoštská jaskyňa), Tel. 0911/878717, www.muzeumpraveku.sk, Mai–Jun. Mo–Fr 12.30–15.30 Uhr, Sa/So 10.30–17.30 Uhr, Jul./Aug. 10–18 Uhr, Mai/Sept. Sa/So 10.30–17.30 Uhr, Fackelspaziergang Jul./Aug. Di/Do/Sa 21 Uhr.
Zoologischer Garten (Zoologická záhrada) neben dem Schloss, Tel. 5402975, www.zoobojnice.sk, Apr.–Sept. 8–18 Uhr, Nov.–März 8–15 Uhr, März/Okt. 8–17 Uhr.
Regionalmuseum Oberes Neutratal (Hornonitrianske múzeum), Košovská 9, Prievidza, Tel. 5423054, www.muzeumpd.sk, Mo–Fr 8–16 Uhr.
Kohlebergwerk (Hornonitriansky banský skanzen), Cígeľ, Sebedražie, Tel. 0903/042525, www.banskyskanzen.sk, nur mit Führungen von über zwei Stunden Di–So 10 und 14 Uhr, Reservierung im Tourismusbüro Bojnice empfohlen.
Die Ausstellungsräume des Karpatendeutschen Vereins in Handlová, Poštová 350, Tel. 5475174, und in Nitrianske Pravno, SNP 159, Tel. +46/5446462, können nach Anmeldung besucht werden.

Mehrere zur Tradition gewordene Veranstaltungen im Schloss, am bekanntesten das Internationale Gespensterfestival im Mai.

Lehrpfad von Bojnices nördlichem Ortsteil Dubnice auf den Hügel Hradište (4 km, 7 Tafeln).

Lehrpfad zur Bergbaugeschichte westlich von Handlová (10 km, 13 Tafeln).

Kleine Skiareale am Berghotel Remata bei Ráztočno und in Kľačno bei Nitrianske Pravno, siehe www.skitmg.sk bzw. www.skiklacno.sk.

Sommerfreibad Čajka, Rybničky 6, 97201 Bojnice, Tel. 5430528, 9–19 Uhr.

Krankenhaus Bojnice, Nemocničná 2, Tel. 5112111, www.hospital-bojnice.sk. Krankenhaus Handlová, SNP 26, Tel. 5192777, www.nemha.sk.

Kremnica

Aus ihrer zentralen Position auf der Landkarte kann Kremnica (Kremnitz) wenig Profit schlagen, denn nur wenige Touristen nutzen die Landstraße zwischen Turčianske Teplice und Žiar nad Hronom.

Blick über den Marktplatz auf die Burg in Kremnica

Karte S. 181

Der Ort ist aber allemal einen Abstecher wert. Einst war Kremnica eine der bedeutendsten Bergbaustädte der Region. 1329 begannen Einwanderer aus Kutná Hora, dem Sitz des böhmischen Münzhauses, mit der Prägung von Groschen und Dukaten. Damals betrug die Ausbeute der Goldadern bis zu 400 Kilogramm jährlich, weshalb die Stadt auch ›Goldenes Kremnitz‹ genannt wurde. Ab 1355 wurden jährlich 400 000 der berühmten Kremnitzer Dukaten aus reinem Gold geprägt. Das Münzhaus arbeitete ohne nennenswerte Unterbrechung bis heute und ist somit eine der ältesten Firmen der Welt. Für die Euro-Umstellung wurden im Jahre 2008 hier 500 Millionen Münzen ausgegeben. Schwerpunkt des derzeitigen Exports sind Rupien. Auch die Papiermühle der Stadt war früher in ganz Ungarn bekannt. Die Lage der Stadt im hügligen Terrain bereitete Schwierigkeiten beim Anlegen von Straßen und später von Bahnstrecken.

■ **Das Zentrum**
Die historischen Sehenswürdigkeiten gruppieren sich rund um den Marktplatz (Štefánikovo nám.), auffälligste Gebäude sind **Rathaus** und **Franziskanerkloster**. Vom Stadttor **Barbakane** kommt man zur südlichen Ecke des Marktes, die von der höchsten Pestsäule des Landes dominiert wird. Ihr Schöpfer Dionýz Ignác Staneti (Dionysus Stanetti, 1710–1767) stammt trotz seiner oft verwendeten italienischen Namensform aus Mährisch-Schlesien und gründete 1745 in Kremnica seine Familie. Hinter der nordöstlichen Ecke erhebt sich die **Burg**, deren Verteidigungsanlagen in die Stadtmauer übergehen. Einige Befestigungstürme sind erhalten. Dominierendes Gebäude des Burghofes ist die **Katharinenkirche** mit der Jahreszahl 1488. Von ihrem Turm hat man einen schönen Überblick über die Stadt. Der

Klopfturm nordwestlich des Zentrums diente als Signalgeber.

Auf Bergbautraditionen ist auch die Anlage des **Thermalfreibades** zurückzuführen. Eine alte Bohrgrube spendet große Mengen 50 Grad Celsius warmen Wassers mit heilenden Wirkungen bei Bewegungserkrankungen und Nervenstörungen. Die Hügel rund um die Altstadt bieten viele schöne Blicke auf Marktplatz und Stadtburg.

■ **Die Umgebung**

Im nördlichen Vorort Kremnické Bane (Johannesberg) entwickelte sich die Spitzenklöppelei.Östlich von Kremnica liegt das nach der Stadt benannte **Vulkan-gebirge** (Kremnické vrchy), wo sich die erste Sprungschanze Ungarns befand. Das Örtchen **Krahule** (Blaufuß) mit seiner Skalka Arena ist für den größten Skilanglaufwettbewerb des Landes bekannt. Seit 2013 bietet ein achteckiger hölzerner Aussuchtsturm einen schönen Rundblick über die Gegend. Eine Vielzahl alter Eisenbahntunnel ist an den Rändern der Kremnické vrchy zu finden. Der kurvige Abschnitt zwischen dem Tal des Hron und dem Oberlauf des Turiec wird sogar mit der Semmeringstrecke in Österreich verglichen. Beim Überwinden eines Höhenunterschiedes von über 500 Metern bieten sich zahlreiche schöne Ausblicke.

 Kremnica und Umgebung

Vorwahl: 00421/(0)45.

Touristeninfo, Štefánikovo 35/44, Kremnica, Tel. 6742856, Jun. Mo–Fr 9–17 Uhr, Sa 10–15 Uhr, Jul./Aug. Mo–Fr 9–17 Uhr, Sa/So 10–15 Uhr, Sept.–Mai Mo–Fr 8–16 Uhr, Sa 9–14 Uhr.

Kursbuchstrecke 171, Abschnitt Kremnica–Zvolen 5x täglich (40 Min.).

Centrál, Dolná 40, Tel. 6744214, www. hotel-central.sk, DZ ab 40 Euro. Solides Kleinstadthotel.

Floren, Štefánikovo 8/15, Tel. 6744888, www.wmafloren.sk, DZ ab 30 Euro. Gemütliches Haus am Marktplatz.

Caravan Camp, Dolná, Tel. 6742857, www.kupaliskokremnica.sk, Jun.–15. Sept.

Wegen der herausragenden Rolle der Stadt im Münzwesen werden die Museen www. muzeumkremnica.sk von der Nationalbank betrieben, dazu gehören:

▶ das **Münzenmuseum** (Múzeum min-cí a medailí), Štefánikovo 10/19, Tel. 6780308, Jul./Aug. Di–So 8.30–17.30 Uhr, Sept. Di–So 9–17 Uhr, Okt.–Jun. Di–Sa 9–16.30 Uhr, jeweils 1 Std. Pause ab 13 Uhr;

▶ die **Stadtburg** (Mestský hrad), Zámocké 568/1, Tel. 6743968, Jul./Aug. Di–So 8.30–17.30 Uhr, Mo 9–16.30 Uhr, Sept. Di–So 9–17 Uhr, Okt.–Jun. Di–Sa 9–16.30 Uhr, jeweils 1 Std. Pause ab 12 Uhr;

▶ eine **Keramikausstellung** (Kameninová továreň), Štefánikovo 32/38, Tel. 6744165, Mo–Fr 8–16 Uhr, 30 Min. Pause ab 12 Uhr;

▶ und **temporäre Kunstausstellungen** (Galéria), Štefánikovo 33/40, Tel. 6743261, Mo–Fr 8–16 Uhr, 30 Min. Pause ab 12.30 Uhr.

Außerdem findet man am Marktplatz die **Skilaufausstellung** (Expozícia lyžovania), Štefánikovo 14, Tel. 00421/ (0)2/44372427 (Achtung, Vorwahl über Koordinationsbüro in Bratislava), www. muzeumsportu.sk, Fr-So 11–15 Uhr.

Orgelkonzerte im Juli-August siehe www. kremnickyhradnyorgan.sk, Humorfestival im August www.gagy.eu.

Lehrpfad Grüner Weg Vejmutovka über Krokuswiesen bei Kremnický štós (9 km, 8 Tafeln), www.mslkca.sk, Unterpunkt ›Územie mestských lesov Klick Náučný chodník‹.

3 Lehrpfade bei Kremnické Bane in erneuerungsbedürftigem Zustand:
- vom Schacht Ferdinand zum Kalvarienberg (5 km, 4 Tafeln);
- vom Klopfturm nach Krahule (7 km, 2 Tafeln);
- vom Klopfturm zum Teich Pinga (4 km, 4 Tafeln).

Lehrpfad westlich Stará Kremnička (7 km, 8 Tafeln).

 Mehrere Skiareale in den Kremnitzer Bergen (→ Tabelle S. 178), gute Bedingungen für Langläufer bietet die Skalka Arena mit 60 km präparierter Loipen.

 Sommerfreibad Katarína, Krizku, Tel. 6742855, www.kupaliskokremnica.sk, Mo 11–18 Uhr, Di–So 9–18 Uhr, Di/Do/Sa auch 18.30–20.30 Uhr.

Banská Štiavnica und Umgebung

An die Kremnitzer Berge schließt sich südlich weiteres Vulkangebirge an, die Schemnitzer Berge (Štiavnické vrchy). Mittelpunkt dieses Gebietes ist das Städtchen Banská Štiavnica (deutsch Schemnitz, ungarisch Selmeczbánya), die älteste Bergbaustadt der Slowakei mit einem der ältesten Stadtwappen Europas.

Die erste Niederschrift über Silbererzfunde stammt vermutlich von 1156, die stellenweise an der Erdoberfläche sichtbaren Erzadern wurden aber schon früher ausgebeutet. Das Stadtrecht stammt von 1238, auch die beiden ersten Kirchen entstanden im 13. Jahrhundert. In der Folgezeit wurden die Bergbauanlagen aus dem unmittelbaren Stadtzentrum verdrängt, weitere Paläste und die weitverzweigte Kanalisation errichtet. 1627 erfolgte in den hiesigen Gruben erstmals auf der Welt eine Sprengung mit Schießpulver. Das Maximum der Förderung lag im Jahr 1690 mit 29 Tonnen Silber und 605 Kilogramm Gold, was der Stadt den Namen ›Silbernes Schemnitz‹ eintrug. Eine Bergbauschule eröffnete 1735 und wurde 1762 zur Akademie ernannt. Die Bergakademie von Freiberg in Sachsen wurde dagegen erst 1765 gegründet und ist somit nicht, wie oft behauptet, die älteste der Welt.

Die Stadt wuchs nach Bratislava und Debrecen zur drittgrößten in Ungarn heran. Zu den Studenten gehörte Ungarns Nationaldichter Sándor Petöfi (1823–1849). Um 1900 war der Bergbau jedoch endgültig erloschen, 1919 schloss die Bergbauakademie und die Stadt verfiel. Seit 1993 steht Banská Štiavnica mit den technischen Denkmälern der Umgebung in der UNESCO-Welterbeliste. Sie wirkt etwas verschlafen, dabei aber sehr angenehm. Mit ihrer Lage abseits frequentierter Verkehrswege und einer Vielzahl eigenwilliger historischer Gebäude einschließlich Gasthäusern lockt die Stadt eher sogenannte Studienreisende als Pauschalurlauber an.

Es gibt einige sehr engagierte Vereine, unter dem Schlagwort Bernsteinstraße (Jantárová cesta) engagieren sich beispielsweise Initiativen unter Leitung von Ján Roháč für einen verträglichen Tourismus in der Slowakei. Als Bernsteinstraße wird ein Netz alter Handelswege zwischen Ostsee und Mittelmeer bezeichnet, dessen Hauptroute von Danzig nach Venedig führte. Ein Koordinationsbüro befindet sich in Banská Štiavnica, die Aktiven hier berufen sich auf einen Stre-

Karte S. 189 ▲

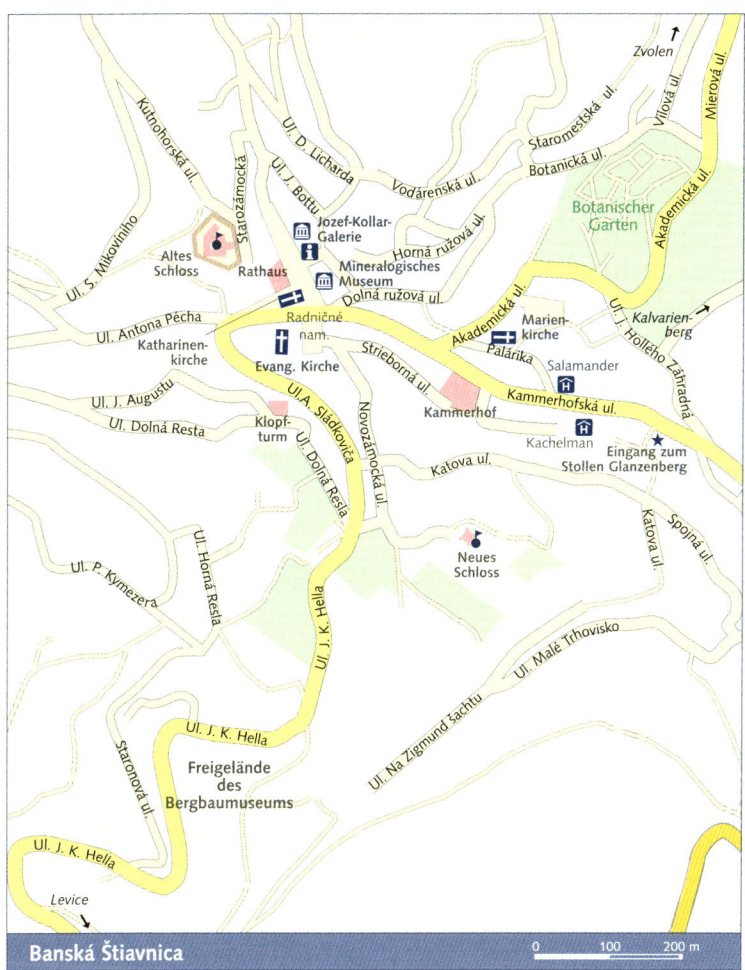

Banská Štiavnica

Auf dem Weg in die Tatra

ckenzweig von Krakau über ihre Stadt nach Budapest.
Die 20 Kilometer lange Bahnstrecke von Hronská Dúbrava nach Banská Štiavnica wurde erst 1949 fertiggestellt.

■ **Innnenstadt**

Die breite Streuung der Besiedlung und das hüglige Terrain führten zu einer ganz untypischen Verteidigungsanlage. Üblicherweise wurde die Stadtmauer eng

um die Stadt gezogen oder strategische Überlegungen führten zu regelmäßigen Festungsgeometrien. In Banská Štiavnica dagegen wurden Mauerstreifen mit Toren etwas abgerückt unterhalb der Stadt in die Landschaft eingepasst. Dazu kommt der Bau des **Neuen Schlosses** im 16. Jahrhundert als Wachfestung auf dem Frauenberg im Süden der Stadt. Das weiße turmartige Renaissancegebäude hat sechs Etagen mit Schießscharten und Eckbasteien. In ihm befindet sich eine Ausstellung über die Zeit der türkischen Expansion. Am Berghang gibt es einen jüdischen Friedhof.

Auf dem Weg vom Neuem zum Alten Schloss (auch Stadtburg genannt) stehen ehemalige Gebäude der Bergbauakademie und der barocke Klopfturm. Das **Alte Schloss** entstand in seiner heutigen Form etappenweise zwischen dem 13. und dem 16. Jahrhundert. Es beherbergt eine Basilika und die wertvollsten Ausstellungen des Bergbaumuseums.

Rathaus- (Radničné nám.) und Dreifaltigkeitsplatz (nám, svätej Trojice) sind das Herz der Stadt. Das **Rathaus** mit seinem schlanken Eckturm ist heute noch Sitz des Magistrats. Am Rathausplatz befinden sich weiterhin die **Katharinenkirche** und die **Evangelische Kirche**. Am Dreifaltigkeitsplatz findet man die Jozef-Kollar-Galerie und daneben das ehemalige Berggericht mit seiner Mineralienausstellung. Es bietet Zutritt in einen 76 Meter langen Stollen. Insgesamt ist die Stadt von vielen Kilometern solcher Gänge untertunnelt.

Sehenswürdigkeiten dicht an dicht: Banská Štiavnica

Der Hauptsitz des **Bergbaumuseums** ist der Kammerhof in der bergab führenden Straße Kammerhofská. Weiter unten kann man die **Marienkirche** mit Resten des Dominikanerklosters sehen. Mehrere Bürgerhäuser in diesem Viertel tragen längere deutsche oder lateinische Aufschriften.

Östlich der Altstadt liegt der **Botanische Garten Kysihýbel** mit Gebäuden des Forstinstitutes. Auf knapp acht Hektar wurden fast 300 Gehölzarten angepflanzt.

■ **Am Stadtrand**

Etwa eineinhalb Kilometer Luftlinie nordöstlich des Zentrums liegt der wohl schönste **Kalvarienberg** (kalvária) des Landes. Die Sakralbauten wurden von 1744 bis 1751 unter Leitung von František Perger (1700-1772) errichtet. Es gibt eine obere und eine untere Kirche, die steile Serpentine dazwischen wird von 17 Kapellen gesäumt. Fotografen werden dort viele Motive finden. Das in der Art eines Skansens errichtete **Freigelände des Bergbaumuseums** liegt in einem Nadelwald etwa zwei Kilometer südlich der Stadt. Es besteht aus zwei unterirdischen Besichtigungsgängen (Bartholomäus- und Johann-Stollen) sowie sechs oberirdischen Gebäudegruppen, von denen sich noch zwei im Aufbau befinden. Auf dem Gelände findet man außer Exponaten aus der Arbeitswelt und alten Fördermaschinen auch eine Kapelle sowie einen See.

Die Anlage der kleinen **Teiche** (tajchy) rings um die Stadt diente ebenfalls dem Bergbau. Über die Hälfte dieser ehemals 54 Gewässer sind noch erhalten. Der bekannteste heißt Počúvadlo (Pokauer Teich), an vielen existieren beliebte Badestellen. Zur reichen Tierwelt der Gegend gehören Fledermäuse und auffällig viele Schmetterlinge.

Karte S. 189

Der höchste der Schemnitzer Berge heißt **Sitno** (1009 m), liegt etwa sieben Kilometer Luftlinie südlich der Stadt und bietet eine gute Rundumsicht sowie eine Außenstelle des Museums für Naturschutz und Hohlenkunde. Seine Besteigung ist unkompliziert.

■ Nordwestliche Schemnitzer Berge

Nördlich von Banská Štiavnica liegt der kleine Kurort **Sklené Teplice** (Glashütten) mit zwölf Thermalquellen. Hier stand im 14. Jahrhundert wahrscheinlich die erste Glashütte des Landes. Das heiße Wasser wurde früher bei der Produktion genutzt. Besonders stolz ist man auf das Thermalbassin Parenica in einer natürlichen Grotte (20 Minuten in 42 Grad Celsius warmen Wasser für Menschen ab 12 Jahren). Sklené Teplice ist eine Geheimempfehlung für Kurgäste, die eher auf Ruhe statt auf Berieselung und Bekanntschaften aus sind. Man wohnt zwischen relativ einsamen Bergen, und innerhalb von von 60 Kilometern erreicht man beispielsweise Bojnice, Banská Bystrica, das Arboretum Mlyňany oder das Ökodorf Záježová.

Am Mittellauf des Hron, bei der Ortschaft Šašovské Podhradie, steht die Ruine der 1677 zerstörten **Burg Šašov** (Sachsenstein) mit markanter Silhouette.

■ Nová Baňa

Die ehemals große Bedeutung von Nová Baňa (Königsberg) als Bergbaustadt am Mittellauf des Hron schlägt sich nicht in einem attraktiv Straßenbild nieder. Es gibt jedoch interessante Einzelgebäude und viele Denkmale zur Industriegeschichte.

■ Südöstliche Schemnitzer Berge

Nächster Ort südöstlich von Banská Štiavnica ist **Svätý Anton** (Sankt Anton in der Au, bis 1996 Antol). Auf

Jagdtrophäen im Schloss Svätý Anton

einem Hügel über dem Dorf steht ein von 1744 bis 1750 erbautes, äußerlich recht schlichtes **Barockschloss** mit Park. Letzter Schlossherr – bis 1944 – war der bulgarische Zar Ferdinand von Sachsen-Coburg und Gotha. Wegen vielfältiger Aktivitäten zum Thema Jagd einschließlich Falknerei und Fischerei untersteht die Anlage heute dem Landwirtschaftsministerium. Das Schlossmuseum wurde mit viel Detailkenntnis eingerichtet und mehrmals renoviert. Es zeigt unter anderem Repräsentationsmöbel von Georges Jacob, Stauen von Dionýz Ignác Staneti, Porträtmalerei, originelle Öfen und verschiedenste Tapeten. Im Rahmen der Führung sieht man auch die Kapelle und die Küche.

Im Nachbarort **Ilija** (Sankt Egidien) steht eine kleine romanische **Kirche** aus dem 13. Jahrhundert mit reich verziertem Portal.

■ Krupina

Zwischen Schemnitzer Bergen und Karpfener Hochebene (→ S. 210) liegt eine der ältesten Städte des Landes. Krupina (Karpfen) erhielt 1238 das Stadtrecht, der Bergbau endete jedoch schon im

14. Jahrhundert. Die Stadt bietet eine von Deutschen erbaute **Basilika** aus dem 13. Jahrhundert, den einzigen im Land erhaltenen Wachtturm von den Befestigungsanlagen gegen die Türken, eine frühe **Pestsäule** von Dionýz Ignác Staneti, mehrere **Kirchen**, ein hübsches **Rathaus** und **Bürgerhäuser** von der vorletzten Jahrhundertwende.

Der **Vartovka** von 1564 steht südöstlich der Stadt und ist als Aussichtsturm frei zugänglich. Im Nachbarort **Bzovík** künden die Reste eines im 16. Jahrhundert zur Festung umgebauten **Prämonstratenserklosters** von vergangenen Kriegen. Eine Benediktinerabtei war schon um 1130 gegründet worden. Zu den Naturdenkmälern in Krupinas Umgebung zählen der Andesit-Steinbruch Sixova stráň und das Lavafeld Krupinské bralce.

 Banská Štiavnica und Umgebung

Vorwahl: 00421(0)45.

Touristeninfo, Trojice 6, Banská Štiavnica, Tel. 6949653, www.banskastiavnica.org, Jul./Aug. 9–18 Uhr, Okt.–Apr. 8–16 Uhr, Mai–Jun./Sept. 9–17 Uhr.

Touristeninfo, Slobody 1, Nová Baňa, Tel. 6782880, www.novabana.sk, Jul./Aug. Mo–Fr 7–17 Uhr, Sept.–Jun. Mo–Fr 7–16 Uhr.

Touristeninfo, Svätotrojičné 15, Krupina, Tel. 0918/869100, www.krupina.sk, Mo–Fr 8–16 Uhr.

Kurbetrieb-Koordination über Sklené Teplice: www.kupele-skleneteplice.sk.

Kursbuchstrecke 154 nach Banská Štiavnica; landschaftlich schön, aber nur noch wenige Züge. Schnellzug-Halt auf der Strecke 150 Bratislava–Zvolen an den Bahnhöfen Nová Baňa, Žarnovica und Žiar nad Hronom.

Busbahnhof südlich der Altstadt am Supermarkt Billa Křižovatka.

▸ In Banská Štiavnica:

Salamander, Palárika 1, Tel. 6913992, www.hotelsalamander.sk, DZ ab 40 Euro. Historisches Haus im Zentrum.

Kachelman, Kammerhofská 18, Tel. 6922319, www.kachelman.sk, DZ ab 40 Euro. Historisches Haus im Zentrum. Weitere Pensionen in der Straße Akademičá, zwei Jugendherbergen unterhalb von Altem bzw. Neuem Schloss.

▸ In der Umgebung:

Salamandra, Horný Hodrušský tajch, Hodruša Hámre, Tel. 0907/741898, www.salamandra.sk, DZ ab 110 Euro. Sporthotel mit kleinen Skilift am Stausee.

Topky, Počúvadlianske jazero, Štiavnické Bane, Tel. 6994115, www.hoteltopky.sk, DZ 60 Euro. Sporthotel an einem anderen Stausee.

Termál, Vyhne 249, Tel. 6787611, www.termalvyhne.sk, DZ ab 75 Euro. Mit Wellness-Angeboten und Pool.

Na Slnečnej stráni, Vyhne 363, Tel. 0905/334129, www.naslnecnejstrani.sk, DZ ab 37 Euro. Ruhiger Familienbetrieb.

Starý hostinec, Svätý Anton 81, Tel. 6931124, www.staryhostinec.sk, DZ 35 Euro. Zünftiges Bauernhaus.

Tajch centrum Losos, Tajch 705, Nová Baňa, Tel. 0911/274239, www.camplosos.sk. Am oberen Stadtrand.

Drevenica, Revištské Podzámčie, Žarnovica, Tel. 0917/409913, www.drevenicareviste.sk. Absolut romanisch zwischen Burgruine, Fluss und Fischteich gelegen, als Ausgangspunkt für Paddeltouren geeignet, allerdings in Hörweite der Autobahn.

Verträumtere Campingplätze dann ostwärts in Pliešovce-Zajezova, Plachtinské lazy und Cerovo-Duchenec.

Ausreichend kultige Restaurants, Kaffee- und Teestuben im Stadtgebiet von Banská Štiavnica, oft in denkmalgeschützten Gebäuden oder gar in Bergbaustollen, darunter auch eine Minibrauerei mit Ausschank: **ERB**, Novozámocká 2, Tel. 0917/755235, www.pivovarerb.sk.

Das Bergbaumuseum (Slovenské banské múzeum), Tel. +45/6920760, www.muzeumbs.sk, Mai–Sept. 9–17 Uhr, Okt.–Apr. 8–16 Uhr, besteht aus folgenden Abteilungen:
▸ **Kammerhof**, Kammerhofská 2, Tel. 6949418, Mai–Sept. Di–Sa, Okt.–Apr. Mo–Fr;
▸ **Berggericht**, Trojice 6, Tel. 6920535, Okt.–Apr. nur Di–So;
▸ **Jozef-Kollar-Galerie**, Tel. 6913431, Trojice 8, Mai–Sept. Mo–So, Okt.–Apr. Mo–Fr ;
▸ **Altes Schloss** (Starý zámok), Starozámocká 11, Tel. 6949472, Okt.–Apr. nur Di–So;
▸ **Neues Schloss** (Nový zámok), Novozámocká 22, Tel. 6911543, Okt.–Apr. nur Mo–Fr;
▸ **Freigelände** (Skanzen), Hella 12, Tel. 6912971, Okt.–Apr. nur Di–So, nur mit Führung zu jeder vollen Stunde, Mindestteilnehmerzahl 5.
▸ **Glanzenberg**, Kammerhofská 18, Anmeldung unter 6920535.
Schloss Antol (Múzeum vo Svätom Antone), Tel. 6913932, www.msa.sk, Jul./Aug. 9–17.30 Uhr, Nov.–März 8–15 Uhr, Apr.–Jun./Sept./Okt. 9–16 Uhr, nur mit Führung.

Das Salamanderfest am zweiten Septemberwochenende widmet sich den mittelalterlichen Bergbautraditionen der Stadt, siehe www.banskastiavnica.sk.

Lehrpfad vom Teich Červená Studňa mitten durch die Stadt (3 km, 11 Tafeln).
Lehrpfad im Bergbaugebiet ›Milan Kapusta po žile Terézia‹ westlich der Stadt (6 km, 16 Tafeln).

Schwerpunkt eines Weges ab Červená Studňa bei Štiavnické Bane sind die kleinen für den Bergbau angelegten Teiche (5 km, 8 Tafeln).
Das **Arboretum Kysihýbel** ist Ausgangspunkt einer Rundwanderung mit zahlreichen botanischen Raritäten (6 km, 16 Tafeln).
Lehrpfad vom Teich Počúvadlo auf den Vukankegel Sitno (3 km, 13 Tafeln).
Lehrpfad rund um Banská Hodruša (3 km, 16 Tafeln).
Lehrpfad zum ›Steinmeer‹ bei Vyhne (5 km, 8 Tafeln).
Lehrpfad von Stará Huta bei Nová Baňa durch das Andesitgebiet Vojšín nach Malá Lehota (10 km, 8 Tafeln).
Neuer **Lehrpfad** vom Bahnhof Nová Baňa durch Wirtschaftswälder, ein Aussichtsturm ist geplant (6 km, 5 Tafeln), www.lesynb.sk, Untermenü ›Náučný chodník‹.
Ebenfalls dem Bergbau widmet sich ein **Lehrpfad** nordwestlich von Pukanec (5 km, 12 Tafeln), www.terrabanensium.sk, Untermenü ›Náučný chodník‹.
Lehrpfad vom beschriebenen Türkenturm bei Krupina nach Uňatín (3 km, 5 Tafeln).

Vodný raj, Vyhne 100, Tel. 0903/446213, www.vodnyrajvyhne.sk, Mo–Fr 13–21 Uhr, Sa/So 10–22 Uhr.
Die hübschen Kurbadbecken von Sklené Teplice sind auch ohne sonstige Behandlungen zugänglich, Tel. 6771061, www.kupele-skleneteplice.sk.

Krankenhaus Banská Štiavnica, Bratská 17, Tel. 6912316.
Krankenhaus Žiar nad Hronom, Sládkovičova 11, Erwachsene 6709955, Kinder 6709906, www.ziar.nemocnica.com.
Poliklinik Žiar nad Hronom mit Stomatologie, Priemyselná 12 (im Firmangelände ZNP), Tel. 3902408, www.procare.sk.
Krankenhaus Krupina, 29. augusta 23, Tel. 5550911, www.nemzvolen.sk.

Auf dem Weg in die Tatra

EXTRA

Der Mittelpunkt Europas

Es gibt mehrere mathematische Herangehensweisen, einen Mittelpunkt Europas zu bestimmen, und so schmücken sich mehrere Städte mit diesem Beinamen. Vor einigen Jahren wurde eine solche Mitte in der Slowakei deklariert, die Berechnungsmethode fand aber wenig Zuspruch. Dieser Mittelpunkt befindet sich in Kremnické Bane nahe Kremnica und wird durch einen Felsbrocken neben der Johanneskirche markiert. Schon im Jahr 1764 besuchte der König und spätere Kaiser Joseph II. mit seinem Bruder Leopold diese Kirche, 2003 wurde hier zur Gründung der Slowakischen Republik symbolisch der Grundstein des Staates gelegt. Natürlich sollte man einen Slowaken besser nicht darauf hinweisen, dass dieser Mittelpunkt international keine allzugroße Akzeptanz erfährt.

Die beiden derzeit allgemein anerkannten Mittelpunkte unseres Kontinents befinden jedenfalls noch weiter im Osten. Der eine liegt am Oberlauf der Theiß in der Westukraine nahe der Grenze zu Rumänien (47° 56' 3" N, 24° 11' 30" O); man kommt an der Hauptstraße im Dorf Dilowe am Fuße der Karpaten direkt daran vorbei. ›Locus perennis‹ steht in lateinischer Sprache auf einem kleinen Sandstein-Obelisken, den Vermessungsexperten 1887 errichtet haben. Es ist eine Multikulti-Gegend, die früher zur Habsburgermonarchie gehörte; noch heute gibt es einfache Bauern mit Kenntnissen von mehr als fünf Sprachen.

Geographen des Institut Géographique National errechneten den anderen der heutzutage akzeptierten Mittelpunkte 1989 als Masseschwerpunkt in Purnuškės (54° 41' N, 25° 16' O) nördlich von Vilnius. In der Nähe befindet sich der 1991 vom Bildhauer Gintaras Karosas gegründete Europark. Auf 55 Hektar wurden moderne Skulpturen zeitgenössischer Künstler gesammelt. Das Europamonument von 1993 zeigt den Abstand bis zu jeder Hauptstadt des Kontinents an.

Dieser Obelisk im westukrainischen Dilowe symbolisiert einen Mittelpunkt Europas

Wer bei Transkarpatien und Litauen von Zentraleuropa spricht, wird sehr oft Rückfragen oder Unverständnis hervorrufen. Das veranschaulicht, wie weit entfernt sich Europas geographische Mitte im Bewusstsein vieler Westeuropäer auch heute noch befindet. Unzählig sind inzwischen die Anekdoten über die Verwechslung von Slowakei und Slowenien, auch manche hochrangige Politiker aus dem ›Westen‹ haben sich diese Blamage geleistet. Dabei beginnt Mittelosteuropa – um überhaupt eine Bezeichnung für die ehemaligen Ostblockländer zu finden – bereits 60 Kilometer östlich von Wien, 80 Kilometer östlich von Berlin. Sprachlich korrekt müsste man unter Mittelosteuropa allerdings die Mitte Osteuropas verstehen, also die Gegend zwischen Moskau und Kasan.

Zvolen

Zvolen (deutsch Altsohl, ungarisch Zólyom) gehört seit der Gründung zu den Zentren Oberungarns. König Bela IV. verlieh dem Ort 1238 die Stadtrechte. 1871 erfolgte der Bahnanschluss, auch heute besitzt Zvolen große Bedeutung als Verkehrsknotenpunkt. Den regen Bahnhofsbetrieb kann man von der Brücke neben dem Schloss gut beobachten.

■ Sehenswürdigkeiten

Der langgezogene **Marktplatz** zählt zu den größten in Europa. In seiner Mitte stehen eine alte katholische und eine neuere evangelische Kirche. Teile der Stadtmauer sind erhalten geblieben. Naturfreunde kennen Zvolen als das Zentrum der Forstwissenschaft in der Slowakei. 1992 wurde das **Heimatmuseum** im ehemaligen Rathaus an der westlichen Seite des Marktplatzes in ein Forstmuseum umgestaltet. Die 1991 in eine Technische Universität umgewidmete **Forsthochschule** mit der UFO-förmigen Aula sieht man gegenüber vom Bahnhof. Gleich links neben dem Hauptgebäude der Uni liegt der **jüdische Friedhof** der Stadt. Von den jüdischen Grabsteinen sind aber nur noch 50 intakt. Der Friedhof wurde durch Mahnmale zu einen Gedenkareal (Park ušľachtilých duší, Park of Generous Souls) erweitert. Hier fanden auch Hinrichtungen nach der Niederschlagung des Slowakischen Nationalaufstands statt, 128 Personen liegen in einem Massengrab. Bemerkenswert ist auch ein **Denkmal** für die unter den Nazis ermordeten Roma. Das Wahrzeichen der Stadt ist ein Beispiel für den fließenden Übergang zwischen den Begriffen Burg und Schloss. Früher wurde das gotische Gemäuer Ludwigs des Großen am Rande der Innenstadt meistens als Burg bezeichnet, insbesondere zur Unterscheidung zu Ausgrabungen auf dem einen Kilometer entfernten Burgberg setzt sich in letzter Zeit aber immer mehr die Bezeichnung **Schloss** durch. Das Gebäude entstand als zweietagiges Jagdschloss von 1370 bis 1382 nach dem Vorbild italienischer Stadtkastelle, das Untergeschoss mit Gewölben und das Obergeschoss mit Balkendecken. 1548 setzte die Familie Esterházy eine weitere Etage mit Eckerkern auf, zahlreiche Umbauten gaben der Fassade ein renaissancezeitliches und einigen Innenräumen ein barockes Aussehen. Auffällig sind regelmäßigen Quader im Außenputz, die sich aber nicht im Mauerwerk fortsetzen. Ein Seitenflügel beherbergt eine gotische Kapelle mit schönen Portalen, die Kassettendecke im sogenannten Königshof enthält 78 Königsportraits. Heute beherbergt das Schloss Abteilungen der Slowakischen Nationalgalerie, gezeigt werden bis zum 18. Jahrhundert außerhalb der Slowakei entstandene Gemälde. Im Park vor dem Schloss wurde ein Panzerzug, wie er von den hiesigen Eisenbahnwerkstätten für den Slowakischen Nationalaufstand hergestellt wurde, rekonstruiert und mit recht modern wirkenden Tarnfarben angepinselt.

Die **Burg** Pustý hrad (slowakisch pustý = öde, verlassen) liegt knapp zwei Kilometer Luftlinie südwestlich der Innenstadt oberhalb der Mündung der Slatina auf der anderen Seite des Flusses Hron. Seine felsigen Steilhänge sind ein Refugium für seltene Tier- und Pflanzenarten. Es bieten sich beim blau markierten Weg hinauf weite Ausblicke. Das Areal war schon in der Bronze- und Eisenzeit besiedelt. Zwischen 1172 und 1196 wurde von dieser Burg aus die Mittelslowakei verwaltet. Archäologische Arbeiten der letzten Jahre haben die erstaunlichen Ausmaße der 1255 fertiggestellten Anlage offenbart. Mit über sieben Hektar nahm Pustý hrad eine fast doppelt so große Fläche ein wie die auf der UNESCO-Welterbeliste stehende Burg Zips. Nach den Hussitenkriegen im 15. Jahrhundert verfiel Pustý hrad allmählich, Zeichnungen aus dem 17. Jahrhundert zeigen nur noch wenige Mauern.

Viele Sagen ranken sich um die Burgruine. Nach einer von ihnen soll ein Kastellan versehentlich die von ihm geliebte Fischerstochter getötet haben und bis heute mit deren Vater in den alten Mauern herumspuken.

■ Sliač und Kováčová

Unweit von Zvolen liegen die Kurorte Sliač und Kováčová. Die Stadt Sliač entstand 1959 durch die Zusammenlegung der Gemeinden Rybáre und Hájniky und ist für die Behandlung von Herzkreislauferkrankungen bekannt. Der erste Bericht über einen großen warmen Teich stammt von 1244. Eine 1512 angefertigte Glocke von über fünf Tonnen hängt in einem separaten Turm vor der **Nikolauskirche**. Die **Hildegardkapelle** wurde dem Kurort 1855 als Dank für die Genesung der

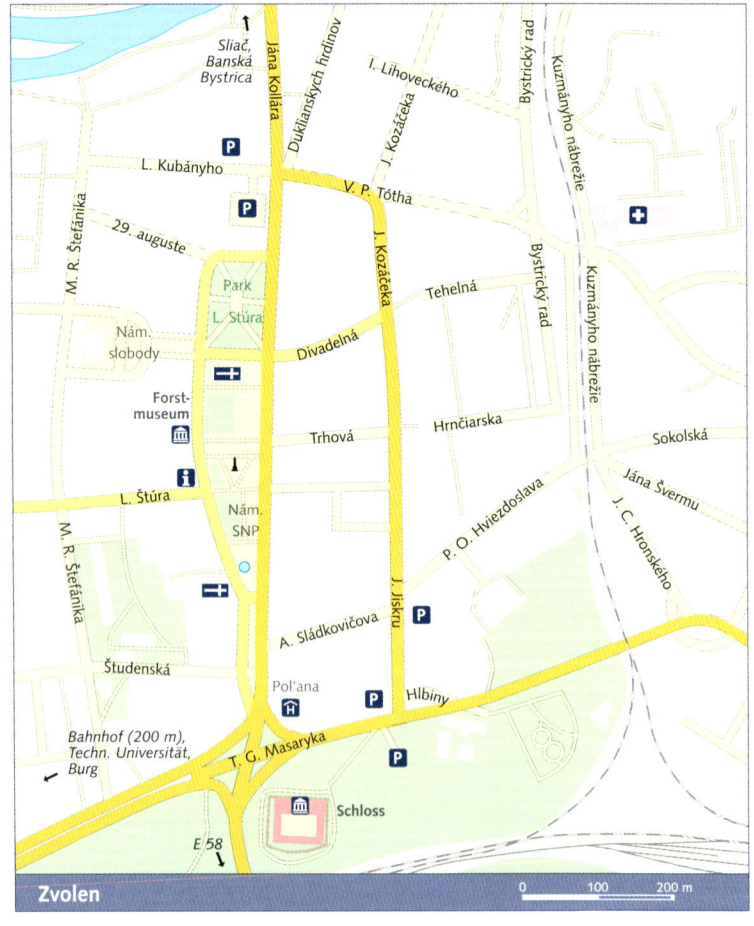

Baukunst in Hronsek

Erzherzogin Hildegard geschenkt. Auf das 19. Jahrhundert gehen die meisten **Kurhäuser** von Sliač zurück, unter den Gästen waren zu dieser Zeit viele Prominente aus Politik und Literatur.

Das durch Bohrungen 1967 erschlossene Thermalwasser von Kováčová wird hauptsächlich für Kinderkuren verwendet.

■ Hronsek

Das Dörfchen Hronsek (Zwickelsdorf) liegt am östlichen Ufer des Hron auf halber Strecke nach Banská Bystrica. Auf einer Flussinsel wurde 1726 eine seitdem nahezu unveränderte **Artikularkirche** eingeweiht. Für ihre Baubedingungen ist sie ungewöhnlich schlank und hoch, das Fachwerk zeigt nach außen und die Verschalung nach innen. Einflüsse skandinavischer Holzarchitektur sind zu vermuten. Stolz ist man auf die 1763 von Martin Podkonický eingefügte Orgel. Der freistehende **Glockenturm** besteht ebenfalls aus Holz. 2008 wurde das Bauensemble gemeinsam mit einigen anderen Holzkirchen in die UNESCO-Welterbeliste aufgenommen.

Außerdem hat Hronsek zwei alte Herrenhäuser sowie schöne alte Lindenbäume zu bieten.

■ Detva und Poľana

Gut 20 Kilometer östlich von Zvolen berührt die Hauptstraße Detva. 1787 begann hier die industrielle Verarbeitung von Brimsenkäse. Stadt und Umgebung sind bekannt für ihre typische Folklore, die sich beispielsweise in bunten Friedhofskreuzen ausdrückt. Das jährliche Folklorefest ist nach dem in Východná das zweitwichtigste im Land. 1787 begann hier die industrielle Verarbeitung von Brimsenkäse.

Oberhalb von Detva beginnt Poľana, das höchste slowakische Vulkangebirge. Es hat einen bewaldeten **Krater** aus dem Tertiär mit einem Durchmesser von fast fünf Kilometern; das ist der größte erloschene Vulkan Europas. Der höchste Berg, Polianka (1458 m), liegt auf dem Kraterrand. Leider ist der Blick in das ehemalige Kraterinnere zugewachsen.

Der verwunschene Kurpark in Sliač

Ausländische Touristen sind hier selten anzutreffen, aber der Aufstieg lohnt sich. Dass in Mangútovo am Poľana der ›Diamatweg des Buddhismus‹ ein 13 Hektar großes Grundstück kaufte, mag als Beleg für die entspannende Wirkung des Bergzuges gelten.

Einen großen Parkplatz findet man am Berghotel Poľana, das 2012 seinen Betrieb leider vorläufig eingestellt hat. Der Weg zum Gipfel ist auch Familien mit ungeübten Kindern zumutbar, ein Weg schlängelt sich durch Bergwiesen und Wälder allmählich aufwärts. In den Wäldern nördlich davon liegen noch einsamere Berge mit Naturschutzgebieten. Etwa acht Kilometer Luftlinie entfernt der Vepor (1277 m), dahinter der Hrb (1245 m), der als Mittelpunkt der Slowakei gilt.

Očová an den südwestlichen Ausläufern des Vulkankegels ist der Geburtsort des Historikers Matej Bel (1684–1749). Die **Kirche** aus dem 14. Jahrhundert beherbergt kostbare Fresken und einen Altar des Meisters Paul aus Leutschau.

Das **Jagdschloss Víglaš** auf einem Hügel zwischen Zvolen und Detva war zeitweise im Besitz der Familie Esterházy. Dieses 1945 ausgebrannte gotische Gemäuer wurde 2007 zum symbolischen Preis von einer Slowakischen Krone feilgeboten, der neue Besitzer musste sich aber zu umfangreichen Instandhaltungsarbeiten verpflichten. Die Bauarbeiten sind im Gange, es soll ein Kongress-Hotel höherer Kategorie entstehen.

Die Hauptstaße von Zvolen über Detva führt anschließend in den Südlowakischen Kessel (→ S. 209).

■ Ökodorf Záježová

In Víglaš zweigt zufälligerweise der Weg zu einem anderen interessanten ›Immobilienprojekt‹ ab. Das Dörfchen Záježová bei Pliešovce am gilt als erstes Ökodorf des Landes. Es liegt im touristisch noch unentdeckten Bergzug Javorie, der an der Grenze zu einem gesperrten Armeegelände mit dem Priečne bralo (1023 m) und dem Javorie (1044 m) seine höchsten Punkte erreicht. Auf der Suche nach alternativen Lebensformen sind hier vorwiegend junge Leute um die Erhaltung verlassener Gehöfte und traditioneller Landwirtschaft bemüht.

ℹ Zvolen und Umgebung

Vorwahl: 00421/(0)45.
Touristeninfo, SNP 21/31, Zvolen, Tel. 5429268, www.zvolen.sk, Mo–Fr 8–16.30, Jul./Aug. zusätzlich Sa 8–12 Uhr und So 10–14 Uhr.
www.zajezka.sk ist ein Blog aus dem Ökodorf. **Kurbetrieb-Koordination**: www.spasliac.sk.

9x täglich Schnellzüge nach Bratislava (3 Std.) und 4x nach Košice (3.30 Std.), Schnellzug-Halt auch in Detva.
Außerdem Kursbuchstrecke 170 nach Vrutký 5–21 Uhr etwa zweistündlich (bis Martin 90 Min.), Abschnitt nach Banská Bystrica etwa stündlich (30 Min.), und Strecke 171 nach Diviaky 5x täglich (bis Kremnica 40 Min.).

Busbahnhof wenige Meter nordwestlich von Bahnhof.
Unter www.imhd.sk (rechts oben ›Zvolen‹ auswählen) findet man einen Überblick über den öffentlichen Nahverkehr.

Poľana, SNP 64/2, Zvolen, Tel. 5320124, www.hotelpolana.sk, DZ ab 79 Euro. Schlichtes Businesshotel im Zentrum.
Košútka, Slanec 847, Hriňová, Tel. 0905/773344, www.kosutka.sk, DZ ab 58 Euro. Vielseitiges Haus an einen Skihang des Poľana.

Lastovička, Zaježová 197, Pliešovce, Tel. 0908/409874, www.ubytovaniezajezova.sk, bis zu 4 Personen für 35 Euro. Kleine Bauernkate mit Küchenzeile zum Pauschalpreis, Schwalben- und Ziegenbesuch inclusive.

Dobrá Lúka, Zajezova 66, Pliešovce, Tel. 0908/528884, www.dobraluka.eu, Mai–Okt. FKK-Camping im Bauernhofmilieu. Zwei ähnlich verträumte Camps liegen 30 km südwärts in Plachtinské lazy und Cerovo-Duchenec.

Mehrere Restaurants im Zentrum von Zvolen, darunter ein chinesisches in der Synagoge.
Salaš Hron, Bystrická 1, Kováčová, Tel. 5445450, www.salashronkovacova.sk. Blockhaus neben der Autobahn, slowakische Küche.
Pivnica Pri Studni, Partizánska 70, Detva, Tel. 5454974, www.pivnica.sk. Zünftige Dorfkneipe mit Tagesmenüs für 3 Euro.

Schlossgalerie (Zvolenský zámok), SNP 594/1, Zvolen, Tel. 5321903, www.sng.sk, Mi–So 10–17.30 Uhr.
Forstmuseum (Lesnícke a drevárske múzeum), SNP 23/35 (Obergeschoss), Zvolen, Tel. 5321886, www.ldmzvolen.sk, Mo–Fr 9–17 Uhr.
Artikularkirche (Drevený kostol), Krčméryho 8, Hronsek, Tel. 048/4188165,

www.drevenykostolik.sk, 10–17 Uhr.
Regionalmuseum Podpolanie (Podpolianske múzeum), Partizánska 63, Detva, Tel. 5455212, www.kcdetva.sk, Mo–Fr 8–16 Uhr.

Lehrpfad durch die Wälder und Felsen im Naturschutzgebiet Boky zwischen Budča und Hronská Dúbrava (5 km, 13 Tafeln). Zwei vielseitige, miteinander verbundene **Lehrpfade** (das Burgareal zählt extra) führen vom Winterstadion über Pustý hrad nach einigen Schleifen an der Mineralquelle Červený medokýš wieder zum Fluss (insgesamt 6 km, 20 Tafeln).
Rundwanderung von von Hrochoť-Kyslinky bei Detva nach Zadná Poľana, zwei Varianten (9 bzw. 17 km, 24 Tafeln).

Tour über Hriňová in die Berge.

Holidaypark, Kúpeľná, Kováčová, Tel. 5445319, www.holidaypark.sk, Mo–Fr 12–21 Uhr, Sa/So 10–21 Uhr.

Krankenhaus Zvolen, Kuzmányho nábrežie 28, Tel. 5201111, www.nemzvolen.sk.
Öffentliches Bahnarbeiterkrankenhaus Zvolen, Šancová 110, Tel. 2292111, www.znap.sk.
Poliklinik Detva, Nálepku 643/10, Tel. 5455555, www.liecebna.sk.

Banská Bystrica

Für Touristen gehört Banská Bystrica (deutsch Neusohl, ungarisch Besztercebánya) zweifellos zu den wichtigsten und schönsten slowakischen Städten, manche bezeichnen die fast genau in der Landesmitte gelegene Stadt mit ihren 82 000 Einwohnern gar als die ›Sommerhauptstadt‹ des Landes. Das renovierte Zentrum mit attraktiven kleinen Läden

zieht viele Tagesausflügler an. Daneben ist Banská Bystrica auch wirtschaftlich bedeutend, so haben Banken und Zeitungsverlage hier ihren Sitz.

Die erste Urkunde von 1255 erwähnt schon die Metallgewinnung. In der Folgezeit wurde Banská Bystrica eine reiche Bergbaustadt, und aus einer Begegnung des Krakauer Unternehmers Ján Thurzo (1437–1508) mit dem Augsburger

Auf dem Weg in die Tatra

Der überraschend große Altmarkt

Bankier Jakob Fugger (1459–1525) im Jahr 1493 entwickelte sich der größte Kupferproduzent Europas. Die Familien traten auch in verwandtschaftliche Beziehungen, was die wirtschaftliche Macht des Unternehmens noch stärkte. Bald erreichte die Jahresausbeute 1550 Tonnen Kupfer, was der Stadt den Namen ›Kupfernes Neusohl‹ eintrug. Um 1525 kam es zu Grubenaufständen, 1546 zog sich der Geschäftsführer Anton Fugger (1493–1560) aus der Slowakei zurück. Doch Banská Bystrica erlebte nicht nur goldene Zeiten, so tobten 1605 und 1761 verheerende Brände. 1944 war Banská Bystrica Zentrum des Slowakischen Nationalaufstandes (Slovenské národné povstanie, kurz SNP), und nach dem Zweiten Weltkrieg zählte die Stadt nur noch 14 000 Einwohner.

In der Stadt wurden der Gelehrte Matej Bel (1684–1749) und der Komponist Ján Cikker (1911–1989) geboren, der Dichter Ján Botto (1829–1881) starb hier.

■ **Stadtburg**

Die alten Gebäude der Stadtburg am oberen Ende des Platzes sind untypisch für die sonst meistens erhöht stehenden Burgen des Landes, und Nachnutzungen beeinträchtigten einen geschlossenen Eindruck des Bauensembles.

Zum Altmarkt weist der ehemalige Zugang durch die **Barbakane** mit dem **Stadtturm**, dieser dicke Turm mit dem spätbarocken Helm ist das Wahrzeichen der Stadt. Rechts daneben beherbergt das **ehemalige Rathaus** (Pretorium) die umfangreichste Ausstellung der Mittelslowakischen Galerie. Zentrum des Burg-areals ist die **Marienkirche** (Deutsche Kirche), deren älteste Teile von 1255 stammen. In der Barbarakapelle der Kirche befindet sich ein bedeutender Altar des Meisters Paul aus Leutschau von 1509, die Bilder des Hauptaltars malte Johann Lukas Kracker 1767. In einer Außennische der Marienkirche sieht man die Gruppe ›Christus auf dem Ölberg‹, die Veit Stoß

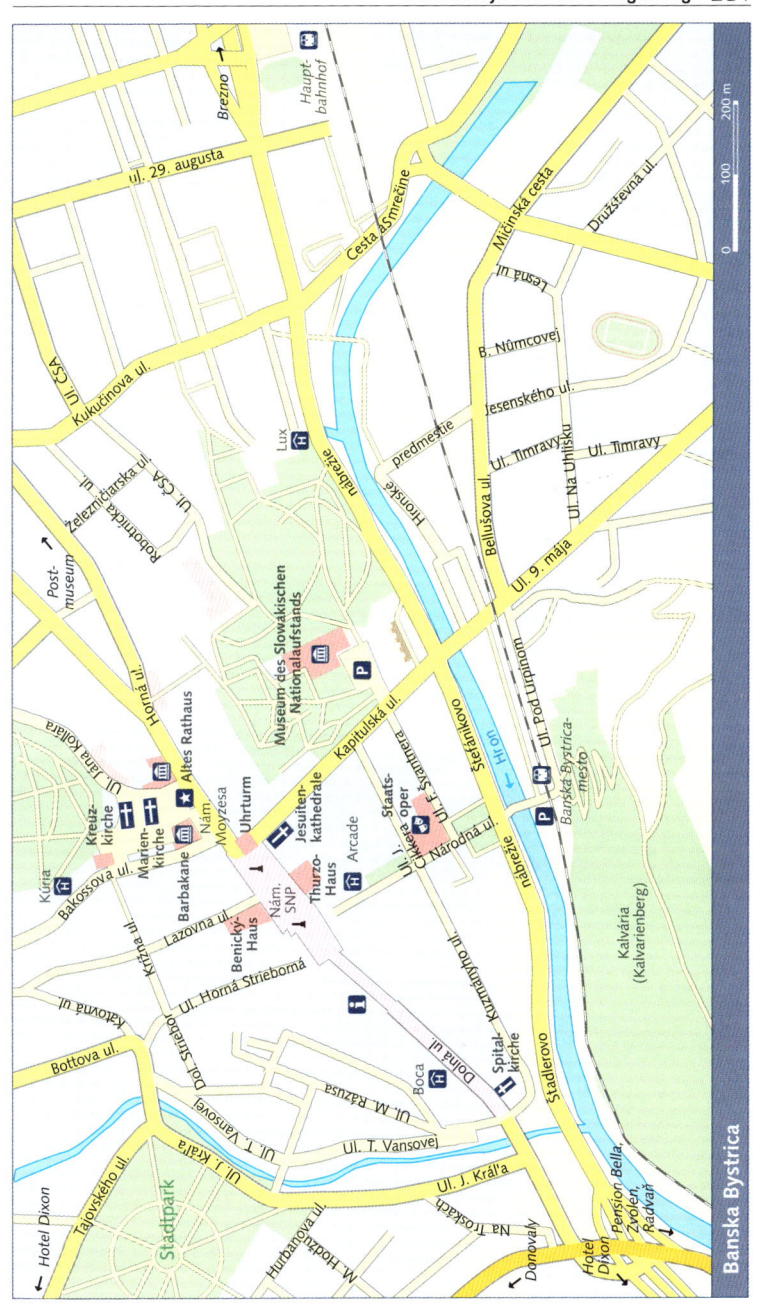

Auf dem Weg in die Tatra

Banska Bystrica

zugeschrieben wird. Ein schlankes fünfgeschossiges Gebäude an der Stadtmauer trägt das Wappen des Matthias Corvinus und die Jahreszahl 1479, hier zeigt das **Stadtgeschichtliche Museum** seine Ausstellungen. Rechts angebaut ist die **Kreuzkirche** (Slowakische Kirche) von 1492, links führt ein Weg auf einen **Friedhof** mit den Grabstätten vieler Prominenter. In einem Gebäude hinter der Burg sammelt die **Mittelslowakischen Galerie** Werke von Dominik Skutecký (1849–1921). Nach langen Aufenthalten in Wien und Venedig zog Skutecký 1889 in die Geburtsstadt seiner Frau und entwarf diese Familienvilla mit Atelier speziell für seine Bedürfnisse. Eines seiner bekanntesten Gemälde zeigt seine Frau mit rotem Sonnenschirm auf dem Markt von Banská Bystrica.

■ **Weitere Sehenswürdigkeiten**
Die wichtigsten Sehenswürdigkeiten befinden sich am Altmarkt (Nám. SNP) und in den angrenzenden Straßen. Alle Gebäude am Platz stehen unter Denkmalschutz, jedes erzählt seine Geschichte. In seiner Mitte vertragen sich eine katholische **Pestsäule** und ein schlichter **Obelisk** für gefallene Sowjetsoldaten recht gut. Am oberen Ende des Altmarkts erhebt sich der um 60 Zentimeter aus dem Lot geratene **Uhrturm** von 1552. Von seinem Aussichtsgang hat man einen schönen Blick auf die Stadt und die Berge. An der gleichen Ecke des Platzes befindet sich die 1709 fertiggestellte **Jesuitenkathedrale** (Nr. 26) mit den 1844 ergänzten Türmen. Das **Thurzo-Haus** (Nr. 4) mit Fresken aus dem 16. Jahrhundert beherbergt die Zentrale des Mittelslowakischen Museums, gegenüber sieht man das auffällige **Benický-Haus** (Nr. 16) mit farbenfrohem Relief über dem Portal und offener Loggia im Mittelgeschoss. An der Verlängerung (Dolná) des Altmarktes bis an das südöstliche Ende der Fußgängerzone findet man oben eine dritte Abteilung der Mittelslowakischen Galerie (Nr. 8), unten die graue **Spitalkirche** von 1303 als ältestes gotisches Gebäude der Stadt (Nr. 49).

▲ *Eines der bekanntesten Gemälde Dominik Skuteckýs*

Noch innerhalb der Stadtmauern, an der östlichen Ecke über dem Fluss, befindet sich ein experimentierfreudiger Stahlbetonbau von 1969. Es ist das **Museum des Slowakischen Nationalaufstands**. Der Architekt Dušan Kuzma wählte die Form eines in der Mitte zerhauenen Hirtenhutes, zwischen dessen beiden Teilen ein Feuer an einem Partisanengrab brennt. Die Ausstellung wurde 2004 umgestaltet und lässt nun auch Kritik an der Roten Armee zu. Das Freigelände zeigt neben Kanonen aus dem Zweiten Weltkrieg natürlich trotzdem den legendären sowjetischen Panzer T-34. Im Bereich des Museums ist die Stadtmauer einschließlich Basteitürmen besonders gut erhalten.

In der Tropfsteinhöhle bei Harmanec

■ Außerhalb des Zentrums

Banská Bystrica ist als Bahnknotenpunkt zwar weniger bedeutend als Žilina oder Zvolen, der Hauptbahnhof verfügt aber über eine große Halle, die derzeit zum barrierefreien Bahnhof mit Einkaufsterminal umgebaut wird. Nur etwa einen Kilometer davon entfernt, etwas dichter an der Altstadt, liegt der unscheinbare Bahnhof Banská Bystrica mesto. Dort halten nur Bummelzüge.

Im **Stadtteil Radvaň** (Burgstädtl) stehen drei **Kastelle**, das Tihányi-Kastell beherbergt das Naturwissenschaftliche Museum. In der **Antonskirche** des **Stadtteils Sásová** (Sachsendorf) kann man Arbeiten aus der Werkstatt des Meisters Paul aus Leutschau sehen. Interessante **Travertinhügel** sind bei **Mičina** zu bewundern, und in etwa 150 Jahre alter **Birnbaum** steht in **Kostiviarska**.

■ Harmanec und Špania Dolina

Nördlich von Banská Bystrica liegen Harmanec (Hermannsdorf) und Špania Dolina (Herrengrund). Bei Harmanec gibt es eine **Tropfsteinhöhle** und einen **Eibenwald** zu erkunden. Der Izbica (Zimmer-

chen) genannte Eingangsraum der Höhle ist seit langem bekannt, ab 1932 wurden weitere Partien erschlossen. In der Höhle beeindrucken die hohen Schlote und tiefen Abgründe, die Sinterverzierungen sind oft fast weiß. Unter den pagodenartigen Stalagmiten gibt es große Exemplare. Die Tropfsteinhöhle Harmanec hat einen eigenen Bahnhof, westlich davon befindet sich der längste Eisenbahntunnel des Landes.

Im **Volksarchitekturreservat Špania Dolina** sind größtenteils einstöckige Bergarbeiterhäuser sowie eine Kirche mit langer Holztreppe davor pittoresk an einem Hang angeordnet. Eine technische Meisterleistung war die Wasserversorgung des Ortes durch kilometerlange Holzrinnen. Nach dem Rückgang der Kupfergewinnung wurden Klöppelspitzen zum bedeutendsten Produkt des Ortes. Weiterhin ist Špania Dolina für Trinkbecher aus Eisen mit einer Kupferbeschichtung durch Bergbauabwässer bekannt. Knapp 300 Stück sind noch erhalten. Die stets vorhandenen Inschriften bestehen meistens aus altertümlichen deutschen Sprüchen. Špania Dolina wurde lange Zeit zur Niederen Tatra gerechnet. Inzwischen sehen

Dorf und Schloss Slovenská Ľupča

Geologen den nach dem kleinen Nachbarort Staré Hory (Altgebirg) als Starohorské vrchy (wörtlich ›Altgebirger Berge‹) benannte Bergland als eigenständig an. Der Nationalpark Niedere Tatra reicht aber bis auf dessen Territorium.

■ Östlich von Banská Bystrica

An der von Banská Bystrica in östliche Richtung führenden Hauptstraße erblickt man bald das **Schloss** von **Slovenská Ľupča** (Slowakischliptsch). Das festungsartige Aussehen stammt aus der Zeit der Türkeneinfälle. Etwa 20 Kilometer öst-

lich von Banská Bystrica liegt der kleine Kurort **Brusno**. Eine etwa fünfstündige Wanderung führt von dort auf die Berge Košariská (1694 m) und Veľká Chochuľa (1753 m).

Noch ein kleines Stückchen weiter an der Hauptstraße findet man in **Nemecká** (Deutschendorf an der Gran) ein eindrucksvolles **Denkmal**, das an den Slowakischen Nationalaufstand erinnert. Hier wurden fast 1000 Partisanen aus mehreren Nationen von den Nazis erschossen und im Ofen des Kalkwerkes verbrannt. Darunter befanden sich auch Kinder.

ℹ Banská Bystrica und Umgebung

Vorwahl: 00421/(0)48.
Touristeninfo, SNP 1 (im Alten Rathaus), Banská Bystrica, Tel. 4155085, www.icbb.sk, Jun.–Sept. Mo–Fr 8–18 Uhr, Sa 9–13 Uhr, So 13–17 Uhr, Okt.–Mai Mo–Fr 8–17 Uhr, Sa 9–13 Uhr.
Kurbetrieb-Koordination: www.kupele-brusno.sk.

Kursbuchstrecke 170, Abschnitt nach Vrutký 5–21 Uhr etwa zweistündlich (bis Martin 60 Min.), Abschnitt nach Zvolen etwa stündlich (30 Min.); und Strecke 172, Abschnitt nach Brezno 6–22 Uhr etwa zweistündlich (60 Min.).

Busbahnhof am Bahnhof südöstlich der Altstadt.
Unter www.imhd.sk (rechts oben ›Banská Bystrica‹ auswählen) findet man einen Überblick über den öffentlichen Nahverkehr.

▶ In Banská Bystrica:
Arcade, SNP 5, Tel. 4302111, www.arcade.sk, DZ ab 84 Euro. Zentraler geht es nicht.
Kúria, Bakossova 4, Tel. 4123255, www.kuria.sk, DZ ab 55 Euro. Komplex aus Zweisterne-Pension und Dreisterne-Hotel im Zentrum.

Lux, Slobody 2, Tel. 4370314, www.
hotellux.sk, DZ ab 50 Euro. Aufgefrisch-
ter Plattenbau im Zentrum, für Ostalgiker
durchaus seinen Preis wert.
Boca, Dolná 52, Tel. 4152254, www.
penzion-boca.sk, DZ 50 Euro. Treffpunkt
von jugendlichem Publikum im Zentrum.
Dixon, Švermova 32, Tel. 4717800, www.
dixon.sk, DZ ab 46 Euro. Sporthotel mit
Bowling und Schwimmbad.
‣ In der Umgebung:
Kaštieľ Bočian, Matuškova 26, Vlkanová,
Tel. 4188392, www.kastielbocian.sk, DZ
60 Euro. Gotisches Gutshaus im Süden.
Brusno, Brusno 642, Tel. 4719511, www.
hotel-brusno.sk, DZ ab 42 Euro. Einfaches
Kurhotel im Osten.
U Hastrmana, Hlavná 85, Riečka, Tel. 0907/
838236, www.uhastrmana.sk, DZ ab 40
Euro. Landhaus im Westen.
Klopačka, Špania Dolina 102, Tel.
4198440, www.klopacka.sk, Schlafplatz
im Mehrbettzimmer ab 18 Euro. Altes
Bergarbeiterhaus im Norden.

Auf konkrete Restaurantempfehlungen
soll hier verzichtet werden, denn ähnlich
wie in der Hauptstadt ist die Gastro-Szene sehr im Fluss, Namen und Betreiber
wechseln. Die Lokale konzentrieren sich
am Altmarkt, hier kann jeder nach seinem
Geschmack satt werden.
In Richtung Harmanec gleich zwei beliebte Anlagen im Blockhausstil neben
der Landstraße:
Koliba u Krištofa, Uľanská 170, Tel.
4198151, www.usvkristofa.sk. Richtung
Donovaly kurz hinter dem Abweig Harmanec.
Čierna Ovca, Dolný Harmanec, Tel. 0917/
222741, www.ciernaovca.sk. Unterhalb
der Tropfsteinhöhle Harmanec.

In Banská Bystrica:
Das **Mittelslowakische Museum** (Stre-
doslovenské múzeum) www.ssmuzeum.
sk, besteht aus:

‣ der historischen Abteilung im Thurzo-Haus (Thurzov dom), SNP 4, Tel.
4125897, Mo–Fr 10–18 Uhr, Sa/So
14–18 Uhr;
‣ der stadtgeschichtlichen Abteilung im
Matejov-Haus (Matejov dom), Moyzesa
20, Tel. 4125577, Mo–Fr 10–18 Uhr, Sa/
So 14–18 Uhr;
‣ der naturwissenschaftlichen Abteilung
im Kastell Radvaň (Tihányiovský kaštieľ),
Radvanská 27, Tel. 4103376, Mo–Fr 9–17
Uhr, So 9–12/13–17 Uhr.
Die **Mittelslowakische Staatsgalerie** (Stre-
doslovenská galéria), Tel. 4701615, www.
ssgbb.sk, Di–Fr 10–17 Uhr, Sa/So 10–16
Uhr, hat ebenfalls drei Standorte:
‣ Renaissancehaus Moyzesa 25;
‣ Renaissancehaus Dolna 8;
‣ Familienvilla von Dominik Skutecký, Hor-
na 55, immer nur bis 15 Uhr;
**Museum des Slowakischen Nationalauf-
standes** (Múzeum Slovenského národného
povstania), Kapitulská 23, Tel. 4123258,
www.muzeumsnp.sk, Mai–Sept. Di–So
9–18 Uhr, Okt.–Apr. Di–So 9–16 Uhr.
Slowakisches Postmuseum (Poštové múzeum), Partizánska 9, Tel. 4339507, Mo–
Fr 9–17 Uhr.
Burg Slovenská Ľupča, Tel. 4187429,
www.hradlupca.sk, Jul./Aug. 10–15.30
Uhr, Sept.–Jun. nach Anmeldung.
Ein Bergbauverein in Špania Dolina bietet
ein Vereinsmuseum und Bergbauführun-
gen an, www.herrengrund.sk.
Tropfsteinhöhle Harmanec (Harman-
ecká jaskyňa), Dolný Harmanec, Tel.
4198122, www.ssj.sk, nur mit Führung
ca. 60 Min., Jun.–Aug. Di–So 9–16 Uhr
stündlich, 15.–31. Mai und Sept./Okt.
Di–So 9.30/11/12.30/14 Uhr.

Staatsoper (Štátna opera), Národná 11,
Tel. 2457101, www.stateopera.sk.

Modernes Kunsthandwerk bieten in Banská Bystrica: **Domček**, Lazovná 20, **Folk
Art Shop**, SNP 7.

Lehrpfad auf den Spuren des Slowakischen Nationalaufstandes durch die Stadt (2 km, 26 Tafeln).

Drei ineinander übergehende **Lehrpfade** führen insgesamt 21 km weit von Banská Bystrica bis Donovaly:

▸ Teil 1 ins Tal Sásovská dolina, unterwegs die Höhle Kaplnka und Sumpfstellen am Bach (4 km, 3 Tafeln);

▸ Teil 2 weiter bis Šachtička bei Špania Dolina, unterwegs Bergwiesen mit Heilpflanzen (6 km, 7 Tafeln);

▸ Teil 3 siehe Donovaly (→ S. 228).

Ein **Lehrpfad zur Bergbaugeschichte** beginnt am Klopfturm von Špania Dolina (6 km, 10 Tafeln).

Lehrpfad durch den Ortsteil Jakub in Špania Dolina (2 km, 24 Tafeln).

Rundwanderung bei Malachov (10 km, 17 Tafeln).

Von Brezno zum Nationalpark Muráň

Die ehemalige Bergbaustadt **Brezno** (deutsch Bries an der Gran, ungarisch Breznóbánya) wurde 1380 gegründet. Sie war Schauplatz vieler historischer Auseinandersetzungen, aber nie von den Türken besetzt. Heute stellt die Stadt das Zentrum für die traditionelle Folklore – Theater, Tanz – in Horehronie am Oberlauf des Hron dar. In den vergangenen Jahren ist einiges von der alten Bausubstanz renoviert worden.

Wie andernorts auch ist der für die Slowakei untypische quadratische **Marktplatz** darauf zurückzuführen, dass er von deutschen Bergleuten angelegt wurde. Der große Platz trug unter anderem schon die Namen von Hitler und Gottwald, heute steht hier der Nationalheld Štefánik auf einem Sockel. Daneben befinden sich ein klassizistischer Stadtturm von 1830 und das 1780 barock umgestaltete Rathaus. Es beherbergt das Regionalmuseum mit Bibliothek.

Lehrpfad von Horný Jelenec nach Staré Hory (10 km, 14 Tafeln).

Lehrpfad von Horný Jelenec nach Dolný Šturec (12 km, 6 Tafeln).

Der Zugang vom Parkplatz zur Höhle Harmanec ist auch als **Lehrpfad** gestaltet (2 km, 9 Tafeln).

Drei Skiareale nördlich und östlich der Stadt in verschiedenen Bergzügen (→ Tabelle S. 178), beispielsweise Skilifte am Gipfel Panský diel bei Špania Dolina, Sporthotel dazu www.sachtickyas.sk, ein viertes kleineres unter www.skiturecka.sk.

Universitätskrankenhaus, Svobodu 1, Tel. 4411111, www.fnspbb.sk, www.fnspfdr.sk.
Universitätskinderkrankenhaus, Svobodu 4, Tel. 4726511, www.dfnbb.sk.

An der Stelle der 1571 abgebrannten ersten Kirche steht eine Mariensäule. Im Stadtzentrum befinden sich weiter mehrere Kirchen und die 1902 fertiggestellte Synagoge.

■ Die Umgebung von Brezno

Rund um die Stadt sind mehrere kleine **Naturschutzgebiete** wie die Breznoer Felsen (946 m) oder der Erlenhain Rohoc verteilt. Hronec (Rhonitz) westlich von Brezno war ein Zentrum der ungarischen Eisenindustrie, schöne Beispiele der alten Gusseisenproduktion im Ort sind eine Brücke von 1810 und der Pavillon auf dem Kalvarienberg.

In **Osrblie** finden regelmäßig Biathlon-Wettkämpfe bis hin zu Weltmeisterschaften statt.

Nach Norden führt eine Straße über den Čertovica-Pass (→ S. 276), Das Vulkangebirge Poľana südwestlich der Stadt wird bei Detva (→ S. 197), die Wanderungen nördlich von Brezno sind bei der Niederen Tatra (→ S. 273) beschrieben.

Karte S. 181

■ Die Waldeisenbahn am Čierny Hron

Die mit Abstand bekannteste traditionelle Schmalspurbahn der Slowakei ist die Waldeisenbahn am Čierny Hron (Čiernohronská železnica, ČHŽ). Im Bahnhof **Čierny Balog** informiert ein kleines **Museum** über Geschichte und Gegenwart dieses Verkehrsmittels. Eng verflochten mit der Waldbahn ist der gemeinnützige Verein ›Aktivitäten zur ländlichen Entwicklung‹ (Vidiecka rozvojová aktivita, VYDRA, Wortspiel mit slowakisch Vydry = Fischotter).

Am Anfang des 20. Jahrhunderts erreichten derartige Bahnen, die Holz zu den Sägewerken transportierten, allein im Gebiet Horehronie eine Streckenlänge von etwa 130 Kilometern. 1982 wurde das letzte Teilstück mit einer Streckenlänge von 36 Kilometern stillgelegt. Die Initiativen zur Rettung der Bahnstrecken waren eine Keimzelle heutiger demokratischer und ökologischer Bewegungen. Auf dem Abschnitt von Hronec über Čierny Balog (Schwarzwasser) nach Vydrovo fährt die Bahn seit 1992 wieder. Die erneute Inbetriebnahme der Zweigstrecke nach Osrblie (Zährenbach) ist geplant, und

Wieder in Betrieb: die Waldeisenbahn am Čierny Hron

nach Absprache und gegen Aufpreis sind auch ganz besondere Ereignisse wie ein Raubüberfall auf den Zug buchbar. 2011 wurden 60000 Passagiere transportiert. **Vydrovo** selbst ist in den vergangenen Jahren zu einem Ausflugsziel entwickelt worden. Hier sind ein Amphitheater und das Forstfreilichtmuseum entstanden, sogar einen Urwald gibt es hier. Dieser mit dem Namen Dobročský prales darf seit 1996 aber nur mit fachkundigem Führer betreten werden.

■ Zahnradbahn

Mit der Zahnradbahn zwischen Podbrezová (Unterbries) und Tisovec (Theißholz) bietet die Gegend Eisenbahnfreunden eine weitere Attraktion. Die einstündige Fahrt auf 30 Kilometern verläuft über zwei hohe Brücken und weitere anspruchsvolle Konstruktionen. Auf fünf Kilometern zwischen Pohronská Polhora und Bánovo ist ein Zahnstangensystem integriert. Damit wird eine Steigung von bis zu fünf Prozent überwunden. Es handelt sich um die einzige Normalspur-Zahnradbahn auf dem europäischen Kontinent.

Štefánik-Denkmal und Rathaus in Brezno

■ **Nationalpark Muráň**

Zwischen der östlichen Niederen Tatra und Tisovec liegt der relativ unbekannte, aber sehenswerte Nationalpark Muraner Plateau (Národný park Muránska planina, NAPAMP). Nicht nur Hobbygeologen finden hier ein interessantes Areal. Zentrum des Schutzgebietes ist ein Karstplateau mit den Gipfeln Fabova Hoľa (1439 m) und Kľak (1408 m) als höchsten Erhebungen. Ausgangspunkte für die schönsten Wanderungen sind außer dem Dörfchen Muráň selbst die Gemeinden Pohronská Polhora am westlichen und Závadka nad Hronom am nördlichen Rand des Nationalparks. In den Gemeinden werden Huzulen- und Norikerpferde unter recht großzügigen Auslaufbedingungen gezüchtet.

■ **Burg Muráň**

Am Rande der Kernzone des Nationalparks steht die mit 935 Metern Höhe dritthöchste Burgruine der Slowakei, eine der höchsten in den Karpaten. Sie wurde 1271 als ›castrum Mwran‹ erstmals erwähnt, Burgbesitzer waren unter anderem der 1548 hingerichtete Raubritter Matej Bašo und Mária Széchy (1610–1679),

mitunter auch als ›Venus von Muran‹ bezeichnet. Eine Blütezeit der Gegend begann mit dem Erwerb der Burg durch die Familie Széchy im Jahre 1609, es war eine Schenkung des Königs. Vermutlich 1630 erbten die Schwestern Mária Széchy, Éva und Kata die Burg. Die Széchys waren zu dieser Zeit Gegner der Habsburger, in deren Diensten Franz Wesselényi (1605–1667) stand. 1644 eroberte Franz das Dorf Podmuráň – heute nur noch Muráň genannt – und schickte der sich militärisch clever verteidigenden Maria unter persönlichen Risiken eine Liebesbotschaft, mit der er quasi die Burg eroberte. Davon handelt das wahrscheinlich von Franz in Auftrag gegebene Werk ›Mars spricht mit der Venus von Muran. Romantisches Epos in drei Teilen‹ des ungarischen Dichters István Gyöngyösi (1629–1704). Franz wechselte später die Seiten und entwickelte sich zu einem führenden Kopf der Magnatenverschwörung. Nach seinem Tod verteidigte Mária abermals die Burg Muráň gegen die Habsburger und kapitulierte erst nach dreijähriger Belagerung. Die Burg wurde nach einem Brand 1760 verlassen, war aber formell noch bis 1945 im Besitz des Adels.

ℹ️ Von Brezno bis Muráň

Touristeninfo, Štefánika 3, Brezno, Tel. 048/6114221, Mo–Fr 9–17 Uhr, Jul./Aug. zusätzlich Sa 8.30–12.30 Uhr.
Infobüro der Waldeisenbahn, Hlavná 56, Čierny Balog, Tel. 048/6191500, www.chz.sk.
Infobüro von VYDRA, Hlavná 56, Čierny Balog, Tel. 048/6190944, www.vydrovskadolina.sk und www.vydra.sk.
Infos zur **Zahnradbahn** unter www.zubacka.sk.

Kursbuchstrecke 172, Abschnitt nach Banská Bystrica 6–22 Uhr etwa zweistündlich (60 Min.).

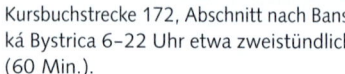

Rohozná, Rohozná 639, Brezno, Tel. 048/6111184, www.hotelrohozna.sk. DZ ab 32 Euro. Neues Vororthotel.
Sedliacky Dvor, Hliník 7, Brezno, Slovakia, Tel. 0911/078303, www.hetboerenhof.com, DZ 40 Euro. Von Niederländern betriebener Bauernhof. Der angeschlossene **Campingplatz** gehört zu den Top 3 Slowakei-Camps des Autors; geöffnet Mai–Okt.
Harmónia, Muránska 14, Revúca, Tel. 0905/853715, www.harmonia-revuca.sk, DZ 35 Euro. Beste Zimmer im Umkreis von Murán.
U Rytiera, Generála Štefánika 38, Tel. 048/6111670. Rustikale Spezialitäten.

Karte S. 181

Regionalmuseum Oberes Gran-Tal (Horehronské múzeum), Štefánika 55/47, Brezno, Tel. 048/6112453, www.horehronskemuzeum.sk, Mo–Fr 8–16 Uhr.
Forstfreilichtmuseum (Lesnicky skanzen), Svermova 417/9, Vydrovská dolina, Tel. 045/5321886, www.ldmzvolen.sk, Mai u. Sept. 9–15 Uhr, Jun.–Aug. 9–17 Uhr.

Lehrpfad mit Mineralquelle am Forstfreilichtmuseum Vydrovo (48 Tafen).
Lehrpfad von der Försterei Pätina in Závadka nad Hronom südwärts zum Felsengebiet Stožky (7 km, 7 Tafeln).
Lehrpfad vom Forsthaus Veľká lúka bei Muránska Huta zur Burgruine Murán (2 km, 8 Tafeln).

Südslowakischer Kessel

Schwierigkeiten bereitete und bereitet die geographische Zuordnung von Veľký Krtíš, Lučenec und Rimavská Sobota. Es handelt sich dabei um ein touristisches Niemandsland zwischen den bekannteren Bergbaustädten der Mittelslowakei, Ungarn und der Ostslowakei. Der Landschaftscharakter rechtfertigt eine zusammenhängende Betrachtung dieser drei Städte, und tatsächlich ist schon länger

Marekov Dvor, Drábsko 112, Tel. 0903/829667, www.marekovdvor.sk.

Rund um Osrblie ein Skilanglauf- und Biathlongebiet mit internationalem Renommee.

Am Südhang der Niederen Tatra bietet Brezno die besten Einkaufsmöglichkeiten. Einen Tante-Emma-Laden für Wanderproviant findet man aber in vielen Dörfern.

Krankenhaus Brezno, Banisko 1, Tel. 048/2820111, www.nspbr.sk.
Krankenhaus Revúca, Litovelská 25, Tel. 058/4833333, www.nsprevuca.sk.

der Oberbegriff Südslowakischer Kessel (Juhoslovenská kotlina) in Gebrauch. Man sollte sich hier als Kessel allerdings nichts Flaches mit einem gleichmäßig hohen Rand vorstellen, sondern ein längliches, schon arg zerbeultes Objekt. Die geringe Bevölkerungsdichte geht mit einer hohen Luft- und Wasserqualität einher. Zu entdecken gibt es an Kulturgeschichte und Natur einiges. Allerdings herrscht in dieser Region auch hohe Arbeitslosigkeit.

Brutröhren des Bienenfressers

Auf dem Weg in die Tatra

■ Karpfener Hochebene

Nördlich von Veľký Krtíš breitet sich die Karpfener Hochebene (Krupinská planina) aus, ein Hügelland mit Laubwäldern und Weiden. Der Kopaný závoz (775 m) bildet die höchste Erhebung, der Ostteil ist als Armeegelände gesperrt. Wiederum nördlich folgt das Javorie (→ S. 198), westlich schließen sich die Schemnitzer Berge (→ S. 191) an.

Als Beispiel für malerische **Burgruinen** in phantastischer Landschaft weit abseits üblicher Touristenwege seien hier Čabrad und Divín genannt. Sie liegen an den entgegengesetzten Enden der Hochebene.

■ Hrušov und Hont

Folklorezentrum der Region Hont an der ungarischen Grenze ist Hrušov (slowakisch hruška = Birne) südwestlich der Karpfener Hochebene. Stolz präsentiert das 15 Kilometer östlich von Dudince gelegen Dorf neben urwüchsigen Bräuchen seine kulinarischen Spezialitäten und landwirtschaftlichen Exponate.

Ein sechs Kilometer langer ›Hontpfad‹ beschreibt an 37 Stationen das Kulturerbe. Seit 1995 findet alljährlich im August eine ›Hontparade‹ statt. Außer Volkstrachten und Birnenschnaps erlebt man auf diesem Folklorefest viele landschaftliche Tätigkeiten wie beispielsweise die Mahd mit der Sense.

■ Rund um Veľký Krtíš

In der Gegend wurden Siedlungsreste und Brandgräber der Bronzezeit gefunden. Eine wichtigere Rolle in der Geschichte als das längst größere Veľký Krtíš spielte die nördliche Nachbarstadt **Modrý Kameň** (Blauenstein). Dort gibt es eine ursprünglich gotische Festung, deren Ruine teilweise zum Aufbau eines barocken Landschlosses verwendet wurde. Dieses Gebäude beherbergt heute das **Puppenspielmuseum**.

Zwischen der Fernstraße und der ungarischen Grenze liegen Dolná Strehová und Sklabiná (nicht zu verwechseln mit Sklabiňa). Im **Kastell Strehová** (damals Alsósztregova) wurde der ungarische Dichter Imre Madách (1823–1864) geboren, hier schrieb er auch seine ›Tragödie des Menschen‹. In **Sklabiná** (damals Szklabonya) erblickte der ungarische Journalist Kálmán Mikszáth (1847–1910) das Licht. Ein kleines **Museum** in seinem 2006 renovierten Geburtshaus dokumentiert sein Leben.

Von Veľký Krtíš sind es etwa 40 Kilometer südwärts in das pittoreske ungarische Hollókő (Rabenstein), das seit 1987 auf der UNESCO-Welterbeliste steht.

In **Pôtor** befindet sich eine **Kirche** mit sehr schöner Innenraumbemalung und einer Orgel aus dem Jahre 1764, **Stará Halič** bietet eine gotische **Kirche** von 1300 mit einem hölzernen Glockenturm von 1673.

■ Lučenec

Lučenec (deutsch Lizenz, ungarisch Losonc) macht einen verschlafenen Eindruck, dabei ging es in der Vergangenheit manchmal hoch her. 1451 fand hier eine Schlacht der Ungarn gegen Ján Jiskra z Brandýsa (Johann von Brandeis, 1400–1469) statt, auch 1622 und 1849 wurde die Stadt zerstört. Im 18. Jahrhundert war Lučenec Sitz des Komitates Neuburg (slowakisch Novohrad, ungarisch Nógrád).

Interessant sind eine calvinistische neogotische **Kirche** von 1853 und die **Synagoge** im Sezessionsstil, die zwischen 1923 und 1925 unter der Leitung von Lipót Baumhorn (1860–1932) anstelle eines Baus von 1863 errichtet wurde. Das große Gemäuer erweckt zwar den Eindruck einer Ruine, aber in Dach und Außenmauern gibt es keine Lücken. Das **Regionalmuseum** im ehemaligen Ko-

Karte S. 181

Am Marktplatz in Rimavská Sobota

mitatsgericht berücksichtigt besonders Volkskeramik und Glaserei. Ein **Park** am südwestlichen Stadtrand wurde 2005 naturnah saniert. Die fruchtbaren Böden der Gegend werden für den Obstanbau genutzt.

■ Rimavská Sobota

Rimavská Sobota (deutsch Großsteffelsdorf, ungarisch Rimaszombat) gilt als Zentrum des Mittelslowakisches Weinbaugebietes. Der rechteckige **Marktplatz** der alten Bergbaustadt wurde restauriert und erhielt Wasserspiele, die meisten Gebäude an ihm einschließlich der Kirchen stammen vom Ende des 18. Jahrhunderts. Etwas abseits steht eine schöne **Synagoge**. Eine ehemalige Kaserne beherbergt das vielseitige **Regionalmuseum** mit den Abteilungen Geologie, Archäologie, Geschichte und Handwerk.

■ Rund um Rimavská Sobota

Mit guten Gründen führt eine ›Straße der Gotik‹ durch die Gegend rund um Rimavská Sobota. Manche Dorfkirchen selbst in kleinsten Orten entstanden bereits im 13. Jahrhundert, sie zeichnen sich durch bemalte Wände und Kassettendecken aus, und auch alte Wehrmauern sind noch erhalten. Eine neuere Idee der touristischen Vermarktung ist die ›Straße der Glashütten‹ (Sklářská cesta) mit den Orten Utekáč, Málinec, Katarínska Huta, Zlatno und Poltár.

Nordöstlich von Rimavská Sobota liegt **Drienčany** mit dem beliebten See **Teplý vrch** (slowakisch teplý = warm). Abgesehen von Thermalquellen gehört er wirklich zu den wärmsten slowakischen Badegewässern . Es gibt Spuren einer Burg sowie eine gedrungene evangelische Kirche mit Kassettendecke und einzeln stehendem Turm. Auf dem Friedhof ruhen die Volksliedersammler Pavol Dobšinský (1828–1885) und Jonatan Dobroslav Čipka (1819–1861). In der Umgebung des Ortes findet man sehenswerte Karstformationen. Noch etwas weiter nordöstlich liegt **Gemer**, das vom 14. bis zum 18. Jahrhundert Verwaltungssitz des gleichnamigen Komitates war, heute aber weniger als 1000 Einwohner zählt.

Der evangelische **Kirche** von **Kraskovo**, nördlich von Rimavská Sobota, wurde im 13. Jahrhundert erbaut und fällt durch ihre Wehrmauer aus dem 15. Jahrhundert auf. Wandmalereien stammen aus dem 14., die geschnitzte Ausstattung und der hölzerne Glockenturm aus dem 17., die bemalte Kassettendecke aus dem 18. und die Orgel aus dem 19. Jahrhundert. **Rimavské Brezovo** und **Rimavská Baňa** bieten ebenfalls **Kirchen** mit Anfängen im 13. und Wandmalereien aus dem 14. Jahrhundert, die Kirche von **Malé Teriakovce** entstand zur Zeit der Hus-

Der »steinerne Wasserfall« in den Ceroverer Felsen

somit das jüngste slowakische Vulkangebirge. Man kann erodierte Lavaströme (Pohanska, Medveš), Vulkankegel (Ragáč) und Vulkanschlote (Hajnáčka, Soví) besuchen. Auf engem Raum liegen sechs **Burgruinen** beieinander (Fiľakovo, Šomoška, Soví, Pohanska, Hajnáčka, Hodejov) sowie eine hinter der Landesgrenze (Salgó). Die Anlagen bieten eine weite Aussicht nach allen Seiten. Seit 1920 wird die damalige Grenzziehung an Stammtisch debattiert, Touristen im Schengen-Raum kann das jedoch ziemlich egal sein. Im Tante-Emma-Laden auf ungarischer Seite braucht man allerdings Forint als Währung.

Der Weg vom Waldparkplatz zur Burgruine Šomoška lohnt sich. Nur an wenigen Stellen auf der Welt sind so große regelmäßige **Basaltsäulen** zu betrachten wie beim čadičový vodopád (Steinerner Wasserfall) unterhalb dieser Burg. Auf der anderen Seite des Baches werden alte Steinbrüche unter anderem von Aktfotografen genutzt.

siten. In der **Kirche Ožďany** westlich von Rimavská Sobota wurden 2009 die sterblichen Überreste von Julianna Korponay-Géczy, der ›Weißen Frau von Leutschau‹, identifiziert. Der von Pastor erhoffte Touristenansturm blieb aber bisher aus. Eine dreibogige **Brücke** aus der Zeit der türkischen Besatzung quert den Oberlauf der Eipel (Ipeľ) in **Poltár**. Östlich von Rimavská Sobota, unweit der ungarischen Grenze, liegt der kleine Kurort **Číž**. Das Mineralwasser hat einen hohen Gehalt am Lithium, Jod und Brom.

■ Cerover Gebirge

Das ungarisch geprägte Städtchen Fiľakovo (deutsch Fileck, ungarisch Fülek) südlich von Rimavská Sobota und die Grenzgemeinde Šiatorská Bukovina sind günstige Ausgangspunkte für Wanderungen im Cerover Gebirge (Cerová vrchovina, wörtlich ›Zerreichen-Bergland‹). Es entstand im Tertiär und ist

---

ℹ Südslowakischer Kessel

Vorwahl: 00421/(0)47.

Touristeninfo, Republiky 5 (im Theater), Lučenec, Tel. 4331513, Mo–Di/Do 8–16 Uhr, Mi 8–17 Uhr, Fr 8–15 Uhr.

Touristeninfo, Hlavné 2, Rimavská Sobota, Tel. 5623645, Mo–Mi/Fr 7.30–16 Uhr, Do 7.30–17 Uhr, Sa 7.30–13:45 Uhr, jeweils 45 Min. Pause ab 12 Uhr.

Toristeninfo, Podhradská 1985/14, Fiľakovo, Tel. 4382016, www.hradfilakovo.sk, Mo–Fr 8–16 Uhr.

Unter www.gothicroute.sk ist die ›Straße der Gotik‹ zu finden.

Kurbetrieb-Koordination über Číž: www.kupeleciz.sk und www.kupeleciz.com.

Kursbuchstrecke 160 Zvolen–Košice über Lučenec und Fiľakovo, auch Schnellzüge 4x tgl.

Karte S. 181

Zlatý Býk, Daxnera 413, Rímavská Sobota, Tel. 5632032, www.hotelzlatybyk.sk, DZ ab 50 Euro. Akzeptabler Plattenbaucharme.

Mehrere solide Restaurants in den Stadtzentren von Rimavská Sobota, Fiľakovo und Lučenec.

Zwei ruhige naturnahe Plätze in der Karpfener Hochebene:
Agro-Kemp Lazy, Duchenec 163, Cerovo, Tel. 0908/590837, www.minicamping.eu, Mai–Sept. Von Niederländern betriebenen Platz für maximal 15 Zelte.
Glamping Slowakije, Plachtinske Lazy 1, Cebovce, Tel. 0944/285558, www.campingslovakia.eu, ganzjährig. In diesem Nachbarort kann man sich außerdem zum eigenen Zelt in bereits aufgebaute Zelte einmieten,
Ein ähnlich verträumtes **FKK-Camp** liegt 30 km nordwärts: Pliešovce-Zajezova.

Puppenspielmuseum (Múzeum bábkarskych kultúr a hračiek), Zámocká 1, Modrý Kameň, Tel. 4870218, www.snm.sk, Mai–Okt. Mo–So 9–17 Uhr, Nov.–Apr. Mo–Fr 8–15 Uhr.
Regionalmuseum Neograd (Novohradské múzeum a galéria), Kubínyiho 3, Lučenec, Tel. 4332502, www.nmg.sk, Di–Fr 9–17, So 14–17 Uhr.
Imre-Madách-Literaturmuseum im Kastell, Dolná Strehová, Tel. 4897189, www.snm.sk, Di–So 10–17 Uhr.
Kálmán-Mikszáth-Gedenkstätte im Geburtshaus, Sklabiná 188, Tel. 4886113, www.snm.sk, Di–So 10–17 Uhr.
Regionalmuseum Gemer-Kleinhont (Gemersko-malohontské múzeum), Tompu 5, Rimavská Sobota, Tel. 5632741, www.gmmuzeum.sk, Mo–Fr 8–16 Uhr, Apr.–Sept. auch Sa/So 9–16 Uhr.

Heimatmuseum mit Burg (Mestské vlastivedné múzeum), Hlavná 14, Fiľakovo, Tel. 4382619, www.hradfilakovo.sk, Di–Fr 8–16 Uhr, 30 Min. Pause ab 12 Uhr.

Div. kürzere **Lehrpfade**:
▸ von Sucháň zum Trompetenstein (6 km, 4 Tafeln);
▸ von Horné Príbelce zu einer aufgelassenen Sandmine mit Fossilien (3 km, 6 Tafeln);
▸ von Horné Plachtince auf den Pohanský vrch (4 km, 12 Tafeln);
▸ von Divín über die Burgruine zum Stausee (4 km, 6 Tafeln);
▸ vom See Teplý vrch nordwestwärts durch Karstgebilde (7 km, 9 Tafeln);
▸ vom See Teplý vrch zu einem Gehege mit Dam- und Muffelwild (3 km, 8 Tafeln);
An der Burgruine Šomoška gibt es zwei ineinander übergehende Lehrpfade (zusammen 5 km, 18 Tafeln), www.siatbukovinka.sk.

Die 36 km lange Fahrradroute von Lučenec über Poltár nach Málinec ist mehrsprachig beschildert.
Teilweise unbefestigte Fahrradwege von Hajnáčka nach Širkovce, Šiatorská Bukovinka und Fiľakovo.

Transywahnia, Jablonec 202, Nižná Kaloša, Tel. 0903/544751, www.transylwahnja.eu. Sympathischer Biohof.

Kúpalisko Aquatermal, Dolná Strehová, Tel. 4308881, www.strehova.sk, 9–22 Uhr.

Krankenhaus Lučenec, Republiky 15, Tel. 4311111, www.lcnsp.sk.
Krankenhaus Rimavská Sobota, Šrobárova 1, Tel. 5612111, www.rimavska.nemocnica.com.

Auf dem Weg in die Tatra

Zwischen Fatra und Tatra

Am Oberlauf der Waag (Váh) bündeln sich die Verkehrswege in die Tatra. Die hier gelegenen Städte sind nicht auf den ersten Blick attraktiv und bieten dennoch viel Interessantes. Und nur wenig abseits der Hauptstraße warten mehr oder weniger versteckt weitere lohnenswerte Sehenswürdigkeiten. Treffpunkte von Wander- und Wintertouristen sind Terchová und Donovaly.

Kleine Fatra

Der Hauptkamm der Kleinen Fatra (Malá Fatra) wird in der Mitte von der Waag durchbrochen; somit unterscheidet man deutlich einen nördlichen (Krivanská Fatra) und einen südlichen Teil (Lúčanská Fatra). Nordöstliche Ausläufer der Kleinen Fatra bei Zázrivá reichen schon in die historische Region Arwa hinein (→ S. 229), südwestliche gehen in die Rajetzer Berge über (→ S. 169).

■ **Vrátna-Tal mit Terchová**

Das Gebiet des Nationalparks (Národný park Malá Fatra, NAPAMF) beschränkt sich auf die Krivanská Fatra, touristisches Zentrum ist das Vrátna-Tal (Vrátna dolina). Hohe Berge riegeln den Talkessel fast vollständig ab, was zu einem eigenen Kleinklima führt. Die Tiesňavy-Schlucht des Flüsschens Vrátňanka zwischen den Bergen Sokolie und Boboty ist die einzige Zufahrt; erst mit dem Ausbau der dortigen Straße 1964 begann eine nennenswerte Erschließung des Talkessels für den Tourismus. 2014 machte ein Hochwasser mit Erdrutschen das Vrátna-Tal für einige Tage unpassierbar.

Am Talende bieten sich die höchsten Gipfel der Kleinen Fatra für Rundblicke an, dort überragen die Gipfel **Veľký Kriváň** (1708 m) und **Malý Kriváň** (1671 m) das Gebirge. Bis dahin zeigen kleine Grate die bunte Blumenwelt typischer Kalkstein-

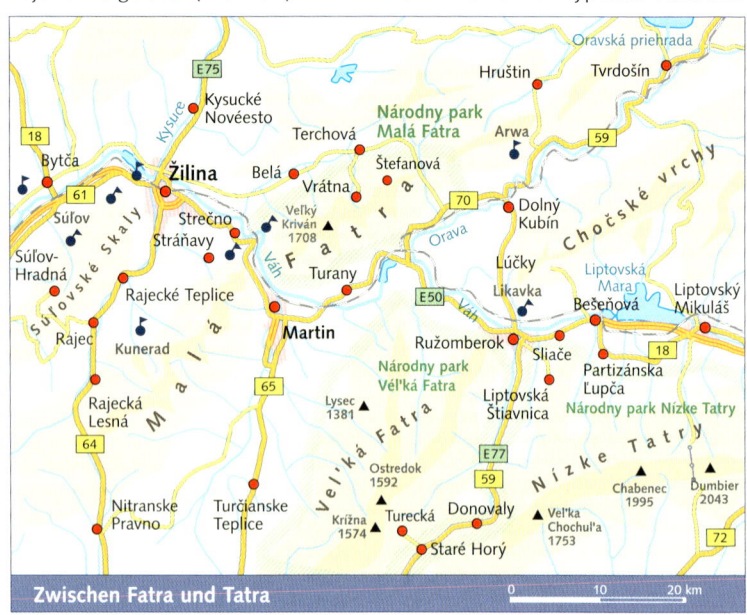

Zwischen Fatra und Tatra

0   10   20 km

Hochgebirgsarten, überraschend ist manche aus den Buchenwäldern hinaufkletternde Pflanze wie die Türkenbundlilie. Wald- und Baumgrenze sind außer von Kälte und Schnee vor allem an den südlichen Hängen und im östlichen Regenschatten durch beträchtliche Trockenheit beeinflusst. Der Kammweg ermöglicht Fernsichten in alle Himmelsrichtungen über polnische und slowakische Gebirge, bei klarer Sicht sind die Tatren zu erkennen. Es öffnet sich der Blick in die Kulturlandschaft des Waag-Tales bei Martin, hinter der sich der touristisch weniger erschlossene südliche Teil der Kleinen Fatra ausbreitet. Eine neue Kabinenseilbahn für jeweils acht Personen in einer schicken Gondel hat die Bedeutung von Vrátna als Wintersportzentrum nochmals erhöht.

In einem Seitental liegt das malerische Örtchen **Štefanová**. Als schönster Gipfel gilt der markante Kalkkegel des Veľký Rosutec. Weitere beliebte Wanderungen sind auf beiden Seiten der Tiesňavy-Schlucht sowie durch die ›Jánošík-Löcher‹ genannten Canyons (Dolné diery, Nové diery, Horné diery) möglich. Bei dickem Schnee kennzeichnen Holzstangen die wichtigsten Wanderwege.

Am Talende bieten sich die höchsten Gipfel der Kleinen Fatra für Rundblicke an, als schönster Gipfel gilt der markante Kalkkegel des **Veľký Rozsutec**. Weitere beliebte Wanderungen sind auf beiden Seiten der Tiesňavy-Schlucht sowie durch die Canyons Horné diery und Dolné diery möglich. Bei dickem Schnee kennzeichnen Holzstangen die wichtigsten Wanderwege. Eine neue Kabinenseilbahn für jeweils acht Personen in einer schicken Gondel hat die Bedeutung von Vrátna als Wintersportzentrum nochmals erhöht. Unmittelbar unterhalb der Berge liegt das malerische Örtchen **Štefanová**.

Im ehemaligen Bergbauerndorf **Terchová** am Beginn des Tales konzentrieren sich

Die Burgruine Strečno

die Touristenunterkünfte. Der Geburtsort des Volkshelden Juraj Jánošík ist ein wichtiges Folklorezentrum des Landes. In Richtung der Berge wurde zu seinem runden Geburtstag 1988 ein großes glänzendes Metalldenkmal des Bildhauers Ján Kulich eingeweiht.

■ Strečno und Starhrad

Die bei ausländischen Touristen vielleicht bekanntesten **Burgruinen** der Slowakei sind Strečno und Starhrad. Die beiden Anlagen liegen an auffälliger Stelle – hier durchbricht der Fluss den Gebirgszug Kleine Fatra – zwölf Kilometer südöstlich von Žilina beiderseits der Waag. Beide Burgen sind auch durch eine Sage miteinander verbunden: Der Burgherr von Strečno heiratete Marienka gegen ihren Willen, sie liebte Milko von Starhrad. Nachdem Milko von ihrem Mann getötet wurde, floh Marienka und besuchte manchmal heimlich Milkos Grab. Ihr Mann fand es heraus und wartete dort auf sie, sah sich aber plötzlich einem Ritter gegenüber. So tötete er auch Marienka, die sich mit einer Rüstung verkleidet hatte.

Die leichter erreichbare Ruine ist **Strečno**, am Rande der Pufferzone des Nationalparks Kleine Fatra in 440 Metern Höhe gelegen. Sie wurde im 13. Jahrhundert gebaut, 1698 geschleift und war im Slowakischen Nationalaufstand 1944 umkämpft. Berühmteste Besitzer waren Matúš Čák und Franz Wesselényi, dessen sanftmütige erste Frau Žofia Bosniaková als ›Heilige von Strečno‹ bekannt wurde. Nach einer aufwendigen Rekonstruktion wurden 1995 unter großer Medienpräsenz Museumsräume eröffnet, 2012 folgte am Fuße der Burg ein kleines **Mittelalterdorf**.

Auf dem nahen Gipfel **Zvonica** ist ein **Denkmal** der Beteiligung französischer Partisanen am Slowakischen Nationalaufstand gewidmet, über den Fluss Waag führen eine Autofähre und eine Fußgängerbrücke. In der Gemeinde lebten die Einwohner früher von Holzfällerei und Fischfang, in Anlehnung an alte Traditionen werden inzwischen Floßfahrten für Touristen organisiert.

Starhrad (wörtlich ›Alte Burg‹, auch Burg Varín genannt) liegt am Rande der Kernzone des Nationalparks Kleine Fatra in 475 Metern Höhe, hier bildet der Fluss Waag die Schleife **Domašínsky meander**. Im 16. Jahrhundert zogen die Besitzer etappenweise in das Kastell Krasňany, seit dem 18. Jahrhundert war die Burg völlig verlassen. Im Inneren präsentiert sich die Anlage mit schwierigen Pfaden recht wild, Restaurierungsarbeiten haben seit langer Zeit nicht mehr stattgefunden. Unter Gruselfilmfans ist Starhrad bekannt durch den Abspann aus ›Nosferatu – Eine Symphonie des Grauens‹ (1922), die Perspektive entspricht dem Blick von der Landstraße.

Das **Sommerfreibad** im Nachbarort **Stráňavy** wird von Thermalwasser gespeist, eine Schwimmhalle befindet sich in Planung.

 Kleine Fatra

Vorwahl: 00421/(0)41.
Touristeninfo, Cyrilla a Methoda 96, Terchová, Tel. 5993100, www.ztt.sk, Mo–Fr 8–16 Uhr, Jul./Aug. auch Sa/So 9–16 Uhr.

Bránica, Belá, Tel. 5693035, www.hotelbranica.sk, DZ ab 70 Euro. Modernes Wellnesshotel in Alleinlage.
Diery, Biely Potok, Terchová, Tel. 5695323, www.hotel-diery.sk, DZ ab 46 Euro. Schlichte Zimmer am oberen Ortsende neben der Landstraße.
Sagan, Štefanová, Tel. 0944/391743, www.penzionsagan.sk, DZ ab 42 Euro. Am Kreuzungspunkt beliebter Wanderwege
Starý Majer, Štefanová, Tel. 5008034, www.hotelrozsutec.sk, DZ ab 40 Euro. Die traditionsreiche Pension gehört mittlerweile zum ansonsten etwas überteuerten Hotel Roszutec.

Großes Angebot an Privatzimmern in Terchová, auch neue romantische Holzhäuser zur Komplettvermietung, für 10 Personen ab 100 Euro, siehe beispielsweise www.drevenicabukovina.sk oder www.drevenicenaluke.sk.
Irenka, SNP 44, Strečno, Tel. 5697673, www.penzionirenka.sk, DZ 34 Euro. Kleine Pension zwischen Dorf und Burg.

Berghütten in höheren Lagen der Fatra:
Chata na Grúni, Tel. 0903/524200, www.chatanagruni.sk, Schlafplatz 13 Euro, im Winter nur Kombipakete mit Verpflegung und Skipass. 2010 renoviertes Blockhaus.
Chata pod Suchým, Tel. 0918/523200, www.chatapodsuchym.sk, Schlafplatz ab 10 Euro.

Chata pod Chlebom, Tel. 0905/861042, www.chatachleb.sk, Schlafplatz ab 8 Euro.

Nižné Kamence, Belá, Tel. 5695135, www.campingbela.eu, Mai–15. Okt., Caravans ganzjährig. Seit langem einer der solidesten Campingplätze des Landes, zwischen der Hauptstraße nach Terchová und dem Flüsschen Varínka.

Autocamping Selinan, Varín, Tel. 5692410, www.autocampingvarin.com, Mai–15. Okt. Ebenfalls zwischen Hauptstraße und Flüsschen.

Vom Waagtalmuseum, www.pmza.sk, aus werden betreut:

▸ **Juraj-Jánošík-Ausstellung** (Expozícia Jánošík), Cyrila a Metoda 960, Terchová, Tel. 0918/187679, Jun.–Aug. Di–So 9–17 Uhr, Sept.–Mai Di–So 9–15.30 Uhr, jeweils 30 Min. Pause ab 13 Uhr;

▸ **Burg Strečno** (Hrad Strečno), Hradná 1, Strečno, Tel. 5697400, Apr.–Sept. 9–18 Uhr, Okt. 9–16 Uhr, Nov. Sa/So 9–16 Uhr.

Veranstaltungen in Terchová siehe www.terchova.info.

Renovierter **Lehrpfad** ab Štefanová durch die Canyons Jánošíkove diery (3 km, 10 Tafeln).

Tageswanderung: Aufstieg zum Vel'ký Rozsutec

Route: Štefanová – Podžiar – Sedlo Medzirotuzse – Vel'ký Rozsutec – Sedlo Medziholie - Štefanová

Die Wanderung beginnt am zentralen Parkplatz unterhalb von Štefanová (Stephansdorf, 625 m). Von hier führt der gelb markierte Weg nordwärts. Bei der Schutzhütte Podžiar (715 m) biegt man rechts auf die blaue Markierung ein und läuft bachaufwärts über Pod Palenicou

Lehrpfad von Terchová zum Tal Struháreň auf den Spuren des Volkshelden Jánošík (14 km, 10 Tafeln).

Rundweg beim Bergsattel Snilovské sedlo, deutlich sind Formungen durch frühere Gletscher zu erkennen (5 km, 15 Tafeln). Eine Rundwanderung von Varín über die Burgfelsen von Starhrad ist ebenfalls als **Lehrpfad** ausgeschildert (15 km, 15 Tafeln).

Sommerfreibad Aqua Eden, Na Šefranici 1280/8, Stráňavy, Tel. 5966421, im Umbau.

Floßfahrten unterhalb der Burg Strečno siehe www.plte-strecno.sk, 10 Euro sind für 7 km zu bezahlen.

Preiswerte Reitstunden bietet eine kleine Agropension in Zázrivá, siehe www.penzionagroturistika.sk.

Das Skiareal ›Free Time Zone‹ im Vrátna-Tal (→ Tabelle S. 178) gehört zu den bedeutendsten im Lande, die Gesamtkapazität der Seilbahnen und Lifte beträgt über 11000 Personen pro Stunde,die Gesamtlänge der 16 Abfahrten wird mit 14 km angegeben. Bei entsprechenden Schneeverhältnissen können Teile des Hauptkamms in eine Skiwanderung einbezogen werden.

(900 m) und Pod Tanečnicou (1186 m). Die eigentliche Besteigung des Vel'ký Rozsutec beginnt auf dem Bergsattel Medzirotuzse (1200 m) wiederum nach rechts entlang einer roten Markierung. Unter den Wandermöglichkeiten in den Fatren bietet diese anstrengende Tagestour sicherlich die vielfältigste Landschaft; belohnt wird man unter anderem mit tollen Fernblicken bis ins Arwa-Bergland hinein. Hinter dem Gipfel (1610 m) muss man sich stellenweise an Ketten festhal-

ten. Vom Bergsattel Medziholie (1185 m) führt ein grün markierter Weg nach Štefanová zurück.

Varianten: Auch in Gegenrichtung möglich.

▸ Zwischen den beiden genannten Bergsätteln führt ein Weg um den Veľ'ký Rozsutec herum, man spart gegenüber der Gipfelbesteigung Zeit und Kraft.

▸ Eine Erweiterung der Tour dagegen ist die zusätzliche Besteigung des Nebengip-

fels Malý Rozsutec (1343 m) von Medzirotuzse aus.

Länge/Schwierigkeit: sechs Stunden, im Gipfelbereich Passagen mit Halteketten, einige kürzere Leitern am Bach.

Verkehrsverbindung: Bushaltestelle in Štefanová.

Hinweis: Der Weg zwischen den Bergsätteln über den Gipfel war in den letzten Jahren zwischen 1. März und 15. Juni vor allem aus Naturschutzgründen gesperrt.

Martin und Große Fatra

Heilkräuter sammelnde Mönche machten die Region Turz (Turiec) vor langer Zeit bekannt. Später kamen Safrananbau und Ölherstellung dazu. Eingerahmt wird die vom Turiec durchflossene Gegend durch die beiden Fatren und die Kremnitzer Berge. Die Stadt Martin spielt bis heute eine wichtige Rolle im Nationalbewusstsein. Besonderheiten der Natur sind die Torfmoorwiesen und der seltene Fischart Donau-Huchen.

■ Stadtgeschichte

Die erste urkundliche Erwähnung als Zenthmarton stammt von 1264 und das Stadtrecht von 1340. Seitdem war Martin (Sankt Martin in der Turz) mit heute 55 000 Einwohnern immer das Zentrum der kleinen Region Turiec (Turz). Viele politische und kulturelle Entwicklungen gingen seit 1848 von der Stadt aus, und sie ist noch heute Sitz der 1863 gegründeten Kulturinstitution Matica slovenská (etwa ›Mutterlandsmission‹). Vorangegangen war 1861 das unter den Linden vor der evangelischen Kirche ausgerufene ›Memorandum der slowakischen Nation‹. Der 4. August 1863 wurde dann als 1000. Jahrestag der Ankunft von Kyrill und Method im Großmährischen Reich gewählt. Von der Multikulti-Geschichte der Gegend künden unter anderem jüdische Friedhöfe in Turčianske Teplice,

Martin, Sučany, Turany, Vrútky und Varin. Als ›Europäische Kulturhauptstadt 2013‹ hatte sich auch die Stadt Martin beworben und beispielsweise spezielle touristische Angebote für Kinder und Radfahrer vorgelegt. Ein ›Radwanderweg durch die Turzer Sümpfe‹ führt südwärts zu den interessanten Feuchtwiesen Kláštorské lúky und Ivančinské močiare.

■ Sehenswürdigkeiten

Bei der Durchfahrt auf den breiten Hauptstraßen kann man sich kein gerechtes Urteil über die Stadt bilden, denn von diesen Transitstrecken blickt man nur auf eintönige Wohnviertel, Gewerbegebiete und Supermärkte. Kleine kostenpflichtige Parkplätze befinden sich in der südöstlichen Ecke des Marktplatzes.

Am renovierten **Marktplatz** (nam. Štefánika) residieren viele Banken und das Slowakische Kammertheater. Es wurde als eines der ersten professionelles Theater des Landes 1944 eröffnet. Weiterhin steht auf dem Markt ein zur Jahrtausendwende errichteter Glasquader. Der im Volksmund Millennium genannte Bau entpuppte sich schnell als Fehlkonstruktion: nach wenigen Jahren waren wegen der starken Hitzeentwicklung im Sommer fast alle Mieter wieder ausgezogen.

Wichtigste Touristenattraktion Martins sind die Museen; immer wieder stößt

Karte S. 219

▲

man dabei auf die zentrale Rolle der Stadt im Nationalbewusstsein. Ein 14-geschossiger Bau von 1977 auf einem Hügel östlich der Innenstadt beherbergt unter anderem die **Nationalbibliothek**. Ihr ist auch das **Slowakische Literaturmuseum** nördlich vom Marktplatz (Divadelná 23) im ersten Gebäude der Matica slovenská zugeordnet. Das neobarocke Haus stammt von 1865. Heute residiert diese Kulturinstitution in einem zwischen 1924 und 1926 errichteten Gebäude (Mudroňa 1) schräg dahinter.

Die Ethnographische Abteilung des **Slowakischen Nationalmuseums** wurde 1908 eröffnet und gehört zu den größten derartigen Ausstellungen Europas. Neben Kunsthandwerk und Kleidung werden Exponate aus der traditionellen Landwirtschaft vorgestellt, auch Festtagsbräuche sind anschaulich erklärt. Im parkartigen Gelände vor dem Nationalmuseum folgen rechts das **Amphitheater** Amfico und der **Nationalfriedhof**. Bestandteil des Nationalmuseums ist weiterhin das Wohnhaus des Malers Martin Benka (1888–1971), der einen plakathaften Stil mit pastellfarbenen Szenen aus dem slowakischen Dorf-leben pflegte. Die **Turiec-Galerie** in der Nähe des Bahnhofes widmet sich der bildenden Kunst der Region. Weiterhin gibt es ein Museum mit naturwissenschaftlichen Sammlungen.

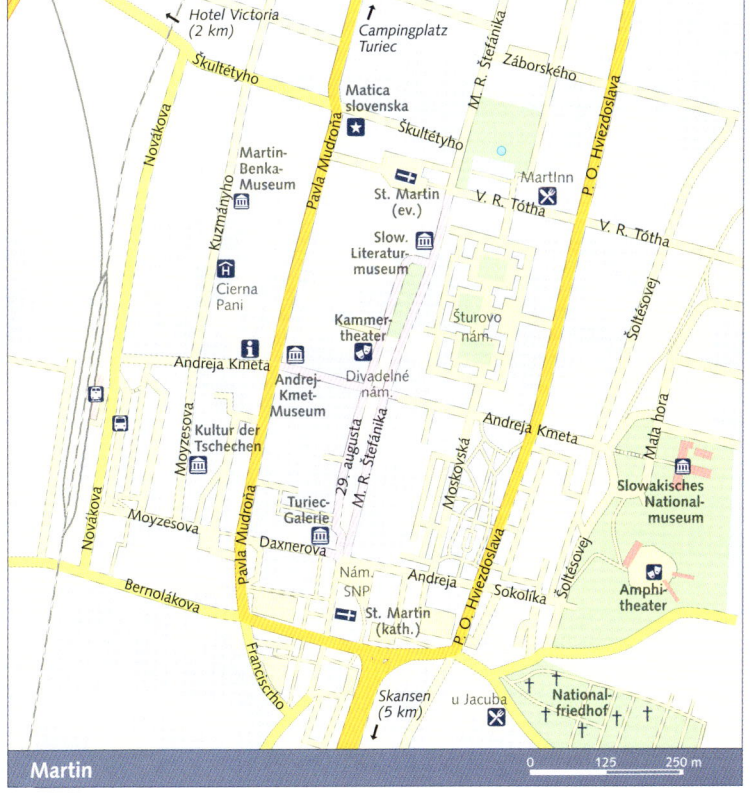

Martin

Juraj Jánošík – der slowakische Robin Hood

Juraj Jánošík wurde am 25. Januar 1688 getauft. Er begann seine kurze ›Karriere‹ 1706 als Kämpfer in Rákóczis Aufständen, ab 1711 organisierte er Raubzüge gegen reiche Adlige und Händler. Die Beute verteilten die edlen Räuber angeblich komplett unter der notleidenden Landbevölkerung. Jánošík konnte 1712 nach einer Verhaftung zwar fliehen, wurde aber abermals ergriffen und am 17. März 1713 hingerichtet. Gendarmen fassten Jánošík angeblich in einer Dorfkneipe in Valaská Dubová bei seiner Liebsten, nachdem ihm ein altes Weib Erbsen unter die Beine gestreut hätte und er hingefallen wäre. Ohne diesen Trick hätte Jánošík womöglich entkommen können. Jánošík wurde derart grausam gefoltert, dass er sicherlich schon an den dabei erlittenen Verletzungen gestorben wäre. Die Peiniger wollten Jánošík dazu zwingen, seine Gefährten zu auszuliefern. Immerhin besaß er in Baltazár Palugyay einen qualifizierten Verteidiger, der vor Gericht glaubhaft darlegte, dass »von Jánošík und seinen Gefährten nie ein Mord begangen wurde, nur die liebevolle Anteilnahme an Not und Elend habe sie auf den Weg des Bösen geführt.«

Übrigens verfügt das ukrainische Karpatengebiet mit Oleksa Dowbush (Олекса Довбуш, 1700–1745) über ein ebenfalls historisch verbürgtes Pendant zu Robin Hood. Jánošíks unmittelbare Vorläufer dagegen sind eher im polnischen Karpatenvorland zu finden. Erst Joseph II. hob in den zu Österreich gehörenden Gebieten die Leibeigenschaft auf. Bis dahin erhielten die Räuberbanden vor allem von Leibeigenen Zulauf. Zu zahlreiche Orten gibt es Geschichten, die die Anwesenheit Jánošíks thematisieren. Das verhängnisvolle Wirtshaus (heute ›Jánošikova Krčma‹) in Valaská Dubová an den Hängen der Choč-Berge wird beispielsweise noch betrieben.

Die Geschichte der Kuruzen und insbesondere der Mythos des gerechten Räubers wurden immer wieder künstlerisch verarbeitet. Recht vordergründig mit der grausamen Hinrichtung beschäftigt sich das Versepos ›Jánošíks Tod‹ (1862) des Romantikers Ján Botto (1829–1881). Eher kinder- und familienkompatibel kommt die Fernsehserie ›Jánošík, Held der Berge‹ (1973) nach einem Drehbuch von Tadeusz Kwiatkowski daher. Ebenfalls eine polnische Produktion ist das Musical ›Auf Glas gemalt‹ (1977) von Katarzyna Gärtner und Ernest Bryll. Auch in der Volkskunst und an Souvenirbuden begegnet man Jánošík häufig. Einige polnische Geschichtsschreiber interpretieren Jánošík aufgrund seines Einflussgebietes als Helden ihrer nationalen Geschichte. Dagegen diskutierten slowakische Politiker auch schon darüber, ob es akzeptabel sei, einen Räuber als Vorbild gelten zu lassen.

Denkmal für Jánošík in Terchová

■ **Jahodnícke háje**

Ein besonders attraktives Museum ist der größte **Skansen** des Landes. Seine Fläche beträgt fast einen Quadratkilometer. Überlegungen zum Aufbau stellte bereits die 1893 gegründete Slowakische Museumsgesellschaft in ihren ersten Jahren an, aber erst 1968 wurde der Grundstein gelegt, und 1972 öffnete des Freilichtmuseum seine Pforten. Die Konzeption sieht eine Trennung von Holz- und Lehmarchitektur sowie eine geographische Gliederung von 218 Objekten aus 113 Gemeinden der gesamten Slowakei vor. Der hohe Anspruch konnte bis jetzt nur für die drei nordwestlichen Regionen Arwa, Kischütz und Javornik sowie Liptau annähernd erfüllt werden. Zu den attraktivsten Bauten zählen die katholische Kirche aus Rudno, eine Schenke aus Oravská Polhora, ein Handwerkerhaus aus Veličná, Gutshäuser aus Vyšný Kubín und Jasenová.

■ **Rund um Martin**

Zweitwichtigster Ort der Region Turz ist die Kurstadt **Turčianske Teplice** (ehemals Štubnianske Teplice, Bad Stuben). Die Thermalquellen sind spätestens seit dem 13. Jahrhundert bekannt und wurden seit dem 16. Jahrhundert für den Kurbetrieb genutzt, damals kaufte die Bergbaustadt Kremnica das Areal an den Heilquellen. Bekanntestes Gebäude der **Kuranlagen** ist das spätklassizistische Blaue Bad von 1885.

In der Region finden sich zahlreiche alte **Herrenhäuse**r, so in Diviaky, Košťany, Mošovce, Slovenské Pravno, Trebostovo, Turčianska Štiavnička, Turčiansky Peter, Valča und Záturčie. Allein in Necpaly stehen vier davon. Weiterhin verfügt die Region über drei attraktive **Burgruinen:** in Sklabiňa, Kláštor pod Znievom und Blatnica. Znievsky hrad in Kláštor pod Znievom mit 985 Metern belegt mit

Unverkennbar das Blaue Bad in Turčianske Teplice

nur acht Metern Rückstand den zweiten Platz bei den am höchsten gelegenen Burgruinen der Slowakei. Man findet sie am südöstlichen Rand der Kleinen Fatra. Blatnica ist ein Treffpunkt von Wanderern am Westhang der Großen Fatra. Außer der Burgruine gibt es interessante Dorfhäuser und ein dem Fotografen Karol Plicka gewidmetes Museum in einem Gutshaus hinter dem Jednota-Supermarkt.

■ **Burgruine Sklabiňa**

Die Burgruine Sklabiňa wird wenig beachtet, obwohl sie sehr romantisch am Rande des Talkessels Turčianska kotlina in 626 Metern Höhe liegt, zwischen Großer Fatra und Kleiner Fatra. Reizvoll ist sie auch, weil schon jeder Laie mit durchschnittlicher Phantasie verschiedene Mauerreste einzelnen Funktionen zuordnen kann: die Wand mit den großen Fenstern gehörte sicher zum Ballsaal,

Auf dem Weg in die Tatra

Scheint verwunschen: die Burgruine Sklabiňa

die Ecke mit den vielen Schornsteinen zur Küche.

Die Anlage stammt aus dem 13. Jahrhundert, war ab 1320 Sitz des Komitats Turiec und einer der Schauplätze des historischen Familien- und Liebesromans ›Forgách Zsuzsánna‹ von Farkas Deák aus dem Jahr 1885, dem eine wahre Biographie (1582–1632) in Oberungarn zugrunde lag. Die Burg wurde bis zur völligen Zerstörung im Slowakischen Nationalaufstand 1944 noch teilweise bewohnt, ein zweifellos düsteres Kapitel der Geschichte waren Hinrichtungen in dieser Zeit.

Sklabiňa ist recht unbekannt, aber gerade das macht den Ort zur Geheimempfehlung. Das Pförtnerhaus wird von einem Verein bewirtschaftet, der Ziegen hält und frischen Ziegenkäse verkauft. Und um die Bergbauern-Klischees zu vervollständigen, bimmelt oft noch an einem Hang in Sichtweite eine Schafherde. Obwohl die alten Mauern sehr in der Natur eingebettet erscheinen, kommt man mit dem Auto bei etwas Pfadfindertalent nahe heran.

■ Große Fatra

Sowohl bei den Gipfelhöhen als auch bei den Besucherzahlen steht die Große Fatra (Veľká Fatra) trotz ihres Namens hinter der Kleinen Fatra zurück. Dafür bietet sie viel Wald und viel Ruhe, weshalb sie sich besonders als Wander- und Skilanglaufgebiet eignet. Ein Touristenzentrum ist das Tal Jasenská dolina bei Martin, und mit 25 Kilometern ist das Tal Ľubochňanská dolina das längste Gebirgstal des Landes. Die schönsten Felsen der Großen Fatra stehen jedoch rechts und links der von Blatnica ausgehenden Täler. Der höchste Gipfel Ostredok (1592 Meter, nicht verwechseln mit den gleichnamigen Bergen in der Westlichen Tatra) hat noch Bergwiesencharakter. Der kürzeste Weg hinauf führt von Liptovské Revúce durch das Tal Zelená dolina. Wenig bekannt ist die lohnenswerte Wanderung von Sklabinský Podzámok auf den Lysec (1381 m).

Im Jahr 2002 wurde die Große Fatra zum Nationalpark (Národný park Veľká Fatra, NPVF) erklärt. Seitdem steigt die Zahl der hier lebenden Bären wieder.

Karte S. 214 ▲

Martin und Große Fatra

Vorwahl: 00421/(0)43.

Touristeninfo, Kmeťa 22, Martin, Tel. 4238776, www.tikmartin.sk, Mo–Fr 9–17 Uhr, Jul./Aug. auch Sa.

Touristeninfo, Partizánska 1, Turčianske Teplice, Tel. 4901278, Mo–Fr 9–14 Uhr, Jun.–Sept. Mo–Fr 9–19 Uhr, Sa 10–16 Uhr, So 13–18 Uhr.

Kurbetrieb-Koordination über Turčianske Teplice: www.therme.sk.

Häufiger Verkehr auf der Kursbuchstrecke 180 Žilina–Vrútky–Košice (Žilina–Vrútky 20 Min., Vrútky–Košice 2.40 Std.), Schnellzug-Halt auch in Kraľovany.

In Vrutký zweigt die Strecke 170 ab, 5–21 Uhr etwa zweistündlich (bis Martin 10 Min., bis Turčianske Teplice 30 Min., bis Zvolen 100 Min.).

Busbahnhof am Bahnhof westlich der Innenstadt. Die Nahverkehrsgesellschaft von Martin mit ihren Buslinien stellt sich unter www.mhdmartin.sk vor.

Impozant, Valča, Tel. 0914/130130, www.impozant.sk, DZ ab 99 Euro. Im Wintersportgebiet.

Victoria, Viliama Žingora 5, Martin, Tel. 4304836, www.hotelvictoria.sk, DZ ab 85 Euro. Am westlichen Stadtrand.

Cierna Pani, Kuzmányho 24, Martin, Tel. 4131523, www.penzion-cierna-pani.sk, DZ ab 37 Euro. Im Zentrum.

Pohoda, Vríčko 278, Tel. 4933463, www.pohodavricko.sk, DZ ab 30 Euro. Sehr einsame Lage in der Lúčanská Fatra.

Turčiansky dvor, Košťany nad Turcom 23, Tel. 0908/255558, www.turcianskydvor.sk, DZ ab 29 Euro. Neuer preiswerter Dorfgasthof.

Chata Borišov, Belá-Dulice, Tel. 0905/729959, www.chatapodborisovom.sk,

Schlafplatz im Mehrbettzimmer ab 9 Euro. Das am höchsten gelegene Quartier dieses Gebirges, phantastisch einsam.

Turiec, Kolónia Hviezda 92, Martin, Tel. 4284215, www.autocampingturiec.sk, ganzjährig,

Športovo-rekreačný areál, Na Drienok 460, Mošovce, Tel. 4944172, www.drienok.sk, Apr.–Okt.

ATC Trusalová, Turany, Tel. 4292636, www.turany.sk Klick Autocamping, Jun.–15. Nov. Ruhige Lage an einem Waldhang der Kleinen Fatra.

U Jacuba, Sklabinská 2, Tel. 0917/682248, www.hostinecujakuba.sk. Slowakische Küche neben dem Nationalfriedhof, auch Lieferservice.

MartINN, Tótha 59/1 A, Tel. 0917/941500, www.penzionmartinn.sk. Zwischen Matica slovenská und Medizinischer Fakultät.

Kaštieľ Záturčie, Hlboká 3, Tel. 0903/722730, www.kastielzaturcie.sk. Gutshaus am nordwestlichen Stadtrand.

Zum Slowakischen Nationalmuseum, Tel. 4131011, www.snm.sk, gehören folgende Ausstellungen:

▶ **Hauptgebäude** (Etnografické múzeum), Malá hora 2, Di–Fr 9–17 Uhr, Sa/So 10–18 Uhr;

▶ **Museum des slowakischen Dorfes** (Múzeum slovenskej dediny, Skanzen), Jahodnícke háje, www.skanzenmartin.sk, Jul.–Jul. 9–18 Uhr, Sept./Okt. Di–So 9–17 Uhr, Nov.–Apr. Di–Fr/So 10–14.30 Uhr, Mai–Jun. Di–So 9–18 Uhr, 1 km von der Bushaltestelle Ľadoveň entfernt;

▶ **Kultur der Roma** (Múzeum kultúry Rómov na Slovensku), im Skansen;

▶ **Kultur der Tschechen** (Múzeum kultúry Čechov na Slovensku), Moyzesova 11, Di–Fr 12–16 Uhr;

▶ **Andrej-Kmeť-Museum**, Kmeťa 20, in Rekonstruktion;

Auf dem Weg in die Tatra

▸ **Martin-Benka-Museum**, Kuzmányho 30, Mo–Fr 9–16 Uhr, Mai–Okt. auch So 10–18 Uhr, jeweils 30 Min. Pause ab 12 Uhr;
▸ **Karol-Plicka-Museum**, Prónayovská kúria, Blatnica, neuerdings nur noch auf Anmeldung unter 0907/722412 geöffnet.
Slowakisches Literaturmuseum (Národné literárne múzeum Matice slovenskej), Štefánika 11, Tel. 2451600, www.snk.sk, Di–Sa 8–16 Uhr.
Turiec-Galerie, Daxnerova 2, Tel. 4224448, www.turiecgallery.sk, Di–Mi 10–17 Uhr, Do 10–19 Uhr.

Slowakisches Kammertheater (Slovenské komorné divadlo), Divadelná 1, Tel. 4224098, www.divadlomartin.sk

Lehrpfad von Šútovo am Bach aufwärts bis zum 38 m hohen Wasserfall (6 km, 5 Tafeln).

Der Fahrradverein Turčianska bicyklová skupina JUS stellt Radwege der Gegend unter www.tbsjus.sk vor. Die Täler der Großen Fatra sind für Mountainbiker freigegeben, allerdings sind Hin- und Rückweg fast immer identisch, Rundfahrten durch die Berge lassen sich nicht zusammenstellen.

Skiareale am Berg Martinské hole (häufig Stau an der Zufahrtsstraße) sowie in den Fatra-Tälern Jasenská dolina und Valčianska dolina (→ Tabelle S. 178).

Kúpalisko, Turčianske Teplice, Hajská (Pool I), Kollarova (Pool II), Tel. 4923464.

Universitätskrankenhaus, Kollárova 2, Tel. 4203303, www.unm.sk.
Poliklinik, Československej armády 3, Tel. 4241110, www.martinskapoliklinika.sk.

Ružomberok und Umgebung

Zu einem Symbol wurde die Industriestadt Ružomberok (Rosenberg) durch den im Vorort Černová geborenen Andrej Hlinka (1864–1938). Den Beginn der Politikerlaufbahn des suspendierten Priesters markiert die Einweihung der Kirche in Černová gegen den Willen der Staatsgewalt im Jahr 1907. Dabei kam es zu blutigen Auseinandersetzungen und in der Folge zu spektakulären Schauprozessen. Kurz nach Ausrufung der Tschechoslowakischen Republik 1918 gründete Hlinka eine sehr auf Autonomie der Slowaken bedachte Partei, deren Vorsitzender er bis zu seinem Tod 1938 war. Im weitläufigen Treppenbereich vor der 1585 erbauten **Andreaskirche** befindet sich sein ehemaliges Mausoleum. 1941 wurden die sterblichen Überreste des ›Führers der Nation‹ dorthin überführt, 1945 vor der heranrückenden Roten Ar-

mee an einem bis heute unbekannten Ort versteckt. Hlinkas ideologische Äußerungen lassen sehr unterschiedlichen Interpretationen zu und wurden im Realsozialismus ignoriert, seit 2008 gilt er als offiziell rehabilitiert.
Am ehesten vermittelt die Einkaufsstraße Mostová den Charakter eines älteren Stadtkerns. Ein vielseitiges **Museum** – Natur, Archäologie, Ethnographie, Handwerk, Papierherstellung, Sakralkunst – widmet sich der ganzen Region Liptau. Zu den wichtigsten Profanbauten zählen das neobarocke **Rathaus** von 1897 und die **Ľudovít-Fulla-Galerie** von 1969. Der in der Stadt geborene Fulla (1902–1980) ist der international erfolgreichste slowakische Maler und Grafiker; so gewann er beispielsweise Preise auf den Weltausstellungen in Paris 1937 und in Brüssel 1958. Sein Stil ist von Expressionismus und Kubismus beeinflusst. Von

Karte S. 214

ihm existieren auch Buchillustrationen und Mosaiken. Die von der Slowakischen Nationalgalerie verwaltete Galerie zeigt Fullas Lebenswerk.

Ružomberok verfügt noch über weitere Kirchen und eine Synagoge.

■ Reservat Vlkolínec

Das 1376 erstmals erwähnte Dorf Vlkolínec (slowakisch vlk = Wolf) gehört heute zum Stadtgebiet von Ružomberok. Es liegt isoliert und malerisch am Hang des kegelförmigen Berges Sidorovo (1099 m). Im 18. Jahrhundert erreichte es mit 345 Personen seine größte Bevölkerungszahl. Trotz seiner nur 45 Häuser steht Vlkolínec aufgrund seiner ›traditionellen Eigenschaften eines zentraleuropäischen Dorfes‹ als ›besterhaltenes Regionalensemble dieser Art‹ seit 1993 auf der UNESCO-Welterbeliste. Es gibt einen Holzglockenturm von 1770 und einen 13 Meter tiefen Balkenbrunnen von 1860. Ein 1886 erbautes Dreiraum-Bauernhaus ist als **Museum** hergerichtet.

■ Am Choč

Nördlich von Ružomberok thront die Ruine der 1707 zerstörten gotischen **Burg Likava** (657 m) malerisch auf einem Kalksteinfelsen des Choč. Hier spielt das romanische Epos ›Der Häftling von Likava‹ (Likavský väzeň) von Samo Chalupka (1812–1883).

Der flächenmäßig kleine Bergzug Choč übertrifft mit dem Veľký Choč (1611 m) die Höhe der Großen Fatra. Der Gipfel kann auf einem abwechslungsreichen Weg von Valaská Dubová aus erobert werden. Man sollte insbesondere die hier auftretenden schnellen Wetterumschwünge nicht unterschätzen. Besonders populär ist der Wanderweg durch die Täler Kvačianska dolina und Prosiecka dolina im östlichen Teil des Gebirges. Diese Tagestour wird von meistens über Liptovská Sielnica angesteuert und deshalb dort beschrieben (→ S. 245).

In diesem einsamen Bergmassiv sind weiterhin der **Kurort Lúčky** und die bereits seit 1474 zerfallende **Burg Sielnický** versteckt.

Der Choč

Auf dem Weg in die Tatra

Die beiden Attraktionen des Ortes **Bešeňová** elf Kilometer östlich von Ružomberok sind ein **Renaissancekastell** und ein **Thermalbad**. Das Heilwasser der 1986 erschlossenen Quelle kommt aus 1980 Metern Tiefe und ist 62 Grad Celsius heiß. In den schwungvoll gestalteten acht Becken hat es sich dann auf etwa 38 Grad Celsius abgekühlt. Ein besonderes Erlebnis ist ein Bad in der kalten Jahreszeit mit Blick auf die schneebedeckten Berge.

Nördlich des Ortes gibt es schöne Travertinfelsen.

■ **Die Umgebung von Ružomberok**

Hinter dem Berg Sidorovo beginnt der Skipark Málinné. Zur näheren Umgebung der Stadt gehören außerdem mehrere Freibäder wie in westlicher Richtung der kleine Stausee in Hrabovo und der runde Thermalteich in Rojkov.

Einer der nächsten Orte in südöstlicher Richtung ist **Liptovská Štiavnica**, wo sich ein einstöckiges **Kastell** mit Ecktürmchen befindet. Neben der Straße nach Liptovská Štiavnica steht auf einem Hügel die als Museum eingerichtete **Allerheiligenkirche** aus dem 13. Jahrhundert, die mit

einer dicken Wehrmauer umgeben und mit Fresken aus dem 15. Jahrhundert ausgestattet ist. Ebenfalls einen wehrhaften Anblick und gotische Fresken bietet die **Simonkiche** von 1326 der aus drei Dörfchen zusammengesetzten Gemeinde **Sliače**. Diese Gemeinde besitzt mit ihrer **Arche** (Archa Locus) von 1994 auch eines der experimentierfreudigsten Kirchenbauwerke der jüngeren Zeit. Die Ufer des Stausees Liptovská Mara sind der Beschreibung von Liptovský Mikuláš (→ S. 239) zugeordnet, Wanderungen südöstlich von Ružomberok werden bei der Niederen Tatra (→ S. 273) beschrieben.

■ **Partizánska Ľupča**

Eher wie ein großes Dorf wirkt heute Partizánska Ľupča (Deutschliptsch), die älteste Bergbaustadt der Region Liptau. Bereits im 13. Jahrhundert fand man neben Gold und Silber auch Antimon. Zwischen dem 14. und dem 16. Jahrhundert war Partizánska Ľupča die größte Liptauer Stadt. **Drei Kirchen** sind Zeugnisse der einstigen Blütezeit, am auffälligsten ist die Matthiaskirche mit dem hohen Wachtturm.

 Ružomberok und Umgebung

Vorwahl: 00421/(0)44.

Touristeninfo, Bernoláka 1, Tel. 4321096, www.ruzomberok.sk, Mo–Fr 9–17 Uhr, Sa 9–12 Uhr, 15. Jun.–15. Nov. auch So 14–18 Uhr, eine Filiale befindet sich in Vlkolínec, www.vlkolinec.sk.

Kurbetrieb-Koordination: www.kupele lucky.sk.

Ein ›Schäferweg‹ (Bačova cesta) verbindet überwiegend in der Liptau gelegene Orte mit Bezug zur Käseproduktion; www. bacovacesta.sk.

Häufiger Verkehr auf der Kursbuchstrecke 180 Žilina–Ružomberok–Košice (Žilina–

Ružomberok 50 Min., Ružomberok-Košice 2.20 Std.).

Unter www.imhd.sk (rechts oben ›Ružomberok‹ auswählen) findet man einen Überblick über den öffentlichen Nahverkehr.

Gombáš, Hubová 435, Tel. 4391385, www.motelgombas.sk, Preise auf Anfrage, an der Landstraße bei Ľubochňa.

Kultúra, Bernoláka 1, Ružomberok, Tel. 4313111, www.hotelkultura.sk, DZ ab 70 Euro. Konferenzhotel in der Fußgängerzone.

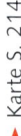

Karte S. 214

Sojka, Malatíny 104, Tel. 5475656, www.
sojka.eu, DZ ab 70 Euro. Ruhiges Landhaus bei Partizánska Ľupča.
Motýľ, Liptovská Teplá 442, Tel. 0905/
833069, www.penzionmotyl.sk, DZ ab
64 Euro. Freundliches Landhaus in Richtung Choč.
Jazierce, Biely Potok, Ružomberok, Tel.
4320757, www.jazierce.sk, DZ ab 60 Euro.
Holzhaussiedlung unterhalb von Vlkolínec
mit Fahrradausleihe.
Sidorova, Družstevná 2, Ružomberok, Tel.
0908/519887, www.penzionsidorovo.sk,
DZ ab 50 Euro. Flippiges farbenfrohes
Quartier unterhalb von Vlkolínec.
Dvor u Maliara, Liptovský Michal 102,
Tel. 0904/669332, www.dvorumaliara.
sk, 4 Personen ab 40 Euro. Neues Appar-
tementhaus im Blockhausstil.
Magura Village, Vyšné Malatíny 124/125,
Tel. 0905/555773, www.chatychabenec.
sk, 6 Personen ab 80 Euro. Neue Appar-
tementhäuser im Blockhausstil.
Dedinka, Drevenice 508, Liptovská Štiavnica, Tel. 0915/494600, www.dedinka-
liptov.sk, Schlafplatz ab 15 Euro. 10 Holzhäuser bevorzugt für Cliquen zwischen
6 und 13 Personen.
Mehrere Pensionen neben dem Thermalbad Bešeňová.

Salaš Krajinka, Černová, Tel. 0918/964800,
www.salaskrajinka.sk. Folklorerestaurant, Kä-
seladen und Bäckerei neben der Landstraße.
Koliba u dobrého pastiera, Čremošná
8684, Tel. 4327920, www.kolibaupas-
tiera.sk. In einem Seitental.
Koliba Likava, Hollého, Likavka, Tel. 0918/
503552, www.kolibalikava.sk. Bergbaude
mit weitem Ausblick.
Mehrere Restaurants in der Fußgängerzone von Ružomberok, beispielsweise die viel
gelobte **Pizzeria U Taliana**, Podhora 26,
Tel. 3810090, www.utaliana.sk.

Ľudovít-Fulla-Galerie, Makovického 1, Tel.
4324867, Di–So 10–17.30 Uhr.

Das **Regionalmuseum Liptau** (Liptovské
múzeum) www.liptovskemuzeum.sk befindet sich am Platz Hýroša 10, Ružomberok,
Tel. 4322468, Mo–Fr 8–16 Uhr, Jun.–
Okt. auch Sa/So 13–16 Uhr, und verwaltet weiterhin:
▪ ein **Bauernhaus** (Roľnícky dom) in
Vlkolínec, Tel. 4322468, Di–Fr 9–15
Uhr, Sa/So 9–16 Uhr, Jul./Aug. Mo–So
9–17 Uhr;
▪ eine **Ausstellung im Turm** (Huňadyho
veža) der Burg Likava, Tel. 0917/120694,
Mai–Jun. 10–16 Uhr, Jul./Aug. 9–17
Uhr, Sept./Okt. Mo–Fr 10–16, Sa/So
11–15 Uhr;
▪ die gotische **Allerheiligenkirche** (Kostol
Všetkých svätých) in Ludrová, Mai–Jun.
Mo–Fr 10–!4, Sa/So 13–17 Uhr, Jul.–Okt.
Di–Fr 9–17, Sa/So 13–17 Uhr.

Drei kurze **Lehrpfade** bei Vlkolínec mit
insgesamt 19 Tafeln:
▪ Vlčí Dvor (3 km);
▪ Baničné (3 km);
▪ Kalvária Hrabobo (5 km).

In der Umgebung der Stadt sind elf **Radrouten** zwischen 16 und 55 km Länge
ausgeschildert. In nordöstlicher Richtung
ist beispielsweise Huty gut über Nebenstraßen zu erreichen.

Na farme Gejdak, Cesta na Vlkolínec 17,
Tel. 0903/437394, www.gejdak.sk, DZ ab
30 Euro. Anspruchsvoller Agrotourismus,
auch wenn die Internet-Darstellung die
›Abspeisung‹ der Gäste erwähnt.

Gino Paradise, Bešeňová, Tel. 4307708,
www.besenovanet.sk, 9–21 Uhr.

Der **Skipark Malinô Brdo** gehört zu
den TOP-Wintersportadressen im Land
(→ Tabelle S. 178).

Auf dem Weg in die Tatra

Donovaly und Umgebung

Donovaly ist ein beliebter Ausgangspunkt für Wintersportaktivitäten und Wanderungen. Regelmäßig finden hier internationale Wettkämpfe im Hundeschlitten-Sprint statt. Während andere Wintersportorte des Landes in Tälern liegen, wird das Zentrum von Donovaly vom Pfarrhaus genau auf einem Bergsattel markiert. Die Höhe wird mit 980 Metern angegeben, die Zahl der ständigen Einwohner mit nur knapp über 200.

Donovaly entstand aus kleinen Köhlergemeinden, die verstreute Bebauung führt zu keinem geschlossenen Ortsbild. Einige alte Häuser haben eine große verglaste Veranda, diese in der Gegend einmalige Bauweise gilt als Beleg alpenländischer Einflüsse. Vor etwa zehn Jahren wurde ein aufwendiger Bürgersteig angelegt, der im Zentrum mit einer neuen Fußgängerbrücke die Hauptstraße quert.

Durch Donovaly führt die internationale Straßenverbindung zwischen Katowice und Budapest, und zu den beiden wichtigsten Ost-West-Verkehrsadern der Slowakei ist es ebenfalls nicht weit. Aufgrund dieser zentralen Lage kann man einen Aufenthalt in Donovaly bestens in Rundreisen einbauen. Und hinter den nächsten Erhebungen spürt man die Hauptstraße tatsächlich nicht mehr, denn prächtige Bergwiesen umgeben den Ort. Unmittel-

bar nordwestlich der Hauptstraße beginnt der Berg Zvolen (1402 m); ihn kann man mit dem Sessellift erobern.

Geologen rechnen Donovaly zur Großen Fatra. Als Beginn der Niederen Tatra gilt erst der Bergsattel Hiadeľské sedlo (1099 m) ein Stückchen östlich des Ortes. Der Weg dorthin führt über die zum kleinen Bergmassiv Starohorské vrchy gehörenden Gipfel Kečka und Kozí chrbát.

■ Die Umgebung

Eine der vielen schönen Wandermöglichkeiten führt von Turecká bei Staré Horý über Bergwiesen und Gipfel der Großen Fatra (bis 1592 m) nach Borišov. Den Aufstieg kann man sich teilweise von einem Sessellift bei Turecká abnehmen lassen. Der erste markante Aussichtspunkt ist der Berg Krížna (1574 m) am südlichen Ende der Großen Fatra. Schon der dortige Ausblick lohnt einen Ausflug. Zu Donovaly gehört der kleine Kurort **Korytnica**. Mit etwa 850 Metern über dem Meeresspiegel waren hier die höchstgelegenen Kuranlagen des an Thermal- und Mineralwässern wahrlich nicht armen Landes zu finden. Der Geschmack wurde auf Weltausstellungen mehrmals ausgezeichnet. Nach dem Konkurs der Betreibergesellschaft 2002 dürfte sich ein Besuch höchstens für Freunde morbider Fotomotive lohnen.

🛏 Donovaly und Umgebung

Soltis, Nižná 15, Liptovské Revúce, Tel. 0944/388910, www.penzionsoltis.sk, DZ ab 24 Euro. Ruhige Lage in einem Seitental. Zwei Pensionen direkt im Wintersportgebiet am Scheitelpunkt der Straße:

Villa Gardenia, Donovaly 1402, Tel. 0901/722855, www.villagardenia.sk, DZ ab 52 Euro.

Villa Gloria, Donovaly 102, Tel. 0903/722855, www.villagloria.sk, DZ ab 40 Euro.

🏠

Unterhalb des Gipfels Ďurková am Hauptkamm der Niederen Tatra zwei renovierte Berghütten:

Chata Magurka, Partizánska Ľupča, Tel. 0905/649230, www.magurka.eu, Schlafplatz 7 Euro. Am Nordhang noch im Wald.

Útulňa Ďurková pod Chabencom, Tel. 0949/792997, www.durkova.sk, Schlafplatz 5 Euro. Am Südhang oberhalb der Baumgrenze.

Drei ineinander übergehende **Lehrpfade** führen insgesamt 21 km weit von Donovaly nach Banská Bystrica, der längste Teil zunächst bis Šachtička bei Špania Dolina (11 km, 11 Tafeln), auch für Radfahrer und Skiwanderer geeignet.

Donovaly und Jasná sind Zentren des Paragliding.

Das Skiareal **Park Snow** in Donovaly (→ Tabelle S. 178) gehört zu den bedeutendsten im Lande, bezüglich der Gesamtkapazität der Seilbahnen und Lifte von über 14 000 Personen pro Stunde belegt es den zweiten Platz.

Ein kleineres Skisportgebiet befindet sich bei Liptovské Revúce (→ Tabelle S. 178).

Orava mit Dolný Kubín

Das Arwa-Bergland (Horná Orava) galt früher als eine der ärmsten Regionen des Landes; sprechend ist etwa der Name des Dörfchens Hladovka (slowakisch hlad = Hunger). Vielerorts in dieser Region wird noch traditionelle Landwirtschaft betrieben; Schafherden und Heuschober zieren nicht nur Informationsschriften über das Gebiet, man sieht sie tatsächlich. Der Naturschutz in den kleinen einsamen Gebirgsmassiven an der Grenze erfolgt in Abstimmung mit polnischen Institutionen. Durch die Region führt auch die kürzeste Straßenverbindung von der Westslowakei nach Zakopane und ins Pieniny.

■ Die polnische Seite

Ein kleiner Teil der historischen Region Orava (polnisch Orawa) rund um Jabłonka liegt heute auf polnischem Gebiet. Sowohl der Nationalpark (Babiogórski Park Narodowy) hinter dem Berg Babia hora (polnisch Babia Góra,

oberschlesisch Babjo Gůra) im Norden als auch der Oberlauf des Dunajec im Osten gehören allerdings schon nicht mehr zu Orava.

20 Kilometer von der Grenze entfernt, in **Zubrzyca Górna**, befindet sich ein hübsches **Freilichtmuseum** mit Holzarchitektur der Gegend – sozusagen das kleinere polnische Pendant zum slowakischen Museum des Arwa-Dorfes in Zuberec.

■ Oravská Lesná

Abgesehen von höheren Gipfelspitzen in anderen Landesteilen ist das Gebiet um Oravská Lesná der Kältepol der Slowakei und somit besonders schneesicher. Das Skigebiet Orava Snow macht auch einen familienfreundlichen Eindruck.

In letzter Zeit hat diese Streusiedlung zwischen dichten Wäldern nochmals an Attraktivität für Touristen zugelegt. Im Zentrum steht die schöne **Annenkirche** mit ihrer ungewöhnlichen Mischung aus Jugendstil und Volksarchitektur. 2008 wurde ein Teilstück eines Waldeisenbahn-Netzes reaktiviert und dem Regionalmuseum unterstellt.

Auf dem Weg in die Tatra

Pittoresk gelegen: Burg Arwa

■ **Arwa-Stausee**

Der Arwa-Stausee (Oravská priehrada) stellt die größte Wasserfläche des Landes dar. Hauptargument für die Errichtung des Stausees war die Stromerzeugung, es werden 22 Megawatt jährlich produziert. Bekannte **Badestellen** liegen am südwestlichen Ufer. Im westlichen Teil des Sees findet man das Inselchen Slanický ostrov mit einer weißen **Dorfkirche**, die für Kunstausstellungen genutzt wird. Insbesondere im Frühjahr und im Sommer versteckt sie sich unter Linden. Der ehemalige Kalvarienweg führt direkt ins Wasser.

Ebenfalls an der westlichen Ecke des Sees liegt das Industriestädtchen Námestovo. Dort, in Tvrdošín und in Dolný Kubín gibt es auch **jüdische Friedhöfe**.

Eine neuere Attraktion im der Gegend ist ein 23 Tonnen schwerer Jesus von 2007 mit einem 2,5 Tonnen schweren betenden Johannes Paul II. von 2009 davor. Der Geschäftsmann Jozef Sroka finanzierte oberhalb seines Heimatortes Klin eine nicht gerade durch künstlerischen Anspruch glänzende Kopie des Jesus von Rio des Janeiro. Seine **Statue** ist neun Meter hoch und sieben Meter breit, von der hübsch bepflanzten Anlage hat man einen schönen Blick über den Stausee auf die Tatra.

■ **Tvrdošín**

Das **Thermalwasserbad** im Ortsteil Oravice von Tvrdošín heißt seit dem Umbau Meander und erfüllt alle Anforderungen an ein zeitgemäßes Wellnesszentrum. Wesentlich älter ist die kleine **Allerheiligenkirche** auf einem Friedhof in Tvrdošín. Es handelt sich nach der Franziskuskirche in Hervatov um die zweitälteste erhaltene Holzkirche des Landes; bereits aus dem Jahr 1551 gibt es Belege für ihre Existenz. Dabei sieht das Gebäude mit dem zeltförmigen Dach und dem spitzen

Türmchen äußerlich recht flott aus, und aus der Ferne könnte man einen folkloristisch inspirierten Architekten der Gegenwart als Baumeister vermuten, nur die winzigen Fenster sprechen dagegen. 1991 wurde die letzte Renovierung mit der Plakette Europa Nostra ausgezeichnet, 2008 wurde der Bau gemeinsam mit einigen anderen Holzkirchen in die UNESCO-Welterbeliste aufgenommen. Eine alte Häusergruppe gleich an der Hauptstraße von Podbiel hat den Status eines **Volksarchitekturreservates**.

■ **Burg Arwa**

Zehn Kilometer flussaufwärts folgt hinter Dolný Kubín die Burg Arwa (Oravský hrad). Sie ist zu Recht eine der bekanntesten Burgen der Slowakei. Mehrere malerische Felsspitzen erheben sich bis zu 112 Meter über den Fluss Orava. Die jetzige Anlage stammt aus dem 13. Jahrhundert und wurde bis zum 17. Jahrhundert erweitert. Die Gebäude sind auf drei natürlichen Terrassen des Felsens verteilt und durch Gänge miteinander verbunden. Bis zur Burgkapelle führen etwa 800 Stufen. Ein polnischer Burgherr raubte der Sage nach eine Braut kurz vor ihrer beabsichtigten Trauung und wurde noch am gleichen Tag vom Blitz erschlagen. Spätere Eigentümer waren unter anderem die ungarischen Familien Thurzo und Pállfy. Seit dem 19. Jahrhundert gibt es Probleme mit der Statik der alten Gemäuer; von 1955 bis 1970 erfolgte eine umfassende Restaurierung. In der Burg finden Trauungen und Konzerte statt.

Bereits 1559 wurden in Quellen vier Pachthöfe mit vielseitiger Gewerbetätigkeit erwähnt – Zollstelle, Gasthaus, Brauerei, Mühle, Sägewerk, Schießpulverwerkstatt, Gärten und Fischzuchtbecken –, die sich am Fuß der Burg befanden. Aus ihnen entwickelte sich die heutige Ortschaft.

Karte S. 214 ▲

Das Schloss in Franz Kafkas gleichnamigem Roman (1922) wird so beschrieben: »Es war weder eine alte Ritterburg, noch ein neuer Prunkbau, sondern eine ausgedehnte Anlage, die aus wenigen zweistöckigen, aber aus vielen eng aneinanderstehenden niedrigern Bauten bestand; hätte man nicht gewusst dass es ein Schloss ist, hätte man es für ein Städtchen halten können. [...] Der Turm hier oben [...] war ein einförmiger Rundbau, zum Teil gnädig von Epheu verdeckt, mit kleinen Fenstern, die jetzt in der Sonne aufstrahlten [...] und einem söllerartigen Abschluss, dessen Mauerzinnen unsicher, unregelmäßig, brüchig wie von ängstlicher oder nachlässiger Kinderhand gezeichnet sich in den blauen Himmel zackten.« Etwa zur gleichen Zeit, 1921, hielt sich Friedrich Wilhelm Murnau (1888–1931) mit seinem Team dort auf bei den Dreharbeiten des wohl bis heute berühmtesten Gruselfilms: ›Nosferatu – Eine Symphonie des Grauens‹. Mehrmals zeigt der alte Streifen die Burg.

Dolný Kubín

Autotouristen werden auf der überdimensionierten Umgehungsstraße kaum etwas von Dolný Kubín (deutsch Unterkubin, ungarisch Alsókubin) sehen. Allerdings entlastet diese Straße die Innenstadt sichtbar: der historische Marktplatz ist zur Fußgängerzone geworden.

Die größte Stadt der Region Arwa ist im Nationalbewusstsein hauptsächlich mit dem Dichter Hviezdoslav verknüpft. Das ihm gewidmete **Regionalmuseum** befindet sich in dem für die wertvolle Bibliothek von Vavrinec Čaplovič 1911 errichteten Gebäude. Čaplovič (1778–1853) war ein Mitbegründer der slowakischen Kulturinstitution Matica Slovenská. Nebenan kann man die **Regionalgalerie** im ehemaligen Komitatshaus (Župný dom) besuchen. Das Regionalmuseum betreut auch **Gedenkstätten** für den einflussreichen Dramatiker Martin Kukučín (eigentlich Matej Bencúr, 1860–1028) und den literaturbegeisterten Diplomaten Theodor Herkel Florin (1908–1973) in hübsch eingerichteten Bauernhäusern. Dolný Kubín spielte also für die slowakische Belletristik eine große Rolle!

Weitere Sehenswürdigkeiten sind die neue Kolonnadenbrücke für Fußgänger und Radfahrer über den Fluss, Reste eines jüdischen Friedhofes, das eindrucksvolle Kastell im Stadtteil Mokraď und zwei kleine Artikularkirchen, die abseits der Hauptstraße in Istebné und in Leštiny stehen. Letztere wurde bei der Aufnahme einiger Karpatenkirchen in die UNESCO-Welterbeliste berücksichtigt.

Auf dem Weg in die Tatra

Unlängst verkehrsberuhigter Marktplatz in Dolný Kubín

Orava mit Dolný Kubín

Vorwahl: 00421/(0)43.
Touristeninfo, Hviezdoslavovo 1651/2, Dolný Kubín, Tel. 5814470, www.dolny kubin.sk, Jul./Aug. 7.30–18 Uhr. Sa 9–13 Uhr, Sept.–Jun. Mo–Fr 7.30–15.30 Uhr. Der angrenzende polnische Nationalpark stellt sich unter www.bgpn.pl vor.

Dolný Kubín liegt an der Kursbuchstrecke 181 Kraľovany–Trstená; 8x tgl.

Zemianska kúria, Vyšnokubínska 35/64, Vyšný Kubín, Tel. 0904/187908, www. zemianskakuria.sk, DZ ab 55 Euro. Stilvoll renoviertes altes Gemäuer.
Aquila, Oravice 114, Tvrdošín, Tel. 0910/ 245297, www.chataaquila.sk, DZ ab 50 Euro. Moderne Villa am Thermalbad.
Orava, Srňacie 1, Dolný Kubín, Tel. 5302100, www.hotelorava.sk, DZ ab 46 Euro. Alleinlage mit Hotelzimmern und Bungalows.
Kohútik, Oravská Lesná 963, Tel. 5593423, www.penzionkohutik.sk, DZ ab 40 Euro. Neue Pension in Alleinlage.
Krušetnica, Krušetnica 69, Tel. 0905/ 852695, www.penzionkrusetnica.sk, DZ ab 20 Euro. Schlichtes neues Haus an der Dorfstraße.

Tília, Gäceľská 2, Oravská Poruba, Tel. 0901/733366, www.kemptilia.sk. Mai–Sept. Als Ausgangspunkt für Paddeltouren geeignet.
Stará Hora, Oravská priehrada, Námestovo, Tel. 0905/212995, www.oravska priehrada.sk, Mai–Sept.

Salaš Orava, Slanická Osada, Námestovo, Tel. 5522256, www.salas.orava.sk. Zünftige Folklorekneipe.
Mehrere Restaurants am verkehrsberuhigten Marktplatz von Dolný Kubín.

Volkskundepark Arwa (Orawski Park Etnograficzny), Zubrzyca Górna, Tel. +48/18/2852709, www.orawa.eu, Jul./ Aug. 9–19 Uhr, Mai–Jun./Nov. 9–17 Uhr, Apr./Okt. 8–16 Uhr, Nov.–März 8.30–14.30 Uhr.
Allerheiligenkirche (Kostol Všetkých svätých), Cintorín, Tvrdošín, Tel. 5323111, Jun.–Sept. 9–17 Uhr.
Volkskundemuseum (Malé etnografické múzeum), Podbiel 194, Tel. 5381440, historische Holzhaussiedlung mit sporadisch geöffnetem Ausstellungsraum.
Die **Regionalgalerie** (Oravská galéria), Hviezdoslavovo 11, Dolný Kubín, Tel. 5863212, www.oravskagaleria.sk, Di–So 9–17 Uhr verwaltet auch die
▶ **Kunstinsel im Stausee**, Námestovo, 15. Mai–15. Nov. 9–16.30 Uhr;
▶ **Mária-Medvecká-Galerie**, Tvrdošín, Mai–Sept. 10–16 Uhr.
Das Regionalmuseum Arwa (Oravské múzeum), Hviezdoslavovo 7, www.oravamu zeum.sk, Mai–Okt. Di–So 8–16 Uhr, So 10–17 Uhr, Nov.–Apr. Mo–Fr 8–16 Uhr betreibt als Außenstellen unter anderem:
▶ **Hviezdoslavs Forsthaus** (Expozícia Hviezdoslavovej Hájnikovej ženy), Oravská Polhora, Tel. 5864780, Mai–Okt. Di–So 10–16.30 Uhr;
▶ eine kurze **Waldeisenbahnstrecke** (Oravská lesná železnica) an der Station Zákamenné-Tanečník nördlich von Oravská Lesná, Mai–Okt. etwa zweistündlich Fahrten.
Burg Arwa (Oravský hrad), Oravský Podzámok, www.oravskemuzeum.sk, nur im Rahmen von Führungen mit etwa 2 Std. Dauer, Mai–Okt. 8.30–17 Uhr, Nov.– März 10–15 Uhr, Apr. geschlossen.

Im Sommer gibt es eine Fähre zur Inselkirche sowie Dampferrundfahrten.
Floßfahrten von Horná Lehota bis Oravský Podzámok sind unter www.plte-ora va.sk beschrieben, 7 km kosten 12 Euro.

Ein 8 km langer Abschnitt der Tageswanderung zum Bergmassiv Babia hora ist auch als Lehrpfad mit 10 Tafeln beschildert.
Lehrpfad bei der Waldeisenbahn Oravská Lesná (4 km, 9 Tafeln).
Rundwanderung von Oravice durch das Tal Juráňova dolina (8 km, 6 Tafeln).
Lehrpfad von Podbiel zu einer keltischen Lagerstätte und einer kleinen Eisenhütte (3 km, 7 Tafeln).

Der **Skipark Kubínska** hoľa gehört zu den TOP-Wintersportadressen im Land (→ Tabelle S. 178). Die Gesamtlänge der

Tageswanderung: Babia hora
Route: Slaná voda – Hviezdoslavova horáreň – Babia hora – Malá Babia hora – Polovnícka chata – Slaná voda
Das Bergmassiv Babia hora (wörtlich Altweiberberg, slowakisch baba = altes Weib, auch Hexe) gehört bezüglich seines Symbolgehaltes zu den wichtigsten slowakischen Gipfeln. Aus Richtung Berlin gesehen ist es der erste ›richtige‹ Karpatenberg. Besteiger waren unter anderem Hviezdoslav 1883 und Lenin 1912. Von seinem freien Gipfelkamm hat man eine sehr weite Aussicht zu Fatra und Tatra sowie ins polnische Gebiet. Noch im 20. Jahrhundert gab es hier mehrere Grenzverschiebungen, heute liegen Babia hora und Malá Babia hora genau auf der Grenze. Auf polnischer Seite besitzt das kleine Gebirge sogar den Status eines Nationalparks (Babigórski Park Narodowy).
Als Ausgangs- und Endpunkt der Wanderung eignet sich das Holzgebäudeensemble Slaná voda. Es liegt nordöstlich der durch Oravská Polhora führenden Hauptstraße. Vor 100 Jahren befand sich an den halogenidhaltigen Heilquellen – Chlor, Brom, Jod – ein kleiner Badeort. Von hier bis zum Gipfel gibt es eine gelbe Wanderwegsmarkierung und parallel die Beschilderung als Lehrpfad. Nach drei

9 Abfahrten wird mit 14 km angegeben. Weitere Wintersport-Areale östlich von Trstená, in Oravská Lesná und Oravský Podzámok.

Meander Thermal, Oravice 109, Tvrdošín, Tel. 5394107, www.aquaparkoravice.sk, So–Do 10–19.30 Uhr, Fr–Sa 10–20.30 Uhr.

➕

Krankenhaus Trstená, Mieru 549/16, Tel. 5307211, www.nsptrstena.sk.
Poliklinik Námestovo, Červeného kríža 62/30, Tel. 5503111, www.opnam.sk.

Kilometern ist ein ehemaliges Forsthaus erreicht. Der in der Gegend lebende slowakische Nationaldichter Hviezdoslav besuchte es oft und fand hier den Stoff zu seinem bekanntesten Werk ›Förstersfrau‹ (Hájniková žena, auch ›Des Hegers Weib‹). Zeitgenossen bezeichneten das Epos als ›Lebensbild des Waldes‹. 1979 wurde in diesem Gebäude am Waldrand ein Museum über Hviezdoslav eingerichtet.
Oberhalb von 1400 Metern lichtet sich der Wald allmählich. Unter dem Gipfel steht die letzte der acht Erläuterungstafeln des Lehrpfades. In etwa vier Stunden ist die Babia hora (1723 m) erreicht. Hier bietet sich eine Rast an.
Von der Babia hora folgt man dem grün markierten Weg nach links. Der Gipfelweg fällt zunächst über 300 Meter ab und führt dann auf die Malá Babia hora (1515 m). Auf einem rot markierten Weg steigt man zum Bach Vonžovec hinab und läuft an ihm entlang zum Ausgangspunkt zurück. Das Areal am Fuße des Berges eignet sich auch gut für Mountainbiker und Skiwanderer.
Verkehrsverbindung: nächste Bushaltestelle am oberen Ortsende von Rabča.
Länge/Schwierigkeit: sieben Stunden, fast 1000 Meter Höhenunterschied, keine Klettereien.

Auf dem Weg in die Tatra

Einer der schönen Bergseen im Roháče-Massiv

Roháče-Massiv mit Zuberec

Das weitläufige Dorf Zuberec gehört bezüglich seiner Geschichte und Folklore zur Region Arwa. Wegen seiner Lage als Zentrum des Roháče-Massivs kann es aber auch der Westlichen Tatra zugeordnet werden.

Der am Flüsschen Studená neben der Straße nach Zverovka gelegene **Skansen** gehört zu den meistbesuchten Museen der Slowakei. Nach Diskussionen über den Standort wurde 1966 die Baugenehmigung für die Lichtung Brestová erteilt. Heute ist die Gemeinde Zuberec Betreiber des Freilichtmuseums. Neben umgesetzten Gebäuden gibt es einige Kopien und Rekonstruktionen. Häuser des Landadels wurden stärker als in anderen Skansen berücksichtigt, so zum Beispiel Gebäude vom Markt von Dolná Orava.

Besonders interessant sind eine Wassermühle sowie die spätgotische römisch-katholische Elisabethkirche von Zábrežie aus dem 15. Jahrhundert mit funktionsfähiger Barockorgel. Ihre Renaissancemalereien an Empore und Decke, schwungvolle Ranken auf weißem Untergrund, verleihen dem Inneren der Holzkirche einen ungewöhnlich heiteren Charakter. Mittwochs und sonntags finden im Juli und August regelmäßig Vorführungen traditioneller Handwerke statt.

ℹ **Roháče mit Zuberec**

Vorwahl: 00421/(0)43.
Touristeninfo, Hlavná 289, Zuberec, Tel. 5320777, www.zuberec.sk, Jul./Aug. Mo–Fr 7.30–18, Sa 9–12/14–17, So 9–12/14–16 Uhr, Sept.–Jun. Mo–Fr 7.30–17, Sa 9–12/14–16, So 9–12 Uhr.

▲ Karte S. 214

U Michala, Pribišské 657, Tel. 5395314, www.michal.sk, DZ ab 49 Euro. Wellnesspension in ruhiger Lage.
Julianin dvor, Habovka 390, Tel. 5821023, www.julianindvor.sk, DZ ab 48 Euro. Wellnesshotel am unteren Ortsende.
Koliba Josu, Borová 469, Tel. 5395915, www.kolibajosu.sk, DZ ab 44 Euro. Blockhausemsemble mit Gasthof.
Šindľovec, Zverovka 379, Tel. 0903/509670, www.sindlovec.sk, DZ ab 36 Euro. Eigenwilliges Blockhaus in Alleinlage.
Primula, Zverovka 373, Tel. 0903/554229, www.primula.sk, DZ ab 30 Euro. Spartanisches Waldhotel am oberen Ortsende. Viele Pensionen in Zuberec, preiswerter als in der Hohen Tatra.

Museum des Arwa-Dorfes (Múzeum

Tageswanderung: Roháče

Route: Chata Zverovka – Spálená dolina – Baníkovské sedlo – Banikov – Baníkovské sedlo – Roháčske plesá – Chata Zverovka
Etwa zehn Kilometer östlich von Zuberec, vorbei am Freilichtmuseum, erreicht man Parkplätze (1030 m) im oberen Bereich des Tales Roháčska dolina. Weitere zwei Kilometer dauert es bis zum Abzweig des gelb markierten Weges nach rechts. Über die Wiese Adamcula läuft man das Spálená dolina (Verbranntes Tal) aufwärts zum Roháčsky vodopád (wörtlich ›Hörner-Wasserfall‹); der Heidelbeerwald geht allmählich in die Knieholzzone über. Ein steiler Aufstieg führt zum Bergsattel Baníkovské sedlo (2045 m), wo der Weg den rot markierten Kammweg kreuzt. Auf ihm ist nach links der Gipfel des Baníkov (2178 m) nicht mehr weit. Beim Abstieg orientiert man sich ab dem Sattel an der grünen Markierung. Sie zweigt nach rechts vom bekannten gelben Weg ab und führt zu den malerischen Seen Roháčske plesá. Rechts neben den vier Bergseen (1718 m, 1653 m, 1650 m, 1563 m),

oravskej dediny, Skanzen), Brestová 850, Tel. 5395149, www.muzeum.zuberec.sk, Jul./Aug. 8–18 Uhr, Jun./Sept. 8–17 Uhr, Okt.–Mai Di–So 8–15.30 Uhr. Mit betriebener Dorfschenke.

9 km der beschriebenen Tageswanderung sind auch als **Lehrpfad** ausgeschildert (10 Tafeln).
Ein zweiter **Lehrpfad** führt von Zverovka zur Wiese Pučatina poľana (3 km, 5 Tafeln).

Chata Zverovka (ehemals Ťatliakova chata), Zuberec, Tel. 5395106, www.chatazverovka.sk, Schlafplatz ab 12 Euro.

Drei Skiareale rund um Zuberec (→ Tabelle S. 178).

kaum einen Kilometer Luftlinie entfernt, befindet sich der Hauptkamm. In Blickrichtung dominiert der Volovec (2063 m). Dann führt der Weg durch das Smutná dolina (Trauriges Tal) wieder auf die Teerstraße im Haupttal.
Varianten: Statt nach links zum Baníkov kann man den rot markierten Weg ein Stück nach rechts gehen und erreicht die Gipfel Pachola (2166 m) und Spálená (2083 m).
▸ Die Tour ist in Gegenrichtung möglich. Im Falle großer Kraftreserven könnte man dann sogar vom Baníkov über Pachola und Spálená bis zur Brestová (1902 m) auf dem Hauptkamm entlanglaufen.
▸ Biegt man vom Spálená dolina gleich zu den Seen ab, ergibt sich eine weniger anstrengende Runde, allerdings ohne Panoramablick.
Verkehrsverbindung: die An- und Abreise mit öffentlichen Verkehrsmitteln ist ziemlich aufwendig, ohne eigenes Auto sei wenigstens eine Richtung per Taxi empfohlen.
Länge/Schwierigkeit: Neun Stunden, keine Kraxelstellen.

Auf dem Weg in die Tatra

Die höchsten Gipfel der Karpaten, Bergwiesen und Bergseen machen das Granitgebirge der Tatra zu einem Magneten für Wanderer und Wintersportler. Wer nicht zwischen Touristenströme geraten will, wählt statt der am besten erschlossenen Hohen Tatra lieber die Westliche oder die Niedere Tatra.

DIE TATRA

Am Kamm der Westlichen Tatra

Wintersportmöglichkeiten in der Tatra

Lage	Name, Kontakt	Gesamtlänge ausgewiesener Abfahrten / präparierter Loipen in km	Anzahl der Seilbahnen (+ = Sommerbetrieb) / Anzahl der Skilifte (+ =beleuchtete Nachtpiste)
Niedere Tatra Nordwest, Liptovský Ján	Javorovica, www.skijavorovica.sk	2,6 / 1	0 / 2 +
Hohe Tatra, Štrbské Pleso	Solisko, www.vt.sk	8,9 / 14	3 + / 5 + TOP
Hohe Tatra, Starý Smokovec	Hrebienok, www.vt.sk	3,4 / 3	1 + / 2 +
Hohe Tatra, Tatranská Lomnica	Skalnaté pleso, www.vt.sk	11,8 / 2,7	7 + / 2 TOP
Belaer Kalkalpen, Ždiar	Strednica, www.strednica.sk	2,8 / 8	0 / 9 +
Zipser Magura, Ždiar	Bachledova dolina, www.skibachledova.sk	9,1 / 26	2 + / 5 + TOP
Niedere Tatra Nord, Pavčina Lehota	Žiarce, www.ziarce.sk	1,1 / 7	0 / 3
Niedere Tatra Nord, Jasna	Chopok, www.jasna.sk	45,8 / 38	12 + / 18 + TOP
Niedere Tatra Nord, Závažná Poruba	Opalisko, www.opaloisko.sk	3,2 / 30	1 / 4 +
Niedere Tatra Nordost, Liptovská Teplička	Liptovská Teplička, www.skiteplicka.eu	1 / 3	0 / 3 +
Niedere Tatra Mitte, Pass bei Vyšná Boca	Skicentrum Čertovica, www.skicentrum certovica.sk	5,5 / 5	0 / 4
Niedere Tatra Süd, Horná Lehota	Tále, www.tale.sk	2,6 / 6	0 / 5 +
Niedere Tatra Süd, Mýto pod Ďumbierom	Mýto, www.skicentrummyto.eu	3,5 / 8	1 / 3
Niedere Tatra Ost, Vernár	Studničky, www.vernar-studnicky.com	1,3 / 5	0 / 3
Niedere Tatra Ost, Telgárt	Telgárt, www.skitelgart.sk	3,6 / 15	0 / 5 +

Die Westliche Tatra

Die Westliche Tatra (Západné Tatry) ist ein selbständiges Gebirge und grenzt am Bergsattel Ľaliové sedlo (Lilien-Pass, 1947 m) an die Hohe Tatra. Der Hauptkamm bildet stellenweise die slowakisch-polnische Grenze. Mitunter werden Begriffe durcheinandergebracht, insbesondere die einzelnen Gebirgsteile Roháče und Liptauer Alpen sogar von Slowaken synonym für die ganze Westliche Tatra benutzt. Das Roháče ist historisch eng mit der Region Arwa (→ S. 229) verflochten und wurde deshalb bereits dort beschrieben. Geologen rechnen sogar die kleineren Bergmassive Osobitá und Sivý vrch bei Zuberec als separate Teile der westlichen Tatra. Im Übergangsbereich zur Hohen Tatra befinden sich die Liptovské kopy (Liptauer Kuppen) sowie die von polnischer Seite aus gut erreichbaren Červené vrchy (Rote Berge).

Im Jahr 2001 wurde als bisher letzte hochgelegene Tatrahütte die Chata pod Náružím nach Rekonstruktion wieder eingeweiht. Sie befindet sich in einer Höhe von 1420 Metern zwischen der Bergwiese Červenec und dem Aussichtspunkt Babky. Wie manche andere hochgelegene Berghütten befindet sie sich im Besitz der nächstgrößeren Kommune.

Liptovský Mikuláš und Liptovská Mara

Die Stadt Liptovský Mikuláš (deutsch Sankt Nikolaus in der Liptau, ungarisch Liptószentmiklós) bietet sich wegen ihrer ausgesprochen zentralen Lage besonders für Wanderer mit eigenem Fahrzeug als Ausgangspunkt für Ausflüge an. Es sind jeweils nur wenige Kilometer bis zum Fuße der Choč-Berge (→ S. 225), der Westlichen und der Niederen Tatra. Die Hohe Tatra, die beiden Fatren und das Arwa-Bergland sind ebenso problemlos per Ta-gesausflug zu erreichen wie die Region Špis mit ihren vielen Kulturdenkmalen. Liptovský Mikuláš ist Sitz einiger touristischer Institutionen und dreier Museen. Eine wichtige Rolle spielte die Stadt als Zentrum des Protestantismus. Ab 1677 war sie Zentrum des Habsburger Komitats Liptau, 1829 öffnete hier die erste öffentliche Bibliothek des Landes. Mit dem Eisenbahnanschluss 1871 begann die Entwicklung zur Industriestadt. Sehr eng verbunden in jüngerer Zeit mit der Stadt war der Lyriker Ivan Laučík (1944–2004).

■ **Sehenswürdigkeiten**
In den letzten Jahren wurde der Altstadtkern renoviert und mit Wasserspielen versehen. Ältestes Gebäude der Stadt ist die **Nikolauskirche** von 1280. In der evangelischen **Kirche Tatrín** wurde 1848 das erste politische Programm der Slowaken verfasst.

Aufstieg zum Plačlivé in der Westlichen Tatra

Die Tatra

Im Zentrum von Liptovský Mikuláš

Das 1930 gegründete **Museum für Naturschutz und Höhlenkunde** hat seine Zentrale im ehemaligen Jesuitenkloster. Die 1955 eingerichtete **Galerie** sammelt bildende Kunst unter besonderer Berücksichtigung der Region. Das Spektrum der 5000 Kunstwerke reicht von gotischen Altären bis zu modernen Experimenten, wesentlicher Teil ist die Portraitmalerei von Peter Michal Slovomil Bohúň (1822–1879). Das ebenfalls 1955 entstandene **Gebietsmuseum** Liptovský Mikuláš widmet sich besonders dem Volkshelden Juraj Jánošík (1688–1713) und dem Romantiker Janko Kráľ (1822–1876).

Karte S. 241

▲ *Im Freilichtmuseum Havránok*

Die **Synagoge** im Zentrum gehört sicherlich zu den interessantesten derartigen Bauten im Land. Ein Holzgebäude aus dem Jahr 1731 wurde von 1842 bis 1846 durch einen klassizistischen Steinbau ersetzt und 1906 nochmals erweitert. Im 19. Jahrhundert stellten Juden knapp die Hälfte der Stadtbevölkerung. Die schrittweise Renovierung der Synagoge begann 1989.

Auf der anderen Seite der Bahntrasse befindet sich die **Kriegsgräberstätte Háj Nicovô**. Das **Kastell** im Ortsteil Vranovo befindet sich inzwischen in Privatbesitz und ist nicht mehr Bestandteil eines Museums.

■ **Rund um den Stausee Liptovská Mara**

Das Umland bietet vielseitige Attraktionen. Besonders auffällig ist der nach einer untergegangenen Ortschaft benannte Stausee Liptovská Mara. Gegen die Errichtung gab es zahlreiche Einwände. Die drittgrößte Wasserfläche des Landes ist aufgrund ihrer Lage an stark frequentierten Verkehrswegen die bei Ausländern bekannteste. In den vergangenen Jahren war der Wasserstand allerdings ziemlich niedrig.

Eine Straßenverbindung mit schönen Ausblicken führt von Liptovská Sielnica nach Zuberec (→ S. 234) in der Region Arwa, sie war der letzte komplette Straßenneubau durch die Berge des Landes. Die am höchsten gelegene Burgruine der Slowakei – **Liptovský hrad** (993 m) nordwestlich vom Stausee Liptovská Mara – bietet ebenfalls einen schönem Ausblick, von den Mauern ist allerdings nicht mehr viel zu sehen.

Wahrzeichen des Stausees ist der **Steinturm** einer Kirche, den man aus dem jetzt überfluteten Gebiet an das Ufer zwischen Bešeňová und Liptovská Sielnica unterhalb des Burghügels Havránok versetzt

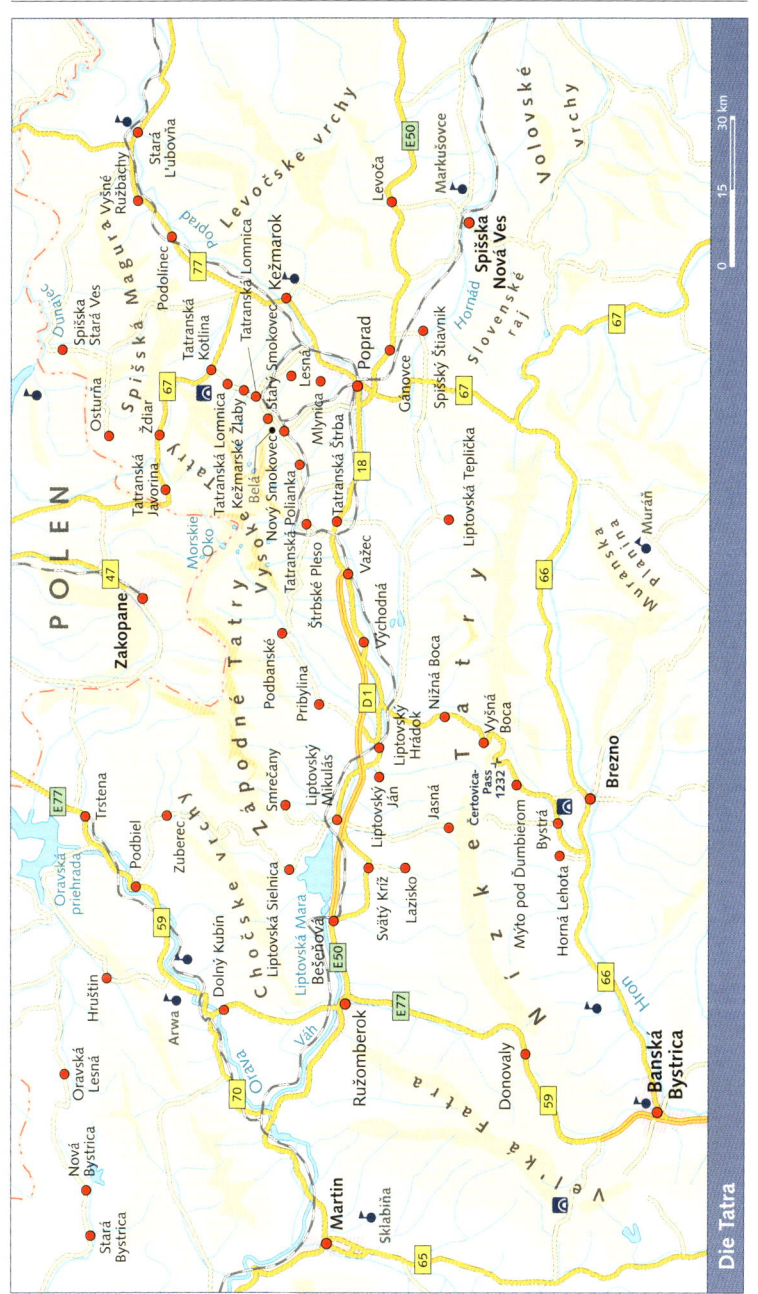

Die Tatra

hat. Trotz noch laufender Rekonstruktionsarbeiten lohnt sich der Spaziergang durch **Havránok**, wo auf einer keltischen Opferstätte eine Siedlung der Puchauer Kultur entstand. Aus der Eisenzeit entdeckte man einen Opferaltar und Steinwege, später im 12. Jahrhundert stand hier nochmals eine hölzerne Burganlage. Man nimmt an, dass der Ort zwischen dem 4. Jahrhundert vor und dem 2. Jahrhundert unserer Zeitrechnung ohne Unterbrechungen besiedelt war. Das zum Regionalmuseum Ružomberok gehörende **archäologische Freilichtmuseum** zeigt einige Rekonstruktionen, insbesondere in der Sommerferienzeit kleiden sich einige Betreuer zünftig in keltische Tracht. Der Havránok bietet nicht nur einen kurzweiligen Einblick in die Geschichte, sondern auch einen schönen Ausblick auf die Umgebung und den Stausee Liptovská Mara.

Die Artikularkiche bei Svätý Kríž

■ **Tatralandia**

2003 eröffnete unweit von Liptovský Mikuláš, am Nordufer von Liptovská Mara, der Aquapark ›Tatralandia‹. Er wurde auf freiem Feld angelegt und hat keine Verbindung zum Stausee. Tatralandia ist in gewisser Weise das älteste marktwirtschaftlich-moderne Spaßbad des Landes und immer noch das größte. Es wurde sehr auf die Vorlieben jugendlicher Besucher zugeschnitten, bunt und aufregend und mit lauter Musikbeschallung. Neun Wasserflächen und diverse ›Adrenalinstoß-Elemente‹ mit reißerischen Namen sorgen eher für Aufregung als für Entspannung. Die 27 Rutschbahnen sind insgesamt über 1800 Meter lang, allein ›Anakonda‹ misst 146 Meter und ist somit die längste Rutsche des Landes. Dementsprechend sei Tatralandia insbesondere als Belohnung für tapfere junge Wanderer empfohlen. Pluspunkte des noch überwiegend schattenfreien Geländes sind die prächtige Kulisse der Westlichen Tatra und das natürliche Thermalwasser aus 2500 Metern Tiefe. Die einfache Tageskarte für die Familie kostet 46 Euro, extra zu bezahlende Sauna- und Massageeinrichtungen ergänzen das Angebot.

Karte S. 241

▲ *Der Vergnügungspark Tatralandia*

2005 wurde das Areal durch den **Klettergarten Tarzania** und die **Westernstadt Šikľův Mlýn** erweitert. Tarzania bietet Klettersteige unterschiedlicher Schwierigkeil und ist auch an anderen Orten in der Slowakei vertreten. Der Betreiber von Šikľův Mlýn unterhält zwei Vorläuferprojekte in Tschechien. Das hiesige Šikľův Mlýn besteht aus Freilichtbühne, Mexiko-, Indianer- und Cowboyteil. Kombikarten für Tatralandia mit Tarzania und Šikľův Mlýn gibt es nicht.

■ **Dorfkirchen**
Die am Waldrand zwischen den Gemeinden Lazisko und Svätý Kríž stehende **Artikularkirche** ist die größte Holzkirche der Slowakei, sie soll bis zu 6000 Menschen Platz bieten. Baumeister war der Analphabet Josef Lang. Sein Bauvertrag mit der Gemeinde trägt das Datum 5. März 1774, bereits am 11. November 1774 war der Bau abgeschlossen. Während der Anlage des Stausees Liptovaká Mara wurde der damals genau 200 Jahre alte Tonnengewölbe-Bau in Paludza abgetragen und fünf Kilometer entfernt wieder aufgebaut. Freunde historischer Holzarchitektur sollten keinesfalls auf eine Besichtigung des Innenraumes verzichten. Besonders harmonisch wirken die beiden teilweise bemalten Emporenreihen mit der integrierten Orgel, ein großer Kronleuchter aus venezianischem Glas rundet den barocken Eindruck ab. Das Gefälle im Raum resultiert aus den strengen Auflagen für evangelische Kirchen zur Bauzeit: als maximale Fundamenthöhe waren 30 Zentimeter erlaubt. Eigentlich ist diese mäßige Theatersaal-Neigung mit dem Altarbereich als Bühne recht besucherfreundlich.

Auch alte interessante **Steinkirchen** findet man bei Liptovský Mikuláš, die Klosterkirche im östlichen Vorort Okoličné beispielsweise ist das bedeutendste gotische Bauwerk der Region. Eine weniger bekannte, hübsch proportionierte Kirche mit einem Hauptaltar von 1480 steht in Smrečany nördlich der Stadt.

 Liptovský Mikuláš und Umgebung
Vorwahl: 00421/(0)44.
Touristeninfo, Mieru 1, Liptovský Mikuláš, Tel. 16186 oder 5522418, www.mikulas.travel, Jul.–14.Sept. Mo–Fr 9–18 Uhr, Sa/So 9–17 Uhr, 15.Sept.–Jun. Mo–Fr 9–17 Uhr, Sa 9–13 Uhr.

Häufiger Verkehr auf der Kursbuchstrecke 180 Žilina–Mikuláš–Košice (Žilina–Mikuláš 70 Min., Mikuláš-Košice 2 Std.).

Busbahnhof am Bahnhof nordwestlich der Innenstadt.
Unter www.imhd.sk (rechts oben ›Liptovský Mikuláš‹ auswählen) findet man einen Überblick über den öffentlichen Nahverkehr.

▶ Im Stadtzentrum:
Villa Bianca, Bernolákova 4378/3, Tel. 0905/661874, www.hotelvillabianca.sk, DZ ab 45 Euro. Sachlich-modern.
Steve, 1.mája 699, Tel. 0918/243505, www.villabetula.sk, DZ ab 45 Euro. Altstadthaus.
▶ In angrenzenden Gebirgstälern:
Kožiar, Žiarska dolina 218, Tel. 5586436, www.koziar.sk, Preispauschalen für 12–18 Personen. Blockhäuschen am Kreuzungspunkt beliebter Wanderwege.
Pension Fraňa Kráľa, Žiarska dolina, Tel. 5586240, www.smrecany.sk, DZ ab 24 Euro. Simple Gästezimmer im Gebäude des Dorfmuseums Smrečany.
Mních, Bobrovec 909, Tel. 5596611, www.hotelmnich.sk, DZ ab 60 Euro. Renoviertes Sporthotel in Alleinlage, auch Blockhäuschen.

Die Tatra

Mária, Bodice 41, Tel. 0908/910171, www.penzionmaria.eu, DZ ab 40 Euro. Freundlicher Familienbetrieb am Eingang ins Demänová-Tal.

▸ Nördlich am Stausee:

Villa Betula, Liptovská Sielnica 166, Tel. 0907/812327, www.villabetula.sk, DZ ab 49 Euro. Ursprünglich gemütliche Pension mit gutem Restaurant, inzwischen ein aus allen Nähten platzendes Sammelsurium.

Gréta, Liptovská Sielnica 270, Tel. 5540040, www.kolibagreta.sk, DZ ab 44 Euro, Angelschein 2 Euro. Blockhaussiedlung mit Folklorerestaurant am Wasser.

Marko, Liptovská Sielnica 132, Tel. 0918/914920, www.dommarko.sk, Schlafplatz ab 13 Euro. Bevorzugt für Familien und Cliquen.

Villapark, Vlašky 331, Tel. 0948/524553, www.villapark-vlasky.com, Preispauschalen für 4–10 Personen. Neue Hüttchensiedlung unterhalb des Havránok am Wasser. Einige gute Quartiere westlich des Stausees siehe unter Ružomberok.

Žiarská chata, Žiarska dolina 226, Tel. 5591525, www.dolinky.szm.com, Schlafplatz 8 Euro, DZ 40 Euro. Nach Anmeldung einmalige (!) Zufahrt auf der eigentlich gesperrten Straße möglich.

Chata pod Náružím, Jalovská dolina, Tel. 0911/163670, Schlafplatz 5 Euro.

Mara ATC, Liptovský Trnovec, Tel. 5598458, www.maracamping.sk, Apr.–Okt., ›Camp des Jahres 2013‹.
Weiters befindet sich ein gepflegter Caravanplatz bei der Villa Betula.

Liptovská izba, Osloboditeľov 21, Tel. 0918/889659, www.restaurant-taverna.sk. Slowakische Küche.

Route 66, Gabiarska 627, Tel. 5623017, www.r66.sk. Amerikanisches Design mit der großzügigsten Gästetoilette des Karpatenraumes.

Salaš Smrečany, Žiarska dolina 378, Tel. 0915/461363. Regionale Schafskäsespezialitäten.

Regionalgalerie (Liptovská galéria Petra Michala Bohúňa), Tranovského 3, Liptovský Mikuláš, Tel. 5522758, www.galerialm.sk, Di–So 10–17 Uhr.

Das Regionalmuseum Liptau, www.liptovskemuzeum.sk, verwaltet in diesem Gebiet:

▸ das **Stadtmuseum Schwarzer Adler** (Čierny orol), Mája 28/196, Tel. 5514785, Mo–Fr 8–16 Uhr, Mai–Okt. auch Sa/So 14–17 Uhr;

▸ die **Ausgrabungsstätte Havránok** (Archeologické múzeum v prírode), Liptovská Sielnica, Tel. 0905/790218, Jul./Aug. (.30–18.30 Uhr, Mai/Sept./Okt. 9–17 Uhr;

Das **Gebietsmuseum** (Múzeum Janka Kráľa), Liptovský Mikuláš, www.mjk.sk, besteht aus den Abteilungen:

▸ Hauptgebäude (Literárnohistorické múzeum Janka Kráľa), Osloboditeľov 31, Tel. 5522554, Di/Do–So 10–16 Uhr, Mi 9–18 Uhr;

▸ Geburtshaus der Geschwister Rázus, Vrbická 312, Tel. 5522749, Di/Fr 8–15 Uhr;

▸ Tatrín, Tranovského 8, Tel. 5522554, Di/Do 8–15 Uhr;

▸ Synagóga, Hollého, Tel. 5522554, Jul./Aug. Di–So 10–17 Uhr.

Das **Museum für Naturschutz und Höhlenkunde** (Slovenské múzeum Ochrany prírody a jaskyniarstva) www.smopaj.sk eröffnet nach Renovierung wieder 2015:

▸ Hauptgebäude in der Školská 4, Tel. 5477210;

▸ Nebengebäude in der 1. maja 18, Tel. 5477230.

Artikularkirche, Svätý Kríž 251, 5592622, www.drevenykostol.sk, 9–15 Uhr, Jun.–Sept. 9–17 Uhr.

Innerhalb der Tageswanderung ist auch der Lehrpfad durch die Täler Prosiecka dolina und Kvačianska dolina beschrieben (17 km, 13 Tafeln teilweise in deutsch).

Sie Slowakische Zentrale für Tourismus schlägt folgende Runde um den Stausee herum vor (54 km): Liptovský Mikuláš – Liptovský Sielnica – Havránok – Partizánska Ľupča – Svätý Kríž – Liptovský Mikuláš.

Aquapark Tatralandia, Ráztocká 21, www.tatralandia.sk, Tel. 0915/834644, 10–21 Uhr.

Western City Šiklův mlýn, Ráztocká 21, www.western.sk, Tel. 0917/515886, 10–21 Uhr.

🥾 Tageswanderung: Die aufregendsten Täler am Choč

Route: Prosiek – Sokol – Prosečné oder Veľké Borové – Oblazy – Kvačany

Von Prosiek beziehungsweise Kvačany führen zwei zum Bergmassiv Choč gehörende Karsttäler in die Berge. Oberhalb des Ortes Prosiek beginnt ein Lehrpfad, der einen Rundweg durch beide Täler bildet. Die Lichtung Oblazy bietet einen hochromantischen Anblick mit Wassermühle und Wassersäge.

Vom Parkplatz in Prosiek geht es zunächst durch eine sehr enge Stelle am Bach aufwärts. Am Wasserfall Červené piesky könnte man die erste Pause einlegen. Die sich anschließende Schlucht Sokol kann nur mit Halteketten und Leitern überwunden werden. Es folgt eine idyllische Bergwiese. Man hat nun die Wahl zwischen dem grün markierten Weg über den Gipfel des Prosečné (1372 m) und dem blau markierten Weg unterhalb des Örtchens Veľké Borové entlang. Der Lehrpfad führt über den Gipfel. Dort ergibt sich ein wunderschöner Rundblick über die Region Liptau. Auch an seinem Fuße bietet der spitze Bergkegel wunderbare Naturerlebnisse.

Im Tal Borovianka vor der Lichtung Oblazy (800 m) treffen sich beide Wege wieder. Hier stehen zwei Wassermühlen, bei einer

Drei Skilifte in Závažná Poruba, zwei in Pavčina Lehota, kürzere Aufzüge bei Podbreziny und im Žiarska dolina. Eine gespurte Loipe führt von Liptovský Mikuláš bis Háj Nicovô.

Eine Schiffsrundfahrt auf dem Stausee ist vom Campingplatz Liptovský Trnovec aus möglich, siehe www.maralod.sk, www.lodmara.sk und www.lodmaria.sk.

Krankenhaus, Palúčanská 25, Tel. 5563500, www.nsplm.sk.

von ihnen treibt die Wasserkraft eine altertümliche Säge an. Der Eintritt in diese technischen Denkmale ist frei.

Es folgt ein kurzer steiler Aufstieg in die bei Botanikern sehr beliebte Schlucht von Kvačany. Nun geht es am Bach abwärts zum gleichnamigen Ort.

Verkehrsverbindung: Bushaltestellen am Start- und Zielpunkt.

Länge/Schwierigkeit: Sechs Stunden; im Prosiek-Tal führt der Weg stellenweise direkt durch den Bach und erfordert entsprechendes Schuhwerk; einige kurze Abschnitte mit Halteketten und Leitern. Für Familien mit abenteuerlustigen Kindern besser geeignet als vergleichbare Touren im Slowakischen Paradies.

🥾 Tageswanderung: Liptauer Alpen

Route: Erholungsheim Tesla – Jakubiná – Jamnická dolina – Erholungsheim Tesla

Diese einsame Wanderung durch die Liptauer Alpen (Liptovské Tatry) bietet Heidel- und Preiselbeerverpflegung beim Aufstieg. Der Bergrücken Otrhance liegt größtenteils oberhalb der Baumgrenze und gewährt schöne Ausblicke.

Am Parkplatz beim Erholungsheim Tesla etwa vier Kilometer nördlich von Pribylina führen markierte Wanderwege vorbei.

Die Tatra

Man läuft am Bach bergauf und trifft nach knapp zwei Kilometern auf eine Weggabelung. Links führt der blau markierte Weg ins Jamnicka dolina, rechts der gelb markierte ins Račkova dolina. Man sollte sich aber den leichteren Wegabschnitt im Tal für den Rückweg aufheben und mit der Besteigung der Berge beginnen.

Der mittlere Weg ist grün markiert und führt bald steil nach oben. Der erste Gipfel mit Rundblick heißt Ostredok (1674 m). Unter mäßigem Auf und Ab führt der Weg dicht neben der Nižná Magura (1919 m) vorbei zu einem zweiten Ostredok (2049 m). Nun sind die steilsten Aufstiege überstanden, und man kann das Panorama noch unbeschwerter genießen. Es folgen die Vyšna Magura (2093 m) und als höchster Gipfel des Tages die Jakubiná (2194 m).

Am Hrubý vrch (2137 m) erreicht der Wanderweg den Hauptkamm. Hier bietet sich ein schöner Blick in das polnische Tal Chochołowska hinein. Auf dem Kamm läuft ein rot markierter Wanderweg entlang, dem man nach links folgen kann. Bald zweigt wiederum links der grün markierte Weg ins Jamnická dolina ab. Er führt über Geröll und durch die Krummholzzone schließlich in den Wald. Nun muss man dem Bach Jamnický potok nur noch abwärts folgen.

Variante: Am Hauptkamm biegt man auf dem rot markierten Weg nach rechts ab. Man erreicht den Končistá (1993 m) und hat schöne Ausblicke nach unten auf die kleinen Bergseen Račkove plesá. Am Bergsattel Račkovo sedlo (1956 m) biegt man wiederum nach rechts ab und folgt nunmehr dem Bach Račková. Diese Variante dauert wegen der zusätzlichen Gipfelbesteigung etwas länger.

Verkehrsverbindung: nächste Bushaltestelle vier Kilometer entfernt am Hotel Esperanto bei Pribylina.

Länge/Schwierigkeit: sieben Stunden, keine Kraxelstellen.

Hinweis: ab der Weggabelung im Račkova dolina ist der Weg nur vom 1. Juli bis bis zum 30. Oktober freigegeben.

Liptovský Hrádok und Umgebung

Der erste größere Flößereihafen am Oberlauf der Waag führte zur Gründung von Liptovský Hrádok (Neuhäusel in der Liptau). Die Kleinstadt empfängt ihre aus nördlicher Richtung, von der Autobahn, kommenden Besucher mit der Ruine einer 1803 teilweise zerstörten **Burg**. Ein Flügel aus der Renaissancezeit beherbergt das **Volkskundemuseum**. Eine Abteilung dieses Museums widmet sich wiederum der längsten Waldeisenbahn (Považská lesná železnica, PLŽ) des Landes, die infolge der um 1900 blühenden Holzindustrie entstand. Ähnlich wie am Čierny Hron bemüht sich ein Verein um die Reaktivierung, eine erste Etappe soll nach Pribylina führen.

Der aufgrund mehrerer ›verhexter‹ Thermalquellen bekannte Ort **Liptovský Ján** (Sankt Johann in der Liptau) eignet sich gut als Ausgangspunkt für Wanderungen. Er liegt quasi in einer Sackgasse der Niederen Tatra und bietet sich somit als Quartier-Alternative gegenüber dem Durchgangsverkehr im Waag-Tal an. Neben dem **Thermalfreibad** gibt es sogar einige gratis zugängliche Plantschestellen mit Temperaturen von bis zu 30 Grad Celsius, die Schwefelwasserstoff und Kohlensäure enthalten. Ein blau markierter langer **Wanderweg** im Tal Jánska dolina erreicht den Hauptkamm der Niederen Tatra kurz unter dessen höchstem Gipfel. Von den größeren Höhlen am Wegesrand wurde 2010 eine für Touristen zugänglich gemacht. Der 1991 eröffnete **Skansen Pribylina** gehört zum Volkskundemuseum und zeigt hauptsächlich Exponate aus dem Überflutungsgebiet des nahegelegenen

Karte S. 241

Stausees. Dominierendes Gebäude ist die gotische Kirche von Liptovská Mara, neben Wohnstätten aller Schichten kann man die Schule von Valaská Dubová von innen besichtigen. Das Kastell aus Parížovce besitzt einen gotischen Kern und wurde nach 1484 in ein Jagdschlösschen umgebaut. Der erste Eindruck des steinernen Gebäudes lässt an rumänische Gutshäuser der Dracula-Zeit denken. Es wird auch für Ausstellungen und Vorführungen genutzt. Besonders intensiv ist in Pribylina die Haustierhaltung in das Ausstellungskonzept einbezogen, und hier gelingt auch die Zucht des fast ausgestorbenen Huzulenpferdes. An einigen Tagen finden auf dem Museumsgelände Volksfeste zu bestimmten Themen statt, so zum Beispiel der Schäfertag am 25. Juli, das Erntedankfest, ein Feuerwehrsonntag und ein Imkersonntag.

Bei **Kráľova Lehota** östlich von Liptovský Hrádok vereinigen sich Weiße Waag (Biely Váh) und Schwarze Waag (Čierny Váh) zum längsten Fluss des Landes, der Váh (Waag).

Die große Gemeinde **Východná** hat mehrere sehr alte Holzhäuser zu bieten, ihre Bekanntheit verdankt sie aber vor allem dem seit 1953 stattfindenden größten Folklorefestival der Slowakei. Südlich von Východná befinden sich zwei kleine **Stauseen**.

Hinter Východná führt die Hauptstraße nördlich der etwa gleichgroßen Gemeinde Važec (Waagsdorf) vorbei. Ein Brand zerstörte 1931 fast den ganzen Ort. Hauptsehenswürdigkeit ist die kleine **Tropfsteinhöhle** mit fast weißen Sinterverzierungen. Eines der wenigen erhaltenen Holzhäuser stellt den volksverbundenen Maler Ján Hála (1890–1959) vor, dort kann man auch den Besuch eines **Privatmuseums zur Ortsgeschichte** in einem unauffälligen Kastell aus dem Jahre 1760 vereinbaren. An der Landstraße liegt ein deutscher Soldatenfriedhof.

Die Tatra

Der Skansen Pribylina schmiegt sich in die Landschaft

▨ Tageswanderung: Ohnište-Massiv

Route: Liptovský Ján – Smrekovica – Slemä – Ohnište – Predbystrá – Liptovský Ján

Eine Tageswanderung durch das wenig frequentierte Massiv des Kalkberges Ohnište ist eine mäßig anstrengende Angelegenheit, mit der man beispielsweise seine Kondition für Wanderungen in höhere Lagen testen kann. Auf der außerordentlich stark gegliederten Kalksteindecke wachsen seltene Pflanzen; die schönsten Blüten sieht man im Juni.

Der Ausgangspunkt Liptovský Ján (654 m) liegt zwischen Liptovský Mikuláš und Liptovský Hrádok. Im Bereich des Thermalfreibades verlässt ein rot markierter Weg das Tal nach links. Ein steiler Aufstieg führt auf den ersten Aussichtspunkt Smrekovica (1277 m). Am Stanišovské sedlo wählt man für ein kurzes Stück über wellige Bergwiesen die gelbe Markierung und biegt dann nach rechts auf die grüne Markierung ab. Ein abermals steiler Aufstieg führt zum Slemä (1513 m). Über den Michalovské sedlo verläuft die grüne Markierung am Berg Ohnište (1539 m) sowie der Felszacke Okno und der Schlucht Ľadová priepasť vorbei zum Svidovské sedlo (1133 m). Unterwegs zweigt der eigentliche Aufstieg zum Ohnište ab. Die nicht in üblicher Weise markierte kurze Sackgasse führt durch lichten Wald. Der Hauptgipfel bietet einen schönen Ausblick auf die höchsten Berge der Niederen Tatra. Nach dem steilen Abstieg zum Svidovské sedlo folgt man der gelben Markierung nach rechts zum Forsthaus Predbystrá und dann dem blau markierten Weg im Janská dolina zurück.

Variante: Man spart sich die durchaus anstrengende Besteigung des Smrekovica, indem man zunächst im Jánska dolina entlangläuft und nach drei Kilometern auf den gelb markierten Weg durch das Stanišovská dolina einbiegt – bedenkenswerte Alternative für weniger Geübte.

Verkehrsverbindung: Bushaltestelle in Liptovský Ján.

Länge/Schwierigkeit: neun Stunden, keine Kraxelstellen.

ℹ Liptovský Hrádok und Umgebung

Vorwahl: 00421/(0)44.
Touristeninfo, Kalinčiaka 39, Liptovský Ján, Tel. 5280470, Mo–Fr 8–16 Uhr.

🚆

Liptovský Hrádok sowie Východná und Važec liegen an der Hauptstrecke Žilina–Košice, aber die Schnellzüge halten dort nicht! Etwa zweistündliche Verbindungen in die genannten Orte mit Regionalzügen.

🛏

Liptovský Dvor, Jánska dolina 438, Liptovský Ján, Tel. 0918/683123, www.liptovskydvor.sk, DZ ab 140 Euro. Luxuriöser Blockhausstil, enthusiastische Bewertungen im Internet.
Grand Castle, Hrad a Kaštieľ, Liptovský Hrádok, Tel. 5207711, www.grandcastle.sk, DZ ab 103 Euro. Kultig in renovierten Teilen der Burganlage.

Strachanovka, Liptovský Ján 2067, Tel. 5263333, www.strachanovka.sk, DZ ab 68 Euro. Großes neues Blockhaus.
Orešnica, Račkova dolina 301, Pribylina, Tel. 5293232, www.oresnica.sk, DZ ab 50 Euro. Erschwingliches Jagdhotel.
Smrek, SNP 172, Liptovský Hrádok, Tel. 5222572, www.smrek.sk, DZ ab 32 Euro. Solides Kleinstadthotel.
Aurel, Nová 184, Liptovský Ján, Tel. 0905/495460, www.penzionaurel.sk, DZ ab 26 Euro. Stilvolles Bauernhaus.

⛺

Im Umfeld der Hohen Tatra gibt es fünf empfehlenswerte Campingplätze, zwei bei Tatranská Lomnica, zwei große und eine private Wiese hier:
Račkova dolina, Pribylina, Tel. 5293293, www.pribylina.sk, Jun.–Sept.
Kemping u Jany, Liptovská Kokava 226, Tel. 5297495, www.beijana.szm.sk, Apr.–Okt.

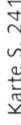

Karte S. 241

Chorprobe im Amphitheater Východná

Die Tatra

Borová Sihoť, SNP 200, Liptovský Hrádok, Tel. 5224031, www.borovasihot.sk, Apr.–Nov. Vom gleichnamigen Hotel betrieben, direkt am Fluss.

Skiareal in Liptovský Ján (→ Tabelle S. 238).

Das Regionalmuseum Liptau, www.liptovskemuzeum.sk, verwaltet hier:
▸ das **Volkskundemuseum** (Národopisné múzeum Liptova), Partizánska 153, Liptovský Hrádok, Tel. 5222485, Mo–Fr 8–16 Uhr, Jun.–Sept. auch Sa/So 13–16 Uhr.
▸ das **Bergbaumuseum** (Múzeum baníctva a hutníctva), Liptovský Hrádok, Mai–Okt. Do/Fr/So 16–18 Uhr, Nov.–Apr. So 14–16 Uhr;
▸ das **Museum des Liptauer Dorfes** (Múzeum Liptovskej dediny, Skanzen), Pribylina, 9–17 Uhr, mit betriebener Dorfschenke.
Ján-Hála-Gedenkhaus Važec, Hálova 41, Tel. 5294287, Di–So 12–16 Uhr.
▸ Höhlen:
Höhle von Stanišov, (Malá Stanišovská jaskyňa), Liptovský Ján, Tel. 0908/640061, www.stanisovska.sk, Führung ca. 50 Min.,

tgl. 10–16 Uhr, Keine installierte Beleuchtung, Besucher erhalten Taschenlampen. **Tropfsteinhöhle Važec** (Važecká jaskyňa), Tel. 5294171, www.ssj.sk, nur mit Führung ca. 30 Min., Jun.–Aug. Di–So 9–16 Uhr stündlich, Feb.–Mai/Sept.–Nov. Di–So 9.30/11/12.30/14 Uhr.

Das größte slowakische Folklorefestival findet alljährlich am östlichen Ortsende Východnás am ersten Juliwochenende statt, www.festivalvychodna.sk.

Das **Sommerfreibad Raj**, Liptovský Ján, Tel. 5208100, gehört dem Hotel ›Sorea‹, Di–So 9–19 Uhr.

Am **Lehrpfad** von Liptovský Ján nach Liptovská Porúbka liegen mehrere frei zugängliche Thermalquellen (6 km, 6 Tafeln).

Von Kráľova Lehota kann man auf wenig befahrenen Nebenstraßen zum Slowakischen Paradies radeln.

Die Hohe Tatra

Über die Hohe Tatra (Vysoké Tatry) heißt es, sie sei das kleinste Hochgebirge der Welt. Insbesondere bei der Annäherung von Süden oder Südosten bietet sich an vielen Stellen ein beeindruckender Blick auf die ziemlich schroff ansteigende Bergwelt. Die Frage, welches Gebirge sich eigentlich Hochgebirge nennen darf, wird jedoch von Experten unterschiedlich beantwortet. In jedem Fall ist das Granitmassiv mit 25 Gipfeln über 2500 Metern die bekannteste Touristenattraktion der Slowakei, entsprechend hoch ist der Besucherandrang zur Ferienzeit. Streckenweise bildet der Hauptkamm die Staatsgrenze zwischen der Slowakei und Polen.

Fast alle Wanderwege in höheren Berglagen sind seit 1978 jedoch nur vom 1. Juli bis zum 30. Oktober geöffnet. Das Verlassen der Wege auf dem Gelände des Nationalparks ist offiziell verboten, Rastpausen einige Meter neben den Wegen werden aber geduldet. Schäden in der Vegetation und bezüglich der Stabilität der angelegten Wanderwege entstehen oft dadurch, dass Touristen Schlängelwege abkürzen.

Ein Nationalpark (Tatranský národný park, TANAP) wurde 1949 ausgerufen, es handelt sich somit um den ältesten slowakischen Nationalpark. Typisch für die Tatra sind die vielen attraktiven Bergseen. Ihre Kar genannten Kessel wurden von Gletschern geformt und reichten während der Eiszeiten bis unter die heutige Straße zwischen Podbanské und Tatranská Lomnica hinaus. Die letzten Gletscher schmolzen vor etwa 8000 Jahren. Die größten Tatraseen liegen auf polnischen Gebiet. Einige sind salzhaltig, Sagen berichten von Verbindungen mit dem Meer. 39 Blütenpflanzen existieren weltweit nur in der Hohen Tatra, der Bestand an Säugetieren ist dagegen relativ gering. Man schätzt, dass hier unter anderem 1000 Murmeltiere und 200 Gämsen leben. Ein Antragsverfahren (sogenannte Tentative List) zur Aufnahme der Tatra in die UNESCO-Welterbeliste ist in Arbeit. Der Zusammenschluss der 15 Tatragemeinden zwischen Podbanské und Tatranská Kotlina hat den Status einer Stadt. Ihr Verwaltungszentrum ist der zentral gelegene Ort Starý Smokovec, vier kleinere dieser Gemeinden sind erst im vorigen Jahrhundert entstanden. Die Katasterfläche der Großgemeinde (398 Quadratkilometer) übertrifft sogar die der Hauptstadt (368 Quadratkilometer), angrenzende Gemeinden fordern aber ehemalige Territorien zurück.

▲ *Im Winter schneesicher: die Hohe Tatra*

Das gesunde Gebirgsklima war von Anfang an ein Argument dafür, den Tourismus in der Hohen Tatra zu bewerben.
Der gegenwärtige Kurbetrieb konzentriert sich auf die Orte Štrbské Pleso
(550 Betten) und Nový Smokovec (320
Betten). Behandelt werden vor allem Er-
krankungen der Atemwege.

Die Entwicklung des Tatratourismus

Wildromantische Karpatenberge,
könnt Euch wohl bewundern, doch nicht
lieben.
Fremd sind Eure Wälder, kahlen Höhen
immer meiner Phantasie geblieben.

Sándor Petöfi

Dieses Urteil, das der im Tiefland geborene ungarische Nationaldichter for-
mulierte, war wohl schon zu seiner Zeit
nicht mehrheitsfähig.
Wann und wie weit die ersten Menschen
in die Tatra vordrangen, wird wohl nie
genau zu ermitteln sein. Sicher dürfte dabei nicht der Wunsch nach Erholung in
intakter Natur im Vordergrund gestanden
haben, sondern die Suche nach Essbarem
oder die Flucht vor Feinden. Zeitweise
wurde in den Bergen nach Eisenerz und
Gold gegraben – entsprechende Funde
reichen bis in das Mittelalter zurück –,
Landwirtschaft dagegen fand mit Ausnahme eines Hofes in Tatranské Matliare
nicht statt; Bauernhäuser fehlen auf den
Arealen der Gebirgskurorte.
Den ersten historisch belegten Ausflug
in die Bergwelt unternahm 1565 Beata
Łaská. Die Burgfrau aus Kežmarok wan-
derte mit mehreren Begleiterinnen zum
Zelené pleso (Grüner See, 1545 m).
Diese nach heutigen Begriffen harmlo-
se Emanzipationstat war willkommener
Anlass für ihren Mann, seine 21 Jahre
ältere und sehr viel vermögendere Frau
sechs Jahre lang einzukerkern.

Im Jahr 1615 wurde der Student Dávis
Fröhlich aus Kežmarok als Gipfelbestei-
ger bezeichnet, wahrscheinlich handelt
es sich bei dem Berg um den Kežmarský
štít (Kesmarker Spitze, 2556 m). 1664
erfolgte die erste Besteigung mit genau rekonstruierbarer Bergangabe, als
der Pfarrer Georg Buchholtz der Ältere
aus Veľká Lomnica den Slavkovský štít
(Schlagendorfer Spitze, 2452 m) erreichte. Buchholtz verfasste ein Buch mit to-
pographischen Angaben, das aber erst
viel später gedruckt wurde. 1793 besuch-
ten Robert Townson aus Edinburgh und
Belsazar Haquet aus Lemberg die Tatra,
um barometrische Messungen durchzu-
führen. 1813 durchquerte der Botanik-
professor Göran Wahlenberg aus Upp-
sala die Berge; nach ihm wurden zwei
Bergseen benannt. Wahlenberg hielt sich
in verschiedenen Gebirgsteilen auf und
entdeckte eine nur in der Tatra wachsende Schöterichart; das aus seiner Reise
resultierende Buch ›Flora Carpathorum‹
erschien 1814.
Starý Smokovec ist die älteste Tatra-
Siedlung, 1793 ließ der Pfarrer Thomas
Mauksch aus Veľký Slavkov hier an Mineralquellen eine Sommerfrische mit
Blockhäusern anlegen. 1839 erfolge eine genaue Vermessung des nach einem
unbedeutenden Ort im Tal benannten
Gerlachovský štít (Gerlsdorfer Spitze,
2655 m), bis dahin hatten fälschlicherweise andere Berge als höher gegolten.
1863 entstand die erste Touristenhütte
in den Bergen, nach ihrem Erbauer Johann Georg Rainer aus Spišská Sobota
Rainerhütte genannt.
Im Jahr 1871 wurde die Bahnstrecke
zwischen Bohumín und Košice fertiggestellt, was als eigentlicher Beginn eines
gewerblich organisierten Tatra-Tourismus
angesehen wird. Seit 1874 existiert ein
Bergführer- und Rettungsdienst, um diese
Zeit wurden auch längere Wanderwege

befestigt. Bis zum Ersten Weltkrieg wurden praktisch alle Gipfel bestiegen, woran merkwürdigerweise Slowaken selten beteiligt waren.

Die Eiskunstlaufwettkämpfe 1900 in Štrbské Pleso waren das erste Sportereignis in der Hohen Tatra mit internationaler Beteiligung, der erste Schlepplift wurde aber erst 1942 am Hang des Soliska eröffnet. 1949 war der Fernwanderweg Tatramagistrale (Tatranská magistrála) fertig, der sich 72 Kilometer – meistens im Wald – südlich der Hauptkämme von Westlicher und Hoher Tatra entlangschlängelt. In der sozialistischen Zeit gewann die Region einen treuen Kundenstamm, ein großer Teil der aus- und neugebauten Übernachtungsstätten wurden von Gewerkschaften betrieben.

Eine besondere Rolle in der Phantasie der Menschen spielt der Kriváň (2494 m) mit seiner markanten Spitze. Eine Übersetzung mit ›Gekrümmter‹ liegt nahe. Auf alten deutschen Landkarten steht mitunter die Bezeichnung Krummhorn. Der Name kommt aber tatsächlich vom keltischen Wort für Fels und taucht noch in weiteren slowakischen Gebirgen auf. Die Sage berichtet, dass ein von der Tatra begeisterter Engel beim unvorsichtigen Umherflattern mit einem Flügel am Kriváň anstieß und ihn dadurch verbog. Der relativ freistehende Berg wurde lange für die höchste Erhebung der Tatra gehalten, weil die tatsächlich höheren Gipfel versteckter im Gebirgsinneren liegen. Die erste nachweisbare Besteigung des Kriváň führte Jonáš Czirbesz 1772 durch, zu den prominentesten Nachfolgern gehörte 1840 König Friedrich August von Sachsen. Zur Zeit des erstarkenden slowakischen Nationalbewusstseins war der Berg Ziel vieler Exkursionsgruppen, die teilweise von den führenden Patrioten selbst geleitet wurden. Der Kriváň belegte mit Abstand den ersten Platz bei einer Umfrage, welcher slowakische Berg der schönste sei. Es ist der Nationalberg der Slowaken, die ihn überschwänglich mit dem Olymp und dem Fuji-San vergleichen. In vielen Liedern wird er besungen, unter anderem 1972 in einer 18 Minuten langen Hymne von Skaldowie, einer der ersten polnischen Rock-Bands.

Als schönster Rundblick der Tatra gilt aber der Rysy (Meeraugspitze, 2499 m); 1840 gelang die erste Besteigung und 1884 die erste Winterbesteigung.

 Hohe Tatra

Ausgebildete Bergführer für anspruchsvolle Gipfelbesteigungen auch abseits markierter Wanderwege vermittelt die Kancelária horských vodcov in Starý Smokovec, Tel. 0905/428170, www.tatraguide.sk, für bis zu fünf Personen je nach Route um 200 Euro pro Tag.

Ein Pauschalangebot für Rabatte einschließlich kostenfreier Nutzung bestimmter Verkehrsmittel findet man unter www.tatrycard.sk, diese ›Geheimadresse‹ springt zur ansonsten unter ›Accomodation‹ etwas versteckten Beschreibung der Tatry Card innerhalb der Darstellung www.regiontatry.sk.

Zum System der Tatrabahn gehören folgende Linien, die tagsüber stündlich verkehren:

▶ Poprad–Starý Smokovec–Štrbské Pleso (Schmalspurbahn, 70 Min., 29 km, 15 Haltestellen);

▶ Starý Smokovec–Tatranská Lomnicá (Schmalspurbahn, 14 Min., 6 km, 5 Haltestellen);

▶ Štrba–Štrbské Pleso (Zahnradbahn, 17 Min., 5 km, 3 Haltestellen, 430 m Höhenunterschied);

▶ Starý Smokovec–Hrebienok (Zahnradbahn, 7 Min., 2 km, 2 Haltestellen, 255 m Höhenunterschied).

Karte S. 241

Einer der vielen Wanderwege in der Westlichen Tatra

Häufiger Verkehr auf der Kursbuchstrecke 180 Žilina–Štrba–Košice (Žilina–Štrba 1.40 Std., Štrba–Košice 1. 20 Std.).

In Nová und Stará Lesná wird während der Sommerferienzeit und der Wintersportsaison aus jedem Haus eine mehr oder weniger legale Pension. Ähnliches gilt für Tatranská Štrba.

Am südlichen Hang der Hohen und am Fuße der Westlichen Tatra schlängelt sich der 72 km lange Fernwanderweg Tatramagistrale vom Kopské sedlo (Sattel vor den Belaer Kalkalpen) nach Jalovec (Dorf bei Liptovský Mikuláš), der in drei bis vier Tagen komplett bewältigt werden kann.

Zum Lebensmitteleinkauf in der Hohen Tatra eignen sich am besten die Bahnhofsumgebungen der drei bekanntesten Orte Štrbské Pleso, Starý Smokovec und Tatranská Lomnica, größere Supermärkte gibt es dann in Poprad.

Štrbské Pleso

Einige große Bauwerke aus sozialistischer Zeit fügen sich nur schlecht in die Landschaft ein. Dadurch sieht man Štrbské Pleso (Tschirmersee) schon von der Talstraße am Oberlauf der Waag aus. Alte Reklamefotos zeigen beispielsweise Fahrzeuge der Marke Trabant vor diesem Gebäude- und Gebirgspanorama – damals galten funktionelle Betonbauten als Ausdruck eines fortschrittsorientierten Selbstbewusstseins. Nichtsdestotrotz ist Štrbské Pleso einer der günstigsten Ausgangspunkte für Sommer- und Winterwanderungen in der Hohen Tatra. Im vorigen Jahrhundert war Štrbské Pleso das bedeutendste Wintersportzentrum der Slowakei, auf den Sprungschanzen fanden viele internationale Wettkämpfe statt. Hier steht noch immer die größte Schanze des Landes.

Štrbské Pleso ist der höchstgelegene slowakische Ort (1350 m). Er entstand ab 1872 und gruppiert sich um die östliche Hälfte des gleichnamigen **Sees**. Dieses zu- und abflusslose Gewässer ist mit einer Fläche von 19 Hektar der zweitgrößte See auf der slowakischen Seite der Tatra. Von Ende November bis Anfang Mai hält sich die Eisschicht. Die 1936 eingestellte **Zahnradbahn** wurde 1970 wiedereröffnet, zur Berghütte am Predné Soliso (2093 m) führt ein **Sessellift**. Etwas unterhalb (1840 m) beginnen die Abfahrtspisten. Im Tal Furkotská dolina (Murmeltal) steht ein großer Zirbelkiefernwald.

■ **Die Umgebung**

Der westliche Nachbarort **Podbanské** (Untergruben) ist einer der besten und beliebtesten Ausgangspunkte für längere Skiwanderungen. Hier führt das Tichá dolina (Stilles Tal) 14 Kilometer in das Gebirge hinein. 1995 wurden Dinosaurierspuren entdeckt, es handelt sich um dreizehige Abdrücke im Sandstein, die etwa 195 Millionen Jahre alt sind. Von Podbanské sind Wanderungen auf den höchsten Gipfel der Westlichen Tatra (Bystrá, 2248 m) möglich.

Unterhalb von Štrbské Pleso befindet sich der Ort **Tatranská Štrba** (Tschirmer Sattel). Hier verläuft die Wasserscheide zwischen dem Schwarzen Meer und der Ostsee. Der Bahnhof ist die höchstgelegene Schnellzugstation des Landes. Vom östlichen Nachbarort **Vyšné Hágy** (Hochhagi) führt ein steiler Weg zum See Batizovské pleso (1879 m). Das kurze Talende wird vom Gipfel Batizovský štít (2456 m) beherrscht.

Karte S. 241

Die Gämse – das Wappentier der Hohen Tatra

Die Tatra-Gämse (Rupicapra rubicapra tatrica) ist das Wappentier des Tatra-Nationalparks und damit auch ein Symbol für die Slowakei überhaupt. Tatra-Gämsen werden etwa 30 Kilogramm schwer, beide Geschlechter tragen hakenförmige Hörner. Böcke können 15 Jahre alt werden, Geißen 20. Sie ernähren sich von Bergkräutern, Zweigspitzen und Moosen. Rudel werden von einer erfahrenen Geiß angeführt, Böcke suchen erst zur Brunftzeit Kontakt. Das französische Wort für Gämse findet man in der Farbtonbezeichnung chamois wieder, was angesichts ihres dunkleren Fells nicht ganz verständlich scheint.

Gämsen gehören zu den Ziegen – Unterordnung Wiederkäuer, Ordnung Paarhufer – und kommen in zwei Arten vor. Eine der Arten gliedert sich wiederum in die beiden Unterarten Pyrenäen-Gämse und Abruzzen-Gämse auf. Bei der mitteleuropäisch-westasiatischen Gämse werden sogar sieben geographisch voneinander isolierte Unterarten unterschieden. Im Alpen- und Balkanraum gibt es stabile Bestände der vier dortigen Unterarten, drei weitere Unterarten dagegen sind akut vom Aussterben bedroht. Schätzungen für die Zahl der Tatra-Gämsen schwanken, wahrscheinlich ist nach einem Minimum von etwa 200 Tieren um das Jahr 2000 herum der Bestand wieder angestiegen. Noch schlechter sieht es mit der Chartreuse-Gämse aus, die die gleichnamige Bergkette in Frankreich bewohnt. Dass die Kaukasus-Gämse überhaupt noch existiert, wird bezweifelt.

Tatra-Gämsen leben in der Knieholzzone von Belaer Kalkalpen, Hoher und Westlicher Tatra. Einerseits können Gämsen zahm werden, andererseits werden Störungen durch Touristen für den Rückgang in der Tatra mitverantwortlich gemacht. 1999 gründete sich eine ›Bürgergemeinschaft für die Tatra-Gämse‹, die sich für den Schutz der Tiere engagiert und die Ursachen des Rückgangs genauer erforschen will.

Eine Tatra-Gämse

🥾 Tageswanderung: Besteigung des Kriváň

Route: Štrbské pleso – Jamské pleso – Kriváň – Tri studničky – Štrbské pleso

Der Kriváň (2494 Meter, auch Krummhorn oder Ochsenhorn) stellt den krönenden Abschluss eines Seitenkamms dar, der am Gipfel Čubrina (2378 m) vom Hauptkamm der Hohen Tatra in südwestliche Richtung abzweigt. Weitere bekannte Gipfel dieses Seitenkamms heißen Kôprovský štít (2367 m), Hrubý vrch (2428 m) und Furkotský štít (2405 m). Nebenkämme dieses Seitenkammes wiederum enden in den Gipfeln Predné Solisko (2093 m) und Patria (2203 m), die jeweils nur etwa drei Kilometer von Štrbské Pleso entfernt liegen. Angesichts des Symbolwertes und des Panoramablicks ist der Aufstieg auf den Kriváň unbedingt lohnenswert, und zudem führt in solche Höhen kein leichterer Wanderweg.

Die Wanderung beginnt am See Štrbské pleso. Man folgt der am Ufer verlaufenden roten Markierung nach links. Vor dem kleinen Jamské pleso wechselt man zur blauen Markierung bergauf. Die letzten Meter zum Gipfel sind recht anstrengend. Vom Kriváň sieht man unter anderem den Seitenkamm Liptovské kopý, hinter dem der steil abfallende Teil des Hauptkammes mit der Bezeichnung Červené vrchy hervorschaut. Nordwestlich des Gipfels liegt das lange Tal Kôprová dolina, die beiden größeren Bergseen heißen Krivánské Zelené pleso (2017 m) und Nižné Terianske pleso (1940 m).

Beim Rückweg biegt man unter dem Nebengipfel Malý Kriváň (2334 m) rechts auf den grün markierten Weg ein. Vom Weg aus sind sowohl Relikte alter Goldsucherstollen als auch Bunkeranlagen aus dem Zweiten Weltkrieg zu sehen. Am Grúnik (1576 m) taucht man wieder in den Wald ein, und am Forsthaus Tri studničky (Drei Brünnlein, 1140 m) stößt man auf die Talstraße. An der 1999 abgebrannten Važecká chata vorbei führt ein grün markierter Weg parallel zur Straße wieder nach Štrbské Pleso.

Varianten: Statt des Wegabschnittes an der Talstraße folgt man der roten markierten Tatranská magistrála und kommt wieder zum Jamské pleso.

▸ Man kann einen der hier als Auf- und Abstieg beschriebenen Wege auch hin und zurück benutzen oder die Tour an der Bushaltestelle Važecká chata beenden.

Verkehrsverbindung: Haltestelle der Tatrabahn in Štrbské pleso.

Länge/Schwierigkeit: acht Stunden, Felsspalten im Gipfelbereich.

Hinweis: zwischen Jamské pleso und Veľke Biele pleso nur vom 1. Juli bis zum 30. Oktober erlaubt.

🥾 Tageswanderung: Hincovské plesá

Route: Štrbské pleso – Popradské pleso - Hincovské plesá – Vyšné Kôprovské sedlo – Kôprovský štít und zurück

Die Bergwanderung zu den Hincovské plesá beginnt am Popradské pleso (Poppersee, 1494 m), der auch wegen seines natürlichen Forellenbestandes bekannt ist. Dorthin gelangt man entweder vom See Štrbské pleso oder von der Tatrabahn-Station Popradské pleso mit jeweils etwa einer Stunde Fußweg in gemütlichem Tempo. Am Popradské pleso liegt ein Berghotel. Hier herrscht bei starkem Besucherverkehr fast Bierzeltstimmung. Kurz unterhalb des Sees befindet sich am gelb markierten Weg der ›Symbolische Friedhof‹ (Symbolický cintorín) mit 200 Gedenkplatten und 60 Holzkreuzen für Verunglückte in der Bergwelt.

Am Popradské pleso wählt man den blau markierten Wanderweg im Mengusovská dolina (Mengsdorfer Tal) bergaufwärts. Es folgt eine ausgeprägte Krummholzzone. Dann erklimmt der Weg größere Schwellen im Geländeprofil. Die Serpentinen des Weges zum Rysy sind von dort aus gut zu sehen. Links folgt das Malé Hincovo pleso (Kleiner Hinzensee, 1923 m), kurz darauf führt der Weg rechts unmittelbar an den Veľké Hinzovo pleso (Großer Hinzensee, 1946 m) heran. Dieser ist mit einer Aus-

Der See Štrbské pleso, dahinter die Hohe Tatra

Die Tatra

dehnung von 20 Hektar und einer Tiefe von 53 Metern der größte Tatrasee auf slowakischem Gebiet und die Quelle des Flusses Poprad. Eingerahmt wird der Eingang des Seenkessels durch den Hlinská veža (2330 m) und den Volovec (2227 m). Am Talende befinden sich Čubrina (2378 m) sowie drei Gipfel mit der Sammelbezeichnung Mengusovský štít (2438 m, 2393 m, 2398 m).

Weiter führt die blaue Markierung in Serpentinen zum Vyšné Kôprovské sedlo (Diller Sattel, 2180 m). Von dort ist die Besteigung des Kôprovský štít (Diller Gipfel, 2367 m) auf dem gelb markierten Weg nicht mehr schwer. Von ihm blickt man in das oberste Seitental des Kôprová dolina (Diller Tal) und auf die beiden Temnosmrečinské plesá (wörtlich ›Dunkle Fichtenseen‹). Im Kôprová dolina befindet sich übrigens mit über 80 Metern der höchste Wasserfall des Landes, genau genommen strömt das Wasser jedoch eher einen steilen Felsen hinunter. In nördlicher

Richtung endet der Blick an der die Landesgrenze zu Polen bildenden Bergkette. Man sieht alle bedeutenden Gipfel bis hin zum Svinica (2301 m). Südwestlich liegt der Hrubý vrch.

Variante: Rückweg ab Vyšné Kôprovské sedlo durch die Täler Hlinská dolina und Kôprová dolina nach Tri studničky; diese Strecke ist allerdings bedeutend länger. Im Kôprová dolina wurde zeitweise Antimon gewonnen, heute ist es als Gämsen- und Bärengelände bekannt.

Verkehrsverbindung: Haltestelle der Tatrabahn in Štrbské pleso.

Länge/Schwierigkeit: sieben Stunden, bis zu den Bergseen einfach, danach steiler.

Hinweis: nur vom 1. Juli bis zum 30. Oktober erlaubt.

🎿 Tageswanderung: Besteigung des Rysy

Route: Štrbské pleso – Popradské pleso – Žabie plesá – Chata pod Rysmi – Rysy und zurück

Der weitere Weg von der Hütte führt über anstrengende Geröllfelder. Im Sedlo Váha (Waagsattel, 2237 m) hat man einen schönen Blick auf die steile Wand des Ganek (2459 m). Der Rysy (Meeraugspitze, 2499 m) befindet sich genau auf der slowakisch-polnischen Grenze und ist der höchste Berg Polens. Er liegt innerhalb des Hauptkammes der Hohen Tatra ziemlich zentral und bietet ein großartiges Panorama mit Blick auf große Bergseen. Eine ausgiebige Rast belohnt die Mühen des Aufstiegs. In der Nähe ragt die noch etwas höhere Vysoká (Tatraspitze, 2547 m) auf. Im Jahr 1913 bestieg der Revolutionsorganisator Lenin von polnischer Seite aus den Rysy. Er wollte dort den Sonnenaufgang erleben und wählte in Alltagskleidung unter Zeitdruck im Halbdunkel eine gefährliche Abkürzung. ›Ein Revolutionär hat nicht das Recht, sich von seiner Angst besiegen zu lassen‹, war der angebliche Kommentar des körperlich kleinen Mannes.

Varianten: Bei Übernachtung in der Chata pod Rysmi verteilt sich die Anstrengung auf zwei Tage. Man hat mehr Zeit zum Naturgenuss, außerdem wird die kameradschaftliche Stimmung in der Hütte oft gelobt.

▶ Auf der slowakischen Seite führt nur der gleiche Weg zurück (es sei denn, man erhält eine Sondererlaubnis), aber auch ein Abstieg zu den Seen Czarny Staw und Morskie Oko auf polnischer Seite wäre möglich.

Verkehrsverbindung: Haltestelle der Tatrabahn in Štrbské pleso.

Länge/Schwierigkeit: acht Stunden, Kraxelstellen über schräg liegende Felsen, Schneereste möglich.

Hinweis: nur vom 1. Juli bis zum 30. Oktober erlaubt.

 Štrbské Pleso und Umgebung

Vorwahl: 00421/(0)52.

Touristinfo, Nad železničnou stanicou (über dem Bahnhof), Štrbské Pleso, Tel. 4492391, www.lesytanap.sk, Mo–Fr 8.30–11.30/12–16 Uhr, Sa/So 9–16 Uhr.

Štrba liegt an der Kursbuchstrecke 180 Žilina–Košice. Außerdem befinden sich Tatranská Štrba und Štrbské Pleso im Netzbereich der Tatrabahn (Betriebszeiten etwa 5 bis 22 Uhr).

Borovica, Štrbské Pleso 3, Tel. 7110500, www.hotelborovica.sk, DZ ab 125 Euro. Modernes Wellnesshotel.

Patria, Štrbské Pleso 33, Tel. 7848999, www.hotelpatria.sk, DZ ab 100 Euro. Helles Kongresshotel mit der Dachform des gleichnamigen Berges dahinter.

Permon, Podbanské, Tel. 4710111, www.hotelpermon.sk, DZ ab 96 Euro. Hundefreies Großhotel in Alleinlage Lage mit Folkloreabenden und Nachtbar.

Rysy, Tatranská Štrba, Tel. 4484845, www.hotel-rysy.sk, DZ ab 58 Euro. Erschwingliches Hotel im Tal.

Sipox, Mlynská 468/2, Štrba, Tel. 7791131, www.hotelsipox.sk, DZ ab 55 Euro. In einem Dorf hinter der Autobahn.

Horal, Štôla 54, Vysoké Tatry, Tel. 0905/650409, www.penzionhoral.sk, DZ ab 22 Euro. Schlichtes Quartier in einem Dorf zwischen Autobahn und Tatramagistrale.

Berghotel Popradské Pleso (ehemals Chata kapitána Morávku), Mengusovská dolina, Tel. 0908/761403, www.popradskepleso.com, DZ ab 38 Euro. Traditionsreiches Haus am Schnittpunkt beliebter Wanderwege.

Chata pod Rysmi, Mengusovská dolina, Tel. 4422314, www.chatapodrysmi.com, nur Jun.–Okt., Schlafplatz ab 16 Euro. Das am höchsten gelegene Quartier des Landes.

Chata pod Soliskom, Tel. 0907/949442, www.chatasolisko.sk, Schlafplatz ab 16 Euro. Wanderquartier an der oberen Seilbahnstation.

▲ Karte S. 241

Autocamping, SNP 40, Tatranská Štrba, Tel. 0902/445241, www.atc-ts.szm.com, Mai–Okt.. Besonders zentral in der Tatra gelegener Platz, fällt jedoch gegenüber den Plätzen bei Liptovský Hrádok und Tatranská Lomnica qualitätsmäßig ab.

Der in einer beschriebenen Tageswanderung enthaltene Weg zwischen dem Štrbské pleso und den Hincovské plesá ist auch als **Lehrpfad** eingerichtet (8 km, 15 Tafeln).

🎿 Tageswanderung: An der Bergwiese Kvetnica vorbei zur Východná Vysoká und zurück

Route: Tatranská Polianka – Slieszky dom – Kvetnica – Poľský hrebeň – Východná Vysoká

Von Tatranská Polianka führt ein grün markierter Weg zum Berghotel Slieszky dom (Schlesisches Haus, 1670 m) oberhalb der Waldgrenze. Das mehrmals abgebrannte Gebäude entstand 1968 neu, an seine nicht allzu phantasievolle Architektur kann man sich gewöhnen. Es folgen am Weg der Velické pleso (Felker See, 1663 m) und ein 15 Meter hoher Wasserfall. Über die Felsschwelle Večný dážď (Ewiger Regen) gelangt man zur Bergwiese Kvetnica (Blumengarten). Links sieht man die Wand des höchsten Tatragipfels Gerlachovský štít (Gerlsdorfer Spitze, 2655 m) und den kleinen Dlhé pleso (Langer See, 1929 m), östlich ragen Veľká Granátová (Felker Granat, 2313 m) und Bradavica (Warze, 2476 m) auf. Dann führt der Weg steil über Geröll. Eine Felswand vor dem Sattel Poľský hrebeň (Polnischer Kamm, 2200 m) kann man mit Hilfe von Drahtseilen passieren. Dieser Durchgang wurde früher gern von Schmugglern benutzt. Vom Sattel führt ein kurzer steiler Weg mit gelber Markierung auf die Východná Vysoká (Ostspitze, 2428 m). Sie bietet einen ausgezeichneten Rundblick.

Von Podbanské führen zwei ausgeschilderte längere, aber unkomplizierte Mountainbike-Routen in das Tichá dolina, etwa 23 Kilometer, und das Kôprová dolina, etwa 17 Kilometer.

Drei Skiareale in der Hohen Tatra (→ Tabelle S. 238).

Knotenpunkt präparierter Loipen unterschiedlicher Länge ist das Skistadion Štrbské Pleso. Rundkurse führen zudem von Podbanské in das Gebiet Surový Hrádok.

Varianten: Das Berghotel Slieszky dom ist nicht nur mit Tatranská Polianka, sondern auch mit Tatranské Zruby und Starý Smokovec durch geringfügig längere Wanderwege verbunden.

▸ Man folgt am Poľský hrebeň noch ein kleines Stück der grünen Markierung, biegt dann bei der blauen Markierung nach links in das zehn Kilometer lange und sehr schöne Bielovodská dolina (Weißwassertal) ab. Der untere Talbereich ist durch breite Wiesen und einen wilden Bach gekennzeichnet. Der Gletscher im Bielovodská dolina soll in der Eiszeit eine Stärke von 280 Metern erreicht haben. Diese Variante erreicht weit vom Ausgangspunkt entfernt in Tatranská Javorina wieder eine Hauptstraße mit Bushaltestelle, sie ist auch von dort aus in umgekehrter Richtung realisierbar.

▸ Zwischen Tatranská Polianka und dem Berghotel Slieszky dom existiert eine etwa 14 Kilometer lange ausgeschilderte Radroute (Höhenunterschied 605 Meter).

Verkehrsverbindung: Haltestelle der Tatrabahn in Tatranská Polianka.

Länge/Schwierigkeit: neun Stunden, großer Höhenunterschied von über 1400 Metern, holprige Wurzeln im Waldbereich und mehrere Kraxelstellen in Hochlagen, Schneereste in Hochlagen.

Hinweis: ab Slieszky dom nur vom 1. Juli bis zum 30. Oktober erlaubt.

Die Tatra

Starý Smokovec

Starý Smokovec (Altschmecks) ist das Zentrum der Hohen Tatra, von hier wird die Großgemeinde Hohe Tatra verwaltet. Der Ortskern ist überschaubar, auch zu Fuß hat man ihn schnell durchquert. Die Plural-Form Smokovce fasst den Ort mit seinen jüngeren Vororten Horný Smokovec (Schöne Aussicht), Dolný Smokovec (Unterschmecks) und Nový Smokovec (Neuschmecks) zusammen. Im westlichen Nachbarort Tatranská Polianka (Weszterheim) verbrachte der Avantgardedichter Jiří Wolker (1900–1924) seine letzte Kur vor seinem Tuberkulosetod. In der Nähe von sauren Quellen wurden zwischen 1793 und 1797 einige Häuser für Jäger und Ausflügler gebaut. Prägen-

de Persönlichkeiten für den Aufschwung des Ortes waren der Gastwirt Johann Georg Rainer und der Bäderarzt Nikolaus Szontágh der Ältere.

Unter allen slowakischen Orten ähnelt das Zentrum von Starý Smokovec am ehesten den Schweizer Gebirgskurorten, wozu besonders die eleganten **Fachwerkbauten** aus dem 19. Jahrhundert beitragen. In der Tat hatte Nikolaus Szontágh der Ältere enge Kontakte nach Davos und Meran. Ganz aus Holz ist die schlanke römisch-katholische **Marienkirche** von 1888. Architekt war wie bei vielen anderen markanten Bauten Gedeon Majunke (1854–1921). Oberhalb der Kirche befindet sich die Talstation der Standseilbahn zum Hrebienok (Kämmchen).

🥾 Tageswanderung: Malá und Veľká Studená dolina

Route: Starý Smokovec – Hrebienok – Zamkovského chata – Téryho chata – Priečne sedlo – Zbojnícka chata – Hrebienok – Starý Smokovec

Malá und Veľká Studená dolina (Kleines und Großes Kohlbachtal) sind Terrassentäler mit engen Eingängen. Im oberen Teil der Talkessel befinden sich jeweils viele kleine Seen.

Eine Standseilbahn fährt von Starý Smokovec zwei Kilometer bergauf und bietet sich zur Benutzung an. Zum Endpunkt Hrebienok (1285 m) führt aber auch ein grün markierter Wanderweg. Nach einem weiteren Kilometer passiert man die Studenovodské vodopády (Kohlbachwasserfälle, auch Kaltwasserfälle) und den Obrovský vodopád (Riesenwasserfall), die wohl attraktivsten Wasserfälle des Gebirges. Weiter führt die grüne Markierung an der Berghütte Zamkovského chata (1475 m) in das Malá Studená dolina hinein, wo zeitweise nach Kupfer und Gold gesucht wurde. Zu den das Tal umgebenden Bergen gehören Lomnický štít und Ľadový štít. Kurz vor der zweithöchsten Tatrahütte Téryho chata (2015 m) und den sie um-

gebenden Seen ist eine etwa 200 Meter hohe Schwelle zu überwinden.

Der gelb markierte Weg beginnt hinter der Hütte und führt an die Felswände unterhalb des Priečne sedlo (Quersattel, 2352 m). Eine fast senkrechte Felswand muss mit Hilfe von Halteketten beklettert werden. Die jeweils nächsten Fußtritte können beim Aufstieg in dieser Wegrichtung mit den Augen bedeutend besser kontrolliert werden als beim Abstieg in der Gegenrichtung. Der zweithöchste Tatrapass Priečne sedlo (2312 m) ist höher als viele Gipfel und bietet einen schönen Blick auf beide Täler mit ihren Seen.

Nun führt der Weg hinunter in das Veľká Studená dolina zur Zbojnícka chata (1960 m). Im Tal befinden sich 26 kleine Seen. Man folgt der blauen Markierung über kleinere Schwellen und eine einfachere Passage mit Halteketten zum Bach hinab, kurz vor dem Talausgang befindet sich links der markante Slavkovský štít. Allmählich wird der Wald dichter, und bei der Wiese Starolesnianska poľana kommt man wieder an die Wasserfälle.

Varianten: Auch ein Ausflug ›nur‹ zu den Wasserfällen im unteren Bereich der beschriebenen Wanderung lohnt sich.

Karte S. 241

▸ Die Wasserfälle sind auf einem gelb markierten Weg mit Tatranská Lesná verbunden.
▸ Man kann in jedes der beiden Täler hin- und zurücklaufen und spart sich damit die schwierige Verbindung über den Priečne sedlo.
▸ Oberhalb der Téryho chata folgt am grün markierten Weg kurz hinter dem Abzweig zum Priečne sedlo der allerhöchste Tatrasee, der Modré pleso (Blauer See, 2157 m).

Verkehrsverbindung: Haltestelle der Tatrabahn in Starý Smokovec.
Länge/Schwierigkeit: acht Stunden, heftige Kletterstelle an der Wand des Priečne sedlo, dort nur in der angegebenen Richtung erlaubt, diese Passage ist nicht für ungeübte Wanderer und Kinder geeignet.
Hinweis: zwischen Téryho chata und Zbojnícka chata nur vom 1. Juli bis zum 30. Oktober erlaubt.

 Starý Smokovec

Vorwahl: 00421/(0)52.
Touristeninfo (im Bergrettungsdienst), Starý Smokovec 23, Tel. 4423440, www.tatry.sk, tgl. 8–16 Uhr.

Die beschriebenen Orte liegen im Netzbereich der Tatrabahn (Betriebszeiten etwa 5–22 Uhr). Die Standseilbahn steht unter der Nummer 182 ebenfalls im Kursbuch (Betriebszeiten etwa 7–19 Uhr).

Bellevue, Horný Smokovec 21, Tel. 4762111, www.hotelbellevue.sk, DZ ab 128 Euro. Modernes Kongresshotel.
Hubert, Gerlachov 302, Tel. 4780811, www.hotel-hubert.sk, DZ ab 106 Euro. Eines der führenden Hotel im Gebirge.
Villa Siesta, Nový Smokovec 88, Tel. 4780931, www.villasiesta.sk, DZ ab 64

Euro. Modernes Wellnesshotel.
Palace Tivoli, Tatranská Polianka 10, Tel. 7881208, www.hotelpalacetivoli.eu, DZ ab 60 Euro. Zentral an der Tatrabahn und dennoch einsam gelegener Fachwerkbau.
Villa Szontagh, Nový Smokovec 39, Tel. 4422061, www.szontagh.eu, DZ ab 46 Euro. Historisches Gebäude.

Sliezsky dom, Velická dolina, Tatranská Polianka 32, Tel. 0911/882879, www.sliezskydom.sk, DZ ab 128 Euro, Schlafplatz im Mehrbettzimmer 22 Euro. Am Kreuzungspunkt beliebter Wanderwege, für eine Baude recht komfortabel.
Bílková Chata, Hrebienok, Tel. 4422439, www.bilikovachata.sk, DZ ab 40 Euro. Nahe der Standseilbahn-Bergstation.
Zamkovského chata (ehemals Chata kapitana Nálepku), Malá Studená dolina, Tel. 4422636, www.zamka.sk, Schlafplatz

Die Tatra

Starý Smokovec liegt seit dem Orkan 2004 wie auf einer Waldlichtung

ca. 20 Euro. Hinter den Wasserfällen.
Téryho chata, Malá Studená dolina, Tel.
4425245, www.teryhochata.sk, Schlafplatz ca. 20 Euro. Nahe der höchsten
Bergseen.
Zbojnícka chata, Veľká Studená dolina, Tel. 0903/619000, www.zbojnicka
chata.sk, Schlafplatz ca. 20 Euro. Schöner Talblick.

Man muss zwar in Starý Smokovec nicht
hungern, aber die Restaurantauswahl in
den Nachbargemeinden ist besser:
Salaš Slavkov, Tatranská 4, Veľký Slavkov, Tel. 0904/744000, www.salas.sk.
Sonniges Blockhausgelände.

Drei Skiareale in der Hohen Tatra
(→ Tabelle S. 238). Es gibt weiterhin eine Rodelbahn vom Hrebienok ins Tal.

Poprad

Poprad (Deutschendorf) ist mit rund
53 000 Einwohnern die größte Stadt im
Umfeld der Hohen Tatra und mit allen
Verkehrsmitteln bequem zu erreichen.
Die heutige Stadt entstand aus einem
Zusammenschluss mehrerer Städtchen.
Die Bedeutung der Gegend in der Zeit
des späteren Römischen Reiches wurde
2005 durch ein großes Holzkammergrab
eines jungen Germanenfürsten im Vorort
Matejovce (Matzdorf) bestätigt. Der un-
erwartete Fund stellte die Archäologen
vor große Herausforderungen: welche
Konservierungswerkstatt der Welt ist auf
vier Meter lange feuchte Holzbalken vorbereitet? Im Zweiten Weltkrieg spielte Poprad eine wichtige Rolle bei der Logistik
des Holocaust. 2002 wurde am Bahnhof
eine Gedenkschrift für die deportierten
Juden vom 25. März 1942 angebracht.
Allein bis zum Ende dieses Jahres zwan-
gen die Nazis über 50000 slowakische
Juden über Poprad in Vernichtungslager.

*Der Poprader Stadtteil Spišská Sobota
im Winter*

■ Das Zentrum

Viele Touristen machen hier einen Einkaufsbummel, Poprad hat aber auch Sehenswürdigkeiten zu bieten. Im Gegensatz
zu den im Realsozialismus deklarierten
Altstadt-Denkmalreservaten ließ man im
Zentrum Poprads große Teile der historischen Bausubstanz verfallen, deren Lücken mit teilweise phantasielosen Bauten gefüllt wurden. In den letzten Jahren
wurden viele Gebäude an der Fußgängerzone aber renoviert; das Zentrum ist
durchaus einen Spaziergang wert. Auf
dem **Marktplatz** stehen zwei Kirchen, ein
renaissancezeitlicher Glockenturm und ein
klassizistisches Rathaus. In der **Ägidiuskirche** aus dem 13. Jahrhundert ist eine
Wandmalerei aus dem 15. Jahrhundert zu
besichtigen, die die Auferstehungsszene
vor dem Tatrapanorama zeigt.
Das Hauptgebäude des **Tatravorlandmu-
seums** steht am westlichen Ende der Fußgängerzone. Am anderen Ende eröffnete
2009 die **Tatragalerie** in dafür neu herge-
richteten Räumen eines alten Kraftwerkes.
Am südöstlichen Stadtrand von Poprad
findet man seit 2004 die **Aquacity**, eine
der unter ökologischen Gesichtspunkten

modernsten Badelandschaften der Welt. Es handelt sich um einen gelungenen Kompromiss aus Wellnesstempel und Spaßbad, der in nächster Zeit möglicherweise noch erweitert wird.

■ Spišská Sobota

Der historisch bedeutsamste Stadtteil von Poprad ist Spišská Sobota (Georgenberg, auch Sankt Georgen) nordwestlich des Zentrums. Ein Fußweg zum 1945 eingemeindeten Städtchen führt hinter dem Fluss entlang. Die ursprünglich spätromanische **Georgskirche** wurde im 13. Jahrhundert errichtet und später mehrmals umgebaut; für sie ist ein kleiner Eintrittspreis zu entrichten. Der Hauptaltar ist ein Werk des Meisters Paul aus Leutschau von 1516, die Seitenaltäre entstanden hauptsächlich um 1500. Neben der Kirche befindet sich ein renaissancezeitlicher Glockenturm mit Aussichtsplattform, mehrere der alten Glocken stammen aus der berühmten Werkstatt Ján Wagners in Spišská Nová Ves. Berühmtester Pfarrer hier war Samuel Augustin ab Hortis (1729–1792). Er hatte Theologie und Mathematik in Greifswald und Wittenberg studiert, interessierte sich aber auch für Botanik und Mineralogie.

Der **Getreidemessbehälter** von 1725 auf dem Marktplatz erinnert an die frühere Bedeutung Spišská Sobotas als Handelszentrum. Schwerpunkt des **Museums** im gotischen Werner-Haus am Marktplatz von Spišská Sobota ist das Handwerk seit dem Mittelalter. Außerdem gibt es eine Bibliothek mit wertvollen alten Büchern und eine schöne Mineraliensammlung. Aus dem 16. Jahrhundert stammen das Rathaus, eine Steinbrücke und die Trinkwasserversorgung.

■ Die Umgebung

Einen weiteren Altar des Meisters Paul aus Leutschau gibt es in **Mlynica** (Mühlenbach) nördlich von Poprad. Südöstlich liegt der Kurort **Gánovce** (Gehansdorf), an dessen Stelle schon Neandertaler gelebt haben. Eine Nutzung des Thermalwassers erfolgt heute nur in geringem Umfang. Spišský Štiavnik (Schebnik, lateinisch Sancta Maria de Scepus) war die einzige Zisterziensermönchsabtei in der Slowakei, Umbauten führten zu einer Vermischung diverser Architekturstile.

Weitere Infos unter www.cd.cz/autovlak auch in englisch.

Die Tatra

 Poprad
Vorwahl: 00421/(0)52.
Touristeninfo, Egidia 15, Tel. 16186 und 4361192, www.poprad.sk, Jul./Aug. Mo–Fr 8–18 Uhr, Sa 9–13 Uhr, So 14–17 Uhr, Sept.–Juni Mo–Fr 9–17 Uhr, Sa 9–12 Uhr.

Häufiger Verkehr auf der Kursbuchstrecke 180 Žilina–Poprad–Košice (Žilina–Poprad 1.50 Std., Poprad–Košice 70 Min.). Kursbuchstrecke 185 über Kežmarok (20 Min.) nach Stará Ľubovňa (80 Min.). Von hier verkehrt auch die Tatrabahn. Die Bereitstellungsfläche für den Autoreisezug liegt 150 Meter westlich des Bahnhofsgebäudes, Fahrkarten sind üblicherweise noch drei Stunden vorher erhältlich.

Busbahnhof wenige Meter westlich vom Bahnhof. Unter www.imhd.sk (rechts oben ›Poprad-Tatry‹ auswählen) findet man einen Überblick über den öffentlichen Nahverkehr.

Europa, Wolkerova 1, Tel. 4262799, www.hotel-europa.sk, DZ ab 97 Euro. Neben dem Bahnhof im Jugendstil renoviert. **Sobota**, Kežmarská 988/15, Tel. 466312, www.hotelsobota.sk, DZ ab 68 Euro. Historisches Gemäuer mit sachlicher Einrichtung. **Fortuna**, Sobotské 43, Tel. 7769602,

www.penzionfortuna.sk, DZ ab 59 Euro. Freundliche Weinstube.
Barborka, Pod bránou 4, Tel. 0905/ 664195, www.penzionbarborka.sk, DZ 40 Euro. Familienbetrieb mit Terrasse.
SEV SAŽP Orlík, Sobotské 62, Tel. 7769533, www.sazp.sk, DZ 27 Euro. Vom Umweltamt betriebene Pension.

Viele Restaurants insbesondere an den beiden Marktplätzen (Stadtzentrum und Spišská Sobota), darunter:
Slovenská reštaurácia, 1. mája 216/8, Tel. 7722870. Seit langem exemplarisch für slowakische Spezialitäten.

Das **Tatravorlandmuseum** (Podtatranské múzeum), www.muzeumpp.sk, Tel. 7721924, besteht aus:
▸ dem Hauptgebäude, Vajanského 72/4, Mai–Sept. Di–Fr 9–17 Uhr, Sa/So 13–17 Uhr, Okt.–Apr. Di–Fr 9–16 Uhr, Sa/So 12–16 Uhr;
▸ der Handwerksausstellung, Sobotské 33, Mo–Fr 10–14 Uhr.
Tatragalerie (Tatranská galéria) im Kraft-

werk (Elektráreň), Hviezdoslavova 12, Tel. 7721968, www.tatragaleria.sk, Mo–Fr 9–17 Uhr, So 13–17 Uhr.

Zwei kleine Skiareale im Tal Lopušná dolina bei Svit stellen sich unter www.skitatry.sk bzw. www.skichem.sk vor.

Aqaucity, Športová 1397/1, Tel. 7851111, www.aquacity.sk, 10–22 Uhr. Moderner Thermalbadkomplex mit ökologischen Anspruch, freier Eintritt für Gäste der Hotels Mountain View und Seasons.

Die Fußgängerzone hält Souvenirläden mit erschwinglichen Artikeln aus Handarbeit bereit, beispielsweise den liebevoll eingerichteten Shop Arte. In der westlichen Hälfte Poprads sind mehrere große Supermarktketten vertreten, Tesco an der Ausfallstraße und Billa unweit des Bahnhofes.

Krankenhaus, Banícka 803/28, Tel. 7125111, www.nsppp.sk.

Tatranská Lomnica

Tatranská Lomnica (Tatralomnitz) ist der größte Ort der Großgemeinde Hohe Tatra. Seine Gründung 1892 war eine staatliche Initiative, bereits 1895 folgte der Bahnanschluss. Hinter dem ›Grandhotel Praha‹ wurde auch die erste künstliche Rodelbahn der Tatra gebaut.
Durch die behutsame Errichtung von Gebäuden im Wald entstand ein parkartiges Ortsbild. Bekanntester Touristenmagnet sind die Seilbahnen zum dritthöchsten Tatragipfel, in der Ferienzeit kann es zu mehrstündigen Wartezeiten kommen. Aber auch ohne lange Warteschlange sollte man für eine Auffahrt mit ausgiebigem Rundblick einen halben Tag einplanen. Im Ort befindet sich seit der Gründung des Tatra-Nationalparks 1949 dessen

Verwaltung. 1969 wurde das **Nationalpark-Museum** eingeweiht, das auch für Familien mit Kindern gut geeignet ist. Neben der Natur wird die Besiedlungsgeschichte erläutert, die Filmvorführung ist zu empfehlen. Das Museum liegt an der Einmündung der aus Poprad in den Ort führenden Straße, der dazugehörige **botanische Garten** folgt an der nächsten Straßenecke nordwärts.

■ Die Seilbahnen

Die Kabinenschwebebahn vom ›Grandhotel Praha‹ mit Zwischenstation am Skalnaté pleso (Steinbachsee, 1751 m) zum Lomnický štít (Lomnitzer Spitze, 2632 m) wurde zwischen 1934 und 1942 errichtet. Die Fahrzeit beträgt zwölf Minuten für den unteren und neun Minuten für

Der wolkenverhangene Lomnický štít

den oberen Abschnitt. Bis 1958 hielt die Bahn mehrere Weltrekorde. Beispielsweise beträgt die Entfernung zum Erdboden bis zu 240 Meter. Eine weitere Seilbahn mit kleineren Gondeln fährt seit 1973 vom Erholungsheim Morava ebenfalls zum Skalnaté pleso. Außerdem führt seit 1959 ein Sessellift vom Skalnaté pleso zum Lomnické sedlo (Lomnitzer Kamm, 2190 m). Auch Menschen ohne Kondition können also hier den dritthöchsten Berg der Karpaten bezwingen. Das Observatorium auf dem Gipfel ist abgesehen von den Berghütten des Olymp der höchstgelegene Arbeitsplatz in der Osthälfte Europas. Mangelnde Sorgfalt beim Ausbau der Seilbahnen beeinträchtigten allerdings den Skalnaté pleso: der See droht zu versiegen.

■ **Die Umgebung**

Ein malerisches Örtchen mit wenigen Häusern ist **Kežmarské Žľaby** (Kesmarker Tränke) nordöstlich von Tatranská Lomnica. In der Nähe beginnen zwei ausgeschilderte Mountainbike-Routen, die weitaus schwierigere (Höhenunterschied 636 m) führt über 17 Kilometer bergauf zum Zelené pleso.

Von Kežmarské Žľaby kann man nach Tatranská Kotlina (Höhlenhain) wandern. Ursprung waren Kur- und Ferieneinrichtungen bei der **Tropfsteinhöhle Belá**. Mit einem Rundgang von über einen Kilometer gehört sie zu den größten Schauhöhlen. In einigen Räumen stehen dicke Stalagmiten wie der ›Turm von Pisa‹. Die gute Akustik wird für Musikveranstaltungen genutzt.

Die Tatra

Tatranská Lomnica

Vorwahl: 00421/(0)52.
Touristeninfo (im Buchladen), Budova knihy, Tatranská Lomnica, Tel. 4468119, www.tatry.sk. tgl. 8–16 Uhr.
Auch die Nationalparkverwaltung, www. tanap.org, erfüllt im Nationalparkmuseum die Funktion eines Infobüros.

Ein besseres Preis-Leistungs-Verhältnis als bei den großen Hotelketten findet man hier in mittelgroßen Pensionen:
Vila Park, Tatranská Lomnica 37, Tel. 0911/919976, www.vilapark.sk, DZ ab 50 Euro.
Karpatia, Tatranská Lesná 10, Tel. 4422516, www.slovakiatatry.sk, DZ ab 44 Euro.
Slalom, Tatranská Lomnica 94, Tel. 4467216, www.slalom.sk, DZ ab 41 Euro.
Koliba, Tatranská Kotlina 37, Tel. 0903/347745, www.penzion-koliba.sk, DZ 38 Euro.
▸ Nahe der Straße von Poprad nach Kežmarok:
U Šeliho, Športová 43, Veľká Lomnica, Tel. 0903/064572, www.pensionseli.com, DZ ab 54 Euro. Familienfreundliche Pension.
Aurora, Mlynčeky 58, Tel. 4522758, www.vilaaurora.sk, maximal 14 Personen ab 250 Euro, DZ außerhalb der Saison 35 Euro. Komfortable Fachwerk-Villa mit Tennisplatz, Kamin, Pool und Sauna zum Pauschalpreis.

Chata pri Zelenom plese (ehemals Brnčalová chata), Dolina Zeleného plesa, Tel. 0901/767420, chataprizelenom plese.sk, Schlafplatz 14 Euro.
Nur als Nothütten ohne vorbereitete Quartiere funktionieren derzeit:
Skalnatá chata, Skalnatá dolina.
Chata Plesnivec, Dolina siedmych prameňov.
Im Umfeld der Hohen Tatra gibt es fünf empfehlenswerte Campingplätze, drei bei Liptovský Hrádok und zwei hier:
Intercamp Tatranec, Tatranská Lomnica 202, Tel. 4467092, www.hoteltatranec. com, ganzjährig.

RIJO, Stará Lesná, Tel. 4467493, www. rijocamping.eu, Mai–Sept.

Eine Vielzahl slowakischer Spezialitäten-restaurants, beispielsweise:
U furmana, Tatranská Kotlina 11139, Tel. 4467488, www.ufurmana.sk.
Humno, Tatranská Lomnica 14640, Tel. 4422550, www.humnotatry.sk. Angesagter Pub.

Nationalparkmuseum (Múzeum pri správe Tatranského národného Parku), Tatranská Lomnica, Tel. 4780365, www.lesyta nap.sk, Mai–Aug. Mo–Fr 8–12/13–17 Uhr, Sa/So 8–15 Uhr, Sept.–Apr. Mo–Fr 8–12/13–16.30 Uhr, Sa/So 8–12 Uhr, mit botanischem Garten (Botanická záhrda), Mai 9–15 Uhr, Jun.–Aug. 9–17 Uhr.
Tropfsteinhöhle Belá (Belianska jaskyňa), Tatranská Kotlina, Tel. 4467375, www.ssj. sk, nur mit Führung ca. 70 Min. Jul./Aug. 9–16 Uhr stündlich, Jan.–Jun./Sept.–15. Nov. Di–So 9.30/11/12.30/14 Uhr.

Ein kurzer Weg führt von Tatranská Kotlina zur Höhle (sechs Tafeln, auch deutsch).

Der **Golfplatz** von Veľká Lomnica, www. golftatry.sk, ist einer der größten des Landes.
Relativ naturnah ist die **Sommerrodelbahn Tatrabob** angelegt, www.tatrabob.sk.
Zwei **Mountainbike-Routen** sind im Text erwähnt.

Drei Skiareale in der Hohen Tatra (→ Tabelle S. 238).
Die Gesamtkapazität der Seilbahnen und Lifte beträgt über 11000 Personen pro Stunden, 2 der 12 Pisten Tatranská Lomnicas beginnen in einer Höhe von 2196 Metern. Das ist Landesspitze, von dort kann man 5 km weit bis in den Ort fahren.

Karte S. 241

Der geheime Autoreisenachtbummelzug in die Karpaten

Seit über zehn Jahren gibt es nun schon die Automitnahme per Zug zwischen Prag und der Ostslowakei mit zwei verschiedenen Endbahnhöfen, inzwischen täglich, aber kaum jemand weiß davon: Am Prager Hauptbahnhof beginnen die Geheimnisse der Karpaten!

Eigentlich handelt es sich nur um je zwei Verladewaggons, die in Poprad und Košice an die Nachtzüge Laborec beziehungsweise Cassovia je nach Richtung ab- oder angehängt werden. Die Bahnfahrt von Auto und Fahrer kostet etwa das Benzingeld, Kinder bis zu sechs Jahren dürfen gratis mitfahren. Ein Schlafplatz kostet etwas mehr als ein Liegeplatz, dafür gibt es aber einige Extras wie die komplett deutschsprachige Prager Zeitung, die viele Veranstaltungshinweise bietet. Zudem sparen Autotouristen eine ganze Tagesetappe. Warum für diese oft unausgelasteten Züge kaum Werbung existiert, ist rätselhaft.

Fahrkarten für die Autozüge bekommt man ausschließlich in größeren Bahnhöfen der beiden betreffenden Länder, die anfänglichen Computerprobleme scheinen mittlerweile behoben zu sein. Für deutsche Reisebüros ist dieser Zug exotischer als Flugverbindungen in der Südsee, selbst echte Bahnprofis unter dem Personal werfen das Handtuch.

Verladeformalitäten und Verladung sind unproblematisch. Ein freundliches ›Dobrý večer!‹ mit Germanenakzent nimmt das Bahnpersonal immer gern an. Bei einem zusätzlichen Kompliment an die Schönheit der Slowakei schmelzen Schaffner und Rangierer dann völlig dahin. Die Fahrt selbst ist sehr angenehm, man bummelt mehr oder weniger schlafend einige hundert Kilometer durch die Nacht. Nicht selten hat der Zug 20 Minuten Verspätung, was dem Tagesrhythmus von Urlaubern eher entgegenkommt.

Autoreisezüge 2014: täglich 2x Košice–Praha (tagsüber, nachts), 1x Poprad–Praha (nachts), neu 1x Bratislava–Humenné (nachts). Preise 2014: Auto bis zu 160 Zentimeter Höhe mit Fahrer auf jeder der Strecken etwa 55 Euro, weitere Personen je maximal 20 Euro, Zuschlag Schlafwaggon je 12 Euro.

Eine Langversion dieses Artikels findet sich unter www.wege-nach-osten.de/ infos/presseartikel/autoreisezug-prag. Das Wort AUTOVLAK im Suchfeld von www.slovakrail.sk führt zu allen relevanten Artikeln der Bahngesellschaft. Unter www.cd.cz/autovlak einige aktuelle Infos auch in englisch.

Im Tal der Waag bündeln sich wichtige Verkehrswege des Landes

Der Orkan im Oktober 2004

Ein einschneidendes Ereignis für die Slowakei und insbesondere für die Hohe Tatra ist bis heute der Orkan vom 19. Oktober 2004. Die Sturmböen erreichten Geschwindigkeiten von über 160 Kilometer pro Stunde und knickten am Südhang der Hohen Tatra in einer etwa 3 Kilometer breiten und 50 Kilometer langen Schneise den Wald um. Die hauptsächlich von Fichten umrahmten Tatrakurorte veränderten innerhalb von Stunden dramatisch ihr Erscheinungsbild; sie liegen seitdem quasi auf Lichtungen. Auch außerhalb dieses Verwüstungszentrums bis hinein in andere nord- und mittelslowakische Gebirge wurden Verkehrswege und Stromverbindungen gekappt. Glücklicherweise konnten ausbrechende Brände schnell unter Kontrolle gebracht werden. Erste Schätzungen gingen von der Vernichtung von 46 000 Hektar Waldbestand aus, eine genauere Bestandsaufnahme nannte dann den Wert von 12 000 Hektar zerstörter und 12 000 Hektar beschädigter Fläche. Am 27. Mai 2005 war das Netz der Tatrabahnen wieder vollständig befahrbar, erst 2007 waren alle ursprünglichen Wanderwege wieder intakt. Der Verlust des Waldes zieht verständlicherweise Änderungen von Wasserhaushalt und Mikroklima im Gebiet nach sich, die ökologischen Systeme bleiben anfällig für Folgeschäden. Der damalige Wirtschaftsminister sah in den Zerstörungen gleich die Chance zur Aufweichung von Naturschutzbestimmungen und wollte die Tatra, so seine Wortwahl, gegen den Widerstand der »Umweltschutz-Taliban ... konkurrenzfähig‹ machen. Dabei hatten gerade die Fichten-Monokulturen eine Mitschuld an der unzureichenden Widerstandsfähigkeit des Hochwaldes. Die J&T Finance Group kam in regelrechte Hurra-Laune. Einige deutsche Tourismusagenturen unterstützten dagegen die ortsansässigen Naturschutzgruppen und sprachen sich für einen strengen Naturschutz aus.

Im Jahr 2007 eskalierte der Konflikt zwischen Wirtschaftsinteressen und Naturschutzzielen erneut. »Wir müssen uns entscheiden, ob wir einen Nationalpark nach internationalem Standard erhalten oder ein reines Vergnügungszentrum aufbauen wollen, beides zusammen geht nicht«, meinte dazu der damalige Nationalpark-Chef Tomáš Vančura. Das Umweltministerium stellte sich danach auf die Seite der Forstverwaltung, eine seit 1998 bestehende Partnerschaftsvereinbarung mit dem Dachverband ökologischer Nichtregierungsorganisationen wurde ebenso gekündigt wie engagierten Ökologen in staatlichen Strukturen. Dem gelernten Forstwirt Vančura wurde zu verstehen gegeben, er sei »nicht aufgeschlossen genug für Infrastrukturprojekte«.

Der Sturm hatte zu höheren Kapazitäten in der Holzverarbeitung geführt, seit dem Abflauen des großen Holzanfalls polemisieren entsprechende Sägewerke mit dem Arbeitsplatz-Argument für einen erhöhten Einschlag. Dass Privateigentümern über die Hälfte der Nationalparkfläche gehört, erschwert die Diskussion zusätzlich.

Die Folgen des Orkans (Aufnahme von 2009)

Die Holzkirche in Tatranská Javorina

Ždiar und Tatranská Javorina

Das sieben Kilometer lange Dorf Ždiar (Morgenröthe) ist die bekannteste Goralensiedlung auf slowakischem Gebiet. Der Ort eignet sich gut als Ausgangspunkt für Bergwanderungen sowie für Ausflüge nach Polen, zum Beispiel nach Zakopane oder Krakau. Zu sozialistischer Zeit war Ždiar eine Hochburg der DDR-Touristen. Wegen der bunt bemalten Holzhäuser findet man Ortsansichten in vielen Tourismusprospekten. Traditionsgemäß verrät die Bemalung Details über den Hauseigentümer wie etwa den Familienstand. Bis zur Erklärung als Volksarchitekturreservat 1977 wurde das Ortsbild durch den Bau billiger Massivhäuser für Touristenquartiere zunehmend beeinträchtigt. Auch der allmähliche Ersatz der Holzschindeldächer durch Blechdächer stört den Gesamteindruck. In der Kopie eines traditionellen Hauses mit der Hausnummer 491 befindet sich das kleine **Dorfmuseum**.

Die Gegend rund um Ždiar ist eines der besten Areale für Skianfänger, denn alle ausgewiesenen Abfahrtsstrecken sind unkompliziert. Östlich von Ždiar erhebt sich der Gebirgszug Spišská Magura (→ S. 291), über den man ins Pieniny kommt. Letzter Ort vor der polnischen Grenze ist Tatranská Javorina (Urengarten, slowakisch javor=Ahorn). Zur Gründung des Örtchens führte die Verhüttung von Eisenerz, nach Produktionseinstellung entstand eine Fabrik für Holzschliff und Pappe. 1879 erwarb der jagdbegeisterte Fürst Christian Kraft von Hohenlohe-Öhringen (1848–1926) 80 Quadratkilometer in und um Javorina. Sein 1880 ausgesprochenes Zutrittsverbot für Touristen und Fremde verursachte viel Ärger. Mit dem **Schloss** von 1893 und der **Holzkirche** im Goralenstil von 1902 finanzierte der Fürst die markantesten Gebäude des Ortes. Im 20. Jahrhundert gab es mehrmals Grenzstreitigkeiten mit Polen um Tatranská Javorina.

🥾 Tageswanderung: Belaer Kalkalpen

Route: Tatranská Javorina – Pod Muráňom – Kopské sedlo – Veľké Biele pleso – Tatranská Kotlina

Die Strecke führt immer südwestlich unter den Belianske Tatry (Belaer Kalkalpen, auch Weiße Tatra) entlang. Die durchwanderten Täler liegen nur etwa einen Kilometer Luftlinie vom Kamm entfernt. Der Bergsattel Kopské sedlo ist der höchste Punkt der Wanderung, er stellt den Übergang zwischen den Belaer Kalkalpen und der Hohen Tatra dar. Die Länge der Kalkalpen zwischen dem Kóň (1356 m) bei Tatranská Javorina und dem Kobylí vrch (1110 m) bei Tatranská Kotlina beträgt etwa zehn Kilometer, ausgeprägte Seitenkämme sind nicht vorhanden. Höchster Berg ist der Havran (Rabenstein, 2152 m), in südöstlicher Richtung schließen sich Ždiarska vidla (Greiner, 2146 m) und Hlúpy (Dummer, 2061 m) an. Noch ein Stück weiter östlich halten sich einige Gämsen auf, deren bekanntester Zufluchtsort eine 47 Meter lange Höhle unterhalb des Zadné jadky (Hinterer Schlachthof, 2020 m) ist. Seit 1978 sind die größtenteils von Ždiar aus höher in die Kalkalpen führenden Wanderwege gesperrt, 1993 wurde ein Weg durch das Monková dolina (Mönchstal) wieder eröffnet. Die hier beschriebene Wanderung stellte in diesen 25 Jahren den engstmöglichen Kontakt mit den Kalkalpen dar. Sie ermöglicht besonders im Frühsommer beeindruckende Einblicke in die Blütenpracht. Im Herbst können gefrorene Tautröpfchen an den Gräsern zu einer Art Glöckchenklang bei jedem Schritt führen.

Die Wanderung beginnt mit blauer Markierung in Tatranská Javorina am Informationszentrum des Nationalparks. Am Forsthaus Pod Muráňom biegt der Weg allmählich vom Bach Javorinka ab und führt steiler in die Berge. Hier wurde zeitweise Kupfererz gefördert. Es öffnet sich ein schöner Blick auf den Ostteil der Hohen Tatra zwischen Ľadový štít (Eistalspitze, 2627 m) und Jahňací štít (Lammspitze, 2229 m). Vor dem Bergsattel Kopské sedlo kommt man besonders nah an die höchsten Berge der Kalkalpen heran. Der Kopské sedlo (1749 m) eignet sich gut zur Rast. Der Abstieg von dort ist zunächst steiler als der Anstieg. Bald befindet man sich am Bergsee Veľké Biele pleso (Weißer See, 1612 m), wo man den Ostteil vom Hauptkamm der Hohen Tatra von der anderen Seite und zusätzlich den hohen Nebenkamm zwischen Lomnický štít und Veľká Svišťovka sehen kann. Der benachbarte Trojrohé pleso (1610 m) ist ebenfalls ein beliebtes Fotoobjekt. Die Moorbildung

durch Torfmoose und Schwemmsand kann hier besonders gut beobachtet werden. Jetzt führt eine grüne Markierung weiter. An der 1997 wiedereröffneten Berghütte Plesnivec (1290 m) führt der Weg nochmals dicht an den Kamm der Weißen Tatra heran. Das Skalné vráta (Felsentor, 1620 m) ist ein stark zerfurchter Dolomitenfelsen. Nun wird der Weg nach Tatranská Kotlina (760 m) immer ebener und breiter.

Varianten: Am Veľké Biele pleso kann man auf der rot markierten Tatranská magistrála zum Zelené pleso mit seiner Berghütte (1551 m) laufen, von dort aus bei guter Verfassung vielleicht sogar noch entlang der gelben Markierung steil hinauf zum Jahňací štít. Es ist zu empfehlen, aus dieser Variante eine Zweitagestour mit Übernachtung in der Chata pri Zelenom plese zu machen.

▸ Vom Veľké Biele pleso aus geht man nicht nach Tatranská Kotlina, sondern man folgt weiter der blauen Markierung und erreicht bei vergleichbarem Zeitaufwand die Talstraße in Tatranské Matliare.

▸ Der erwähnte 1993 wiedereröffnete Lehrpfad verbindet den Kopské sedlo mit der Ortschaft Ždiar. Es ergeben sich also weitere Varianten über diesen Sattel zwischen Ždiar und Tatranská Javorina bzw. zwischen Ždiar und Tatranská Kotlina.

▸ Die Touren sind in Gegenrichtung möglich.

Verkehrsverbindung: Bushaltestellen am Start- und Zielpunkt.

Länge/Schwierigkeit: sieben Stunden, keine Kraxelstellen.

Hinweis: zwischen Pod Muráňom und Veľké Biele pleso nur vom 1. Juli bis zum 30. Oktober erlaubt.

🛏 Ždiar und Tatranská Javorina

Viele Pensionen in Ždiar mit Preisen um 45 Euro pro DZ beispielsweise unter www.penzionblanka.sk, www.penzionkamzik.sk, penzionmichal.com, www.penzionsafran.sk, www.penzionviktoria.sk. Empfehlungen:

Bachledka, Bachledova dolina 695, Ždiar,

Tel. 0908/507773, www.bachledka.sk, DZ ab 80 Euro. Eins der größeren Häuser im Ort.

Kolowrat, Tatranská Javorina 27, Tel. 0905/801846, www.hotelkolowrat.sk, DZ ab 125 Euro. Modernes Sporthotel mit Saunalandschaft und Bowlingbahn, Alleinlage mit Bergblick.

Karte S. 241

Ein langer **Lehrpfad** führt durch das Monková dolina zum Kopské sedlo über 900 Höhenmeter bergauf (6 km, 6 Tafeln auch auf deutsch), nur vom 1. Juli bis zum 30. Oktober erlaubt.

Dorfmuseum (Ždiarsky dom), Ždiar 262, Tel. 0904/408519, Mo–Sa 10–18 Uhr, So 14–18 Uhr.

Über den Gipfel des Smrečiny ist eine Mountainbike-Route ausgeschildert.

Unter den 10 sogenannten Top-Wintersportzentren des Landes ist Bachledova dolina (→ Tabelle S. 238) eins der kleineren, vielleicht das gemütlichste und familienfreundlichste.

Zakopane und Umgebung (Polen)

Polen mit seinen 39 Millionen Einwohnern besitzt nur entlang seiner südlichen Grenze einige kleine Anteile an höheren Gebirgen, oft verläuft dabei die Staatsgrenze auf den Kämmen. Eigentlich besteht das ganze Grenzgebiet aus schönen Berglandschaften, mit Abstand am bekanntesten aber ist Polens Anteil an der Tatra mit klaren Seen und großen Blaubeerwiesen. Das Gebiet des entsprechenden Nationalparks (Tatrzański Park Narodowy) erstreckt sich grob gesagt zwischen der Linie Kościelisko–Murzasichle und dem angrenzenden slowakischen Nationalpark. Dort wohnt auch der Volksstamm der Goralen, dessen Traditionen man auf Schritt und Tritt begegnet. Der Tatra-Tourismus verteilt sich in Polen leider nicht auf mehrere Orte wie in der Slowakei, sondern konzentriert sich in Zakopane, das etwa 20 Kilometer von der Grenze zur Slowakei entfernt liegt. Der Ort ist international bekannt, da Austragungsort internationaler Wintersportereignisse.

■ Das Ortsbild

Zakopane ist hübsch gelegen und besitzt einige ruhige Straßen. Kurz vor 1900 prägte der Architekt Stanisław Witkiewicz (1851–1915, Vater des Malers Witkacy) eine spezielle Bauweise als ›Stil von Zakopane‹. Es sind von Goralenfolklore und Jugendstil beeinflusste Holzhäuser auf Steinen aus dem Flussbett. Leider wurde bei der Erteilung von Baugenehmigungen in den letzten Jahren wenig auf das traditionelle Ortsbild geachtet. Insgesamt macht Zakopane ebenso wie die Wanderwege und Skipisten der unmittelbaren Umgebung einen überlaufenen Eindruck, ein mehrtägiger Aufenthalt kann wohl am ehesten eifrigen Diskothekengängern unter den Gebirgsfreunden empfohlen werden. Zur Weihnachtszeit ist Zakopane inzwischen fest in den Händen von neureichen Russen. Im Ort befinden sich mehrere Museen und Galerien.

■ Die Umgebung

Gleich hinter Zakopane erhebt sich der **Giewont** (1909 m). Um die in ihn hineingedeutete Form eines schlafenden

Typische Holzvilla in Zakopane

Die Tatra

Ritters ranken sich mehrere Sagen. Zum Gipfel des **Kasprov** (1985 m) führt eine Kabinenschwebebahn. Einen besonders schönen Panoramablick auf mehrere Teile der Tatra hat man von der Bergwiese Głodówka aus.

Die wohl bekannteste Ausflugsroute bei Zakopane führt zum größten Tatrasee **Morskie Oko** (Meerauge), der auf 1393 Metern Höhe liegt und eine Fläche von 35 Hektar umfasst. Er ist einer der wenigen Bergseen, in denen Fische leben. Von dort aus führt ein kurzer steiler Anstieg zum See Czarny Staw auf 1580 Metern Höhe.

Ähnlich wie in der Slowakei gibt es auch in Polen einige Hütten mit Übernachtungsmöglichkeiten in oberen Berglagen. Die beiden höchstgelegenen stehen im Tal der Fünf Teiche (1668 m) und unterhalb der Gąsiencowa-Alm (1500 m). In der Westlichen Tatra, etwas abseits der größten Touristenströme, liegt die Berghütte auf der Ornak-Alm (1100 m). Am Weg dorthin sieht man steile Felsen und kann mit der Taschenlampe kleine Höhlen besuchen. Unterhalb des Bergrückens Ornak (1860 m) wachsen viele Blaubeeren. In der weiteren Umgebung von Zakopane befinden sich

weniger frequentierte Skiareale sowie Dörfer mit alten Holzhäusern. Besonders schöne Beispiele traditioneller Holzarchitektur stehen in Chochołow und Zubrzyca Górna.

 Zakopane und Umgebung

Vorwahl: 0048/(0)18.
www.discoverzakopane.com, www.zakopane.pl, www.ezakopane.pl.
Touristeninfo, Kościuszki 17, Tel. 0048/18/2012211.
Touristeninfo, Kościeliska 7, Tel. 0048/18/2012004.
Nationalparkbüro, Chałubińskiego 44, Tel. 0048/18/2023300, www.tpn.pl.

1 Euro ca. 4,2 polnische Złoty (PLN, Stand Frühjahr 2015).

Große Auswahl in Zakopane und den Nachbarorten, allerdings sind manche Häuser in der Wintersaison ausgebucht. Empfehlungen:
Stamary, Kościuszki 19, Tel. 0048/18/5344353, www.stamary.pl, DZ ab 155 Euro. Inspiriert von den Grand Hotels der späten Kaiserzeit.
Litwor, Krupówki 40, Tel. 0048/18/2024200, www.litowr.pl, DZ ab 80 Euro. Bewährtes Innenstadthotel.
Czarny Potok, Tetmajera 20, Tel. 0048/18/2020204, www.czarnypotok.pl, DZ ab 60 Euro. Preisgünstiges Innenstadthotel.
Willa Bystry, Karłowicza 7, Tel. 0048/18/2011291, DZ ab 25 Euro. Am südlichen Stadtrand.

Einkehrmöglichkeiten in den Hotels, zahlreiche solide Restaurants im Zentrum.

Kalatówki, Polana Kalatówki, Tel. 0048/18/2063644, www.kalatowki.pl, DZ ab 40 Euro. Autofreie Lage auf einer Almwiese.

Am ›Meerauge‹, dem größten Tatrasee

Die Niedere Tatra

Die Niedere Tatra (Nízke Tatry) ist nicht nur das flächenmäßig größte, sondern bis auf die fehlenden Burgruinen wohl auch das typischste slowakische Gebirge. Geradezu folgerichtig wurde hier der größte slowakische Nationalpark (Národný park Nízke Tatry, NAPANT) eingerichtet. Der über 80 Kilometer lange Hauptkamm der Niederen Tatra besteht aus Granit und Gneis, verläuft größtenteils oberhalb der Baumgrenze und erlaubt weite Ausblicke. Angesichts seiner Höhenlage (drei Gipfel über 2000 Meter) ist er relativ eben, Kletterkünste sind auf den gut markierten Wegen kaum nötig. Der Fernwanderweg auf dem Hauptkamm (Cesta hrdinov SNP, Weg der Helden des Slowakischen Nationalaufstandes) führt an beiden Enden nahtlos in andere Gebirge weiter. Die Nebenkämme aus Kalkstein enthalten bizarre Karstformen und große Höhlen. Die Niedere Tatra ist auch für ihre wunderschönen Bergwiesen bekannt. Mit Ausnahme des Wintersportzentrums Jasná konnte das Gebiet seinen ländlichen Charakter bewahren. Es existieren sogar noch Reste von Almwirtschaften mit Schafen und Rindern. Durch den Čertovica-Pass etwa in der Mitte des Gebirgszuges wird die Niedere Tatra in zwei Hälften geteilt, wobei die westliche stärker durch Tourismus geprägt und mit anderen Tourismuszentren verknüpft ist als die östliche. Liptovský Mikuláš (→ S. 239) gilt als Zentrum der Westlichen Tatra, obwohl von dort auch das Demänová-Tal ins Herz der Niederen Tatra führt. Donovaly (→ S. 228) gehört geologisch noch zur Großen Fatra, obwohl es der klassische Ausgangspunkt für die Kammwanderung über die Niedere Tatra ist. Ausläufer der Niederen Tatra führen bis fast nach Banská Bystrica (S. 199), und bis nach Brezno, das in diesem Buch aber unter ›Bergbaustädte in der Landesmitte‹ beschriebene wird (→ S. 130).

Die östliche Hälfte des Gebirges wird von der Kráľova hoľa (→ S. 281) dominiert. Die Folklore insbesondere am Oberlauf des Hron ist sehr vielseitig.

⛷ Halbtageswanderung: Predná Magura

Route: Partizánska Ľupča – Rumanec – Predná Magura – Partizánska Ľupča und zurück

Vom Zentrum der Gemeinde Partizánska Ľupča folgt man der Asphaltstraße nach Süden. Die gesamte Route ist gelb markiert. Beim Forsthaus biegen wir nach links und danach gleich wieder nach rechts ab. Ein Feldweg führt über den Berg Rumanec (866 m) auf den Wiesenrücken Mestská hora. Nach einer Kurve nach Osten erreicht man den Gipfel Predná Magura (1171 m), dessen runde Kuppe zur Rast einlädt. Man hat hier einen guten Ausblick bis zu den Choč-Bergen. Zurück folgt man dem gleichen Weg.

Varianten: Auf einem unmarkierten Pfad kann man nun zum Gipfel Ľupcianska Magura (1315 m) laufen. Er ist allerdings bewaldet und bietet keine Ausblicke.

▶ Zwischen dem Forsthaus und Vyšný Sliač liegt das kleine Naturreservat Sliačske travertiny. Auf einer Feuchtwiese mit Erlenhain kann man sich Travertingebilde ansehen. Dort entspringen immer noch Mineralquellen. Zurück nach Partizánska Ľupca geht es dann über den Hügel Hvozdec (639 m).

▶ Eventuell kann man sich anschließend noch dem Ort Sliače mit seinen beiden recht unterschiedlichen Kirchen widmen, deren Bauzeiten über sechseinhalb Jahrhunderte auseinander liegen.

Verkehrsverbindung: Bushaltestelle in Partizánska Ľupča.

Länge/Schwierigkeit: vier Stunden, unter den in diesem Buch ausführlicher beschriebenen Bergwanderungen eine besonders leichte.

⚡ Tageswanderung: Salatín-Massiv

Route: Ludrová – Hučiaky – Salatín – Úplazy – Kohút – Ludrová

Am nordwestlichen Rand der Niederen Tatra liegt Ludrová (562 m). Vom Ortsende führt durchgehend eine rote Markierung zum Gipfel des Salatín. Zunächst läuft man auf einem ebenen glatten Weg sechs Kilometer durch das Tal Ludrovská dolina, dann biegt der Weg nach links in die Berge ein und durchquert die feuchte Kalksteinschlucht Hučiaky. Weiter geht es über Wiesen und durch Wälder. Kurz vor dem Gipfel das Salatín (1630 m) muss man einen sehr steilen Aufstieg über eine Wiese am westlichen Grat in Kauf nehmen. Stehenzubleiben würde dort fast ebenso viel Kraft erfordern wie weiterzulaufen. Der wenig frequentierte Dolomit-Gipfel ist die höchste Erhebung der nordwestlichen Niederen Tatra und bietet einen phantastischen Rundblick.

Nun führt die grüne Markierung in nördlicher Richtung auf einem Seitenkamm des Gebirges über Wiesen und durch Krummholz. Im Blickrichtung staffeln sich am Horizont mehrere andere Gebirge. Die Kalksteinflora zeigt ihre schönsten Blüten im Juni. Einen weiteren Aussichtspunkt bietet der Úplazy (1426 m). Nach allmählich immer niedriger werdenden Gipfeln taucht der Weg in den Wald ein und führt zum Ausgangspunkt zurück.

Variante: Von Liptovská Lúžna führt ein rot markierter Weg auf den Gipfel des Salatín, den man mit einem Arm der beschriebenen Runde kombinieren könnte. **Verkehrsverbindung**: Bushaltestelle in Ludrová.

Länge/Schwierigkeit: acht Stunden, unmittelbar vor dem Gipfel des Salatín muss man eine sehr steile Bergwiese überqueren. Beim Abstieg weisen die Markierungen Lücken auf.

Karte S. 241

▲ *Weiter Blick über den Hauptkamm der Niederen Tatra*

Demänová-Tal mit Jasná

Der Touristenort Jasná (slowakisch jasný = klar, hell) ist mittlerweile das bedeutendste Wintersportgebiet der Slowakei, Naturfreunden mag er in diesem weitläufigen und ansonsten naturbelassenem Gebirgszug als Fremdkörper erscheinen. Wenigstens sind mit dem Referendum in Krakau 2014 hoffentlich endgültig die Pläne vom Tisch, hier Olympische Winterspiele veranstalten zu wollen.

■ Die Höhlen

Die bekannteste Attraktion im Tal Demänovská dolina südlich von Liptovský Mikuláš ist das umfangreiche Höhlensystem. Mit einem durchkriechbaren Teil von fast 23 Kilometer Länge stellt es die Nummer Eins der Slowakei dar. Die Führungen sind natürlich wesentlich kürzer und können ohne Verrenkungen und Kraftakte bewältigt werden. Zwei Schauhöhlen sind öffentlich zugänglich, eine dritte wird für den Touristenbetrieb vorbereitet.

Die **Eishöhle von Demänová** ist seit Menschengedenken bekannt, die älteste Höhlenkarte fertigte Georg Buchholtz der Jüngere bereits 1719 an. Die Bezeichnung Drachenhöhle geht auf den Fund von Mammutknochen zurück. Der Zugang befindet sich an einem steilen Berghang.

> **Demänová-Tal mit Jasná**
> **Vorwahl:** 00421/(0)44.
> Infos über das Tal im gut geführten Tourismusbüro in Liptovský Mikuláš (→ S. 239).

Viele Sporthotels in Jasná, die vor allem zu Winterzeit gefragt sind, darunter:
Mikulášska chata, Demänovská dolina 75, Tel. 5591676, www.mikulasskachata.sk, DZ 96 Euro. Am Bergsee.
Repiská, Demänovská dolina 31, Tel. 5567600, www.repiska.sk, DZ 76 Euro. Wellnesshotel mit Schwimmbad, Allein-

Weiter talaufwärts liegt die 1921 entdeckte **Freiheitshöhle** von Demänová, die meistbesuchte Schauhöhle der Slowakei. Die umfangreichere der beiden Besichtigungsrouten beträgt etwa zwei Kilometer und stellt damit die längste Höhlenführung der Slowakei dar. Besonders auffällig ist die Vielfältigkeit der Tropfsteinverzierungen und insbesondere der Stalaktitformen.

■ Am Talende

Die Talstraße von Demänová endet in Jasna, das von den höchsten Bergen der Niederen Tatra umgeben ist. Hier findet man auch den **Gletschersee Vrbické pleso**, der klein und dennoch der größte natürliche See dieses flächemäßig größten Gebirges der Slowakei ist. Er wächst allmählich mit Rohrkolben zu; ein Projekt zur Entkrautung läuft.

Seilbahnen führen bis in 1843 Meter Höhe, Skilifte sogar bis zum Gipfel des **Chopok**. Von der Talstation Záhradky bis zur Rovná hoľa fahren moderne sechssitzige Gondeln, weiter geht es von dort viersitzig zum **Konský Grúň**. Eine andere Seilbahn verbindet Otupné mit der **Bergwiese Luková** in 1670 Metern Höhe. Panoramarestaurants befinden sich an den Stationen Rovná hoľa und Luková.

lage im Wald neben der Talstraße.
Residence Družba, Demänovská dolina 255, Tel. 5591555, www.druzbahotel.sk, DZ ab 50 Euro. Am Talende.
Limba, Demänovská dolina 121, Tel. 0915/841797, www.penzionlimba.sk, DZ ab 40 Euro. Helle Holzhäuser mit einigen größeren Familienzimmern.

Bystrina, Demänovská dolina, Tel. 5548163, www.ubytovanievjasnej.sk, ganzjährig.

Die Tatra

Eishöhle von Demänová (Demänovská ľadová jaskyňa), Tel. /5548170, www.ssj.sk, nur mit Führung ca. 45 Min., Jun.–Aug. Di–So 9–16 Uhr stündlich, Jul./Aug. auch Mo, 15.–31. Mai/Sept. Di–So 9.30/11/12.30/14 Uhr.

Freiheitshöhle von Demänová (Demänovská jaskyňa slobody), Tel. 5591673, www.ssj.sk, nur mit Führung ca. 60 oder ca. 100 Min., Jun.–Aug. Di–So 9–16 Uhr stündlich, Jul./Aug. auch Mo, Jan.–Apr./Sept.–15. Nov. Di–So 9.30/11/12.30/14 Uhr.

Ein **Lehrpfad** führt als nicht ganz geschlossene Runde bei Jasná über Skihänge bis in 1670 m Höhe (14 km, 12 Tafeln).

Von Rovná hoľa bergab sind zwei Mountainbike-Routen angelegt, die ›Downhill special‹ und ›Family trail‹ heißen. Eine Ausleihe von Rad und Schutzkleidung ist möglich, das Rad darf in den Seilbahnen mit nach oben genommen werden.

Klettergarten Tarzania Jasná hinter dem Hotel Grand am See Vrbické pleso.
Jasná und Donovaly sind Zentren des Paragliding.

Jasná ist im neuen Jahrtausend zur ungefährdeten Nummer Eins der Wintersportzentren des Landes (→ Tabelle S. 238) aufgestiegen und kann mit diversen Superlativen aufwarten. Die Transportkapazität der Seilbahnen und Lifte hat sich in den letzten 5 Jahren auf 33 000 Personen pro Stunde verdoppelt. Die Gesamtlänge aller ausgewiesenen Abfahrten wird mit über 45 km angegeben. Davon können fast 30 km künstlich beschneit werden. Die höchsten Pisten beginnen bei 2004 m.

Bystrianka-Tal und Čertovica-Pass

Erstaunlicherweise wird der Südhang der Niederen Tatra in der allgemeinen Wahrnehmung oft vernachlässigt. Dabei stellt diese Gegend ein schönes Wandergebiet sowie ein auch für Ungeübte geeignetes Wintersportgebiet dar. Die wenigen größeren Hotelbauten fügen sich überwiegend gut in die Landschaft ein. Nach Süden ist es nicht weit in die Stadt Brezno (→ S. 206).

Karte S. 241

▲ *Vyšná Boca*

In **Bystrá** liegt die gleichnamige **Tropf-steinhöhle**. Sie weist alle erdenklichen Formen von Sinterverzierungen bis hin zu baldachinartigen Gebilden auf. Das gesundheitsfördernde Mikroklima wird zur Therapie der Atemwege genutzt.

Nächstes Dorf nach Bystrá ist **Mýto pod Ďumbierom** (Mauth). Am südwestlichen Ortseingang erwartet das Skizentrum Zapače seine Besucher. Der höchste Punkt an der Straße durch die Niedere Tatra heißt Čertovica (Teufelchen). Die weitläufigen Ortschaften **Tále** und **Krpačovo** bestehen fast ausschließlich aus Einrichtungen für Touristen sowie Wochenendhäuschen. Sie gehören zur namentlich weniger bekannten Gemeinde Horná Lehota. Tále und Krpačovo vermitteln eher das Bild einer Waldlichtung als einer Ansiedlung, viele Bauten sind hinter Bäumen versteckt. Eine schöne Tageswanderung führt von Tále über die Gipfel Baba (1617 m) und Pálenica (1654 m). Bei dem Weg durch die Knieholzzone hat man stets den zentralen Teil des Hauptkammes der Niederen Tatra vor Augen.

Zu den beliebtesten Sesselliften des Landes gehörten jahrzehntelang die auf den **Chopok**. Der Lift am Südhang führte von der Station Srdiečko (Herzchen) mit Umsteigen in der Station Kosodrevina (Krummholz) zum zweithöchsten Berg der Niederen Tatra. Am Nordhang fuhr man ab Jasná aufwärts. Besitzerwechsel ab 1999 brachten zeitweise eine völlige Stilllegung mit sich, seit 2002 funktioniert der südliche Teilabschnitt bis Kosodrevina wieder. Man erreicht dort 1494 Meter Höhe. Zusätzlich kann man mit neuen Liftanlagen auf der Nordseite bei Konský Grúň etwa eine Wanderstunde unterhalb des Chopok ankommen (→ S. 275, Beschreibung von Jasná). Unweit der Berghütte unter dem Ďumbier befindet sich die **Höhle der toten Fle-**dermäuse. Das weitverzweigte Höhlensystem wurde erst 1981 entdeckt, der Eingang befindet sich auf 1750 Meter Höhe. Auffällig sind die farbigen Vulkangesteine aus der Kreidezeit, die an mehreren Stellen zwischen den Karstgesteinen erscheinen. Weitere Besonderheit sind die reichlich vorhandenen namensgebenden Fledermausknochen. Ihr Alter wird auf bis zu 6000 Jahre geschätzt.

Eine Insider-Empfehlung sind die beiden evangelischen Orte **Vyšná Boca** und **Nižná Boca** (Ober- und Unterbotzau). In diesem Gebiet wurde seit langem Erz gewonnen. Nach einer Blüte der Goldwäscherei im 13. Jahrhundert und der Eisenerzgewinnung im 16. Jahrhundert wandelten sich die Orte allmählich zu Bergbauerndörfern und schließlich zu Erholungszentren. Das abgesehen von der Landstraße recht ruhige Gebiet verfügt über kleine Mineralquellen und ist idealer Ausgangspunkt für Wanderungen. Für das zum Regionalmuseum gehörende Bergmannshaus in Vyšná Boca haben Nachbarn den Schlüssel. Am **Museum** beginnt das kleine Seitental Bacúšska dolinka mit schönen Wochenendhäusern aus Holz.

Blick auf Mýto pod Ďumbierom

Die Tatra

Bystrianka-Tal und Čertovica-Pass

Partizán, Bystrá 108, Tel. 048/6308500, www.partizan.sk, DZ ab 99 Euro, Mezonet Romantik zu Silvester 373 Euro. Traditionshotel im Wald.

Mýto, Mýto pod Ďumbierom 492, Tel. 048/6300000, www.hotel-myto.sk, DZ ab 60 Euro. Modernes Sporthotel an der Straße über den Pass.

Srdiečko, Chopok Juh, Tel. 044/2901347, www.hotelsrdiecko.sk, DZ ab 54 Euro. Am Talende, war manchmal nur in der Wintersaison geöffnet.

Adika, Mýto pod Ďumbierom 174, Tel. 048/6195300, www.penzionadika.sk, DZ ab 35 Euro. Familienfreundlich, mit hellen Massivholzmöbeln.

V stráni, Mýto pod Ďumbierom 320, Tel. 0904/102411, www.penzionvstrani.sk, DZ ab 26 Euro. Günstige Pension an der Straße über den Pass.

Totem, Čertovica, Tel. 044/5280852, www.totem.sk, DZ ab 26 Euro. Ideal mit Fernblick am Scheitelpunkt des Bergpasses, aber ein paar Meter neben der Straße.

Zruby Bystrá, Bystrá 124, Tel. 0905/526985, www.zrubybystra.sk, maximal 10 Personen 150 Euro. Geräumige Blockhäuser neben der Tropfsteinhöhle.

Helena, Vyšná Boca, Tel. 0903/392416, www.boca-helena.sk, Familienzimmer für 4-8 Personen ab 12 Euro pro Person. Im Dorf am Kamm.

Eine ausreichende Anzahl oft preiswerter Gaststätten findet sich in den Dorfkernen und an den Landstraßen.

Kamenná chata, Tel. 048/6170039, www.kamennachata.sk, Schlafplatz 15 Euro. Vorwiegend Ausschank, Berghütte direkt am Kammwanderweg unterhalb des Chopok.

Štefánika, Tel. 048/6195120, www.chatamrs.sk, Schlafplatz 16 Euro. Kultige Berghütte direkt am Kammwanderweg unterhalb des Ďumbier.

Trangoška, Tel. 0905/899098, www.trangoska.sk, Schlafplatz 10 Euro. Einfache Berghütte am Ende des Bystrianka-Tales.

Zum Regionalmuseum Liptau, www.liptovskemuzeum.sk, gehört im Dorfzentrum von Vyšná Boca ein **Bergmannshaus** (Banícky dom), Tel. 044/5222485, So 14–16 Uhr oder nach Anmeldung.

Tropfsteinhöhle Bystrá (Bystrianska jaskyňa), Bystrá-Valaská, Tel. 048/6195133, www.ssj.sk, nur mit Führung ca. 45 Min., Jun.–Aug. Di–So 9–16 Uhr stündlich, Jan.–Mai u. Sept./Okt. Di–So 9.30/11/12.30/14 Uhr.

Höhle der toten Fledermäuse (Jaskyňa mrtvych netopierov), am Kamm der Niederen Tatra, Zutritt limitiert, maximal 10 Personen pro Führung, Spezialkleidung wird gestellt, Anmeldung unter 0905/135535 erforderlich, www.jmn.sk, verschiedene Trassen zwischen 70 und 180 Min., Jul./Aug. Di–So, März-Jun./Sept.–Dez. Sa/So.

Lehrpfad von Bacúch nach Vyšná Boca mit fast 700 m Höhenunterschied und einigen Mineralquellen (14 km, 5 Tafeln). **Lehrpfad** zwischen den Dorfzentren von Vyšná Boca und Nižná Boca vor allem zur Bergbaugeschichte (12 km, 11 Tafeln).

Klettergarten Tarzania Tále hinter dem Hotel Partizán.

Der Südhang der Chopok zählt zum größten Wintersportgebiet des Landes, das sein Zentrum am Nordhang in Jasna (→ Tabelle S. 238) hat.

Drei Wintersportareale verschiedener Betreiber dicht beieinander in Vyšná Boca, das größte heißt schlicht Ski Centrum Čertovica (→ Tabelle S. 238), die beiden anderen sind unter www.certovica.sk und www.bacovaroven.sk zu erreichen. Weitere Skilifte in Mýto und Tále (→ S. 238).

⬦ Fünftägige Kammwanderung in der Niederen Tatra

Die Kammwanderung in der Niederen Tatra gehört zu den beliebtesten Mehrtageswanderungen in der Osthälfte Europas, für DDR-Bürger früher war sie wohl neben dem Rila- und dem Piringebirge in Bulgarien die mit Abstand beliebteste Mehrtageswanderung im Gebirge überhaupt. Man lebte ja mit einem ›Eisernen Vorhang‹ und ›Reisegenehmigungen in das Nichtsozialistische Wirtschaftsgebiet‹ wurden nur selten erteilt. Die Landschaft hat sich naturgemäß seitdem kaum verändert, aber mittlerweile haben die Quartiere neue Betreiber und die Landkarten GPS-Angaben. Es würde der Niederen Tatra nicht gerecht, betrachtete man die nachfolgend beschriebene Mehrtagestour lediglich als Ersatz für Wanderungen im Alpenraum, denn das Gebirge bietet viel Natur, hat Charme und Charakter.

Auch bei den Slowaken stellt der Kammweg ein Symbol dar, das mit wichtigen historischen Begebenheiten verbunden ist: Unwegsame Stellen insbesondere in der Niederen Tatra spielten eine große Rolle als Zufluchtsort im Slowakischen Nationalaufstand.

Für die komplette Kammwanderung werden fünf oder sechs, für trainierte Bergfreunde auch mitunter nur vier Tage vorgeschlagen. Plant man Ruhetage ein, verlängert sich diese Zeit entsprechend. Die Aufstellung von Zelten ist verboten, man findet jedoch unterwegs einige einfache Schutzhütten mit nahegelegenen Quellen. Bewirtschaftete Quartiere in unmittelbarer Kammnähe gibt es nur an wenigen Stellen, ansonsten muss im Freien übernachtet werden, was bei gutem Wetter und geeigneter Ausrüstung sogar die Romantik erhöhen kann. Auch die Möglichkeiten zum Provianteinkauf sind spärlich, Trinkwasser findet man dagegen mehrmals täglich. Einige Reisebüros bieten an, diese Mehrtageswanderung durch ortskundige Begleiter zu unterstützen. Den Weg findet man problemlos allein, der Gewinn durch einen guten Führer wird eher in Detailinformationen zu Landschaft und Alltagsleben bestehen.

Jährlich in der ersten Juliwoche veranstaltet der Klub Slovenských Turistov Baník eine Wanderung in sieben Tagen (ein Ruhetag) von Ost (Telgárt) nach West (Špania Dolina), Infos: www.prechod-snp-nt.wbl.sk. Zuletzt liefen über 50 Personen mit, dieser Marschgruppen-Charakter hat natürlich sowohl Vor- als auch Nachteile.

Die Tatra

In der Mitte des Hauptkamms der Niederen Tatra

■ **Erster Tag:**
Donovaly (980 m) – Kečka (1225 m) –
Kozi chrbát (1330 m) – Hiadeľské sedlo
(1099 m) – Veľká Chochuľa (1753 m) –
Latiborská hola (1643 m) – Ďurková (1750
m) – Schutzhütte Ďurková (1640 m)
Die Kammtour folgt von Donovaly aus fast
ständig der roten Markierung. Der Abstieg
vom letzten Gipfel Ďurková kreuzt einen
grün markierten Weg. Auf diesen biegt
man rechts ab und erreicht die Schutzhütte Ďurková unter dem Chabenec-Gipfel.
Der Schlafsaal für 35 Personen besteht aus
einer Holzfläche, wo man seinen Schlafsack ausbreiten kann. Das ganze kostet
nur einen symbolischen Preis, eine Quelle
ist 200 Meter entfernt.
Variante: Quartier im Örtchen Magurka,
was aber eine nochmalige Höhendifferenz
von etwa 550 Metern mit sich bringt,
Ruhetag dort.
Länge/Schwierigkeit: Mit fast elf Stunden
Dauer die längste der fünf beschriebenen Etappen; sehr anstrengend, zwischen
Hiadeľské sedlo und dem Etappenziel kein
Trinkwasser.

■ **Zweiter Tag:**
Schutzhütte Ďurková (1640 m) – Chabenec (1955 m) – Poľana (1890 m) –Dereše
(2003 m) – Chopok (2024 m) – Ďumbier
(2043 m) – Berghütte Štefánika (1728 m)
Man sollte frühzeitig aufbrechen und wiederum dem rot markierten Kammweg
nach Osten folgen. Zwischen Chabenec
und Poľana sieht man am Nordhang tiefe Gletscherkessel. Die ganze Etappe verläuft oberhalb der Baumgrenze, und dieser höchste Teil der Niederen Tatra bietet
ständig wunderschöne Aussichtspunkte.
Zur Besteigung des höchsten Gipfels der
Niederen Tatra biegt eine kurze Sackgasse vom Kammweg ab. Übernachten
kann man in oder neben der bewirtschaf-
teten Berghütte Štefánika. Es gibt einfache Doppelstockbetten, Frühstück ist im
Preis enthalten.
Varianten: Übernachtung am Südhang
beispielsweise bei Kosedrevina.

▶ Bei schlechtem Wetter Abstieg nach
Jasná.
▶ der am Poľana nach Norden abzweigen-
de gelb markierte Weg führt über einen
attraktiven Nebenkamm zu den Tropfsteinhöhlen im Demänová-Tal, Ruhetag dort.
Länge/Schwierigkeit: neun Stunden, öfter
schlechte Sichtverhältnisse.

■ **Dritter Tag:**
Berghütte Štefánika (1728 m) – Králicka
(1807 m) – Rovienka (1602 m, früher
Lajstroch genannt) –Čertovica (1238 m)
– Schutzhütte Ramža (1300 m)
In Čertovica kreuzt der Wanderweg die
Straße über den Kamm der Niedere Tatra.
Danach ist der Hauptkamm größtenteils
bewaldet. Am Rande der Bergwiese Ramža
findet man eine Schutzhütte. Das äußerst
spartanische Obdach ist unbewirtschaftet
und gratis, es bietet weiter nichts als ein
Holzgestell für maximal 15 Leute sowie
eine Quelle in 500 Metern Entfernung.
Variante: Halbierung dieser Etappe, zusätz-
liches festes Quartier in einer der höher-
gelegenen Gemeinden, dabei wochentags
am Vormittag Möglichkeit zur Ergänzung
des Proviantes im Dorfladen.
Länge/Schwierigkeit: fünf Stunden, größtenteils bergab, leichter als an den beiden Vortagen.

■ **Vierter Tag:**
Schutzhütte Ramža (1300 m) – Homoľka
(1660 m) – Kolesárová (1508 m) – sedlo Priehyba (1190 m) – Veľká Vápeni-
ca (1691 m) – Schutzhütte Andrejcová
(1410 m)
Die niedrigste der fünf Tagesetappen,
stellenweise leider Waldschäden durch
Industriesmog. Homoľka und Veľká Vá-
penica sind zwei der vorletzten Etappe
ebenbürtige, aber wesentlich geringer frequentierte Aussichtspunkte. Wieder führt
der rot markierte Kammweg ziemlich gerade nach Osten über Gipfel und durch
Wiesen und Wälder. Die Schutzhütte Andrejcová bietet ebenfalls unbewirtschaftet
und gratis 15 Schlafstätten; hier befindet
sich die Quelle gleich daneben.

Karte S. 241

Varianten: mehrere verhältnismäßig bequeme Abstiegsmöglichkeiten in die Dörfer am Oberlauf des Hron.
Länge/Schwierigkeit: acht Stunden.
■ Fünfter Tag:
Schutzhütte Andrejcová (1410 m) – Andrejcová (1520 m) – Bartkova (1790 m) – Stredná hoľa (1876 m) – Kráľova hoľa (1976 m) – Telgárt (881 m)
Den Abschluss der beschriebenen fünftägigen Kammwanderung bildet nochmals eine Etappe größtenteils oberhalb der Baumgrenze. Der bekannte Gipfel Kráľova hoľa ist an der Fernsehstation leicht zu erkennen und stellt im wahrsten Sinne des Wortes den Höhepunkt der letzten drei Etappen dar. Beim Abstieg kann man sich während einer Rast an der Mineralquelle Zubrovice erfrischen.
Variante: Abstieg nach Liptovská Teplička.
Länge/Schwierigkeit: fünf Stunden, langer steiler Abstieg zum Etappenziel.

Rund um die Kráľova hoľa

Die östliche Hälfte der Niederen Tatra wird weniger besucht als die westliche, insbesondere in die großen Wälder nördlich des hier stellenweise bewaldeten Hauptkamms kommen Touristen selten. Doch kurz vor seinem Ende besitzt das Gebirge mit der Kráľova hoľa (Königsberg, 1948 m) nochmals einen markanten Aussichtspunkt. Beim Aufstieg hat man immer die Fernsehstation auf dem Gipfel im Blick.
Die Hänge der Kráľova hoľa sind Quellgebiet von mehreren wichtigen Flüssen des Landes. Deshalb wird der Berg als ›Dach der Slowakei‹ bezeichnet. Am **Hnilec** ist der **Kaskadenwasserfall Martalúska** zu beobachten, der **Hron** (Gran) entspringt oberhalb der Ortschaft Telgárt (früher Švermovo, deutsch Thiergarten) in einer eingefassten Quelle zwischen der Niederen Tatra und dem Slowakischen Paradies. Man kann daneben parken. Die ersten Kilometer des Hron beschreiben romantische Mäander durch prächtige Bergwiesen, und in den Dörfern am Oberlauf gibt es Beispiele schöner Holzarchitektur. Hinter Telgárt (Thiergarten) fährt die Bahn eine Schleife und durchquert mehrere Tunnel. Die nächste Station bei Vernár ist der höchstgelegene Bahnhof des Landes (930 m).
Der ebenfalls hochgelegene Ort **Liptovská Teplička** nördlich der Kráľova hoľa besitzt schöne Holzhäuser im Goralenstil, deren Kartoffelkeller direkt in den Berghang gegraben sind. Früher war der Ort Knotenpunkt des von Liptovský Hrádok ausgehenden Waldeisenbahnsystems.

■ **Rund um die Kráľova hoľa**
Zuständig ist die Touristeninfo in Brezno (→ S. 206).

Kursbuchstrecken 172 uns 173. Landschaftlich schön, aber nur noch wenige Züge.

Heľpa, Hlavná 65/35, Heľpa, Tel. 048/6186235, www.hotelhelpa.szm.sk, Preis abhängig vom Datum auf Anfrage. Wanderhotel mit Sauna in der Dorfmitte.
Lucs, Partizánska 321, Heľpa, Tel. 048/6186206, www.penzionlucs.sk, DZ ab 25 Euro. Einfaches Wanderhotel in der Dorfmitte.
U Hanky, Telgárt 99, Tel. 048/6194616, www.penzionuhanky.sk, DZ 28 Euro. Familienbetrieb am Fernwanderweg.
Dolinka, Nahalku 555, Liptovská Teplička, Tel. 052/7892471, www.penziondolinka.eu, DZ 30 Euro. Mittelgroßes Wanderquartier am oberen Dorfende.

Skilifte in Polomka (→ Tabelle S. 238), Vernár und Telgárt (→ Tabelle S. 238).

Die Tatra

Je weiter man in den Osten kommt, umso weniger Touristen trifft man. Viele Gäste sind jedoch von der einsamen Natur und den verträumten Städtchen, den Karsthöhlen und Holzkirchen so fasziniert, dass sie den entlegenen Landesteil immer wieder besuchen.

DIE ÖSTLICHEN LANDESTEILE

Burg Zips, ein Wahrzeichen des Landes

Wintersportmöglichkeiten in der Ostslowakei

Lage	Name, Kontakt	Gesamtlänge ausgewiesener Abfahrten und präparierter Loipen in km	Anzahl der Seilbahnen / Anzahl der Skilifte (+=beleuchtete Nachtpiste)
Pieniny, Stará Ľubovňa	Litmanová, www.skilitmanova.sk	2,2 / 12	0 / 5 +
Spišská Magura, Stará Ľubovňa	Vyšné Ružbachy, www.skiparkruzbachy.sk	3,3 / 1	0 / 5 +
Levočské vrchy Süd, Levoča	Levočská dolina, www.skicentrelevoca.sk	3,3 / 10	0 / 4 +
Volovské vrchy Nord, Hnilčík	Mraznica & Grajnár, www.scm.sk	1,6 / 37	0 / 1
Volovské vrchy Nord, Poráč	Poráčska dolina, www.poracpark.sk	3,3 / 28	0 / 2
Slowakische Paradies Süd, Mlynky-Dedinky	Gugeľ & Biele Vody, www.skimlynky.sk	7,2 / 39	0 / 6
Branisko, Krompachy	Plejsy, www.plejsy.com	10 / 11	1 / 8
Volovské vrchy Ost, Košice	Kavečany, www.kavecany.sk	3 / 14	0 / 7 +
Čergov, Sabinov	Drienica, www.skidrienica.sk	13,2 / 30	1 / 9 +
Niedere Beskiden, Bardejov	Regetovka, www.regetovka.sk	3 / 5	0 / 7
Vihorlat West, Humenné	Chlmec, www.skiparkchlmec.sk	1,7 / 10	0 / 5 +

Die Region Spiš

Bei der Region Spiš (deutsch Zips, ungarisch Szepes, polnisch Spisz) handelt es sich um eine Landschaft mit multikultureller Prägung, nicht zuletzt von deutschen Siedlern. Mit etwas Entdeckerlust stößt man auf viele interessante Biographien, insbesondere aus der Renaissance. Natur und Kultur sind hier auf das Engste verflochten. Beispiele dafür sind das Kloster am Dunajec (→ S. 291) und die Travertinlandschaft rund um die Burg Zips (→ S. 307).

Stará Ľubovňa und Umgebung

Stará Ľubovňa (deutsch Altlublau, ungarisch Óublo) am Fluss Poprad hat mitsamt seiner Umgebung touristisches Potential, liegt aber im ›Windschatten‹ der spektakuläreren Tatra und wird daher vorwiegend für Tagesausflüge angesteuert.

Im Skansen Stará Ľubovňa

■ Burgberg

Die Burg von Stará Ľubovňa, von vielen Seiten weithin sichtbar, entstand im 14. Jahrhundert. Der Bauherr hatte der Sage nach seine Seele einem bösen Geist verschrieben und war diesem Pakt durch Wandlung zum frommen Klos-

Ikonostase in der Nikolauskirche (Detail)

terbruder entkommen. Später hatte die Verwaltung der an Polen verpfändeten Landesteile hier ihren Sitz. Im 17. Jahrhundert waren sieben Jahre lang sogar die Krönungsinsignien Polens in der Burg verwahrt. Heute zeigt das **Burgmuseum** in den alten Gemäuern historische und kunsthandwerkliche Exponate.

Neben der Burg befindet sich der von der Burgverwaltung betreute **Skansen**. Die derzeit 25 Gebäude des 1985 eröffneten Geländes spiegeln das in dieser Gegend besonders bunte Völkergemisch wider. Wertvollstes Objekt ist die Michaelskirche von 1833; die älteste ihrer Ikonen stammt gar von 1640. Weitere Besonderheiten sind eine alte Schmiede und eine kleine Schule. Die hohen steinernen Sockel der Holzhäuser sind teilweise blau gekalkt. In einem Amphitheater auf dem Museumsgelände finden Kulturveranstaltungen statt. Zur Museumskonzeption gehört außerdem die traditionelle Landwirtschaft. Ein **Mittelalterliches Kriegslager** (Stredoveký vojenský tábor) mit martialischer Kinderbetreuung schlägt seit einigen Jahren neben Burg und Skansen seine Zelte auf.

Die östlichen Landesteile

■ Das Stadtgebiet

Stará Ľubovňa selbst bietet einen verträumten rechteckigen **Marktplatz** mit zweigeschossigen Bürgerhäusern aus dem 17. Jahrhundert. Ein kleines Stadtmuseum und die Nikolauskirche freuen sich auf Besucher. Die Innenausstattung der **Nikolauskirche** ist größtenteils barock, einzelne Teile stammen jedoch aus dem 13. Jahrhundert. Im Stadtgebiet gibt es auch mehrere neuere Kirchen aus den letzten Jahrzehnten: die kuppelförmigen Mariahilfkirche wurde 1993 eingeweiht, ein futuristischer Kirchenbau von 1999 befindet sich in einer westlichen Wohnsiedlung.

Ein Phänomen ist das **Folklorerestaurant Salaš u Franka** am westlichen Stadtrand. Aus einer heruntergekommenen Kaschemme entwickelte sich nach mehreren Besitzerwechseln ab 1996 unter Norbert Frank der Gasthof mit der vielleicht weltweit besten Palette slowakischer Spezialitäten. Das Personal mischt bei allen möglichen Volksfesten der Umgebung mit und durfte 2008 in Spišská Sobota die englische Königin bewirten. Den Ursprung als sozialistisches Landstraßen-Restaurant kann man mit etwas Phantasie noch erkennen. Eine lohnenswerte kulinarische Geschichtslektion!

Hinter dem Bahnhof entstand ab 2001 mit ehrgeizigen Ambitionen der inzwischen größte slowakische Whisky-Produzent, durch das ›Verkostungsgelände‹ Nestville Park – historische Handwerksausstellung, moderne Produktionsanlagen, Schankraum und Shop – werden Führungen angeboten. Sogar seriöse Journalisten sollen hinterher schon behauptet haben, die Produkte schmecken ›unverwechselbar nach Tatra‹.

■ Westliche Umgebung

Podolínec (Pudlein) 15 Kilometer südwestlich von Stará Ľubovňa ist die kleinste Stadt mit dem Status eines Altstadt-Denkmalreservats. Zur Bekanntheit im Mittelalter trug die Fertigung verzierter Messer bei. Eine Siedlung wurde im 13. Jahrhundert von Mongolen zerstört, bald nach der Neugründung wurde die inzwischen barock ausgestattete Marienkirche gebaut. Neben ihr steht ein gedrungener Glockenturm von 1659 mit einer Glocke von 1392. Außerhalb der Stadtmauer liegen die schlanke Piaristenkirche und ihr Kloster aus dem 17. Jahrhundert.

Karte S. 287

Der Burgberg von Stará Ľubovňa dominiert weithin die Umgebung

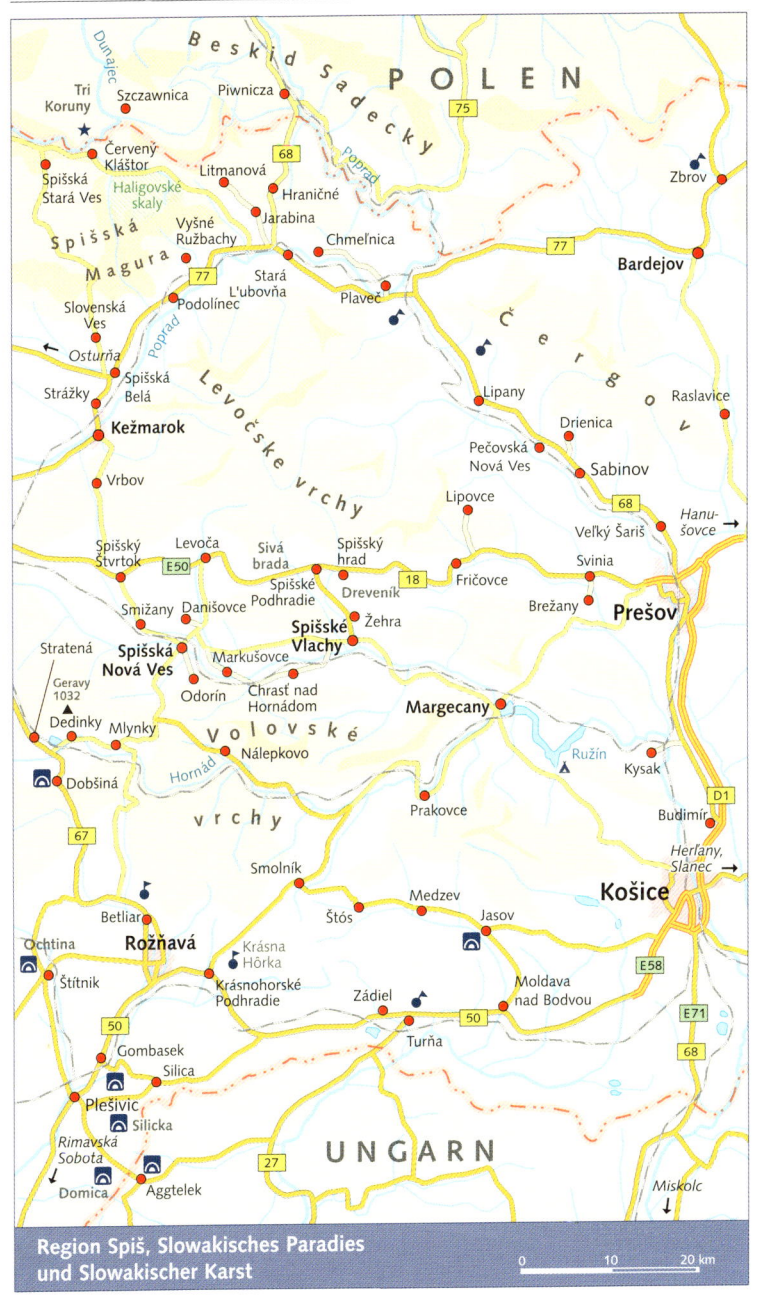

Region Spiš, Slowakisches Paradies und Slowakischer Karst

0   10   20 km

Vyšné Ružbachy (Oberrauschenbach) ist ein Kurort abseits der Hauptstraße am Südhang unter dem Veterný vrch (Windberg, 1112 m). Hier verbrachte der spanische König Juan Carlos als Kind seine Sommerferien. Das Thermalfreibad verfügt über eine baumbestandene Insel. In der Gegend gibt es mehrere kleine **Travertinkrater**. Einer dieser Krater hat zehn Meter Durchmesser, ist mit Wasser gefüllt und liegt im Kurgelände.

In Vyšné Ružbachy fanden seit 1964 internationale Bildhauertreffen Bildhauertreffen (sochárske sympózium) statt. Die über 100 entstandenen Skulpturen aus Travertin haben oft einen abstrakten Charakter und können auf einem Freigelände besichtigt werden.

Nordwestlich von Stará Ľubovňa, bei Jarabina, windet sich ein Flüsschen durch eine tiefe Schlucht. Die Straße nach Jarabina endet im Wallfahrtsort **Litmanová** (Littmannsau), wo sich am Berg Fakľovka (945 m) ein kleines Wintersportzentrum befindet.

Karte S. 287

Stará Ľubovňa und Umgebung
Vorwahl: 00421/(0)52.
Touristeninfo, Mikuláša 12, 06401 Stará Ľubovňa, Tel. 4321713, www.marmon. sk und www.staralubovna.sk.
Unter www.gothicroute.sk ist die ›Straße der Gotik‹ zu finden.
Kurbetrieb-Koordination: www.ruzbachy. sk.

Kursbuchstrecke 185 etwa 6x tgl. nach Poprad (80 Min.).

Gurmen, Mikuláša 1, Stará Ľubovňa, Tel. 4281801, www.gurmen.sk, DZ 84 Euro. Bewährtes Hotel am Marktplatz.
Sonja, Vyšné Ružbachy 307, Tel. 4398108, www.penzionsonja.sk, DZ 40 Euro. Ruhige Pension im Grünen.

Die Holzkirche von **Hraničné** (Grenzdorf) wurde 1785 errichtet und 1973 innerhalb des Ortes versetzt; in ihrer Turmspitze hat sie eine Kammer.

■ Östliche Umgebung

Die kleine gastfreundliche Gemeinde **Chmeľnica** (Hopgarten, früher auch Hobgart) hat immer noch einen hohen Anteil deutschstämmiger Einwohner. Zwischen 1944 und 1946 sollte das Dorf mehrmals evakuiert werden, 1948 durften sich die Einwohner zur slowakischen Nationalität bekennen und wurden dann endgültig in Ruhe gelassen. Inzwischen wird in der Grundschule und im Gottesdienst wieder deutsch gesprochen. Der isolierte schlesische Dialekt ist allerdings gewöhnungsbedürftig.

Noch weiter östlich liegt **Plaveč** (Plautsch). Hier beherrscht eine malerische Burgruine das Poprad-Tal. Burgherren im 1856 ausgebrannten Bau waren unter anderem um 1300 Dietrich von der Zips und um 1450 Peter Aksamit.

Grosek, Vyšné Ružbachy 218, Tel. 4398347, www.penziongrosek.sk, DZ ab 36 Euro. Im Zentrum des Kurortes.

Salaš u Franka, Popradská 34, Stará Ľubovňa, Tel. 436929, www.salasufranka.sk. Breites Angebot slowakischer Spezialitäten.

Im **Mittelalterlichen Kriegslager** unter der Burg kann man in aufgebauten Leinenzelten für 5 Euro übernachten.

Gebietsmuseum (Ľubovnianske múzeum), die beiden Bestandteile Burg (hrad) und Skansen (Skanzen) können einzeln oder mit Kombiticket besucht werden, Zámocká 22, Tel. 4322030, www.hradlubovna.sk, Di–So 9–16 Uhr.

Stadtgalerie (Provinčný dom), Mikuláša 12, 7781608, Mo–Fr 8.30–16.30 Uhr, gratis.

Nestville Park (Distillery), Hniezdne 471, Tel. 4263635, www.nestvillepark.sk, Mai–Sept. 9–17 Uhr, Okt.–Apr. Di–So 10–16 Uhr.

Sommerfreibad Izabela, Vyšné Ružbachy, Tel. 4266111, www.ruzbachy.sk, 10–18.30 Uhr.

Der **Skipark** in Vyšné Ružbachy (→ Tabelle S. 284) gilt als besonders geeignet für Kinder und Familien, hier finden auch Jugendwettbewerbe statt.

Krankenhaus, Obrancov mieru 3, Tel. 4317111, www.nspsl.sk.

Pieniny (slowakische Seite)

Die Floßfahrt auf dem Dunajec bei der Ortschaft Červený Kláštor im Pieniny-Nationalpark (Pieninský národný park, PIENAP) ist ein Aushängeschild des slowakischen Tourismus. In vielen Prospekten – oft sogar auf dem Titel – sieht man die mit Touristen bepackten Goralenflöße auf kurvigem Grenzfluss zwischen zackigen Bergen. Die Quellen des Dunajec liegen westlich von Zakopane auf polnischem Gebiet. Nur auf 17 Kilometer Länge berührt der Fluss slowakisches Territorium.

■ **Die Landschaft**

Das Pieniny (deutsch auch Pieninen, früher Kronenberge) ist ein Beispiel dafür, wie sehr der Tourismus durch die offenen Grenzen des Schengen-Raumes profitieren kann, denn die Attraktionen der Landschaft liegen in beiden Ländern. Seit 2006 überquert eine Fußgängerbrücke zwischen Sromowce Niżne und Červený

Kláštor nahe des Klostermuseums den Dunajec und damit die Landesgrenze.

Der **Prielom Dunajca** (Dunajetz-Durchbruch) in diesem Grenzbereich ist zweifellos die aufregendste Landschaft am ganzen Flusslauf. Auf drei Kilometern Luftlinie legt das Wasser in wilden Schleifen an steilen Felswänden neun Kilometer zurück. Meeresorganismen verliehen den Kalkfelsen bei ihrer Entstehung verschiedene Farbtöne, und schon vor der Hebung das Gebirges floss das Wasser in Mäandern. Ein grenzübergreifendes Reservat wurde 1924 (polnischer Teil) und 1932 (slowakischer Teil) eingerichtet und somit zum ersten internationalen Naturschutzgebiet in Europa. Flora und Fauna weisen zahlreiche Raritäten auf. Die Fläche des Nationalparks ist jedoch relativ klein und der Verwaltung des Tatra-Nationalparks zugeordnet.

Natürlich bietet eine derart romantische Natur Anlass für viele Sagen. So soll am Zbojnícky skok (Räubersprung) Juraj Jánošík auf der Flucht über den Fluss

Faltervielfalt in den Pieniny

Die markanten ›Drei Kronen‹

gesprungen sein. Die Liebesquelle an der Lichtung Huta garantiert angeblich zwei gleichzeitig trinkenden Liebenden eine Heirat binnen Jahresfrist, an anderer Stelle läuten die Glocken einer versunkenen Kirche in Vollmondnächten. Gelegentlich wird die Landschaft zwischen dem Bergzug Spišská Magura und Dunajec als Zamagurie (slowakisch = hinter der Magura) bezeichnet.

■ **Händler, Mönche und Touristen**
Bereits vor unserer Zeitrechnung sollen Bernsteinhändler den Dunajec befahren haben. Die Besiedlung des Gebietes begann im 11. Jahrhundert von Červený Kláštor (Rotes Kloster) aus. Damals wurde das Kloster Lechnica (Lechnitz) genannt. Zwischen 1319 und 1563 bewohnten es Kartäusermönche, 1699 bezahlte der Bischof von Nitra eine stattliche Summe und überließ das Kloster dem Kamaldulenserorden.
Der bekannteste Bewohner war der vielseitige schlesische Mönch Cyprian (Franz Ignaz Jaschke,1724–1775). Das Original seines berühmten Herbariums mit 272 Pflanzen wird im Nationalpark-Museum von Tatranská Lomnica gezeigt. Aber

auch das Kloster selbst ist zum Museum umgestaltet, man sieht unter anderem die Klosterkirche und Cyprians Apothekenräume. Angeblich ist er auch mit selbstgebauten Flügeln von Bergen herabgesegelt. Die ›Legende vom fliegenden Cyprian‹ wurde 2010 etwas langatmig verfilmt. Ebenso abenteuerlich war zweifellos die Bootsfahrt von Daniel Krmán auf dem Dunajec. Im Auftrag der Kuruzen reiste er 1708 bis in das schwedische Armeelager bei Mogilno und führte dabei Tagebuch.
In den Wirren am Ende der sozialistischen Epoche war das Flussufer am Kloster für wenige Jahre zum Rummelgelände mit Schießbuden und Jahrmarktsmusik verkommen. Konflikte gibt es hin und wieder immer noch durch hohe Besucherzahlen an schönen Sommerwochenenden sowie durch Rivalitäten zwischen slowakischen und polnischen Flößern.
2013 eröffnete als zweites slowakisches Museum im Umkreis des Dunajec eine kleine **Zweigstelle der Tatragalerie** in Spišská Stará Ves, die sich dem Werk des hier geborenen Malers Nándor Katona (eigentlich Nathan Ferdinand Kleinberger, 1860–1932) widmet.

Karte S. 287

■ Červený Kláštor

An der Einsatzstelle der Flöße in Červený Kláštor werden immer fünf schlanke Fichtenholztröge zusammengebunden und mit Sitzgelegenheiten ausgestattet. Fichtenreisig dient als Spritzwasserschutz. Bis zu 20 Personen passen in ein solches Gefährt. Die Goralen steuern ihre Touristenpontons mit langen Stangen. Die klassische Fahrstrecke auf slowakischer Seite vom Kloster bis zur endgültigen Rückkehr des Dunajec auf polnisches Staatsgebiet ist elf Kilometer lang und dauert etwa eine Stunde.

Vom Ausgangspunkt unter alten Linden hat man einen schönen Blick auf das polnische **Felsengebilde Tri Koruny** (Drei Kronen, 981 m), besonders beeindruckt die steile Bergwand Sedem mníchov (Sieben Mönche). Stellenweise ist der Fluss recht flach, man könnte ins Nachbarland hinüberwaten. Es gibt jedoch einige gefährliche Strudel, die angeblich bis zu 20 Meter tief werden können. Am Endpunkt werden die Flöße wieder zerlegt und auf Lastwagen geladen. Auf slowakischer Seite führt ein bequemer Weg dicht am Fluss zum Kloster zurück. Kaiserin Maria Theresia hatte für die Anlage extra italienische Wegebaumeister beauftragt. Von diesem Fußweg aus kann man mindestens ebenso gut fotografieren wie auf dem Floß.

Am Bach Lipník in Richtung Stará Ľubovňa liegen die schwefelhaltigen **Heilquellen** von Smerdžonka (Bad Kronenberg, slowakisch smrdieť = stinken). 1959 wurde der Kurbetrieb eingestellt, 2013 aber reaktiviert. Deshalb ist das kleine **Kurhaus** nun besonders modern eingerichtet.

An der nördlichen Straßenseite folgen die **Haligovské skaly** (Helbingsauer Felsen). Einige Touristenwege erschließen dieses schöne und interessante Gebiet.

Die nach dem Hussitenhauptman Peter Aksamit benannte Tropfsteinhöhle wird von Fledermäusen bewohnt und ist für Touristen gesperrt. Für eine kleine Wanderrunde durch die Haligovské skaly kann man zunächst den gelb markierten Wanderweg zwischen Huta bei Červený Kláštor und Lesnica wählen, von Lesnica in Richtung Haligovce gibt es dann einen grün markierten Weg. Ein rot markierter Weg schließlich kreuzt diesen auf halber Strecke und führt in westlicher Richtung über den Berg Plašná (889 m) nach Červený Kláštor zurück.

■ Spišská Magura

Auf dem Weg zum Dunajec aus Richtung Süden durchquert man das bewaldete Mittelgebirge Spišská Magura (Zipser Magura). Es bietet beste Möglichkeiten für Wanderungen und Radtouren und insbesondere für Freunde einsamer Skitouren. Am Scheitelpunkt der Landstraße (Magurské sedlo, 949 m) hat man einen schönen Blick auf die Tatra. Dort kann man das Auto abstellen und einen markierten Wanderweg wählen. Die beiden höchsten Berge der Magura – 1209 und 1157 Meter Höhe – liegen in Ortsnähe von Ždiar (→ S. 269). Das Gebiet ist für seine großflächigen Heidelbeerareale bekannt.

In der Nordwestecke des Gebirges führt eine Sackgasse nach etwa acht Kilometern zum **Volksarchitekturreservat Osturňa** (Asthorn). Eine Bebauung mit ursprünglichen Blockhäusern zieht sich sieben Kilometer weit an der Hauptstraße entlang. Diese Dorfstraße bildet das größte Ensemble noch bewohnter traditioneller Blockhäuser im Land, ausländische Touristen sind dennoch selten anzutreffen. An den Berghängen liegen die geschützten Teiche Veľké osturňanské jazero und Jezerské jazero bei Jezersko.

Die östlichen Landesteile

Eine Floßfahrt auf dem Dunajecz (1896)

Ähnlich wie in dem folgenden anonymen Text spielt sich eine Floßfahrt noch heute ab, nur handelt es sich nicht mehr um die ungarisch-galizische Grenze innerhalb der Habsburgermonarchie, sondern um die slowakisch-polnische innerhalb der EU. »In der Nähe des Rothen Klosters besteigt man die Kähne. Vor uns erhebt sich der imposante Kronenberg durch ein schluchtartiges Thal […] vom linkseitigen Nachbar, dem mächtigen, spitzen Kegelberge Pod skalnia Skala getrennt. […] Gleich unter dem Kronenberge vor der Flusskrümmung passieren wir die erste Stromschnelle und bald darauf unter der Ostra skala eine zweite. Dieser so wie die Felsen Grabcicha wižna und nižna, und Glemboki begrenzen bis zur nächsten Flusskrümmung auf der linken Seite den Dunajecz; während rechts der bewaldete Bergrücken Klastorna gora sich hinzieht. In der Grabcicha gewahrt man eine Höhlung im Felsen, wo die Fischergeräthe zum nächtlichen Lachsfang aufbewahrt werden.

Nun folgt die erste scharfe Flusskrümmung mit einer starken Stromschnelle und vor uns erblicken wir den mächtigen steilen Bergrücken Golica, den wir im weiteren Verlaufe von drei Seiten umfahren. Unter der Golica biegen wir nach links gegen Westen ein und vor uns erscheint der sehr steile Kalkfelsen Faćmieh. Hier passieren wir eine neue Stromschnelle bei einer abermaligen Flusskrümmung. An der Pecki skala vorbei, nähern wir uns links dem Kalkfelsen Ligarki; worauf uns die Czerwona skala entgegen tritt. Rechts umrandet die bewaldete Golica den Dunajecz. […] Am rechten ungarischen Ufer die ›Csarda‹, am linken galizischen Ufer ein gegenwärtig nicht mehr benutztes Schutzhaus. Dies ist die Hälfte des Weges. Ober dem polnischen Schutzhause erblickt man hoch oberhalb der Felsen eine Spitze des Kronenberges, auf den von hier ein steiler Fußpfad führt.

Kurz darauf erscheint der imposante spitze Kegel Sokolica. Wir passieren das schluchtartige Thal des Gebirgsbaches Pienin, in dessen oberem Theile sich die Ruinen der Kunigundaburg befinden. Unter der Sokolica passieren wir eine starke Stromschnelle, fahren dann am Pryhotki-Felsen vorbei und erblicken rechts die Biala skala, eine weisse Kalkwand, den Nachbar der bewaldeten Golica, die uns bis hierher begleitet. Uns aufs neue wendend, tritt vor uns der steile, fast ganz kahle Sedilko, und hinter ihm erblicken wir bereits das kahle Hügelland von Szczawnica.

Nun passieren wir in einer starken Stromschnelle den Lesnicer-Bach, weiterhin die Felsen Hukowa und Kacze. Hier verliert das sich erweiternde Thal bereits den romantischen Charakter und vor uns erscheint das Dorf Szczawnica. Wir passieren noch die letzte Stromschnelle und landen nach zweistündiger Fahrt neben einem kleinen Badehause am Dunajecz.«

Unterwegs auf dem Dunajec

Pieniny (slowakische Seite)

Vorwahl: 00421/(0)52.
Zuständig ist die **Touristeninfo** in Stará Ľubovňa: Mikuláša 12, 06401 Stará Ľubovňa, Tel. 4321713, www.marmon.sk und www.staralubovna.sk.
Kurbetrieb-Koordination: www.kupeleck.sk.

Eland, SNP 219, Spišská Stará Ves, Tel. 0911/987300 (mobil), www.hoteleland.sk, DZ ab 60 Euro. Wellnesshotel mit Campingplatz.
Kaštieľ Hanus, Spišské Hanušovce 10, Tel. 4892123, www.penzionhanus.sk, DZ ab 50 Euro. Klassizistisches Gutshaus.
Antiqua Villa, SNP 11, Spišská Stará Ves, Tel. 0918/731537, www.antiquavilla.sk, DZ 30 Euro. Neue Pension einer Flößerfamilie.
Dunajec Village, Červený Kláštor 12, Tel. 4822027, www.dunajec.sk, DZ ab 28 Euro. Renovierte Holzhäuschen mit Ausflugsrestaurant, Vermittlung von Kuranwendungen nebenan.
Goralská drevenica, Veľká Franková 23, Tel. 4892642, www.zamagurie.sk, Schlafplatz ab 10 Euro. Zwei Holzhäuser bevorzugt für Gruppen von sechs und zehn Personen.

Dunajec, Červený Kláštor 93, Tel. 4822656, www.campingdunajec.sk, Apr.–Okt. Direkt an der Flößerstrecke, als Ausgangspunkt für Paddeltouren geeignet.
Červený Kláštor 18, Tel. 4181074, www.lesytanap.sk, Juni–Sept. Direkt an der Flößerstrecke, von der Nationalparkverwaltung betrieben.

Pieniny (polnische Seite)

Aus dem Jahr 1832 existieren erste Belege für die Floßfahrt von Touristen. Polnische Kurgäste fuhren von Niedzica bis Szczawnica, Musiker und Böllerschüsse sorgten für die Klangkulisse. Zu einer derartigen Touristengesellschaft gehörte unter anderem der Nobelpreisträ-

Goralský dvor, Haligovce 188, Tel. 4323410, www.goralskydvor.sk, Mai–Okt. Große Wiese mit Restaurant vor den Helbingsauer Felsen.

Chata Pieniny, Lesnica 147, Tel. 4285031, www.chatapieniny.sk. Traditionsreiche Goralenkneipe.

Klostermuseum, Pod lipami 20, Červený Kláštor, Tel. 4822057, www.muzeumcervenyklastor.sk, Mai–Aug. 8–19 Uhr, Nov.–März 10–16 Uhr, Apr. und Sept./Okt 9–17 Uhr. Mit Klosterkneipe am Zugang.
Ferdinand-Katona-Galerie, SNP 44, Spišská Stará Ves, www.tatragaleria.sk, Tel. 4361102, Mai–Sept. Mo–Fr 10–17, Sa 10–12 Uhr, Okt.–Apr. Mo–Fr 11–15 Uhr.

Ein Erwachsener muss für eine Dunajec-Floßfahrt ab Červený Kláštor etwa 10 Euro bezahlen. In Zeiten mäßigen Besucherandrangs gibt es Last-Minute-Preise und Gruppenrabatte. Bei sehr hohem oder sehr niedrigem Wasserstand sind keine Fahrten möglich. Auch bei geringer Kundenzahl wird der Betrieb eingestellt. Floßfahrt-Agenturen präsentieren sich unter www.hubcej-plte.sk, www.dunajec-plte.sk, www.pltnici.sk und www.pltnictvo.sk

Der Weg am Flussdurchbruch ist auch als Lehrpfad beschildert, geeignet auch für Radfahrer und Skiwanderer (7 km, 10 Tafeln).

ger Henryk Sienkiewicz (1846–1916). Noch bis 1931 gab es Leibeigenschaft in der Gegend.
Im Jahr 1934 wurde eine polnische Genossenschaft von 300 Flößern mit 150 Floßgarnituren gegründet, 1950 entstand die entsprechende slowakische Genossenschaft von 40 Flößern.

■ Jezioro Czorsztyńskiego

Auf polnischer Seite der Pieniny-Berge, zwei Kilometer von der Landesgrenze entfernt, findet man den Jezioro Czorsztyńskiego (Schorstiner Stausee) mit Niedzica (Niest, slowakisch Nedeca, ungarisch Nedeczvár) und dem neuen Czorsztyn (Schorstin, slowakisch Čorštyn). Die Errichtung des Stausees zog sich unter einigen Protesten der Anlieger von 1976 bis 1997 hin. Das alte Czorsztyn versank dabei in den Fluten. Die **Burg Niedzica** wurde zwischen den Jahren 1320 und 1326 am rechten Ufer des Dunajec als gotische Grenzfestung Ungarns erbaut. 1963 wurde in der Burg Niedzica ein **Museum** mit archäologischen und historischen Exponaten

eingerichtet. Es ist nicht zuletzt wegen einer mysteriösen Geschichte über eine Inka-Prinzessin stark von Touristen frequentiert. Gelegentlich diente die Burg als Filmkulisse.

Ruhiger geht es gegenüber auf der **Ruine der Burg Czorsztyn** zu. Czorsztyn am linken Ufer des Dunajec gehörte ständig zu Polen. Die Burg wurde 1246 von Piotr Wydżga gegründet und unter der Herrschaft von Kasimir dem Großen erheblich erweitert. Im 18. Jahrhundert begann ihr Verfall. Als endemischer Kreuzblütler wächst hier das Pieniny-Mauerblümchen. Zwischen beiden Burgen verkehrt in der Sommerferienzeit ein Schiffchen.

Besonders sehenswert für Natur- und Gruselfreunde ist die Mündung der Białka

Karte S. 287

▲ *In den polnischen Beskiden*

in den Stausee, einen wie für Dracula-Filme geschaffenen Karpatenfluss. Das breite unverbaute Flussbett besteht im Sommer aus abgerundeten Steinen, durch die sich ein Gewirr von unterschiedlich starken Wasserläufen schlängelt. Einige Kuhlen sind so ruhig und groß, dass man darin schwimmen kann. **Dębno** weiter flussaufwärts bietet die auf der UNESCO-Welterbeliste stehende Michaelskirche aus Lärchenholz aus dem 15. Jahrhundert, die innen einzigartig bemalt ist.

■ Campingplatz bei Frydman

Rund um den Jezioro Czorsztyńskiego gibt es mehrere privat betriebene Campingplätze zu sehr moderaten Preisen. Sie sind allerdings auch einfach eingerichtet. Das größte derartige Gelände befindet sich in Frydman rechts von der Mündung der Białka in den See. Das eigene Zelt sowie für eine gewisse Flexibilität ein Auto sind allerdings Voraussetzung. Die Karpatenfluss-Badestellen gleich neben dem Schlafplatz machen das Camp zu etwas Besonderem. Je nach Ruhebedürfnis sollte man das Zelt aber mit entsprechendem Abstand zum rauschenden Wasser aufschlagen. Warmes Essen kann man am Lagerfeuer zubereiten, Angler können sich vom Platzwart beraten lassen. Nicht völlig mit einem friedlichen Urlaub vereinbar ist die Ausrichtung von Paintball-Aktivitäten durch die Betreiber. Das Camp selbst wird natürlich davon nicht berührt. Geöffnet ist nur von Mitte Juni bis Ende August.

Attraktionen für Kinder sind beispielsweise das Eisenbahnmuseum in Chabówka oder die Sommerrodelbahn in Kluszkowce. Viele Städte der Ostslowakei bieten sich für einen entspannten Tagesausflug an. Recht schnell ist beispielsweise Stará Ľubovňa mit Burg und Skansen erreichbar. Mehrere Gebirge einschließlich der Hohen Tatra laden zu Wanderungen ein. Bücher und Spiele für eventuelle Regentage sowie Taschenlampen nicht vergessen! Preisbeispiel (Stand 2014, Zahlung in Euro wird akzeptiert): Ein Familie (2 Erwachsene, 2 Schulkinder, 1 Kleinkind) mit Auto und Familienzelt (ohne Stromanschluss) bleibt sieben Nächte: 56 Euro. Drei kleine Zelte statt eines großen: 70 Euro. Auch warmes Wasser gibt es stundenweise ohne Aufpreis.

■ Szczawnica und Umgebung

Das relativ kleine Areal des polnischen Nationalparks (Pieniński Park Narodowy) erstreckt sich von Czorsztyn bis Szczawnica (polnisch Szczaw zwyczajny = Sauerampfer). Viele polnische Touristen wählen ihr Quartier in diesem Kurstädtchen, das sich am Bach Grajcarek entlangzieht. Eine Erbschaft durch den Verleger Józef Szalay (1802–1876) im Jahr 1839 wird als Beginn des Kurbetriebes angesehen; derzeit sind acht Mineralquellen zugänglich.

Krościenko nad Dunajcem ist ein Vorort von Szczawnica in Richtung Stausee, hier findet man interessante Kirchen und mit etwas Phantasie Reste einer in 799 Meter Höhe gelegenen Burg. Deren Nutzung wurde zwar schon im 15. Jahrhundert aufgegeben, wegen ihrer exponierten Lage war sie aber im 18. Jahrhundert bei Heimatforschern und Romantikern sehr populär.

Sowohl von Szczawnica als auch von Sromowce Niżne aus führen Wanderwege auf die **Drei Kronen**. Sie sind als Aussichtspunkt sehr frequentiert, für den exponiertesten Zacken wird ein kleines Eintrittsgeld verlangt. An einigen Hangwiesen tummeln sich unzählige Schmetterlinge auf hoch gewachsenem Wasserdost. Ein weiterer beliebter Wanderweg führt durch die Schlucht Wąwóz Homole östlich von Szczawnica.

Die östlichen Landesteile

Pieniny (polnische Seite)
Vorwahl Polen: 0048/(0)18.
Unter www.pieninypn.pl stellt sich der polnische Nationalpark vor.

1 Euro ca. 4,2 polnische Złoty (PLN).

No Name Luxury, Leśna 46, Łapsze Niżne, Tel. 0048/(0)797/502131, www.no nameluxuryhotelspa.com, DZ 170 Euro. Komfortables Romantikhotel im Blockhausstil.
Zbójnicówka, Wierch Olczański 99, Bukowina Tatrzańska, Tel. 0048/(0)18/ 2020000, www.hotelzbojnicowka.pl, DZ ab 90 Euro. In Richtung Zakopane, mit Bergblick und Pool.
Nawigator, Zdrojowa 28, Szczawnica, Tel. 0048/(0)18/5400440, www.szczaw nicanawigator.pl, DZ ab 60 Euro. Am Kurviertel.
Jan, Cieśliska 90, Szczawnica, Tel. 0048/ (0)18//2621901, www.hoteljan.net.pl, DZ ab 60 Euro. Gemütliches Wellnesshotel.
Willa Jaskolka, Hałuszowa 33, Tel. 0048/ (0)18/2623857, www.jaskolka.info, für 4 Personen ab 50 Euro. Zwei hübsche Ferienwohnungen für Familien.
Schlafplätze im **Betriebsgebäude des Eisenbahnmuseums Chabówka** für 10 Euro.
Willa Zacisze, Kościuszki 194 A, Bukowina Tatrzańska, Tel. 0048/(0)607/913449, www.willazacisze.pl, Schlafplatz ab 10 Euro. In Richtung Zakopane, baudenartige Zimmer.

Bacówka, Biała Woda 1, Szczawnica Jaworki, Tel. 0048/(0)18/2622192, www. bacowkajaworki.nrs.pl. Blockhaus an beliebten Wanderwegen.

Burg Niedzica und **Burgruine Czorsztyń**, Mai–Sept. 9–18.30 Uhr, Okt.–Apr. Di–So 9–15.30 Uhr.
Museum für Fahrzeuge und Bahntechnik (Skansen taboru kolejowego), Chabówka, Tel. +48/18/5353345, 8–18 Uhr.
Kurbadmuseum (Muzuem Uzdrowiska), Plac Dietla 7, Szczawnica, Tel. 0048/ (0)18/5400433, www.szczawnica-museum.pl, Di–So 9–16 Uhr.

Ośrodek Czorsztyn-Ski, Kamieniarska 30 A, Kluszkowce, Tel. 0048/(0)18/ 2650222, www.czorsztyn-ski.com.pl. Sommerrodelbahn am Berghang, Klettergarten am Waldrand, Tretbootausleihe am Stausee, bei Schnee Skisport.

Auch auf der polnischen Seite der Tatra gibt es Badelandschaften mit Thermalwasser und Sauna, jeweils 9–22 Uhr:
Terma Białka, Środkowa 181, Białka Tatrzańska, Tel. 0048/(0)18/2612540, www.termabialka.pl.
Bukowina Spa, Sportowa 22, Bukowina Tatrzańska, Tel. 0048/(0)18/2020070, www.termabukowina.pl.
Termy Szaflary, Osiedle Nowe 20, Szaflary, Tel. +48/(0)721/100800, www. termyszaflary.com.

In Nowy Targ donnerstags und samstags große Wochenmärkte, die sich aber schon am frühen Nachmittag auflösen.

Karczma u Walusia, Jagiellońska, Krościenko nad Dunajcem, Tel. 0048/(0)18/ 2623095, www.walus.pl. Blockhaus an der Landstraße.
Alt, Główna 32, Szczawnica, Tel. 0048/ (0)18/2621666, www.szczawnica.biz. Im Zentrum des Kurstädtchens.

Łęg, Frydman, , Tel. 507337019 oder 609390353, www.frydman.pl (leider nur auf polnisch). → Beschreibung S. 295.

Der Fluch von Niedzica

Im Jahr 1760 war der adelige Draufgänger Sebastian Berzewiczy, angelockt von Berichten über Inkaschätze, nach Peru gereist. Gold fand er keines, doch verliebte sich Berzewiczy, ein entfernter Verwandter der damaligen Burgherren von Niedzica, in eine direkte Nachfahrin des von Francisco Pizarro unterjochten Atahualpa, die er vor einer spanischen Patrouille gerettet hatte. Bald nach der katholischen Heirat starb die Inkaprinzessin 1762 bei der Geburt der ersten Tochter Umina. Diese wiederum bekam einen Sohn mit einem Ururenkel des letzten Inkaherrschers Tupac Amaru. Um das Herrschergeschlecht zu retten, reiste Berzewiczy mit der Familie der Tochter und Angehörigen des Inkahofstaates nach Europa zurück. Schon in Venedig wurde der Schwiegersohn von Schergen des spanischen Königs erdolcht, 1797 wurde dann Umina in Niedzica aufgespürt und umgebracht. Um seinen Enkel Antonio Condorcanqui, den nunmehr letzten Inkaprinzen, ein für allemal untertauchen zu lassen, soll ihn Berzewiczy als Adoptivsohn an seinen Neffen namens Benes weitergegeben haben.

Es heißt, irgendwo bei Niedzica oder Tropsztyn (Tropstein) sei ein Inkaschatz verborgen, mit dem Waffen für die Vertreibung der Spanier aus Peru gekauft werden sollten. Im Jahr 1946 fand der 1918 geborene Andrzej Benesz in Krakau die Adoptionsurkunde seines Urgroßvaters, die ihn als Nachfahre der Inkakönige ausweist. In dem Dokument war das Versteck in einer Art Knotenschrift-Landkarte beschrieben, die wiederum zu einem Schatz führen soll. Dieses ›Quipa‹ wurde auf der Burg unter einer Treppe in einem Zinnrohr gefunden, nur konnte niemand die altperuanische Knotenschrift entziffern. Wenige Tage später starben Soldaten, die bei der Entdeckung anwesend waren, durch einen Brand. Zwei Expeditionen entsandte Benesz, inzwischen ein hochrangiger Politiker, in den 1970er Jahren nach Peru, um die geheimnisvolle Schrift zu entschlüsseln. Beide Male verschwanden die Expeditionsteilnehmer spurlos. Dabei ging die Knüpfkarte verloren. 1976 kam Benesz auf dem Weg von Warschau nach Danzig bei einem mysteriösen Autounfall ums Leben. Einen Tag später wollte er angeblich seinen Sohn zum 18. Geburtstag gemäß einer Tradition in alle Familiengeheimnisse einweihen. Wiederum einige Jahre später brach ein gesund wirkender Pole bei Pendel-Berechnungen zur Schatzsuche tot am Tisch zusammen: Herzinfarkt.

Die Dorfbewohner glauben an einen Fluch, der auf dem Inka-Schatz liegen müsse. Inzwischen meint der Historiker Aleksander Rowinski, das Versteck zu kennen. Das Gelände dort gehört allerdings einem Geschäftsmann, der die entsprechenden Gänge angeblich mit 300 Tonnen Beton versiegeln ließ. Der Besitzer wird mit den Worten zitiert, dass er für sein Glück kein Gold benötige.

Die Burg Niedzica wird jetzt vom Stausee umspült

Kežmarok

Trotz einer guten Ausgangslage im 13. Jahrhundert stand die Entwicklung der am Fluss Poprad gelegenen Stadt Kežmarok (deutsch Kesmark, ungarisch Késmárk) lange im Schatten Levočas. Der Name Kežmarok kommt vom Wort Käsemarkt. Derzeit liegt die Einwohnerzahl bei 16 000.

Im 18. Jahrhundert spielte die Textilverarbeitung eine bedeutende Rolle, danach war die Stadt bei der touristischen Erschließung der Hohen Tatra ein bedeutenderer Ausgangspunkt als die Stadt Poprad. Zu den prägenden Persönlichkeiten im Karpatenverein zählte der Lehrer Alfred Grosz (1885–1973). Als Alpinist kümmerte er sich intensiv um Jugendarbeit und Naturschutzfragen.

Im hübschen Zentrum von Kežmarok

■ Die Innenstadt

Bei Touristen ist Kežmarok aufgrund reizvoller Kontraste durch Bauten verschiedener Stilepochen beliebt. Das beginnt mit den schlichten **Giebelhäusern** neben der Burg. Sie sind farbenfroh getüncht und besitzen die traditionellen Schindeldächer (Zipser Giebeldach) der Gegend. Die **Burg** selbst, über hundert Jahre lang Sitz des alten Adelsgeschlechtes Thököly, überragt nicht wie sonst viele derartige Anlagen ihre Umgebung. Zu ihrer Verteidigung diente ein Wassergraben mit Fallbrücken. Auf dem Burghof sieht man Reste der romanischen Elisabethkirche. Der spätgotische Umbau von 1462 prägt bis heute das Aussehen der Anlage, obwohl zwischen 1572 und 1583 renaissancezeitliche Änderungen und Erweiterungen folgten. Als besonders wertvoll gilt die 1658 von italienischen Künstlern ausgestattete Burgkapelle. 1720 kaufte die Stadt die Burg. Eine komplette Stadtmauer mit Wassergraben und drei Toren bestand schon im 14. Jahrhundert; sie ging in die Burgbefestigung über. Heute beherbergt die Burg das **Stadtmuseum**, zu dem auch das Bürgerhaus am Hauptplatz (Hlavné nám.) gehört. In der Mitte des Platzes steht das **Rathaus** mit Merkmalen verschiedener Stilepochen.

Ebenfalls im Zentrum der Altstadt findet man die spätgotische **Heiligkreuzkirche** aus dem 15. Jahrhundert mit einem reich verzierten kupfernen Taufbecken. Eine Sitzgruppe aus der Renaissance ist mit Musikinstrumenten bemalt. Die Urheberschaft der vorzüglichen Holzschnitzereien ist noch nicht endgültig geklärt. 1998 wurde die Kirche vom Papst zur Basilika Minor ausgerufen. Neben der Kirche steht ein zusätzlicher massiver **Glockenturm** aus dem 16. Jahrhundert. Die weithin sichtbare neue **evangelische Kirche** wurde 1898 unter Theofil Hansen im neobyzantinischen Stil errichtet. Die **Artikularkirche** von 1717 dahinter besteht aus Rotfichte und hat ein Tonnengewölbe. Sie ist die zweitgrößte Holzkirche der Slowakei und gehört zu den wenigen Holzkirchen außerhalb von Skansen, die regelmäßig für Besucher geöffnet sind. Aufgrund bestimmter Konstruktionsweisen vermutet man die Beteiligung schwedischer Bootsleute. Ungewöhnlich für Gotteshäuser dieser

Bauart ist der zusätzliche Lehmputz. Eine Besichtigung der farbenfrohen Innenausstattung lohnt sich sehr. 2008 wurde der Bau gemeinsam mit einigen anderen Holzkirchen in die UNESCO-Welterbeliste aufgenommen. Besondere Höhepunkte sind die hier veranstalteten Orgelkonzerte. Hinter diesen Kirchen steht das **Evangelische Lyzeum** mit seiner Bibliothek von etwa 150 000 Bänden. Auch hier können Touristen hineinschauen.

■ Die Umgebung

Im kleinen Ort **Vrbov** (Menhardsdorf) speist eisen- und schwefelhaltiges Thermalwasser ein **Schwimmbad** mit fünf Becken. Die Anlage ist in Mitteleuropa das öffentliche Bad mit dem kräftigsten Heilwasser, entsprechend schnell kann sich die Badekleidung verfärben. Bei Herz- und Kreislauferkrankungen wird es ebenso empfohlen wie gegen Rheuma und Asthma. Die vielen Besucher finden auf dem großen Areal ausreichend Platz, und rund um die Badegelegenheiten gibt es bewachte Parkplätze und günstige Gartenlokale. Einen ganz besonderen Reiz bietet das abendliche ›Discoschwimmen‹. Das Wasser bekommt im Mondschein einen fast metallenen Glanz.

In **Strážky** (Nehre) steht ein renaissancezeitliches **Kastell** mit Verteidigungsanlagen und Arkadenhof. Heute befindet sich hier eine vielseitige Abteilung

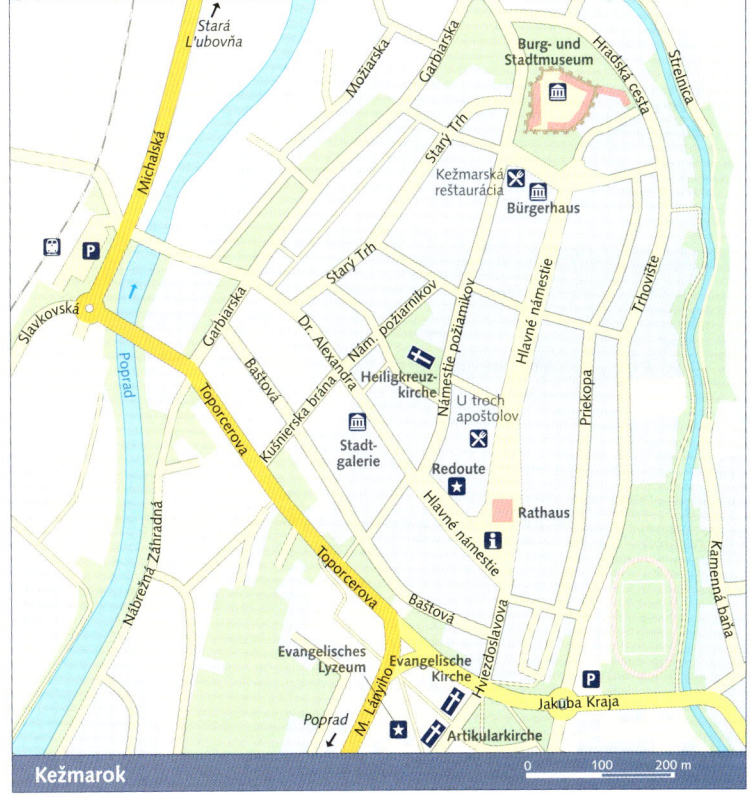

Kežmarok

Die östlichen Landesteile

der Slowakischen Nationalgalerie, die Möbel und Einrichtungsgegenstände, Portraitmalerei, Werke des spätimpressionistischen Landschaftsmalers László Mednyánszky (auch Ladislav Medňanský, 1852–1919) sowie eine Bibliothek enthält. Ein hübscher englischer Park schließt sich an.

Spišská Belá (Zipser Bela) ist Geburts- und Wirkungsort von Josef Maximilian Petzval (1807–1891), der zunächst Schullehrer war. Er entwarf viele optische Geräte, unter anderem das erste licht-

starke Fotoobjektiv (1:2,8). Im Kontrast zu Petzvals technischem Können stand sein Geschäftstalent, er selbst verdiente mit seinen Erfindungen wenig. Allerdings war er auch kein armer Mann – er hielt 39 Jahre lang Vorlesungen an der Wiener Universität.

Noch etwas weiter in nördlicher Richtung liegt **Slovenská Ves** (Windschendorf). Im Hauptaltar der **Kirche** steht eine lebensgroße Madonna auf einer Mondsichel. Sie stammt aus der Werkstatt des Meisters Paul aus Leutschau.

 Kežmarok und Umgebung

Vorwahl: 00421/(0)52.
Touristeninfo, Hlavné 46, Kežmarok, Tel. 4492135, Mo–Fr 8.30–12 und 13–16.15 Uhr, Sa 9–13 Uhr.
Touristeninfo, Petzvalova 18, Spišská Belá, Tel. 4680517, www.spisskabela.sk, Mo–Fr 9–17 Uhr.

Kursbuchstrecke 185, Abschnitt Kežmarok–Poprad 5–19 Uhr etwa zweistündlich (20 Min.).

Busbahnhof am Bahnhof westlich der Innenstadt hinter dem Fluss Poprad.

Menhard, Vrbov 196, Tel. 4468674, www.menhard.sk, DZ ab 40 Euro.

U troch apoštolov, Hlavné 9, Tel. 4525725, www.restauraciau3apostolov. sk. Guter Service.
Kežmarská reštaurácia, Hradné 33, Tel. 0904/547667, www.kezmarska-restau racia.sk. Slowakische Küche.

▸ Im Zentrum:
Das Stadtmuseum (Múzeum v Kežmarku) mit Sitz in der Burg, www.kezmarok.com, besteht aus drei Abteilungen:

Burgmuseum (Mestský hrad), Hradné 42, Tel. 4522619, Mai–Sept. 9–16 Uhr, Okt.-Apr. Mo–Fr 8–15 Uhr, nur mit Führungen zu jeder vollen Stunde außer 12 Uhr.
Bürgerhaus (Múzem bytovej kultúry), Hlavné 55, Tel. 4522906, Mai–Sept. 9–17 Uhr, Okt.–Apr. Mo–Fr 8–16 Uhr, jeweils 1 Std. Pause ab 12 Uhr.
Stadtgalerie (Výstavná sieň Barónka), Alexandra 11, Tel. 4524143, Mo–Fr 9–16 Uhr, 1 Std. Pause ab 12 Uhr.
Mit einem Kombiticket können die beiden evangelischen **Kirchen** (Červený kostol, Drevený kostol) besucht werden. Kasse: Hviezdoslavova 18, Tel. 4522242, www.ecavkk.sk, Mai–Okt. Mo–Sa 9–17 Uhr, Nov.–Apr. Di/Fr 10–16 Uhr, jeweils 2 Std. Pause ab 12 Uhr.
▸ Im Umland:
Schlossgalerie (Kaštieľ), Mednyánszkeho 25, Strážky, Tel. 4581312, www.sng.sk, Jul./Aug. Di–So 10–18 Uhr, Sept.–Jun. Mi–So 10–17 Uhr.
Josef-Petzval-Museum, Petzvalova 30, Spišská Belá, Tel. 4591307, www.stmke.sk, Di–Sa 10–16.30 Uhr.

Salmo, Vrbov, Tel. 4592188, www.ter malnekupalisko.com, Jul./Aug. 9–22 Uhr, Sept.–Jun. 10–21 Uhr.

Krankenhaus, Huncovská 42, Tel. 4512111, www.nkk.sk.

Die Kuruzen

Die Geschichte der Habsburger Herrschaft in der Slowakei wurde vor 300 Jahren wesentlich von den Kuruzen geprägt, wie die Aufständischen gegen die nationale Unterdrückung der Ungarn im Habsburger Regime genannt werden. Einerseits strebten die Ungarn innerhalb der Habsburgermonarchie nach mehr Unabhängigkeit, andererseits stellten sie in der Slowakei die Oberschicht und übten starke Repressionen gegen ihre slowakischen Untertanen aus. Die Kuruzen wurden dennoch von vielen Slowaken unterstützt, da diese sich eine Verbesserung der eigenen Situation erhofften. Ein erster Aufstand wurde von 1604 bis 1606 durch Stephan Bocskay (1557–1606) angeführt. Exponierte Anführer der Kuruzenerhebungen waren später Emmerich (Imre) Thököly (1657–1705) und Franz (Ferenc) II. Rákóczi (1676–1735). Emmerich Thököly konnte als Fünfzehnjähriger nach Siebenbürgen in den Schutz der Türken fliehen und kämpfte seitdem auf deren Seite. Seine Truppen drangen bis nach Mähren und Oberösterreich vor und waren an der Belagerung Wiens beteiligt. Durch dieses Verhalten verscherzte sich die Truppe viele Sympathien in der Zivilbevölkerung. 1682 heiratete Thököly die patriotische Witwe von Franz I. Rákóczi und Mutter von Franz II. Rákóczi. Dadurch wurde er einer der reichsten Grundbesitzer der Slowakei. Im gleichen Jahr ernannte ihn der Sultan zum ›König von Oberungarn‹. 1683 erlitten die Türken vor Wien eine heftige Niederlage und zogen sich bald immer weiter nach Süden zurück. Thökölys Frau verteidigte von 1685 bis 1688 die Burg Palanok in Mukačeve gegen eine Belagerungsarmee der Kaiserlichen. Nach der Kapitulation sperrte sie der Kaiser in ein Kloster. Franz II. Rákóczi begann 1690 ein Studium in Prag, ging 1693 auf Kavalierstour und heiratete 1694. Ab 1701 beteiligte er sich an den ›Kuruzenkriegen‹, rief 1703 die Unabhängigkeit Ungarns aus und erhielt großen Zulauf. Von Russland und Frankreich wurde dieser Aufstand gegen die Habsburgermonarchie unterstützt, Rákóczi hatte aber wohl diese Hilfe überschätzt. Trotz einer Stärke von über 60 000 ›Husaren‹ im Jahre 1704 blieb die Schlagkraft wegen schlechter Koordination begrenzt, auch die Inkonsequenz bei der Abschaffung der Leibeigenschaft rächte sich. 1708 wurde Rákóczis 15 000 Mann starke Kerntruppe besiegt, der Frieden von Sathmar (Szátmar) 1711 gilt als Ende der Kuruzenbewegung. 1713 fand Rákóczi Exil in Frankreich, 1717 in der Türkei.

Die Sarkophage von Franz II. Rákóczi und seiner Mutter Helena Zrinski (slowakisch Jelena Zrinska, ungarisch Zrínyi Ilona, 1643–1703) stehen seit 1906 im Dom von Košice. 1909 wurde für Emmerich Thököly ein Mausoleum an der Evangelischen Kirche von Kežmarok eingerichtet. Kaiser Franz Joseph I. hatte die Überführungen bewilligt. Für die Ungarn sind Thököly und Rákóczi Nationalhelden. Ähnliches gilt in Kroatien für Helenas Vater Petar Zrinski und für Fran Krsto Frankopan. In der Umgangssprache erinnern die Bezeichnung Kukuruz (Mais) und der Fluch Kruzitürken (Kuruzen und Türken) an die Kuruzenerhebungen. Diese Zeit ist auch in der Literatur und im Film verarbeitet worden. So war eine der beliebtesten Fernsehserien der Nachkriegszeit weit über Ungarn hinaus ›Der Kapitän vom Tenkesberg‹ (1963/1964) nach einem Roman von Ferenc Örsi. Immerhin bot sie einen über alle Zweifel erhabenen Reiter und Fechter als Anführer, borniere Offiziere bei den Gegnern, treue Freunde und schöne Frauen.

EXTRA

Levoča

Das reiche kulturelle Erbe und die Nähe zur Tatra machen Levoča (deutsch Leutschau, ungarisch Löcse) zu einem beliebten Tagesausflugsziel für Touristen. Viele bezeichnen den Ort als schönste Kleinstadt des Landes. Levoča verfügt über die größte komplett mit Stadtmauern erhaltene Altstadt der Slowakei und weist bedeutende Kunstschätze auf, die Liste der denkmalgeschützten Objekte ist über 350 Positionen lang. 2009 wurde der Eintrag ›Spissky Hrad and its Associated Cultural Monuments‹ auf der UNESCO-Welterbeliste um ›Levoča and the Work of Master Paul in Spiš‹ erweitert. Die Begründung spricht von einem herausragenden Beispiel einer bemerkenswert gut erhaltenen authentischen Baugruppe, die in militärischer, politischer, religiöser, wirtschaftlicher, kultureller Hinsicht charakteristisch für die mittelalterliche Besiedlung in Osteuropa sei. Interessanterweise ist in der Begründung von Ost- und nicht von Mitteleuropa die Rede.

■ Stadtgeschichte

Eine Urkunde von 1261 erwähnt Levoča als Hauptstadt der Gemeinschaft der Zipser Sachsen. Der Name soll der Sage nach zur Zeit der Mongoleneinfälle aus dem Warnruf ›Leut' schaut‹ entstanden sein. Den deutschen Siedlern wurde eine Rechtsprechung nach heimatlicher Gewohnheit zugebilligt. Rechtsgrundlage bis 1774 war damit der sogenannte Sach-

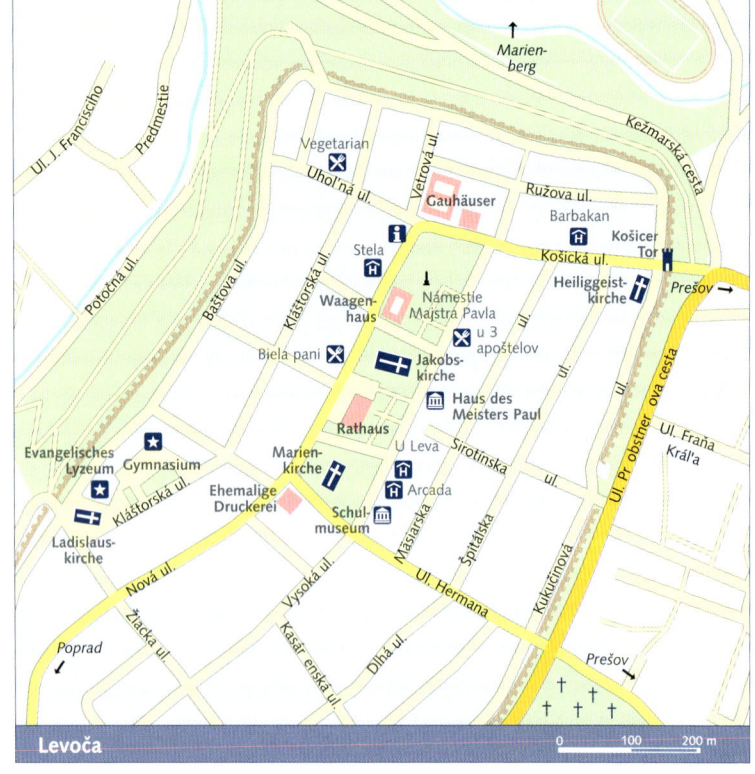

Levoča

Im Innenhof des Hotels Stela

senspiegel, der 1370 unter der Bezeichnung Zipser Willkür konkretisiert wurde. Seinen Reichtum verdankte Levoča vor allem dem Handel. Durchreisende Kaufleute waren verpflichtet, ihre Waren in der Stadt anzubieten, und sie konnten bis zu zwei Wochen in der Stadt festgehalten werden. Auf mehrere Brände – der verheerendste war der von 1550 – folgte immer wieder rege Bautätigkeit. Seit 1682 war Levoča Stützpunkt der Kuruzen. Die im Jahr 1710 angesiedelte Geschichte der ›Weißen Frau von Leutschau‹ Julianna Korponay-Géczy (1680–1714) wird in mehreren Varianten erzählt. Julie war die Gemahlin eines Befehlshabers der Kuruzen, ein bekanntes Gemälde zeigt sie im Nachthemd beim Öffnen einer Pforte in der Stadtmauer für die Habsburger Belagerer. Das Spektrum der Geschichten reicht von einer offiziellen Beauftragung mit Kapitulationsverhandlungen bis zu wirren Liebesgeschichten. Sterbliche Überreste einer Frau mit abgetrenntem Kopf wurden 2009 in der katholischen Kirche von Julies Heimatort Ožďany bei Rimavská Sobota gefunden. Parallel dazu spukt sie bis heute gelegentlich an der Stadtmauer oder im Rathaus von Levoča.

Im 19. Jahrhundert war das Gymnasium von Levoča ein Zentrum der nationalen Wiedergeburt, im 20. Jahrhundert stagnierte die Wirtschaft. Durch die Anlage von Gärten im Stadtgraben und die Bepflanzung des Altmarktes wurde das Stadtbild grüner. Levoča hat heute etwa 15 000 Einwohner.

■ **Jakobskirche**

Die gotische Jakobskirche ist die zweitgrößte Kirche der Slowakei. Der Hallenbau war gegen 1400 fertiggestellt, der achteckige neogotische Kirchturm stammt von 1857. Die Kirche birgt in ihrem Inneren den mit 18,62 Metern höchsten **gotischen Flügelaltar** der Welt. Ein solcher Superlativ aus dem Guinness-Buch der Rekorde ist natürlich im Tourismus-Marketing beliebt. Der höchste goti-

Prächtige Renaissance: das Rathaus von Levoča

Die östlichen Landesteile

sche Flügelaltar also wurde von 1508 bis 1517 vom Holzbildhauer Meister Paul aus Leutschau gestaltet. Farbenfrohe Tafelmalereien ergänzen die Lindenholzschnitzereien. Der Altar überstand alle politischen Wirren der Zeit mit Kriegen und Bränden unbeschadet, lediglich eine Bekämpfung von Holzwürmern war Mitte des vorigen Jahrhunderts fällig. 4 der 14 Seitenaltäre sind ebenfalls das Werk des Meisters Paul. Angesichts dieser Kunstschätze werden die bedeutenden Wandmalereien aus dem 14. und 15. Jahrhundert oft übersehen. Die Beschreibung einzelner Werke würde den Rahmen dieses Buches sprengen. Viele Künstler Mitteleuropas waren beteiligt, viele sind namentlich nicht mehr bekannt.

Der Ruf der Kunstwerke hat aber auch eine Schattenseite. Keine andere Kirche des Landes erlebt regelmäßig so heftige ›Stoßzeiten‹ im Touristenbetrieb, man wird im Rahmen von Führungen hindurchgeschleust und sieht den Hauptaltar nur mit einem gewissen Abstand. Ein beklemmendes Gedränge entsteht in dem großen Gebäude zwar auch nicht, aber man muss einem vorgegebenen Rhythmus folgen.

■ **Weitere Sehenswürdigkeiten**

Die zweite Kirche am Altmarkt neben der Jakobskirche ist ist die weniger auffällige klassizistische **Evangelische Kirche**. Die Bebauung des Altmarktes (nám. Majstra Pavla) verkörpert in beispielhafter Form das Zusammenspiel von Kirche, Verwaltung (Rathaus) und Wirtschaft (Waagenhaus). Das renaissancezeitliche **Rathaus** von 1615 verfügt über wuchtige Bogengänge und sehenswerte Einrichtungsdetails. Der gedrungene Glockenturm am Rathaus wurde barock umgebaut. Das Rathaus dient heute als Zentralgebäude des Zipser Museums. Viele der hier

ausgestellten alten Dokumente sind auf deutsch geschrieben. Das **Waagenhaus** aus dem Jahr 1588 diente als Warenlager und beherbergte eine Art Eichamt. Die Grundstücksaufteilung am **Altmarkt** war im 16. Jahrhundert abgeschlossen. Die meisten interessanten Häuser Levočas sind hier zu finden. Im ehemaligen Haus des Meisters Paul (Nr. 21) ist ein Museum über dessen Leben untergebracht, in der Druckerei (Nr. 36) wurde unter anderem das berühmte Schulbuch ›Orbis pictus‹ (Illustrierte Welt) des Reformators Comenius (Jan Amos Komenský) hergestellt. Auch das ehemalige Evangelische Lyzeum (Nr. 40) gehört zum Zipser Museum. Eines der nächsten Häuser (Nr. 43) fällt durch sein reiches Portal auf und hat Bogengänge im Hof. Der hintere Teil des ehemaligen Städtischen Gasthauses (Nr. 54) dient als Theater. Das Alte und das Neue Komitatshaus an der oberen Schmalseite des Platzes waren früher Verwaltungs- und Gerichtsgebäude.

Neuestes Gebäude innerhalb der Stadtmauern ist das 1915 fertiggestellte **Gymnasium** (Kláštorská 37) im Sezessionsstil. Dieser Nachfolger des Evangelischen Lyzeums arbeitet bis jetzt als Schule. Die Liste der prominenten Absolventen ist lang. Daneben befinden sich **Klostergebäude** der Minoriten mit der Ladislauskirche am sogenannten Polnischen Tor. Von der etwa 2500 Meter langen und zwei Meter dicken **Stadtmauer** sind 80 Prozent erhalten geblieben. Fünf Meter vor der eigentlichen Stadtmauer befand sich eine niedrige Mauer und wiederum davor gab es den über 3 Meter tiefen und 15 Meter breiten ausgemauerten Graben. Die vier Tore wurden durch Vortore und Fallbrücken geschützt.

Schon vom Stadtzentrum sieht man auf dem pittoresken Hügel Mariánska hora (Marienberg) die schlichte neogotische

Karte S. 302

Marienkirche. Sie ist das Ziel der größten slowakischen Wallfahrt, die jedes Jahr am ersten Juliwochenende stattfindet. Papst Johannes Paul II. erhob das Gebäude 1984 zur Basilica minor, 1995 hielt er selbst vor etwa 650 000 Teilnehmern den bisher größten Gottesdienst des Landes ab.

  Levoča und Umgebung

Vorwahl: 00421/(0)53.

Touristeninfo, Majstra Pavla 58, Levoča, Tel. 4513763, www.levoca.sk, Mai–Sept. 9–17 Uhr, Okt.–Apr. Mo–Fr 8.30–16.30 Uhr, jeweils 30 Min. Pause ab 12 Uhr.

Regelmäßiger Schienenpersonenverkehr erst in Spišská Nová Ves.
Zum Busbahnhof verlässt man die Altstadt am besten über die Straße Kasárenská südwärts.

Mehrere im Preis-Leistungs-Verhältnis ziemlich gleichwertige Hotels am Altmarkt, alle mit Hotelrestaurant:
Barbakan, Košická 15, Tel. 4514310, www.barbakan.sk, DZ ab 86 Euro.
Stela (ehemals Satel), Majstra Pavla 55, Tel. 4512943, www.hotelstela.sk, DZ ab 69 Euro.
Arkada, Majstra Pavla 26, Tel. 4512372, www.arkada.sk, DZ ab 52 Euro.
U Leva, Majstra Pavla 25, Tel. 4502311, www.uleva.sk, DZ ab 43 Euro.
Weitere Lokale:
U troch apoštolov, Majstra Pavla 11, Tel. 4512302, www.restauraciau3apostolov.sk. Historisches Flair.
Biela pani, Majstra Pavla 36, Tel. 0915/904421. Kleines Weinrestaurant.
Vegetarian, Uholná 3, Tel. 4514576. An der Stadtmauer.

Levočská dolina, Kováčova vila 798/2, Levoča, Tel. 4512705, www.autocamplevoca.sk. Ganzjährig.

Hinter der Kirche erheben sich die **Levočské vrchy** (Leutschauer Berge), deren Status als Armeegelände 2011 aufgehoben wurde. Das Mittelgebirge ist durch abwechslungsreichen Baumbestand und tiefe Täler gekennzeichnet, im Windschatten der Tatra fällt hier relativ wenig Niederschlag.

Jakobskirche (Chrám svätého Jakuba), Tel. 0907/521673, Besuch nur im Rahmen von Führungen, die bei Trauungen aber auch mal unangekündigt ausfallen können, Jul./Jul. halbstündlich Mo 11–17, Di–Sa 9–17, So 12–17 Uhr, Sept.–Jun. nach Bedarf Mo 11.30–16, Di–Sa 8.30–16 Uhr, Mai–Jun. und Sept./Okt. zusätzlich So 13–16 Uhr.
Das **Zipser Museum** (Spišské múzeum) www.snm.sk, 9–17 Uhr, hat mehrere Standorte:
▸ im Rathaus (Historická radnica), Majstra Pavla 2, Tel. +53/4512449;
▸ im Haus des Meisters Paul (Dom Majstra Pavla), Majstra Pavla 20, Tel. 4513496;
▸ im Evangelischen Lyzeum (Výtvarná kultúra), Majstra Pavla 40, Tel. +53/4512786.
Schulmuseum (Múzeum špeciálneho školstva), Majstra Pavla 28, Tel. 4512863, www.msslevoca.sk, Mo–Fr 7.30–16.30 Uhr.

Wallfahrt auf den Marienberg im Juli siehe (funktioniert nur ohne vorangestelltes www) rkc.levoca.sk.

Skiareal in Levočská Dolina (→ Tabelle S. 284) sowie ein kleines in Závada mit nur einem Lift.

Krankenhaus, Probstnerova cesta 2/3082, Tel. 3811000, www.levnemoc.sk.

Die östlichen Landesteile

Von der Burg Zips eröffnen sich weite Blicke ins Land

Spišské Podhradie und Umgebung

Nahe der kleinen Stadt Spišské Podhradie (Kirchdrauf) sind mehrere Attraktionen zu finden. Trotz der Anordnung dieser Sehenswürdigkeiten in allen Richtungen rings um die Stadt könnte man sie alle zu Fuß an einem Tag erreichen.

■ Spišské Podhradie

Das Städtchen Spišské Podhradie war ein Zentrum deutscher Siedler. In Dokumenten wurde 1327 ein Spital und 1450 eine Lateinschule erwähnt.

Die **Marienkirche** auf dem Marktplatz wurde bereits zwischen 1258 und 1273 errichtet und mehrmals umgebaut. Ihr wertvollstes Einrichtungsstück ist der Flügelaltar von 1521. Am zweigeschossigen **Rathaus** im Rennaissancestil befindet sich eine deutsche Inschrift von 1546, die vor ›FÖLLEREI‹ warnt. Auch einige sehenswerte **Bürgerhäuser** stammen aus der Renaissance.

Unter der Bezeichnung ›Spissky Hrad and its Associated Cultural Monuments‹ wurde 1993 ein Territorium von 1168 Hektar in die UNESCO-Welterbeliste aufgenommen, das von Sivá brada im Nordwesten bis zu den Dörfern Hodkovce und Žehra im Südosten reicht. Einbezogen sind die ganze Ortschaft Spišské Podhradie, das Naturschutzgebiet Dreveník, das Kirchenstädtchen sowie natürlich die Burgruine selbst. Nördlich davon ist eine Pufferzone definiert, die mit 2232 Hektar die Dörfchen Baldovce, Jablonov, Lúčka, Studenec, Ordzovany, Bijacovce, Pongrácovce sowie die Hügel Sobotisko (555 m), Nemecká hora (631 m) und Hrástka (654 m) einschließt. 2009 wurde der UNESCO-Welterbestatus dieser Kulturlandschaft auf Levoča erweitert.

■ Spišská Kapitula

Spišská Kapitula (Zipser Kapitel) wird zuweilen auch ›slowakischer Vatikan‹ genannt. Das isoliert gelegene und nur von Geistlichen bewohnte ›Städtchen‹ war ab 1198 Sitz des Zipser Probstes und ab 1776 des Zipser Bischofs, lediglich während der Bauzeit von Martinskathedrale und Probstpalast zwischen 1245 und 1281 wohnte der Probst zeitweise auf der Burg. Das gesamte **Bauensemble** des ›Kirchenstädtchens‹ überdauerte die Zeit ohne Zerstörungen, quasi ein Bischofssitz auf der grünen Wiese.

Karte S. 287

Der ›Leo Albus‹ am Eingang der Martins-kathedrale gehört zu den bedeutendsten romanischen Plastiken des Landes. Das Fresko von 1317 in der Sakristei zeigt die Krönung Karl Roberts von Anjou zum ungarischen König. Von 1488 bis 1493 wurde die Grabkapelle Stephan Zapolyas angebaut. Die Verteidigungsmauer entstand von 1662 bis 1665. Ein Tor im barocken Uhrturm von 1739 führt in den Probstgarten.

Es gibt viele Postkarten, die hinter dem Kirchenviertel die **Burgruine** zeigen. Dabei handelt es sich nicht um eine Fotomontage, entsprechende Blickwinkel existieren tatsächlich. Man braucht freilich ein wenig Geduld bei der Suche nach dem Standpunkt.

Westlich des Ortes erstreckt sich das kleine **Naturschutzgebiet Sivá brada** (wörtlich ›Graubart‹). ›Das slowakische Pamukkale‹ ist ein unter Naturschutz stehender Travertinhügel (506 m) unweit der Burg Zips mit frei zugänglichen Glaubersalzwasser-Heilquellen und einem niedlichen Geysir. Er spritzt alle fünf Stunden etwa zehn Minuten lang Wasser fünf Meter in die Höhe. Kaltwassergeysire funktionieren durch Kohlendioxid-Blasen statt durch Wasserdampf.

■ **Burg Zips**

Auf einem 634 Meter hohen Travertin-kegel erhebt sich die Burg Zips (Spišský hrad). Das umbaute Gelände mit fünf Burghöfen misst etwa vier Hektar und gilt trotz der fortschreitenden Ausgrabungen von Pustý hrad bei Zvolen immer noch als flächenmäßig größte Burgruine Mitteleuropas. Ein weiter Rundblick über die historische Kulturlandschaft Hornádska kotlina eröffnet sich von hier, bei halbwegs klarem Wetter sind die höchsten Karpatenberge in der Tatra zu sehen. Besonders beeindruckt die harmonische Einheit dieser Kulturlandschaft und der

Burg. Mit etwas Glück trifft man direkt am Burghügel bis in das Ruinengelände hinein auf die possierlichen Ziesel. Dieser Ort war seit der Steinzeit besiedelt. Die jetzige Anlage wurde ab dem 12. Jahrhundert errichtet, ihren Kern bildeten neben Palästen ein Turm und eine Kapelle. Im 13. Jahrhundert konnte die Anlage erfolgreich gegen die Mongolen verteidigt werden, später scheiterte auch ein Angriff von Matúš Čák. Jan Jiskra z Brandýsa ließ die Burg im 15. Jahrhundert ausbauen, dann kam sie in den Besitz der Familien Thurzo und Csáky. Nach zwei Bränden in den Jahren 1710 und 1780 blieb die Anlage ungenutzt, unter militärischen Gesichtspunkten war sie zu dieser Zeit schon veraltet.

Im Jahr 1970 begann die schrittweise Sanierung, es wurden einige Räume wetterfest gemacht und als **Museum** eingerichtet. Gezeigt werden unter anderem Waffen, die Küche und die Kapelle. Heute ist die Burg ein Touristenmagnet und

Klein, aber von großer ideeller Bedeutung: Spišská Kapitula

von allen Seiten eines der beliebtesten Fotomotive des Landes. Sie dient auch als Kulisse für Mittelalterkonzerte und Ritterspiele, im Vorhof findet man zur Feriensaison einen kleinen Markt mit Souvenirbuden und Einkehrmöglichkeiten. Bei Streifzügen kann man sich auf den engen Treppengängen allerdings leicht den Kopf stoßen.

■ **Die Umgebung der Burg Zips**
Etwa eine Wanderstunde südlich der Burgruine Zips, am Hügel Dreveník (609 m, wörtlich ›Holzkuppe‹), wohnten die ältesten ›Slowaken‹: einige der hier gefundenen Schädelknochen sind über 100 000 Jahre alt. Es gibt Vermutungen, nach denen die Anfänge der Besiedelung gar 500 000 Jahre zurückreichen sollen. Das **Naturschutzgebiet** rund um Dreveník ist das größte Travertingebiet der

Slowakei. Bis in die jüngste Vergangenheit wurde hier illegal Travertin abgebaut. Chemisch handelt es sich um Kalziumkarbonat mit einer Härte zwischen der von Fossilkalk und der von Marmor, das durch Ausfällungen an Süßwasserquellen gebildet wurde. Der Prozess der Travertinbildung dauert noch an. Es gibt 24 **Felshöhlen**, sehenswert sind außerdem die **Schlucht Peklo** (Hölle) und das **Felsengebilde Kamenný raj** (Steinparadies). Auch noch in Sichtweite der Burg Zips liegt das Dorf **Žehra**. Seine Kirche mit Zwiebelturm und Holzschindeldach wurde nach langer Bauzeit 1274 beendet. Wahrscheinlich ist sie die interessanteste steinerne Dorfkirche des Landes, besondere Beachtung finden ihre wertvollen Fresken. Seit der Desinfektion nach einer Pestepidemie 1646 waren sie für mehr als 300 Jahre übertüncht.

 Spišské Podhradie und Umgebung
Vorwahl: 00421/(0)53.
Touristeninfo, Mariánske nám. 34, Spišské Podhradie, Tel. 4699078, www.tic-spiss kepodhradie.com, Mai–Okt. 9–17 Uhr, Nov.–April Mo–Fr 9–16 Uhr.

Garni, Spišská Kapitula 15, Spišské Podhradie, Tel. 4542581, www.hotel kapitula.eu, DZ ab 60 Euro. Direkt im Kirchenstädtchen.
Agrofarma pri Spišskom hrade, Hodkovce 14, Spišské Podhradie, Tel. 4495129, www. ranch-fah.sk, DZ 30 Euro. Mit Reitschule.

Spišský Salaš, Levočská 11, Spišské Podhradie, Tel. 4541202, www.spisskysalas.sk. Schöner Ausblick, gute Küche, oft überfüllt.

Burg Zips (Spišský hrad), Tel. 4541336, www.snm.sk, Mai–Sept. 9–19 Uhr, X 10–16 Uhr, Nachtführungen Jul./Aug. Sa 20.30 Uhr.

Ein **Lehrpfad** führt von Sivá Brada durch Spišské Podhradie bis Dreveník (10 km, 8 Tafeln, auch auf deutsch). Einbeziehen könnte man Abstecher zur Travertinkuppe Sobotisko und zur Kirche Žehra.

Wintersportzentrum Plejsy bei Krompachy (→ Tabelle S. 284).

Krankenhaus Krompachy, Banícka štvrť 1, Tel. 4186274, www.nemkrompachy.sk.

Karte S. 287

Spišská Nová Ves und Umgebung

Spišská Nová Ves (deutsch Zipser Neudorf, ungarisch Igló) am Oberlauf des Hornád gilt als Hauptstadt der histo-

rischen Region Zips. Im Gegensatz zu vielen anderen Bergbaustädten schaffte Spišská Nová Ves den Übergang in das moderne Industriezeitalter. Heute hat die Stadt 39 000 Einwohner.

Žehra mit seiner Dorfkirche

■ Das Zentrum

Am linsenförmigen Rathausplatz konzentrieren sich die Sehenswürdigkeiten. Fast genau in seiner Mitte steht die gotische **Marienkirche**, deren Turm mit 87 Metern der höchste Kirchturm der Slowakei ist und einen guten Rundblick bietet. Die Kirche beherbergt eine Kalvariengruppe des Meisters Paul aus Leutschau. Daneben steht die klassizistische **evangelische Kirche**. Das repräsentative **Rathaus** mit seinem Balkon auf dorischen Säulen ist ebenfalls klassizistisch. Das früher oft als Versammlungsstätte genutzte Komitatshaus (Župný dom) gegenüber beherbergt als **Regionalmuseum** historische und naturwissenschaftliche Exponate. Dieses Gebäude mit der reich verzierten Fassade war Sitz des wichtigsten Zipser Städtebündnisses. Außerdem befindet sich eine **Redoute** im Sezessionsstil direkt auf dem Platz.

Das **Hallenbad** von Spišská Nová Ves wird von Thermalwasser gespeist, der **Zoo** ist für seine Lamazucht bekannt.

■ Die Umgebung

In **Smižany** (Schmögen) westlich von Spišská Nová Ves kann man ein **Volkskundemuseum** besuchen, zu dem das Geburtshaus des Kommunisten Ján Nálepka (1912–1943) mit seiner Originaleinrichtung gehört.

Markušovce (Marksdorf), etwa zehn Kilometer südöstlich von Spišská Nová Ves, bietet zwei **Schlösser** in einem kleinen französischen Park. Das größere Schloss wurde 1643 gebaut, später umgestaltet und beherbergt heute eine Möbelausstellung. Das kleinere wurde 1778 begonnen und blieb lange unfertig. In dem nach der Heiligen Dardanella benannten Gebäude werden verschiedene Tasteninstrumente hauptsächlich slowakischer Produktion gezeigt. Sehenswert sind die mythologischen Fresken im Konzertsaal. Beide Gebäude gehören zum Regionalmuseum von Spišská Nová Ves.

Die Umgebung von Spišská Nová Ves ist geradezu übersät mit alten **Kirchen**, die oft bereits aus dem 13. Jahrhundert

In diesem Schloss ist das Tasteninstrumentemuseum untergebracht

Die östlichen Landesteile

stammen, so zum Beispiel in Odorín (Dirn), Danišovce (Densdorf) und Chrasť nad Hornádom (Hrost). Die größte Kirche steht in Spišský Štvrtok (Donnersmark). Bekannter als diese Ladislaus-Kirche selbst ist die 1473 angebaute, zweigeschossige schlanke Zápoľský-Kapelle, die an französische Burgkapel-len erinnert. In der Kirche von Dravce (Drauz) entdeckte man 1928 alte Wandgemälde aus der Entstehungszeit. Die Kirche von Hrabušice (Kabsdorf) besitzt einen Hauptaltar aus der Werkstatt des Meisters Paul aus Leutschau.

In **Spišský Hrhov** (Gorg) gibt es ein **Barockschloss** und eine **Renaissancebrücke**.

 Spišská Nová Ves und Umgebung

Vorwahl: 00421/(0)53.

Touristeninfo, Letná 49, Spišská Nová Ves, Tel. 4298293. Mai–Sept. Mo–Fr 8–18, Sa 9–13, So 14–18 Uhr, Okt.–Apr. Mo–Fr 9–17 Uhr.

Unter www.gothicroute.sk ist die ›Straße der Gotik‹ zu finden.

Häufiger Verkehr auf der Kursbuchstrecke 180 Žilina–Ves–Košice (Žilina-Ves 2 Std., Ves-Košice 1 Std.).

Der Personenverkehr von Spišská Nová Ves nach Levoča (ehemals Strecke 186) wurde trotz großer Proteste eingestellt.

Busbahnhof am Bahnhof nordwestlich der Innenstadt. Unter www.imhd.sk (rechts oben ›Spišská Nová Ves‹ auswählen) findet man einen Überblick über den öffentlichen Nahverkehr.

Paradise, Tomášovská 30, Smižany, Tel. 4433222, www.penzion-paradise.sk, DZ ab 32 Euro. Ruhiges Vorstadthaus.

Spišský dvor, Pajdušáka 16, Smižany, Tel. 4433469, www.spisskydvor.sk, DZ ab 25 Euro. Preisgünstiger Bauernhof.

 Karte S. 287

Anmeldung für die Besteigung des höchsten Kichturms im Land in der Touristeninfo.

Das **Regionalmuseum Zips** (Múzeum Spiša), Tel. 4423757, www.muzeum spisa.com, betreibt folgende Abteilungen:

Hauptgebäude (Expozícia prírody a histórie), Letná 50, Spišská Nová Ves, Mo–Fr 8–16.30, Sa 9–13 Uhr, Mai–Okt. auch So 13–17 Uhr;

Möbel- und Tasteninstrumentenmuseum (Expozícia historického nábytku a klávesové hudobné nástroje), Michalská 55/59, Markušovce, Jul./Aug. 9–17 Uhr, Nov.–März Di–Fr und So 8–16 Uhr, Mai/Jun. und Sept./Okt. Di–So 9–17 Uhr;

Volkskundemuseum (Národopisné múzeum) mit Geburtshaus von Ján Nálepka, Krátka 5, Smižany, Mo–Fr 8–16 Uhr;

Künstlergalerie (Galéria umelcov Spiša), Zimná 46, Tel. 4174621, www.gus.sk, Di–Fr 9–16.30 Uhr.

Zoologischer Garten (Zoologická zährada), Sadová 6, Spišská Nová Ves, Tel. 0907/102720, www.zoosnv.sk, Mai–Okt. Di–So 9–16 Uhr, Nov.–Apr. nur Pavillon Aquaterra Di–Fr 9–16 Uhr.

Gute Restaurants am Marktplatz von Spišská Nová Ves, beispielsweise der **Ratskeller**, Radničné 7, Tel. 4414330.

Spišské divadlo, Radničné 4, Tel. 4414842, www.spisskedivadlo.sk.

Skiareale in Hnilčík und Poráč (→ Tabelle S. 284), die sich vor allem durch gute Langlaufmöglichkeiten auszeichnen.

Krankenhaus, Jánskeho 1, Tel. 4199111, www.sn.svetzdravia.com.

Slowakisches Paradies und Slowakischer Karst

Der geologische Oberbegriff Slowakisches Erzgebirge (Slovenské rudohorie) ist weniger geläufig als die Bezeichnungen seiner Teile Slowakisches Paradies und Slowakischer Karst; aber die Namen weiterer Teilgebirge sind auch manchen Slowaken unbekannt. Eisenbahnfreunde kennen vielleicht noch die Veporské vrchy rund um Čierny Balog wegen der dortigen Schmalspurbahn, und der Gebirgszug rund um den Stausee Ružín heißt Čierna hora.

Das Slowakische Paradies (Slovenský raj) ist ein zerklüftetes Kalkplateau mit vielen Bächen und Höhlen, das keinen dominierenden Gebirgskamm besitzt. Daher besteht der Reiz der Landschaft weniger in klassischen Gebirgspanoramen als in wasserreichen felsigen Bergwäldern. Das Plateau hat den Status eines Nationalparks (Národný park Slovenský raj, NAPASR). Charakteristisch sind enge feuchte Schluchten mit Kletterhilfen – Leitern, Ketten, Seile, Trittbretter, Rampen –; robustes Schuhwerk mit griffigen Sohlen ist also unbedingt empfehlenswert. Man kann sich leicht vorstellen, dass der Zustand dieser Wege witterungsabhängig und die Vegetation sehr empfindlich ist. Der Wasserhaushalt des Gebietes ist kompliziert, außer Niederschlägen und Schneeschmelze beeinflussen auch Bewegungen im Grundwasser die Passierbarkeit der Wege. Obendrein neigt der Kalkboden abseits der Wasserläufe schnell zur Austrocknung. Das Slowakische Paradies wurde im Sommer 2007 erneut, wie schon 2000 und 1976, von Waldbränden heimgesucht. Einige der feuchten Kletterwege darf man nur in eine Richtung begehen, schon weil ein Ausweichen entgegenkommender Touristen schwierig wäre. Ein Umkehren bei nachlassenden Kräften ist somit kaum möglich, Plätze für eine bequeme Rast sind ebenfalls spärlich vorhanden. Für Wanderungen mit kleineren Kindern ist das Gebiet also weniger geeignet.

Oberirdisch nicht ganz so spektakulär wie das Slowakische Paradies wirkt der Slowakische Karst (Slovenský kras). Dorthin zieht es eher fachkundige Naturfreunde, beispielsweise zur Greifvogelbeobachtung. In Betliar und Krasna Horka warten zwei besondere Architektur-Juwelen auf die Besucher. Hauptattraktionen des Slowakischen Karstes sind jedoch die auf der UNESCO-Welterbeliste stehenden Höhlen, von denen die schönsten im Rahmen von Führungen zugänglich sind.

Nördliches Slowakisches Paradies

Die populärsten Wanderziele sind Suchá Bela, Prielom Hornádu und Tomašovský výhľad. Eine anstrengende Tageswanderung führt durch das Tal Sokolia dolina,

Im Slowakischen Paradies

wo sich ein hoher wilder Wasserfall (65 Meter) befindet.

Das Slowakische Paradies ist ein alter und legendenumwobener Siedlungsplatz. Aus verschiedenen Epochen seit der Steinzeit sind zwischen Čingov (Tschingo) und Zelená hora (Grünberg) Belege für das Leben der damaligen Bewohner gefunden worden. Oft scheint Čingov ein Zentrum der jeweiligen Kultur gewesen zu sein. Das durch Canyons gut geschützte Pla-teau Kláštorisko war zur Zeit der Mongoleneinfälle ein wichtiger Zufluchtsort der Zivilbevölkerung. Der heutige Name bezieht sich auf ein 1305 fertiggestelltes und 1534 aufgegebenes Kartäuserkloster. Am Zelená hora ist die Anlage einer 1243 von den Mongolen zerstörten Burg zu erkennen. In der Rosenhöhle (Ružová jaskyňa) hatte wahrscheinlich der Kartäusermönch Jan von Siebenbürgen seine Alchimistenwerkstatt.

⬇ Halbtageswanderung: Prielom Hornádu und Tomašovský výhľad

Route: Podlesok – Prielom Hornádu – Letanovský mlyn – Tomašovský výhľad – Spišské Tomášovce

Prielom Hornádu (Hernad-Durchbruch) heißt eine vom Fluss Hornád in den Kalkstein gesägte Schlucht. Der blau markierte Weg führt von dem kleinen Ort Podlesok aus durch den abenteuerlichen Canyon zum Hang unter dem Tomašovský výhľad (Tomsdorfer Ausblick, 680 m). Für den Bau dieses Wanderweges wurden 15 Jahre benötigt. Parallel dazu führt oberhalb der Schlucht ein gelb markierter Weg über die Berge Zelená hora (658 m) und Ihrík (651 m) entlang. An der Letanovský mlyn (Lettensdorfer Mühle) könnte man unterwegs zwischen beiden Wegen wechseln. Tomašovský výhľad ist eine Felsnase über einem tief abfallenden Hang; der Blick in den Canyon ist beeindruckend. Nun bleiben noch zwei Kilometer entlang der grünen Markierung bis Spišské Tomášovce.

Varianten: Die Wege sind in Gegenrichtung möglich.

▶ Der blau markierte Weg in der Schlucht ist mit dem gelb markierten oberhalb zu einer Rundwanderung kombinierbar.

▶ Man kann die Route noch um einen Abstecher zum Aussichtspunkt Čertová sihoť (Teufelsklippe, 826 m) erweitern.

Verkehrsverbindung: Bushaltestellen bei Podlesok und Spišské Tomášovce.

Länge/Schwierigkeit: vier Stunden, mehrere Kletterstellen mit Halteseilen an Felswänden, mehrere Hängebrücken.

Hinweis: blau markierter Weg nur vom 1. Juli bis zum 30. Oktober erlaubt.

⬇ Halbtageswanderung: Suchá Bela

Route: Podlesok – Suchá Bela – Glacká cesta – Podlesok

Suchá Bela ist eines der typischen Klammtäler des Karstplateaus. Man steigt entlang der grünen Markierung größtenteils am Bachbett aufwärts, oft müssen Leitern benutzt werden. Nacheinander passiert man mehrere Wasserfälle. Den Beginn bilden die Misové vodopády (Schüssel-Wasserfälle), dann folgen der schmale Okienkový vodopád (Fensterchen-Wasserfall) und der mächtigere Korytový vodopád (Trog-Wasserfall). Von einem Nebenbach kommt der Bočný vodopád (Seiten-Wasserfall). Schließlich folgt das Brünnlein mit der Quelle des Baches Suchá Bela.

Kurz darauf stößt man auf den bequemeren Waldweg Glacká cesta. Ihm folgt man nach links entlang der gelben Markierung und biegt nach knapp zwei Kilometern wieder nach links auf die rote Markierung ein.

Verkehrsverbindung: Bushaltestellen in Betlanovce und Hrabušice (die nächstgelegene heißt Mýto), 10 Min. zu Fuß nach Podlesok.

Länge/Schwierigkeit: vier Stunden, viele Kraxelstellen mit Leitern, am Bach nur aufwärts erlaubt.

Karte S. 287

Nördliches Slowakisches Paradies

Zuständig ist die Touristeninfo Spišská Nová Ves. Kleinere Infopunkte am Autocamping Podlesok und am Marktplatz Hrabušice.

Kursbuchstrecke 180 Žilina–Košice, für Wanderungen interessant sind die Bahnhöfe zwischen Vydrník und Spišské Tomášovce, an denen Schnellzüge aber nicht halten.

Hotels im nördlichen Slowakischen Paradies wie www.hoteltrio.sk, www.hotel cingov.sk oder www.parkhotelcingov.sk liegen zwar hübsch im Grünen, können aber derzeit nur eingeschränkt empfohlen werden, bessere Quartierqualität in

Smižany bei Spišská Nová Ves oder im südlichen Teil.

Lehrpfad der Waldverwaltung bei Novoveská Huta (3 km, 8 Tafeln).
Rundwanderung von Čingov nach Smižanska Maša (7 km, 6 Tafeln).
Die beschriebene **Halbtageswanderung** im Flussdurchbruch (Prielom Hornádu und Tomašovský výhľad) deckt sich teilweise mit dem Lehrpfad von Čingov nach Lesnica (11 km, 6 Tafeln).
Vier Lehrpfade zur Bergbaugeschichte bei Hnilčík befinden sich in Vorbereitung.

Zwei ausgeschilderte Mountainbike-Rundkurse verbinden das nördliche Slowakische Paradies mit Spišská Nová Ves.

Südliches Slowakisches Paradies

Dobšiná (Dobschau) ist berühmt durch die etwa 15 Kilometer vom Stadtkern entfernt gelegene **Eishöhle**. Die Eisbodendicke im großen Saal wird auf 25 Meter geschätzt. Bis in den Frühsommer hinein sind die Wände mit Rauhreif bedeckt. Der schichtartige Aufbau des Eisbodens gibt Auskunft über Bedingungen längst vergangener Zeiten.
Im Jahr 1870 begannen der Bergingenieur Eugen Ruffinyi und einige Freunde mit der umfassenden Erschließung. Zeitweise diente die Höhle als Trainingsraum für den Eiskunstlauf. Im Jahr 2000 wurde sie von der UNESCO den bereits in der Welterbeliste stehenden Höhlen des Slowakischen Karstes zugeordnet. Die Liste prominenter Besucher der Eishöhle ist beeindruckend, der Hochadel gehört ebenso dazu wie mehrere Nationaldichter. Aus Nord- und Westeuropa kamen unter anderem der Polarforscher Fridtjof Nansen, der Suezkanal-Bauleiter Ferdinand de Lesseps – er verwende-

Die Eishöhle in Dobšiná

Die östlichen Landesteile

te übrigens slowakisches Lärchenholz für seinen Bau –, die Komponisten Léo Delibes und Jules Massenet.

Im südwestlichen Zipfel des Nationalparkgebietes liegen die zu Dobšiná gehörenden alten Bergbaudörfer **Stratená** (Verlorenseifen, ein Bachlauf taucht hier wieder unter die Erdoberfläche und geht somit verloren) und **Dedinky** (Emrichsdorf) mit dem kleinen **Stausee Palcmanská Maša** (Palzmannshütte). Die Hauptstraße windet sich in diesem Bereich malerisch zwischen Felsen am Flusslauf entlang, ein

Sessellift fährt von Dedinky auf den Geravy (1032 m). Im Jahr 1972 wurde eine mit der Eishöhle Dobšiná in Verbindung stehende Höhle bei Stratená entdeckt. Für Touristen ist das 18 Kilometer lange System, dessen größter Höhlenraum 192 Meter misst, nicht zugänglich.

Eine empfehlenswerte Wanderung führt vom Geravy zum Gipfel Hýľ (wörtlich ›Gimpel‹, 1158 m). Als Wintersportzentrum ist das Örtchen Mlynky bekannt. Die Wege abseits der engen Bachschluchten eignen sich gut für Skiwanderungen.

ℹ Südliches Slowakisches Paradies

Touristeninfo, Baníkov 384, Dobšiná, Tel. 058/7941154, Mo–Fr 7–15.30 Uhr. Eine recht brauchbare Website ist www.dedinkymlynky.sk.

Kursbuchstrecke 173 Telgárt–Margecany über Dedinky–Gelnica nur noch 4x tgl. (130 Min.).

Raj, Dobšinská Maša 73, Dedinky, Tel. 058/7981213, www.hotelraj.sk, DZ 50 Euro. Am Stausee.
Šafran, Stratená 5, Tel. 058/7981118, www.pension-safran.de, DZ ab 38 Euro. Beliebter Familienbetrieb an der Hauptstraße.
Geravy, Dedinky, Tel. 058/7981179, www.geravy.com, DZ 28 Euro. Renoviertes Wanderquartier, Alleinlage im Grünen, organisiert auch Ausritte.
Salamander, Palcmanská Maša 293, Mlynky, Tel. 053/4493545, www.penzionsalamander.sk DZ ab 34 Euro. Am Stausee.
Pod Guglom, Prostredný Hámor 362-389, Mlynky, Tel. 053/4425858, www.mlynky.net, DZ ab 24 Euro. Am Waldrand nahe des Bahnhofs. Fahrradverleih.

Eishöhle von Dobschau (Dobšinská ľadová jaskyňa), Tel. 058/7881470, www.ssj.sk, nur mit Führung ca. 30 Min., Jun.–Aug.

Di–So 9–16 Uhr stündlich, 15.–31. Mai/Sept. Di–So 9.30/11/12.30/14 Uhr.

Bei Dobšinská Maša ist eine kleine Runde als **Lehrpfad** (3 km, 5 Tafeln) ausgeschildert.
Rundwanderung mit als Lehrpfad (6 Tafeln) ausgeschildert.
Lehrpfad von Dedinky durch mehrere Naturschutzgebiete wie den Felsen Havrania skala (11 km, 10 Tafeln).
Lehrpfad von Stratená enbenfalls auf den Felsen Havrania skala (2 km, 7 Tafeln). Erster behindertengerechter **Lehrpfad** der Slowakei bei Stratená durch die Klamm Stratenský kaňon (1 km, 8 Tafeln).

Durch das südliche Slowakische Paradies führen mehrere ausgeschilderte Mountainbike-Rundkurse, die man auch miteinander kombinieren kann.

Nahe der Eishöhle Dobšiná liegt der Reiterhof **Ranč pod Ostrou skalou**, Stratená, Tel. Tel. 0911/298208, www.ranc-ladova.sk. Dahinter befindet sich eine Zweigstelle des Klettergarten-Betreibers Tarzania. Eine Ausleihe relativ guter Tretboote ist am See Palcmanská Maša möglich.

Skiareal in Mlynky (→ Tabelle S. 284).

Das schmucke Schloss Betliar

Rožňava

Der Höhepunkt des Bergbaus in der alten Stadt Rožňava (deutsch Rosenau, ungarisch Rozsnyó) lag bereits zwischen dem 13. und dem 15. Jahrhundert, und während der Kuruzenaufstände war die Stadt Zentrum der Waffenproduktion. In der Folgezeit erlebte sie mehrere Brände und der Bergbau kam zum Erliegen. Die Stadtmitte erhielt ihren heutigen Charakter im 16. und 17. Jahrhundert. Geologisch ist Rožňava die größte Stadt im Slowakischen Karst (→ S. 311), wird aber hier mit den Sehenswürdigkeiten der näheren Umgebung separat davon behandelt.

■ Sehenswürdigkeiten

Die ältesten Gebäude konzentrieren sich am **Marktplatz** (Nám. baníkov). Der spätrenaissancezeitliche Wachturm ist 36 Meter hoch und hat unter der flachen Haube einen überdachten Umgang. Von dort bietet sich natürlich der beste Ausblick auf die Innenstadt. Außerdem war der Turm für seine genaue Uhr bekannt. Weiterhin gibt es vier **Kirchen** und den klassizistischen **Bischofspalast**. Das Tafelbild der Anna Selbdritt in der Himmelfahrtskathedrale zeigt im Hintergrund

realistische Szenen aus Bergbau und Hüttenwesen, das **Rathaus** beherbergt Ausstellungssäle.

Südlich des Marktes befindet sich das Hauptgebäude eines **Bergbaumuseums**. Zusätzlich zu den Ausstellungen kann man einige Meter in einen Stollen hineinlaufen. Das Museum verwaltet eine Zweigstelle in der gleichen Straße sowie zwei Galerien.

■ Koceľovce und Chyžné

Die **Kirche** in Koceľovce weist Wandmalereien aus dem 14. Jahrhundert auf, die als die besterhaltenen in der Slowakei gelten. Die frühgotische **Kirche** von Chyžné steht auf einem Hügel in der Dorfmitte. Sie besitzt Fresken aus dem 14. Jahrhundert und einen spätgotischen Flügelaltar von Meister Paul aus Leutschau aus dem Jahre 1508. Der Holzglockenturm daneben wurde 18. Jahrhundert ergänzt.

■ Betliar

Ein besonders üppig-plüschig eingerichtetes **Schloss** steht in Betliar, fünf Kilometer nördlich von Rožňava. Den heutigen Charakter als Jagdschloss erhielt es unter Emmanuel Andrássy zwischen 1880 und 1886, seine Geschichte reicht aber bis in das Mittelalter zurück. Das Museum zeigt die Wohnkultur des Adels mit Schwerpunkt auf das 18. und 19. Jahrhundert. Zu den ungewöhnlichen Reiseandenken der ehemaligen Schlossherren zählt eine 4000 Jahre alte Mumie aus Gizeh. Im Obergeschoss befinden sich 21 Wohn- und 21 Schlafzimmer, beeindruckend ist die Privatbibliothek mit fast 20 000 Bänden. 1994 wurde die letzte Restaurierung des Schlosses mit der Plakette ›Europa Nostra‹ ausgezeichnet. Der 1790 gegründete **Schlosspark** ist einer der schönsten des Landes. Er bietet noch zwei kleinere Gebäude und reichlich Wasser: den Hermes-Brunnen,

Fontänen, einen künstlichen Wasserfall und einen Fischteich.

Bei Betliar zweigt von der Hauptstraße eine wenig befahrene kurvige Bergstraße über Hnilec (Einsiedel an der Göllnitz) nach Spišská Nová Ves (→ S. 308) ab.

■ Krásna Hôrka

Gegenpol zu Schloss Betliar ist die **Burg Krásna Hôrka** fünf Kilometer östlich. Die trutzige Anlage auf einem kahlen kegelförmigen Berg hat durchaus ihren eigenen Charme, und die sparsamere Innenausstattung mit schlicht gekalkten Wänden ist auf andere Art ebenso geschmackvoll wie die in Betliar.

Die Burg entstand im 13. Jahrhundert, 1642 kam sie in den Besitz der Familie Andrássy. Im 19. Jahrhundert blieb Krásna Hôrka größtenteils unbewohnt. Am Anfang des 20. Jahrhunderts machte Dionysius Andrássy ein von ihm eingerichtetes Familienmuseum der Öffentlichkeit zugänglich. Der Rundgang führt durch 16 Räume auf 1500 Quadratmetern, zu sehen gibt es neben dem Mobiliar die rustikale Kücheneinrichtung sowie verzierte Kanonen. In der Kapelle steht der Epitaph für Johann Andrássy, der bereits 1596 entstand.

Ein Großbrand am 10. März 2012 beschädigte die Burg schwer. Das gesamte Dachgeschoss wurde zerstört, viele Exponate konnten glücklicherweise gerettet werden. Seit der Gründung der selbstständigen Slowakei ist dies der tragischste Vorfall mit Kulturgütern. Während der aufwendigen Reparaturen bleibt das Burgmuseum geschlossen.

Südöstlich des Burghügels an der Landstraße steht das ›slowakische Taj Mahal‹ für Dionysius Andrássy und seine Gemahlin Františka (Franziska) Hablavcová. Františka durfte als Opernsängerin aus dem Bürgertum nicht in der Familiengruft beigesetzt werden. Das **Mausoleum** von 1903 gehört zu den bedeutendsten slowakischen Sezessionsdenkmalen. 1924 wurden leider die Gold- und Edelsteinverzierungen gestohlen.

Außerdem bietet der Ort Krásnohorské Podhradie noch eine **Gemäldegalerie** mit ungarischen Portraits des 18. und 19. Jahrhunderts. Diese Sammlung und ihr Gebäude im Sezessionsstil sind ebenfalls Dionysius Andrássy zu verdanken. Die 1964 entdeckte **Höhle Krásna Hôrk**a wurde inzwischen für Touristen präpariert und hat im Sommer feste Führungszeiten. Attraktionen sind unterirdische Bachläufe und ein über 32 Meter hoher Stalagmit.

Eine sehr hübsche Nebenstraße für defensive und schwindelfreie Autolenker schlängelt sich von Krásnohorské Podhradie nach Smolník (→ S. 319).

 Rožňava und Umgebung

Vorwahl: 00421/(0)58.
Touristeninfo, Baníkov 32, Tel. 0948/205226, www.tikroznava.sk, Mo–Fr 9–17 Uhr, Sa 9–14 Uhr.
Unter www.gothicroute.sk ist die ›Straße der Gotik‹ zu finden, www.retep.sk beschreibt die Umgebung der Stadt ausführlich.

Kursbuchstrecke 160 Zvolen–Rožňava–Košice, auch Schnellzüge 4x tgl. (2.30 Std. bis Zvolen, 1 Std. bis Košice).

Busbahnhof dicht am Altmarkt in südwestlicher Richtung.

Čierny Orol, Banikov 17, Tel. 7328186, www.ciernyorol.sk, DZ ab 40 Euro, Im Zentrum.
Kras, Šafárikova 52, Tel. 7886060, www.hotel-kras.sk, DZ ab 30 Euro. Am Altstadtrand.
Oder möchten Sie ein ganzes Hotel? Das Grafenschloss von 1870 in Gemerská Panica steht zum Verkauf!

Das Bergbaumuseum (Expozícia baníctva a hutníctva Gemera), Šafárikova 43, Tel. 7344098, www.banmuz.sk, Mo–Fr 8–16 Uhr, besitzt folgende Zweigstellen:
► Historisches Depot, Šafárikova 31;
► Stadtgalerie, Baníkov 25;
► Portraitgalerie (Andrašiovská obrazáreň), Lipová 122, Krasnohorské Podhradie, nur Jun.–Sept. Di–Sa 8–16.30 Uhr, So 8–13 Uhr.

Wachtturm (Strážna veža), Mo–Fr 8–15.30 Uhr, So 8–11.30 Uhr.

Schloss Betliar, Tel. 7983118, www.snm.sk, Mai–Sept. Di–So 9.30–17.30 Uhr, Jun.–Aug. auch Mo, Nov.–März Di–So 9.30–14 Uhr, IV/X Di–So 9.30–15.30 Uhr, jeweils nur mit Führung.

Schlosspark Betliar, Mai–Okt. 7–21 Uhr, Nov.–Apr. 7–18 Uhr, gratis.

Burgmuseum Krásna Hôrka (Historická hradná expozícia), Apr.–Sept. 8–17.30 Uhr, Okt.–März 8–15 Uhr, wegen Brandschäden bis auf weiteres geschlossen.

Mausoleum (Mauzóleum Andrássyovcov), Krásna Hôrka, Krásnohorské Podhradie, Tel. 7322034, www.snm.sk, Mai–Sept. Di–So 8.30–17.30 Uhr, Nov.–März Di–So 9.30–14 Uhr, Apr. u. Okt. Di–So 9.30–15.30 Uhr, jeweils nur mit Führung.

Tropfsteinhöhle Krásna Hôrka (Krásnohorská jaskyňa), Treffpunkt an der Gaststätte Jozefína in Krásnohorská Dlhá Lúka, Tel. 7343426, www.krasnohorskajaskyna.sk, 15. Jun.–15.Sept. Führungen 9, 11.30, 14 Uhr, maximal 10 Personen pro Führung, im Frühjahr und Herbst nach Anmeldung.

Krankenhaus, Špitálska 1, Tel. 7342981, www.rv.svetzdravia.com.

Der Slowakische Karst

Seit 1995 stehen die Höhlen des Slowakischen Karstes auf der UNESCO-Welterbeliste, denn, so die Begründung, »die 712 entdeckten Höhlen zeigen eine extrem seltene Kombination zwischen tropischen und glazialen Klimaeffekten.« Es handelt sich um einen der damals noch seltenen Fälle einer länderübergreifenden UNESCO-Gebietsausweisung: in Ungarn schließt sich die Karstlandschaft des Aggtelek-Nationalparks (Aggteleki Nemzeti Park) mit vier öffentlich zugänglichen Höhlen in Grenznähe an. Weiteres Landschaftsmerkmal sind trichterförmige Karsteinbrüche. Ihr Spektrum reicht von unscheinbaren Kuhlen bis zu Gebilden von 30 Meter Tiefe und 200 Meter Durchmesser. Niederschlagswasser versickert schnell und sammelt sich in Hohlräumen.

Der Slowakische Karst bietet aber auch oberirdische Naturschönheiten und kulturelle Sehenswürdigkeiten. Die Landschaft mag auf den ersten Blick eintönig und trocken erscheinen, offenbart bei genauerem Hinsehen aber einige Reize: Die Vegetation ist sehr farbenfroh, viele wärmeliebende Blütenpflanzen haben hier ihre nördliche Verbreitungsgrenze. Außerdem halten sich in Eiszeiten entstandene Vorkommen von eher für Hochgebirge typischen Pflanzen. An sonnigen Südhängen ist mit Kreuzottern und Gottesanbeterinnen zu rechnen, sogar der seltene Schlangenadler ist anzutreffen.

■ **Jasov**

Prämonstratenser gründeten im 13. Jahrhundert das **Kloster Jasov** (Jossau). Die barocken Gebäude entstanden unter Franz Anton Pilgram zwischen 1750 und 1766, das Ensemble aus Fresken und Altarbildern gehört zu den Hauptwerken Johann Lukas Krackers. Zur heute wieder als Kloster genutzten Anlage gehören eine große Bibliothek mit etwa 80 000 Bänden und ein französischer Garten. Die fast symmetrische Anlage ist untypisch für slawische Länder.

Während die meisten anderen Schauhöhlen noch vor 150 Jahren unbekannt waren, verliert sich die Erschließung der **Höhle** von Jasov im Dunkel der Geschichte. Knochen belegen, dass hier Höhlenbären und Höhlenhyänen hausten. Es wurden Werkzeuge aus der Jungsteinzeit gefunden, und eine Inschrift von 1452 bezieht sich auf eine Schlacht der Hussiten. 1846 machte der damalige Klostervorsteher Alojz Richter die Höhle der Öffentlichkeit zugänglich. Die vorhang- und säulenförmigen Sinterverzierungen erreichen stellenweise beeindruckende Dicke, nur wenige Stellen sind durch die frühere Nutzung als Werkstatt beeinträchtigt. Die Höhle ist bedeutendes Winterquartier der Großen Hufeisennase, aber es wurden noch 18 weitere Fledermausarten nachgewiesen.

Unterwegs zwischen Krásna Hôrka und Gelnica

■ **Medzev**

An den nordöstlichen Ausläufern des slowakischen Karstes am Oberlauf des Flüsschens Bodva liegt Medzev (Metzenseifen). Schönstes Gebäude ist eine 1732 umgebaute gotische **Kirche** mit einem überdachten Umgang unter der hübschen Turmhaube.

Eine deutsche Besiedelung ist seit dem 13. Jahrhundert belegt. Im 19. Jahrhundert erlebte hier das Schmiedehandwerk einen Höhepunkt, mehr als 500 Arbeiter in über 100 Hammerwerken stellten hauptsächlich Geräte für die Landwirtschaft her. Inzwischen funktioniert nur noch ein Hammerwerk, das ebenso wie die Schmiede in Moldova nad Bodvou vom Slowakischen Technikmuseum Košice betreut wird. Medzev ist derzeit die Stadt mit dem höchsten Anteil deutschstämmiger Einwohner in der Slowakei, , bereits in der Grundschule wird deutsch gelehrt. Es ist allerdings zu befürchten, dass der früher typische mantakische Dialekt ausstirbt.

Karte S. 287

▲ *Das hübsche Kloster in Jasov*

■ Štós

In der alten Bergbaustadt Štós (Stoß), acht Kilometer westlich von Medzev, arbeitete ab 1827 die größte Messerfabrikation im Habsburger Reich. Zu Štós gehört ein kleines **Kurviertel** im Wald, das sich mit ruhiger Lage und bester Waldluft wachsender Beliebtheit erfreut. Familien mit Kindern finden hier gute Voraussetzungen für einen Kuraufenthalt. Im Kurbad befindet sich eine **Dauerausstellung** über Vojtech Löffler (1906–1990), einen bekannten Bildhauer des Landes.

■ Smolnik und Gelnica

Smolník liegt abseits der Hauptstraßen in einem hübschen schmalen Tal zwischen dichten Wäldern. Dort werden in der einzigen **Tabakfabrik** der Slowakei seit 1872 Zigarren auf traditionelle Art hergestellt.

Im weiteren Verlauf folgt das bereits zur Region Zips gehörende Städtchen Gelnica. Es war im Mittelalter durch deutsche Bergleute geprägt. Im 19. Jahrhundert erwarb sich das Handwerk überregionalen Ruf.

■ Štítnik

Štítnik (Schittnich) 14 Kilometer westlich von Rožňava verfügt über eine gotische **Kirche** mit barocker Turmhaube und reicher Ausstattung. Die Orgel von 1492 ist die älteste erhaltene des Landes, die zweite und größere Orgel der Kirche stammt aus dem Jahre 1776.

Die **Aragonithöhle Ochtiná** bei Štítnik stellt eine Ausnahmeerscheinung unter den Schauhöhlen dar. Hauptattraktion sind rosetten- oder büschelartige Kristallstrukturen von Kalziumkarbonat. Weltweit sind nur drei derartige Höhlen bekannt bekannt (die anderen beiden befinden sich in Argentinien und Mexiko). Der Prozess der Aragonitbildung dauert noch an. Die teilweise hellen filigranen Kristalle heben sich gut von den oft farbigen oder marmorierten Höhlenwänden ab. Die Höhle wurde 1972 als letzte der zwölf staatlich verwalteten Schauhöhlen öffentlich zugänglich gemacht.

■ Weitere Höhlen in der Umgebung

Eine weitere Höhle befindet sich bei Gombasek, zehn Kilometer südlich von Rožňava. Entdeckt wurde sie 1951 bei Untersuchungen der dort austretenden Quelle. Einzigartig sind die makkaroniförmigen Sinterröhrchen, die dünnen Stäbchen hängen in mehreren Sälen bis zu einer Länge von drei Meter an der Decke. Das gesundheitsfördernde Mikroklima wird zur Therapie der Atemwege genutzt.

Unweit davon, beim Dörfchen Silica, befindet sich eine frei zugängliche Höhlenschlucht mit einer ganzjährigen Eisschicht. Der dorthin führende Wanderweg beginnt am Parkplatz der Gemeinde. Die südlichste Schauhöhle des Slowakischen Karstes heißt Domica. Sie wurde 1926 entdeckt und ist eine der größten Flussgrotten Europas. 16 Fledermausarten und seltene Springschwänze sind hier heimisch. Die Höhlenführung gibt es in zwei Varianten, wobei die längere eine Bootsfahrt auf dem unterirdischen Fluss Styx beinhaltet. Bei niedrigem Wasserstand ist jedoch nur die kürzere Variante verfügbar. Domica besitzt eine reiche Sinterdekoration, einmalig sind kaskadenartig angeordnete Sinterwannen besonders im sogenannten Majko-Dom. Die vom Führungspersonal vorgeschlagenen Deutungen für bizarre Steinformen sind allerdings nicht immer jugendfrei.

Das gesamte Höhlensystem zieht sich bis unter ungarisches Territorium hin, wo man einen halben Kilometer hinter der Landesgrenze durch den Zugang Baradla in die größte ungarische Tropfsteinhöhle gelangt.

Die östlichen Landesteile

Tageswanderung: Zádiel-Tal

Route: Zádiel – Zádielska chata – Bezvody – Na Skale – Turniansky hrad – Zádiel
Die Wanderung durch das Zádiel-Tal (Zádielska tiesňava) gehört seit vielen Jahren zu den beliebtesten Routen im Slowakischen Karst. Der Sage nach versteckte sich hier König Béla IV. zur Zeit der Mongoleneinfälle. Zoologen finden in dem Tal eines der interessantesten Schneckenvorkommen Mitteleuropas, für Botaniker hält die Natur endemische Pflanzen bereit.
Nach dem vier Kilometer langen Canyon des Flüsschens Blatnica führt der Weg auf ein Plateau und dann auf einen Sattel. Zeitweise ist der Canyon 350 Meter tief und nur 7 Meter breit. Der ausgeschilderte Lehrpfad wendet sich jetzt nach rechts. Für eine Tagestour kann man aber noch den blau markierten Weg geradeaus gehen, der unterhalb des Felsens Havrania skala nach Bezvody führt. Dort wendet man sich auf dem grün markierten Weg nach rechts. Durch lichte Wälder erreicht

man auf den Felsen über dem Zádiel-Tal wieder den Lehrpfad. Ein abermals blau markierter Weg führt zur Ruine der 1685 zerstörten Burg Turňa (Tornau) oberhalb des gleichnamigen Städtchens.
Der mit Sträuchern bestandene trockene Bergrücken schiebt sich ins Tiefland hinein und trägt die alten Mauern auf seiner letzten Erhebung (375 m). An den Hängen wachsen Eichen und Kornelkirschen. Nun muss man wieder zur letzten der acht Erläuterungstafeln des Lehrpfades zurückgehen und von dort in den Ort Zádiel hinuntersteigen.
Variante: Folgt man vom Bergsattel am Ende des Zadiel-Tales der grünen Markierung nach links, bekommt man nach zwei bis drei Stunden im Bereich des Berges Osadník (1185 m) Anschluss an den Fernwanderweg Cesta hrdinov SNP, der auch als Kammweg durch die Niedere Tatra führt.
Verkehrsverbindung: Bushaltestellen in Zádiel und Turňa nad Bodvou.
Länge/Schwierigkeit: sechs Stunden, relativ einfach.

 Slowakischer Karst

Touristeninfo, Hlavná 58, 04501 Moldava nad Bodvou, Tel. 055/4899421, www.moldova.sk, Mo–Do 7.30–16 Uhr. Fr 7.30–13.30 Uhr.
Im Internet-Auftritt www.metzenseifen.de verfolgen Karpatendeutsche ihre Familiengeschichte zurück.
Kurbetrieb-Koordination: www.kupelestos.sk über Štós.

Bahnhöfe an der Kursbuchstrecke 160 befinden sich unter anderem in Slavec, von wo man zur Höhle Gombasek kommt, und in Dvorníky-Zádiel, dem Ausgangspunkt ins Zádiel-Tal.

Ranč Šugov, Šugovská dolina 10, Medzev, Tel. 0911/466763, www.rancsugov.sk, DZ ab 40 Euro. Bauernhof mit Gästezimmern.

Ferdinand, Okružná 20, Moldava nad Bodvou, Tel. 055/4898811, www.ferdinand.sk, DZ ab 32 Euro. Einfache Pension mit guter Küche.

Sokol, SNP 64, Vyšný Medzev, Tel. 0910/982332, www.sokol.nl, Apr.–Sept. Von Niederländern betriebener Bauernhof mit Camping.

Der **Fahrradweg** von Kysak nach Turňa nad Bodvou ist 64 km lang.

Skilifte am Berg Kojžovska hoľa nordöstlich von Medzev.

Der **Lehrpfad** im Zádiel-Tal entspricht teilweise der Beschreibung zur Tageswanderung dort (6 km, 8 Tafeln).

Karte S. 287

Lehrpfad zur Dorfgeschichte in Vlachovo (2 km, 5 Tafeln).
Lehrpfad von Domica zum ›Teufelsloch‹ (5 km, 5 Tafeln).
Lehrpfad vom Dorfteich in Jasov zum Felsen Jasovská skala (2 km, 7 Tafeln).

Bergbaumuseum (Banícke múzeum), Banícke 8, Gelnica, Tel. 053/4821468, www.gelnica.sk, Mo–Fr 8–16 Uhr.
Tropfsteinhöhle Jasov (Jasovská jaskyňa), Jasov, Tel. 055/4664165, www.ssj.sk, nur mit Führung ca. 45 Min., Jun.–Aug. Di–So 9–16 Uhr stündlich, Apr.–V/Sept.–Okt. Di–So 9.30/11/12.30/14 Uhr.
Aragonithöhle Ochtina (Ochtinská aragonitová jaskyňa), Ochtiná, Tel. 058/4881051, www.ssj.sk, nur mit Führung ca. 30 Min., Jun.–Aug. Di–So 9–16 Uhr stündlich, Apr./Mai u. /Sept./Okt. Di–So 9.30/11/12.30/14 Uhr.

Tropfsteinhöhle Gombasek (Gombasecká jaskyňa), Slavec, Tel. 058/7882020, www.ssj.sk, nur mit Führung ca. 30 Min., Jun.–Aug. Di–So 9–16 Uhr stündlich, Apr.–V/Sept./Okt. Di–So 9.30/11/12.30/14 Uhr.
Tropfsteinhöhle Domica (Jaskyňa Domica), Kečovo, Tel. 044/5548170, www.ssj.sk, nur mit Führung ca. 45 oder ca. 60 Min., Jun.–Aug. Di–So 9–16 Uhr stündlich, März–Mai/Sept.–Dez. Di–So 9.30/11/12.30/14 Uhr.
Agteleker Felsenhöhlen (Aggteleki Cseppkőbarlang) in Ungarn, Jósvafő, Tel. 0036/(0)48/503000, www.anp.hu, mehrere Zugänge mit insgesamt 5 verschiedenen Führungsrouten, Apr.–Sept. 9–17 Uhr, Okt.–März 10–15 Uhr.

Krankenhaus Gelnica, Nemocničná 33, Gelnica, Tel. 053/4821444, www.nemocnicagelnica.sk.

Die östlichen Landesteile

In den Resten der Burg Turňa

Ein Karpatendeutscher als slowakischer Staatspräsident

Rudolf Schuster ist der im Ausland bekannteste Karpatendeutsche, vor allem weil er von 1999 bis 2004 slowakischer Staatspräsident war.

Rudolf Schuster wurde am 4. Januar 1934 in Medzev geboren und wuchs dort auch auf. Wegen Krankheit der Mutter wurde die Familie, anders als die meisten Karpatendeutschen, nach dem Zweiten Weltkrieg nicht vertrieben. Schuster stammt aus ärmlichen Verhältnissen, ihm gelang aber dennoch eine recht stetige und steile Karriere: 1959 Hochschulabschluss als Diplom-Ingenieur, ab 1962 führende Positionen im größten slowakischen Industriebetrieb (Ostslowakische Stahlwerke in Košice), ab 1972 führende Positionen in der Kommunalpolitik in Košice, der zweitgrößten slowakischen Stadt. Mit Wuppertal entstand 1980 die erste tschechoslowakisch-westdeutsche Städtepartnerschaft.

Im Jahr 1990 trat Schuster aus der Kommunistischen Partei der Tschechoslowakei aus und gründete die SOP (Partei der bürgerlichen Verständigung); Präsident Havel berief ihn bis zur Landesteilung als Botschafter nach Kanada. 1995 wurde Schuster erneut Oberbürgermeister von Košice, in kurzer Zeit sorgte er mit großem persönlichen Einsatz für eine Generalrekonstruktion der Altstadt. Die Bevölkerung Košices sah in ihrem Bürgermeister vor allem den Mann, der ihre Stadt zur schönsten des Landes gemacht hatte. Auch als die aus den vielen Bauvorhaben resultierende hohe Verschuldung bekannt wurde, wendeten sich seine Wähler zunächst nicht ab.

Schuster konnte in der Stichwahl zum Staatspräsidenten im Jahr 1999 gegen den national-populistischen Vladimír Mečiar 57,2 Prozent erzielen; im ersten Wahlgang hatte er 47,3 Prozent errungen. Nach einer Amtsperiode verpasste er 2004 allerdings mit nur 7,4 Prozent der Wählerstimmen die nächste Stichwahl. Eine längere Krankheit und die von seinen Gegnern gezielt ausgeschlachtete kommunistische Vorgeschichte hatten ihn in der Wählergunst zurückfallen lassen. Zudem wurden einige persönliche Neigungen wie das Privatmuseum in seinem Geburtsort zunehmend belächelt.

Rudolf Schuster sieht sich nicht nur als Politiker, sondern auch als Schriftsteller und Filmemacher; der künstlerische Wert seiner Arbeiten wird unterschiedlich beurteilt. In deutscher Sprache liegen von seinen zahlreichen Büchern die autobiographischen Betrachtungen ›Im Strudel der Geschichte‹ (über die politischen Umbrüche 1989/90) und ›Auf ungangbaren Straßen Brasiliens‹ vor, das von einem Auswanderungsversuch seines Vaters 1927 inspiriert wurde, außerdem das Sachbuch ›Die Hauptstraße‹ über die Rekonstruktion der Altstadt von Košice. Historische Helden in Schusters Belletristik sind Persönlichkeiten aus der Ostslowakei sowie der aus der Lausitz stammende Dichter Johannes Bocatius (Hans Bock, niedersorbisch Jan Bok, 1569–1621), der als Schuldirektor und Richter in Košice tätig war.

Schuster spricht neben Slowakisch und Tschechisch fließend Deutsch, Ungarisch, Russisch und Englisch. Die Frankfurter Allgemeine Zeitung bezeichnete ihn 1998 als ›Kaschauer Gorbatschow‹. Er ist Ehrenbürger von Miskolc sowie Ehrendoktor der Universitäten Wuppertal und Ottawa. Mit seiner Frau Irena hat er zwei Kinder.

Košice und Prešov

Die beiden nach Bratislava bevölkerungs-
reichsten Städte der Slowakei liegen ziemlich weit im Osten des Landes. Košice mit
240 000 und Prešov mit 90 000 Einwohnern sind weniger als 40 Kilometer voneinander entfernt. Sie bilden aber keinen
Ballungsraum, sondern existieren einfach
nebeneinander her. Auch als Košice sich
in der Endabstimmung 2008 als ›Europäische Kulturhauptstadt 2013‹ gegen
drei weitere Bewerber im Land – Prešov,
Martin und Nitra – durchsetzen konnte,
spielte sich eine Verbrüderung mit dem
zweitplatzierten Prešov nur am Rande im
Projekt ›Pentapolitana‹ ab.

Nachdem es in der Ostslowakei viele
Generationen lang keine kritischen Na-
turereignisse gegeben hatte, führte das
Hochwasser im Frühsommer 2010 von
der Zips über Košice bis Semplin zu bedeutenden Verlusten, offiziell wurden
die Schäden im Land auf 560 Millionen
Euro geschätzt.

Košice

Košice (lateinisch Cassovia, deutsch Ka-
schau, ungarisch Kassa) hat zwar noch
nicht einmal halb so viele Einwohner wie
die Hauptstadt Bratislava – rund 235 000
–, ist damit aber schon die zweitgrößte
Stadt des Landes und das unbestrittene
Zentrum der Ostslowakei. Diesen Rang
als Nummer Zwei werten Lokalpatrioten
noch auf, indem sie Košice aufgrund ihres von Wien unabhängigeren Charakters
als die heimliche Hauptstadt der Slowakei bezeichnen.

Der Marathonlauf von Košice (Medzinárodný maratón mieru) ist der älteste regelmäßige in Europa und nach Bos-
ton und Yonkersdom der drittälteste der
Welt. Er fand 1924 erstmals mit acht
Startern von Turňa nad Bodvou nach
Košice statt. 1959 wurde das Bronze-
denkmal eines Marathonläufers eingeweiht. Seit 1989 handelt es sich um einen reinen Stadtkurs, meistens wird er
am ersten Oktobersonntag ausgetragen.
Die letzten Teilnehmerzahlen lagen bei
1200 Männern und 150 Frauen auf der
klassischen Distanz. Es gibt verschiedene Begleitveranstaltungen wie Halbma-
rathon und Familienmarathon.

Ein Aufenthalt in Košice lässt sich gut
mit einem Besuch Nordostungarns verbinden. Die Bahnlinie nach Miskolc ist,
da sie Blicke auf Ziehbrunnen und Sonnenblumenfelder eröffnet, besonders im
Sommer reizvoll.

■ Stadtgeschichte

Das starke Wachstum Košices begann
nach einem Aufstand von 1311, kurze
Zeit später war die Stadt nach Buda die
Nummer Zwei im damaligen Ungarn. Sie
erhielt schon 1369 von König Ludwig I.
eine Wappenurkunde, wählte aber

Am Elisabethdom

schrittweise ein komplizierteres Design. Derartige Symbole waren damals nur für Adelsgeschlechter üblich, es handelt sich um eines der ältesten Stadtwappen Europas. Auf diese Tatsache verweist eine Bronzeplastik von 2002 am Südende des Hauptplatzes, bei der ein Engel die endgültige Version von 1502 präsentiert.

Die nur bruchstückhaft erhaltenen Verteidigungsanlagen galten zu ihrer Entstehungszeit als die zuverlässigsten im nordöstlichen Ungarn. Angrenzende Wälder wurden zu Weingärten umgestaltet. Ein großer Brand und die Kämpfe der Reformationszeit warfen Košices Entwicklung zurück, bis mit der Industrialisierung ein neuer Aufschwung einsetzte. Die Stadt bemühte sich früh um ein leistungsfähiges Verkehrsnetz, wobei Eingriffe in die historische Bausubstanz nicht ausblieben. 1882 wurde Košice Sitz des Komitats Abaúj-Torna. Die heutige Verwaltungsgliederung unterscheidet 4 Stadtbezirke mit 22 Stadtteilen.

Als Architekten in der Stadt waren unter anderem Adolf Láng (1848–1913) und Louis Oelschläger (später bekannt als Őry Lajos, 1896–1984) tätig. Von Lang

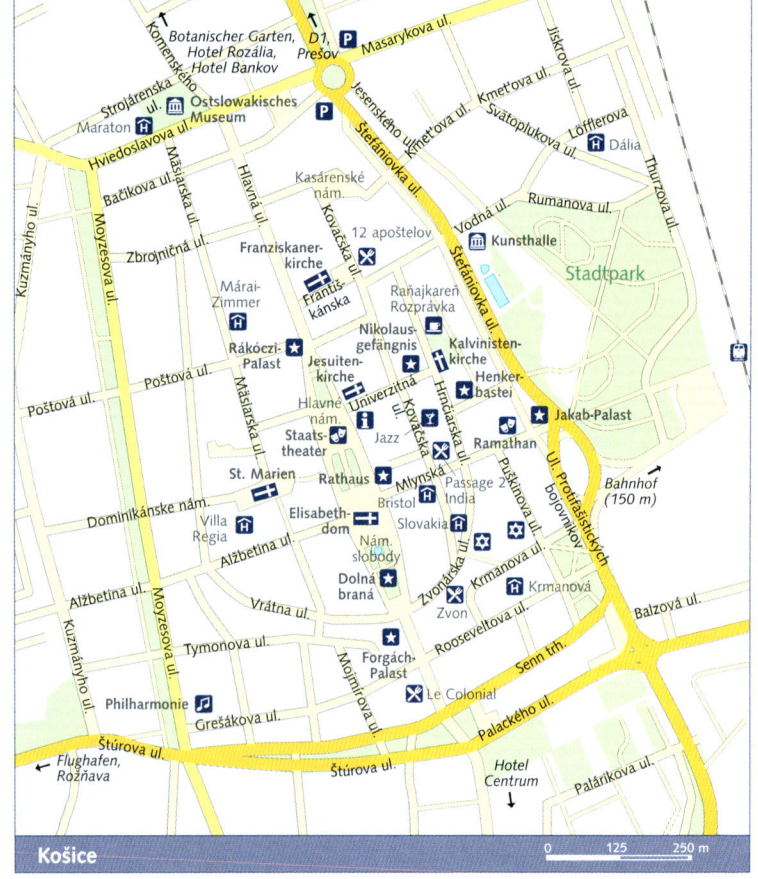

Košice

Die Kunsthalle entstand als Projekt der ›Kulturhauptstadt Europas‹

stammt das Staatstheater, Oelschläger schuf das Kino Slovan am Alten Rathaus sowie den Komplex aus Neuer Synagoge und jüdischer Schule.

Die Altstadt ist in den vergangenen Jahren umfassend saniert worden. Ein Antragsverfahren (sogenannte Tentative List) zur Aufnahme des historischen Stadtkerns in die UNESCO-Welterbeliste ist in Arbeit.

■ EU-Kulturhauptstadt 2013

Die Regeln der EU-Initiative ›Kulturhauptstadt Europas‹ gehen davon aus, dass eine Stadt aus dem alten EU-Europa und eine Stadt aus den Ländern, die ab 2004 der EU beigetreten sind, gemeinsam den Titel führen. Vorgeschaltet sind nationale Auswahlverfahren. Die Initiative soll das Verständnis der Bürger Europas füreinander fördern. Die benannten Städte erhoffen sich vom Titel zusätzliche Investitionsmittel und eine steigende Gästezahl.

Košice war gemeinsam mit dem südfranzösischen Marseille ›Europäische Kulturhauptstadt (ECoC) 2013‹. Zu Gast waren beispielsweise der katalanische Gambist Jordi Savall, die deutsche Geigerin Julia Fischer, der Pantomime Milan Sládek und der Klezmorium David Krakauer. Einige neu kreierte Veranstaltungen sollen weiterhin jährlich stattfinden – man darf gespannt sein. EcoC-Gelder wurden unter anderem für die Sanierung von Gebäuden und Parkanlagen verwendet. Als ›Werbeträger‹ aktivierte beziehungsweise instrumentalisierte man einige Persönlichkeiten mit internationalem Ruf. An erster Stelle wäre der in Argentinien lebende Objektkünstler Gyula Kosice (geboren hier 1924 als Fernando Fallik) zu nennen. Er verwendete mitunter Flüssigkeiten und Gase für Installationen. Das Denkmal vor der Kunsthalle stammt von ihm. Neue Popularität erlebte der ungarische Schriftsteller Sándor Márai (1900–1989) in seiner Heimatstadt. Ein kleines Museum und ein Denkmal davor sind ihm nun gewidmet, und die Touristeninformation der Stadt schlägt einen Spaziergang zu neun Orten vor, die mit Márai verbunden sind.

Die EU-Dokumente zum EcoC-Prozess sind ziemlich unübersichtlich verstreut. In vielen Städten bewirkten immerhin die Fördergelder nachhaltige Entwicklungen. Ein interessantes Nebenprojekt zu EcoC 2013 findet man unter www.terraincognita.sk.

Die östlichen Landesteile

■ Hauptplatz

Der linsenförmige zentrale Platz Košices heißt Hauptplatz (Hlavné nám.), der Straßenzug an ihm Hauptstraße (Hlavná). Der Hauptplatz ist auf Touristen eingestellt, ohne aufdringlich zu wirken. Man findet Souvenirshops, Literatur über die Stadt in verschiedenen Sprachen, Konditoreien, Restaurants und Pubs.

Auf dem Hauptplatz erhebt sich das von 1897 bis 1899 im Sezessionsstil erbaute **Staatstheater**. Attraktion des Platzes davor sind seit 1997 die Wasserspiele der **Singenden Fontäne** (Spievajúca fontána) und ein Glockenspiel. Der Wasserdruck ist mit der Lautstärke der eingespielten Musik synchronisiert. Ausnahmsweise ist hier die Beschallungsanlage sehr bedacht installiert: An der Fontäne ist die Musik deutlich zu hören, an den angrenzenden Ladenreihen kaum noch.

Südlich des Doms ist 1997 eine kleine **Unterwelt** (Dolná brána) mit Teilen der ehemaligen Stadtbefestigung freigelegt worden. Sie dient auch als Veranstaltungsort. An der Hauptstraße findet man **interessante Bauten** aus verschiedenen Jahrhunderten, manche Innenhöfe verströmen schon fast mediterranes Flair. In einem eher schlichten Mietshaus (Nr. 9) wur-

Der Hauptplatz mit der Pestsäule

de Béla Gerster (1850–1923) geboren. Er war wesentlich an den Kanälen von Korinth und Panama beteiligt. Das interessante Forgách-Palais (Nr. 10) gehört einer Bank, das Komitatshaus (Župný dom, Nr. 27) beherbergt die Ostslowakische Galerie. In einem gotischen Haus neben dem Dom (Nr. 40) arbeitete der Kirchenmusiker Oldřich Hemerka (1862–1946). Das Alte Rathaus (Nr. 59) diente von 1928 bis 1995 als Bibliothek, jetzt ist hier die Touristeninfo untergebracht. 1927 wurde nach hinten versetzt das Kino Slovan angebaut. Das Levočer Haus (Nr. 65) mit breiten Rippengewölben beherbergt eine von der Stadt betriebene Gaststätte. Das Čáky-Dezőfi-Palais (Nr. 72) dient der Buchladenkette Panta Rhei, das Andrássy-Palais (Nr. 81) einer Konditorei, das Berzeviczy-Palais (Nr. 84) als Modeladen. Das Rákóczi-Palais (Nr. 88) ist die Zentrale des Slowakischen Technikmuseums. Darin ist auch ein Planetarium untergebracht. Die jüngeren Fassaden stammen aus dem Jugendstil (Café Slávia, Nr. 63 und Casino, Nr. 76) sowie aus der Bauhausarchitektur (Nr. 11). Am nördlichen Ende der Altstadt steht das große Hauptgebäude des **Ostslowakischen Museums**. Es zeigt unter an-

Karte S. 324

Staatstheater und Wasserspiele am Hauptplatz

deren den als ›Košicer Goldschatz‹ bekannt gewordenen kostbaren Fund von 2920 Münzen. Die Goldstücke wurden 1935 beim Umbau der Finanzbehörde entdeckt. Insgesamt sammelte das 1872 gegründete Museum inzwischen fast eine halbe Million Exponate. Neben dem Gebäude steht die versetzte Holzkirche aus Kožuchovce mit schönen Wandmalereien.

■ Elisabethdom

Der gotische Elisabethdom, die größte slowakische Kirche, dominiert das Stadtzentrum rings um den Hauptplatz. Der Bau begann um 1380, war um 1508 weitgehend fertig, wurde aber nie als beendet erklärt. Vorbilder für einzelne bauliche Lösungen waren die Viktorkirche in Xanten und der Veitsdom in Prag. Viele aufwendige Details stammen aus dem 15. Jahrhundert: Zum Königsbalkon etwa führt eine Treppenkonstruktion in Form einer Doppelspirale, wie sie weltweit nach diesem Vorbild nur noch an vier weiteren Orten entstand. Der von 1474 bis 1477 angefertigte Hauptaltar stellt mit 48 Tafelmalereien das größte derartige Altarensemble dar. Im 19. Jahrhundert führten ein Erdbeben und

Die Handwerkergasse wird heute wieder ihrem Namen gerecht

mehrere Unwetter zur zeitweiligen Schließung des Gebäudes. Später wurde eine Krypta auf der Nordseite eingerichtet, die 1906 die sterblichen Überreste des ungarischen Nationalhelden Franz II. Rákóczi und seiner Mutter Helena Zrinski aufnahm. Eine Wendeltreppe führt von außen auf den Nordturm, von dem man das Stadtzentrum überblicken kann. Die Michaelskapelle und der Urbanturm gehören ebenso zum Dombereich. Beide stammen aus dem 14. Jahrhundert. Die **Michaelskapelle** diente als Grabkirche des Domes. Im **Urbanturm** befand sich ein Wachsfigurenkabinett mit 23 der Stadt verbundenen Personen, von der Heiligen Elisabeth von Thüringen bis zu Persönlichkeiten der Jahrtausendwende (Abebe Bikila, Janka Guzová-Becková). 2014 wurde die Ausstellung vorläufig geschlossen. Ebenfalls nach dem Heiligen Urban ist die nach einem Brand 1966 heruntergefallene Glocke benannt.

■ Östlicher Stadtgraben

Die weiteren Sehenswürdigkeiten konzentrieren sich im Bereich der östlichen Stadtmauer. Der ehemalige Stadtgraben wurde allerdings als Verkehrsschneise ausgebaut.

Der Bauherr des **Jakab-Palais** an der Fußgängerbrücke zwischen Dom und Bahnhof über die Stadtgraben-Straße benutzte ausschließlich Steine, die bei der Domsanierung übriggeblieben waren. Die nächste Fußgängerbrücke nördlich davon führt zu einer ehemals baufälligen Schwimmhalle, die mit Geldern der ›Kulturhauptstadt‹ zu einem Ausstellungssaal für moderne Kunst umgestaltet wurde. Dabei verwendet man tatsächlich das deutsche Wort **Kunsthalle**.

Wieder stadteinwärts kann man bei nächster Gelegenheit nach links in die **Handwerkergasse** (Hrnčiarska) einbiegen. Das Gefühl einer historischen La-

Die östlichen Landesteile

denzeile will zwar – noch – nicht aufkommen, aber dennoch handelt es sich um eine sympathische Mischung kleiner Manufakturen und Gaststuben.

Der renovierte Teil der Handwerkergasse endet am ›Platz neben dem Nikolausturm‹ mit seiner kleinen **Kalvinistenkirche**. In benachbarten Häusern unterhält das **Ostslowakische Museum** mit der Gedenkstätte für Franz II. Rákóczi, der Henkerbastei (Geologie, Zoologie) und dem Nikolausgefängnis (Mittelalter) drei Filialen. An der Stadtmauer wurde das letzte Wohnhaus Rákóczis im türkischen Rodošto nachgebaut.

■ Weitere Kirchen

An den Seiten des Hauptplatzes fällt die **Jesuitenkirche** durch ihre ruhige Fassade auf, im dazugehörigen Kloster hatte zeitweise die Universität ihren Sitz. Zwei Straßenecken weiter steht die **Franziskanerkirche** mit ihrem Kloster. Am Dominikanerplatz bilden die frühgotische **Marienkirche** mit dem Dominikanerkloster ein gemeinsames Areal. Davor findet werktags Bauernmärkte statt.

■ Jüdische Bauten

1930 zählte Košice über 11 500 Juden, 1944 wurde diese Bevölkerungsgruppe in Auschwitz fast komplett ausgelöscht. Die Stadt spielte überhaupt eine zentrale Rolle in der Logistik des Holocaust. An das jüdische Leben erinnern unter anderem drei Synagogen und zwei Schulgebäude. Die älteste erhaltene **Synagoge** (Zvonárska ul.) aus dem Jahre 1883 ist ein schönes Beispiel für den maurischen Stil; hier sind Reste einer Mikwe erhalten. Im dazugehörigen Wirtschaftshof betreibt die jüdische Gemeinde eine öffentliche Armenküche.

Die sogenannte **Neologische Synagoge** (Moyzesova ul.) aus den 1920er Jahren war für 1100 Personen ausgelegt und

beheimatet heutzutage als ›Haus der Künste‹ die Staatsphilharmonie. Vorbild für die Kuppelkonstruktion war das Pantheon in Rom.

Die Funktion als Gebetshaus nimmt nur noch die **Neue Synagoge** (Puškinova ul.) aus den 1930er Jahren mit Einflüssen kubistischer Architektur wahr. Auch hier finden gelegentlich öffentliche Konzerte statt. Im Keller der angrenzenden Schule befand sich eine jüdische Bäckerei.

■ Parkanlagen

Ein größerer Teil der Gelder für die ›Kulturhauptstadt‹ floss in den Stadtpark (Mestský park) und den Kasernenpark (Kasárne Kulturpark) einschließlich ihrer Bauten.

Der **Stadtpark** liegt zwischen dem östlichen Stadtgraben und dem Bahnhof. Bei der ›Revitalisierung des öffentlichen Raumes‹ wurde nicht nur darauf geachtet, dass man hier flanieren und sich ausruhen kann. Zusätzlich wurde angestrebt, Straßenkünstlern gute Bedingungen zu bieten. **Kasernenpark** nennt sich ein kleines Areal südlich des Hauptplatzes an der Straße Kukučínova. Interessanter als die Rollrasen-Grünflächen sind die neu genutzten Gebäude der ehemaligen Kaserne. Da-

Das Technikmuseum präsentiert vor allem historische Fluggeräte

In der Kunsthalle

zu gehören Multimedia-Veranstaltungssäle, das auf Kinder und Jugendliche zugeschnittenes Experimentiermuseum ›Steel Park‹, Ausstellungs- und Bibliotheksräume.

Der größte **botanische Garten** der Slowakei wird von der Šafárik-Universität betrieben. Er liegt etwa eineinhalb Kilometer nordwestlich des Hauptplatzes und verlangt einen kleinen Obolus. Auf 30 Hektar werden neben mitteleuropäischen Pflanzen in Gewächshäusern Kakteen, Orchideen und Carnivoren vorgestellt.

■ Lunik IX

Das ab 1970 billig errichtete Plattenbauviertel liegt an der Ausfallstraße nach Rožňava mit Blick auf die tiefer gelegene Innenstadt. Es gilt inzwischen als Lehrbeispiel für Ghettoisierung in Mittelosteuropa. 2002 zogen die letzten Slowaken aus, derzeit leben hier über 6000 entwurzelte Roma verschiedener Clans. Seit 2008 werden besonders brüchige Gebäude demontiert, Busfahrer der Linie 11 erhalten eine Risikoprämie. Lunik IX war übrigens eine erfolgreiche sowjetische Mondsonde. Andere nach Lunik-Sonden benannte Viertel der Stadt sind bei weitem nicht so bekannt.

■ Stadtrand

Der 1950 entstandene **Flughafen** im Südwesten wurde 2004 modernisiert, dabei gab man eine militärische Mitnutzung auf. Auf dem Gelände gibt es seit 2002 eine Abteilung des **Technikmuseums**, die aber wieder von der Schließung bedroht ist; sie umfasst ausschließlich Fluggeräte. Die interessantesten Exponate waren Geschenke bei Staatsbesuchen. Hier stehen unter anderem eine schwedische Wiggen und eine griechische Nonthrop NF A. Andere Flugzeuge stammen aus sowjetischer Produktion und wurden zu sozialistischer Zeit von der hiesigen Armee genutzt. Kleinere technische Geräte, Sportflugzeuge und Modelle ergänzen die Ausstellung.

Nordwestlich vom Zentrum erstreckt sich der grüne Stadtteil **Kavečany**, aus einem alten Dorf entwickelte sich ein beliebtes Naherholungsgebiet der Košicer. Der **Zoo** mit 288 Hektar ist der flächenmäßig größte Mitteleuropas. Außerdem gibt es in Kavečany eine **Sommerrodelbahn** und die unter Beteiligung von Kindern betriebene **Schmalspurbahn KDHŽ** (Košická detská historická železnica). Der Aussichtsturm der Städtischen Waldverwaltung wurde 1986 errichtet und 2005 renoviert. Er steht auf dem Burgberg. Reste einer mittelalterlichen Burg sind allerdings nur mit Phantasie im Wald zu erkennen.

■ Nordwestliche Umgebung

Budimír und Kysak liegen zwischen Košice und Prešov. Das klassizistische **Kastell** in **Budimír** wurde vom Technikmuseum für wechselnde Ausstellungen benutzt. Nun ist die Uhrenabteilung hier eingezogen. Bei **Kysak** gibt es eine **Burgruine**, und unweit davon beginnt der **Stausee Ružín** (nicht zu verwechseln mit Ružiná). Einen besonders hübschen Blick auf dieses 16 Kilometer lange, vom Hornád gespeiste Gewässer hat man von Gipfel des Sivec

Die östlichen Landesteile

(781 m). Unweit des Sivec laden noch mehrere ähnliche Berge zum Besuch ein, im Bergmassiv gibt es hübsche Karstgebilde zu bewundern. Auch der für eine derartige Wanderung nächstgelegene Bahnhof trägt den Namen Ružín.

■ **Östliche Umgebung**

Im südöstlichen Vorort **Nižná Myšľa** entdeckten Archäologen das bisher älteste Spielzeug Europas. Es handelt sich um einen 3400 Jahre altes Modell eines vierrädrigen Wagens. Ein kleines **Museum**

 Košice und Umgebung

Vorwahl: 00421/(0)55.

Die **Touristeninfo** heißt Návštevnícke centrum und wurde durch EU-Fördergelder qualitativ und quantitativ aufgestockt, Hlavná 59 (im Alten Rathaus), Tel. 6258888, www.visitkosice.eu und www.kosice.sk, Mo–Fr 10–18, Sa/So 10–15 Uhr.

Ähnlich wie in Bratislava gibt es eine Košice Welcome Card im Infobüro, die neben verschiedenen Rabatten den öffentlichen Nahverkehr abdeckt.

Unter www.hrnciarska.sk findet man die Handwerkergasse, unter www.k13.sk einige Kulturstätten, www.kosicemarathon.com ist die offizielle Site des Marathonlaufes.

Košice ist der wichtigste Verkehrsknotenpunkt der Ostslowakei, Hauptbahnhof und Busbahnhof liegen östlich der Altstadt.

Etwa 14x tgl. Direktverbindungen mit Bratislava über Trenčín, Žilina, Poprad (InterCity 5 Std., Regionalexpress 6 Std.) und 2x mit Bratislava über Zvolen (6.30 Std.), außerdem Direktverbindungen mit Prag und Budapest.

Nationale Bummelzugverbindungen auf den Kursbuchstrecken 160 nach Turňa nad Bodvou (50 Min.), 180 Poprad (110 Min.), 188 Lipany (80 Min.) und 190 Čierna nad Tisou (100 Min.).

über das Gräberfeld kann im ehemaligen Kloster besucht werden.

Bei **Čaňa** befinden sich beliebte **Badeseen**, am Südende des Sovarer Gebirges (Slanské vrchy) steht die **Burgruine Slanec**. Etwa 25 Kilometer nordöstlich von Košice liegt **Herľany** (Herlein). Der dortige **Geysir** geht auf Bohrungen der Jahre zwischen 1870 und 1875 zurück. Anfangs wurde er etwa alle 15 Stunden aktiv, jetzt spritzt sein kaltes Wasser nur noch alle 34 Stunden eine halbe Stunde lang über 20 Meter hoch.

Die Bereitstellungsfläche für den **Autoreisezug** befindet sich 200 Meter nördlich (links) des Bahnhofsgebäudes an den Gleisen, Fahrkarten sind üblicherweise noch drei Stunden vorher erhältlich. Weitere Infos unter www.cd.cz/autovlak (auch in englisch).

Mehr Familienspaß als Fortbewegungsmittel ist die mit Beteiligung von Kindern betriebene **Schmalspurbahn**, www.det skazeleznica.sk.

Viele regelmäßig pendelnde Slowaken wählen von Bratislava nach Košice die kostenpflichtige Autobahn durch Ungarn. Am Flughafen hat unter anderem die Autovermietung www.buchbinder.sk eine Filiale. Kostenlose Parkplätze gibt es beispielsweise östlich der Stadtmauer hinter der Kunsthalle.

Busbahnhof am Bahnhof östlich der Altstadt.

Unter www.imhd.sk (rechts oben ›Košice‹ auswählen) findet man einen Überblick über den öffentlichen Nahverkehr (Busse und Straßenbahnen).

Es gibt in der Sommersaison bequeme Fahrrad-Taxis in der Innenstadt.

Einige Taxigesellschaften in Košice:

CTC, Tel. 16666;
Maxi, Tel. 16555;
VIP, 16500.

Der Flughafen (KSC) ist im Internet unter www.airportkosice.sk zu finden. Direktverbindung nach Wien, nicht aber zu deutschen Städten.

Bristol, Orlia 3, Tel. 7290077, www.hotelbristol.sk, DZ ab 115 Euro. Kleines elegantes Altstadthaus.
Maraton, Strojárenská 11 A, Tel. 7204141, www.hotelmaraton.sk, DZ ab 105 Euro. Hinter der Holzkirche.
Bankov, Dolný Bankov 2, Tel. 6324522, www.hotelbankov.sk, DZ ab 100 Euro. Am Waldrand, 1869 gegründet, laut Eigenwerbung das älteste Hotel der Slowakei, Rabatt bei Online-Buchung.
Eco friendly Hotel Dália, Löfflerova 1, Tel. 7994321, www.hoteldalia.sk, DZ ab 70 Euro. Bisher einziges Ökohotel des Landes, das ehrliche Engagement wurde 2012 mit der entsprechenden EU-Zertifizierung belohnt, auch wenn beispielsweise beim Einkauf regionaler Lebensmittel noch Optimierungspotential vorhanden ist.
Slamený Dom, Smreková 2, Malá Ida, Tel. 7297996, DZ ab 66 Euro. Südwestlicher Vorort.
Villa Regia, Dominikánske 3, Tel. 6256510, www.villaregia.sk, DZ ab 60 Euro. Im Zentrum mit beliebtem Restaurant.
Zlatý Jeleň, www.zlaty-jelen.sk, Dolný Bankov 7, Tel. 0918/510686, DZ ab 56 Euro. Am Waldrand.
Slovakia, Orlia 6, Tel. 7289820, www.penzionslovakia.sk, DZ ab 55 Euro. Im Zentrum.
Rozália, Oravská 14, Tel. 6339714, www.penzionrozalia.sk, DZ 40 Euro. Am Rande der Innenstadt.

Le Colonial, Hlavná 7/8, Tel. 7296126, www.lecolonial.sk. Gehobene Preislage.

12 apoštolov, Kováčska 51, Tel. 7295105, www.12apostolov.sk. Historisches Gewölbe.
Levočský dom, Hlavná 65, Tel. 0914/120620, www.levocskydom.com. Historisches Gewölbe.
Karczma Mlyn, Hlavná 82, Tel. 6220547, www.karczmamlyn.sk. Slowakische Küche.
Keltská krčma, Hlavná 80, Tel. 6225328, www.keltskakrcma.sk. Pub mit Halloween-Dekor.
Med Malina, Hlavná 81, Tel. 6220397, www.medmalina.sk. Polnische Küche.
Passage 2 India, Kováčska 23, Tel. 0949/411040, www.passage2india.sk. Indische Küche.
Vorzügliche Pizzaqualität in mehreren Häusern am Altmarkt, fast wie in Italien, z.B.
Zvon, Zvonárska 4, Tel. 6225689, www.pizzeriazvon.sk.

Ein paar Minuten bei Kaffee und Kuchen sind vielerorts in der Altstadt möglich, besonders originell und natürlich schon zur Frühstückszeit geöffnet:
Raňajkáreň Rozprávka, Hrnčiarska 17, Tel. 0911/469966, www.hrnciarska.sk. Familienfreundliche Teestube, Retro meets Bio.

Jazz, Kováčska 39, Tel. 0918/919201, www.jazzclub-ke.sk. Kombination aus Diskoclub, ›Jazz Cafe‹ und ›Jazz Garden‹.
Weitere Partyorte unter www.tabacka.sk, www.retrocultclub.sk und www.ibizaclub.sk.

Kunsthalle, Rumanova 1, Tel. 0907/214802, www.k13.sk, 11–18 Uhr.
Steel Park, Kukučínova 2, Tel. 0917/178445, www.steelpark.sk, Mi–So 14–18 Uhr, Kinder unter 15 nur in Begleitung Erwachsener
Elisabethdom (Dóm svätej Alžbety), Hlavná 26, Tel. 6221555, www.dom.rimkat.sk, Mo 13–17 Uhr, Di–Fr 9–17 Uhr, Sa 9–13 Uhr, Jul./Aug. So–Mo 13–

18 Uhr, Di–Sa 9–18 Uhr, Turmbesteigung meistens etwas länger geöffnet.
Ostslowakisches Museum (Východoslovenské múzeum), Tel. 6220309, www.vsmuzeum.sk, Di–Sa 9–17 Uhr, So 13–17 Uhr:

- Hauptgebäude (Divízia), Hviezdoslavova 3;
- Numismatische Sammlung (Zlatý poklad), Maratónu mieru 2;
- Rodošto, Henkerbastei (Katova bašta) und Nikolausgefängnis (Mikušová väznica), Hrnčiarska 7.

Ostslowakische Galerie (Východoslovenská galéria), Hauptgebäude Hlavná 27, Filiale Alžbetina 22, Tel. 6817511, www.vsg.sk, beide Di–So 10–18 Uhr.
Das **Slowakisches Technikmuseum** (Slovenské technické múzeum), Hlavná 88, Tel. 6224035, www.stm-ke.sk, Di–Fr 8–17 Uhr, Sa 9–14, So 12–17 Uhr, betreibt auch ein Planetarium in seinem Gebäude sowie Ausstellungsräume im Kastell Budimír, Tel. 6958294, Di–Sa 9–17 Uhr.
Sándor-Márai-Zimmer, Mäsiarska 35, nach Anmeldung in der Touristeninfo unter 6258888.
Museum des Folklorevereins Humno (Súkromné etnografické múzeum), Cottbuská 36, Tel. 0903/905903, www.humnoke.sk, Mo–Do 15–19 Uhr, Sa/So 9–12/16–19 Uhr.
Frei zugängliche **Glasausstellung** im Hotel Zlatý Dukát, Hlavná 16.
Botanischer Garten der Universität (Botanická záhrada), Mánesova 23, Tel. 2341676, www.bz.upjs.sk, 9–15 Uhr, Mai–Sept. Außenbereich 9–18 Uhr.
Zoologischer Garten mit DinoPark (Zoologická záhrada), Široká 31, Kavečany, Tel. 7968014:

- Zoo, www.zookosice.sk, Apr.–Sept. 9–19 Uhr, März/Okt. 9–17 Uhr, Nov.–Feb. 9–16 Uhr;
- DinoPark, www.dinopark.sk, Apr.–Sept. 9–19 Uhr, Okt. 9–17 Uhr, kostet extra.

Aussichtsturm (Vyhliadková veža), Hradný vrch, Kavečany, www.meleskosice.sk, Mai–Sept. Di–So 10–18 Uhr, März/Apr.

u. Okt. Sa/So 10–17 Uhr.
Museum zur Ausgrabungsstätte Nižná Myšľa (Myšľanské obecné múzeum), nach Anmeldung unter 6980124.

Staatstheater (Štátne divadlo), Hlavná 58, Tel. 2452200, www.sdke.sk
Staatsphilharmonie (Štátna filharmónia), Moyzesova 66, Tel. 6226541, www.sfk.sk.
Romathan (Romano Teatro), Štefánikova 4, Tel. 6224980, www.romathan.sk.
Weitere Konzerte unter www.k13.sk.

Internationaler Friedensmarathon, siehe www.kosicemarathon.com, und ›Nuit Blanche‹ im Oktober, Weinfest im September und Jazzfest im November.

Einen Klettergarten, Skilifte und Loipen findet man in Kavečany (→ Tabelle S. 284). Die Sommerrodelbahn stellt sich unter www.bobovadrahake.sk vor.

Shopping-Center wie Tesco und Aupark, sonst oft im Speckgürtel am Stadtrand, sind hier schnell zu Fuß vom Altmarkt aus zu erreichen.
Persönlicher geht es in der **Handwerkergasse** zu, siehe www.hrnciarska.sk, man bekommt handgemachte Souvenirs von Kleinstherstellern.

Altes Universitätskrankenhaus, Rastislavova 43, Tel. 6153111, www.fnlp.sk.
Neues Universitätskrankenhaus und Universitätskinderkrankenhaus, SNP 1, Tel. 6402111, www.fnlp.sk bzw. www.dfnkosice.sk.
Öffentliches Bahnarbeiterkrankenhaus, Masarykova 9, Tel. 2295818, www.zzke.sk.
Gesundheitszentrum, Brigádnická 2, Tel. 2851831, www.mck-ke.sk.
Poliklinik mit Stomatologie, Jána Pavla II. 5, Tel. 0907/888999, www.procare.sk.

Nationalsport Eishockey

Mannschaftsspiele auf glattem Eis existieren schon seit einigen Jahrhunderten. Als unmittelbarer Vorläufer des Eishockeys gilt ein Spiel namens Bandy. Das erste Spiel nach Regeln, die den heute für Eishockey geltenden ähneln, fand 1875 in Montréal statt, das erste Spiel in Deutschland 1887 auf dem Berliner Halensee.

Eishockey ist der Nationalsport der Slowaken, die Weltrangliste der Internationalen Eishockey-Föderation (IIHF) listet die Slowaken derzeit an achter Stelle auf. Die höchste Spielklasse im Eishockey des Landes heißt seit 1993 ›Tipsport Extraliga‹ und besteht aus 16 Mannschaften; in den letzten Jahren wechselten sich der HC Košice und Slovan Bratislava als Meister ab. Aushängeschild die Eishockey-Weltmeisterschaft im Jahr 2011 war die Steel Aréna (Košický štadión Ladislava Trojáka) in Košice, die dafür neun Jahre lang umgebaut worden war. Sie ist nun die modernste Spielstätte des Landes und hat 8340 Sitzplätze, benannt ist sie nach dem Hauptsponsor U.S. Steel. Ein Stadion im Stadtzentrum existierte seit 1960. Letztes Ereignis in der alten Arena war 1996 ein Spiel des heimischen Clubs HC Košice gegen Dukla Trenčín, wiedereröffnet wurde das Gebäude mit sechs ausverkauften Einweihungsveranstaltungen 2006. Die Halle hat eine Länge von 134 und eine Höhe von 34 Metern, sie wird auch für Kulturveranstaltungen und Kongresse genutzt. Die Stahldachkonstruktion wiegt etwa 3200 Tonnen, 48 Lautsprecher und eine über 4 Tonnen schwere Anzeigetafel sorgen für die Informationen.

Eishockey entstand zwar im 19. Jahrhundert in Kanada, war aber seit vielen Jahren in der Tschechoslowakei sehr populär. Das Team der ČSSR wurde sechsmal Weltmeister (1947, 1949, 1972, 1976, 1977, 1985). In Košice wird der in dieser Stadt geborene Ladislav Troják (1914–1948) besonders verehrt, seine erfolgreiche Karriere endete tragisch: Er stürzte mit einem Flugzeug in den Ärmelkanal.

Zum Politikum gestalteten sich zwei Siege über die Sowjetunion 1969 bei der Weltmeisterschaft in Schweden. Ein Jahr zuvor war der ›Prager Frühling‹ von Truppen des Warschauer Paktes niedergeschlagen worden, und die Spieler der tschechoslowakischen Mannschaft verweigerten nach beiden Spielen den geschlagenen Repräsentanten der Besetzer ihrer Heimat den Handschlag – ein unverhohlener Affront.

Auch nach der Landesteilung blieb die Slowakei an der Weltspitze. Im Jahr 2000 konnten nur die Tschechen sie am Titelgewinn hindern, 2002 gewannen die Slowaken dann ihren ersten Weltmeistertitel. Im Gegensatz zum sonstigen freundschaftlichen Verhältnis beider einst vereinten Nationen zeigen sich die ›Fans‹ der Mannschaften während direkter Spiele gegeneinander allerdings von ihrer unzivilisiertesten Seite. Bei der Eishockey-Weltmeisterschaft 2005 in Österreich waren die Spiele der Slowaken der Publikumsrenner. Viele Fans investierten einen Monatslohn für die Unterstützung ihrer Mannschaft im Nachbarland.

Die Entscheidung des IIHF 2006 für die Slowakei als Austragungsort für die 75. Eishockey-A-Weltmeisterschaft im Frühjahr 2011 war sehr deutlich; das Land erhielt 70 Stimmen, die Mitbewerber Schweden und Ungarn 20 bzw. 14 Stimmen. Weltmeister wurde Finnland, die Slowakei schied in der Zwischenrunde aus.

Eishockey-Weltmeisterschaften finden jährlich statt. 2012 wurde die Slowakei in Helsinki wieder Vizeweltmeister, 2013 und 2014 schnitt die Mannschaft nicht mehr so gut ab.

EXTRA

Prešov

Prešov (deutsch Eperies, seltener Preschau, ungarisch Eperjes) hat eine bewegte Geschichte. Nach dem Mongoleneinfall wurde die Stadt ab 1248 vor allem von deutschen Siedlern aufgebaut, prächtige Fassaden am Marktplatz und Reste der Befestigungsanlage zeugen von dieser Blütezeit. Im 15. Jahrhundert war die heutige Gliederung des Stadtzentrums abgeschlossen, im 17. Jahrhundert war die Stadt wieder hart umkämpft. Der gute Ruf des 1667 gegründeten Evangelische Kollegiums brachte der Stadt überschwängliche Vergleiche mit Athen ein, überhaupt war Prešov damals protestantisch geprägt. Eine Belagerung endete 1687 mit der Hinrichtung von 24 Gegnern der Habsburger Herrschaft, dem sogenannten Eperieser Blutgericht. Als 1816 eine griechisch-katholische Eparchie in der Stadt eingerichtet wurde, entwickelte sich zusammen mit den Ruthenen und Juden ein starker Multikulti-Charakter.

1919 wurde in Prešov eine Slowakische Räterepublik proklamiert. In der Geschichtsschreibung gilt diese kurze Phase von wenigen Wochen als erster eigenständiger slowakischer Staat. Die

Der Marktplatz in Prešov

Einrichtung eines slowakischen Theaters 1944 gab der Stadt wichtige kulturelle Impulse. Derzeit ist Prešov mit etwa 91 000 Einwohnern die drittgrößte Stadt der Slowakei.

■ Die Innenstadt

In den vergangenen Jahren ist das historische Zentrum zur Fußgängerzone umgestaltet worden; einige Reste der sie umfassenden **Stadtmauer** sind erhalten. Über den Marktplatz führt der 49. Breitengrad, den man in Deutschland als ›Weißwurstäquator‹ kennt.

Zwischen Bahnhof und Marktplatz steht das nach Jonáš Záborský (1812–1876) benannte **Theater**. Wie viele andere berühmte slowakische Zeitgenossen mischte Záborský seinen vorwiegenden Broterwerb als Priester mit vielfältigen literarischen und politischen Ambitionen. Unter vergleichbaren Personen war er sicher eine der exzentrischsten. Davon zeugen Pseudonyme wie ›Vilibald Graf von Habenichts, Titularkaiser von Babylon und expectativer König der Republik Pohlen‹ (sic). Buchtitel heißen übersetzt beispielsweise ›Faustiade, phantastisches Heldengedicht. Dritte Ausgabe, da die

Karte S. 335

▲ *Innenstadtgasse in Prešov*

vorigen nicht funktionierten.‹ Seine zweite Lebenshälfte verbrachte Záborský in der Ostslowakei.

Den linsenförmige **Marktplatz** (Hlavná) umgeben Bürgerhäuser, spätgotische Gebäude auf langen Grundstücken. In den gotischen Kellergewölben des Rathauses (Nr. 73) ist seit 1993 ein privates **Weinmuseum** eingerichtet, Initiator Dušan Hazir möchte die Weine seines Landes damit bekannter machen. Von den Stadthäusern besitzen einige mehrgeschossige Keller, die für den Weinhandel angelegt wurden. Das **Rákóczi-Palais** (Nr. 86) gegenüber dem Rathaus zeigt historische und naturwissenschaftliche Ausstellungen, dem Thema Brandschutz

sind eigene Räume gewidmet. Die Scharosch-Galerie (Nr.51) zählt zu den ältesten Regionalgalerien des Landes. An der südlichen Spitze des Platzes befindet sich in einer kleinen Grünanlage die **Neptunfontäne**.

An der nördlichsten Spitze des Marktplatzes steht ein für Michal Bosák (1869– 1937) im Jugendstil errichtetes **Bankgebäude** (Nr. 13), das durch Plastiken und Reliefs reich verziert wird. Einen schönen Blick über die Innenstadt bis eventuell zur Tatra hat man von einem renovierten **Wasserturm** östlich des Marktplatzes, der ebenso wie die genannte Bank ein Werk des Architekten Viliam Glasz (1882–1957) ist.

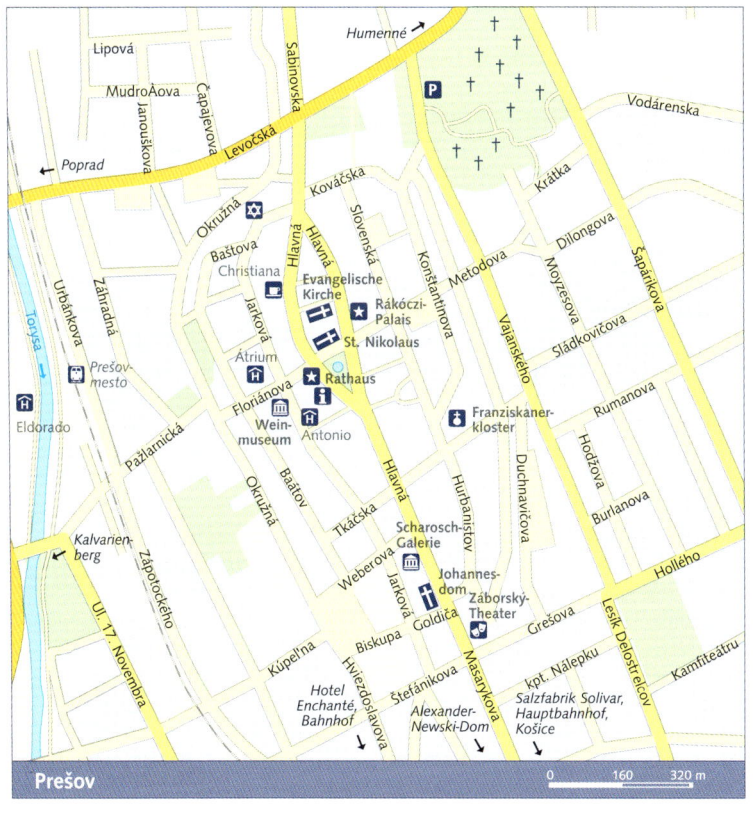

Prešov

Die östlichen Landesteile

Prešov bezaubert mit prächtigen Fassaden

■ **Sakralbauten**

Zu den Kirchen im Zentrum gehören die gotische **Nikolauskirche** mit Schnitzereien des Meisters Paul aus Leutschau, die spätrenaissancezeitliche **Evangelische Kirche** mit Sängertribünen, das **Evangelische Lyzeum** mit der **Pestsäule** daneben, der gotische-barocke **Johannesdom** mit renaissancezeitlicher Klosteranlage sowie die gotische **Josefskirche** mit frühbarockem Franziskanerkloster. Die orthodoxe **Synagoge** im maurischen Stil nordwestlich des Marktplatzes beherbergt das Jüdische Kulturmuseum.

Außerhalb der Stadtmauer befinden sich der **Alexander-Newski-Dom** mit seinen Zwiebeltürmen und der Kalvarienberg. Das barocke **Kalvarienberg-Ensemble** gilt als zweitschönstes des Landes hinter Banska Štiavnica. Es besteht aus der Kreuzkirche von 1753 und zwölf später errichteten Kapellen.

■ **Die Vororte**

Zum Stadtgebiet von Prešov gehört seit 1970 **Solivar** (Salzburg) mit seiner alten **Salzfabrik**. Sie war zeitweise führend in Europa und stellt eines der bedeutendsten technischen Denkmäler der Slowakei dar. Dokumente belegen die Salzgewinnung seit dem 13. Jahrhundert. Die zentralen Produktionsgebäude mit dem mehrstöckigen Göpelwerk gehen

auf das 17. Jahrhundert zurück. Hier wurden Kalbsledersäcke mit jeweils etwa 600 Litern Salzsole aus 135 Metern Tiefe nach oben gezogen. Später wurde die Eingangsfront des Göpelbaus mit einer Arkadenreihe und einem Turm verschönert, und bei einer Erweiterung im 19. Jahrhundert entstand ein durchdachtes städtebauliches Gesamtkonzept der Vorstadt mit klassizistischen Gebäuden. Inzwischen ist die Produktion eingestellt und die alten Fabrikgebäude werden für museale Zwecke rekonstruiert.

Der Stadtteil **Soľná Baňa** (Salzgrube) ist bekannt für seine Klöppelspitzen.

■ **Westliche Umgebung**

Westlich von Prešov liegt **Brežany** mit der 1733 fertiggestellten **Lukaskirche**. Die untypische kleine Holzkirche hat ein wölbungsfreies Satteldach, zur Isolation zwischen den Balken dient getünchter Lehm. Ein unten offener Turm ist angesetzt.

Bei Fričovce zweigt der Weg über Lipovce (Lipholz) zur Klamm Lačnovská von der Hauptstraße ab. Der zwei Kilometer lange **Kalkstein-Canyon** beeindruckt durch lebendige Wasserfälle und seltene Waldblumen. Ebenfalls bei Lipovce liegt die **Höhle Lipovecká jaskyňa** (auch Zlá diera, wörtlich ›Böses Loch‹). Sie wurde in den letzten Jahren schrittweise für angemeldete Besucher zugänglich gemacht.

Karte S. 287/335

■ **An der Straße nach Plaveč**

In **Veľký Šariš** (Großscharosch) nördlich von Prešov stand einst eine der größten slowakischen Burgen, allerdings brannte sie bereits 1678 aus. Ein kurzer Lehrpfad mit sechs Erläuterungstafeln widmet sich dem unter Naturschutz stehenden Burgberg.

Die Sehenswürdigkeiten der Stadt **Sabinov** (Zeben) konzentrieren sich am Marktplatz (nám. Slobody). Hier findet man drei Kirchen, ein Rathäuslein aus der Gotik und einen Gymnasiumsbau aus der Renaissance. Eine guterhaltene Stadtmauer mit neun Toren vermittelt etwas Mittelalteratmosphäre. Seit 2012 steht wieder ein kleines Stadtmuseum in einem Befestigungsturm zur Verfügung. im Jahr 1966 stand Sabinov kurz im Blickpunkt der internationalen Kinowelt, als der hier gedrehte Film ›Das Geschäft in der Hauptstraße‹ von Ján Kadár und Elmar Klos den ›Oscar‹ als beste fremdsprachige Produktion erhielt. In Sabinov wurde übrigens der Maler Tivadar Csontváry Kosztka (1853–1919) geboren, den außerhalb Ungarns kaum einer kennt. Aber die Ungarn verehren ihren

Vor dem Katell in Hanušovce

Csontváry, zumal er laut eigener Aussage gleich hinter dem Hunnenkönig Attila die zweitwichtigste Person der Menschheitsgeschichte darstellt. Seine kultige Mischung aus naiver Malerei, Surrealismus und Expressionismus ist wirklich einzigartig. Wer die teilweise sehr großflächigen Gemälde schon einmal gesehen hat, hält ihn in der Tat für unterbewertet. Ursprünglich Apotheker, bereiste Kosztka später auf Motivsuche den östlichen Mittelmeerraum. Zwei bekanntere Werke widmen sich dem Gebiet der heutigen Slowakei, nämlich eine Stadtansicht von Banská Štiavnica (1902) und eine Darstellung des Wasserfalls Tarpatak im Tatragebirge (1904).

Nordöstlich an die Landstraße von Prešov über Plaveč nach Stará Ľubovňa angrenzend, befindet sich der touristisch wenig erschlossene **Bergrücken Čergov**. Er hat einen über 30 Kilometer langen Kamm und besitzt mehrere schöne Aussichtspunkte in der Höhenlage um 1100 Meter. **Drienica** ist das Wintersportzentrum des Gebirges, im Nachbartal befindet sich der Wallfahrtsort **Ľutina**. Seit 1851 wird von wundersamen Genesungen berichtet. Die schlichte Kirche von 1908 beherbergt eine prächtige Ikonenwand. 1988 erhob Papst Johannes Paul II. das Gebäude zur bisher einzigen griechisch-katholischen Basilica minor des Landes. Die Martinskirche in **Lipany** (Siebenlinden) 30 Kilometer nordwestlich von Prešov ist reich mit Schnitzereien ausgestattet, mehrere Altäre aus der Zeit zwischen 1500 und 1520 sind zu sehen. Einige Arbeiten stammen aus der Werkstatt des Meisters Paul aus Leutschau. Von der Landstraße hinter Lipany sind nochmals alte Mauern zu sehen. Der Weg hinauf zur **Burgruine Kamenica** dauert etwa 20 Minuten. Man wird neben Mauerresten auf zwei Kalksteinzacken mit einem schönen Ausblick be-

Die östlichen Landesteile

lohnt. Lipany verfügt übrigens wie viele Orte der Slowakei über mineralhaltiges Thermalwasser und wünscht sich einen Investor zu ihrer Erschließung.

■ Östliche Umgebung

In **Dubník** am Kamm des Sovarer Gebirges (Slanské vrchy) wurde 1771 der mit 600 Gramm größte Opal der Welt gefunden. Er befindet sich im Wiener Naturhistorischen Museum. Die 1922 geschlossenen Opalgruben beherbergen angeblich 16 Fledermausarten und dürfen seit einigen Jahren von Touristen zu ausgewählten Terminen wieder betreten werden.

Hanušovce nad Topľou (Hansdorf) bietet ein Renaissancekastell, das heute als Rathaus und Kunstschule dient, und ein Barockschloss mit Mansardendach. Das Heimatmuseum im Schloss Hanušovce zeigt Ausstellungen zu Geschichte und Natur. Es unterhält eine Außenstelle in Vranov und arbeitet eng mit dem Vorkapatenmuseum im polnischen Krosno zusammen. Das nette Team des Museums freut sich immer, wenn es ausländische Touristen nicht nur bis hinter die Tatra, sondern sogar bis hinter die Bezirkshauptstadt Prešov schaffen. 2015 wurde das Museum in Hanušovce um das Freigelände ›Archäopark‹ erweitert, das einen Einblick in den Alltag der Stein-, Bronze- und Eisenzeit geben soll. Unweit des Museums steht am westlichen Stadtrand von Hanušovce eine knapp 400 Meter lange Eisenbahnbrücke. Die interessante Konstruktion stammt aus dem Jahr 1943.

 Prešov und Umgebung

Vorwahl: 00421/(0)51.
Touristeninfo, Hlavná 67, Prešov, Tel. 3100125, www.presov.sk, Mo–Fr 9–17 Uhr, Sa 9–13 Uhr.
Touristeninfo, Slobody 100, Sabinov, Tel. 7492929, www.sabinov.sk, Di–Fr 9–12/13–17 Uhr.
Fotos von Holzkirchen im Verwaltungsbezirk Prešov: www.drevenechramy.sk.

Kursbuchstrecke 188 von Košice über Prešov (30 Min.) nach Lipany (80 Min.) 5–21 Uhr etwa zweistündlich, in Richtung Žilina muss man in Kysak umsteigen. 193 Prešov–Humenné 6–20 Uhr etwa zweistündlich (1.40 Std.), 194 Prešov–Bardejov 6–20 Uhr etwa zweistündlich (70 Min.).

Busbahnhof (Glashalle mit dem Logo SAD) am Bahnhof südlich der Innenstadt. Unter www.imhd.sk (rechts oben ›Prešov‹ auswählen) findet man einen Überblick über den öffentlichen Nahverkehr.

▸ In Prešov:
Enchanté, Škultétyho 15, Tel. 7731013, www.hotelenchante.sk, DZ ab 132 Euro. Neben den Bahnhof.
Eldorado, Nábrežná 1, Tel. 7710814, www.penzioneldorado.sk, DZ 65 Euro. Am Flüsschen Torysa.
Šariš Park, Železničná 1900, Veľký Šariš, Tel. 7470422, www.sarispark.sk, DZ ab 59 Euro. Neues Gelände mit großem Restaurant im Bauernhofstil neben der Landstraße.
Átrium, Floriánová 4, Tel. 7582195, www.penzionatrium.sk, DZ ab 58 Euro. Historisches Haus im Zentrum.
Antonio, Jarková 22, Tel. 0948/898759, www.antoniopension.sk, DZ ab 37 Euro. Historisches Haus im Zentrum.
▸ Im Umland:
Kaštieľ Péchy, Hermanovce 296, Tel. 0917/850214, www.pechycastle.com, DZ 74 Euro. Westwärts, Jagdschlösschen mit Sauna und Park.
Mladosť, Martina 35, Lipany, Tel. 4892990, www.hotelmladost.sk, DZ ab 56 Euro. Nordwärts, etwas zu teueres Quartier in einer schlichten Kleinstadt.

Kaštiel, Fričovce, Tel. 7911067, www.kas tielfricovce.sk, DZ ab 46 Euro. Westwärts, eigentlich ein sehr hübsches Gutshaus mit Park, aber jetzt zwischen Landstraße und Autobahn eingekeilt.
Antonio, Jarková 22, 0948/898759, www.antoniopension.sk, DZ ab 37 Euro. Historisches Haus im Zentrum.

Am Marktplatz, kann jeder etwas nach seinem Geschmack finden, hier konzentrieren sich die Restaurants, hier befindet sich auch das **Literaturcafe Christiania**, Hlavná 105, Tel. 051/7495839, www. christiania.eu.sk, gelegentlich Live-Musik.

▸ In Prešov:
Wasserturm (Vodárenská veža), Metodova, Mo–Fr 9–20 Uhr, Sa/So 13–20 Uhr.
Gebietsmuseum (Krajské múzeum), Hlavná 86, Tel. 7734708, www.muzeumpresov.sk, Di–Fr 9–17 Uhr, So 14–18 Uhr, Jul./Aug. auch Sa 14–18 Uhr.
Weinmuseum (Múzeum vín), Floriánova 1, Tel. 7733108, www.muzeumvin.sk, Mo–Fr 9–18 Uhr, Sa 9–12 Uhr.
Scharosch-Galerie (Šarišská galéria), Hlavná 51, Tel. 7725423, www.sgpresov. sk, Di/Mi/Fr 9–17 Uhr, Do 9–18 Uhr, So 13–17 Uhr.
Synagoge (Židovské múzeum), Okružná 32, Tel. 7731638, www.synagoga-presov. sk, Di–Mi 11–15 Uhr, Do–Fr 9–13 Uhr, So 14–16 Uhr.
Salzfabrik Solivar, Zborovská 2 A, Tel. 7757427, www.stm-ke.sk, Führungen Di–Sa 9/10.30/13/14.30 Uhr, Apr.–Okt. auch 16 Uhr
▸ Im Umland:
Stadtmuseum (Mestské múzeum), Sabinov, nach Anmeldung unter Tel. 7492929 werktags 9–17 Uhr.
Heimatmuseum (Vlastivedné múzeum), Zámocká 5, Hanušovce, 057/4452441, www.muzeumhanusovce.sk, Jul./Aug. Mo–Fr 7.30–17 Uhr, Sa/So 13–17 Uhr, Sept.–Jun. Mo–Fr 7.30–15 Uhr.

Heimatmuseum (Vlastivedné múzeum), 1. mája 74, Vranov, 057/4422871, www. muzeumhanusovce.sk, Jul./Aug. Mo–Fr 10–18 Uhr, Sept.–Jun. Mo–Fr 8–16 Uhr.
Höhle von Lipovce (Lipovecká jaskyňa), 0905/237565, www.zladiera.sk, Mai–Aug. tgl. 9–19 Uhr, Apr. u. Sept./Okt. Sa/So 9–18 Uhr, werktags nach Anmeldung.

Divadlo Jonáša Záborského, Legionárov 6, Tel. 7775777, www.djz.sk.

Klettergarten im Norden der Stadt siehe www.outdoorpark.sk.

Lehrpfad von Prešov-Cemjata an der beliebten Mineralquelle Kvašná voda vorbei zum Forst Ortáš (4 km, 9 Tafeln).
Lehrpfad von Veľký Šariš zur Burgruine (2 km, 6 Tafeln).
Lehrpfad von Hanušovce nad Topľou zum ehemaligen Vulkan Oblík (4 km, 4 Tafeln).

Die Slowakische Zentrale für Tourismus schlägt folgende Runde durch die Berge vor (56 km): Solivar – Zlatá Baňa – Červenica – Žehňa – Solivar.

Das Skiareal in Javorina Drienica (→ Tabelle S. 284) ist das größte im Land östlich der Tatra: 16 Abfahrtspisten und 30 km Loipen. Dabei sind Skiwanderungen entlang des Gebirgskammes möglich.

Universitätskrankenhaus Prešov, Hollého 14, Tel. 7011111, www.fnsppresov.sk.
Poliklinik Sekčov, Jurkovičova 19, Tel. 7563511, www.poliklinikasekcov.sk.
Poliklinik Sabinov, SNP 1, Tel. 7739711, www.poliklinikasabinov.sk.
Poliklinik Giraltovce, Kukorelliho 334/16, 054/7781285, www.poliklinikagiral tovce.sk.

Die östlichen Landesteile

Die östlichsten Regionen

Die östlichsten Regionen der Slowakei sind gleichzeitig auch die unbekanntesten Landesteile. Aber unter den Slowakei-Freunden aus dem Ausland gibt es eine kleine Gruppe, die dieses Gebiet jenseits von Košice und Prešov sogar ausdrücklich zum bevorzugten Ziel erklärt. Unter anderem die Holzkirchen und das Theißtiefland locken die Besucher an. Ob man eines Tages zu dieser Gruppe gehört, kann man am besten durch einen Besuch dieser Regionen herausfinden.

Bardejov

Die kontinuierliche Stadtgeschichte von Bardejov (deutsch Bartfeld, ungarisch Bártfa) am Fluss Topľa (Töpl) beginnt im Jahre 1206 mit einer Klostergründung durch polnische Mönche. Der frühe Reichtum resultierte aus Handelsprivilegien und Handwerk, vor allem Leinenproduktion und Töpferei. Obwohl mehrere Brände leichte Umgestaltungen der historischen Bausubstanz nach sich zogen, gilt das Stadtzentrum als der besterhaltene mittelalterliche Stadtkern der Slowakei. Er wurde im Jahr 2000 in die UNESCO-Welterbeliste aufgenommen. Die Stadt hat derzeit 33 000 Einwohner.

■ Am Rathausplatz

Der rechteckige Rathausplatz (Radničné nám.) mit Kopfsteinpflaster fällt zur Kirchenseite hin leicht ab. Er wird von farbenfroh gestrichenen zweistöckigen Bürgerhäusern mit hohen Dächern und Tordurchfahrten umrahmt.

Mitten auf dem Platz stehen die **Floriansfontäne** sowie das 1511 fertiggestellte **Alte Rathaus**. Es ist das erste Renaissancegebäude des Landes und gehört heute ebenso zum **Regionalmuseum** wie der sogenannte Gantzaughof gegenüber an der östlichen Seite des Platzes (Nr. 13) und wie auch das Haus mit dem vorgezogenen klobigen Bogengang in der südwestlichen Ecke (Rhodyho 1).

Karte S. 341

Die Ägidiuskirche am großzügigen Rathausplatz

Ein weiteres Eckhaus westlich vom Rathaus (Nr. 42) beherbergt eine schon 1433 erwähnte Weinstube. Der Keller war das Tokajer-Lager der Stadt. Daneben (Nr. 41) steht das Geburtshaus des Dirgenten Béla Kéler (1820–1882). Die stattliche **Ägidiuskirche** am Rathausplatz weist schöne Netzgewölbe und gleich elf gotische Flügelaltäre auf – so viele gibt es in keiner anderen Kirche Mitteleuropas. Der Bau wurde im 15. Jahrhundert abgeschlossen, die Altäre entstanden zwischen 1440 und 1520, ihre ursprüngliche Anordnung wurde beibehalten. Die Fürsorge für einen bestimmten Altar oblag einzelnen Hand-

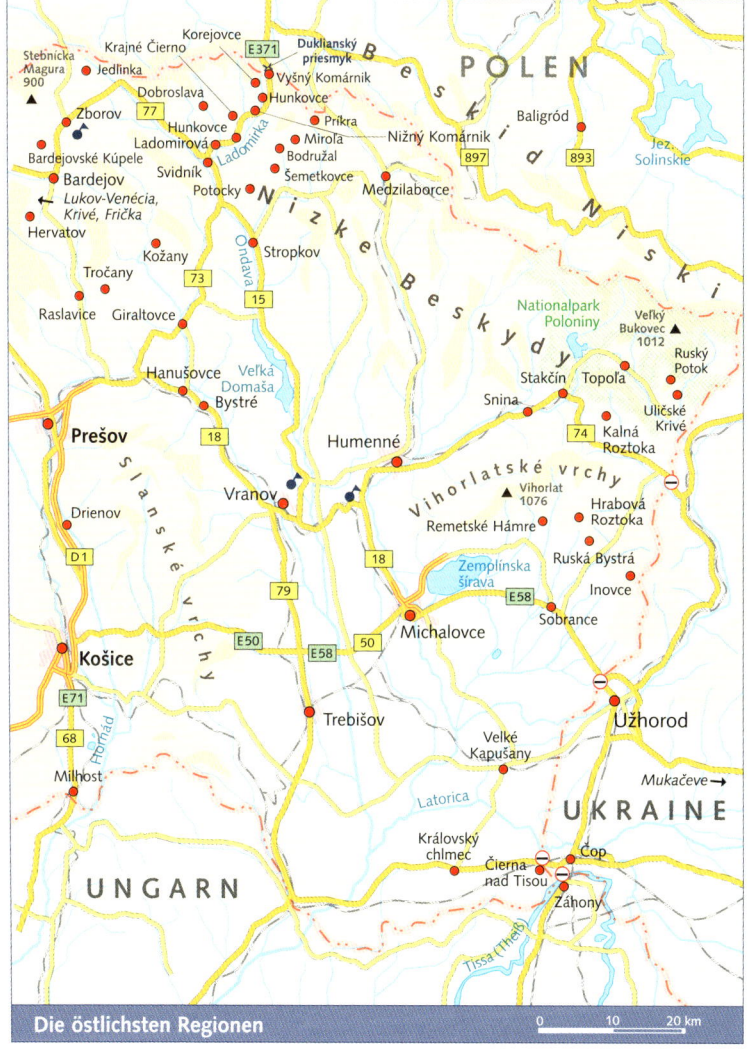

Die östlichen Landesteile

Die östlichsten Regionen

0   10   20 km

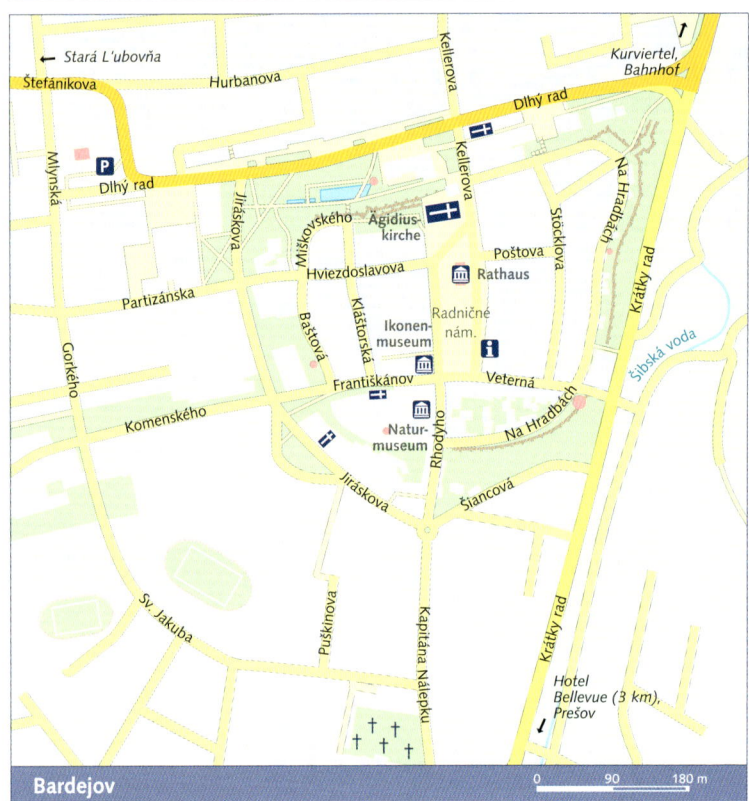

Bardejov

werkerzünften, zu den prächtigsten Altären gehören entsprechend die der damals besonders wohlhabenden Leineweber und Maurer. Der Kirchturm ist 76 Meter hoch, ein Aufstieg lohnt sich unbedingt. 1995 wurden die Glocken ausgetauscht, die alten stehen vor dem Hauptportal. Auf dem Chor befindet sich eine Orgel aus dem Jahre 1906 mit 2213 Pfeifen. 2000 wurde die Kirche von Papst zur Basilika minor erhoben.

■ **Weitere Sehenswürdigkeiten**

In den Seitenstraßen findet man das **Henkerhaus** und die **Johanneskirche** mit dem Franziskanerkloster, außerdem gibt es zwei **Schulgebäude** mit Renais-

sancefassaden. Bekanntester Pädagoge in Bardejov war Leonhard Stöckel (1510–1560). Der Schüler von Luther und Melanchthon wurde 1539 Rektor der Lateinschule seiner Heimatstadt.

Die **Stadtbefestigung** entstand zwischen 1352 und 1439, schon um 1376 existierte eine zusammenhängende Steinmauer mit Schießscharten. Trotz einiger fehlender Basteien zählt sie zu den besterhaltenen gotischen Stadtbefestigungen im Land. Teile des ehemaligen Stadtgrabens sind als Grünstreifen mit Springbrunnen hübsch gestaltet.

Ein **Komplex ehemaliger jüdischer Bäder und Synagogen** aus dem 18. Jahrhundert außerhalb der Stadtmauern wird derzeit renoviert. Weitere sehenswerte **Sakralbauten** sind die griechisch-katholische Kirche am westlichen Festungsgraben sowie das Heiligkreuzkirchlein auf dem Kalvarienberg.

■ Bardejovské Kúpele

Bardejovské Kúpele (Bad Bartfeld) ist der älteste Kurort des Landes. Er liegt nördlich von Bardejov, gehört aber zu dessen Stadtgebiet. Bereits 1247 war die Heilkraft des Wassers beschrieben worden, 1505 errichtete man an den Heilquellen Badekabinen. Besonders im 19. Jahrhundert erholten sich hier viele Mitglieder des europäischen Hochadels. Die österreichische Kaiserin Elisabeth (›Sisi‹) als prominenteste Besucherin lächelt huldvoll versteinert den heutigen Flaneuren zu. Das Denkmal von 1904 wurde 1945 entfernt, 1998 aber wieder aufgestellt. Bardejovské Kúpele war kurz davor, Trenčianske Teplice als Nummer Zwei der slowakischen Kurbäder abzulösen. Die Kurgäste kamen größtenteils aus slawischen Ländern, mit einem lustigen Gemisch ihrer einander ähnelnden Sprachen schienen sie sich meistens gut zu verstehen. Die Konflikte zwischen Russ-

Farbenfrohe Bürgerhäuser rahmen den Marktplatz

land und der Ukraine haben seit 2014 aber auch hier ihre Spuren hinterlassen und zu gesunkenen Gästezahlen geführt. Der kleine **Skansen Bardejovské Kúpele** wurde 1965 eröffnet und ist somit der älteste der Slowakei. Neben zahlreichen anderen Gebäuden gibt es hier gleich zwei versetzte Holzkirchen zu sehen. Bereits 1932 war die von 1730 stammende Marienkirche von Mikulášova auf das spätere Skansengelände geholt worden. Sie fällt durch schlanke Türmchen aus relativ hellem Holz auf, die aufgemalten Uhren zeigen halb zwölf. Die Ikonen befinden sich im Regionalmuseum der Stadt. Wuchtiger wirkt die 1967 versetzte Nikolauskirche aus Zboj von 1706. Zu den technischen Denkmalen gehören landwirtschaftliche Anlagen (Schüttböden) sowie ein Bohrer zur Herstellung hölzerner Wasserrohre. Vielseitig sind die zeitweise im Skansen vorgeführten Handwerke, zum Beispiel Töpfern mit der Tretscheibe, Pfeifenherstellung oder Honigkuchenbäckerei.

■ Nördliche Umgebung

Als Wanderziele in der Umgebung Bardejovs eignen sich der **Berg Stebnícka Magura** (900 m) und die Ruine der 1684 zerstörten **Burg Zborov**. Eine Runde von zwei Stunden führt von Bardejovské Kúpele aus zu diesen beiden Sehenswürdigkeiten. Vom Stebnícka Magura kann man bis zur Hohen Tatra blicken. Der Burgberg Zborov mit seinen alten Eichenwäldern steht unter Naturschutz, **Zborov** selbst bietet eine unveränderte gotische Kirche und ein renaissancezeitliches Kastell. Im Dorf befinden sich zwei Militärfriedhöfe.

Das **Naturschutzgebiet Becherovská tisina** an der polnischen Grenze verfügt über das größte Eibenvorkommen im Karpatengebiet. Gleich daneben liegt das Wintersportzentrum Regetovka.

Bardejov und Bardejovské Kúpele

Vorwahl: 00421/(0)54.

Touristeninfo, Radničné 21, Bardejov, Tel. 4744003, www.tik-bardejov.sk, Mai–Sept. Mo–Fr 9–17.30 Uhr, Sa/So 10–16 Uhr, Okt.–Apr. Mo–Fr 9–17 Uhr.

Touristeninfo, Kino Žriedlo, Bardejovské Kúpele, Tel. 4774477, www.bardejovske-kupele.sk, Mo–Fr 8–16 Uhr, Jul./Aug. zusätzlich 10.30–16 Uhr.

Kurbetrieb-Koordination: www.kupele-bj.sk.

Kursbuchstrecke 194 Prešov–Bardejov, 6–20 Uhr etwa zweistündlich (70 Min.).

Busbahnhof am Bahnhof nordöstlich der Altstadt.

Bellevue, Mihaľov 2503, Tel. 4728404, www.bellevuehotel.sk, DZ ab 88 Euro. Am Waldrand.
SEV SAŽP Regetovka, Regetovka 29, Tel. 6253240, www.sazp.sk, DZ 35 Euro. Vom Umweltamt betriebens Berghotel.

Alljährlich Musikfestival.

Svidník und Dukla-Pass

An der Mündung der Ladomirka in den Oberlauf der Ondava liegt die junge Stadt Svidník (Oberswidnik); sie erhielt erst 1964 das Stadtrecht. Die Ortschaft, die sich zuvor hier befunden hatte, ist durch den Zweiten Weltkrieg fast völlig zerstört worden. Die orthodoxe Kirche stammt von 1994.

Der **Skansen** in Svidník gehört mit einer Geschichtsausstellung und der Dezider-Milly-Galerie zum Ruthenischen Kulturmuseum. Im Amphitheater finden die jährlichen Kulturfesttage dieser Volksgruppe statt. Von den fast 50 Bauten der Ruthenen, die hier einmal versammelt sein sollen, stehen im Skansen in-

 Ägidiuskirche (Bazilika svätého Egídia), Tel. 4722595, Mo–Fr 10–16 Uhr, Sa 10–15 Uhr, So 11.30–15 Uhr.

Das **Regionalmuseum Scharosch** (Šarišské múzeum), www.muzeumbardejov.sk, Di–So 8.30–16 Uhr, besteht aus fünf Abteilungen:
▸ Geschichte (Historická expozícia) im Rathaus, Radničné 48, Bardejov, Tel. 4746038;
▸ Ikonen (Expozícia Ikony), Radničné 27, Bardejov, Tel. 4722009;
▸ Natur (Príroda severovýchodného Slovenska), Rhodyho 4, Bardejov. 4722630;
▸ Ethnographie (Národopisná expozícia), Vila Rákoci, Bardejovské Kúpele, Tel. 4722072;
▸ Freilichtmuseum (Múzeum ľudovej architektúry, Skanzen), Bardejovské Kúpele, Tel. 4722072.

Synagóga Bikur Cholim, Kláštorská, Tel. 4722452, geöffnet nach Absprache.

Skiareal in Regetovka (→ Tabelle S. 284).

Krankenhaus, Jakuba 21, Tel. 4788666, www.nsp-bardejov.sk.

zwischen 36. Dazu zählen Wohn- und Wirtschaftsbauten, die teilweise mit Stroh gedeckt sind, eine Wassermühle, eine Wassersäge, eine Schmiede, eine Schenke, eine Schule und die Dorfkirche aus Nová Polianka aus dem Jahre 1766. Südlich von Svidník liegt **Stropkov** mit schönen Kirchen, einem 1984 aus einer Elterninitiative hervorgegangenem privaten Zoo und einem Stadtmuseum.

■ Zum Dukla-Pass

Von Svidník zum Dukla-Pass (Dukliansky priesmyk, 563 m) sind es 21 Kilometer. Bereits im Ersten Weltkrieg war der strategisch bedeutsame Dukla-Pass heftig umkämpft. Ende 1944 brauchte

Karte S. 341 ▲

die Rote Armee für diese Strecke auf ihrem Weg vom südlichen Polen in die Zentralslowakei sieben Wochen. Das NS-Regime wollte allein der symbolischen Bedeutung wegen ein Zurückweichen auf slowakischem Gebiet unbedingt verhindern, und so leisteten die Deutschen verbissenen Widerstand. Die Schlachten am Dukla-Pass gehören zu den größten des Zweiten Weltkrieges. Verschiedene Quellen machen unterschiedliche Angaben zur Zahl der Gefallenen, vermutlich starben 150 000 Soldaten bei den Kämpfen. Die Hauptlast der Kämpfe trug die vorrückende Rote Armee. Am 20. September 1944 wurde Kalinov östlich vom Pass als erstes slowakisches Dorf befreit, am 6. Oktober der Pass selbst erobert. Vom 1974 errichteten Aussichtsturm kann man das damalige Schlachtfeld übersehen. In der Gegend gibt es beiderseits der slowakisch-polnischen Grenze zahlreiche **Soldatenfriedhöfe** und teilweise monumentale **Denkmale**. Ein Friedhof für über 3000 deutsche Soldaten gehört zum Ort Hunkovce. Im Dolina smrti (Tal des Todes) befindet sich die rekonstruierte Stellung einer Panzerkompanie im Angriff. Auch in Svidník selbst kann man sich in einem Militärmuseum über die

damaligen Ereignisse informieren. Auf dessen Freigelände steht neben dem legendären sowjetischen Panzer T-34 unter anderem ein Flugzeug vom Typ Douglas C-47 Dakota.

In den Wäldern am Dukla-Pass siedelt sich seit einiger Zeit der Biber wieder an.

 Svidník und Dukla-Pass

Vorwahl: 00421/(0)54.

Ondava, Chotčanská 168, Stropkov, Tel. 7424200, www.hotelondava.sk, DZ ab 35 Euro. Schlichtes Hotel an einem kleinen Stausee.

🏛

Das **Ruthenisches Kulturmuseum** (Múzeum ukrajinsko-rusínskej kultúry), Centrálna 258, Svidník, Tel. 2451005, www.snm.sk, Mo–Fr 8.30–16 Uhr, Sa/So 10–16 Uhr, verwaltet auch:

▸ die Dezider-Milly-Sammlung (Galéria Dezidera Millyho), Partizánska, Di–Fr 8.30 Uhr–16 Uhr, Sa/So 10–16 Uhr;

▸ das Volkskunde-Freilichtmuseum (Národopisná expozícia v prírode, Skanzen), Nad svidníckym amfiteátrom, Apr.–Okt. Mo–Fr 8.30–18 Uhr, Sa/So 10–18 Uhr.

Das **Militärmuseum** (Vojenské historické múzeum) mit Flugzeugen und Panzern, Bardejovská 14, Svidník, Tel. 7521398, www.vhu.sk, Mai–Okt. Di–So 9–17 Uhr, Nov.–Apr. Di–Fr 9–15 Uhr, betreibt auch den Aussichtsturm über das Schlachtgelände am Dukla-Pass, Mai–Okt. Di–So 9–17 Uhr.

Stadtmuseum (Mestské múzeum a galéria), Zámocká 519/3, Stropkov, Tel. 7424634, www.stropkov.sk, 8–16 Uhr. **Zoologischer Garten** (Zoologická záhrada), Hlavná 48, Stropkov, Tel. 7422381, www.zoostropkov.sk, Mai–Okt. 10–17 Uhr.

Krankenhaus Svidník, Pribulu 412/4, Tel. 7860111, www.sk.svetzdravia.com. **Krankenhaus Stropkov**, Pavlova 321/10, Tel. 3210111, www.sp.svetzdravia.com.

Denkmal zur Erinnerung an die Schlacht um den Dukla-Pass

Die östlichen Landesteile

Holzkirchen bei Snina, Bardejov und Svidník

In der Nordostecke der Slowakei konzentrieren sich die Dorfkirchen aus Holz. Ihre Zahl war ursprünglich noch größer, aber auch heute imponiert allein die Dichte dieser Bauten auf engem Raum. Die meisten dieser Kirchen wurden als griechisch-katholische Gotteshäuser errichtet. Typisch ist eine Aufteilung in drei Räume: an den Gemeinderaum schließt sich westlich der Turm und östlich der durch eine Ikonenwand abgetrennte Altarraum an. Durch die reich verzierte Mitteltür dieser Ikonostase darf nur der Priester gehen. Einige Motive wie phantasievolle Darstellungen des Jüngsten Gerichtes kehren fast in allen Kirchen wieder. Seit 2008 stehen ausgewählte Holzkirchen der Karpaten auf der UNESCO-Welterbeliste. Im Text der UNESCO wird ausdrücklich auf die Vermischung römischer und byzantinischer Elemente hingewiesen.

Diese Häufung alter Holzkirchen mag den Gedanken aufkommen lassen, eine Fotosafari speziell zu diesem Thema zu unternehmen. Die dunklen Bauten stehen jedoch meistens nicht so frei, wie

... neue Perspektiven

man anhand von Büchern und Prospekten denken könnte. Man spart Aufwand und Enttäuschung, wenn man sich auf die Holzkirchen in den Skansen konzentriert. Im Folgenden eine Übersicht über die interessantesten Kirchen mit ihren Besonderheiten.

■ Rund um Snina

Topoľa: Michaelskirche (1780). Tiefgezogenes Dach, umlaufende Außengalerie, alter Friedhof.

Ruský Potok: Michaelskirche (wahrscheinlich 1740). Kyrillische Liturgiebücher.

Uličské Krivé: Michaelskirche (1718). Barocke Einrichtung.

Kalná Roztoka: Basiliuskirche (18. Jahrhundert). Verputzt, dicker Turm, zusätzlicher separater Glockenturm.

Hrabová Roztoka: Basiliuskirche (18. Jahrhundert). Passender Zaun, barocke Einrichtung.

Ruská Bystrá (UNESCO-Denkmal): Nikolauskirche (1730). Sechseckiger Altarraum mit wertvollem Altar.

Inovce: Michaelskirche (1836). Schlanke Türmchen.

Karte S. 341

▲ *Immer wieder eröffnen die Holzkirchen ...*

■ Rund um Bardejov

Jedlinka: Marienkirche (1763). Farbenfrohe Ikonostasis.

Frička: Michaelskirche (18. Jahrhundert). Dominanter Turm.

Lukov-Venécia: Cosmas-Damian-Kirche (1709). Früher Langhaustyp, wertvolle Ikonostasis, teils unterkellert.

Krivé: Lukaskirche (1826). Ikonen.

Hervatov (UNESCO-Denkmal): Franziskuskirche (15. Jahrhundert). Spätgotisch, barocke Wandmalereien von 1665.

Tročany: Lukaskirche (wahrscheinlich 1739). Barock, spitze Türmchen.

■ Südlich von Svidník

Kožany: Simeonskirche (18. Jahrhundert). Ausgeprägte Dreiraum-Aufteilung, von den drei Glocken stammt eine aus dem Jahre 1406, beim Jüngsten Gericht werden die Höllenkandidaten in der Manier von Hieronymus Bosch geröstet, danach dürfen die Edelleute weiter Karten spielen.

Potoky: Paraskieva-Kirche (1773). Schlanke Turmspitzen, alte Wandmalereien, zusätzlicher separater Glockenturm von 1839.

■ Nordwestlich von Svidník

Dobroslava: Paraskieva-Kirche (1705, Kapellen 1932 angebaut). Große Ikonostasis.

Ladomirová (UNESCO-Denkmal): Michaelskirche (1742). Schlanke Turmspitzen, fünfreihige Ikonenwand, alter Friedhof.

Šemetkovce: Michaelskirche (1752). Zusätzlicher separater Glockenturm.

Hunkovce: Marienkirche (18. Jahrhundert). Komplizierte Zwiebeltürme, alter Friedhof, wird nicht mehr von einer Gemeinde benutzt.

Krajné Čierno: Basiliuskirche (18. Jahrhundert). Ausgeprägte Dreiraum-Aufteilung.

Korejovce: Marienkirche (1764). Zusätzlicher separater Turm mit drei Glocken.

Nižný Komárnik: Marienkirche (1938). Klassizistische Einflüsse, höhere Mittelkuppel.

Vyšný Komárnik: jüngste Holzkirche (1946). Dominanter Turm.

Bodružal (UNESCO-Denkmal): Nikolauskirche (1658). Ausgeprägte Dreiraum-Aufteilung, neu renoviert.

Príkra: Michaelskirche (1777). Schöne Ikonen.

Miroľa: Marienkirche (1770). Ausgeprägte Dreiraum-Aufteilung.

Nur über eine schmale Nebenstraße ist Kožany zu erreichen

Die östlichen Landesteile

Von Medzilaborce nach Humenné

Zwischen Medzilaborce nach Humenné sagen sich nicht nur Fuchs und Hase, sondern auch Wolf und Elch Gute Nacht. Hinter den letzten Kleinstädten des Landes beginnt eine Wildnis, die zwar in die UNESCO-Welterbeliste Eingang gefunden hat, zu deren Würdigung man aber schon biologisch interessiert sein muss. Westwärts, entlang der slowakisch-polnischen Grenze, folgt das Gebiet um Svidník (S. 344).

■ Medzilaborce

Lange Zeit war Medzilaborce, die nordöstlichste slowakische Stadt, durch eine direkte Bahnverbindung mit Prag verknüpft. Längst muss man in Košice umsteigen. Zwar fahren seit 1999 wieder Züge in das attraktive südpolnische Sanok, Medzilaborce am Fluss Laborec galt und gilt aber dennoch als abgelegen und im Wortsinn als hinterwäldlerisch. Heute kennen Touristen die Stadt hauptsächlich wegen des **Warhol-Museums**. Die Eltern des US-amerikanischen Pop-Art-Künstlers Andy Warhol (eigentlich Andrej Varchola, 1928–1987) kommen aus Miková. In seinem Testament vermachte Warhol der nächstgelegen Stadt Medzilaborce einige Originale. Das 1991 daraus resultierende Museum war die erste ständige Warhol-Ausstellung der Welt und ist immer noch die einzige in Europa. Es befindet sich in einem ehemaligen sozialistischen Kulturhaus und macht auf den ersten Blick einen modernen Eindruck. Seit Anfang an kämpft es jedoch unter anderem mit Finanzierungs- und Organisationsschwierigkeiten, zeitweise drang sogar Regen bis in die Ausstellungsräume durch. Auch Kunstwerke anderer Familienmitglieder sind zu sehen, vor dem Museum steht Warhol als Brunnenfigur. Warhol gilt in

der Volksgruppe der Ruthenen als Nationalheld, obwohl er nie hier war. Zu seinen Lebzeiten wusste die slowakische Verwandtschaft allerdings nur wenig mit seinen gelegentlichen kleinen Kunstgeschenken anzufangen. Medzilaborces Vorort **Krásny Brod** war zeitweise das religiöse Zentrum der griechisch-katholischen Glaubensgemeinschaft in der Slowakei. Es gibt Reste alter Klosteranlagen und ein von den Basilianern betreutes neues Kloster.

■ Humenné

Gut 40 Kilometer südlich von Medzilaborce, am Fluss Laborec, befindet sich Humenné (deutsch Homenau, ungarisch Homonna), die größte slowakische Stadt der historischen Region Semplin. Im antimilitaristischen Schelmenroman ›Der brave Soldat Schwejk‹ von Jaroslav Hašek machte der Protagonist 1915 hier Station.
Ein hübsches **Renaissanceschloss** von 1641 mit einer Fallbrücke beherbergt das **Regionalmuseum**. Das einheitliche barocke Aussehen sowie der Park entstanden erst um 1900 unter Alexander Andrássy. Der Bau mit quadratischem

Andy Warhol in Bronze vor dem nach ihm benannten Museum

Am Länderdreieck

Grundriss und fünf Türmen verlor bei einem Brand 1946 nahezu die gesamte Einrichtung. Älteste Exponate der heutigen Ausstellung sind keltisch-dakische Silbermünzen.

Gleich rechts hinter dem Schloss beginnt das zum Museum gehörende Gelände eines **Skansens**. Wertvollster Bau ist die Holzkirche aus Nová Sedlica im äußersten Zipfel des polnisch-ukrainischen Dreiländerecks. Sie wurde 1754 errichtet und befand sich, als die Kirchengemeinde sie 1971 an das Museum verkaufte, in bedenklichem Zustand. Nach ihrer Umsetzung wurden bis 1982 noch je sieben regionaltypische Wohnhäuser und Wirtschaftsbauten in den kleinen Skansens verlagert.

Ein **jüdischer Friedhof** ist in Humennés Stadtteil Hubková zu finden. Die Plattenbausiedlung **Pod Sokolejem** verfügt gleich über zwei Kirchenbauten aus den letzten Jahren, und ein junges Beispiel der Sakralarchitektur befindet sich ebenfalls in **Kamenica nad Cirochou**: das Trauerhaus am Dorffriedhof entstand 1997

und stellt eine moderne Interpretation des Karpatenbaustils dar.

Zwischen Humenné und Vranov nad Topľou (deutsch Vronau an der Töpl, ungarisch Varanno) liegen die beiden **Burgruinen** Brekov und Čičava. Nordwestlich von Humenné befindet sich der **Stausee Veľká Domaša**, der nach dem größten der in den Fluten versunkenen Orte benannt wurde. In Bžany und Kelča stieg der Wasserspiegel jeweils bis knapp unterhalb der Kirche. Manche Landkarten suggerieren einen Bergwald rund um den Stausee, die ruhige Hauptstraße am östlichen Ufer führt jedoch eher durch eintönige Felder.

■ Am Länderdreieck

Mischwälder und Bergwiesen prägen den einsamen **Nationalpark Poloniny** (Národný park Poloniny). Sein Herzstück bilden die Bukovské vrchy (slowakisch buk = Buche) mit dem Veľký Bukovec (1012 m) als höchster Erhebung. Einige Buchenurwälder der nordöstlichen Karpaten stehen nach einem entsprechenden länderübergreifenden Antrag mit der Ukraine seit 2007 in der UNESCO-Welterbeliste. Größte Teilfläche davon ist mit knapp 3000 Hektar das Reservat Stužica. Der genaue Verlauf des 185 Kilometer langen Bergwald-Streifens wird im UNESCO-Text beschrieben. Auch auf polnischer Seite hat das Gebiet den Status eines Nationalparks (Bieszczadzki Park Narodowy). Ein **Obelisk** markiert seit 2001 das Länderdreieck mit Polen und der Ukraine, diese hübsch polierte Dreikantsäule zeigt die jeweiligen Staatswappen. Allerdings ist der entsprechende ›Berg‹ Kremenec (1208 m) gar kein Berg, sondern nur der östlichste Punkt der Slowakei auf einem Bergrücken. Die Bäume ringsum ermöglichen zudem keinen Ausblick, Tannen an den Hängen sind bis über 50 Meter hoch. Erst der nach Polen

Die östlichen Landesteile

hinein ansteigende Wanderweg führt in eine Mittelgebirgslandschaft mit weiterer Sicht, überhaupt ist diese Gegend von polnischer Seite aus am schönsten. Es sei denn, man ist mit einen wahren Naturkenner der Slowaken unterwegs und bekommt die Biologie des Gebietes erklärt. Alle Großsäuger des Karpatenraumes einschließlich der Elche sind hier zu Hause, ein slowakisches Wolfsrudel des Nationalparks gilt als zahlenstärkstes der ganzen Karpaten. Auf polnischer Seite ist es nicht weit bis in die interessante Kleinstadt Sanok, berühmt durch große Museen und als weiterer Aufenthaltsort des ›braven Soldaten‹ Schweijk.

 Von Medzilaborce nach Humenné

Vorwahl: 00421/(0)57.
Touristeninfo, Staničná 1 (im Bahnhof), Humenné, Tel. 7881051, www.humenne. sk, Mo–So 7.10–12/12:45–17:40 Uhr.
Touristeninfo, Strojárska 102, Snina, Tel. 16186 und 7685735, www.regionsnina. sk, Mo–Fr 9–17 Uhr, Jul./Aug. zusätzlich Sa/So 10–12 Uhr.
Außerdem www.hornyzemplin.sk.

Kursbuchstrecke 193 Prešov–Humenné 6–20 Uhr etwa zweistündlich (100 Min.), 191 Humenné–Medzilaborce 6–20 Uhr etwa zweistündlich (60 Min.), 196 Humenné–Stakčín 6-22 Uhr etwa zweistündlich (50 Min.).

Šport, Domaša Valkov, Tel. 054/7491322, www.hotelsport.szm.sk. DZ ab 32 Euro. Am Stausee.
Armales, Duchnovičova 282/1, Stakčín, Tel. 7674247, www.armales.sk, DZ ab 40 Euro. Mit Jagdangeboten.
Kamei, Sninské Rybniky 2709, Snina, Tel. 0905/729055, www.kamei.sk. DZ ab 50 Euro. Mit Pool.
U Račka, Brestov 824, Humenné, Tel. 7753074, www.arealpohody.sk, DZ ab 30 Euro. Am Fischteich.
Kremenec, Nová Sedlica, Tel. 7694156, www.kremenec.sk, DZ ab 24 Euro. Freundlicher Familienbetrieb.

Domaša Tíšava, Valkov 249, Domaša, Tel. 0911/299843, www.domasakemp. sk, Jun.–Sept.

Kunstmuseum der Familie Warhol (Múzeum moderného umenia rodiny Warholovcov), Warhola 749/26, Medzilaborce, Tel. 7480072, www.andywarhol.sk, Di–Fr 10–16 Uhr, Sa/So 12–16 Uhr, Mai–Sept. immer bis 17 Uhr.
Regionalmuseum Vihorlat im Schloss (Vihorlatské múzeum) mit Skansen (Expozícia ľudovej architektúry a bývania), Slobody 1, Humenné, Tel. 7752240, www.muzeumhumenne.sk, Mai–Okt. 10–18 Uhr, Nov.–Apr. nur Schloss Mo–Fr 9–15 Uhr.

Rundwanderweg vom Hotel Podskalka in Humenné zum Naturschutzgebiet Humenský Sokol und der Burgruine Brekov, im Kalkstein kann man Fossilien finden (4 km, 10 Tafeln).
Botanikern seien die Feuchtwiesen Hostovické lúky zwischen Hostovice und Nižná Jablonka im Spätfrühling zur Blütezeit der Sibirischen Schwertlilie empfohlen.

Auf den Spuren des braven Soldaten Schwejk wurde eine aus Polen über den Laborecké sedlo kommende Route bis nach Humenné verlängert, das sind 52 km auf slowakischem Gebiet.

Krankenhaus Humenné, Nemocničná 7, Tel. 7706231, www.he.svetzdravia.com.
Krankenhaus Vranov nad Topľou, Štefánika 187/177, Tel. 4865111, www. vt.svetzdravia.com.
Krankenhaus Snina, Sládkovičova 300/03, Tel. 7871111, www.nemocnicasnina.sk.

Der Umweltverein VLK

Zu den kleinen Nichtregierungsorganisationen, die trotz geringer Kapazitäten mit viel Herzblut durchaus einige Ziele erreichen, zählt die 1993 gegründete ›Lesoochranárske zoskupenie VLK‹ (Waldschutzgruppe WOLF). Sie kümmert sich vor allem um den Nordosten des Landes und besitzt eine Koordinationsstelle bei Bardejov. Um die übliche Finanzierung ökologischer Projekte durch bürokratische Antragsverfahren oder potente Mäzene schert sich VLK wenig. Die effektive Organisation setzt vielmehr auf regelmäßige kleine Privatspenden, eine bescheidene Selbstverwaltung und ein engagiertes Netzwerk.

Die Aktion ›Kauf deinen Baum‹ (Kúp si svoj strom) begann 1997. Zur Sicherung eines 21 Hektar großen Biotops am Oberlauf des Flüsschens Ľutinka im Gebirgszug Čergov beispielsweise beteiligten sich Spender aus 19 Ländern wie die polnische Nobelpreisträgerin Wisława Szymborska (1923–2012). Solche ›Bäume‹ wurden auch bei Geburten und Hochzeiten verschenkt. Aber die komplette Privatfinanzierung schützte nicht vor Schikanen bei der Übertragung dieses Mischwaldes. Einen Rechtsstreit mit der Verwaltung in Prešov gewann VLK nach fünf Jahren, und 2004 konnte schließlich das erste staatlich anerkannte Naturreservat Mittel- und Osteuropas in Privatbesitz ausgerufen werden. Nun haben die vier Eulen-

arten und viele andere Raritäten aus Flora und Fauna dort ein sicheres Refugium. Bis 2008 wurde die Fläche um 17 auf 38 Hektar erweitert.

Ebenfalls 2004 entstand ein 30 Hektar großes Privatreservat in den Rajetzer Bergen, das VLK zunächst als Darlehen vom bisherigen Eigentümer erhielt. Weiterhin arbeitete VLK an der Formulierung und Durchsetzung von Gesetzen mit, hielt Vorträge und Seminare.

Ihre hohen Ansprüche beinhalten für die aktiven Mitglieder von VLK auch eine hohe Selbstdisziplin. Die sonst auf jedem slowakischen Campingplatz lodernden Lagerfeuer beispielsweise sind bei den Zusammenkünften der Gruppe sogar zur Sonnenwende verpönt. Man will ja mit den Namenspatronen feiern. Für Touristen organisiert VLK mit seinen Partnern maßgeschneiderte Exkursionen.

Lesoochranárske zoskupenie VLK, Tulčík 310, 051/7789488, www.wolf.sk, Juraj Lukáč (Vorsitz), Peter Sabo (Geschäftsführung). Einige schöne Naturfotos finden sich auf www.arollafilm.com.

Der Urwald Stužica darf nur mit Fachleuten betreten werden

Der Stausee Zemplínska šírava, ein beliebtes Naherholungsgebiet

Michalovce und Umgebung

Michalovce (deutsch Großmichel, ungarisch Nagymihály) liegt am nördlichen Ende der Theißebene. Die Stadt am Fluss Laborec war Zentrum großer Bauernaufstände (1631 und 1832). Heute ist sie stark vom Grenzhandel mit der Ukraine geprägt; 2014 wurde ein neuer Busbahnhof eingeweiht.

Zu den schönsten **Kirchen** zählen eine gotische und eine neobyzantinische. Auch einige Jugendstilelemente findet man im Stadtgebiet. Das **Sempliner Museum** ist in einem barock-klassizistischen **Kastell** untergebracht, das durch Umbau einer mittelalterlichen Wasserburg entstand. Dazu gehört ein Park am Fluss Latorica. Der vielseitige Museumsfundus besteht aus naturwissenschaftlichen, archäologischen, numismatischen, ethnographischen, historischen und kunsthistorischen Objekten.

Der **Stausee Zemplínska šírava** (wörtlich ›Sempliner Weite‹) östlich der Stadt ist ein beliebtes Erholungsgebiet der Slowaken. Der große Sandstrand am Nordufer

vermittelt von allen Gegenden des Landes am ehesten das Bild eines Badeurlaubsgebietes. Zwar scheint die Sonne hier durchschnittlich 2200 Stunden im Jahr, die Wasserqualität aber ist nicht die beste und die Diskobeschallung nicht jedermanns Geschmack.

Nördlich des Stausees erhebt sich das kleine **Vulkangebirge Vihorlat** (auch Vihorlatské vrchy). Die Vulkantätigkeit begann hier etwa vor 17 Millionen Jahren und klang vor 9 Millionen Jahren aus. An den westlichen Ausläufern des Vihorlat liegen die beiden **Burgruinen** Vinné in Richtung Michalovce und Jasenov in Richtung Humenné. Ein 2500 Hektar großes **Urwaldgebiet** im östlichen Teil des Gebirges steht auf der UNESCO-Welterbeliste. Auf dem Kolonické sedlo steht eine kleine **Sternwarte**.

Über die kleine Weinbaustadt **Sobrance** führen die Straßen in die Ukraine. Die östlichste Stadt des Landes hat ein **Privatmuseum** des Gitarrensammlers Ján Ferko und eine neue orthodoxe **Kirche** zu bieten.

Karte S. 341

⚡ Tageswanderung: Vihorlat

Route: Remetské Hámre – Morské oko – Sninský kameň – Nežabec – Strihovské sedlo – Remetské Hámre

Mitunter wird das Vihorlat-Gebirge als populärstes Wandergebiet östlich von Košice und Prešov bezeichnet. Ein großer Teil einschließlich des höchsten Berges (Vihorlat, 1076 m) ist aber als Armeegelände versperrt, daher gibt es nur drei markierte Wanderwege. Rundwanderungen auf ihnen sind von Remetské Hámre aus möglich.

Der Weg zum Andesitgipfel Sninský kameň (1005 m) oberhalb des Bergsees Morské oko (Meerauge, 618 m) entspricht einem Teil des in zwei Abschnitte gegliederten Lehrpfades. Der erste Abschnitt führt von Remetské Hámre (276 m) zum See. Der zweite schließt daran an und verläuft über den Berg zu den Teichen Sninské rybníky. Der Lehrpfad ist neben seiner eigenen Beschilderung noch blau markiert. Der Aufstieg durch die Laubwälder mit dem weiten Ausblick zu benachbarten Gebirgen und in das Theißtiefland lohnt die Mühe. Die Beschreibungen auf den 17 Tafeln (davon 13 bis zum Sninský kameň) erwähnen viele geschützte Waldblumen. Auf dem Snins-

ký kameň sollte man vom Lehrpfad nach rechts abbiegen und dem rot markierten Weg folgen, der über den östlichen Teil des Gebirgskammes führt.

Der übernächste Gipfel heißt Nežabec (1023 m) und ist der höchste Punkt der Wanderung. Man blickt über kleine Dörfer bis in die Ukraine hinein. Hier knickt der rote Gipfelwanderweg in südliche Richtung ab. Die Berge werden ganz allmählich niedriger (991 m, 981 m, 978 m), und schließlich fällt der Weg steiler zum Strihovské sedlo (644 m) ab. Ein gelb markierter Weg führt wieder nach rechts nun zum Ausgangspunkt zurück.

Varianten: Folgt man dem Lehrpfad weiter als bis zum Sninský kameň oder dem Gipfelweg weiter als bis zum Strihovské sedlo, wird man den Ausgangspunkt nicht mehr am gleichen Tag erreichen.

► Eine etwas kürzere Runde ohne zusätzliche Aussichtspunkte entsteht, wenn man am Sninský kameň oder schon am davor gelegenen Bergsattel den roten Weg nach links statt nach rechts einschlägt.

Verkehrsverbindung: Bushaltestelle in Remetské Hámre.

Länge/Schwierigkeit: sieben Stunden, auf den letzten Metern zum Sninský kameň muss man Leitern benutzen.

Michalovce und Umgebung

Vorwahl: 00421/(0)56.

Touristeninfo, Osloboditeľov 30, Michalovce, Tel. 6864105, Mo–Fr 7.30–18 Uhr, Sa 8–14 Uhr.

Touristeninfo, Štefánikova 21, Sobrance, Tel. 6522214, Mo–Fr 8–15 Uhr.

Neuer Busbahnhof mit Verbindungen in die Ukraine (nach Užhorod und teilweise weiter bis Mukačevo) auf dem Platz Kostolné námestie.

Jalta, Osloboditeľov 70, Tel. 6426086, www.jalta.sk, DZ ab 59 Euro. Im Zentrum.

Prameň, Vinianske jazero, Tel. 6887388, www.pramen.sirava.sk, DZ ab 28 Euro. An einem kleinen See vorm Vihorlat-Gebirge.

Am nördlichen Ufer des Zemplínska šírava gibt es neun Campingplätze und einige Pensionen.

🏛 **Regionalmuseum Semplin** (Zemplínske múzeum), Kostolne 1, Michalovce, Tel. 6441093 www.zemplinskemuzeum.sk, derzeit wegen Umbau geschlossen.

Gitarrenmuseum (Múzeum gitár), Gorkého 7, Sobrance, Tel. 6523356, www.gitarovemuzeum.sk, 10–17 Uhr nach Absprache.

Die östlichen Landesteile

Thermalpark Šírava, Kaluža, Tel. 2852020, 9–21 Uhr.

Ineinander übergehende Lehrpfade im Vihorlat sind bei der Beschreibung der Tageswanderung erwähnt, Maximalvariante 18 km mit 26 teilweise erneuerungsbedürftigen Tafeln.

Krankenhaus, Špitálska 2, Tel. 6416111, www.mi.svetzdravia.com.

Das Theißtiefland

Das Theißtiefland (Východoslovenská nižina oder Východoslovenská rovina) ist eine Niederung südlich von Michalovce mit zahlreichen Sumpfgebieten. Im Bereich des Flusses Latorica findet man das einzige slowakische Landschaftsschutzgebiet mit Tieflandcharakter. Hier verlief einmal das Flussbett der Theiß, woran Auwälder an toten Mäanderarmen erinnern. Die verträumte Gemeinde **Leles** wird wird von einem zur Renaissancefestung ausgebauten **Kloster** beherrscht, das auf einer Sanddüne steht.

Landwirtschaft und Weinbau sind Schwerpunkt des **Heimatmuseums** von **Trebišov** (Trebischau) in einem **Schloss** von 1786. Ehemaligen Stallgebäude nebenan beherbergen eine große Sammlung von Dampfpflügen und Dreschmaschinen. Der Schlosspark bietet neben alten Bäumen und kleinen Wasserflächen das neogotische Mausoleum von Julius Andrássy (1823–1890).

Die Bahnstrecke von Košice in die Ukraine berührt den slowakischen Teil des **Weinbaugebietes Tokaj**, vier Weingüter bauen auf sonnigen Hängen den edlen Tropfen an. Ein landschaftlicher Unterschied zum ungarischen Tokajgebiet ist nicht zu spüren, seit dem Inkrafttreten des Schengen-Abkommens rotten lediglich einige ehemalige Grenzabfertigungsanlagen vor sich hin. Von der Grenze bis ins Weinbaustädtchen Tokaj selbst sind es 50 Kilometer. Dort nimmt die Theiß den aus der Slowakei kommenden Bodrog als Nebenfluss auf.

Letzter slowakischer Bahnhof vor der Ukraine ist **Čierna nad Tisou**. Er macht einen ebenso verschlafenen Eindruck wie die Tokajerdörfer zuvor. Grenzüberschreitender Bahnpersonenverkehr findet seit Jahren nur noch einmal täglich pro Richtung statt. Die Bahnhöfe in Čierna und Čop erinnern freilich schon durch ihre Größe an ihre frühere Bedeutung. Die **Theiß** bildet hier auf etwa fünf Kilometer die Grenze zu Ungarn. Der wunderschöne Fluss wurde im Jahre 2000 durch giftige Abwässer aus rumänischen Bergwerken schwer geschädigt, die danach einsetzenden Selbstheilungsprozesse verblüfften Anlieger wie Wissen-

Alte Maschinen im Heimatmuseum von Trebišov

Karte S. 341

schaftler gleichermaßen. Inzwischen ist der Fluss wieder sauber und zählt zu den Geheimempfehlungen unter Wasserwanderern.

Auf ungarischer Seite setzt sich die Steppenlandschaft fort, zu den Sehenswürdigkeiten zwischen der slowakischen Grenze und Tokaj gehören die Burgen Füzér und Sárospatak, das Landschaftsschutzgebiet Semplin (Zempléni Tájvédelmi Körzet) und das Landschaftsschutzgebiet Bodrog (Tokaj-Bodrogzugi Tájvédelmi Körzet).

 Theißtiefland

Infos unter www.dolnyzemplin.sk.
Die **Tokajer Weinstraße** stellt sich unter www.tvc.sk vor.

Kursbuchstrecke 190, Abschnitt Košice–Čierna 5–21 Uhr etwa zweistündlich (100 Min.), Abschnitt Košice–Trebišov 7–23 Uhr etwa zweistündlich (40 Min.).

Zemplín, Štefánika 861/230, Trebišov, Tel. 056/6724381, www.hotelzemplin.sk, DZ ab 37 Euro. Im Stadtzentrum.
Macik, Medzipivničná 174, Malá Tŕňa, Tel. 0915/514141, www.tokajmacik.sk, DZ 58 Euro. Gästezimmer in einem echten Tokaj-Weingut.

Heimatmuseum (Vlastivedné múzeum), Štefánika 257/65, Trebišov, Tel. 056/6722234, www.muzeumtv.sk, Mo–Fr 7.30–15.30 Uhr, So 14–20 Uhr, Jun.–Okt. Di/Do 7.30–18 Uhr.

Sommerfreibad Aqua Mária, Veľaty, Tel. 056/6700506, www.penzionaquamaria.sk, 10–19 Uhr.

Krankenhaus Trebišov, SNP 1079/76, Tel. 056/6660111, www.tv.svetzdravia.com.
Krankenhaus Kráľovský Chlmec, Nemocničná 8, Tel. 056/6321245, www.nspkch.sk.

Transkarpatien (Ukraine)

Für eine Weiterreise in die Ukraine ist seit 2005 kein Visum mehr nötig. Ursprünglich war von einer viermonatigen Sonderregelung anlässlich des Eurovision Song Contests in Kiew die Rede; diese Regelung hat die ukrainische Regierung aber unbefristet verlängert.

Die Proviantbeschaffung ist völlig unkompliziert, es gibt eine ausreichende Anzahl an Lebensmittelläden mit einem ausreichenden Sortiment. Bezüglich Verständigung, Verkehr und Unterkunft ist die Ukraine allerdings ein komplizierteres Reiseland als die Slowakei. Das fängt beim Kauf von Fernfahrkarten auf Bahnhöfen an. Wegen mitunter ziemlich unvermutet auftauchender Schlaglöcher sollten Autolenker bei Dunkelheit unbekannte Straßen möglichst meiden. Gegenüber Touristen mit gewissen Komfortansprüchen präsentiert sich die Ukraine nicht als ein preisgünstiges Land, denn die Anzahl an Mittelklassehotels ist noch sehr begrenzt. Oft bleibt nur die Wahl zwischen Spanplattenmöbel-Flair und Business-Prunk. Bei Tagesausflügen von der Slowakei aus muss man natürlich etwas Zeit für die Kontrollen an der EU-Außengrenze einplanen. Oft hört man allerdings übertriebene Schilderungen über die Wartezeiten.

An die Slowakei grenzt der Verwaltungsbezirk Transkarpatien. Das Gebiet heißt in älteren Darstellungen Karpaten- oder Karpato-Ukraine (Zákarpatská Rus) und war von 1918 bis 1939 Bestandteil der Tschechoslowakei. Auf die weiteren politischen Entwicklungen in der Ukraine darf man gespannt sein.

Die östlichen Landesteile

■ Užhorod

Größte Stadt und Verwaltungszentrum von Transkarpatien ist Užhorod (deutsch Ungwar, ungarisch Ungvár) mit 117 000 Einwohnern. Die über 1100 Jahre alte Universitätsstadt am Fluss Už fängt gleich hinter der Landesgrenze an.

Die Sehenswürdigkeiten von Užhorod liegen dicht beieinander, zentraler Treffpunkt für Touristen ist der Theaterplatz an der Fußgängerbrücke. Hier beginnt die längste Lindenallee Europas. Es gibt eine griechisch-katholische Kathedrale, die 1640 für den Jesuiten errichtet und später mit barocken und klassizistischen Details ergänzt wurde, eine Philharmonie in einem Synagogenbau, einen Burghügel mit begrüntem Burggraben und umfangreichem Regionalmuseum, das 1970 eröffnete Freilichtmuseum für die Holzarchitektur Transkarpatiens und einen kleinen botanischen Garten.

In den Straßen der Innenstadt findet man viele Einkehr- und Einkaufsmöglichkeiten.

■ Mukačeve

Mukačeve (deutsch Munkatsch, ungarisch Munkács) liegt am Fluss Latorica, rund 40 Kilometer von Užhorod entfernt. Mit seinen gut 80 000 Einwohnern ist es die zweitgrößte Stadt Transkarpatiens; alle weiteren Orte der Region haben weniger als 30 000 Einwohner. Über viele Jahrhunderte war die Stadt von einem bunten Völkergemisch geprägt. Großen Kriegszerstörungen folgte immer wieder der Aufbau. Von 1633 bis zur Niederschlagung des Kuruzenaufstands war

In der griechisch-katholischen Kathedrale in Užhorod

Karte S. 341

Im Skansen Užhorod

Mukačeve Sitz der siebenbürgischen Adelsfamilie Rákoczi. Neben der Burg sind einige Kirchen im Stadtzentrum und das Nikolaikloster an der anderen Seite der Latorica sehenswert.

■ Wege in die Ostkarpaten

Die weitläufigen Waldkarpaten in der Ukraine bleiben bis auf wenige Spitzen (Howerla 2061 m, Pip Iwan 2022 m, Petros 2020 m) in Höhenlagen unter 2000 Metern. Echten Naturfreunden bieten sie allerdings noch ungestörtere Ausblicke als viele Gipfel in der dichter besiedelten Slowakei.

Viele Nebenstraßen führen als Sackgassen in mehr oder weniger attraktive Täler hinein, Hauptstraßen über den Bergrücken der Karpaten gibt es wenige. Die wichtigste davon ist die breit ausgebaute Europastraße über Mukačeve und Stryi. Dicht an der EU-Außengrenze verläuft eine Straße von Užhorod nach Sambir. Etwas weiter ist der Weg, um in den Bereich des Karpaten-Nationalparks mit dem höchsten Berg der Ukraine zu gelangen. Die Straße führt am Oberlauf der Theiß durch Rachiv, über den Yablunytsia-Pass und schließlich am Oberlauf des Prut nach Jaremča. Von dieser Straße wiederum ist es nicht weit bis in das weitläufige Städtchen Vorochta, das nicht nur das Wintersportzentrum der Ukraine schlechthin ist, sondern auch ein idealer Ausgangspunkt für Bergwanderungen.

Es soll nicht unerwähnt bleiben, dass die Straße in den Karpaten-Nationalpark noch im Tiefland an Solotvyna vorbeiführt. Dort gibt es große Salzvorkommen; Touristen können in Seen baden, deren Salzgehalt den des Toten Meeres übersteigt, oder das Museum zur Geschichte der Salzbergwerke besuchen.

ℹ️ **Transkarpatien**

Vorwahl: 00380/(0)312.

Touristeninfo am Platz Županatska gegenüber vom Kunstmuseum Užhorod, vielleicht bringen auch www.zamnap. org.ua und www.zkmuseum.com einige Anregungen.

Viele Wechselmöglichkeiten zum Euro-Tausch, seit den Konflikten mit Russland starke Inflation.

Old Continent, Petefi 4, Užhorod, Tel. 00380/(0)/312/669366, www.hotel-oldcontinent.com. DZ ab 1190 UAH. Der Platzhirsch im Zentrum.
Zolotaya Hora, Barvinok, Tel. 00380/(0)/728580, www.zolota-gora.com, DZ ab 470 UAH. Im Vorort am Waldrand. Sehr simple Gästezimmer in einigen Klöstern.

🍴

Cafés und Restaurants in den Fußgängerzonen von Užhorod und Mukatčevo.

Die östlichen Landesteile

Grenzstreit um eine Weinmarke

Es ist fast unbekannt, dass im slowakischen Südosten 20 Prozent des echten Tokajer-Weins produziert wird. Die ungarische Stadt Tokaj (slowakisch stok = Zusammenfluss) liegt an der Theiß und ist für ihre lieblichen schweren Lagerweine berühmt.

Nach Meinung der Slowaken haben sich die Ungarn erst von ihnen den Weinbau abgeguckt; diese Theorie ist jedoch nicht gesichert. Franz II. Rákóczi verwendete den Tokajer gern als Mitbringsel bei politischen Verhandlungen, Johann Wolfgang von Goethe nannte ihn den ›feurigen Wein der Seele‹. Zahlreich sind die Aufsätze, die dem Tokajer eine besonders positive medizinische und antidepressive Wirkung bescheinigen. Dieser edle Tropfen gedeiht auch in den slowakischen Orten Slovenské Nové Mesto, Viničky, Veľka Bara, Černochov, Čerhov, Veľká Tŕňa und Malá Tŕňa am warmen Südwesthang der Sempliner Berge (Zemplínske vrchy). Alte Weinkellergänge führen oft tief in die Erde hinein, von außen sind nur ummauerte Türen an großen Rasenkuppen zu sehen.

Die Trauben werden erst ab dem 28. Oktober nach nebelreichen warmen Herbsttagen geerntet. Unverzichtbar für das Aroma sind zwei Schimmelarten an Rebstöcken (Grauschimmel, Botrytis cinerea) und Kellerwänden (Kellerpilz, Cladosporium cellare). Diese Verarbeitung mit Hilfe pelziger Mikroorganismen soll auf einen Zufall zurückzuführen sein. Nach einer Warnung vor einer Türkeninvasion schimmelten die sonst früher im Jahr geernteten Trauben auf die heute beabsichtigte Weise. Der calvinistische Hofprediger Laczkó Máté Szepsi (1576–1633) zog daraus die richtigen Schlussfolgerungen. Dieses Zusammenspiel ist jedoch von der Witterung abhängig und funktioniert nicht jedes Jahr. Der überwiegende Teil des slowakischen Tokajers entsteht in kleinen, familiär

Weinkeller in Malá Tŕňa

Schier endlose Tokajerreihen in der südöstlichen Slowakei

geführten Keltereien. Noch ist er bei vergleichbarer Qualität preiswerter als der in Ungarn produzierte und ab vier Euro pro Flasche in vielen Supermärkten des Landes erhältlich.

Politisch umstritten war lange die Markenbezeichnung Tokajer, die die ungarischen Winzer ausschließlich für ihre Produkte beanspruchten. 2003 einigte man sich auf einen Kompromiss, nach dem auch Erzeugnisse aus genau benannten slowakischen Grenzgemeinden mit gleichen Anbaubedingungen und -verfahren ›Tokaj‹ genannt werden dürfen. 2007 ist diese ungarisch-slowakische Vereinbarung vom Europäischen Gerichtshof als endgültig erklärt worden, weshalb der italienische ›Tocai Friulano‹ und der französische ›Tokay d´Alsace‹ umbenannt werden mussten. Im Gegensatz zur Gebietsbezeichnung in Ungarn heißt im Friaul die zugrundeliegende Rebsorte Tocai, ihre Verwandtschaft mit anderen Trauben ist nicht restlos geklärt. Es wurde sogar ›Israel Tokay‹, ›California Tokay‹ und ›Australian Tokay‹ hergestellt. 2009 scheiterten die Ungarn bei einem Nachhaken, die die slowakische Wortwahl ›Vinohradnícka oblasť Tokaj‹ nochmals in Frage stellte. Andererseits darf man auch zweifeln, ob alle ungarischen Tokajer das Weingesetz von 1908 genau erfüllen.

Auch trockene Tropfen aus nicht von Schimmel befallenen Beeren aus dem ungarisch-slowakischen Weinbaugebiet Tokaj gewinnen wieder zunehmend Liebhaber. Der fruchtig-frische und trotzdem mit 13 Volumenprozent recht kräftige ›Tokaji Sárgamuskotály‹ aus Tolczva sei hier ausdrücklich empfohlen.

Seit 2002 steht die ungarische ›Kulturlandschaft Tokajer Weinregion‹ in der berühmten UNESCO-Welterbeliste, als ›Hügellandschaft mit einem historischen Netzwerk strenger Weinbautraditionen‹. Die Slowakei arbeitet an einem UNESCO-Antragsverfahren (sogenannte Tentative List) für ihren Teil des Tokajer-Gebietes.

Reisetipps von A bis Z

Agrotourismus
→ Reiten und Bauernhöfe.

Angeln und Jagen
Viele Gewässer in der Slowakei sind fischreich, und daher hat Angeln hier eine lange Tradition. Eine Wochenkarte kostet etwa 30 Euro.

Einzelne Reisebüros organisieren spezielle Programme für zahlungskräftige Jäger. Ein staatliches Broschürchen listete vor Jahren bei den für die Jagd freigegebenen Tierarten unter anderem Dachs und Dohle auf. In Gehegen durften sogar Igel und Bussarde abgeschossen werden. Geschmacklos! Man sollte sich lieber den Spezialisten anvertrauen, die Naturbeobachtungen, darunter praktisch aller Großsäuger des Karpatenraums organisieren.

Anreise über Prag
Mit ihrer Mischung aus altertümlicher Magie, der Vielzahl an Baudenkmälern und weltoffenem Geschäftsleben gehört das Zentrum der tschechischen Hauptstadt Prag (Praha) zu den schönsten Innenstädten Europas. Derart beliebte Treffpunkte von Touristen haben es aber an sich, das auch unseriöse Geschäftsmodelle blühen. Da viele deutsche Touristen bei einem Slowakei-Urlaub ohnehin den Weg über Prag wählen, hier einige Hinweise:

Einen bewachten Parkplatz findet man am Moldauufer nördlich der Altstadt, eine Gepäckaufbewahrung im Hauptbahnhof. Eindrücke von den wichtigsten Sehenswürdigkeiten kann man durchaus an einem Tag zu Fuß erhalten; ein solches Programm ist durch den abschließenden Besuch eines Jazz- oder Klassikkonzertes sogar noch steigerungsfähig.

Wer länger in der Stadt bleiben möchte, kann auf eine vorbildliche Auswahl kurzfristiger Zeitkarten (24 Stunden, 3 Tage, 7 Tage, 15 Tage) im öffentlichen Verkehrsnetz zurückgreifen und so auch die Außenbezirke ›erfahren‹. Autofahrer werden bei einer Durchquerung Tschechiens kaum um die Autobahnplakette herumkommen.

Die bekanntesten Touristenziele sind Altstadt (Staré mésto) und Burgviertel (Hradčany), die durch die berühmte Karlsbrücke (Karlův Most) mit ihren 30 Statuengruppen verbunden sind. Nördlich der Altstadt liegt die Judenstadt (Josefov), südöstlich befinden sich der Wenzelsplatz (Václavské nám.) und der Hauptbahnhof (Hlavní nádraži). Touristische Dienstleister in Prag überraschen immer wieder mit originellen Ideen. So wird das Dach eines großen Hotels als Campingplatz genutzt. Auf der von Kleinbooten im Stadtgebiet eher selten befahrenen Moldau gibt es inzwischen Kahnrundfahrten.

Als allgemeine Übersicht sei www.prague.eu empfohlen, für Konzerte www.agharta.cz und www.narodni-divadlo.cz.

Anreise über Breslau
Für Autotouristen aus Ost- und Norddeutschland bietet sich die Reiseroute über Breslau (Wrocław) an. Bereits unter den Nazis wurde eine Autobahn bis Breslau begonnen. Sie ist in den vergangenen Jahren zeitgemäß verlängert worden und erlaubt nun ein rasches Reisen. Die kürzesten Straßenverbindungen von Berlin in die Tatra führen bei Oravská Polhora über die Grenze. Die ehemals niedrigen Benzinpreise in Polen befinden sich jedoch inzwischen auf EU-Niveau.

Breslau selbst ist durchaus ein paar Stunden Aufenthalt wert. Um 1400 gehörte sie zu den größten Städten Europas, besonders Gotik und Jugendstil haben schöne Baudenkmale rund um den beeindruckend großen Rynek (Ring) hinterlassen. Einen bewachten Parkplatz findet man unter anderem am Hauptbahnhof (Wrocław glówny). Für den Einkaufsbummel ist der Weg von dort bis zum Rynek besonders empfehlenswert. Zentrum des religiösen Lebens ist das Gebiet um die Flussinsel Ostrów Tumski.

Bahnverbindungen zwischen Polen und der Slowakei lohnen sich meistens nicht.

Anreise über Wien

Die Anreise über Wien bietet sich für Autofahrer natürlich von Österreich, der Schweiz und von Süddeutschland aus an. Eine Alternative dazu wäre, einen Schlenker über Ungarn zu machen, um dann beispielsweise über Szendendre und Vác in Richtung Zvolen zu fahren.

Anreise mit der Bahn
→ Bahnverkehr.

Anreise mit dem Flugzeug

Die größte Bedeutung hat der internationale Flughafen in Bratislava (BTS) östlich des Hauptstadtzentrums. Vom Flughafen Bratislava gibt es eine Busverbindung in das Zentrum von Wien. Ebenso existiert eine Busverbindung vom Flughafen Wien-Schwechat (VIE) nach Bratislava. Über Schwechat erreichen sicherlich mehr Besucher die Slowakei als über den direkten Luftverkehr. Weitere Flughäfen befinden sich in Košice (KSC), Poprad (TAT) und Sliač (SLD).

Anreise mit dem Bus

Fernbuslinien, die Deutschland mit der Slowakei verbinden, betreibt unter anderem www.eurolines.de, von Bratislava nach Warschau fährt www.polskibus.com.
→ Busverkehr.

Anreise mit dem Auto

Komfortable Anreise über Prag, Breslau und Wien möglich.

Autoverkehr

Alle gültigen ausländischen Führerscheine werden akzeptiert. Auto-Touristen haben die Grüne Versicherungskarte, die Fahrerlaubnis und den Kraftfahrzeugschein mitzuführen. Eine formlose Vollmacht des Fahrzeugeigentümers ist erforderlich, sofern dieser nicht mitfährt.
Höchstgeschwindigkeiten: 130 km/h auf Autobahnen, 90 km/h auf Landstraßen und 60 km/h in Ortschaften. Fahrzeuge mit Anhänger dürfen grundsätzlich höchstens 80 km/h fahren, Motorräder 90 km/h.
30 Meter vor Bahnübergängen sind nur 30 km/h erlaubt, oft ist die Überquerung absichtlich uneben ausgebaut. Weiße Blinklichter an Bahnübergängen signalisieren, dass kein Zug kommt.
Es herrschen absolutes Alkoholverbot, Gurtpflicht und Handyverbot. Es gibt keine Kindersitz-Pflicht, dafür dürfen Kinder unter 12 Jahren nur hinten sitzen. Seit 2006 ist es Pflicht, bei Pannen außerhalb von Ortschaften eine Warnweste anzulegen. Seit 2007 ist ganzjährig Abblendlicht vorgeschrieben, auch tagsüber.
Die Mischung von traditioneller Motorsportbegeisterung und spärlichen Geschwindigkeitskontrollen führte bei einem nicht unerheblichen Teil der slowakischen Autofahrer dazu, dass vor 2008 die Grenzen zwischen Leichtsinn und Lebensverachtung oft überschritten wurden. Deutlich erhöhte Strafen bewirkten aber, dass innerhalb kurzer Zeit Manieren Einzug hielten und Verkehrsunfälle weniger wurden. Aber immer noch wird von einigen beim wilden Hüpfen durch Sicherheitsabstände offensichtlich vorausgesetzt, dass der Überholte Platz macht.
Kann bei einer Verkehrskontrolle ein Verstoß nachgewiesen werden, wird meistens an Ort und Stelle ordentlich kassiert und natürlich muss eine korrekte Quittung ausgestellt werden. Bei Unfällen sollte man sofort die Polizei verständigen, die einen Dolmetscher hinzuziehen muss.
Autobahnen kosten (mit einigen kurzen Ausnahmen) Benutzungsgebühren. Die entsprechende Vignette ist relativ preiswert (Fahrzeuge bis 3,5 Tonnen: 10 Tage 10 Euro, ein Monat 14 Euro) und muss sichtbar angebracht werden, beim Verstoß gegen die Vignettenpflicht ist der doppelte Preis der Jahresvignette (50 Euro) fällig. Allerdings ist das Autobahnnetz nicht dicht, ein gemächlich dahintuckernder Tourist kann es leicht umgehen.
Wegweiser und Navigationsgeräte führen besonders im Flachland auf neuen Umgehungsstraßen oft einen größeren Bogen

um Städte. Das sollte einen nicht davon abhalten, interessante Kleinstädte in Fahrpausen einzubeziehen.

Ein dichtes Netz von Tankstellen (čerpacia stanica oder benzínová pumpa) bietet die üblichen Sorten. Bleifreies Benzin heißt NATURAL und Diesel NAFTA.

Baden

Strandurlaub gehört zu den wenigen Dingen, für die die Slowakei nicht zu empfehlen ist. Die Slowaken selbst baden zwar gern in ihren großen Talsperren, aber ein ausländischer Tourist wird diese wohl kaum zum Urlaubsschwerpunkt machen.

Einen Besuch wert sind aber die vielen von Thermalwasser gespeisten Bademöglichkeiten, die teilweise sogar gratis benutzt werden können. In den letzten Jahren sind Themalquellen zu modernen Spaß- und Wellnessbädern ausgebaut worden, die internationale Vergleiche nicht zu scheuen brauchen. Der Leser kann davon ausgehen, dass die im Buch genannten Thermalanlagen auch über Nachtquartiere verfügen. Abgehärtete Naturen sollten eine Erfrischung in den romantischen Gebirgsbächen nicht versäumen, wobei natürlich das Gelände der Nationalparks tabu ist.

Bahnverkehr

Internationale Fahrkarten sind zwei Wochen mit beliebig vielen Unterbrechungen gültig, nationale nur einen (bis 200 km) oder zwei (darüber) gültig. In der Slowakei ist der Fahrkartenkauf am Bahnhof unproblematisch. Es kann aber nicht schaden, die Daten der gewünschten Fahrkarte schriftlich zu präsentieren.

Bis vor wenigen Jahren war es oft am günstigsten, Fahrscheine in Richtung Slowakei in Tschechien zu kaufen, da dort ein geringerer Preis pro Kilometer berechnet wird. Mit der Einführung des Angebotes ›Europa Spezial‹, das von jedem deutschen zu sehr vielen slowakischen Bahnhöfen ausgestellt werden kann, ist das passé. Für Mehrländerfahrten ist eventuell die EuroDomino-Fahrkarte sinnvoll.

Am besten wendet man sich an eine kundige Agentur, da dieses Angebot so gut wie nicht im Internet buchbar ist und die ›normalen‹ Fahrkartenausgaben der DB oft nicht besonders kompetent sind. Wenn man rechtzeitig bucht, kommt man an recht günstige Angebote. Übrigens gibt es in Europa fast 200 für Touristen relevante Bahnpreisermäßigungen, über die nur wenige Bahnkartenverkäufer wirklich Überblick haben. Überdurchschnittlichen Service bieten beispielsweise:

Bahnagentur Schöneberg, Crellestraße 7 (am Bahnhof Julius-Leber-Brücke), 10827 Berlin, Tel. 030/76768398, www.bahn-agentur-schoeneberg.de.

Kopfbahnhof, Yorckstraße 48 (am Bahnhof Yorckstraße), 10965 Berlin, Tel. 030/23638310, www.kopfbahnhof.info.

Bahnland, Rudolf-Breitscheid-Straße 201 (im Bahnhof Griebnitzsee), 14482 Potsdam, Tel. 0331/7480057, www.bahnland.info.

Gleisnost, Bertoldstrasse 44 (am Hauptbahnhof, Zweigstellen im Bahnhof Freiburg-Littenweiler und im Bahnhof Schwenningen), 79098 Freiburg, Tel. 0761/383031, www.gleisnost.de.

Der Familienpass mit ungefähr 20 Prozent Ersparnis gilt für drei bis sechs Personen, ein Erwachsener muss und zwei Erwachsene dürfen dabei sein. Einige IC-Züge dürfen nur mit Platzreservierungen benutzt werden, bei der Tatrabahn gibt es Netzkarten für drei Tage und für sieben Tage.

Die 445 Kilometer lange Fahrt von Košice über Žilina nach Bratislava beispielsweise dauert derzeit sechs Stunden und kostet in der zweiten Klasse weniger als 20 Euro. Die erste Klasse ist 50 Prozent teurer als die zweite Klasse. Neuerdings bietet die Gesellschaft RegioJet sogar Tickets von Košice über Žilina nach Prag ab 9 Euro an. Eine gravierende Neuigkeit gibt es seit November 2014. Alle EU-Studenten bis zu 26 Jahren und EU-Senioren ab 62 Jahren dürfen gratis Bahn fahren. Ein Ticket muss man dennoch lösen. Zunächst erfolgt eine Registrierung an einem Bahnhof; das Alter muss mit Personalausweis oder Pass belegt werden. Studenten benötigen zusätzlich noch einen entsprechenden Nachweis. Mit dieser Registrierung holt man sich dann vor jeder Fahrt ein Gratisticket. Der nächtliche Autoreisezug Košice-Poprad–Prag kann sehr empfohlen werden. Der Preis für Fahrzeug und Fahrer ist kaum höher als die Benzinkosten für die Strecke. Leider kann diese Verbindung immer noch nicht im Ausland gebucht werden. Fahrradtransport ist in den meisten Nahverkehrszügen möglich.

Berghütten

Einfache Unterkünfte für Wanderer bieten Berghütten, romantisch in den Höhenlagen von Fatra und Tatra gelegen. Zu einigen gibt es Zufahren, die meisten können nur über Fußwege (oder Hubschrauber) erreicht werden. Der Preis für ein Matratzenlager im eigenen Schlafsack beträgt etwa 10 Euro, manchmal werden auch richtige Zimmer vermietet. Die spartanische Einrichtung ist nicht jedermanns Geschmack, andere finden die dadurch entstehende Wanderkumpel-Atmosphäre gerade anregend.

Botschaften

Botschaft der Bundesrepublik Deutschland, Hviezdoslavovo 10, 81102 Bratislava, Tel. 00421/(0)2/59204400, für Notfälle außerhalb der Öffnungszeiten 0903/444633, www.pressburg.diplo.de.
Botschaft der Republik Österreich, Hodžovo 1 A, 81106 Bratislava, 00421/(0)2/59301500, Bereitschaftsdienst in Bratislava 0905/312220, Bereitschaftsdienst in Wien 0043/(0)1/901154411.
Botschaft der Schweizerischen Eidgenossenschaft, Michalská 12, 81101 Bratislava, 00421/(0)2/59301111, ›Helpline‹ in Bern 0041/800/247365.

Busverkehr

Mit Bussen sind praktisch alle Siedlungen des Landes erreichbar. Für längere Fahrten kann eine Sitzplatzreservierung (miestenka) vorher gekauft werden.

Das Netz von Stadtbuslinien und Straßenbahnen ist natürlich in den größeren Städten am dichtesten. Die touristischen Informationsbüros helfen mit Auskünften gerne weiter. Vor allem in Bratislava und Košice werden die wichtigsten Linien in hoher Frequenz bedient.

Camping

Die Autocampingkarte des VKÚ Harmanec listet 120 Plätze auf, 24 davon sind ganzjährig geöffnet. Viele arbeiten von Mai bis September, einige – vor allem an den Stauseen – nur im Juli und August. Die Preise sind günstig, der sanitäre Standard ist unterschiedlich.

Nachdem es zu mehreren Beschwerden kam, stellt die Slowakische Zentrale für Tourismus (SACR) seit 2006 regelmäßig eine Übersicht von derzeit 36 besonders empfehlenswerten Campingplätzen zusammen. Spartanische kleine Plätze bleiben darin unberücksichtigt, auch wenn mangelnder Komfort mitunter durch eine romantische Lage kompensiert werden kann. In der mittleren Slowakei sind unter anderem Niederländer dabei, kleine naturnahe Plätze zu aktivieren. Die SACR-Liste wurde in das vorliegende Buch übernommen, dazu kommen ein Dutzend landschaftlich besonders attraktive Stellen.

Campen in freier Natur ist verboten, aber ein Übernachten im Schlafsack ohne Zelt wird meistens geduldet. Lagerfeuer sind bei den Slowaken sehr beliebt, einige Campingplätze stellen gegen ein geringes Entgelt vorbereitetes Holz zur Verfügung. In den Startlöchern befindet sich ein Wintercamping-Projekt mit Iglus, siehe www.icecamp.eu.

Einkaufen

Alle Supermarktketten sind in ausländischem Besitz. Schrittweise hat sich der britische Tesco-Konzern den Spitzenplatz erobert, es gibt hier einen großen Non-Food-Bereich bis hin zu Elektrogeräten und Kleidung, die größten der 150 Tesco-Märkte sind rund um die Uhr geöffnet. Eine Nummer kleiner,

Reisetipps von A bis Z

aber oft gut sortiert präsentieren sich die 130 Filialen von BILLA, die österreichische Firma gehört zum REWE-Konzern.

Eine bewährte Geschenkidee ist es, den Daheimgebliebenen mit regionalen Lebensmitteln kulinarische Reiseeindrücke zu verschaffen. Beliebte Slowakei-Souvenirs sind auch Artikel des traditionellen Kunsthandwerks wie Raumtextilien oder Flechtwaren. Preiswert ist Kristallglas. Für Kleinkinder findet man folkloristisch gestaltete Malhefte oder Buddelsachen. Die hübschen Maisstrohpüppchen dagegen sind eher dekorative Mitbringsel. Auch Kosmetikläden bieten lohnenswerte Besonderheiten. Reserveschuhe sind nicht unbedingt im Urlaubsgepäck nötig, Schwerpunkt der slowakischen Lederindustrie ist seit jeher die Schuhherstellung. Anglerläden sind gut ausgestattet, Campingläden haben dagegen oft eine kleinere Auswahl als in Westeuropa. Wer sein Auto eher als Gebrauchsgegenstand denn als Prestigeinstrument ansieht, kann bei einfachen Varianten von Ersatzteilen und Zubehör (Sitzbezüge, Felgen, ...) viel Geld sparen. Es gibt sogar Touristen, die den Urlaub mit aufwendigen Werkstattbesuchen kombinieren.

→ Selbstverpflegung.

Ein- und Ausreisebestimmungen

Touristen brauchen bis zu einer Aufenthaltsdauer von drei Monaten nur einen Personalausweis oder einen Reisepass. Die Dokumente müssen bei der Einreise noch mindestens drei Monate gültig sein. Für Kinder ist ein Kinderausweis mit Lichtbild erforderlich, Kindereinträge in Pass der Eltern sind seit 2012 nicht mehr gültig. Ersatzbeschaffungen bei Passverlust gehen schneller, wenn Kopien der wichtigsten Seiten – die Doppelseite mit dem Passbild und die darauffolgende Doppelseite – vorgelegt werden können. Für einen Grenzübertritt mit Haustieren ist ein EU-Heimtierausweis mitzuführen. Außerdem müssen Hunde und Katzen mit einem Mikrochip gekennzeichnet sein.

→ Zoll.

Elektrizität

Das Stromnetz unterscheidet sich nicht vom deutschsprachigen Raum. Allerdings ist der Schutzkontakt an den Steckdosen in Form einer weit hervorstehenden Nase ausgebildet. Die meisten Flachstecker stoßen nicht daran an, Schutzkontaktstecker benötigen einen Adapter.

Fahrradverkehr

Für Radfahrer gilt außerorts eine Helmpflicht. Innerorts besteht diese Pflicht nur für Kinder bis zu 15 Jahren.

Da die Slowakei ein gebirgiges Land ist, sind mehrtägige Radtouren unter den Einheimischen wenig populär. Erholsames Radfahren ist natürlich am besten abseits der Hauptverkehrsstraßen möglich, Alternativen zu Hauptstraßen sind aber oft recht kraftaufwendig. Wer das Auf und Ab als sportliche Herausforderung ansieht, findet viele attraktive Routen. Auch bietet das Radeln günstige Ansatzpunkte, mit der Bevölkerung Kontakte zu knüpfen. Mehrtägige Radlerprogramme mancher Veranstalter sind so konzipiert, dass man von einem gleichbleibendem Übernachtungsort aus in mehreren Richtungen das Land erkundet.

Ab 1991 wurde der beliebte Donauradweg über Wien hinaus verlängert. Inzwischen führt er 160 Kilometer lang durch die Slowakei und über Budapest und Belgrad bis an das Schwarze Meer. Er ist Bestandteil des EuroVelo 6 und kreuzt sich bei Bratislava mit dem EuroVelo 13. Auch Mountainbike-Routen werden zunehmend ausgeschildert und beworben. Aktuelle Ausgaben von Wanderkarten im Maßstab 1:50 000 enthalten Empfehlungen für Radrouten. Dabei wird aber leider von Spezialstrecken für Mountainbikes bis zu Abschnitten auf Fernverkehrsstraßen das gleiche Symbol verwendet. Im Maßstab 1:100 000 gibt es spezielle Radwanderkarten im slowakischen Buchhandel, www.cyklotrasy.sk schlägt einige Radstrecken im Internet vor.

Feiertage

Im gesamten Staatsgebiet einheitlich bleiben an Feiertagen alle Geschäfte und Ämter geschlossen.

1. Januar: Tag der Republik
6. Januar: Offenbarung Christi
Karfreitag und Ostermontag
1. Mai: Tag der Arbeit
8. Mai: Tag der Befreiung
5. Juni: Kyrill und Method
29. August: Jahrestag des Slowakischen Nationalaufstandes
1. September: Tag der Verfassung
15. Septemer: Schmerzensreiche Jungfrau Maria
1. November: Allerheiligen
17. November: Tag der Demokratie
24. bis 26. Dezember: Weihnachten

Ferienhäuser

Private Wochenendhäuser werden manchmal nur wochenweise vermietet. Die Angebote der landesweiten Ferienhausvermittlung Limba kosten zwischen 5 und 15 Euro pro Nacht und Person. Bescheidenes Niveau erkennt man außer am Preis oft an bröselndem Spanplattenmobiliar auf den Bildern. Den größten Ferienhausvermittler Limba kann man unter www.limba.com erreichen, er agiert inzwischen europaweit. Das Image eines Slowakei-Spezialisten trifft deshalb jetzt mehr auf die Firma Kiska mit der Buchungsseite www.kiskatravel.sk zu. Eine recht ausführliche Beschreibung ausgewählter günstiger Quartiere bietet die Darstellung www.lacneubytovanie.net. Weitere brauchbare Übersichten zu Ferienhäusern bieten die unbekannteren Darstellungen www.uby.sk und www.chaty-naslovensku.sk.
Überkapazität an schicken Blockhäusern herrscht in der Region Liptov. Die komfortablen neuen Kleinsiedlungen von bis über 20 geräumigen Holzbauten kann man sich eigentlich nur mit einem Subventionierungsprogramm erklären. Am anderen Ende der Komfortskala findet man auf vielen Campingplätzen noch enge Hütten ohne Wasseranschluss zu geringen Preisen.

Floßfahrten

Die traditionsreichen Floßfahrten für Touristen im Pieniny-Nationalpark haben ›Konkurrenz‹ an zwei weiteren Orten bekommen, nämlich bei Oravský Podzámok und bei Strečno.

Fotografieren

Filmmaterial für die analoge Fotografie ist kaum noch zu erhalten.
Bei Militärobjekten besteht Fotoverbot. Auch in den meisten Kirchen hängt unübersehbar ein Schild mit durchkreuztem Fotoapparat. Bei manchen Sehenswürdigkeiten werden relativ teure Fotoberechtigungen zusätzlich zu Eintrittsgeldern verlangt. Vor Aufnahmen einzelner Personen sollte man sich durch Gesten die Zustimmung einholen.

Geld und Zahlungsmittel

Anfang 2009 wurde die Slowakische Krone (Slovenská koruna, Abkürzung Sk) vom Euro abgelöst. Der hier geprägte Euro zeigt auf der Rückseite den Kriváň in den Hohen Tatra (1, 2, 5 Cent), die Burg Bratislava (10, 20, 50 Cent), schließlich das Staatswappen auf den beiden größten Geldstücken. Das Netz von Geldautomaten (Bankomat) ist in den vergangenen Jahren erheblich erweitert worden; dort kann man mit EC-Karten bis zu 1000 Euro pro Tag abheben. In Hotels höherer Preisklasse und in Banken können Reisechecks eingelöst werden. Kreditkarten werden oft, von kleineren Geschäften aber meistens nicht akzeptiert. Bei akuter Geldnot hilft eventuell der schnelle Geldversand von Western Union (www.westernunion.de). Dazu bracht man ›nur‹ noch eine liquide Kontaktperson zu Hause.

Gesundheit

Deutschland hat mit allen Mitgliedsländern der EU ein Sozialabkommen geschlossen. Die meisten ›normalen‹ Chipkarten von Kassenpatienten haben inzwischen die Funktionen der Europäischen Krankenversicherungskarte (EHIC) integriert (erkennbar am Sternenkreis-Logo auf der Rückseite).

Sonst sollte man sich eine EHIC rechtzeitig vor Reiseantritt schicken lassen. Eine zusätzliche Reisekrankenversicherung ist jedoch weiterhin empfehlenswert, zumal die gesetzliche Krankenkasse generell keinen Rücktransport bezahlt.

Bei Privatversicherten ist in akuten Fällen natürlich auch die notwendige Behandlung bei freier Arzt- und Krankenhauswahl gewährleistet, dennoch sollte man den Leistungsumfang sorgfältig überprüfen und eventuell den Krankenrücktransport nachversichern.

Ärzte und Personal sind gut ausgebildet, in Touristengebieten findet man erstaunlich oft deutschsprechende Mediziner.

Freiverkäufliche Medikamente sind preiswerter als hierzulande, wegen mitunter abweichender Namen führt die Angabe des jeweiligen Wirkstoffs am schnellsten zum Ziel. Oft benötigte persönliche Medikamente sollten ausreichend mitgenommen werden, ein paar Verbandspäckchen und Pflaster können ebenfalls nicht schaden. Zum vieldiskutierten Thema Zecken sollte man sich individuell beraten lassen. Im Tiefland ist das FSME-Risiko deutlich höher als in den Gebirgen. Nicht auszuschließen sind außerdem juckende Stiche von Bremsen.

Gratisfahrten für Studenten und Senioren

→ Bahnverkehr.

Grenzübergänge (hraničné priechody)

Praktisch alle befahrbaren Wege sind nach dem Beitritt der Slowakei zum ›Schengener Durchführungsübereinkommen‹ für den Grenzübertritt geeignet und können ohne Halt benutzt werden, eine Ausnahme bildet dabei allerdings die kurze Grenze zur Ukraine. Hier gibt es nur zwei erlaubte Grenzpassagen:

Vyšné Nemecké-Užhorod

Ubľa-Malyj Bereznyj

Für den Personenverkehr auf der Schiene ist Čierna nad Tisou in der Slowakei beziehungsweise Čop gegenüber in der Ukraine der einzige Grenzbahnhof.

Golf

Inzwischen existieren zwei Dutzend Golfplätze in der Slowakei, darunter aber auch sehr kleine mit weniger als zehn Löchern, die für nationale oder gar internationale Wettbewerbe nicht akzeptiert werden.

Hausnummern

Es gibt zwei Hausnummernsysteme, und früher wurden beide Zahlen üblicherweise in der Form ›x/y‹ angegeben. Dabei bezeichnet x eine Durchnumerierung (Habsburger Konskriptionsnummer) innerhalb der Kommune, die Eins ist oft das älteste Haus der Stadt. Allmählich setzt sich die alleinige Angabe von y durch, also die normale Zählung in der Straße. Besonders verwirrend wirkt, wenn in der Gegend auch Häuserblocks mit mehreren Aufgängen als ›Block Hausnummer/Aufgangsnummer‹ angegeben werden und man also zwei verschiedene Funktionen des Schrägstrichs vorfindet. In kleinen Dörfern dagegen gibt es manchmal gar keine Straßennamen, sondern ›Ort x‹ reicht als Anschrift und y existiert gar nicht. Aber sogar nach Aufklärung über diese beiden parallelen Systeme bleiben manche Hausnummern rätselhaft: Wie kann es an einer sehr kurzen Straße zur Krankenhaus-Adresse ›Am Friedhof 100‹ kommen?

Hotels und Pensionen

Die Preise für Unterkünfte sind sehr unterschiedlich, starken Einfluss hat unter anderem die Bekanntheit – nicht immer identisch mit der Attraktivität – des Übernachtungsortes. Häufige Werte für eine Unterkunft für ein oder zwei Personen sind 20 Euro (ohne WC und Dusche im Zimmer, erneuerungsbedürftige Möbel), 40 Euro (ländlich), 60 Euro (in Städten und Touristenzentren), echter Luxus geht natürlich tief in den dreistelligen Bereich hinein. Heftige Aufschläge gibt es für die Silvesterzeit, in der manche Quartiere das Doppelte kosten. Einzelreisende erhalten meistens ein Doppelzimmer, die Abstufung zwischen dem halben und dem ganzen Zweipersonenpreis liegt im Ermessen des Betreibers.

Grundlage für konkrete Preisangaben hier im Buch sind Standard-Doppelzimmer (DZ), Stand Ende 2014. Viele Häuser verfügen darüber hinaus über großzügiger eingerichtete Räume (meistens Appartement oder Suite genannt) zu einem höheren Preis. Addieren muss man oft noch eine Kurtaxe von etwa einem Euro pro Person.

Es ist nicht so selbstverständlich wie in vielen anderen EU-Ländern, dass der öffentlich ausgeschriebene Preis auch ein Frühstück beinhaltet. Diese Praxis setzt sich zwar allmählich durch, es gibt aber auch Ausnahmen. Wer keine Überraschung erleben will, sollte vor der Buchung nachfragen. Ein zusätzlicher Frühstückspreis wird meistens zwischen 4 und 7 Euro liegen, auch Halb- und Vollpension werden mitunter zum Pauschalpreis angeboten.

Thermalbäder und Reiterhöfe verfügen in der Regel auch über eigene Quartiere. In den letzten Jahren wurden einige alte Gutshäuser zu Hotels ausgebaut. Diese im Nachbarland Polen schon lange übliche Praxis ist in der Slowakei noch recht neu. Haben die Quartiere eigene Internetseiten, so sind die Untermenüs oft mit O nás (über uns), Galéria (klar, ein paar Fotos), Ubytovanie (Zimmerbeschreibung), Cenník (Preisliste) und Kontakt (Adressangaben) beschriftet. Die Organisation ›Historische Hotels der Slowakei‹ betreibt eine eigene Darstellung unter www.historickehotelyslovenska.sk.

Information

Ein Touristisches Informationsbüro (Turistická informačná kancelária, TIK) gehört meistens der entsprechenden Kommune vor Ort. Über 50 von ihnen sind Mitglied im Zusammenschluss slowakischer Informationszentren (Asociácia informačných CEntier Slovenska, AiCES). Der Sitz befindet sich in Liptovský Mikuláš.

Touristische Anfragen aller Art werden bei persönlichem Erscheinen sehr freundlich beantwortet, Anfragen aus der Ferne versanden aber mitunter. Teilweise ist sogar an Wochenenden geöffnet. In einigen kleineren Orten sind die Büros unauffällig im Rathaus versteckt. Zu den Serviceleistungen der Touristeninfos gehören: Ausgabe von Gratisprospekten, Kopieren und Faxen, Vermittlung von Unterkünften und Führungen, Verkauf von Landkarten und Souvenirs.

Einige deutschsprachige Informationsschriften für Touristen werden kostenlos verteilt. Zum Teil sind es Werbeblätter einzelner Dienstleister (Reisebüros, Hotels), ebenso existieren von Ministerien sowie von der Slowakischen Tourismusagentur (Slovenská Agentúra pre Cestovný Ruch, SACR) finanzierte Broschüren. Darunter befinden sich reich bebilderte Kurzdarstellungen spezieller Themen (Höhlen, Kurbäder, Baustile u.a.). Auf Anfrage schickt SACR vorab Material zu.

→ Die Slowakei im Internet (S. 377).

Slovenská Agentúra pre Cestovný Ruch (SACR), Štúra 1, P. O. Box 35, 97405 Banská Bystrica, Tel. 00421/(0)48/4136146, sacr@sacr.sk.

Slowakische Zentrale für Tourismus, Hildebrandstraße 25, 10785 Berlin, Tel. 030/25942640, office.de@slovakia.travel.

Slowakische Zentrale für Tourismus, Opernring 1 R, 1010 Wien, Tel. 0043/(0)1/5139569, office.at@slovakia.travel.

Internetzugang

Viele private Dienstleister und auch einige öffentliche Einrichtungen bieten freies WLAN an, in den Hotels der mittleren und höheren Kategorie ist das inzwischen selbstverständlich. Es existieren aber aber auch noch klassische Internetcafés vor allem in den Universitätsstädten.

Jugendherbergen

Die Preise in schlichten Mehrbettzimmern beginnen bei 5 Euro pro Person ohne Frühstück. Während der Ferienzeit kann man in manchen Schul- und Hochschulinternaten Zimmer bekommen.

Kletterei und Höhlenexkursionen

Das gute Wanderwegenetz und die öffentlich zugänglichen Tropfsteinhöhlen lassen kaum Wünsche offen. Der Eintritt in Schauhöhlen kostet Erwachsene inzwischen etwa 4 Euro. Bergsteiger und Späleologen dürfen mit Sondergenehmigungen und ortskundigen Führern zusätzlich abseits der Wanderwege klettern oder in weitere Höhlen steigen.

Bei Interesse an Höhlen kann ein Slowakei-Urlaub mit dem Besuch des Mährischen Karstes in Tschechien kombiniert werden. Unweit von Brünn (Brno) befinden sich mehrere öffentlich zugängliche Höhlen nah beieinander, gleiches gilt für die Karstgebirge Nordungarns.

Kriminalität

Die Slowakei ist ein sicheres Reiseland, Gewaltverbrechen sind äußerst selten. In jüngster Zeit sind die Kriminalitätskennzahlen sogar rückläufig. Erhöhte Diebstahlgefahr besteht bei neuen teuren Automodellen insbesondere deutscher Herkunft (Audi, BMW, Mercedes). Solche Autos sollten über Nacht nur auf bewachten Parkplätzen stehen. Ältere Modelle sind weniger gefährdet. Sichtbare Sicherungen (Lenkradkralle) wirken zusätzlich abschreckend.

Bezüglich Diebstahl von Wertsachen und Gepäck gelten eigentlich weltweit die gleichen Spielregeln: Man sollte sich nicht besonders grell als Tourist kenntlich machen, sich bei ›plötzlich‹ entstehenden Gewühlsituationen nicht von seinen Sachen ablenken lassen, nie bei fremden Leuten auf der Straße zu einem ›günstigen‹ Kurs Geld tauschen und Personaldokumente nicht ohne Zeugen aushändigen.

Geld möglichst an verschiedenen Stellen körpernah verstauen, die größte Summe gehört in einem Geldgürtel oder einem Brustbeutel. Manche Leute tragen spezielle Kleidungsstücke mit unauffälligen Innentaschen, die natürlich nicht sorglos ausgezogen werden dürfen.

Von handelsüblichen Verteidigungsmitteln (Tränengassprays, Stromstoßstäbe u.a.) ist abzuraten: Sie können erstens von geschickten Ganoven gegen die Bedrängten selbst verwendet werden und zweitens Ärger bei Polizeikontrollen verursachen.

Kulturinstitute

Die Slowakischen Institute organisieren Ausstellungen und Veranstaltungen und beherbergen kleine Bibliotheken (Bücher, Bildbände und Zeitungen, größtenteils slowakisch). Sie werden vom Außenministerium betrieben.

Slovenský inštitút, Hildebrandstr. 25, 10785 Berlin, Tel. 030/88926293, institut@botschaft-slowakei.de; Mo–Fr 10–17 Uhr.

Slovenský inštitút, Wipplingerstrasse 24–26, 1010 Wien, Tel. 0043/(0)1/5354057, si.wien@gmx.at; Mo–Do 9–17, Fr 9–15 Uhr, jeweils kurze Mittagspause ab 12.20 Uhr.

Karpatendeutsches Kulturwerk Slowakei im Schloss Karlsburg, Pfinztalstraße 9, 76227 Karlsruhe, Tel. 0721/1334204, www.karpatendeutsche.de. Gemeinnütziger Verein, der unter anderem eine Ausstellung und eine Bibliothek in Karlsruhe-Durlach unterhält. Die Ausstellung ist nur noch an Wochenenden geöffnet, für die Bibliothek muss man sich grundsätzlich anmelden.

Kurbäder

Thermalwässer sind in der Slowakei allgegenwärtig, mitunter werden beeindruckende Heilerfolge erzielt. Am bekanntesten sind Piešťany, Trenčianske Teplice und Bardejovské Kúpele. Natürlich haben auch kleinere Orte ihren Charme, die in einigen Fällen nur aus wenigen Kurgebäuden im Wald bestehen. Informationen zum slowakischen Kurbetrieb auf www.ask.sk und www.herkules.sk.

Lehrpfade

Die Nennung von Lehrpfaden (náučné chodníky) im vorliegenden Buch soll als Anregung für Ski-, Fuß- und Radwanderungen dienen. Manches kann man sich mit einer genauen Landkarte schon zusammenreimen, genauere Auskünfte erhält man in den touristischen Informationsbüros vor Ort. Die Beschreibung auf den Lehrtafeln an den Wegen erfolgt selten mehrsprachig, anhand der Bilder können aber auch ausländische Besucher Hinweise auf die Besonderheiten des Gebietes entnehmen.

Medien

In der Westslowakei können österreichische Rundfunk- und Fernsehprogramme vielerorts mit normaler Antenne empfangen werden. Nachrichten und Hinweise in deutscher Sprache gibt es dreimal täglich auf Radio Tatry, in der Region Zips auf 102,5 MHz, in der Region Liptau auf 89,7 MHz. Ausländische Presseerzeugnisse sind in größeren Städten erhältlich, deutsche Zeitungen meistens am Folgetag.

Mietfahrzeuge

Der günstigste Weg ist, Mietwagen über das Internet oder über Agenturen vor Beginn der Reise zu reservieren. Spontane Mietverträge sind relativ teuer, sie können auch über Hotels der gehobenen Preisklasse abgeschlossen werden. Mietet eine Reisegruppe dagegen einen Bus mit Fahrer, so ist das preiswerter als in Westeuropa.

Museen

Einige Museen, darunter sehr beliebte Schlösser wie Bojnice, können nur im Rahmen von Führungen besucht werden. Wenn man sich länger vorher anmeldet und zu einem Aufpreis bereit ist, sind vielerorts auch Führungen in Fremdsprachen und zusätzliche Öffnungstermine möglich. Kassenschluss ist oft eine halbe bis eine Stunde vor dem Ende der angegebenen Öffnungszeit.

Die Eintrittspreise liegen zwar immer noch unter denen ›im Westen‹, verglichen mit Ost-Ländern wie Polen oder gar Bulgarien jedoch merklich höher. Die längsten Runden durch die Tropfsteinhöhlen kosten beispielsweise schon über 10 Euro für Erwachsene, Familienrabatt wird nicht gewährt.

Eine übliche Bezeichnung für (größere) Freilichtmuseen lautet Skansen (deutsche Wortform) beziehungsweise Skanzen (slawischen Schreibweise). → Ländliche Architektur (S. 66).

Notrufe

Inzwischen wurde der internationale Notruf 112 eingeführt. Weiterhin landesweit kostenlos:
Notarzt: 155
Feuerwehr: 150.
Polizei: 158. Es herrscht eine Aufgabenteilung zwischen Polizei (polícia) und Ortspolizei (mestská polícia). Letztere ist beispielsweise für Diebstähle zuständig.
Pannendienst: 154.
Abschleppdienst: 123 oder 124.
Bergrettungsdienste (horská služba):
Notruf: 18300.
Zentrale: 0052/527877711.
Vrátna (Kleine Fatra): 0041/5695232.
Donovaly (Große Fatra): 0048/4199724.
Dolný Kubín (Orava): 0043/5863104.
Zverovka (Westliche Tatra, Roháče): 0043/5395101.
Žiarska dolina (Westliche Tatra, Liptov): 0044/5586218.
Starý Smokovec (Hohe Tatra): 0052/4422820.
Jasná (Niedere Tatra Nord): 0044/5591678.
Bystrá (Niedere Tatra Süd): 0048/6195326.
Čingov (Slowakisches Paradies): 0053/4297902.
Lawinenwarnungen: 0044/5591695.

Öffnungszeiten (otváracie hodiny)

Die Slowakei steht zeitig auf und geht früh schlafen, ein echtes Nachtleben existiert nur in der Hauptstadt. Viele Geschäfte sowie Quartiervermittlungen sind montags bis freitags von 9 bis 17 Uhr geöffnet, samstags von 8 bis 12 Uhr. Kleine Läden machen oft Mittagspause, meistens von 12 bis 14 Uhr. Es gibt spezielle Spätkaufläden für Lebensmittel, die mindestens bis 21 Uhr und an Wochenenden mindestens bis 16 Uhr geöffnet haben.

Sehenswürdigkeiten (Museen, Schlösser, Höhlen) sind meistens an Montagen und nach Feiertagen geschlossen, die meisten

Kirchen können nur bei Gottesdiensten besucht werden. Bei besonderem Interesse findet man aber oft in der Nachbarschaft jemanden mit einem Schlüssel.

Paddeln

→ Wassersport.

Parkplätze (parkoviská)

Immer mehr Parkplätze in Innenstädten und Touristenzentren werden gebührenpflichtig. 50 Cent pro Stunde sind ein üblicher Preis, mancherorts werden 2 Euro pro Stunde verlangt. Bei längeren Standzeiten auf teuren Parkplätzen lohnt sich meistens eine Tageskarte. Die Gebühr garantiert aber nicht automatisch, dass der Parkplatz bewacht wird. An zahlreichen gebührenpflichtigen Parkplätzen sind weder Parkuhr noch Kassierer zu finden. Dann muss man am Zeitungskiosk Stundenkarten kaufen und dort die Ankunftsdaten eintragen. Für die Zeit von 10 bis 12 Uhr legt man beispielsweise zwei Stundenkarten sichtbar nebeneinander und trägt auf der einen 10 Uhr und auf der anderen 11 Uhr ein. Verstöße werden unterschiedlich streng geahndet, mitunter wird ein Rad durch eine abgeschlossene Kralle blockiert. Praktischerweise steht auf diesen Krallen die Telefonnummer der Ortspolizei.

Post

Briefmarken gibt es fast nur in Postämtern. Karte und Briefe bis zu 20 g nach Deutschland (Nemecko), Österreich (Rakúsko) oder in die Schweiz (Švajčiarsko) kosten derzeit 90 Cent; weitere Portowerte unter www. posta.sk. Allerdings ist die Laufzeit in jüngerer Zeit wieder arg gestiegen. Einen gewissen Souvenirwert haben die Sonderstempel beispielsweise in den Berghütten der Tatra – einfach nach dem Stempel fragen und auf einen leeren Briefumschlag oder anderes Papier drücken.

Bei Postsendungen kleiner Geschenke aus Deutschland in die Slowakei sollte man unter 2 Kilogramm (Gewichtsgrenze für Päckchen) bleiben, darüber wird das Porto sprunghaft richtig teuer.

Preis- und Einkommensniveau

Die Slowakei ist noch immer ein preisgünstiges Reiseland, nur in wenigen bekannten Touristentreffpunkten ist mit ›westlichen‹ Preisen zu rechnen. In abgelegeneren Wandergegenden gibt es dagegen kaum Gelegenheiten für höhere Geldausgaben. Früher kam es durchaus vor, dass für verschiedene Herkunftsländer der Touristen verschiedene Preislisten existierten.

Das Problem globaler Gerechtigkeit lässt sich nicht dadurch lösen, dass in ›ärmeren‹ Ländern die Angestellten touristischer Dienstleister besonders gegenüber anderen Berufsgruppen bevorzugt werden.

Wer mit längerfristiger Wirkung spenden will, sollte am besten länderspezifische ökologische Projekte unterstützen. Die Erhaltung oder gar Verbesserung der natürlichen Lebens- und Tourismusgrundlagen ist ein guter Weg, den Einheimischen zu helfen. Außerdem gibt es kleine sympathische Vereine, die einen engagierten Beitrag zur Völkerverständigung im Karpatenraum leisten. Sie freuen sich über jedes neue Mitglied, die Verwendung von Spenden ist leicht überprüfbar.

Trinkgeld

Trinkgelder in Restaurants werden nicht erwartet, bei guter Qualität sollte aber trotzdem maßvoll aufgerundet werden. Mit großzügigeren Zuwendungen kann man Sozialstrukturen schnell durcheinanderbringen, vor allem darf man Kindern kein Geld geben.

Privatzimmer

Es passiert nicht selten, dass Touristen bei der Erinnerung an Privatzimmer besonders in abgelegeneren ländlichen Gegenden ins Schwärmen geraten. Prägend in der Erinnerung ist meist die nette Konversation, die trotz der Sprachbarriere mit den Wirtsleuten zustande kam. Ein weiteres Argument für diese Quartierform ist der Preis, der nicht selten bei nur zehn Euro pro Person beginnt. Das gelegentliche anschließende Frühstück bietet mitunter rustikale Delikatessen, die man in keinem Laden kaufen kann. Vorbestellungssysteme sind in dieser Preiskategorie unüblich, man findet aber oft Schilder auch mit der deutschen Aufschrift ›Zimmer frei‹ am Straßenrand.

Rabattkarten

In den letzten Jahren ist es Mode geworden, dass sich benachbarte touristische Dienstleister zusammenschließen und unter dem Namen ihrer Region Rabatte anbieten. Dann kann man eine ›Regionalkarte‹ kaufen und diese Ermäßigungen in Anspruch nehmen, die Angebotspalette ist aber oft nicht groß. Auskunft erteilen neben den beteiligten Firmen die touristischen Informationsbüros.

Nach Meinung des Autors lohnt sich eine derartige Karte derzeit nur in wenigen Fällen, am ehesten – wegen des gut ausgebauten Nahverkehrs dieser beiden Städte – bei der Bratislava City Card und der Košice Welcome Card. Der Tatry Pass könnte sich lohnen, wenn man gern Seilbahn fährt. Weiterhin gibt es die Horehronie Card und die Liptov Card, stark auf den Wintersport zugeschnitten sind der Turiec Pass und der Orava Pass.

Rauchen

Inzwischen kostet eine Schachtel Zigaretten auch über 3 Euro. Rauchen ist in öffentlichen Gebäuden einschließlich Bahnhöfen verboten, auch in Cafés ist es meistens unerwünscht. Bei Speiserestaurants ist seit 2009 zumindest ein durch feste Wände getrennter Nichtraucherbereich Vorschrift.

Reiten und Bauernhöfe

Moderner Agrotourismus ist meistens mit Pferdesport verbunden, der in den letzten Jahren als Einnahmequelle entdeckt worden ist; einige neue Höfe – meistens mit der Bezeichnung ›Ranč‹ – sind entstanden. Entsprechende Angebote reichen von stundenweisen bis zu tagelangen Aktivitäten. Das bekannteste slowakische Gestüt befindet sich in Topoľčianky. Die in diesem Buch genannten Pferdehöfe verfügen auch

über Nachtquartiere. Eine recht ausführliche Beschreibung ausgewählter günstiger Quartiere bietet die Darstellung www.lacneubytovanie.net.

Reiseveranstalter

Um die Schönheiten und Eigenheiten der Slowakei zu entdecken, braucht man keinen Reiseveranstalter, manche Urlauber schätzen aber den Komfort, den eine Pauschalreise bietet. Zahlreiche Reiseveranstalter bieten komplette Urlaubsprogramme in der Slowakei an. Die Preisspanne reicht von ›wenig Niveau für wenig Geld‹ bis zu Wanderstudienreisen mit Luxusunterkünften. Kur-Reisepakete gibt es beispielsweise bei ›Satur‹ und Euromed:

SATUR, Karl-Marx-Allee 136, 10243 Berlin, Tel. 030/4294113, www.satur-reisen.de.

Euromed, Franz-Jacob-Straße 2, 10369 Berlin, Tel. 030/203160, www.euromedkurreisen.de.

Mehrere Veranstalterzwerge haben sich darauf spezialisiert, anspruchsvolle naturnahe Programme in kleinen Gruppen zu organisieren. Das ist dann etwas teurer als eine Slowakei-Durchquerung auf eigene Faust oder eine 08/15-Rundreise, aber durch viele Besonderheiten seinen Preis wert. Besonders empfehlenswert sind:

www.wege-nach-osten.de

Dieses Online-Reisebüro widmet sich dem verträglichem Tourismus in der ganzen Osthälfte Europas und kooperiert in der Slowakei mit tour4u aus Bratislava.

Vlado TRULÍK

01355 Štiavnik Nr. 1289
Tel. mobil 00421/(0)908/948917
Tel. 00421/(0)415/583434
www.vladotrulik.com

Vlado Trulík ist der Spezialist für Natururlaub im Nordwesten der Slowakei schlechthin, Kontakt über die auf seiner Homepage genannten Partner in Deutschland.

Carpatica

Hollého 4456/1
03101 Liptovský Mikuláš
Tel. 00421/(0)948/622686
www.carpatica.net

Naturspezialist für die Ostslowakei, vernetzt mit ökologischen Vereinen.

SIMPLICISSIMUS REISEN
Klariská 10
81103 Bratislava 1
Tel. 00421/(0)905/605706
www.simplicissimusreisen.sk
Firma des Denkmalschutzexperten und ehemaligen Bratislavaer Bürgermeisters Peter Kresánek.

Begegnung mit Böhmen
Dechbettenerstr. 47 b
D 93049 Regensburg
Tel. 0941/26080
www.boehmen-reisen.de
Firma des promovierten Philosophen Erwin Aschenbrenner.

Die Buchung direkt bei slowakischen Reiseveranstaltern erscheint oft zunächst günstiger als im Heimatland. Aber erstens fehlen oft Bestandteile eines echten Komplettprogrammes (An- und Abreise, ständig erreichbare Reiseleitung), und zweitens stehen Kunden bei juristischen Meinungsverschiedenheiten hilfloser da. Zudem sind die Formalitäten (Buchung, Bezahlung) entweder aufwendiger oder unverbindlicher. Eine spontane Teilnahme an ein- oder mehrtägigen deutschsprachigen Programmen lokaler slowakischer Veranstalter stellt eine gute Möglichkeit dar, Individualreisen durch das Know-How von Ortsansässigen zu ergänzen. Von größeren Touristenzentren wie der Kurstadt Piešťany aus gibt es ein gutes Angebot von Tagestouren per Sonderbus, die Preise sind moderat. Einzelne Reisebüros bieten Sportarten wie Paragliding, Bungee-Jumping oder Fallschirmspringen zu niedrigeren Preisen als im deutschsprachigen Raum an.

Restaurants

Das Preis-Leistungs-Verhältnis der slowakischen Restaurants ist sehr günstig, für geringe Beträge werden schmackhafte internationale und regionale Gerichte serviert. Eine üppiges warmes Werktagsmenü mit Getränk ist ab 5 Euro zu bekommen. Die Beilagen (Kartoffeln, Reis, Kroketten,

Pommes Frites) müssen oft extra bestellt werden. In Städten und Touristengebieten dürfte die Suche nach einer warmen Tagesmahlzeit stets erfolgreich enden.
Normalerweise sind Restaurants mittlerer Preislage am lohnenswertesten. Man entdeckt auch auf betuchte Touristen ausgerichtete Lokale sowie besonders billige Mahlzeiten in Bahnhofshallenatmosphäre. Rustikale Restaurants nennen sich gern Koliba oder Salaš. Sie sind im Blockhaus-Stil gebaut und befinden sich oft an Hauptstraßen außerhalb von Ortschaften. Restaurants mit der Bezeichnung Čarda repräsentieren mehr die ungarischen Traditionen aus Weinkeller-Flair und Zigeunermusik.

Selbstverpflegung

Sich die lebensnotwendigen Lebensmittel zu beschaffen, ist in der Slowakei unproblematisch, falls man nicht tagelang entlegenste Gebirgstäler erforscht. Einen Tante-Emma-Laden gibt es noch in fast jedem Dorf, manchmal sogar mit regionalen Spezialitäten, in ganz kleinen Dörfern ist er aber nur halbtags geöffnet.
Einkaufsmöglichkeiten heißen Potraviny (Lebensmittel) oder Rozličný továr (Gemischtwaren), Samoobsluha (Selbstbedienung) oder Supermarket (Supermarkt). Ein Preisunterschied zum deutschsprachigen Raum ist spürbar, aber nicht mehr ganz so auffällig wie bei Restaurants.
Zu den Höhepunkten des Provianteinkaufes in slowakischen Läden zählen Schnaps, Käse und Waffeln. Von den leckeren landestypischen Produkten kostet ein Liter Schnaps etwa 9 Euro, ein Kilogramm Käse etwa 6 Euro. Slowakische Waffeln sind den tschechischen sehr ähnlich und werden oft in ideal für Wanderpausen geeigneten Kleinpackungen angeboten, die ab 50 Cent kosten.
Bekommt man auf privater Ebene Alkoholika aus eigener Herstellung angeboten, so sollte man deren Wirkung zunächst vorsichtig testen, es gibt Chargen mit über 80 Prozent!
→ Einkauf.

Skifahren

→ Wintersport.

Souvenirs

→ Einkauf.

Taxi

Normalerweise sind Taxis billiger als in Westeuropa. Man sollte sich auf den exakten Preis des Gebührenzählers einigen oder vorher eine Pauschale vereinbaren. Eine Fahrt ohne genaue Absprache kann mit überzogenen Forderungen enden.

Telefonieren

Das Telefonnetz der Slowakei wurde nach 1993 grundlegend modernisiert, Mitte 2001 erfolgte die Änderung aller Vorwahlen.

Die Einwahl vom Ausland für die Slowakei lautet 00421. Danach folgen die Ortsvorwahl (ohne vorangestellte Null) und die Teilnehmernummer. Der Anruf ins Ausland entspricht den üblichen Standards mit den bekannten Ländervorwahlen: Deutschland: 0049, Österreich: 0043, Schweiz: 0041, Polen: 0048, Ungarn: 0036.

Mit der Einführung von EU-Preisobergrenzen für Auslandstelefonate per Mobilfon wurde diese Art der Kommunikation auch in der Slowakei günstiger. In Bergtälern der nordöstlichen Landesteile gibt es aber noch Funklöcher. In größeren Orten gibt es weiterhin noch öffentliche Telefone, sowohl mit Münzen als auch mit Karte. Es ist nicht möglich, öffentliche Telefonzellen anzurufen. Münztelefone geben kein Geld zurück, man füttert sie mit kleinen Münzen an und wirft weitere Geldstücke erst bei hergestellter Verbindung ein. Das Telefonieren mit Karten wird dadurch kompliziert, dass es erstens für öffentliche Kartentelefone verschiedene Beitreibergesellschaften gibt und zweitens manche Karten nur Inlandsgespräche ermöglichen.

Benutzt man Zimmerapparate in Unterkünften, kosten diese bis zu 60 Prozent Zuschlag, in guten Hotels bekommt man eine exakte Quittung dafür.

→ Notrufe.

Trampen

Mittlerweile ist der Verkehr so schnell geworden, dass auf Tramper kaum noch reagiert wird. Eher ist es üblich, auf Parkplätzen nach Mitfahrgelegenheiten zu suchen.

Vegetarier und Veganer

Die Auswahl an vegetarischen Gerichten in den Lokalen ist beschränkt, aber in den vergangenen Jahren besser geworden. Roher Blattsalat ist wenig populär, Sauerkraut wird hingegen häufig verwendet. Die Slowakei ist ein Land leckerer Käsegerichte, entsprechende Portionen werden allerdings häufig mit heißen Speckgrieben angerichtet. Deftige Kartoffelpuffer können auch eine leckere Hauptmahlzeit ergeben, oft verströmt man danach einen intensiven Knoblauchgeruch. Frisch gepflücktes Obst ist immer schmackhaft; viele Gartenbesitzer verkaufen ihre Überschüsse am Straßenrand.

Verträglicher Tourismus

Die Tourismusindustrie hat den Begriff ›Sanfter Tourismus‹ bereits vereinnahmt und verwässert, über symbolische Aktionen geht die Umwelt- und Sozialverträglichkeit allerdings selten hinaus. Deshalb sprechen Fachleute bei konsequentem Sanften Tourismus inzwischen von ›Verträglichem Tourismus‹. Den mit Abstand größten Anteil an der Energiebilanz einer Reise hat der Transport zum Urlaubsort. Insofern hat die nahegelegene Slowakei bereits gute Karten. Weitere Kriterien für Verträglichen Tourismus sind:

► Zusammenarbeit mit ortsansässigen Partnern und Initiativen, Gewinne sollen weitgehend im Reiseland bleiben;

► kleine, fachkundig begleitete Gruppen;

► umfassende und ehrliche Beratung vor und während der Reise;

► regionaltypische Unterkunft und Verpflegung;

► unaufdringliche Einblicke in das Alltagsleben;

► kein Motorsport, keine Sportanlagen mit hohem Flächenverbrauch.

Reisetipps von A bis Z

Kooperationsstrukturen von Kleinveranstaltern sollen die Vermarktung beim verträglichen Tourismus verbessern. In ›normalen‹ Reisebüros fragt man meistens vergeblich. Natürlich können sich auch Individualtouristen an den genannten Kriterien orientieren. Eine Reise abseits vom Massentourismus ist jedoch nicht automatisch identisch mit verträglichem Tourismus. ›Der Tourist zerstört, was er sucht, indem er es findet‹, lautet ein legendär gewordener Ausspruch Hans Magnus Enzensbergers.

Wandern

Bei realistischer Selbsteinschätzung sind Bergwanderungen in der Slowakei ein Genuss. Das Land ist für Bergfreunde ein unbedingt lohnenswertes Ziel. Die eindrucksvollsten Wanderwege der Hohen und Westlichen Tatra sind nur von Juni bis Oktober freigegeben. Als Monate mit der besten Fernsicht gelten September und Oktober.

Die Markierungen der beliebten Wanderwege folgen landesweit einem einheitlichen System. Diese betreuten Wanderwege sind insgesamt über 12 000 Kilometer lang. Die Markierung besteht aus einem weißen Quadrat mit einem farbigen Strich und wiederholt sich etwa alle 250 Meter. Fernwanderwege (Tatranská magistrála, Cesta hrdinov SNP) sind rot gekennzeichnet, blau und grün markierte Wege vernetzen die roten mit weiteren Touristenattraktionen, während gelb markierte Wege eher Lückenschlüsse ohne besondere Sehenswürdigkeiten darstellen. An Weggabelungen und Kreuzungspunkten befinden sich meistens Wegweiser. Diese geben sinnvollerweise statt der Kilometerzahl eine Stundenzahl an. Gerade in Bergregionen verhält sich die Wanderzeit ja oft nicht proportional zur Entfernung. Ein untrainierter Tourist sollte diese Zeitangaben eher noch aufrunden. Die mündlichen Auskünfte geübter Slowaken sollten weniger erfahrene Wanderer ebenfalls mit Vorsicht bewerten. Ebenso sind Angaben zu Wanderlust und Kletterfähigkeit der Kinder nicht problemlos auf gleiche Altersgruppen von Flachländern übertragbar.

Bei den landesweit über 70 Lehrpfaden wird die ohnehin gute Beschilderung durch erklärende Tafeln ergänzt, die jedoch selten mehrsprachig sind. Lehrpfade gibt es in unterschiedlicher Länge, einige sind als Rundwanderungen konzipiert. Viele Wanderwege befinden sich oberhalb der Baumgrenze, ohne in Geröll-Kraxeleien auszuarten. Zur Sommerferienzeit herrscht auf den bekannten Tatrawanderwegen Hochbetrieb, während man in unbekannteren Wandergegenden ganze Bergmassive für sich allein haben kann.

Bei einigen Wanderwegen fehlen Einkehrmöglichkeiten, es muss also Proviant für den ganzen Tag eingepackt werden. Gelegenheiten zum Auffüllen des Trinkwasservorrates existieren im Quellbereich von Gebirgsbächen öfter, jedoch selten in unmittelbarer Kammnähe.

Seilbahnen ersparen stundenlange Auf- und Abstiege, sie ermöglichen Gipfelerlebnisse für Menschen mit gesundheitlichen Einschränkungen, aber verglichen mit den Preisen anderer Tourismusdienstleistungen im Land sind Seilbahnfahrten relativ teuer. Sie beeinträchtigen auch den Naturgenuss: Es kommt punktuell zu hohen Besucherzahlen in sensiblen Berglandschaften, und man hört die Betriebsgeräusche oft in weiter Entfernung.

Insbesondere auf feuchten Gebirgswegen sind Alltagsschuhe unzureichend, Wanderschuhe sind unbedingt angeraten. Regenschutz und Kopfbedeckung sollten ebenfalls immer mitgenommen werden, eventuell ein Fernglas und kleine Abfallbeutel. Oft wird man unterwegs keine Mülleimer finden, sondern erst im nächsten Dorf.

Wassersport

Verglichen mit den Wasserwanderrevieren der Nachbarländer machen die slowakischen Flüsse einen flachen und mitunter schmutzigen Eindruck. Die höchsten Wasserstände werden natürlich im Frühling nach der Schneeschmelze erreicht, Strudel vor Stauwehren haben schon manches Menschenleben gekostet. Die sogenannte Kleine Donau ist auf ihrer ganzen Länge befahrbar. Weiterhin dürfte sich eine Fahrt auf dem Hron (Tipp: Campingplatz in Revištské Podzámčie) oder auf der Orava (Tipp: Campingplatz in Oravská Poruba) lohnen.

Wintersport

Dass der Wintersport in der Slowakei beliebt ist, zeigt schon die saisonale Staffelung der Quartierpreise. Wer ein Ferienhaus mietet, muss im Winter mancherorts erheblich mehr als im Sommer bezahlen. Die Schneesicherheit der slowakischen Gebirge lockt auch Ausländer an, deren Ziel hauptsächlich die Liftanlagen von Tatra und Fatra sind. Eine Tendenz zu höheren Temperaturen war in den letzten Jahren allerdings deutlich zu spüren, 2014 und 2015 schlossen einige Skizentren bereits Ende Februar.

Eine herausragende Bedeutung haben Wintersportarten auch im Profibereich, neben Eishockey sind Biathlon und Skispringen besonders beliebt. Zum ›Sportler des 20. Jahrhunderts‹ wählten die Slowaken ihren Eiskunstläufer Ondrej Nepela (1951–1981), der 1972 Olympiagold gewann.

Für Anfänger und Familien eignen sich besonders kleine bis mittelgroße Skiareale wie die rund um Ždiar. Entwicklungspotenzial besitzen das Arwa-Bergland und der Bergrücken Čergov. Wintersport ist natürlich auch abseits von Sporteinrichtungen, Loipen und Pisten möglich, zumal die Kunstschneeanlagen ökologisch bedenklich sind. Es gibt über 1000 Skilifte, einige Pisten besitzen Beschneiungsanlagen und Beleuchtung. Die meisten Wintersportgebiete verfügen über Skischulen und Ausleihstationen, teilweise haben Reparaturwerkstätten sogar nachts geöffnet. Die Sportareale bestehen ab einer gewissen Größe nicht nur aus Aufzügen und Abfahrtsbahnen, die Internetseiten der Betreiber stellen auch die umgebende Infrastruktur und Verkehrsverbindungen dar und bieten meist die Möglichkeit zu Quartierbuchung. Mit diversen Angeboten versuchen einige Wintersportgebiete, auch im Sommer Kunden zu aquirieren.

Ein neues Pauschalangebot der sieben größten Skiareale bietet www.superskipas.sk. ›Snow Reports for Cross-Country Skiers‹ findet man unter www.nabezky.sk. Der landesweite Skisportverein ist unter www.slovak-ski.sk zu erreichen.

Witterungsgefahren

Im Gebirge sind mit zunehmender Höhe plötzliche Wetteränderungen möglich. Bei unsicheren Witterungsverhältnissen man sich über am Weg liegende Schutzhütten informieren und den genauen Tourenverlauf in der Herberge hinterlegen. Mitunter existieren durch das schroffe Profil der Gebirge Stellen mit hohen Windgeschwindigkeiten. Besondere Vorsicht ist im Winter geboten. Lawinengefahr besteht allerdings nur in der Tatra und der Fatra. Dort ist in Gipfellagen Schneefall sogar ganzjährig möglich.

Zeit

Es gilt wie in den deutschsprachigen Ländern die Mitteleuropäische Zeit (MEZ) einschließlich Sommerzeit (MESZ).

Zoll

Die Seite www.zoll.de beantwortet alle Fragen. Für das übliche Verhalten im Urlaub existieren praktisch keine Einschränkungen, denn wer kauft schon zehn Kilogramm Kaffee oder 400 Zigarillos? Wein für eigene private Zwecke darf man inzwischen sogar in unbegrenzter Menge innerhalb der EU transportieren! Bargeld über 10.000 Euro pro Person ist beim Grenzübertritt zu deklarieren.

Innerhalb der EU bestehende Sonderregelungen betreffen unter anderem Arzneimittel und Drogen. Jäger benötigen einen Europäischen Feuerwaffenpass und müssen die Teilnahme an einer Veranstaltungen im Reiseland nachweisen. Streng reglementiert ist auch der Transport von Feuerwerkskörpern. Für den Fahrzeugerwerb im Ausland gelten besondere Besteuerungsverfahren.

Literaturhinweise

Historisches

In großen Bibliotheken der früheren DDR findet man gelegentlich noch Bücher über sozialistische ›Bruderländer‹ aus den 1970er und 1980er Jahren. Karl-Heinz Bochow beispielsweise stellt die Zwischenmenschlichkeit und die Widersprüche dieser Epoche gut dar. Von vielen werden Bochows Texte selbst schon als kulturhistorische Dokumente angesehen. Ältere historische Darstellungen über die Slowakei sind schwer zu bekommen. Zu den besonders lesenswerten gehören:

Georg Daniel Speer, Ungarischer oder Dacianischer Simplizissimus, vorstellend seinen wunderlichen Lebenslauf und sonderliche Begebenheiten getaner Reisen, Leutschau 1683. Speers Roman entstand in Anlehnung an die damals populären Schelmenromane.

Jakob Buchholz, Reise auf die Karpatischen Gebirge und in die angränzenden Gespanschaften, Kesmark 1751. Seriöse Beschreibung.

Jakob Buchholz, Abermalige Reise in die Karpatischen Gebirge, Pressburg 1787. Eine Fortsetzung.

Christoph Generisch, Reise in die Carpathen mit vorzüglicher Rücksicht auf das Tatra-Gebirge, Triest 1807. Ebenso sachlich wie Buchholz.

Zeitgeschichtliches

Karl-Markus Gauß, Die versprengten Deutschen, Zsolnay 2005. Feinfühliger Reisebericht mit philosophischem Blick.

Martin Leidenfrost, Die Welt hinter Wien, Picus 2008. Die Beobachtungen des in Devinska Nová Ves lebenden Österreichers sind mitunter in der ›Wiener Zeitung‹ und dem ›Freitag‹ zu finden. Eine Auswahl seiner Texte bietet der genannte Band.

Norbert Mappes-Niediek, Arme Roma, böse Zigeuner, Christoph Links Verlag 2013. Ein Faktencheck zu unseren Vorurteilen.

Hannes Hofbauer, Der mühsame Weg nach Westen, Promedia 2012. Die Slowa-

kei pendelt zwischen sozial-nationalen und ultra-liberalen Ansätzen.

Rolf Bauerdick, Begegnungen mit einem ungeliebten Volk, Deutsche Verlags-Anstalt 2013. Sehr neutraler Blick auf die Roma Osteuropas.

Kulturgeschichtliches

Ernst Hochberger, Das Große Buch der Slowakei, Kraft Verlag 1999. Das Werk des Karpatendeutschen Hochberger ist ein Lexikon mit 3000 Stichworten und schönen Zeichnungen.

Ernst Hochberger, Die Wunder der Slowakei, IKAR-Verlag 2003. In diesem großformatigen Buch wird Hochbergers Auswahl von 100 besonderen Sehenswürdigkeiten durch perfekte Fotos von Karol Kállay ergänzt. Darunter befinden sich viele Innenaufnahmen von Kirchen.

Peter Kresánek, Illustrated Encyclopaedia of Monuments, Simplicissimus 2009. Teuer und ausführlich werden auf knapp 1000 Seiten 1109 Kulturdenkmale erklärt.

Autobiographisches

Alexander Dubček, Leben für die Freiheit, Bertelsmann 1993. Die Autobiographie des bekannten Politikers erschien wenige Monate vor seinem Unfalltod.

Juraj Špitzer, I did not want to be a Jew, Dorrance Publishing 1997. Die Autobiographie des Juden Špitzer sorgte bei ihrem Erscheinen für Aufsehen.

Gabriele Matzner-Holzer, Im Kreuz Europas, Holzhausen 2001. Die eigenen Erlebnisse der Botschaftergattin bildeten die Grundlage ihrer Darlegungen.

Belletristisches

Mit dem Olivenzweig kehr bei uns ein, Insel Verlag 1983. Diese Sonettsammlung vermittelt einen besonders guten Überblick von Hviezdoslavs Lyrik.

Iva Pekárková, Truck Stop Rainbows, Piper 1995. Einer der wenigen im deutschsprachigen Raum erhältlichen Romane, der die sozialistische Endphase in der Tschechoslowakei schildert. Nicht nur inhaltlich, sondern auch stilistisch deutlich an den Roadnovels von Jack Kerouac orientiert. Die Grundstimmung ähnelt dem tschechischen Film ›Kolya‹ (1996), der unter anderem mit einem Oscar ausgezeichnet wurde. **Paul Tischler**, Grasgott, Igel-Verlag 2002. Liebesgeschichte über die deutsche Minderheit im ländlichen Raum.

Kveta Legátová, Der Mann aus Želary, DTV 2004. Feinfühliger Kriegs- und Liebesroman, der auf der tschechischen Seite des Javorníky spielt.

Touristisches

In der Slowakei selbst gibt es eine gute Auswahl an deutschsprachiger Touristenliteratur zu einzelnen Regionen oder speziellen Themen. Handliche Regionalführer und gute Themenübersichten bietet der Dajama-Verlag.

Das für Freunde historischer Architektur interessante Buch **Spaziergänge durch die Jahrhunderte der Städte und Städtchen** des Priroda-Verlages ist in seinen letzten Auflagen leider zum Werbeträger verkommen. Der **Cestovný informator** von Jozef Čurilla mit seinem guten Kartenteil erschien in gedruckter Form letztmals 2011.

Spectacular Slovakia Travel Guide. Erscheint seit 1996 jährlich im A4-Format. Diese Broschüre wird vom Team der einzigen englischsprachigen Wochenzeitung herausgegeben.

Wörterbücher

Wörterbücher sind in der Slowakei ebenfalls preiswerter als in Deutschland erhältlich. Trotzdem sei hier auf den salopp geschriebenen Titel **Kauderwelsch**. Slowakisch Wort für Wort, Bielefeld 2008, hingewiesen.

Landkarten

Das Angebot in der Slowakei ist umfassender und preisgünstiger als selbst in Landkarten-Spezialgeschäften des deutschsprachigen Raumes. Wanderkarten im Maßstab 1:50 000 gibt es für etwa 3 Euro pro Stück. Das Militärkartographische Institut VKÚ Harmanec (www.vku.sk) hat inzwischen von SHO Cart Vizovice in Tschechien (www.shocart.cz) Konkurrenz bekommen. Die Ausstattung beider flächendeckender Kartensätze ist vorbildlich und unterscheidet sich kaum. Inzwischen enthalten alle im Handel befindlichen Ausgaben auch Wanderzeiten (bergauf und bergab) sowie ein minutengenaues Gradnetz für die GPS-Navigation. Ein Text über Sehenswürdigkeiten (leider meistens einsprachig) liegt bei VKÚ als separates Heftchen bei (ein kleiner Pluspunkt) und ist bei SHO auf der Kartenrückseite zu finden. Zumindest die Karten der jeweiligen Region sind in Buchläden und Supermärkten fast immer zu bekommen.

Die Slowakei im Internet

Die Internet-Auftritte einzelner Kommunen können oft, aber nicht immer nach dem Muster www.ortsname.sk (Ortsname ohne Sonderzeichen) angewählt werden, diese Verwaltungsseiten sind aber für Touristen selten informativ. Deutlich zugenommen haben in den vergangenen Jahren attraktive Internetauftritte gewerblicher Dienstleister, zu denen Hotels und Restaurants, Kureinrichtungen und Sportanlagen gehören; inzwischen besitzt auch fast jedes Museum einen eigenen Auftritt. Entsprechende Hinweise finden sich im vorliegenden Buch jeweils in den Info-Kästen am Ende der Kapitel. Gute allgemeinere Darstellungen: **www.statistics.sk** das Landesamt für Statistik.

www.sacr.sk Website der Slowakischen Tourismusagentur SACR.

www.aices.sk aktuelle Liste der über 50 touristischen Informationsbüros von AiCES vor Ort.

www.virtualtravel.sk etwa 2000 schöne Fotopanoramen aus der Slowakei, macht Spaß.

www.freemap.sk landesweites Landkartenprojekt mit eingezeichneten Trassen für Freizeitaktivitäten. Sehr detailliert.

www.oma.sk gewöhnungsbedürftiges, aber informatives Wanderwegverzeichnis.

www.supernavigator.sk bietet eine Landkarte, auf der man sich Dienstleistungen nach vielerlei Geschäftsfeldern sortiert – Supermärkte, Autowerkstäden etc. – markieren lassen kann.

www.discoverslovakia.info mit hübschen Anregungen, obwohl nicht mehr taufrisch.

www.hrady.sk, **www.slovenskehrady.sk**, **www.zamky.sk** drei Darstellungen, die sich mit den slowakischen Burgen beschäftigen.

www.apsida.sk Teilweise sehr ausführliche Beschreibungen alter steinerner Kirchen.

www.meteo.sk brauchbare Wetterinfos.

www.spectator.sk, **www.karpatenblatt.sk** und **www.pragerzeitung.cz** informative Publikationen in englischer beziehungsweise deutscher Sprache.

whc.unesco.org enthält u.a. die berühmte ›UNESCO-Liste des Weltkulturerbes und Weltnaturerbes der Menschheit‹, natürlich darunter auch alle slowakischen Objekte.

www.auswaertiges-amt.de offizielle Reise- und Sicherheitshinweise der deutschen Regierung, die Aktualisierung hinkt mitunter.

www.freitag.de die kulturpolitische Ost-West-Wochzeitung berichtet in hoher Qualität auch über das Ausland, zu einzelnen Themen kommt man am schnellsten über die Stichwortsuche.

www.wege-nach-osten.de vom Autor dieses Reiseführers betriebene Seite, mit einer von ihm konzipierten Slowakei-Reise (unter www.wege-nach-osten.de/karpaten-urlaub).

Der Autor

Frieder Monzer ist dicht neben der böhmischen Grenze im sächsischen Erzgebirge aufgewachsen. Hautnah erlebte er somit in der Praxis das Verhältnis der ›Bruderländer‹ DDR und Tschechoslowakei. Der ständige Blick auf das während seiner Schulzeit besonders ausgeprägte Waldsterben in den Kammlagen führte fast zwangsläufig zu ökologischem Engagement, persönliche Kontakte in slawische Länder gehen ebenfalls bis in die Kindheit zurück. Der erste längere Aufenthalt in der Slowakei fand 1974 statt.

Nach einem Physikstudium ließ sich Frieder Monzer im Raum Potsdam nieder. Er ist Mitbegründer der gemeinnützigen Vereine VCD Brandenburg (umweltfreundliche und sozialverträgliche Verkehrsgestaltung, beispielsweise Alleenschutz) und Ostwind (Projekte im Karpatengebiet). Seine 1996 konzipierte Westukraine-Wanderstudienreise belegte mehrmals vordere Plätze in Wettbewerben von Reiseveranstaltern.

Seit 2004 ist Frieder Monzer selbständig. Unter dem Motto ›Das abwegige Reisebüro für naturnahen Urlaub in kleinen Gruppen‹ bietet er auf www.wege-nach-osten. de originelle Ferienprogramme ausgewählter Ost-Experten an. Schrittweise soll diese Homepage zu einem allgemeinen Infoportal über die Osthälfte Europas bis hin zu Belletristik-Empfehlungen und Küchenrezepten ausgebaut werden. Im Impressum von www.wege-nach-osten.de sind stets die aktuellen Kontaktmöglichkeiten angegeben. Frieder Monzer ist Autor der Reiseführer ›Posen, Thorn, Bromberg‹ und – gemeinsam mit Timo Ulrichs – ›Moldova‹, beide im Trescher Verlag erschienen.

Danksagung

Wie schon für die vorangehenden Auflagen haben auch für die aktuelle Auflage viele Slowaken und Deutsche wertvolle Hinweise und schöne Fotos beigesteuert – ihnen allen herzlichen Dank. Besonders wurden die Recherchen zur neuen Auflage unterstützt von Frau Ingrid Sorat in Slowakischen Zentrale für Tourismus in Berlin sowie von den Städten Košice (Ivana Takácsová und Kollegen) und Bratislava (Zuzana Bednaričová und Kollegen).

Sprachführer

Ein Akzent über Vokalen betont deren Länge, c wird grundsätzlich wie z gesprochen (auch in der Verbindung ck), č ist tsch, š der harte und ž der weiche sch-Laut (→ Sprache S. 82).

Allgemeines

ich heiße ...	volám sa ...
ich komme aus ...	ja pochádzam z ...
ja (neutral)	áno
ja (kumpelhaft)	hej
nein	nie
bitte (auffordernd)	prosím
bitte (anbietend)	nech sa páči
danke	ďakujem
gestern	včera
heute	dnes
morgen	zajtra
Guten Morgen!	Dobré ráno!
Guten Tag!	Dobrý deň!
Guten Abend!	Dobrý večer!
Gute Nacht!	Dobrú noc!
Guten Appetit!	Dobrú chuť!
Prosit!, Zum Wohl!	Na zdravie!
Auf Wiedersehen!	Dovidenia!
wo?	kde?
wann?	kedy?
warum?	prečo, načo
Sprechen Sie deutsch?	Hovorite po nemecky?
Verstehen Sie?	Rozumiete?
Wieviel kostet das?	Koľko to stojí?
Haben Sie freie Zimmer?	Máte voľne izby?
Wo ist mein Gepäck?	Kde je moja batožina?
Schreiben Sie das auf!	Napíšte to!
Entschuldigung!	Pardon!

Vorsicht!	Pozor!
Hilfe!	Pomoc!
Sohn	syn
Tochter	dcéra
groß	veľký
klein	malý
gut	dobrý
besser	lepší
schlecht	zlý
am liebsten wäre mir ...	bolo by najradšej ...
abgemacht	dohodnuté
egal	jedno
ich weiß noch nicht	ešte neviem
nicht nötig	netreba

Zahlen

0	nula
1	jeden
2	dva
3	tri
4	štyri
5	päť
6	šesť
7	sedem
8	osem
9	deväť
10	desať
11	jedenásť
12	dvanásť
13	trinásť
14	štrnásť
20	dvadsať
30	tridsať

100	sto
200	dvesto
300	tristo
756	sedemsto päťdesiat šesť
1000	tisíc
1/2	pol

Orientierung

Altstadt	staré mesto
Apotheke	lekáreň
Ausgang	východ
Ausstieg	výstup
Bach	potok
Bahnhof	stanica
Bahnsteig	perón oder nástupište
Berg	vrch, hora
Brücke	most
Burg	hrad
Dorf	dedina
Eingang	vchod
Einstieg	vstup
Flughafen	letisko
Fluss	rieka
Höhle	jaskyňa
Kirche	kostol, cirkev
Krankenhaus	nemocnica
Kreuzung	križovatka
Museum	múzeum
Nationalpark	národný park
Platz	námestie (nám.)
Parkplatz	parkovisko
Postamt	pošta
Rathaus	radnica

Reisebüro	cestovná kancelária
Richtung	smer
Rundblick	rozhľad
Schloss	zámok
Schnellzug	rýchlik
See	jazero, pleso
Stadtverwaltung	mestsky urad
Stausee, Talsperre	nádrž, priehrada
Stein	Stein
Straße	ulica (ul.)
Stadt	mesto
Stein	kameň
Tal	dolina, údolie
Thermalbad	termálne kúpalisko
Tor	brana
Touristeninfo	turisticko-informačná kancelária
Ufer, Uferstraße	nábrežie
Unterkunft	ubytovanie
Wald	les
Wasserfall	vodopád
Weg	cesta
Wiese	lúka
Zug	vlak
links	vľavo
rechts	vpravo
geradeaus	rovný
zurück	späť
oben	hore
unten	dole
nah	blízky
weit	ďaleký

Essen und Trinken

Speisekarte	jedálny listok
Preis	cena
Restaurant	reštaurácia
Kneipe	hostinec
Kaffeehaus	kaviareň
Konditorei	cukráreň
Weinstube	vináreň
Bierstube	piváreň
Tee	čaj
Saft	džús
Milch	mlieko
Wein	víno
Bier	pivo
Likör	likér
Brot	chlieb
Hörnchen	rohlík
Gebäck	pečivo
Kartoffeln	zemiaky
Knödel	knedľa
Suppe	polievka
Fleisch	mäso
Fisch	ryba
Ei	vajíčko
Käse	syr
Obst	ovocie
Gemüse	zelenina
Pilze	huby
warm	teplý
kalt	studený
süß	sladký
sauer	kyslý
scharf	ostrý

Register

A

Abeland 113
Andrássy, Julius 354
Architektur 66
Architektur (ländliche) 66
Architektur (moderne) 74
Árpád (Fürst) 46
Arwa-Bergland 229
Arwa (Burg) 230
Arwa-Stausee 230
Autoproduktion 62
Autoreisezüge 267

B

Babia hora 233
Balassagyarmat 139
Banič, Stefan 122
Banská Bystrica 199
Banská Štiavnica 188
Bardejov 340, 346
Bardejovské Kúpele 343
Bardoňovo 132
Bartok, Béla 77
Baťa-Kanal 114
Báthory, Elisabeth 154, 157
Baumhorn, Lipót 210
Bazovský, Miloš Alexander 158
Becherovská tisina 343
Beckov 154
Belaer Kalkalpen 269
Belá (Tropfsteinhöhle) 265
Bella, Ján Levoslav 78
Bel, Matej 198, 200
Beňačková, Gabriela 78
Bencúr, Martin Kukučín 231
Beneš, Edvard 53
Benka, Martin 219
Beňovský, Matúš Móric 51
Bergbau 48
Bergbaustädte 180
Bernolák, Anton 76, 132
Bernolákovo 117

Berzewiczy, Sebastian 297
Bešeňová 226
Betliar 315
Bevölkerung 36
Bíňa 134
Bocskay, Stephan 301
Bodružal 347
Bohúň, Peter Michal Slovomil 240
Bojnice 182
Bojnice (Schloss) 183
Bošácka dolina 155
Bosák, Michal 335
Botto, Ján 200
Branč (Burgruine) 114
Brandauer, Klaus Maria 160
Bratislava 91
    Burg 94
    Donaubrücken 93
    Innenstadt 94
Brekov 349
Brežany 336
Brezno 206
Brhlovce 135
Brunovský, Albín 113
Brusno 204
Buchholtz, Georg 251
Budimír 329
Budmerice 121
Burian, Zdeněk 167
Burgen 68
Bystrá 277
Bystrianka-Tal 276
Bytča 164
Bzovík 192

C

Čachtice 154
Čadca 173
Čajkov 135
Čák, Matúš 47, 216
Čaňa 330
Celemantia 131
Čergov 337
Cerover Gebirge 212
Čertovica-Pass 276

Červený Kameň 120
Červený Kláštor 291
Charta 77 58
Chatam Sofer 96
Chmeľnica 288
Choč 225, 245
Chopo 277
Chopok 275
Chyžné 315
Čičava 349
Čičmany 171
Čierna nad Tisou 354
Čierny Brod 145
Čierny Hron 207
Cikker, Ján 78, 200
Čipka, Jonatan Dobroslav 211
Číž 212
Cleyn, Francis 98
Collegium Musicum Bratislava 78
Comenius (Jan Amos Komenský) 304
Corvinus, Matthias 138
Čunovo 109
Cyprian (Franz Ignaz Jaschke) 290
Czirbesz, Jonáš 252
Czóbel, Béla 139
Czorsztyn, Burg 294

D

Dębno 295
Dechtice 122
Dedinky 314
Delibes, Léo 314
Demänová 275
Demänová-Tal 275
Detva 197
Devín (Burg) 107
Diakovce 145
Dionýz Štúr 155
Dobrá Voda (Burgruine) 122
Dobroslava 347
Dobšiná 313
Dobšinský, Pavol 211
Dolná Krupá 149

Dolný Hričov 165
Dolný Kubín 231
Donauknie 137
Donauradweg 109
Donautiefland 126
Donovaly 228
Dorfstrukturen 68
Drienčany 211
Drienica 337
Driny (Tropfsteinhöhle) 122
Dubček, Alexander 57
Dubnica nad Váhom 163
Dubník 338
Dudince 135
Dukla-Pass 344
Dunajecz 292
Dunajská Streda 126
Dunajský Klatov 128
Dzurinda, Mikuláš 59

E

Eisenbahn 63
Eishockey 333
Elisabeth von Thüringen 101
Energieversorgung 61
Entfernungstabelle 13
Erkel, Franz 77
Essen und Trinken 84
Esztergom 137
EU-Beitritt 59

F

Fellner, Ferdinand 100
Ferenczy, Noémi 139
Feste und Festivals 83
Film 81
Flora und Fauna 33
Florin, Theodor Herkel 231
Fluch von Niedzica 297
Flüsse und Stauseen (Übersicht) 31
Fotografie 81
Francke, August Hermann 48
Frička 347
Fröhlich, Dávis 251
Frydman 295, 296

Fugger, Jakob 200
Fulla, Ľudovít 224

G

Gabčík, Jozef 126
Gabčíkovo 126
Gämse 255
Gánovce 263
Gašparovič, Ivan 59
Gebirge 25
Gelnica 319
Gemer 211
Geographie 25
Gergely, Gregor Czuczor 132
Geschichte 45
Geschichte im Überblick 60
Gesteine 27
Gewässer 28
Giewont 271
Glasz, Viliam 335
Gombitová, Marika 78
Gotha, Ferdinand von Sachsen-Coburg und Gotha 191
Gottwald, Klement 57
Grata, Persona 78
Griglák, František 78
Große Fatra 218
Großmährisches Reich 45
Grosz, Alfred 298
Gruberová, Edita 78
Gýmeš (Burgruine) , 140
Gyöngyösi, István 208

H

Hajóssyová, Magdalena 78
Hála, Ján 247
Haligovské skaly 291
Hammel, Pavol 78
Hansen, Theofil 298
Hanušovce nad Topľou 338
Haquet, Belsazar 251
Harmanec 203
Hašek, Jaroslav 151
Havel, Václav 58
Haydn, Joseph 100
Heilquellen 28
Helmer, Hermann 100

Herľany 330
Hervatov 347
Herzog, Werner 81
Hillebrandt, Franz Anton 101, 114
Hincovské plesá 256
Hlinka, Andrej 54, 224
Hlohovec 149
Hnilec 281
Hodža, Michal 52
Hohenlohe-Öhringen, Christian Kraft von 269
Hohe Tatra 250
Höhle der toten Fledermäuse 277
Höhlen 27
Holíč 114
Holly, Ján 76
Holzkirchen 72, 346
Homolová, Zuzana 78
Hont 210
Horný Vadičov 174
Hortis, Samuel Augustin ab 263
Hrabová Roztoka 346
Hron 281
Hronsek 197
Hronský Beňadik 142
Hrušov 210
Hukvaldy 167
Humenné 348
Hummel, Johann Nepomuk 99
Hunkovce 347
Hurban, Jozef Miloslav 52, 132
Hurbanovo 131
Husák, Gustáv 57
Hviezdoslav (Pavol Országh) 76

I

Ilija 191
Industrie 61
Inovce 346
Internethinweise 377
Ivanka 117

J

Jahodnícke háje 221

Jakubisko, Juraj 82
Jánošík, Juraj 215, 220, 240
Jánošík, Juro 78
Ján Thurzo 199
Jasenov 352
Jasná 275
Jasov 317
Javorníky 167
Jedlinka 347
Jelenec 140
Jelka 128
Jezioro Czorsztyńskiego 294
Jiskra z Brandýsa, Jan 210
Jokai, Mór 131
Josef August (Erzherzog) 141
Joseph II. 48
Jurkovič, Dušan 166, 167

K

Kafka, Franz 231
Kalinčiakovo 135
Kállay, Karol 81
Kalná Roztoka 346
Kamenica (Burgruine) 337
Kamenica nad Cirochou 349
Kamenný raj 308
Kammwanderung 279
Kamzík 108
Katona, Nándor (Nathan Ferdinand Kleinberger) 290
Karpatendeutsche 39
Karpfener Hochebene 210
Kasprov 272
Kéler, Béla 341
Kežmarok 298
Kežmarské Žľaby 265
Kittsee 110
Klassik (Musik) 77
Kleine Fatra 214
Kleine Karpaten 111
Klima und Reisezeit 25
Kmetty, János 139
Koceľovce 315

Kollar, Daniel 78
Komárno 129
Konkoly-Theke, Mikuláš 132
Konský Grúň 275
Kopáč 109
Korejovce 347
Korponay-Géczy, Julianna 303
Košice 323
Kosice, Gyula 325
Košler, Zdeněk 78
Kostka, Ferdiš 113
Kostoľany pod Tribečom 140
Kosztka, Tivadar Csontváry 337
Kováčová 196
Kožany 347
Kracker, Johann Lukas 114, 200
Krahule 187
Krajné Čierno 347
Kráľ, Janko 141, 240
Kráľova hoľa 281
Kráľova Lehota 247
Kráľová pri Senci 117
Kraskovo 211
Krásna Hôrka 316
Krásna Hôrka (Höhle) 316
Krásny Brod 348
Kremnica 186
Kremnické vrchy 187
Kriváň 256
Krivé 347
Krościenko nad Dunajcem 295
Krpačovo 277
Krupina 191
Kühmayer, Robert 101, 153
Kunerad (Schloss) 171
Kunov (Stausee) 114
Kunsthandwerk 75
Kunst und Kultur 66
Kupecký, Ján 118
Kurbäder 28
Kuruzen 301
Kyrill (Constantin) 46

Kysak 329

L

Láb 113
Ladomirová 347
Lagerlöf, Selma 151
Lamer, Ignaz 94
Landschaftsbezeichnungen (historische) 32
Landschaftsschutz-gebiete 34
Land und Leute 23
Lanfranconi, Enea Grazioso 94
Láng, Adolf 324
Lang, Josef 243
Langner, Franz 147
Łaská, Beata 251
Laučík, Ivan 239
Lednické Rovne 164
Lehár, Franz 131
Lenard, Philipp von 92
Lesseps, Ferdinand de 313
Leutschau, Paul aus 200, 263, 304
Levice 135
Levoča 302
Lietava 165, 170
Limbach 118
Lipany 337
Lipovecká jaskyňa (Höhle) 336
Liptauer Alpen 245
Liptovská Mara 239
Liptovská Štiavnica 226
Liptovská Teplička 281
Liptovský Hrádok 246
Liptovský Ján 246
Liptovský Mikuláš 239
Literatur 76
Literaturhinweise 376
Litmanová 288
Löffler, Vojtech 319
Lollobrigida, Gina 160
Lučenec 210
Lúčky 225
Luková (Bergwiese) 275
Lukov-Venécia 347
Ľutina 337

M

Madách, Imre 210
Mährisch-Schlesische
Beskiden 166
Majunke, Gedeon 260
Malacky 113
Malá Magura 184
Malé Teriakovce 211
Malý Kriváň 214
Márai, Sándor 325
Mariánka 113
Markušovce 309
Martalúska (Kaskaden-
wasserfall) 281
Martin 218
Martovce 131
Masaryk, Tomáš Garrigue
53
Massenet, Jules 314
Matej Bašo 208
Matthias Corvinus 92
Matúš Čák III. Trenčiansky
162
Maulbertsch, Franz Anton
98, 147
Mayerhoffer, Andreas
100
Mečiar, Vladimir 58
Medzev 318
Medzilaborce 348
Mentalität 37
Method (Methodius) 46
Michalovce 352
Michelangelo Grigoletti
138
Mikszáth, Kálmán 210
Minderheiten 37
Miroľa 347
Mittelpunkt Europas 194
Mlynica 263
Mlynská dolina 108
Modra 118
Modrý Kameň 210
Mojmír (Fürst) 45
Moravany nad Váhom 154
Morskie Oko 272
Moyzes, Mikuláš 78
Mukačeve 356
Münchener Abkommen
55

Muráň (Burg) 208
Murnau, Friedrich
Wilhelm 81, 231
Museumsbahnen 65
Musik 77
Musikfestivals 78
Muti, Ornella 160
Mýto pod Ďumbierom 277

N

Nagy, Peter 78
Nálepka, Ján 309
Nansen, Fridtjof 313
Nardo di Cione 184
Nationale Symbole 36
Nationale Wiedergeburt 52
Nationalhymne 36
Nationalpark Donauauen
110
Nationalpark Muráň 208
Nationalpark Poloniny
349
Nationalparks 34
Nationalparks (Übersicht)
35
Nationalwappen 36
Naturreservat Temätínska
lesostep 155
Nemecká 204
Niedere Tatra 273
Niedzica (Burg) 294
Nimnica 164
Nitra 143
Nižná Boca 277
Nižná Myšľa 330
Nižný Komárnik 347
Nördliche Kleinen
Karpaten 120
Nördliches Slowakisches
Paradies 311
Nová Baňa 191
Nová Dubnica 163
Nové Zámky 132

O

Ochtiná (Aragonithöhle)
319
Očová 198
Oelschläger, Louis 324
Ohnište-Massiv 248

Olbracht, Ivan (Kamil
Zeman) 76
Oponice 180
Orava 229
Oravská Lesná 229
Orkan 268
Osrblie 206
Ostkarpaten 357
Osturňa 291
Ožďany 212

P

Pajštún 113
Pajštún (Burgruine) 113
Palárikovo 132
Palcmanská Maša 314
Pálffy, Nikolaus 121
Panslawische Farben 36
Partizánska Ľupča 226
Partizánske 180
Pekara, Jozef 171
Peklo 308
Perger, František 190
Pernegger, Johann 143
Pešek, Libor 78
Peter Lipa 78
Petöfi, Sándor 188
Petržalka 108
Petzval, Josef Maximilian
300
Pezinok 117
Pieniny 289
Piešťany 151
Pilgram, Franz Anton
117, 317
Plaveč 288
Plavecké Podhradie 122
Plavecký hrad (Burg-
ruine) 124
Plavecký Peter 122
Plicka, Karol 81
Podbanské 254
Podhájska 132
Podolínec 286
Poľana 197
Polášek, Albín 167
Poltár 212
Popp, Lucia 78
Poprad 262
Porten, Henny 153

Potoky 347
Pôtor 210
Považská Bystrica 164
Prager Frühling 57
Predná Magura 273
Prešov 334
Pribula, Rudolf 117
Pribylina, Skansen 246
Prielom Dunajca 289
Prielom Hornádu 312
Prievidza 184
Príkra 347
Pruské 164
Púchov 164
Pustevny 167

R

Rákóczi, Franz (Ferenc) II.
    301
Radhošt 166
Radošina 154
Radvaň 203
Rajec 171
Rajecká Lesná 171
Rajecké Teplice 170
Rajetzer Berge 169
Regierungszeit wichtiger
    Herrscher 50
Region Kysuce 173
Region Spiš 285
Register 384
Reisetipps von A bis Z
    360
Religionen 44
Réti, Richard 117
Rezepte 87
Rimavská Baňa 211
Rimavská Sobota 211
Rimavské Brezovo 211
Roháče , 235
Roháče-Massiv 234
Roma 40
Routenvorschläge 18
Rožňava 315
Rožnov 166
Ruffinyi, Eugen 313
Rúfus, Milan 76
Ruská Bystrá 346
Rusko, Pavol 59
Ruský Potok 346

Rusovce 108
Ružek, Milan 118
Ružín (Stausee) 329
Ružomberok 224
Rysy 257

S

Šafárik, Pavol Jozef 76
Šaľa 145
Salatín-Massiv 274
Samtene Revolution 57
Šašov (Burg) 191
Šaštín-Stráže 113
Schauhöhlen 28
Schlacht bei Mohács 47
Schlösser 70
Schneider-Trnavský,
    Mikuláš 149
Schuster, Rudolf 322
Schüttinsel 126
Schutzstaat Slowakei 55
Segner, Johann Andreas
    92
Šemetkovce 347
Senec 116
Sereď 149
Sielnický (Burg) 225
Sienkiewicz, Henryk 293
Sina, Georg 159
Sitno 191
Skalica 113
Sklabiná 210
Sklabiňa (Burgruine) 221
Sklené Teplice 191
Skutecký, Dominik 202
Slanec (Burgruine) 330
Sliač 196
Sliače 226
Slovenská Ľupča 204
Slovenská Ves 300
Slovenský Grob 117
Slowakei (Überblick) 24
Slowaken 37
Slowakischer Karst 311,
    317
Slowakischer National-
    aufstand 55
Slowakisches Paradies
    311, 313
Smižany 309

Smolenice 121
Smolnik 319
Smrdáky 114
Snina 346
Sobrance 352
Solivar 336
Špania Dolina 203
Spišská Belá 300
Spišská Kapitula 306
Spišská Magura 291
Spišská Nová Ves 308
Spišská Sobota 263
Spišské Podhradie 306
Spišský Hrhov 310
Sprache 82
Sprachführer 379
Staat 36
Staneti, Dionýz Ignác 186
Stará Halič 210
Stará Ľubovňa 285
Starhrad 215, 216
Starý Smokovec 260
Stebnícka Magura 343
Štefánik-Grabmal 122
Štefánik, Milan Rastislav
    125
Štefanová 215
Steinkirchen 71
Štítnik 319
Stöckel, Leonhard 342
Štós 319
Stoß, Veit 200
Stráňavy 216
Straßennetz 63
Stratená 314
Strážky 299
Štrbské Pleso 254
Strečno 215
Strehová (Kastell) 210
Stupava 113
Štúr, Ľudovít 52, 76,
    118, 134
Štúrovo 134
Suchá Bela 312
Suchoň, Eugen 78, 117
Südliche Kleine
    Karpaten 116
Südliche Weiße
    Karpaten 155

Südslowakischer Kessel 209
Šulík, Martin 82
Súľov, Burgruine 165
Súľover Felsen 164
Svätopluk (auch Sventopulk) 45
Svätý Anton 191
Svätý Jur 117
Svätý Kríž 243
Svidník 344, 346
Szalay, Józef 295
Szczawnica 295
Széchy, Mária 208
Szentendre 138
Szepsi, Laczkó Máté 358

T

Tále 277
Talich, Václav 78
Tatarka, Dominik 76
Tatra 237
Tatrabahn 65
Tatralandia 242
Tatranská Javorina 269
Tatranská Lomnica 264
Tatranská Štrba 254
Technische Sehenswürdigkeiten 74
Tematín 155
Teplý vrch 211
Terchová 214, 215
Tesárske Mlyňany 141
Theiß 354
Theißtiefland 354
Thököly, Emmerich (Imre) 301
Tilgner, Viktor 100
Tiso, Jozef 54
Tokajer 358
Tomášikovo 128
Tomašovský výhľad 312
Topoľa 346
Topoľčany 180
Topoľčany (Burgruine) 180
Topoľčianky 141
Torkos, Justus Johann 151
Townson, Robert 251

Transkarpatien (Ukraine) 355
Trebišov 354
Trenčianske Teplice 158
Trenčín 158
Trennung von Tschechien 58
Tribetzgebirge 140
Tri Koruny 291
Trnava 146
Tročany 347
Tschechoslowakei 53
Turčianske Teplice 221
Turzovka 174
Tvrdošín 230

U

Uhrovec 182
Uličské Krivé 346
Ungarn 38
Užhorod 356

V

Vartovka 192
Vavrinec Čaplovič 231
Vavroušek, Josef 155
Veľká Domaša 349
Veľká homoľa 118
Veľká Rača 174
Veľká Studená dolina 260
Velké Karlovice 167
Veľké Leváre 113
Veľký Kriváň 214
Veľký Krtíš 210
Veľký Meder 128
Veľký Rozsutec 215, 217
Veľký Šariš 337
Verkehr 61
Verpfändung von 16 Städten 48
Vígľaš (Jagdschloss) 198
Vihorlat 352, 353
Vinné (Burgruinen) 352
Visegrád 138
Vlkolínec 225
VLK (Umweltverein) 351
Volksinstrumente 80
Vrátna-Tal 214
Vrbické pleso 275
Vrbov 299

Vršatec 163
Vršatec (Burg) 163
Vtáčnik 182
Východná 247
Východná Vysoká 259
Vychylovka 174
Vydrovo 207
Vyšná Boca 277
Vyšné Hágy 254
Vyšné Ružbachy 288
Vyšný Komárnik 347

W

Wagner, Ján 263
Wahlenberg, Göran 251
Warchal, Bohdan 78
Warhol, Andy 348
Wesselényi, Franz 208
Westliche Tatra 239
Winter, Ľudovít 151
Wirtschaft 61
Witkiewicz, Stanisław 271
Wolker, Jiří 260

Z

Záborský, Jonáš 334
Zádiel-Tal 320
Záhorie 111
Záježová 198
Zakopane 271
Zborov 343
Zborov (Burg) 343
Ždiar 269
Žehra 308
Železovce 134
Zemplínska šírava 352
Zigeuner 43
Žilina 169
Zips (Burg) 307
Živčákova 174
Zlaté Moravce 139, 141
Zlín 168
Zobor 145
Zohor 113
Zuberec 234
Zubrzyca Górna 229
Zvolen 195
Zvonica 216
Zweiter Weltkrieg 55

Anhang

Bildnachweis

Alle Fotos von Frieder Monzer, außer: Archiv Trescher Verlag (S. 255, 359); Eric Doffek (S. 126); Hinnerk Dreppenstedt (S. 75, 80, 85, 117, 121, 138, 139, 186, 190, 191, 197o., 207o., 307, 328); Sabine Fach (S. 88/89); Ursula Macht (S. 105, 143o.); André und Kerstin Micklitza (S. 234); Christopher Rudel (S. 257); Slowakisches Tourismusamt (S. 16l., 98, 107, 174, 203, 250, 274); Slowakisches Tourismusamt/Dominik Bugár (S. 10, 27, 143u., 171); Slowakisches Tourismusamt/Ivan Hlobej (S. 17l.); Slowakisches Tourismusamt/Štefan Kačena (S. 70, 123, 135, 160); Slowakisches Tourismusamt/Jan Lácika (S. 72, 149); Slowakisches Tourismusamt/Peter Lovás (S. 74); Slowakisches Tourismusamt/Jan Miškovič (S. 30); Slowakisches Tourismusamt/Štalmach (S. 79); Slowakisches Tourismusamt/Jaroslav Tomko (vordere Umschlagklappe); Slowakisches Tourismusamt/Alexander Vojček (S. 16r., 17r., 25, 73, 229, hintere Umschlagklappe); Gunnar Strunz (S. 16o., 109, 113, 128).

Foto S. 71 mit freundlicher Unterstützung des Slowakischen Instituts und der Musikabteilungen des Slowakischen Nationalmuseums.

Titel: Schloss Bojnice
Vordere Umschlagklappe: Im Nationalpark Veľká Fatra
Hintere Umschlagklappe: Kremnica

Kartenregister

Stadtpläne
Banska Bystrica S. 201
Banska Štiavnica S. 189
Bardejov S. 342
Bratislava/Zentrum
    Hintere Umschlagklappe
Kežmarok S. 299
Komarno S. 130
Košice S. 324
Levoca S. 302
Martin S. 219
Nitra S. 144
Pezinok S. 116
Piešťany S. 153
Prešov S. 335
Trenčín S. 159
Trnava S. 148
Žilina S. 169
Zvolen S. 196

Übersichtskarten
Bergbaustädte in der Landesmitte 181
Donautiefland und Donauknie S. 127
Die östlichsten Regionen S. 341
Slowakei/Übersicht Vordere Umschlagklappe
Region Spiš, Slowakisches Paradies
    und Slowakischer Karst S. 287
Die Tatra S. 241
Von Piešťany nach Čadca S. 152
Zwischen Fatra und Tatra S. 214
Záhorie und Kleine Karpaten S. 112

Sonstige Karten
Mitteleuropa im 13. Jahrhundert S. 46
Die Doppelmonarchie Österreich-Ungarn
    um 1910 S. 52
Die Tschechoslowakei zwischen den
    Weltkriegen S. 54
Streckennetz Tatrabahn S. 64
Die wichtigsten architektonischen
    Sehenswürdigkeiten S. 67
Grundriss der Bratislaver Burg S. 95

Ferienhäuser in der Slowakei

Villapark Vlašky, +421 948 524 553, www.villapark-vlasky.com

Ihr perfekter Urlaub
in der attraktivsten Region
der Slowakei. Direkt am Seeufer
gelegene Ferienanlage
mit phantastischer Aussicht
und entspannter Atmosphäre.

Villapark Vlašky

Hohe Tatra

Niedere Tatra   Slowakisches Paradies

Warschau

Berlin

Krakau

Prag

Wien   Bratislava

Budapest

MEHR WISSEN.
BESSER REISEN.

REISEFÜHRER AUS DEM TRESCHER VERLAG